Peter Berglar

WALTHER RATHENAU

Peter Berglar

WALTHER RATHENAU

Ein Leben
zwischen Philosophie
und Politik

VERLAG STYRIA

Umschlagfoto: Walther Rathenau, Gemälde von E. Orlik, Archiv für Kunst und Geschichte, Berlin.

CIP-Kurztitelaufnahme der Deutschen Bibliothek

Berglar, Peter:
Walther Rathenau : e. Leben zwischen Philosophie und Politik /
Peter Berglar.
Unter Mitarb. von Thomas Gerst. –
Graz; Wien; Köln : Verlag Styria, 1987.
ISBN 3-222-11667-9

1987 Verlag Styria Graz Wien Köln

Printed in Austria
Umschlaggestaltung: Hans Paar, Graz
Satz und Druck:
Druck- und Verlagshaus Styria, Graz
Bindung: Wiener Verlag, Himberg
ISBN 3-222-11667-9

IN DANKBARER ERINNERUNG
AN THEODOR SCHIEDER
(1908–1984)

Inhalt

Anhang

Vorwort zur 1. Auflage

Das gesellschaftliche und politische Krisenbewußtsein der Deutschen nach dem Zweiten Weltkrieg, der Drang, durch gerechte Würdigung – oft einer Neuentdeckung gleichkommend – bedeutender, im nationalsozialistischen Reich verfemter Persönlichkeiten Schuld abzutragen, und schließlich die einschlägigen Gedenktage haben auch die Gestalt Walther Rathenaus wieder stärker in das Licht der wissenschaftlichen und publizistischen Beachtung gerückt.[1] Hierbei trat aus naheliegenden Gründen die politische Rolle Rathenaus als Außenminister der Weimarer Republik in den Vordergrund: das Frühstadium der Reparationenfrage und, in ganz besonderem Maße, die Rapallo-Problematik sind mit seinem Namen verbunden.[2]

Es kann jedoch nicht übersehen werden, daß die politische Aktivität Rathenaus nur einen kleinen Teil seines Lebens wirklich beherrschte, Episoden, die nach Monaten zählen: die Tätigkeit in der von ihm organisierten Kriegsrohstoffabteilung des Preußischen Kriegsministeriums dauerte von August 1914 bis März 1915 neun, die Tätigkeit als Wiederaufbauminister im ersten Kabinett Wirth von Mai bis Oktober 1921 und die als Außenminister im zweiten Kabinett Wirth von Februar bis Juni 1922 jeweils knapp fünf Monate. Selbst wenn man die inoffiziellen Fühlungnahmen zu den Machtexponenten der Stunde, zu Bülow, zu Bethmann Hollweg, zu Ludendorff und Seeckt, dazu die faktisch eigentlich kaum bedeutsam gewordene Arbeit in der zweiten Sozialisierungskommission von 1920 und die Intermezzi halboffizieller Natur wie etwa die beiden Afrikareisen mit dem Staatssekretär des Reichskolonialamtes Dernburg (1907/1908) oder die Berater- und Expertenfunktionen auf den Konferenzen von Spa, London, Cannes mit einbezieht, bleibt doch die Einsicht, daß das Schwergewicht in Rathenaus Leben und Wirken *nicht* politischer, zumindest nicht praktisch-politischer Art gewesen ist. Spannt man den Politik-Begriff sehr weit, indem man unter ihn *alles* subsumiert, was in Tätigkeit und Gedanke, in Praxis und Theorie, in Organisation und Idee menschliche Zusammenlebensformen konstituiert, sei es mit konservativer oder revolutionärer Tendenz, sei es mit den Mitteln materieller Macht oder rein geistiger Entwürfe, dann freilich wird man Rathenau einen eminent politischen Menschen, sein Werk ein eminent politisches Werk nennen müssen.

Soviel auch in jüngerer Zeit über ihn geschrieben und geredet worden ist –

den rechten Platz im Bewußtsein der Deutschen und der Welt wird er so lange nicht einnehmen, als sich das Interesse an ihm nur auf seine kurze – nie zur Entfaltung gelangte – staatsmännische Wirksamkeit erstreckt und als die gefühlsgetragene Anteilnahme an seinem tragischen Ende den entscheidenden Ausschlag für dieses Interesse abgibt. Das ist psychologisch zwar verständlich, aber es werden damit vom Rückblick her, aus dem Wissen um heroischen Tod, emotionelle Akzente gesetzt, Barrieren, ja vielleicht sogar Tabus für die klare, freie Erforschung des Phänomens Rathenau aufgerichtet, die den vielschichtigen Mann, in gewisser Weise eine Schlüsselfigur des deutschen Schicksals zwischen 1870 und 1945, eher verstellen als erhellen und so seine Wirkmöglichkeiten, die auch heute noch, heute gerade wieder bestehen, einschränken. Nicht weil Walther Rathenau von wirren Fanatikern, die eine »nationale Tat« zu tun meinten und selber Opfer der Verhetzung waren wie ihr Opfer, ermordet wurde, nicht weil er den Vertrag von Rapallo unterzeichnete, dessen wirkliche Bedeutung umstritten ist und der unter den gänzlich gewandelten Verhältnissen nach dem Zweiten Weltkrieg kein »Modell« sein konnte, haben wir uns mit ihm zu befassen und auseinanderzusetzen, sondern weil er ein bedeutender Staats- und Gesellschaftsdenker, ein weitdimensionierter Schriftsteller war, der ein umfangreiches, noch nicht ausgeschöpftes Œuvre hinterließ.

Daß der Verfechter der Planwirtschaft aus der privatkapitalistischen Großindustrie kam, daß der theoretisch bis zum Rätesystem vorstoßende Demokrat innerlich an Monarchie und Kaiser hing und die Volksvertreter verachtete, daß der Denker einer idealsozialistischen Gesellschaft in fürstlicher Isoliertheit lebte, daß der Geist des rationalen Konstruktivismus Erlösung von sich selbst in Irrationalität und Intuition suchte, daß der Organisator des Materiellen die Überwindung dieser Organisation in einem nebelhaften »Reich der Seele« anstrebte – das alles zusammengenommen macht Walther Rathenau zur exemplarischen Intellektuellen-Gestalt jener späteuropäischen Epoche, in der wir selbst immer noch stehen und die durch das Ende des Individualismus im alten, der Renaissance entstammenden Wortverstande und durch die Auflösung bzw. die Umwandlung der Klassen frühindustriell bedingter ökonomischer Definition gekennzeichnet erscheint. Das Exemplarische liegt *nicht* in Rathenaus Originalität – eher im Gegenteil: in seinem Synkretismus, vor allem aber in der unversöhnten Gegensätzlichkeit zwischen Leben und Schreiben, zwischen Sichverhalten und Erkennen – beides unterliegt Zwängen –, bildhaft ausgedrückt: zwischen AEG und Schloß Freienwalde.[3]

Geschichtsschreibung ist spätestens seit Niebuhr und Ranke *Teil* der Geschichtswissenschaft – aber den Oberbegriff konstituierender und, so kontradiktorisch es klingt, überhöhender Teil. Ihre heute allenthalben spürbare Problematik wird in besonderem Maße da deutlich, wo es um Untersuchungen geht, die – wie im Falle der hier vorgelegten – eine bestimmte Persönlichkeit und ihr Werk zum Gegenstand haben. Die personale Thematik, sei sie nun ausgesprochen biographischer oder mehr werkmonographischer Art, sieht sich von vornherein in das Spannungsfeld von objektiver Analyse und subjektiver Ausdeutung gestellt. Dies gilt zwar für jede geisteswissenschaftliche Arbeit, macht ihren Reiz und ihre Gefahren aus, verstärkt aber gilt es, zum Kernproblem wird es, wo eine Person und ihr Werk im Mittelpunkt stehen und nur durch den equilibristischen Akt des Ausbalancierens von Distanz und Identifikation erschlossen und nahegebracht werden können.

Die angedeuteten Fragestellungen und Schwierigkeiten treten bei einem Thema wie dem dieser Schrift besonders deutlich zutage. Denn Walther Rathenau ist nicht nur eine außerordentlich komplizierte Individualität gewesen, die reichen Stoff für psychologische und allgemeinmenschliche Erörterungen zu liefern vermag, sondern durch sein schriftstellerisches Werk und durch seine exponierte Stellung in Kaiserreich und Republik bietet er sich als Ausgangspunkt zu weitergespannten Erwägungen an.

Der vorgelegte Versuch möchte den *Denker* und *Schriftsteller* Rathenau neu erschließen helfen. Wenn auch die vielfältige Verflechtung seines philosophischen, gesellschaftskritischen und literarischen Werkes in die Wilhelminische Ära, in die komplizierten persönlichen Lebensumstände hinein nicht außer acht gelassen wurde, so galt es doch vornehmlich, die Schriften möglichst unbefangen in ihrem Eigenwert zu sehen. Sollte es gelungen sein, ihr Gewicht für die gegenwärtige und die kommende Zeit sichtbar zu machen, so wäre damit zugleich ein Beitrag zum Verständnis ihrer Entstehungszeit, jenes Vierteljahrhunderts also, welches die Entgleisung Deutschlands in der Nationalstaaten-Welt einleitet, geleistet.

Köln, 1970

Einführung in die Neuausgabe

I

In dem Buch »Genie und Charakter« von Emil Ludwig,[1] diesem menschenkundigen literarischen Porträtisten, findet sich auch ein eindrucksvolles Charakterbild Walther Rathenaus, das den Vorspruch trägt: »Ein Mann muß stark genug sein, sich aus der Eigenart seiner Unvollkommenheit die Vollkommenheit seiner Eigenart zu schmieden.« In den fünfundsechzig Jahren seit seinem Tode ist viel über Rathenau publiziert worden, über den Wirtschaftsmagnaten, über den Politiker und Staatsmann, gelegentlich auch über den Denker, aber nur selten wurde der Mensch Rathenau in seiner Ganzheit begriffen als die sich jeder Kategorisierung entziehende Gestalt zu Beginn unseres Jahrhunderts, durch die die Bruchlinie zweier Menschheitsepochen im allgemeinen und die Bruchlinie der deutschen Geschichte im besonderen mitten hindurchgeht.

Einen ersten Biographen von hohem Rang fand er in Harry Graf Kessler, dessen Buch 1928 erschien. Hans Fürstenberg, der Sohn des Bankiers Carl Fürstenberg, der der Familie Rathenau nahestand, selbst fast eine Generation jünger als Walther, hat beim Wiedererscheinen der Kesslerschen Biographie im Jahr 1962 ihr einige Lichter aufsetzen und wichtige Faktenergänzungen hinzufügen können. Meine eigene Begegnung mit Rathenau als menschlichem und historisch-sozialem Phänomen erfolgte 1960. Als 1919 Geborener, der bei Anbruch des Hitlerreiches vierzehn Jahre alt war, kannte ich von Rathenau wenig mehr als den Namen, das Stichwort »Rapallo« und die Tatsache der Ermordung. Ich erinnere mich, daß um 1942 herum bei uns, in der Frankfurter Studentenkompanie für Mediziner, hinter vorgehaltener Hand geflüstert wurde, jetzt müsse man Rathenau lesen. Erst achtzehn Jahre später fand ich durch Zufall in einem Antiquariat das Buch »Von kommenden Dingen« nebst zwei Rathenau-Briefbänden. Ich kaufte die Bücher und stellte sie ungelesen ins Regal. Als ich dieses eines Tages umräumte, begann ich zu blättern, erst in den Briefbänden, dann in »Von kommenden Dingen«, und dies war der Moment der unerwarteten und deshalb umso mehr nachwirkenden Begegnung. Aus dem kühnen Werk, dessen faszinierende Sprache und weit in die Zukunft vorstoßenden Gedanken mich tief bewegten, trat mir eine höchst lebendigreale Gestalt entgegen, die zugleich als ein »Exempel aus Fleisch und Blut« der deutschen, der jüdischen, ja der Menschheitstragödie erschüttern muß. Rathenau hat in einer zerreißenden Welt gelebt. Sein Wirken fiel in eine jener Geschichtsepochen, in denen sich schmerzlich und blutig Schichten der Menschheitsentwicklung voneinander lösen. Das Ende des vertikal-georteten, nach Ranggefälle strukturierten abendländischen Ordo zweier Jahrtausende und das Heraufziehen einer horizontal-verzweigten und funktionell-verstrebten einheitlichen Weltordnung bilden das große Hintergrundstableau, auf dem sein individuelles Leben aufleuchtet. Er wußte diesen Übergang, diesen Abbruch und Neubau – und dieses Wissen machte ihn einsam unter den Menschen und widersprüchlich in sich selbst. Wenn wir das, was durch eine unüberbrückbare Kluft geschieden in ihm wirkte und immer neu nach Bestätigung drängte, mit zwei Schlagworten bezeichnen wollen, so lauten diese »Rationalität« und »Mystizismus«. Unter sie lassen sich alle die Eigenschaften und Haltungen subsumieren, die sich in Rathenau so faszinierend, so verwirrend auch – und daher bei nicht wenigen Ablehnung hervorrufend – gegenüberstehen.

Die Rationalität Rathenaus: das war sein scharfer, durchdringender Verstand, der ihn sowohl zu tief fundierten philosophischen Erkenntnissen als auch zu gewagten geistigen Spekulationen befähigte; der sich mit einem phänomenalen Gedächtnis, einer bewundernswerten Konzentrationsfähigkeit und mit dem, was wir »common sense« nennen, verband, so daß er ebensogut Industriekonzerne leiten, Rohstoffe organisieren und Außenpolitik treiben konnte, wie er auch zwanzig Bände mit Schriften anzufüllen imstande war, die von eigenwilliger denkerischer Höhe in »Zur Kritik der Zeit« (1912), »Zur Mechanik des Geistes« (1913) und »Von kommenden Dingen« (1917) über wirtschaftstheoretische Spezialstudien wie »Deutschlands Rohstoffversorgung« (1916), »Probleme der Friedenswirtschaft« (1917), »Vom Aktienwesen« (1917), »Die neue Wirtschaft« (1918) bis zu innen- und außenpolitischen Grundsatzschriften reichten wie »Der neue Staat« (1919), »Kritik der dreifachen Revolution« (1919), »Die neue Gesellschaft« (1919), »Demokratische Entwicklung« (1920). Er schrieb oder diktierte sie flüssiger herunter als ein normaler Sterblicher einen Geschäftsbrief.

Auf der anderen Seite nun aber der Mystizismus, all das Irrationale, ja Antirationale, der willkürliche oder vielmehr der unwillkürliche Eklektizismus aus den verschiedensten christlichen, buddhistischen, deistischen, pantheistischen Fragmenten, die er zwar gekonnt intellektuell koppelte, ohne sie jedoch überall zur echten, überzeugenden Synthese bringen zu können. An der Wurzel sein unseliger Rassekomplex, auf den in dem entsprechenden Abschnitt des Kapitels »Der Mensch« tiefer eingegangen wird.

Walther Rathenau war ein hochbefähigter Industrieller, verstand viel von Finanzen, beherrschte die Probleme der Elektrotechnik – doch wieviel lieber wäre er Offizier gewesen und selbst ein preußischer Junker, am liebsten aber

Maler oder Schriftsteller, Künstler eben ... »Er wußte«, schreibt Emil Ludwig, »Porträts zu malen, ein Haus zu zeichnen, den Stuck darin zu formen, Turbinen zu bauen, Holzplastiken zu bestimmen, Montaigne anzugreifen, Bilanzen zu entschleiern, Fabriken umzustellen, Verse zu schreiben, Staatsverträge abzuschließen, die Waldstein-Sonate Beethovens zu spielen ...« Aber gerade diese genialische Vielfalt, die nirgends zur Genietat werden konnte, weckte bei vielen Mißtrauen und Abwehr. Ihm mangelte wohl ein letzter »homogener« Wesenskern. All seine Äußerungen waren einerseits Gedankenkristall und andererseits Sichverströmen der Seele. So bewirkte er zu seinen Lebzeiten wahrscheinlich doch weniger, als die hohen Auflagen seiner zahlreichen Schriften, die zu Hunderttausenden verbreitet waren, vermuten lassen könnten.

Da er mit so vielen Talenten und Möglichkeiten begabt war, mußte er sich die Tätigkeiten, Haltungen, ja recht eigentlich die Etappen seines Lebens sozusagen selbst verordnen. Doch in welcher er auch immer seine enorme Arbeitskraft entfaltete und Erfolge errang, nie gelang es ihm, die Verdächtigung, ein genialer Universal-Dilettant zu sein, gänzlich auszuräumen, aber auch nicht, sie gelassen zu ertragen. »Unsere Zeit«, schrieb er 1912 an eine Bekannte, »wünscht äußerste Spezialisierung. Sie fühlt sich daher von Individuen, die der herrschenden Einteilung widersprechen, mit Recht beunruhigt ...« Nun, er selbst widersprach, da kein »Spezialist«, ganz und gar der »herrschenden Einteilung«, und zwar nicht zuletzt dadurch, daß er es *wußte* und in all seinem Tun gleichsam neben sich selbst stand und über sich selbstquälerisch reflektierte. Wenn es je einen Menschen gegeben hat, bei dem die rechte Hand immer wußte, was die linke tat, dann ist es Rathenau gewesen.

Wer in Geschichtsbüchern nachliest, in Nachschlagewerken oder in Monographien der Zeit, findet Walther Rathenau erwähnt als »Großindustrieller und Politiker«, manchmal als »Wirtschaftler und Staatsmann«, meist entfallen in Großdarstellungen des Zeitalters nur wenige Zeilen auf ihn. Man hat bisweilen den Eindruck: wäre er nicht ermordet worden, fehlten auch die. Keine Geschichte der Philosophie hat ihm einen Platz eingeräumt; bis heute, über sechzig Jahre nach seinem Tode, ist er als Denker nicht ausgeschöpft, als Verkünder der sich ausbildenden neuen Gesellschaftsstrukturen kaum verstanden, als Planer einer kommenden Welt nicht akzeptiert worden. Zu den vielen nicht recht erkannten und genutzten, bisweilen auch vergessenen oder verdrängten Schätzen in den Geist-Arsenalen unseres Volkes gehört auch sein schriftstellerisches Werk. Für die historischen, politologischen und volks- und betriebswirtschaftlichen Lehrstühle, Seminare und Institute in Deutschland gibt es hier noch ein weites Feld analysierender und interpretierender Forschung.

2

Bei der zweiten Sitzung der Nationalversammlung in Weimar am 7. Februar 1919 trafen zwei Telegramme ein, deren eines Hindenburg und deren anderes Rathenau als Reichspräsidenten vorschlugen. Das Protokoll verzeichnet hierzu: »Lachen der Sozialdemokraten bei Nennung Hindenburgs« und »minutenlang anhaltende große Heiterkeit des Hauses bei dem Namen Rathenau«. So stand es also. Und das war nicht einmal verwunderlich. Inmitten des Zusammenbruchs wiederholte Rathenau unermüdlich seine Grundideen von der menschlichen Solidarität, von der Neuordnung der Gesellschaft, von der Rolle Deutschlands als Schrittmacher – und implizit von der eigenen Rolle als des Schrittmachers Schrittmacher – dieses Neuen: »Nicht der gesättigte Individualismus des Westens«, schrieb er in der »Kritik der dreifachen Revolution«,[2] »wird den Abgrund erlösen, nicht der abstrakte Doktrinarismus Rußlands. Hier wird deutsches Wesen gefordert. Geschieht es, so ist der Krieg nicht gewesen . . . geschieht es nicht, so wird und bleibt Deutschland ein Balkanvolk unter Balkanvölkern und wartet mit den anderen auf Erlösung vom Osten . . .« Solche Worte verstand damals kaum jemand im Lande, Rathenau sprach nicht mehr die Sprache seiner Zeitgenossen. Ludendorff stempelte ihn vor dem Untersuchungsausschuß des Reichstags, der die Ursachen des Zusammenbruchs erhellen und vor dem der Feldherr sich rechtfertigen sollte, als Verräter und Saboteur ab. Sinnbildlich wurden den künftigen Mördern die Waffen in die Hand gedrückt. Als ein Gezeichneter betrat Rathenau 1921, dreiundfünfzig Jahre alt, die politische Bühne.

Am 10. Januar 1920 war das Versailler Diktat in Kraft getreten. Elend, Verbitterung und Verwirrung bedingten und steigerten sich gegenseitig. »Es gibt zwanzig Millionen Deutsche zuviel«, verkündete Clemenceau in einer Mischung aus Haß und Furcht. Siebenhunderttausend Menschen, vor allem Frauen, Kinder und Alte, sind nach Kriegsschluß noch durch die Hungerblokkade zugrunde gegangen. Am 10. März brach im Kapp-Putsch, einem vom Landschaftsdirektor Kapp initiierten Aufstand, der erste rechtsradikale Umsturzversuch gegen die neue Republik los; er scheiterte nach neun Tagen am Generalstreik. Endlich gelang Rathenau der Sprung in eine offizielle Position. Er wurde in die zweite sogenannte Sozialisierungs-Kommission berufen, wo er den Finanzminister Josef Wirth kennenlernte, der dem Zentrum angehörte. Dieser, von Hause Mathematiker, Lehrer, philosophisch gebildet und interessiert, war ein innerlich einsamer, ein impulsiver und großzügiger Mann, nicht von der Gedankenschärfe Rathenaus, aber, deshalb wohl, eine populäre Erscheinung. Beide ergänzten sich und spürten das dankbar, mit freundschaftlichen Gefühlen . . . Rathenau, den es zur tätigen Verantwortung drängte; Wirth, seit 1921 Reichskanzler, der des anderen überragende Bedeutung erkannt hatte und Helfer suchte – sie mußten sich natürlicherweise finden, und so trat Rathenau als Wiederaufbauminister in die Regierung ein.

Das chaotische Wirrsal von Erpressungen, Ultimaten, irrwitzigen Reparationsforderungen, Sanktionen, Demütigungen, das die Jahre bis zum Vertrag von Locarno, 1925, erfüllte, will ich hier übergehen. Sie waren außenpolitisch geprägt von dem sich aller Mittel bedienenden Versuch Frankreichs, das besiegte Deutschland am Boden zu halten und niemals mehr hochkommen zu lassen; innenpolitisch von der Antwort der deutschen Politik hierauf. Zwei Richtungen standen gegeneinander: die eine war verkörpert in dem Großindustriellen Hugo Stinnes, einem fast »mythischen« heimlichen Wirtschaftskaiser, einer »Kreuzung«, wie Kessler schreibt, »zwischen Patriarch, Handlungsreisendem und Fliegendem Holländer«, einem von Wirtschaftsträumen Besessenen, welcher Erpressung gegen Erpressung setzen wollte und der sich vom Zusammenbruch des Ganzen seine gewaltigen Teilgewinne versprach; auf der anderen Seite Rathenau, der das Heil allein im Verhandeln sah und der überzeugt war, daß man die Unerfüllbarkeit der Feindforderungen nur durch ein Äußerstes an versuchter Erfüllung schlüssig beweisen könne.

Es fiel Stinnes nicht schwer, den weithin beargwöhnten Rathenau zu einer Art von negativem Leitbild für die Deutschen zu machen – auf der Konferenz von Spa prägte er das böse Wort von Rathenaus »fremdrassiger Seele«, das sogleich wie ein Lauffeuer durch das ganze Land ging. Von diesem Moment an wurde er in seiner Eigenschaft als *Jude* zum »Vater der Erfüllungspolitik« gemacht. Immer furchtbarer, immer enger wurde, von Leuten wie dem deutsch-nationalen Politiker Helfferich, von Stinnes, von Ludendorff geschürt, der Haß-Kreis, der sich um Rathenau schloß. Er wußte es; er konnte nicht mehr ausbrechen, und er wollte auch nicht ausbrechen. Seine Seele wurde inmitten des wilden Getriebes still, erfüllt von jener Klarheit, die Menschen nicht selten vor ihrem Ende überkommt. Am 1. Februar 1922 nahm er das Amt des Außenministers an – ohne alle parlamentarische Hausmacht, ohne irgendeine Rückendeckung, nur von sehr wenigen Menschen noch verstanden, einzig auf den Reichskanzler Wirth gestützt.

3

Die politische Situation und die allgemeine Atmosphäre jener Zeit nach dem Ersten Weltkrieg waren geprägt von der Niederlage Deutschlands, von der Nichtbewältigung dieser Niederlage in den Köpfen und Herzen vieler an sich gutmeinender Menschen, von der Ausnützung des Unglücks durch Demagogen und Schieber, vom Zusammenbruch der Währung und der Wirtschaft, noch mehr aber des Selbstbewußtseins, des überkommenen Weltbildes und der alten gesellschaftlichen Gerüste sowie schließlich von Erpressungen und Gewaltakten ehemaliger Kriegsgegner.

Der schreckliche und blutige Fanatismus, wie ihn die Fememörder verkörperten, wurzelte einmal im Nationalismus, der, zur Ersatzreligion geworden, nun durch den Verlust des Krieges tiefe Wunden der Selbstachtung empfangen hatte, und zum anderen in einem Idealismus, der, aus seiner ursprünglichen Gottbezogenheit gelöst, zu ziellosem Aktionismus, heute um dieses, morgen um jenes Götzen willen, entartete. Der Nationalismus fand sich von außen zur Weißglut erhitzt durch das Versailler Diktat und durch die ihm folgenden Willkür- und Racheakte der Siegermächte, besonders Frankreichs, er glaubte sich aber auch im Inneren des Landes provoziert durch vermeintliche »Verräter«, durch eine angeblich »vaterlandslose Haltung« der Demokraten, Sozialisten, Juden, die, allesamt in einen Topf geworfen, mit der Schuld am deutschen Zusammenbruch und am gegenwärtigen Elend befrachtet wurden. Ein bindungsloser Pseudo-Idealismus begann nun, angelockt von so vielen freien Valenzen, das Brachfeld zu bestellen: er ging, notwendigerweise möchte man sagen, sogleich jede Bindung mit den herrenlos umherliegenden »Idealgütern« ein, mit »Vaterland«, der »deutschen Erneuerung«, der »germanischen Rasse«, am Ende mit einem derangierten Vater-Zerrbild, dem »Führer«. Ein ungeheures Treibholz auf dem Strom der geschichtlichen Katastrophe, rechts wie links. Der Zusammenstoß der ankerlosen Treibgutmassen mußte furchtbar sein, und er war es, zumal im blutig-nebelhaften Chaos jener deutschen Maßlosigkeit, die es geradezu meisterlich versteht, Fehler zu Unglück, Unglück zu Untergang und den wiederum zur Orgie neurasthenischer Reaktionen anschwellen zu lassen.

Dazwischen Rathenau. Der Mann der wirtschaftlichen Nüchternheit und der visionären Zukunftsentwürfe, der feinsten rationalen Differenziertheit und der höchstgesteigerten Sensibilität, der Mann der eisernen Beherrschung und der dauernden Nervenvibration, der Mann der Ängste und Gedanken, der Hoffnungen und Fantasien – kurz: der gereifte Mensch zwischen soviel gefährlicher, tödlicher Unreife. So tritt er uns aus der Geschichte entgegen, so bekundet er sich in seinen vielen schriftlichen Zeugnissen, so steht er vor uns, wenn er, insgeheim willig und bereit, in den Tod fährt.

Daß dieser Charakter auch Schwächen hatte, die sich gerade in der Welt der Taten, in der Welt des brutalen Machtkampfes nach 1918 verhängnisvoll auswirken mußten, nämlich: innere Gespaltenheit, schwankendes Temperament, Lähmung der Aktivität durch überdifferenziertes hamletisches Denken, Irritation des nüchtern planenden Intellekts durch Gefühlsunsicherheit und schließlich eine gewisse Kontaktarmut, die ihn die neuaufsteigenden, in Gärung geratenen Massen nicht in den Griff bekommen ließ – daß diese Züge ihn für die Katastrophe besonders anfällig machten, war sein Schicksal. Seine Persönlichkeit war sein Schicksal.

Nicht Fehlhandlungen ließen ihn fallen, sondern eher Fehlanlagen, die allerdings zugleich auch seinen menschlichen Wert und seinen psychologischen Reiz für die Nachwelt ausmachen. Er war ein »passiver Held«, nicht anders wie im Grunde ein Coriolan, ein Hamlet, ein Wallenstein, d. h.: er handelte weniger, als daß er erlitt. Er war im Tiefsten kein geschichtlicher

Akteur, doch in ihm vollzog sich ein gesteigertes Werden: aus Müdigkeit und Resignationsbereitschaft, aus dunklen Ahnungen und fatalistischer Ergebung entfaltete er sich zum Überwinder alles dessen, was niederzieht und hemmt; er besiegte Furcht und Lähmung und Hoffnungslosigkeit in sich, gegen seinen eigenen geheimsten Seelen-Sog, und ist der »Mut-Mensch«, um mit seinen eigenen Worten zu reden, geworden, der seine Konzeptionen verwirklichen wollte, als ihn die Kugeln der Mörder trafen.

Auf der anderen Seite die Gegenspieler. Sie handelten unsittlich – Gewalttat und Haß standen in ihren Augen geschrieben und vergifteten ihre Herzen. Aber auch sie hatten ihr Schicksal, auch sie waren Gezeichnete, denn der fortschreitende Geschichtsprozeß verschlingt seine Opfer auf der Tag- und Nachtseite, auf der Soll- und Habenseite der Menschheitswerdung.

Zehn Wochen nach dem Tage des deutsch-sowjetischen Vertragsabschlusses zu Rapallo, am 24. Juni 1922, starb Walther Rathenau unter den Kugeln und Handgranaten der Mörder, unreifer, verhetzter junger Leute, die »nicht wußten, was sie taten«. Er hat dieses Ende auf sich zukommen sehen und ihm nicht auszuweichen versucht. Er war gewarnt worden, und zwar konkret und detailliert. Auf eine diesbezügliche Frage des Rathenau-Biographen Harry Graf Kessler antwortete der vormalige Reichskanzler Wirth: »Es ist richtig, daß in jenen düsteren Tagen der Geschichte Deutschlands . . . ein katholischer Priester in das Reichskanzlerhaus kam und mir einfach und schlicht in wenigen Worten und zugleich in ernster Form eröffnete, daß das Leben des Ministers Rathenau bedroht sei. Von mir selbst wurden Gegenfragen begreiflicherweise nicht gestellt . . .«[3] Der Außenminister verbat sich kategorisch jeden Schutz und lebte in Erwartung des Todes. Im tiefsten Grund seiner Seele wünschte er ihn wohl. Er sehnte sich nach der Befreiung von seiner inneren Zerrissenheit und suchte den Frieden, »der nicht von dieser Welt ist«.

4

Wer waren die Mörder, die am Vormittag des 24. Juni 1922 gegen elf Uhr den Reichsaußenminister Rathenau auf der Fahrt von seiner Wohnung zum Auswärtigen Amt aus ihrem den Ministerwagen überholenden Kraftfahrzeug erschossen – zehn Monate nach der Ermordung des dem Zentrum angehörenden Reichsfinanzministers Matthias Erzberger am 26. August 1921? Schon nach wenigen Tagen konnte ihre Identität ermittelt werden.[4] Die Haupttäter waren der Oberleutnant z. See a. D. Erwin Kern und der Leutnant d. Res. Hermann Fischer. Beide gehörten zu den Tausenden von jungen Männern, die, fast noch im Knabenalter stehend, in das zutiefst aufwühlende Kriegserleben hineingeworfen worden waren, die gleichsam ihre Jugend als eine tägliche Gratwanderung zwischen Todesnähe und rauschhafter Vitalität erfahren hatten und die aus ihrem »Ausnahme-Dasein in Permanenz« nicht mehr in die –

wie sie es sahen – trüben Niederungen einer gewöhnlichen und dazu noch verelendet-glanzlosen Bürgerexistenz zurückzufinden vermochten. Kern war, dreiundzwanzigjährig, aus der Marine verabschiedet worden, 1921; er begann in Kiel Jura zu studieren und schloß sich den rechtsradikalen Organisationen »Deutsch-Völkischer Schutz- und Trutzbund« und der »Organisation C.« (=Consul) an.[5] 1922 wirkte er an der Befreiung der wegen Kriegsverbrechen vom Reichsgericht verurteilten Offiziere Dithmar und Boldt aus der Strafhaft mit.[6] Als der eigentliche Motor des Anschlags auf Rathenau[7] gewann er den ehemaligen Leutnant d. Res. Hermann Fischer für die Tat, der 1919 einem Freikorps, 1920 einem Zeitfreiwilligen-Regiment, 1921 dem Oberschlesischen Selbstschutz und schließlich auch, wie Kern, dem »Deutsch-Völkischen Schutz- und Trutzbund« angehörte. Beide gemeinsam ermordeten Rathenau. Gemeinsam auch flüchteten sie, zunächst Richtung Ostsee, dann nach Mitteldeutschland, wo sie am 17. Juli 1922 auf der Burg Saaleck (bei Bad Kösen) von der Polizei gestellt wurden. Kern fiel unter den Kugeln verfolgender Polizisten, Fischer erschoß sich daraufhin. Insgesamt wurden fünfzehn Tatbeteiligte, mit sehr unterschiedlichen Graden und Ausmaßen der Mittäterschaft, ermittelt. Von ihnen konnten sich zwei ins Ausland absetzen, dreizehn wurden festgenommen und unter Anklage gestellt. Zehn der Angeklagten sind zu Zuchthaus- und Gefängnisstrafen verurteilt worden: darunter der Fahrer des Mörder-Autos Ernst Werner Techow zu fünfzehn Jahren Zuchthaus[8] und der später als Schriftsteller bekannt gewordene Ernst von Salomon zu fünf Jahren Zuchthaus.[9]

Der große Historiker Friedrich Meinecke veröffentlichte am 6. August 1922 in der Zeitung »Neue freie Presse«, Wien, einen Aufsatz mit dem Titel »Der Geist der akademischen Jugend in Deutschland. Zur Erklärung der psychologischen Ursachen des Rathenau-Mords«, der als zeitgenössische Beurteilung aus der Feder eines wissenschaftlich hochbedeutenden, menschenkundigen und absolut lauteren akademischen Lehrers noch heute unsere Beachtung verdient.[10] Meinecke beginnt mit einem Vergleich der aus der bürgerlichen Bahn geworfenen Studentengeneration nach 1814/15, die an den Befreiungskriegen gegen Napoleon teilgenommen hatte und sich weithin mit der – wie es ihr schien – neu errichteten »Welt von gestern« nicht abfinden wollte, mit der Studentengeneration von 1918/19, die, in dem Grauen des Krieges eher überfordert denn gereift, die nationale Katastrophe nicht verkraftete. Er konstatiert die Gleichheit der sozialen Schicht. Beide Male handelt es sich um Söhne »aus dem durchschnittlich ehrbaren und prosaischen Bürgerhause«, die durch den Umsturz aller ehemaligen zwar engen, aber sicheren Verhältnisse und Vorstellungen ihr seelisches Gleichgewicht einbüßten. Der jugendliche Geist habe, beide Male, »den Kompaß des Lebens« verloren, gerade weil er ihn in jugendlicher Anmaßung und Überhebung zu besitzen glaubte – »denn nichts«, so schreibt der damals schon Sechzigjährige, »gleicht der trügerischen Glaubenskraft der unter solchen Druckverhältnissen entstandenen jugendlichen

Ideologie. Einer romantisch-utopischen Gestimmtheit verbinden sich Zorn, Haß und Wut, die den schrecklichen Fanatismus erzeugen, der sich auf das einzelne Opfer stürzen muß, weil ihm die Fähigkeit und die Geduld fehlen, durch systematische Arbeit der Verwirklichung seines Ideals nahezukommen.«

Aber auch einen gewichtigen Unterschied zwischen den durch über ein Jahrhundert voneinander entfernten Studentengenerationen stellt Meinecke klar: während die Aufsässigen der zwanziger Jahre des 19. Jahrhunderts das Morgen im Auge hatten und ein neues deutsches Zeitalter heraufführen wollten, blickten die Revoltierenden der beiden Nachkriegsjahrzehnte rückwärts und waren einem irrig verklärten Gestern zugewandt. Ihr Nationalismus war arretiertes Fronterlebnis, Gerinnung von Vergangenheit. Nachdem der Historiker dem Racheverlangen des Siegers, insbesondere Frankreichs, ein großes Maß der Mitschuld an der Radikalisierung der deutschen Jugend zugewiesen hat – und es ist ja immer auch zu bedenken, daß gleichzeitig mit der rechtsradikalen auch die linksradikale Welle über die Republik hinrollte –, äußert er sich auch zum Problem des Antisemitismus: »Welche Rolle der Antisemitismus in der nationalistischen Studentenbewegung seit mehr als vierzig Jahren spielt und wie umgekehrt dadurch die jüdischen Elemente wieder erst recht in den Linksradikalismus getrieben werden und infolgedessen nun wieder neu Angriffspunkte für ein naives und unkritisches Nationalgefühl bilden, dieser Circulus vitiosus ist bekannt und wirkt anscheinend unveränderlich weiter.« Solche Sätze machen den heutigen Leser betroffen. Gewiß könnte sie niemand *nach* 1945 mehr so schreiben. Sie bekunden ein letztes Nichtverstehen des sogenannten »Antisemitismus«. Doch gerade darin liegt ihr Zeugniswert: dieses tiefste Nichtverstehen eines abgründigen seelischen Krankheitsphänomens machte große Teile des deutschen Bürgertums unfähig, den apokalyptischen Charakter des nazistischen Rassenwahns zu erkennen, geschweige ihm zu wehren. Als Meinecke im Ton sachlicher Diagnose von jenem »Circulus vitiosus« sprach, der »anscheinend unveränderlich weiterwirke«, da reichte seine Phantasie nicht im entferntesten aus, sich vorstellen zu können, zu welchem Ende dieses »Weiterwirken« zwei Jahrzehnte später führen würde.

Der unpersönliche, kaltblütig tötende Haß, aus phrasenverseuchten »Weltanschauungen« wie Giftdunst aus Sumpfland aufsteigend, das grauenvolle »Ausmerzen« des Mitmenschen um dürrer, halbgarer, verblasener »Grundsätze« willen, wie es zum Satansmal des »Dritten Reiches« wurde, ist damals bereits am Werk gewesen. Rathenau gehörte zu den ersten deutschen Schlachtopfern dieses »neuen Stils« in unserem Jahrhundert: der kalten »Eliminierung« des Mitgeschöpfes nach Maximen ideologischer, ökonomischer oder sogar nur »kommoder« Zweckmäßigkeit.

Um Rathenau war die Atmosphäre des Monologischen, und in dieser Atmosphäre liegt ein Schlüssel seiner Tragik verborgen. Die Menschen um ihn hatten zwar eine gewisse Bezogenheit auf ihn hin, er aber blieb unfähig zur vollkommenen Hingabe aus Liebe. Wie er nicht aus sich den Weg zur Frau zu finden vermochte, so konnte er auch nicht die ihn isolierende »gläserne« Wand gegenüber seinen Mitmenschen durchbrechen. Und so gab es auch zwischen den beiden verschanzten Lagern in Deutschland keine Verbindung: nur in einem flüchtigen Augen-Blick, in der Minute des Mordes vielleicht, prallten die Kräfte der nihilistischen Hasser und die Rathenaus aufeinander, die die Kräfte der ersten Hälfte unseres Jahrhunderts gewesen sind. Der Blick einer fragenden Humanität, die aber »undynamisch« war, empfing da als Antwort den Blick einer sich zuschließenden Inhumanität, der jedoch tödliche Brisanz eignete.

Der Satan dieses Jahrhunderts kam in Gestalt lebensfeindlicher Prinzipien, die wie Heilsverkündigungen klangen; in tödlichem Krampf, der vielen aller ethischen und religiösen Kriterien verlustig gegangenen Menschen wie Tugenden der »Festigkeit« oder »Tapferkeit« oder »Treue« dünkte. Wie immer kam er als ein Innenarchitekt in die Welt und entpuppte sich bei ihrer Einrichtung dann als Kerkermeister, der die Fenster zumauert. Die Opfer, die im Widerstand gegen ihn fielen, so auch Rathenau, sind im Lichte einer sittlichen Weltordnung zu preisen – die Opfer, die in seinem Dienst, in seinen Klauen zugrunde gehen, fast zu bemitleiden. Die »Bewältigung der deutschen Vergangenheit«, von der soviel gesprochen und geschrieben wird, wird erst dann wirklich gelingen, wenn wir uns zu beidem durchringen. Denn das zerrissene Netz der allumschließenden Menschlichkeit muß an der Stelle neu geknüpft werden, wo die Zerstörung am ärgsten war.

5

Die Neuausgabe meiner Rathenau-Monographie, siebzehn Jahre nach ihrem ersten Erscheinen und ein Jahrzehnt nach ihrem Vergriffensein im Buchhandel, mag durch das Gesagte ausreichend begründet sein. Es ging nun nicht darum, ein neues Buch zu schreiben, das sämtliche seit 1970 publizierten Arbeiten über Rathenau kompilierend sich einzuverleiben gehabt hätte. Obwohl manche Einzelaspekte aus Leben und Wirken dieses so vielseitig tätigen und so überaus vielschichtigen Mannes eine neue und vertiefte Behandlung erfahren haben, darf man doch sagen, daß das Gesamtbild, das ich gegeben habe, nicht revidiert zu werden braucht. Keine der einschlägigen Untersuchungen zu den biographischen, wirtschaftlichen, politischen und philosophisch-publizistischen Bereichen der Gesamtthematik »Walther Rathenau« ist solcher Art gewesen, daß sie das bereits bis 1970 Gewußte und Erkannte als unzutreffend und falsch einzustufen und somit abzutun zwänge. In allen genannten Bereichen ist Neues hinzugetreten, nichts aber, was eine Umwälzung unseres dargebotenen Bildes von Rathenau und seiner Epoche bedeutet.

Die umfangreiche Bibliographie der Erstausgabe wurde unter Beibehaltung des Gliederungsschemas auf den aktuellen Stand gebracht. Hierfür habe ich

Herrn Thomas Gerst MA, Köln, z. Z. tätig an der Universität Hamburg, sehr zu danken, der auch das Personenregister überarbeitete und die Korrekturfahnen des Neu-Satzes las. Eine besondere Erläuterung muß dem Anmerkungsteil gelten. Ich habe ihn aus grundsätzlichen Erwägungen heraus in seiner ursprünglichen Form belassen, allerdings werden die einzelnen Anmerkungen nunmehr kapitelweise gezählt.

Verlag und Autor übergeben das Buch erneut der Öffentlichkeit in der Zuversicht, daß es die Aufmerksamkeit von Lesern gewinnen möge, die nach einem Schlüssel zum Verständnis des deutschen Geschichtsbankrotts im 20. Jahrhundert, der deutsch-jüdischen Tragödie und auch der zutiefst besorgniserregenden Wiederkehr eines utopisch-terroristischen Weltverbesserungsfanatismus in der Bundesrepublik des ausgehenden Säkulums suchen.

Köln, 1987 *Peter Berglar*

ERSTER TEIL

Die Welt, in der Walther Rathenau lebte

I.
Das Kaiserreich

1. SEIN GESCHICHTLICHER ORT

Das Vierteljahrhundert zwischen 1867, da Walther Rathenau am 29. September geboren wurde, und 1892, da er seine erste praktische Tätigkeit bei der »Aluminium Industrie AG« in Neuhausen (Schweiz) auf dem Gebiet der Elektrochemie aufnahm, verdient nähere Betrachtung, denn in ihm entfaltete sich und kulminierte jene Welt, die wir heute kapitalistisch, nationalistisch und imperialistisch zu nennen gewohnt sind. In ihr war Rathenau jung, wurde er zum Mann, empfing er die Eindrücke, Prägungen, Grundsätze, die sein Leben in jeder Weise bestimmten, sei es nun, daß er sie überwand, sei es, daß er ihnen verhaftet blieb. Das zweite Vierteljahrhundert bis zum Ende des Ersten Weltkrieges war bereits steil abfallende Kurve dieser Welt – Rathenau stieg in der untergehenden zur »Prominenz« auf, doch kaum einer durchschaute ihre Todgeweihtheit klarer als er. Die Periode der Umstürze für Europa und die ganze Erde, die noch nicht abgeschlossen scheint, überraschte ihn nicht, er erlebte in den wenigen Jahren, die ihm bis zu seinem Tode am 24. Juni 1922 noch vergönnt waren, ihre ersten Wehen, er stellte sich dem deutschen Schicksal für eine kurze Spanne als verantwortlich Handelnder, entwarf im Geiste und auf dem Papier das große »Danach«, das postchaotische Weltalter der Vergesellschaftung, und er fiel als »Kämpfer der ersten Stunde«, wie es nicht selten das Los der Besten ist.

Walther Rathenau wuchs im jungen Bismarckreich auf und erklomm seine Lebenshöhe während dessen »Wilhelminischer Ära«. Dieses Reich und sein eigenes menschliches Schicksal sind so eng miteinander verbunden, daß man letzteres nicht betrachten kann, ohne sich über ersteres Rechenschaft zu geben. Dabei springt denn eine Tatsache ins Auge, die – bei aller Hellsichtigkeit – Rathenau verborgen bleiben mußte: die Kurzlebigkeit der Bismarckschen Schöpfung. Wenn man bedenkt, daß die Deutschen, eines der großen, kraftvollen und schöpferischen Völker Europas, eine der geschichtlichen Grundtendenzen dieses Erdteils seit dem dreizehnten Jahrhundert, die Ausbildung der Nation und des Nationalstaats, jenen politischen Konzentrations- und Homogenisierungsprozeß, der sich bei ihren sämtlichen Nachbarn vollzog, nicht teilten; daß sie ihn unter Bismarckscher Schmiedekunst (oder war es mehr Alchemie?) gleichsam im Zeitraffer und in letzter Minute nachholten und daß das Produkt dieses hastigen und gewaltsamen Aktes[1] nur wenige Jahrzehnte dauerte – Jahrzehnte, die zwei Weltkriege und unfaßbaren inneren Zerfall sahen –, ehe es unterging; wenn man sich dies immer wieder in Erinnerung ruft, dann wird die tiefe und sicherlich noch längst nicht gemeisterte Krise unseres Staats- und Volksbewußtseins, unseres geschichtlichen Selbstbewußtseins begreiflich, mehr: selbstverständlich. Der Schock entspricht der Größe der Katastrophe; seine erste Phase, eine Art historischer Bewußtlosigkeit, dann die folgenden Phasen: Bewußtseinslähmung, Bewußtseinstrübung – ganz langsam beginnen sie zu weichen, kehrt das klare Bewußtsein wieder; noch ist jedoch das Verhältnis zur eigenen Geschichte tief gestört; immerhin haben Aufräumarbeiten und Bestandsaufnahme auf breiter Basis eingesetzt, doch wäre es wohl ein Irrtum, deren Sorgfalt und Nüchternheit schon für Heilung des historischen Selbstverständnisses zu halten. Zu dieser Heilung bedarf es einer gänzlich unverkrampften, leidenschaftslosen Sicht, die nicht mehr *persönlich* interessiert ist, sei es an Anklage, sei es an Verteidigung. Das aber ist eine Frage der Distanz und diese eine der Zeit.

Das von Bismarck geschaffene Reich dauerte unverändert – allzu unverändert vielleicht – nur achtundvierzig Jahre, vom 18. Januar 1871 bis zum 9. November 1918. Verändert, zur Republik geworden, aber doch unversehrt in seiner föderalistischen Grundstruktur, wie sie Bismarck konzipiert hatte, dauerte es bis zum 31. März 1933, dem Tag des »Gesetzes zur Gleichschaltung der Länder mit dem Reich«,[2] man kann aber ebenso den 20. Juli 1932, den Tag des Papenschen Staatsstreichs gegen Preußen,[3] wie den 30. Januar 1934 nennen, der das »Gesetz über den Neuaufbau des Reiches« brachte.[4] Der zentralistische »Führerstaat« von da an bis zum Ende hatte innerlich, verfassungs- und verwaltungsrechtlich, kaum noch etwas mit der Schöpfung Bismarcks gemein. Immerhin bestand sie äußerlich, als Staatskörper des deutschen Volkes, noch fort bis zum 5. Juni 1945, da der Kontrollrat der Alliierten offiziell die Regierungsgewalt übernahm.[5]

Fünfundsiebzig Jahre hat das Zweite Deutsche Reich also bestanden – zwei Drittel dieser Spanne decken sich mit Walther Rathenaus Leben; wer alt genug wurde, hatte Gründung und Untergang des deutschen »Nationalstaats« bewußt miterlebt. Wenn wir nach den Ursachen dieses geschichtlichen Bankrotts forschen, dann müssen wir deren eine Vielzahl verschiedenartiger und verschiedenrangiger anführen. Versuchen wir, uns einen Überblick zu verschaffen.

Ein Schlüsselwort zur Erhellung des deutschen Schicksals heißt, wie mir scheint, *Inhomogenität*. Man kann darüber streiten, wie weit man diesen Begriff erstrecken will. Es gibt Historiker wie etwa Ulrich Noack, die an der Wurzel der Entwicklung die nicht wirklich gelungene Homogenisierung der deutschen Stämme zu finden meinen; die Deutschen, so lautet diese These, sind nicht wirklich und im letzten zu »einem Volk« verschmolzen, weil die

Stammeszusammensetzung und insbesondere die germanisch-slawische Symbiose zu solcher Verschmelzung nicht geeignet war.[6]

Doch auch wenn man nicht so weit geht, bleibt mangelnde Homogenisierung ein Leitsymptom deutscher Geschichte.

a) Dem römisch-deutschen Kaisertum gelang es nicht, sich gegenüber den Fürsten durchzusetzen. Die deutsche Geschichte ist, spätestens seit dem letzten Staufer,[7] vorwiegend Entwicklung der Territorialstaaten in sich und ihr Kräftespiel untereinander gewesen. Eine Zentralgewalt bildete sich nicht aus, einheitliche Lösungen, etwa des Konfessionenproblems, kamen nicht zustande, gemeinsame Aktionen (etwa gegen Reichsfeinde wie Ludwig XIV. oder die Türken) blieben, wenn nicht überhaupt unmöglich, rudimentär; mit dem Scheitern Karls V. war es endgültig entschieden, daß das Reich eine lose, zentrifugale Fürstenrepublik blieb, deren Träger, die Fürsten, praktisch autonom und nach innen zu absoluten Herrschern wurden und deren »Präsident«, der Kaiser, nur so viel Einfluß hatte, wie er als *Landesfürst* Macht besaß.

b) Einen weiteren und mit dem Vorhergehenden eng verbundenen »Homogenisierungsmangel« haben wir in der Tatsache zu erblicken, daß die konfessionelle Einheit Deutschlands nicht erreicht werden konnte. Die Glaubenszersplitterung ging mit der politischen Zersplitterung Hand in Hand; was in England, Frankreich, Spanien für den nationalen Großraum gelang: den Einheitsstaat mit Einheitsreligion unter Einheitsregiment zu instituieren, gelang in Deutschland nur für die partikularen Kleinräume, die Territorialstaaten, nach dem »cuius-regio-eius-religio«-Prinzip. Die staatliche *und* die konfessionelle »Stückelung« des Reiches bedingten und steigerten sich seit der Reformation gegenseitig. Der Ausgang des Dreißigjährigen Krieges, der Westfälische Friede, brachte als Ausdruck des großen norddeutsch-süddeutschen, protestantisch-katholischen Unentschiedens für Deutschland die Fixierung des konfessionellen Balancements und die Instituierung der Vollsouveränität der Landesterritorien. Als eine Fernwirkung gebar er den preußisch-österreichischen Dualismus.

c) Schließlich wäre zu fragen, ob nicht überhaupt das Langsame, Schleppende und Nachhinkende der deutschen Entwicklung Homogenisierungsschwäche verrät – nicht nur Schwäche, volkhafte Verschiedenheiten, politische Kräftegruppen, konfessionelle Parteiungen zu einem funktionierenden Organismus zusammenzuschweißen, sondern auch Schwäche, allgemeine Bedürfnisse und Strebungen der Zeit in soziale, politische, wirtschaftliche Praktiken umzusetzen. Spätkommen und Zuspätkommen erscheinen für deutschen Geschichtsgang charakteristisch: Gotik, Renaissance und Barock erfahren bei uns Zeitverschiebungen bis zu hundert Jahren. Luther ragt in das diesseitsberauschte Europa der Renaissance als mittelalterlicher Koloß. Die blutige Auseinandersetzung um sein Werk findet in Deutschland drei Generationen später statt als bei unseren westlichen Nachbarn Frankreich und England; die deutsche Klassik folgt mit einem Abstand von mehr als einem Säkulum auf die italienische, spanische, englische und französische; der deutsche Nationalstaat ersteht, der glänzende Auftritt in der imperialistischen Arena findet statt, als bereits europäische und weltweite Entwicklungen politischer, technischer, ökonomischer Art anheben, welche Nationalstaaten und Imperialismus ablösen oder doch einschränken werden. Welche Kluft in Stil und Gefühlswelt zwischen der Kaiser-Proklamation von Versailles und der Pariser Kommune Politische und soziale Demokratisierung geschieht so spät, so unzulänglich, daß Rathenau im Oktober 1918, wenige Tage vor Ausbruch der Revolution das Resümee zieht: »Diejenigen, die den Staat in der Hand hatten, benutzten ihn, diejenigen, die außen standen, mußten ihn dulden. Jeder war Vorgesetzter oder Untergebener oder beides, niemand war Civis Germanus, deutscher Bürger. Der Staat war nicht unsere Heimat, unser Haus, sondern eine zwingende Festung. Wir lebten im fortgesetzten Belagerungszustand und ließen es uns gefallen, weil jeder Geld verdiente und weil ihm gesagt wurde, es könne nicht anders sein. Daß es anders sein könne, wußten nur die Ausgewanderten, deshalb kamen sie nicht zurück . . . Anstelle des Nationalgefühls hat der Deutsche die dynastische Anhänglichkeit aus Abhängigkeit im Leibe . . .[8] Der Krieg mußte kommen als Weltrevolution, als Gewitterschlag aus der überspannten Atmosphäre der Mechanisierung, des Imperialismus und Nationalismus. Er mußte für Deutschland kommen als der letzte mögliche Schicksalsschlag, um das Volk aus politischer Indolenz, Rückständigkeit und Abhängigkeit emporzureißen.«[9]

Der Wunsch und Wille der Deutschen, eine Nation zu werden, wurde mächtig von der Geistesströmung der Romantik angefacht. Das Napoleonische Regime zwischen 1806 und 1812, seine Abschüttelung in den Befreiungskriegen hoben ihn auf die politische Ebene. Schon hier ein fundamentaler Unterschied zur Nationwerdung Englands, Frankreichs, Spaniens: war diese Resultat herrscherlicher Initiative, staatsmännischer Tat in einer bestimmten günstigen politischen und wirtschaftlichen Machtkonstellation gewesen – Gemeinerlebnisse wie die Reconquista waren bisweilen als Akzidentien hinzugetreten –, so ging im Falle Deutschlands der Zug zum »einen Vaterland« vom Gemeinerlebnis der Unterdrückung und Befreiung aus, war er emotional betont, Sache des Herzens und der Phantasie, während fürstlicher Wille, staatsmännisches Planen nicht nur fehlten, sondern dagegenstanden. Die Tatsache, daß die Landesfürsten, und nur sie, die Träger der politischen Gewalt waren, schloß von vornherein jeden nicht-konföderativen Einigungsplan für Deutschland aus. In tausendjähriger Entwicklung war Föderalismus für Deutschland zum Grundgesetz staatlicher Organisation geworden. Mit anderen Worten: schon von der Ausgangsposition her konnte keine Neubegründung eines deutschen Staates auch nur annähernd ein so kompakter, in sich geschlossener, straff organisierter Verband werden wie etwa das zentralistische Frankreich – es sei denn durch eine Revolution, die alle Fürsten hinweggefegt hätte. Die Neuordnung der deutschen Länder auf dem Wiener Kongreß, ihre lose Zusammenführung im Deutschen Bund, trug dieser Realität Rechnung: über alle romantischen Sehnsüchte, alle Freiwilligenbegeisterung von 1813 hinweg setzte sich die Souveränitätsbeharrung der Landesherren durch; nicht einmal das alte Reich in seiner Schwäche lebte wieder auf; ein lockerer Dynastenbund, Arabeske um das Gleichgewichtsspiel zwischen preußischer und österreichischer Vormacht – mehr war unerreichbar, mehr wünschten weder die deutschen Herren noch die europäischen Mächte.

Es ist nützlich, heute, da so gerne von den Versäumnissen der Vergangenheit, von »Tragödie«, »Verhängnis«, »Fehlhaltung« in der deutschen Geschichte gesprochen wird, ab und zu ganz harte Abbreviaturen der Wirklichkeit zu setzen; eine solche lautet: Deutschland war nach 1814 nur auf zwei Wegen zu schaffen – durch Konsensus der Fürsten (mochte diesem mehr oder minder nachgeholfen werden) oder durch Revolution des ganzen Volkes. Nachdem die Revolution von 1848/1849 gescheitert war, weil sie nicht entfernt die alles fortreißende und umpflügende Gewalt der Französischen gehabt hatte, blieb allein der andere Weg, das preußisch geführte Fürstenbündnis. Es ist eine theoretische und kaum beantwortbare Frage, ob ein neues Deutsches Reich, das auf revolutionärem Wege als zentralistischer oder als föderalistischer Volksstaat, als eine Demokratie entstanden wäre, längeren Bestand gehabt haben würde. Seine Gefährdung lag in seiner *Verspätung* und in der durch seine bloße Existenz gegebenen Störung des Mächtegleichgewichts – zur tödlichen Gefahr wurde dies jedoch erst infolge einer unglücklichen politisch-gesellschaftlichen Struktur, die das Reich zur Entschärfung und Minderung der Gefahren denkbar unfähig machte. Nicht einer »Verschwörung« von Neidern ist das Reich erlegen, sondern es starb an der ungeheuren Diskrepanz zwischen Außen und Innen. Das galt 1918 schon und dann wieder 1933 und 1945. Wir werden auf diesen Punkt, der eine große Rolle in Rathenaus warnenden, mahnenden Äußerungen spielt, noch wiederholt zu sprechen kommen. Im Juli 1918 schrieb er:

»Am wenigsten aber ist den Deutschen bestimmt, Gewalt zu treiben, wo Kunst und Umsicht helfen kann. Wir waren nicht revolutionär, als es uns bestimmt war, es zu sein; die mißlungene achtundvierziger Bewegung diente dazu, den oberen Mächten zu zeigen, wie wenig politischer und sozialer Wille im Volke verankert war. Wir waren und blieben gewohnt, Rechte und neue Ordnungen als widerwillige Geschenke ärgerlicher Geber zu empfangen, und leben daher heute im seltsamsten Gemisch von Feudalismus, Plutokratie, orthopädischem Sozialismus und undemokratischem Liberalismus . . .[10] Die Krise, die wir erleben, ist die soziale Revolution. Der Grund, weshalb sie sich nicht im Innern der Nationen, sondern an ihren Grenzen entzündet hat, liegt in der Eigenart unserer Wirtschaft, die zur Weltwirtschaft erwachsen ist und die in ihren Auswirkungen, Imperialismus und Nationalismus, die explosivsten ihrer Konflikte an den Rändern der Staatseinheiten gehäuft hat.«[11]

2. DIE POLITISCHE GRUNDSITUATION

Ohne Zweifel hat Rathenau hier die wesentlichen Gründe dafür, daß für das Bismarckreich »die erste Prüfung freilich schlimm endete«,[12] richtig gesehen. Doch müssen wir, ehe wir seinen Erkenntnissen nachgehen, noch einmal die außenpolitische Grundsituation Deutschlands vor 1914 ins Auge fassen.

Das Reich von 1871 hatte den Status Europas insofern einschneidend verändert, als an die Stelle eines gleichsam sequestrierten Macht- und Wirtschaftsraumes ein geschlossener, konzentrierter, politischer und ökonomischer Block getreten war, der als eine Art »geballter Ladung« im Zentrum des Kontinents lag. Durch das Hinzutreten dieser neuen starken Macht war das Kräfteverhältnis der übrigen europäischen Nationen, besonders aber das Ost-West-Gefüge, grundlegend gewandelt worden. Denn das Deutsche Reich war nach Einwohnerzahl der zweitgrößte Staat Europas, an Wirtschaftspotential konnte es sich sehr wohl mit sämtlichen bereits vor ihm bestehenden Großmächten messen, an Bevölkerungswachstum, Gewerbefleiß und Unruhe, das bei der Weltaufschließung einst Versäumte nachzuholen, übertraf es alle. Als Bündnispartner vermochte es neue, wechselnde, bald dem westlichen, bald dem östlichen Nachbarn, bald England bedrohlich erscheinende Kombinationen einzugehen. Diese Grundsituation hatte Bismarck klar gesehen, als er in seinen letzten Lebensjahren äußerte, »er wisse kein Mittel zur Besserung der deutsch-englischen Beziehungen, da das einzig denkbare, die Unterdrückung des deutschen Gewerbefleißes, doch wohl nicht angezeigt sei«.[13] Sein deshalb zum Axiom erhobener Leitsatz der deutschen Außenpolitik lautete: jede Konstellation vermeiden, die zur Umklammerung des Reiches von Ost und West führen kann. Die Mittel, einer solchen »Einkreisung« zu entgehen, konnten sowohl darin bestehen, sich entweder direkt mit den beiden Nachbarn, zumindest aber mit einem von ihnen, zu verständigen und, mehr, zu verbinden *oder* aber durch eine Freundschaft mit England, also indirekt, eine Allianz der Flügelmächte wenn nicht zu verhindern, so doch zu kompensieren. Beide Wege sind wiederholt versucht worden; die Versuche mißlangen – und nicht *nur* durch deutsche Schuld. Am Ende geschah gerade das, was auf gar keinen Fall hätte eintreten dürfen: weder mit Rußland noch mit England kam eine Verbindung zustande, man fand sich schlimmer als isoliert, nämlich *belastet* durch den Dreibund, dessen einer Partner, Italien, völlig unsicher und dessen anderer Teilnehmer, Österreich-Ungarn, durch seine Verstricktheit in die Balkanhändel geradezu gefährlich war. Wiederholt gehegte Kontinentalbundpläne scheiterten.[14] Das deutsch-englische Verhältnis ist Gegenstand eindringlicher Forschung geworden; es war von wechselnden Phasen der Anziehung und Abstoßung geprägt.[15] Liest man heute, was Rathenau 1912 darüber schrieb, so muß man mit Erstaunen feststellen, daß auch die neuere Forschung seine Sicht im Grundsätzlichen bestätigt hat: »England haßt uns eigentlich nicht, aber es empfindet unsern Aufstieg als eine vierfache Gefahr. Denn

1. fühlt es sich technisch-industriell überflügelt;
2. glaubt es sich verpflichtet, gegen jede sich entwickelnde kontinentale Vormacht einzuschreiten;
3. wird sein koloniales Gebäude innerlich erschüttert, wenn die Alleinherrschaft zur See den Wert des geschichtlichen Dogmas verliert;
4. wird das Wettrüsten zu kostspielig und bei stetig wechselnder Technik sein Erfolg ungewiß.

Der Krieg, den England zu führen hätte, wäre somit ein Präventivkrieg; eine Kategorie, die Bismarck ablehnte. Endete der Krieg mit einer entschiedenen Niederlage Deutschlands, so hätte England eine Reihe von Jahren Ruhe. Die inneren Ursachen der englischen Besorgnis wären jedoch nicht endgültig beseitigt, denn sie liegen nicht in der Politik, sondern in den Kräften des deutschen Volkes begründet. Kriege würden daher so lange sich periodisch wiederholen, bis der Weg der Weltentwicklung diese Rivalität erledigte.«[16] Hellsichtig erkennt er: »Wie er [der Ausgang eines Krieges] auch fiele: immer läge der Hauptvorteil auf der Seite der Vereinigten Staaten, und die amerikanische Wirtschaftsfrage käme in ein so verändertes Stadium, daß möglicherweise alle anderen Ergebnisse sich ihr unterordneten.«[17]

Genau das begann bereits ein halbes Jahrzehnt später einzutreten. Rathenau verbindet in einer für ihn charakteristischen Mischung die unbestechliche Kritik an der innerdeutschen Morbidität mit einem Plädoyer für Deutschland – einem Plädoyer, das nicht in »Unschuldsbeteuerungen«, sondern im Nachweis der Zwangslage besteht:

»Der Halbkonstitutionalismus, die absonderliche und vorbildlose Staatsform, in der wir leben, geht von dem Begriff einer gouvernementalen Erbweisheit aus. Daher hat sie die Eigenschaft, alles geschäftsmäßige Denken durch verwaltungsmäßiges Denken zu ersetzen und jede politische Teilnahme, ausgenommen die wirtschaftlich interessierte, im Volke zu töten. Preußen erzeugt fortwährend vorzügliche Verwaltungsbeamte; dagegen hat es in hundert Jahren nur einen einzigen bedeutenden Staatsmann der auswärtigen Politik hervorgebracht. Und dieser war ein Abseitiger, aus der Regierung zweimal Entlassener; durch einen dynastischen Zufall gelangte er in die Geschäfte und hinterließ nach mehr als einem Menschenalter keinen Jünger. Während dieses Jahrhunderts aber war England imstande, in jeder Generation eine doppelte Besetzung erster Staatskünstler und Diplomaten sich zu halten.«[18]

Dies die in der Tiefe ungute Ausgangslage, aus der heraus Preußen-Deutschland operieren muß. Sie lähmt das deutsche politische Handeln, macht es plump, unstet und glücklos. Aber Krieg und Frieden liegen nicht in seiner Macht – das hieße es überschätzen. England hat die Schlüsselposition inne, von seiner Beurteilung der Situation hängt des Reiches Schicksal ab oder, wie Rathenau es ausdrückt: »Unsere ernstesten Entschlüsse werden von den andern gefaßt.«[19] Rathenau spricht aus, worum es zwei Jahre vor der Katastrophe im Grunde geht; nicht mehr um Takt oder um Taktlosigkeit des

Kaisers, nicht mehr um Torheit oder Geschicklichkeit des Kanzlers, sondern um die Frage: ist ein deutsch-englischer Ausgleich überhaupt noch möglich, ausgedrückt in einer englischen Neutralitäts*verpflichtung*, einer deutschen Rüstungsbeschränkung?

»England fühlt sich bedroht, weil wir rüsten; England rüstet, weil es sich bedroht fühlt; wir rüsten nicht, weil England rüstet, aber wir hören nicht auf zu rüsten, solange England rüstet: ein Zirkel.

Kann der Vernünftige nachgeben? Können wir den Kreisprozeß anhalten? Wir könnten es, wenn die Lage eine symmetrische wäre. Sie ist es nicht. Wir sind mit keinem Gegner Englands verbündet. Vielleicht weil England keinen Gegner hat. Gleichviel. Aber England ist durch die Entente an unsern erklärten Widerpart gebunden. Die Entente, ein Produkt Marokkos, scheint in ihrer Hauptbestimmung erledigt. Geheime Klauseln sollen nicht bestehen: immerhin, die Entente selbst besteht; und wir müssen glauben, daß sie mehr vorstellt als eine Frühstücksvereinigung. Ist sie mehr, so hat England nicht das Recht, von uns Rüstungsbeschränkungen zu erwarten. Bedeutet sie nichts, so wird es leicht sein, uns Sicherungen zu gewähren. Freilich dürfte es nicht genügen, mündliche oder schriftliche Erklärungen zu wechseln: das sind Höflichkeiten und Formen, die kein Bündnis entkräften. Ist es England wahrhaft darum zu tun, in Frieden mit uns zu leben, so mag es einen Neutralitätsvertrag uns bieten, der uns, gleichgültig, ob die Entente besteht oder nicht, zu Freunden macht.

Zeigt sich England zu diesem zwar untätigen, doch friedfertigen Einverständnis bereit, so ist es an uns, ein Rüstungsabkommen zu finden, das beiden Nationen Luft schafft: Es sei nun, daß nach Churchills Vorschlag Rastjahre vereinbart werden, sei es, daß man Kielzahlen oder Tonnengehalte kontingentiert.

Weist England die Neutralität zurück, so wissen wir, daß seine Friedensbeteuerungen nur bis zur nächsten Verwicklung gelten. Dann wäre der Vorschlag der Abrüstung Phrase, seine Annahme Schwäche.«[20] Und Rathenau schließt mit dem Satz: »So liegt bei England die Entscheidung nicht allein über gutes und böses politisches Wetter, sondern über Krieg und Frieden.«[21]

Wie England endgültig entscheiden würde, mochte Rathenau vielleicht schon ahnen, doch gleich allen hoffte er noch. Von heute her gesehen, da wir *wissen*, will uns das Schicksal des Bismarckreiches als tragische Unausweichlichkeit erscheinen. Karl Erich Born meint treffend, die französisch-englisch-russischen Verträge von 1904 und 1907 bedeuteten keine »Einkreisung«, sondern vielmehr eine »Auskreisung« Deutschlands – nämlich die Ausschließung des Reichs aus dem Kreis der Weltmächte. »England, Frankreich, Rußland teilten untereinander, unter Ausschluß Deutschlands, die Objekte der Weltmachtspolitik auf. Das war der Sinn der Ententen von 1904 und 1907.«[22] Englands Motive, sich gegen das Reich zu stellen, sind ganz vorwiegend wirtschaftlicher Natur gewesen. »Wirtschaftlich« klingt harmlos, aber es schließt nicht nur Industriepotential, Ausfuhr, Welthandel, sondern darüber hinaus auch Volkskraft, Expansionsdrang, Weltgeltungsstreben als Ausdruck und Folge wirtschaftlicher Entfaltung ein. Eine der etwa zwischen 1910 und 1913 vorhandenen wirtschaftlichen Blüte Deutschlands analoge politische Machtstellung in der Welt war mit der Großbritanniens, von anderen Mächten, z. B. den aufsteigenden Vereinigten Staaten, zu schweigen, unvereinbar. Was also blieb? Diese wirtschaftliche Blüte wollen und sie forcieren, aber *ohne* Entsprechung in politischer Weltstellung? Sie abhängig machen vom »good will« des Empire, der vielleicht nicht ganz fehlte, der aber ohne Zweifel engere Grenzen hatte als das deutsche Wirtschaftswachstum? Oder in Erkenntnis des Unmöglichen, in Ansehung der drohenden und nicht zu bewältigenden Gefahr Selbstbescheidung üben und Selbstkupierung des Potentials und der Energien vornehmen? Es gab damals und es gibt heute keine restlos befriedigende Antwort auf diese Fragen.[23] Ein Vierteljahrhundert nach dem Untergang des Reichs können wir uns freilich der Einsicht nicht mehr verschließen, daß der Weg des Imperialismus – mochte er auch *damals* als süßer Zwang erscheinen – den Bankrott notwendig in sich barg; denn Deutschland war zu stark, um sich als kontinentale Großmacht saturiert zu finden – zu schwach jedoch, um sich zu so vorgerückter Stunde noch zur Weltmacht aufzuschwingen.

3. INNERE KRISE IN PERMANENZ

Für gewöhnlich verbindet sich der Gedanke an das Kaiserreich nicht mit der Vorstellung einer Krisenzeit, schon gar nicht einer dauernden. Die Zeitgenossen registrierten mehr oder minder sorgenvoll zwar einzelne Krisen, wie z. B. außenpolitisch die Marokkokrisen von 1905 und 1911, innenpolitisch die Kanzlerkrise von 1890 oder die Daily-Telegraph-Affäre von 1908. Im großen und ganzen aber überwog das Bewußtsein, in einer Epoche der Prosperität, der deutschen Weltgeltung und des in allen Bereichen spürbaren Fortschritts zu leben. Das erschien auch den nach 1918 Zurückblickenden weithin noch so. Die »große Friedenszeit« der neueren deutschen Geschichte, 1871 bis 1914, gewann legendären Glanz. Ihn hat die moderne Forschung zerstört; die »Wilhelminische Ära« nahm dabei immer trübere Tönung an, »wilhelminisch« wurde, bis heute, zur durchaus abschätzigen Bezeichnung, und wenn dies auch oft die positiven Seiten jener vier Jahrzehnte verkennt, so unterliegt doch die innere Schwäche des Reiches, seine gesellschaftliche, soziale, verfassungspolitische »Verspätung« – Ausdruck der geschichtlichen »Verspätung« –, keinem Zweifel mehr. Alle die Antinomien des neunzehnten, zumal des späten neunzehnten Jahrhunderts, die Theodor Schieder aufgezeigt hat,[24] gelangten im verspäteten, künstlichen und inhomogenen Reich zur gesteigerten Ausprägung. Historismus und Antihistorismus, Nationalismus und Internationalismus, Liberalismus und Sozialismus, um nur einige wesentliche zu erwähnen, brachten das hervor, was Schieder die »Diskrepanz zwischen äußerer Ruhe und Sicherheit und innerer, untergründiger Spannung« nennt.[25]

Doch sagen uns die »-ismen«-Gegensatzpaare wenig, wenn wir uns nicht klarmachen, welche prinzipiellen Möglichkeiten zur Lebensgestaltung ein Volk besitzt. In einem kontinuierlichen Prozeß der politischen und gesellschaftlichen Selbstbewußtwerdung, der seinen Ausdruck findet als Kunst der Anpassung der Stände, Schichten, Klassen aneinander und an die allgemeinen geistigen, politischen, sozialen, ökonomischen Tendenzen der Zeit, als Kunst des permanenten Ausgleichs zwischen den Interessengegensätzen aller Art, kurz: als Überwiegen eines zutiefst realistischen Gemeinsinnes über einen zutiefst unrealistischen Gruppenegoismus – in einem solchen Prozeß, der durchaus auch Phasen der Härte und des blutigen Kampfes kennt, entsteht die Demokratie als hochdifferenziertes Zusammenspiel aller ihrer Glieder, das nur gelingen kann, solange gesunder »common sense« in jedem einzelnen lebt. Beispiel, trotz der nicht zu übersehenden Schattenseiten: England und die Vereinigten Staaten. Demgegenüber der andere Weg: Zementierung einer Gruppenherrschaft mit starrer oder doch zumindest unelastischer Reaktion auf die sich wandelnden geistigen, politischen, wirtschaftlichen Verhältnisse inner- und außerhalb des eigenen Machtbereichs; Retardierung auf allen Gebieten des Gemeinschaftslebens, Monokratie und Oligarchie im Wechsel und in Verquickung; Unterentwickeltheit des allgemeinen Staatsbürgersinnes, innerstaatliches Leben nicht als dauernd mühsam zu erringender Konsensus, sondern als Verordnungsschematismus, kurz: Stagnieren in Partialherrschaften, welcher Art auch immer, infolge einer angeborenen oder anerzogenen Selbstbewußtwerdungs- und Selbstentfaltungsschwäche des Gesamtvolkes. Diese bedeutet Tragik: denn nach kurzem elementarem Aufbruch, einem revolutionären Gewaltakt, getragen von den solange von Staat und Herrschaft und würdigem Leben Ausgeschlossenen, welcher den Panzer der Gruppenherrschaft zertrümmert – und anders als durch Gewalt ist er nicht sprengbar –, kehrt alsbald die alte Struktur zurück. Namen und Gruppen haben gewechselt, aber die Diktatur, einerlei in welcher Variante, bleibt. Beispiel, trotz der auch vorhandenen Lichtseiten: Rußland und Spanien.

Zwischen diesen Extremen gibt es Mittel- und Mischpositionen. In ihnen bestehen die eben genannten Kräfte und Verhältnisse der beiden grundsätzlichen Alternativen *nebeneinander*, sich teils bekämpfend, teils ineinander verzahnt; es besteht zwar keine terroristische Willkürherrschaft, aber auch keine auf funktionierendem Kontrollsystem ruhende Demokratie; alte Feudalstrukturen und neue, der Industriewelt gemäße Sozialstrukturen existieren gleichzeitig, wobei diese jene zwar ständig weiter aushöhlen, jene diese aber dafür, selbst sterbend noch, paralysieren; es gibt Herrscher und Parlament, aber der Herrscher herrscht nicht, und das Parlament entscheidet nicht; das Zwischenorgan, die Regierung, erhält ein ungesundes, übermäßiges Gewicht und schwankt zwischen konzeptionsloser Schwäche und konzeptionsloser Forciertheit. Die öffentliche Meinung, die Interessenvertretungen erscheinen *zu* einflußreich oder *zu* einflußarm, nicht selten beides in einem. Ein allgemeiner, schwer faßbarer Zustand der Gelähmtheit und Zwitterhaftigkeit legt sich auf Staat und Gesellschaft – was sehr wohl mit unglückseliger Markigkeit, mit politischen Eskapaden einhergehen kann. Lange bleibt unentschieden, welche Bestrebung sich durchsetzen wird: die demokratische oder die monokratische; und hat die eine oder die andere »gesiegt«, so bedeutet dies keineswegs Endgültigkeit. Als Beispiel sind – trotz großer Unterschiede im einzelnen – Frankreich, die Donaumonarchie und Deutschland zu nennen.

Die Frage, ob in Deutschland am Ende die Fähigkeit zu freier, demokratischer Selbstdarstellung in einer unfanatischen, von gesundem Gemeinverstand getragenen Zusammenlebensform sich durchsetzen wird *oder* ob es, weil diese Fähigkeit zu schwach entwickelt ist, in einem einzel- oder gruppendiktatorischen Zwangssystem erstarren wird, ist heute unbeantwortbar. Es läßt sich nur feststellen, daß seit dem Wiener Kongreß Wechsel und Übergangsformen zwischen diesen Möglichkeiten unser Schicksal bestimmt haben: spätfeudalistische und neoabsolutistische Herrschaftsformen 1815–1848; mißglückter Demokratisierungsversuch 1848/1849; lange »Mischepoche« des Übergangs 1850–1914; erste Demokratie 1918–1933; Rückfall in eine für Deutschland ganz unerhörte, fast asiatische Despotie 1933–1945; zweite Demokratie seitdem. Die Mischepoche, das ist, ausgeprägt seit 1871, der Untergrund dessen gewesen, was wir als »innere Krise in Permanenz« bezeichneten, denn die Mischung unvereinbarer Bestandteile, die Mischung unversöhnt nebeneinander fortbestehender Tendenzen und Gesellschaftswirklichkeiten, die nicht zur Legierung werden – das *ist* die innere Krise in Permanenz. Zum tieferen Verständnis Rathenaus müssen wir dies wenigstens umrißhaft andeuten.

a) Zu den zahlreichen, von der Entstehung her gegebenen Hypotheken des neuen Reichs gehörte auch der konfessionelle Gegensatz, der zwar durch die beide Konfessionen übergreifenden Geistesbewegungen der Aufklärung, der deutschen Klassik und des deutschen Idealismus, des Neuhumanismus und des Liberalismus, wesentlich entschärft, aber doch keineswegs aufgehoben worden war. Dies zeigte sich im sogleich nach der Reichsgründung einsetzenden Kulturkampf.[26] Dessen komplexe Thematik ist hier nicht zu behandeln, doch bleibt es für die innere Labilität des Reichs bezeichnend, daß Bismarck – eben weil er der Festigkeit und der Sicherung seines Werkes mißtraute – einen »innenpolitischen Präventivkrieg«[27] gegen die katholische Kirche glaubte führen zu müssen. Im Geiste sah er »Rom«, Synonym für eine herrschsüchtige, dem Reich feindliche, im Grunde seit der Reformation unversöhnliche Kirche, im Bunde mit den deutschen Katholiken, mit Bayern, mit Österreich, mit Frankreich seine junge Schöpfung zerstören. Diese Vorstellung, wenn auch im konkreten Fall unzutreffend, hatte die geschichtliche Erfahrung der deutschen Inhomogenität, die Erkenntnis der Integrationsschwäche des neuen Kaiserreichs und die Sorge, die vielfältigen partiellen Strebungen möchten sich stärker erweisen als der Einheitswille, zur Grundlage. Der Kulturkampf endete nach anderthalb Jahrzehnten mit einem Kompromißfrieden, bei dem Staat und Kirche erhebliche Abstriche von ihren ursprünglichen Maximalzielen machten. Alles in allem war zwar die Position der katholischen Kirche in Deutschland nach 1890 schwächer als vor 1870, aber sie hatte sich Selbstgestaltungsfreiheit und innere Jurisdiktionsgewalt bewahrt bzw. wiedergewonnen. Hinsichtlich der Reichseinheit wird man sagen dürfen, daß eine Zerreißprobe überstanden wurde. Das Zentrum, das zu Beginn des Kulturkampfes nach Bismarcks Worten vom 8. Mai 1880 »den Kristallisationspunkt für jedes Oppositionsgelüste« gebildet hatte,[28] gewann eine Schlüsselposition und stand am Ende des Ringens im Begriff, Regierungspartei zu werden. Das bedeutete eine Aussöhnung der 1870 mißtrauisch widerstrebenden, verängstigt abseits stehenden Katholiken mit dem Reich. Dieser Aussöhnungsprozeß machte große Fortschritte, als um die Jahrhundertwende eine Welle der »Entghettoisierung«, charakterisiert durch den Kreis um Carl Muth und das »Hochland« (1907), einsetzte; das gemeinsame Kriegsschicksal aller Deutschen tat ein übriges. Die volle Integrierung des katholischen Bevölkerungsteils erfolgte erst nach 1945; denn während der Weimarer Republik hatten die Fortexistenz der Zentrumspartei, während der nationalsozialistischen Herrschaft Widerstand und Verfolgung ihm immer wieder mehr oder minder ausgeprägt einen Sondergruppenstatus zugewiesen.

b) Das Bismarckreich imponierte zwar nach außen als »Einheitsstaat«, und auch nach innen war es – wenngleich nicht im verfassungsrechtlichen Sinne – zentralisierter als das alte Deutsche Reich oder als der Deutsche Bund, und doch gehörte das Spannungsverhältnis von Zentralgewalt zu Partikulargewalt, ihr Miteinander und bisweilen auch Gegeneinander, zu den Leitmotiven deutscher Innenpolitik; dies hat sich, abgesehen vom nationalsozialistischen Zwischenspiel, bis heute nicht geändert. Die Verfassung von 1871 stellte ein ausgewogenes und kompliziertes Kompromiß zwischen den föderativen und unitarischen Strebungen dar. Die Dominanz Preußens war schon von Größe, Macht und Entwicklung her – schließlich hatte Preußen das Reich geschaffen – selbstverständlich, immerhin aber blieb den anderen Bundesstaaten durchaus ein gewisses Eigenleben – Bayern in besonderem Maße –, und man kann keineswegs von ihrer Zerstörung sprechen. Zu gewaltsamen Zusammenstößen zwischen Reich und Bundesländern, wie etwa während der Weimarer Republik, deren Verfassung mehr unitarisch ausgerichtet war, kam es zwar nicht,[29] aber ein »Gereiztheitsverhältnis« zwischen Preußen und den anderen, besonders den süddeutschen Staaten, verschwand doch nie ganz; es besaß auch persönliche Färbung: Kaiser Wilhelm II. wurde von seinen Fürstenbundspartnern – das Reich war ein Fürstenbund – nicht geliebt; der unterschwellig stets gärende Gegensatz zwischen seinem taktlos geäußerten »Lehnsherrenanspruch« und dem Selbstwertbewußtsein der Bundesfürsten spielte hinein.[30]

Vereinfachungen wie die, das Reich sei ein »Großpreußen« gewesen, oder umgekehrt, Preußen sei in das Reich hineingewachsen, treffen nicht genau den Kern: das schwierige Parallelverhältnis Preußen – Reich gehörte bis 1932 zu den fundamentalen Sachverhalten der Bismarckschen Gründung. Die Relevanz des Problems für das Kaiserreich ist unterschiedlich beurteilt worden.[31] Rathenau meinte dazu im Jahre 1919: »Nun zeigt sich, warum die Verfassung des Reiches und der Staaten, warum die Verwaltungen und Hierarchien verstaubte und verwickelte Gebilde waren, in langsamer Fahrt, bei gutem Wetter brauchbar, bei scharfer Beanspruchung störrisch, in der Kunstfahrt versagend. Warum? Weil Partikularismus nur zu einem Drittel war, was er sein sollte: Selbstgefühl und Eigenart des Stammes. Zu zwei Dritteln war er, als was er auftrat: stiller Bruderhaß, Bequemlichkeit zum Hergebrachten und Personenfrage.«[32] Für die Zeit zwischen 1870 und 1918 erscheint dies Urteil als zu hart. Gerade der Krieg hatte bewiesen, daß Einheitsgefühl und -wille lebendig waren. Andererseits machten sich im ersten Jahrfünft der Republik unter dem Schock der Niederlage, dem Druck materieller Not, dem Einfluß ideologischer Strebungen zentrifugale Tendenzen im Rheinland, in Bayern und in Sachsen bemerkbar, Beweis dafür, daß das Unitarismus-Föderalismus-Problem fortbestand.

c) Sehr viel gewichtiger für das Schicksal des Kaiserreichs als das bisher Angeführte war das Spannungsverhältnis zwischen Feudalismus und Demokratie, monarchischer und parlamentarischer Regierungsgewalt, zwischen »persönlichem Regiment« des Kaisers und juristischer Verantwortlichkeit der Regierung; alles in allem: zwischen anachronistischem Spät- und Halbabsolutismus und noch unreifer, aber zukunftsträchtiger Massendemokratie. Es war ein Übergangszeitalter, in dem Krone und Adelsoligarchie nicht mehr, parlamentarische Parteidemokratie noch nicht den Staat zu lenken imstande waren. Dieser Übergang konnte nur langsam vonstatten gehen, wenn man bedenkt, daß in Deutschland dreihundert Jahre »Mini- und Multiabsolutismus«[33] widerstandslos, d. h. ohne Eindämmung durch *erfolgreiche* Revolution, geherrscht hatten. Man kann es kaum anders ausdrücken: Deutschland war auf dem Wege der politischen Reifung, dem Wege zu einem ausgewogenen Gewaltenteilungs- und -verteilungssystem – und *das* ist Demokratie, einerlei ob im Gewand der Republik oder des Königtums – weit zurückgeblieben, ein in *dieser* Hinsicht unterentwickeltes Land, in dem nicht zufällig – im Gegensatz zu England und Frankreich – keine einzige jener großen Grundsatzschriften über die politische Mündigwerdung des Menschen und über die Demokratie als Staatsform dieser Mündigkeit entstanden ist, auf denen bis heute das staatliche Leben (mehr oder weniger anerkannt, mehr oder weniger praktiziert) ruht.[34] »Das Gesetz, nach dem es angetreten« – in der innenpolitischen Praxis, in der Verfassungswirklichkeit des Reiches mit allen ihren Widersprüchen und Mängeln wurde es dauernd sichtbar: das Reich war einesteils als Fürstenbund durch Fürstenkonsensus zustande gekommen; der Preis dafür bestand in Lebensverlängerung für die dynastische Exekutivgewalt und für die Vormachtstellung des Adels. Andernteils aber hatte das Reich seine Entstehung dem Schwung und dem dynamischen Liberalismus des Bürgertums zu verdanken, und der Lohn dafür bestand in der Einrichtung eines demokratischen Instrumentariums, wie des Reichstags mit Legislative und Budgetrecht, des allgemeinen, gleichen, direkten und geheimen Wahlrechts (*nicht* in Preußen), der Zulassung der Parteien, die freilich juristisch sozusagen »inexistent« blieben.

Zwischen diesen beiden Konzessionen-Bereichen gab es keine Verbindung.[35] Auf der einen Seite der Kaiser mit Hofstaat, der gesellschaftlich, militärisch (in Preußen durch das Dreiklassenwahlrecht auch politisch) privilegierte Adel, Stände und Herrenhäuser als zweite Kammern, der Bundesrat, dessen Vertreter Fürsten-Vertreter waren; auf der anderen Seite die Parteien im Reichstag und in den Landtagen. Ein ganz klares Übergewicht der antiquierten, nicht mehr recht funktionstüchtigen Strukturen. Dazwischen die Regierung – im Reich *nur* der Kanzler, vom Kaiser ernannt ohne jede Bindung an parlamentarische Mehrheit, nur ihm verantwortlich, wie die »Minister« – Staatssekretäre hießen sie – dem Kanzler. Dem Parlament blieb als einziges Machtmittel das Budget- und Steuerbewilligungsrecht – eine scharfe, aber nur indirekt wirkende, eine »Passivitätswaffe«. Es hatte freilich alle Gesetze zu verabschieden und konnte auch seinerseits Gesetzesanträge einbringen.

Walther Rathenau hat sich – wie viele andere Zeitgenossen, wie Maximilian Harden, Theodor Mommsen, Eugen Richter, Friedrich Naumann, um nur sie zu nennen – immer wieder mahnend, warnend, sarkastisch, analytisch zu diesem Kernübel des Reiches geäußert. Das scheinbar Widersprüchliche, daß die Masse der Deutschen in Opposition zu dem spätfeudalistischen Treiben des Kaisers und der Oberschicht stand und es doch servil hinnahm, ja oft genug opportunistisch unterstützte, drückt sich in scheinbar widersprüchlichen Stellungnahmen aus: »Noch immer«, schreibt er 1912 an einen Bekannten, »ist unsere Regierung erheblich machtvoller als das Parlament. Sie wird dem Reich den höchsten Dienst erweisen, wenn sie sich zwei geschichtlichen Faktoren nicht verschließt: dem Tauwetter, das seit einigen Jahren vom äußersten Osten bis zum fernsten Westen das politische Klima der alten Welt mildert, und der Tatsache, daß sechzig Prozent der Deutschen in die Opposition gedrängt sind. Zwei Pflichten sind zu erfüllen: die Beseitigung der verfassungswidrigen Wahlkreisgeometrie im Reiche und die Änderung des unwürdigen Wahlrechts in Preußen.

Aufgaben dieser Bedeutung ist die heutige Majoritätsgruppe schwerlich gewachsen, weder an innerer Homogenität noch an politischer Befähigung.«[36]

Wer diese »sechzig Prozent der Deutschen in Opposition« sind, wird in der Betrachtung »Der Kaiser« gesagt.[37] »Im offensichtlichen Interessengegensatz und Kampf zwischen Volk und Herrscherhaus wurde die patriarchalische Ohnmacht und ihr frommer Gefühlsausdruck gewaltsam erhalten.«[38]

Hier unterscheidet Rathenau also »Volk«, das im »Interessengegensatz« zum Herrscherhaus stand, vom opportunistisch dienernden, weil verdienenden Bürgertum:

»Schmachvoll war hier wie überall die Haltung des Großbürgertums, das, durch Beziehungen und Vergünstigungen preiswert bestochen, seinen Vorteil im Ankriechen an die herrschende Schicht und in der Lobpreisung des Bestehenden suchte. Die geistige Verräterei des Großbürgertums, das seine Abkunft und Verantwortung verleugnete, das um den Preis des Reserveleutnants, des Korpsstudenten, des Regierungsassessors, des Adelsprädikats, des Herrenhaussitzes und des Kommerzienrats die Quellen der Demokratie nicht nur verstopfte, sondern vergiftete, das feil, feig und feist durch sein Werkzeug, die Nationalliberale Partei, das Schicksal Deutschlands zugunsten der Reaktion entscheiden ließ: diese Verräterei hat Deutschland zerstört, hat die Monarchie zerstört und uns vor allen Völkern verächtlich gemacht.«[39]

In dem Aufsatz »Der wahre Grund politischer Fehler« spricht er die verfassungsmäßigen Strukturschwächen des Bismarckreiches aus: »Was also war das Geheimnis des Bismarckschen Wirkens innerhalb der damals geringeren Verworrenheit des staatlichen Lebens, der Schwierigkeiten, über die er so leidenschaftlich wie kein anderer klagte? Das Geheimnis war die jahrzehntelange Inamovibilität, wie man es damals nannte, die praktische Unabsetzbarkeit. Der Unabsetzbare kann, wenn er der Mann dazu ist, auch im verworrensten System Wunder wirken. Wir wünschen nicht, auf die Diktatur zuzusteuern; wir wünschen ein bewegliches Staatswesen mit geteilter Verantwortung. Dann aber muß es organisch regierbar sein. Das unsere ist es nicht, außer für unabsetzbare Staatsmänner, die wir nicht wollen, und den Grund nenne ich: das neunundneunzigfache Veto ohne Jubeo.«[40] Mit dieser Bemerkung spielt Rathenau auf die Kalamität an, daß das Parlament, besonders hinsichtlich der Exekutive, verhindern, aber nicht bewirken konnte. Er fährt fort: »In manchem Sinne freilich hat es der halbkonstitutionelle Staatsmann bequemer. Er kann, wenn er schlau ist, sein Parlament als eine halbfeindliche Rotte dummer Teufel an der Nase führen, indem er ihnen das entscheidende Material vorenthält oder es in gefärbten und gesüßten Dosen eingibt, er kann sich durch gutverteilte Gefälligkeiten stets wechselnde Mehrheiten bilden, er kann, bis ihm der Atem ausgeht, das Parlament verleiten, Dinge zu beschließen, die es eigentlich nicht will, deren Zusammenhang es nicht versteht, die dem Augenblicksbedarf der heimlich konservativen Regierung zugute kommen. Aber diese Dinge werden niemals eine einheitliche, ins Weite tragende Zielkraft haben, sie werden eine brüchige, eckige, zickzackförmige Kurve bilden, die keiner gradlinigen Konkurrenz standhält ... Nur die echte Demokratie der Verfassung kann die unentbehrliche Autokratie der regierenden Durchführung zuwege bringen, deren persönliche Form so unentbehrlich nötig ist wie für die Schaffung irgendeines anderen Meisterwerkes. Regieren muß gleichzeitig demokratische Vertrauenssache und autokratische, selbstverantwortliche

Kunst sein. Bei uns ist es vielfach autokratische Vertrauenssache gewesen, geschädigt durch demokratisches, mißtrauisches Hineinpfuschen in den künstlich abzusondernden Arbeitsbereich des einzelnen. Dieser falsche Demokratismus des Mißtrauens und der Rankünе ist die notwendige Gegenerscheinung des grundsätzlichen Autokratismus; denn ohne diese Zutat wäre er offener Absolutismus, den man nicht will. Nur der grundsätzliche Demokratismus des Aufbaues kann es sich leisten, den Geschöpfen seiner Macht und seines Vertrauens die volle, ungestörte autokratische Schaffensfreiheit zu gewähren, die zum großen Handeln und zur starken Politik gehört.«[41] Rathenau wendet hier den Begriff der »Autokratie« nicht im pejorativen Sinne an; er ist zeitlebens davon überzeugt gewesen, daß auch in der Demokratie, im Volksstaat »Männer die Geschichte machen« – und daß beides sich nicht aus-, sondern einschließt. Wir werden später davon zu sprechen haben, wie sich seine diagnostischen Erkenntnisse in den eigenen Entwürfen niederschlugen. Eine Entwicklung hin zur Demokratisierung und Parlamentarisierung ist in dem knappen halben Jahrhundert, welches das Kaiserreich währte, unverkennbar festzustellen; ihre Einzelheiten können hier nicht behandelt werden. Allerdings fand diese seit etwa 1908 deutlich spürbare Wandlung des innenpolitischen Klimas *keine* Entsprechung in der Verfassungswirklichkeit. Im Gegenteil, mit Kriegsbeginn schaltete sich der Reichstag, in dem die Sozialdemokraten die stärkste Fraktion stellten, selbst aus. Der »Burgfriede« endete mit der Osterbotschaft des Kaisers, die erbitternd wirkte, da sie die schon längst überfällige preußische Wahlrechtsreform bis »nach dem Sieg« vertagte und ihr auch dann das Gleichheitsprinzip nicht zugestand. Erst am 28. Oktober 1918, zwölf Tage vor dem Ende der Monarchie, wurde durch verfassungsänderndes Gesetz im Reichstag der Übergang zum parlamentarischen System vollzogen.[42]

d) Mehr noch vielleicht als in allen konkret-politischen Ungereimtheiten zeigt sich die tiefe innere Disproportioniertheit des Kaiserreichs in seiner gesellschaftlichen und kulturellen »Atmosphäre«, die durch ein unglückliches Mixtum compositum aus industriellem Fortschritt und romantizistischem Beharren charakterisiert wird. »Atmosphäre« ist etwas schwer Greifbares, schwerer Vorweisbares, sie ist nicht zu reproduzieren durch Bericht oder Beweisstücke, allenfalls zu ahnen durch ein Kunstwerk – und sie ist doch Wirklichkeit, die alle Haltungen und Handlungen einhüllt. Rathenau meinte: ». . . niemals zuvor hat so vollkommen ein sinnbildlicher Mensch [Wilhelm II.] sich in der Epoche, eine Epoche sich im Menschen gespiegelt«[43] und, schärfer noch: »Nicht einen Tag lang hätte in Deutschland regiert werden können, wie regiert worden ist, ohne die Zustimmung des Volkes . . .[44] Nie hat eine Epoche mit größerem Recht den Namen ihres Monarchen geführt. Die Wilhelminische Epoche hat am Monarchen mehr verschuldet, als der Monarch an ihr.«[45] Es ist über diese Epoche viel geschrieben worden; der Wiedergaben imperatorischer Lächerlichkeiten, Peinlichkeiten, Taktlosigkeiten und der Darstellungen eines mit ihnen letztlich im Einklang – in einem Einklang der Monstrosität – befindlichen Volkes, aus dem alles das aufstieg, in dem sich alles widerspiegelte, sind Legion. Rathenaus Schrift »Der Kaiser« ist eine einzige Anklage in dieser Richtung. Und doch müssen wir differenzieren; keine Epoche ist so simpel zu fassen, daß sie sich wirklich in einer Gestalt personifizieren ließe. Zudem: das neue Reich bestand zwei Jahrzehnte vor Wilhelms Thronbesteigung schon, umfaßt also mehr als »Wilhelminismus«, der zeitlich gesehen nur die Hälfte ausmacht. Und das, was wir unter ihm begreifen, gab es in ganz Europa, in nationalen Varianten: als Victorianische, als Franzisco-Josephinische Epoche, in ganz Europa der gleiche, wenn auch von Nation zu Nation modifizierte Prozeß der Ausbildung der technisch-industriellen Massenwelt mit allen ihren Konsequenzen bei gleichzeitiger (unter- oder halbbewußter) psychischer Gegenschwingung im Sinne der Fixierung romantizistischer und historischer Kontraste. Der Übergang von der individuozentrischen zur unter Sachzwängen sozialisierten Welt, der das ganze neunzehnte Jahrhundert erfüllt, trat am Ende jenes Saeculums und zu Beginn des unseren, zwischen 1880 und 1914, in ein Stadium äußerster, bis zum Makabren gesteigerter Paradoxien. 1886 wird Neuschwanstein vollendet, 1887 die AEG gegründet. Man darf die Menschen, in denen solche in *einem* Leben nicht auflösbaren Gegensätze aufeinanderstießen, nicht als Karikaturen hinstellen, wie es allzuoft geschieht. In ihnen *allen* war etwas von Neuschwanstein *und* von AEG. Nicht zufällig waren Richard Wagner und Alfred Krupp Zeitgenossen. Die Klischees vom Korpsstudenten mit »Schmissen« und »in Wichs«, vom schnarrenden Regierungsassessor und schneidigen Reserveleutnant, von Paraden, Kaisermanövern und Sedan-Feiern, vom »Wagnerischen Apparat«, wie Rathenau es formuliert, der »so treffend den Nerv der prusso-mechanischen Bevölkerung berührt« habe,[46] konterfeien nur die *eine* Seite der Vorweltkriegsgeneration ab, ihre arme verkrampfte Furchthaltung, ihre innerste Hilflosigkeit vor der neuen Realität einer auf anonyme Kollektive hinzielenden Funktionswelt. Ihre *andere* Seite aber, ihr ökonomischer und technischer Rationalismus hohen Grades, ihre wissenschaftliche und künstlerische Furchtlosigkeit, ja Unerbittlichkeit, ihr Wille zu neuen Lebensformen, kurz: ihre Bedeutung für die Grundlegung des zwanzigsten Jahrhunderts, bestand daneben und nicht selten sogar in *einer* Person. Wir sagen gern, Ernst von Wildenbruch und Rudolf Herzog und Anton von Werner hätten den »Wilhelminismus« repräsentiert; dann ist dieser aber eben nur ein sich lauthals gebärdender *Teil* der Epoche gewesen und in bezug auf die Wirkungen nicht der wichtigste. »Zeitalter Wilhelms II.« – das sind auch die Schriftsteller Gerhart Hauptmann, Thomas Mann, Stefan George, Hugo von Hofmannsthal; die Maler Lovis Corinth, Max Liebermann, Edvard Munch, Lionel Feininger, Emil Nolde, die Architekten Behrens, Poelzig, Bonatz – alles Generationsgenossen Walther Rathenaus. Sie wirken fort. Die Gestalter der Berliner »Siegesallee« sind vergessen, und wer weiß noch, wer die Kaiser-Wilhelm-Gedächtniskirche erbaut hat? Frank Wedekind jedoch wird heute wie damals gespielt.

Gewiß gab es eine Art gesellschaftlicher Vormachtstellung konservativen Adels und nationalliberalen Bürgertums mit konkreten Auswirkungen auf die Machtposten des Staates – die gibt es immer, aber was repräsentiert sie anderes als die Tatsache, daß zur Stunde diese Gruppe und nicht jene »am Ruder ist«? Nicht weniger erhellend für eine Epoche als die Repräsentanz dessen, was die Kommandobrücken und Sonnenplätze der Gesellschaft innehat, ist die Repräsentanz dessen, was im Schatten steht und den Kurs von morgen oder übermorgen vorbereitet.

Nach der Rekrutenvereidigung der Potsdamer Garderegimenter am 23. November 1891 hält der Kaiser eine Ansprache, in der er sagt: »Ihr habt Mir Treue geschworen, das – Kinder Meiner Garde – heißt, Ihr seid jetzt Meine Soldaten, Ihr habt Euch Mir mit Leib und Seele ergeben: es gibt für Euch nur einen Feind, und der ist Mein Feind. Bei den jetzigen sozialistischen Umtrieben kann es vorkommen, daß Ich Euch befehle, Euere eigenen Verwandten, Brüder, ja Eltern niederzuschießen – was ja Gott verhüten möge –, aber dann müßt Ihr Meine Befehle ohne Murren befolgen.«[47] Halten wir hier das Wilhelminische Zeitalter, wie es leibt und lebt? Aber im selben Jahr wird das Erfurter Programm der SPD verkündet und der Alldeutsche Verband gegründet, erscheinen Wedekinds »Frühlings Erwachen« und Friedrich Engels' »Die Entwicklung des Sozialismus von der Utopie zur Wissenschaft«. Ein Jahr später meint der Kaiser auf dem Festmahl des Brandenburgischen Provinziallandtages (24. 2. 1892): »Dazu kommt . . . Meine felsenfeste Überzeugung, daß Unser Alliierter von Roßbach und Dennewitz [gemeint: Gott] Mich . . . nicht im Stich lassen wird. Er hat sich solche unendliche Mühe mit Unserer alten Mark und Unserem Hause gegeben, daß Wir nicht annehmen können, daß er dies für nichts getan hat. Nein, im Gegenteil, Brandenburger, zu Großem sind Wir noch bestimmt, und herrlichen Tagen führe Ich Euch noch entgegen.«[48] Im selben Jahr erscheinen Hauptmanns »Weber«, gründet Maximilian Harden die »Zukunft«, erscheint August Bebels »Christentum und Sozialismus«. Man kann diese Gegenüberstellung für Jahrzehnte hindurch fortsetzen: die Krüger-Depesche, die Gründung des Nationalsozialen Vereins durch Friedrich Naumann, der erste Zionistenkongreß in Basel, Theodor Herzls Grundschrift »Der Judenstaat« und Walther Rathenaus antisemitische Polemik »Höre Israel!«[49] fallen sämtlich in das Jahr 1896. 1905 und 1906 sehen Wilhelms sinnlose und schädliche Tanger-Reise, die erste Marokkokrise, das Erscheinen von Jacob Burckhardts »Weltgeschichtlichen Betrachtungen«, Wilhelm Diltheys »Das Erlebnis und die Dichtung«, H. St. Chamberlains »Arische Weltanschauung«, Einsteins »Spezielle Relativitätstheorie« – wo ist da nun das »Wilhelminische Zeitalter«? Der Klischeebegriff löst sich auf. An seiner Stelle wird ein gewaltiger Ein- und Umschmelzungsprozeß sichtbar, in dem Wilhelm selbst und der prunkende Bühnenapparat um ihn nur *einen* Bestandteil ausmachen und der durch die Gleichzeitigkeit gegensätzlicher Wirkkräfte auf engem Raum charakterisiert erscheint. Walther Rathenau selbst verkörpert diesen Prozeß: er schreibt für Hardens »Zukunft« und verkehrt in der Hofgesellschaft; er setzt sich kaum vorstellbarer gesellschaftlicher Verzettelung aus – seine Tagebücher melden davon[50] – und sucht zugleich das Reich der Seele, das wiederum in Antinomie steht zum Reich der Mechanisierung, dem er als Industrieller dient. Nie ist Rathenau der Mann des »Entweder-Oder«, stets der des »Sowohl-Als-auch« gewesen. Dieses Geflecht des Widersprüchlichen darf man nicht zerschneiden, nicht in mit »Noten« versehene Portionen zerlegen. Es ist der Tod aller Geschichtsschreibung, wenn sie sich auf die Fraktionierung der *ganzen* Wirklichkeit in künstlich gegeneinander gestellte Bruchstücke einläßt. Karl Marx hat eben *auch* etwas vom verbitterten Bourgeois, Wilhelm II. etwas vom naiv-fortschrittsgläubigen Homo faber gehabt. Rathenau zeigt sich als »kapitalistischer Imperialist« par excellence, wenn er zu dem Journalisten Adolf Zimmermann äußerte: »... daß er keine volkswirtschaftliche Notwendigkeit für neue private Kapitalanlagen in der Kolonie [gemeint: Ostafrika] sehe. Ihm komme es darauf an, den Handel und die Absatzmöglichkeiten in Ostafrika zu erweitern.«[51] Zugleich aber stellt er fest: »Wie ein brünstiges Tier stürmt die Epoche in die Sklaverei des Plutokratismus.«[52] Das mannigfache lustige Bunt der Uniformen beherrschte den Vordergrund der öffentlichen Szenerie, die Paraden, Wachablösungen, Bälle; aber in Fabriken, Werkstätten, Büros, Schulen schufen die »dämlichen Zivilisten«, wie der Kaiser sie zu nennen liebte, in ihrem uniformen Grau jene Welt, die die Uniform zum *Kostüm* und den Arbeitskittel zur Uniform werden ließ: auch das »Innere Krise in Permanenz«.

4. WIRTSCHAFTLICHE ASPEKTE

»Die Welt, in der Walther Rathenau lebte«, das ist im engeren Sinne die Welt der Wirtschaft gewesen. Von ihr geprägt und sie beeinflussend, im wechselvollen Verhältnis von Anziehung und Abstoßung, stieg er in ihr auf, bis er geradezu einer ihrer Prototypen wurde. Sie hat in vielfältiger Weise sein Schicksal bestimmt.

Im Jahre 1882 hatte der Vater, Emil Rathenau,[53] die Edison-Patente für Deutschland angekauft und 1883 die »Deutsche Edison-Gesellschaft« gegründet. 1887 erfolgte deren Umwandlung in die noch heute bestehende AEG. Walthers äußerer Weg war damit schon festgelegt, denn in dem patriarchalischen Familiengefüge, wie es damals noch – und bei Juden zumal – bestand, hatte der Sohn des Vaters Werk fortzusetzen. Die besten Mannesjahre Walthers fallen mit der Zeit der enormen Expansion der deutschen wie der Weltwirtschaft im allgemeinen und mit der der AEG im besonderen zusammen. Zwischen 1890 und 1914 wuchs die Allgemeine Elektricitäts-Gesellschaft zu einem der größten Konzerne Europas, exemplarischer Ausdruck für die dynamische und der Umwelt verständlicherweise angstmachende deutsche Wirtschaftsentwicklung.[54] Walther Rathenau, nicht der vitale Gründer-Typ, nicht unreflektiert-naiv im vollen Einklang mit dem »Trend« der Stunde wie der Vater, sondern der intellektuelle Organisator, dem das praktische Handeln eigentlich erst im dialektischen Spannungszustand zum Denken, ja zum Zerdenken der Grundlagen, auf denen die Aktionen beruhen, Lust bereitet – er versuchte wiederholt, wenn auch wohl nie ganz ernst, aus dem um ihn geschlagenen Zirkel auszubrechen: 1897 begann er sein »Doppelleben«, als anonymer Publizist schrieb er für Hardens »Zukunft«. 1899 legte er nach sieben Jahren die Direktion der Elektrochemischen Werke Bitterfeld nieder: »Ich beschloß, mich von der Industrie zurückzuziehen und literarisch zu arbeiten.«[55] 1900 trat er als Vorstandsmitglied in die AEG ein: »Die AEG schlug mir vor, in ihr Direktorium einzutreten und die Abteilung für den Bau von Zentralstationen zu übernehmen. Ich übernahm die Arbeit drei Jahre, baute viele Zentralen, u. a. in Manchester, Amsterdam, Buenos Aires und Baku. Die Leitung der Elektrochemischen Werke behielt ich bei ...«[56] Schon 1902 verließ er die AEG wieder, »um in der Finanz zu arbeiten. Ich trat in das Direktorium einer unserer Großbanken, der ›Berliner Handels-Gesellschaft‹, ein und reorganisierte einen großen Teil ihrer Industrieunternehmungen. Ich bekam Einblick in die deutsche und ausländische Industrie und gehörte damals nahezu hundert Unternehmungen an.«[57]

Carl Fürstenberg, seit 1883 Geschäftsinhaber der Berliner Handels-Gesellschaft, erzählt in seinen Erinnerungen: »Einen bedeutsamen Zuwachs erhielt unser Kreis schließlich durch den Eintritt Dr. Walther Rathenaus als Geschäftsinhaber ... Im Hauptbetrieb der AEG fand sich neben seinem Vater für ihn kein rechter Platz ... So machte ich ihm kurz entschlossen den Vorschlag, Walther, über dessen hohe Begabung bei mir kein Zweifel bestehen konnte, als Geschäftsteilhaber in die Berliner Handels-Gesellschaft zu nehmen. Er hat dort fünf Jahre lang, nämlich vom 1. Juli 1902 bis zum 1. Juli 1907, eine vielseitige Tätigkeit entwickelt und ist auch nach seinem Austritt in ständigem engen Zusammenhang mit meiner Bank geblieben.«[58] Diese letztere Bemerkung spricht eine Selbstverständlichkeit aus; denn die deutsche – und nicht nur sie – Großindustrie und Hochfinanz bildeten ein einziges, mehr oder minder eng geknüpftes Netz; an welchem seiner Knotenpunkte ein leitender Mann auch stehen mochte – er blieb mit allen anderen Punkten in näherer oder weiterer Verbindung. Diese Tatsache veranlaßte Rathenau zu der ihm oft mißdeuteten Bemerkung, daß dreihundert Männer das Schicksal Europas in Händen hielten.[59] Sicher gehörte er selbst zu ihnen – aber ob die Behauptung stimmt, ist eine andere Frage.

Die wirtschaftlichen Gesichtspunkte erklären in der Geschichte viel, aber doch nicht alles. Deutschland gibt hierfür ein gutes Beispiel. Weder sein außenpolitisches, in Weltkriegen, Niederlagen, ja Zerstückelung einmündendes Fiasko noch sein innerer, zu Revolutionen, Terrorstaat und organisiertem Verbrechen führender Katastrophengang sind bloße »Wirtschaftsfolgen«

gewesen. Die komplizierten Ursachen dafür, daß Deutschland in zwei Kriegen gegen eine Welt antreten und scheitern mußte, lassen sich ebensowenig auf das Schlagwort »Konkurrenzneid« reduzieren, wie etwa die Gründe für das Judenmassaker auf »wirtschaftliche Mißgunst«. Auch andere Völker haben den Weg vom Agrar- und Feudalstaat zum Industrie- und Sozialstaat gehen, sie alle haben sich in der neuen technisch-ökonomischen Welt der Sachzwänge einrichten lernen müssen, auch in anderen Völkern lebten und leben Juden und Farbige und Mischlinge aller Art dazu – daß das deutsche Volk darauf mit einer völligen Entgleisung seines politischen, geistigen, sittlichen Lebens reagierte, war nicht Folge eines wirtschaftlichen, sondern eines charakterlichen Zusammenbruchs.

»Charakter« ist ein in der Geschichte schwer zu fassender Begriff, besonders dann, wenn er vom Einzelmenschen auf Einrichtungen, Schichten, Gruppen, ganze Völker und Staaten übertragen und im Sinne von »Moral« angewendet wird. Man sollte sich bei seinem Gebrauch nicht interpretatorisch versteigen, ihn aber doch als einen Untergrund, aus dem Entscheidungen, Handlungen, Verhaltensweisen aufsteigen und auf den sie sich spezifisch auswirken, berücksichtigen. In diesem Verstande sprechen wir von humanitären, sozialen, politischen »Gesinnungen« und auch, obwohl die Wortzusammensetzung ungewohnt klingt, von »Wirtschaftsgesinnung«. Ein Blick auf sie erscheint zum Abschluß des Kapitels notwendig. In der Sammlung »Zeitgeist im Wandel«, Band I »Das Wilhelminische Zeitalter«, hat sich Bruno Seidel mit diesem Thema eingehend befaßt.[60] Das große Neue, das das letzte Drittel des neunzehnten Jahrhunderts für das Wirtschaftsleben brachte, bestand im Hinzutreten von Verbrennungsmotor, Elektrotechnik und Chemie und den drei darauf fußenden riesigen Industriezweigen zu der auf Dampfkraft beruhenden Eisen- und Textilindustrie, deren Produktionsweisen daneben geradezu traditionell anmuteten. Von nun an hält die angewandte Naturwissenschaft Einzug in die Produktionsverfahren. Die Wissenschaft bedingt den technischen Fortschritt, der nicht mehr auf »Einfällen« genialer Praktiker, sondern auf den systematischen Untersuchungen der Theoretiker beruht. »Neben dem bisherigen Techniker«, so formuliert es Seidel, »der zumeist aus der Praxis stammender, technisch begabter Dilettant vorwiegend handwerklich-werkmeisterlicher Prägung war (man denke hierbei nur etwa an Werner Siemens oder Johann Georg Halske), tritt im Wirtschaftsleben ein ganz neuer Typ um diese Zeit auf, die Gruppe der auf Universitäten und technischen Hochschulen ausgebildeten Techniker, Chemiker und Physiker. Neben diesem neuen Typus des Technikers entwickelt sich aber auch der neue Typ des Kaufmannes.«[61] Zu diesem »neuen Typ« gehörte Walther Rathenau, und wir stoßen hier, neben den aus der Verschiedenheit der Persönlichkeiten herrührenden Gegensätzen, auf eine wesentliche Wurzel der Spannungen zwischen Vater und Sohn. Denn Emil Rathenau ist noch solch ein improvisierender Unternehmer-Werkführer von ehedem gewesen, ein Mann, der instinkthaft, phantasievoll, sparsam und hausväterisch die gewaltigen Chancen einer Epoche wahrnahm, in der Technik und Industrie und beider unauflösliches Junktim noch jung, fast möchte man sagen »naiv«, waren. Walther dagegen war, obschon auch im Praktischen durchaus bewandert, ein Wirtschafts*denker*, wie seine zahlreichen diesbezüglichen Publikationen beweisen, und wie es oft der »zweiten Generation« eigen ist, die über die Taten der ersten nachsinnt, um Gesetze zu finden, die die Väter, oft intuitiv, befolgten.

Es ist kein Zufall, daß mit der Verwissenschaftlichung des wirtschaftlichen Lebens – diese erstreckt sich ja nicht nur auf Produktionsmethoden, sondern auf *alle* Betriebsbereiche wie Finanzierung, Verkauf, Marktschaffung und -erforschung, Preisgestaltung usf. – neue Wissenschaftsdisziplinen entstehen wie etwa die Betriebswirtschaftslehre.[62] Neben die rein sachbezogenen Aspekte des »scientific management« treten alsbald, »humaner Gegenpart«, wie Seidel sagt,[63] sozialpolitische Gesichtspunkte; man wird sich unter dem Einfluß der »Kathedersozialisten« – der Name stammt von den dem Manchestertum verhafteten liberalen Gegnern und meint nicht so sehr Sozialisten als vielmehr Sozialreformer –, so eines Adolph Wagner, Gustav Schmoller, Lujo Brentano, der sozialen Verantwortung für die Menschenmassen bewußt, die in eine neue, erst noch zu bewältigende und zu humanisierende *Abhängigkeit* dadurch geraten sind, daß sie »nur« ihre Arbeitskraft in den riesigen Industrialisierungsprozeß der Welt einzubringen hatten.[64]

Das Verhältnis Staat–Wirtschaft war ambivalent: auf der einen Seite erschien des Staates Protektionismus sowohl für die »nationale« Sicherung der Wirtschaft als auch für die soziale Sicherung der in ihr Arbeitenden notwendig; auf der anderen sah sich der Staat wechselnden und gegensätzlichen Interessen gegenüber – so etwa den einander widerstreitenden von Landwirtschaft und Industrie, von Klein- und Großbetrieben, von export- und importintensiven Wirtschaftszweigen – und vermochte trotz aller Bemühungen auch die sozialen Spannungen nicht auszugleichen. Der Ruf nach dem Staat wurde laut, als die »Freiheit« der Gründerzeit, exzessiv entartet, im Ausbruch der großen Krise, die 1873 einsetzte, endete. Diese Krise, die mit ihren Ausläufern bis etwa 1896 währte, lieferte die Antwort auf den Irrtum, ein freies wirtschaftliches »Sich-Ausleben« sei möglich *ohne* Ordnungs-Regulativ, da die freie Kräfte-Entfaltung, im Sinne mißverstandener darwinistischer »Auslese«- und »Kampf-ums-Dasein«-Theorien, dies Regulativ in sich trage. Da das komplizierte Wirtschaftsgeflecht einer hochentwickelten Zivilisationsgesellschaft keine »Wildbahn«, sondern einen empfindlichen Organismus darstellt, welcher der geistigen Durchdringung, der ausgewogenen Partnerschaft aller Glieder – wozu diese indes erst reif werden müssen – bedarf, wurde hier erstmalig im großen, über Deutschland hinausgreifenden Rahmen erfahren. Die Auswirkungen dieser Gründer-Krise, deren Abklingen Rathenau bewußt miterlebte, waren mannigfaltig. Wir nennen einige der wichtigsten:[65]

1. Das gespannte, ja feindselige Verhältnis von Großgrundbesitz zum Bau-

erntum, entstanden durch den ungezügelten und rücksichtslosen Aufkauf von Bauernland, besserte sich bis hin zur politischen Verständigung, ja Zusammenarbeit.

2. Hiermit hing indirekt eine Stärkung des Konservativismus und des Klerikalismus auf dem Lande zusammen. Zumal die katholischen Gesellschaftslehren waren ohnehin stets dem Wirtschaftsliberalismus entgegengetreten und fanden sich nun im Gründer-Bankrott bestätigt.

3. Andererseits wurde natürlicherweise die Sozialdemokratie gestärkt. Marx und Engels glaubten in der Wirtschaftskrise einen universalen Vorgang, der die wissenschaftliche Richtigkeit der materialistischen Geschichtsauffassung beweise, zu erkennen. Die Krise, die nicht zusammenhängend, sondern in Schüben mit dazwischenliegenden Aufschwüngen verlief, fand ihren Ausdruck in den sozialdemokratischen Programmen: den Phasen tiefster Depression entsprachen 1875 das Gothaer und 1891 das Erfurter Programm, die »Hochkonjunktur«-Phasen gaben dem Revisionismus Auftrieb.

4. Liberalismus und liberale Parteien verloren stark an Gewicht, da man ihnen die Schuld an der Entwicklung zuschrieb. Vielleicht kann man sagen, daß sich im Grunde der Liberalismus nie mehr von der Krise, die mehr als zwei Jahrzehnte dauerte, erholt hat. Seine klassische Lehre von der Wirtschaftsfreiheit als wichtigstem Ausdruck der individuellen menschlichen Freiheit war durch die Realität widerlegt worden. Von nun an konnte er sich nur noch in Legierungen und Konzessionen unterschiedlicher Art behaupten.

5. Bismarck wandte sich von der liberalen Handelspolitik ab und, was wohl auch seiner Natur entsprach, einem staatsprotektionistischen, nationalen Neomerkantilismus zu. Carl Fürstenberg bemerkt hierzu: »Von starkem Einfluß auf die öffentlichen Finanzen war die nationale Handelspolitik, die in der Zeit zwischen 1878 und 1890 mit aller Deutlichkeit dahin zielte, einen Interessenausgleich zwischen der Industrie und der Landwirtschaft herbeizuführen. Dieser eine Satz faßt unzählige Diskussionen zusammen ... Das Jahr 1879 hatte uns ermäßigte Zölle gebracht, während in den Jahren 1885 und 1887 wieder Erhöhungen stattfanden.«[66] Die Schutzzollpolitik – Einführung von Agrar-, Eisenindustrie-, Textilzöllen – ist nur die *eine* Seite des neu aktivierten nationalstaatlichen Protektionismus gewesen; seine *andere* Seite war der umfassende soziale Reglementierungsversuch, bei dem Fürsorge und Rigorismus sich abwechselten und ergänzten: Sozialgesetze (ab 1881), wie Einführung der Kranken-, Unfall-, Alters- und Invaliditätsversicherungen, und Sozialistengesetze, wie das »Gesetz gegen die gemeingefährlichen Bestrebungen der Sozialdemokratie« (1878–1890), die »Umsturzvorlage« (1894), die »Zuchthausvorlage« (1898) – es ist mehr als ein makabres Wortspiel: Ausdruck einer im Grunde anachronistischen Haltung, die den Staat aus Angst vor dem unaufhaltsamen Zug zur nivellierenden Vergesellschaftung als »Übervater« sucht.

6. Schließlich bleibt noch ein binnenwirtschaftlicher Aspekt zu erwähnen. Der sogenannte »Kartellrechtsspruch« des Reichsgerichts von 1887[67] wies die

Auslegung des Paragraphen 1 der Gewerbeordnung im Sinne der Gewerbefreiheit gegen Kartellabreden zurück.[68] Die innerhalb des Kartells vereinbarten Konventionalstrafen wurden als rechtlich einklagbar anerkannt. »Eine bessere Ausrüstung für Kartelle«, schreibt Seidel, »war kaum denkbar.« Neben die sachbedingten großbetrieblichen Konzentrationen treten jetzt also marktbeherrschende Organisationen, deren krisenstabilisierende Nebenwirkung oft unterschätzt wurde und die als »geheime Kräfte« reiner Gewinnorientierung schon vom damaligen Bewußtsein leicht dämonisiert wurden.[69]

Wilhelm Treue hat alles dies in die Sätze zusammengefaßt: »Es ging nicht nur um Zölle hier und Versicherungen dort, jetzt um Kolonien und dann um Kartelle, sondern alle diese Teile der Innen- und Außenpolitik überdeckte ein neues, die liberale Weltanschauung ablösendes politisches Ideal . . . Die junge Weltwirtschaft löste sich unter Behauptung gewisser Schwerpunkte . . . weitgehend wieder auf in eine Vielzahl nationaler Volkswirtschaften, die darauf bedacht waren . . ., den Wirtschaftskampf aller gegen alle des Merkantilismus in neuen, dem technisch-wirtschaftlichen Stand angepaßten Formen wieder aufzunehmen.«[70] Wie sich aber die damals erneut einsetzende, einem »Rückfall« gleichende Tendenz zur nationalen Volkswirtschaft von heute her nur als ein retardierendes Moment auf dem Weg zur Weltwirtschaft – dialektisch gesehen sogar als ihren Schrittmacher – zu erkennen gibt, so hat sich auch die äußerste Steigerung privatkapitalistischer Besitz- und Eigentumsexpansion als dialektischer Akt zur Überwindung ihrer selbst erwiesen. Als Kern dieser wirtschaftlichen Kontroverssituation, die ebenfalls zu den permanenten Zerreißkräften des Kaiserreichs gezählt werden muß, hat Rathenau die »Entpersönlichung des Besitzes« erkannt:

»Die Entpersönlichung des Besitzes«, schreibt er 1917 in »Von kommenden Dingen«, »bedeutet jedoch gleichzeitig die Objektivierung der Sache. Die Besitzansprüche sind derart unterteilt und beweglich, daß das Unternehmen ein eigenes Leben gewinnt, gleich, als gehöre es niemand, ein objektives Dasein, wie es vormals nur in Staat und Kirche, in städtischer, zünftischer oder Ordensverwaltung verkörpert war . . . Die Entpersönlichung des Besitzes, die Objektivierung des Unternehmens, die Lösung des Eigentums führt einem Punkte entgegen, wo das Unternehmen sich in ein Gebilde nach Art einer Stiftung, oder besser gesagt, nach Art eines Staatswesens verwandelt.«[71]

Und in der ganz überwiegenden Bindung der Großindustrie an die wirtschaftliche Form der breitgestreuten Publikums-(=Aktien-)Gesellschaft gewahrt er die allmähliche Verwischung des privatwirtschaftlichen Charakters der Unternehmen, wiederum also »Entpersönlichung«.[72] Er ist – wir werden darauf noch zu sprechen kommen – der Überzeugung, daß die Sozialisierung nicht nur der Wirtschaft, sondern der ganzen Gesellschaft, nicht das Ergebnis eines »Klassenkampfes« im Marxschen Sinne sein, sondern aus den der Massenwelt immanenten technischen und ökonomischen Sachzwängen resultieren wird.

II.
Die Republik

1. DER ÜBERGANG

Rathenau hat die Revolution von 1918, die dem deutschen Volk die erste Republik seiner Geschichte brachte, unerbittlich kritisiert. »Revolution aus Versehen« nannte er sie.

»Nicht wurde eine Kette gesprengt durch das Schwellen eines Geistes und Willens«, schrieb er, »sondern ein Schloß ist durchgerostet. Die Kette fiel ab, und die Befreiten standen verblüfft, hilflos, verlegen, und mußten sich wider Willen rühren. Am schnellsten rührten sich die, die ihren Vorteil erkannten. Den Generalstreik einer besiegten Armee nennen wir deutsche Revolution ... Die Arbeiterschaft ließ sich in den Sattel setzen und reitet den alten Streiktrab. Das Volk blieb abseits und wählte ein bürgerliches Parlament. Die verbürgerlichte Sozialdemokratie ließ sich im Bürgerhause bewirten und die Führung aufnötigen, Führung ohne Macht. Die Extremisten laufen neben dem Gaul und peitschen ihn mit der Knute des Bolschewismus.«[1]

Diese Zeilen, wenige Monate nur nach dem Umsturz geschrieben, legen die Geburtsfehler der Republik bloß – sie sind zutreffend, aber sie werden dem Geschehen doch nicht ganz gerecht. »Die Revolution war kein Produkt des Willens, sondern ein Ergebnis des Widerwillens.«[2] Das ist richtig, vor allem aber war sie Ergebnis eines machtmäßigen, militärischen Zusammenbruchs; in das Vakuum, das er jäh entstehen ließ, trat sie als Ordnungsfaktor, als ein durchaus *konstruktiver* Wille ein. Das hat Rathenau wie die meisten Zeitgenossen – wohl aus zu großer Nähe – nicht genügend klar gesehen. Die Gründe für den Zusammenbruch der alten Ordnung und dafür, daß diese nur durch einen verlorenen Krieg und nicht durch eine »Selbstheilung« im Frieden – durch einen evolutionären oder auch revolutionären Willensakt – abgelöst werden konnte, stehen auf einem anderen Blatt. Für die Frage, warum ein Ereignis jetzt und nicht früher oder später stattgefunden habe, gibt es stets post factum zahlreiche Erklärungen. Hinter allem aber steht, daß eben doch Charakter der Akteure, Willensfreiheit und – man kommt um das Wort nicht herum – Schicksal darüber bestimmen, ob und wie eine Lage erkannt, beurteilt, genutzt, ob und wie Gelegenheiten ergriffen oder versäumt werden. Rathenau hat viele Teilantworten auf die Frage nach den Ursachen des

Zusammenbruchs, die gleichzeitig auch schon Ursachen eines unter schlimmem Stern stehenden Neubeginns waren, gegeben: »Deutschland schlummerte auf den manufakturistischen Erfahrungen der vierziger Jahre, verwandelte die Marxsche Lehre in ein eschatologisches und chiliastisches Glaubenssymbol und sah im Sozialismus eine gewerkschaftliche Lohnbewegung, verbunden mit schüchterner, parlamentarischer Spielverderberei ... Die Leitung von den erregten Einzelzellen des Volksgehirns zum allgemeinen Bewußtsein ist lang, sie braucht Jahrzehnte.«[3]

Er, selbst eine solche »erregte Einzelzelle des Volksgehirns«, hat von diesen »Jahrzehnten der Leitung zum allgemeinen Bewußtsein« nur einen Bruchteil noch erlebt; an dem dornenvollen (heute noch nicht abgeschlossenen) Prozeß, in Deutschland eine Demokratie nicht allein formal zu errichten, sondern sie geistig einzuwurzeln, wirkte er zweieinhalb Jahre mit – als »Nonkonformist«, wie man heute sagen würde, in einer von Gefühl und Verstand her ambivalenten Haltung.

Zu ihr mag auch ein gewisses *allgemeines* Ressentiment dem Staat und der gesamten politischen Sphäre gegenüber beigetragen haben. Rathenaus erste intimere Berührung mit ihr hatte ihm Enttäuschung statt Erfüllung gebracht; wir wissen nicht, wieweit sein konkreter Ehrgeiz damals, 1907/1908, zur Zeit der Afrikareise mit dem Staatssekretär des Reichskolonialamtes Dernburg, ging. Kurz nach den Reichstagswahlen von 1907 hatte er mit dem Artikel »Die neue Ära«[4] erstmals seine Stimme im politischen Bereich erhoben. Im Begriffe, als Geschäftsteilhaber der Berliner Handels-Gesellschaft auszuscheiden, mag er Pläne zu politischer Aktivität gehegt haben. Er trat, wie es Pogge von Strandmann ausdrückt, »in den Kreis derer, die wie Ballin, Kirdorf, Wiegand, Gwinner, Gutmann und Schwabach im Vorhof der Politik standen und dadurch oft nicht unerheblich die Ausführungen der Politik beeinflußten«.[5] Es ist möglich, daß Bülow sogar vorübergehend daran gedacht hatte, Rathenau statt Dernburg an die Spitze des Reichskolonialamtes zu berufen.[6] Realisiert wurden jedenfalls nur die beiden Reisen, die 1907 nach Ostafrika und die 1908 nach Südafrika, an denen Rathenau als ein halboffizieller Begleiter Dernburgs teilnahm. Das Ergebnis: zwei Denkschriften, zwei Orden, Entfremdung zu Dernburg, keine politische Laufbahn.[7]

Immerhin finden sich in den Denkschriften – besonders in der auf Ostafrika bezüglichen – schon Erkenntnisse, die in Rathenaus Publikationenflut zwischen 1917 und 1920 immer wiederkehren: »In Deutschland fehlt es an einer Gentry, d. h. an einem herrenmäßig gearteten und gezüchteten Mittelstande, der in England verbreitet ist. Der Deutsche mittlerer Schichten ist an Subordination gewöhnt, zu Koordination und Vereinigung in letzter Zeit gebildet, zur Übung der Superordination ist er nur in vereinzelten Fällen gelangt ...[8] In Deutschland gibt es viel Disziplin, viel Ordnung, viel Kenntnis von Arbeit. Die Zeit aber verlangt mehr und mehr Entschluß, Menschenverstand, Initiative und Verantwortung von Einzelnen.«[9] Noch einmal, im Mai

1910, übernahm Rathenau eine halboffizielle wirtschaftspolitische Mission; sie mißlang halb, und der Versuch, für die Reichstagswahlen (1912) zu kandidieren, mißlang ganz.[10] Doch wenn er auch kein Staatsamt erhielt, so garantierte allein schon seine Stellung im AEG-Konzern die dauernde, teils wirtschaftliche, teils politische und vor allem gesellschaftliche Verbindung zu den maßgeblichen Kreisen. Tagebücher und Korrespondenz bezeugen, daß Rathenau, vom Kaiser angefangen abwärts, mit nahezu allen wichtigen Vertretern des staatlichen, wirtschaftlichen und kulturellen Lebens, wie es sich in Berlin konzentrierte, in persönlicher Verbindung stand.

Vor diesem Hintergrund erscheint es nur natürlich, daß Rathenau sich sofort nach Kriegsausbruch dem Reichskanzler, seinem Gutsnachbarn – Rathenaus Schloß Freienwalde (1909 erworben) und Bethmanns Sitz Hohenfinow lagen nebeneinander –, zur Verfügung stellte.[11] Aber sieht man von der neun Monate dauernden Tätigkeit in der Kriegsrohstoffabteilung des Preußischen Kriegsministeriums, von der noch an anderer Stelle zu sprechen sein wird, ab, so führte auch der Krieg Rathenau nicht über den Status des im Halbschatten der Macht Stehenden, dessen Einfluß schwer verifizierbar ist, hinaus. Er korrespondierte und konferierte mit Politikern, Ministern, Generälen, sagte Ludendorff gefragt und ungefragt seine Meinung,[12] fand sich jedoch trotz aller Konnexionen in der Stunde der Umwälzung isoliert und vom politischen Geschehen ausgeschlossen. Seine überaus harten Urteile über die junge Republik, die unter den schwierigsten Umständen ins Leben getreten war und sich während des ersten halben Jahrzehntes einer fast desolaten Situation gegenübersah,[13] vergleichbar vielleicht nur der Preußens zwischen 1806 und 1813, sind meist treffend und objektiv richtig gewesen, verraten aber doch persönliche Verletztheit. Mit seinem Eintritt in die Regierungsverantwortung ab 1921 verstummen sie denn auch mehr und mehr.

Wie viele einsichtige Deutsche während beider Weltkriege, so ist auch Rathenau zwischen 1914 und 1918 nie aus dem Dilemma herausgekommen, für den »Sieg« mit allen Kräften arbeiten und wirken zu müssen und doch an ihn nicht glauben, ja im letzten vielleicht ihn nicht einmal wünschen zu können. Es geht nicht an, aus diesem grundsätzlich unauflösbaren Zwiespalt, der sich ja im Zweiten Weltkrieg zu tragischen Verstrickungen steigerte, die Argumente zur negativen Beurteilung der in ihn Hineingezwungenen zu ziehen. Solche in sich »schizoiden« Lebens- und Schicksalskonstellationen muß der Historiker zur Kenntnis nehmen; es ist sinnlos, post factum den Betroffenen »Mangel an Konsequenz« vorzuwerfen; daß eben klare eindeutige Folgerichtigkeit des Handelns unmöglich ist, daß Fühlen, Denken, Tun auseinanderklaffen und daß kontroverse Verhaltensweisen gleichzeitig und vom selben Menschen gefordert werden, macht die Schrecklichkeit solcher Lagen aus, die, sind die Würfel erst gefallen, von den Nachfolgenden nicht mehr verstanden werden – oder aus handfesten Nützlichkeitsgründen nicht mehr verstanden werden *wollen*. Das hat gerade Rathenau erfahren müssen. Denn sowohl seine

Skepsis über den Kriegsausgang, seine Auffassung von der deutschen Mitschuld, seine Verwerfung des halbabsolutistisch-feudalistischen Regierungssystems als auch sein Glaube an den Sieg, später wenigstens an ein »Remis«, seine Integration in das von ihm negierte System, sein Durchhalte-Wille haben ihren Niederschlag in Zeugnissen und Handlungen gefunden. Nach 1918 konnte er als »Defätist« wie als »Kriegsverlängerer« denunziert werden.

An seinen »völkischen« Freund Wilhelm Schwaner schrieb er, als Hindenburg und Ludendorff im Herbst 1916 an die Spitze der Obersten Heeresleitung traten: »Auch ich habe aufgeatmet bei der Ernennung von Hindenburg. Und dennoch! – ich fürchte: – zu spät.«[14] Sieben Wochen später an denselben: »Die Munitionsbeschaffung, die Ludendorff verlangt, übertrifft alle Begriffe und wird dennoch bis zum Sommer gesichert sein. Sie muß uns auf viele Monate eine gewaltige Überlegenheit verschaffen und soll uns nach Kiew führen. Ich glaube das und halte es nicht für unmöglich, doch keineswegs für sicher, daß das den Frieden bedeutet.«[15] Im gleichen Brief heißt es weiter: »Schlecht ist die Stimmung in Österreich; man beginnt halb offiziell vom Separatfrieden zu reden ... Trotz allem bin ich nicht besorgter als zu Kriegsbeginn; die Partie ist nicht zu gewinnen, aber auch nicht zu verlieren ...«[16] Rathenau verwarf den unbeschränkten U-Boot-Krieg aus wirtschaftlichen und politischen Gründen und kehrte sich über diese Meinungsverschiedenheit von Ludendorff ab[17] – andererseits konferierte er schon im November 1916 mit General Gröner über dessen »Projekt der bürgerlichen Mobilisierung« und »machte immer wieder aufmerksam auf die Hauptfrage: Ausschöpfung der Etappe und Garnison, die meines Erachtens eine bis eineinhalb Millionen Menschen frei macht«.[18] Daß Rathenau 1918 den U-Boot-Krieg einzustellen und den Frieden von Brest-Litowsk zu revidieren empfahl und gleichzeitig die »levée en masse« zu organisieren vorschlug, war im Grunde kein Gegensatz – beides: Nachgeben und Anspannen am rechten Fleck, in rechter Weise, sollte ja einem erträglichen Kompromißfrieden dienen –, aber es mußte der Umwelt so erscheinen. In dem am 7. Oktober 1918 in der Vossischen Zeitung erschienenen Aufsatz »Ein dunkler Tag« behauptete er:

»Die verfrühte Bitte um Waffenstillstand war ein Fehler. Das Land ist ungebrochen, seine Mittel unerschöpft, seine Menschen unermüdet. Wir sind gewichen, aber nicht geschlagen.«[19]

Mochte am ersten Satz noch etwas Richtiges sein – er stand mit dieser Meinung nicht allein –, so klang der zweite in dem erschöpften und ausgehungerten Lande fatal. Und es konnte nicht anders als provokativ wirken, wenn der Präsident der AEG forderte: »Die nationale Verteidigung, die Erhebung des Volkes muß eingeleitet, ein Verteidigungsamt errichtet werden ... Seine Aufgabe ist dreifach. Erstens wendet es sich im Aufruf an das Volk, in einer Sprache der Rückhaltlosigkeit und Wahrheit. Wer sich berufen fühlt, mag sich melden, es gibt ältere Männer genug, die gesund, voll Leidenschaft und bereit sind, ermüdeten Brüdern an der Front mit Leib und Seele zu helfen.

Zweitens müssen alle die Feldgrauen zur Front zurück, die man heute in Städten, auf Bahnhöfen und in Eisenbahnen sieht, wenn es auch für manchen hart sein mag, den schwerverdienten Urlaub zu unterbrechen.

Drittens müssen in Ost und West, in Etappen und im Hinterland, aus Kanzleien, Wachstuben und Truppenplätzen die Waffentragenden ausgesiebt werden.

Was nützen uns heute noch Besatzungen und Expeditionen in Rußland? Schwerlich ist in diesem Augenblick mehr als die Hälfte unserer Truppen an der Westfront. Einer erneuten Front werden andere Bedingungen geboten als einer ermüdeten.

Wir wollen nicht Krieg, sondern Frieden. Doch nicht den Frieden der Unterwerfung.«[20]

Ludendorff und der preußische Kriegsminister Scheüch versagten sich Rathenaus Ideen. Dieser beharrte, wie er ausdrücklich im Schreiben an Staatssekretär Solf betonte, auf dem Standpunkt seines Aufsatzes. »Ich habe sehr wenig Hoffnung, daß wir mit Amerika vorwärts kommen. Da aber der Reichstag entschlossen zu sein scheint, nochmals zu antworten, so sehe ich die einzige, wenn auch kleine Aussicht einer möglichen Fortsetzung der Verhandlungen in dem vollkommnen Wechsel des Tons, der über Wilsons Kopf hinweg die sämtlichen besonneneren Elemente der feindlichen Völker ergreifen muß. Diese Eventualität setzt zugleich die Aufhebung des U-Boot-Krieges und des Brester Friedens voraus. Das Letztere ist ohnedies eine dringende Notwendigkeit, das Erstere ergibt sich durch Brennstoffmangel in kurzer Zeit von selbst . . .«[21]

Wie dieser neue Ton, der zu den Herzen der feindlichen Völker dringen sollte, zu klingen habe, führte Rathenau in einem beigefügten, für den Reichskanzler Prinz Max von Baden bestimmten Entwurf eines Schreibens an Wilson vor, welcher schloß:

»Niemand kann und darf verlangen, daß unser Volk Bedingungen annimmt, die den Rahmen der Gerechtigkeit überschreiten und seine Ehre verletzen . . . Sollten sie von irgendeiner Seite uns zugemutet werden, so wollen wir lieber kämpfen, um, wenn Gott es über uns verhängt hat, im Kampfe für die Ehre unseres Volkes unterzugehen. Ich selbst [der Kanzler und Thronfolger von Baden] werde die Stelle verlassen, auf die das Vertrauen des deutschen Volkes mich gewiesen hat, in dem einen Wunsch, in den Reihen meiner Brüder das Land zu retten oder zu sterben.«[22] Gleichzeitig erteilte er Scheüch ausführliche Ratschläge für Vorbeugungsmaßnahmen gegen befürchtete revolutionäre Unruhen und den Zusammenbruch der Front (15. 10. 1918), legte er Erzberger die Gefahr des Bolschewismus und – wieder sehr weitschweifig – die Demobilisierungsmaßnahmen dar (26. 10. 1918), meint er zu dem Dozenten Max Breslauer (16. 11. 1918): »Der Friede, den wir bekommen, wird für Deutschland ehrenhaft sein, wenn auch nicht für den früheren Militarismus. Wenn ein Abgleiten nach links verhindert wird, glaube ich zuversichtlich an unsere Genesung und künftige Entwicklung.«[23] Er ruft zur Bildung einer »Partei der deutschen Freiheit« auf,[24] verfaßt Wahlflugblätter, wirbt als Redner für die Gründung eines »demokratischen Volksbundes« (16. 11. 1918)[25] und schreibt resigniert an Robert Bosch (27. 11. 1918): »Der demokratische Volksbund konnte nicht bestehen, weil sich herausstellte, daß das Bürgertum nach wie vor dem sozialen Gedanken abgeneigt ist und sich auf nichts Bestimmteres einigen konnte, als auf den farblosen Aufruf zur Nationalversammlung, der an Wert verlor, weil alle Parteien und die Regierung ihn sich inzwischen zu eigen gemacht hatten. Mit wenigen näheren Freunden bin ich daher entschieden für die Auflösung eingetreten, die gestern in friedlichster Weise erfolgt ist... Briefe und persönliche Äußerungen aus allen Teilen und Schichten des Landes zeigen mir, daß die besten und verantwortlichsten Menschen nach einer sozialen Anschauung sich sehnen, die nicht vom starren Materialismus der marxistischen Richtung, sondern von einem opferwilligen und hochgesinnten bürgerlichen Idealismus ausgeht.«[26]

Das alles, das man beliebig fortsetzen könnte, schließt sich nicht aus, aber es harmoniert auch nicht recht. Wir weisen nicht darauf hin, um Rathenau der »Unaufrichtigkeit« oder der »Doppelzüngigkeit« zu überführen, sondern um sichtbar zu machen, in welchem Ausmaß er ein Seismograph seiner Zeit war, der *alle* Zungen, in denen man redete, in sich selber hatte, und aus dem sie *alle* sprachen, nicht selten gleichzeitig in *einer* Schrift, *einer* Rede.

Solche »Seismographen« des Zeitalters, hamletische Naturen, die Spiel und Widerspiel *aller* Richtungen, Strebungen, Sehnsüchte nicht nur in sich tragen, sondern unablässig über sie schreiben und reden, um zu Einheit und Ausgleich zu bringen, was dem »einschichtigen« Durchschnitt der Mitmenschen als unvereinbar und unausgleichbar erscheint, kennt man zwar landauf, landab, aber man liebt sie nicht, sie können niemals populär sein, man ruft sie nicht als Baumeister der ersten Stunde. Auch Rathenau wurde nicht gerufen. Er, an der Spitze eines der größten deutschen Industriekonzerne stehend, der Organisator der deutschen Kriegswirtschaft, der Brief-, Gesprächs-, Verhandlungspartner aller Kräfte und Gegenkräfte – es fehlt in der Aufzählung der »Prominenz« vom Kaiser bis Harden wirklich fast *niemand* –, und zwar aller *gleichzeitig*, der Publizist, der von sich sagen konnte: »In der ›Kritik der Zeit‹ habe ich die physische und geistige Lage des Abendlandes und seiner mechanisierten Zivilisation klargelegt. In der ›Mechanik des Geistes‹ habe ich das Problem unseres neuzeitlichen Lebens vertieft und an die Grenzen des Reichs der Seele geführt. In den ›Kommenden Dingen‹ habe ich der ungeistigen und unsittlichen Zeittendenz den Volksstaat und den sozialen Ausgleich entgegengestellt. In den Zeitungsaufsätzen, die vor Kriegsausbruch geschrieben und im ersten Bande meiner Schriften als ›Mahnung und Warnung‹ zusammengestellt sind, habe ich die Irrtümer unserer Politik aufgedeckt und das drohende Schicksal verkündet. In der ›Neuen Wirtschaft‹ habe ich das System einer versittlichten Wirtschaft aufgestellt. Im Aufruf an ›Deutschlands Jugend‹ habe ich die Ursache des Niedergangs ausgesprochen und das innerste Volksproblem, die Frage unseres Charakters, behandelt«[27] – er wurde trotzdem nicht zum Neubau des Staates, zur Errichtung der Republik gerufen, nicht zu den Waffenstillstands-, nicht zu den Friedensverhandlungen, nicht als Abgeordneter der Nationalversammlung, nicht als Reichstagsabgeordneter, und von der Liste der in die erste Sozialisierungskommission zu Berufenden strich man ihn wieder. Dafür drohte er, auf die alliierte Liste der auszuliefernden deutschen »Kriegsverbrecher« gesetzt zu werden, was dann allerdings doch unterblieb.[28] Rathenau rang zwar um Abgeklärtheit und Verzicht, reagierte aber zunehmend verbitterter: »Wenn der neue Volksstaat«, schrieb er an Ebert, »für dessen Errichtung ich zeitlebens eintrat, gerade mich ausersieht, um mir ein Mißtrauenszeugnis zu geben, indem er mich aus einer Zahl von Männern streicht, die nicht umhinkommen werden, auch meine Lebensarbeit zu erörtern, so hat außer mir, wie ich glaube, auch die Öffentlichkeit Anspruch, die Gründe zu erfahren.«[29]

Da alle ihm mißtrauen, die Männer der Revolution ebenso wie die der Reaktion, »Linke« wie »Rechte«, Sozialisten wie Konservativ-Nationale, ist er, einem immer schneller um sich selbst rotierenden Kreisel gleich, gezwungen, nach allen Seiten sich zu verteidigen, zu erklären, richtigzustellen, anzugreifen, abzuwehren. So schreibt er an Arthur Holitscher: ». . . daß die Revolution an demjenigen Bürgerlichen, der zwanzig Jahre lang ihre Waffen geschärft und der kapitalistischen Ordnung das einzige System entgegengestellt hat, das durchführbar ist und durchgeführt werden wird, vorübergeht ohne Gruß und Zuruf, darüber wird die Geschichte entscheiden.«[30] Und an Breitscheid: »Sie haben nach einem Bericht des ›Vorwärts‹ mich unter diejenigen gezählt, die der Revolution feindlich gegenüberstehen müßten. Ich glaube nicht, daß ein anderer bürgerlicher Schriftsteller sich so entschieden gegen das alte System und für eine neue soziale Ordnung eingesetzt hat wie ich. Meine Schriften sind in Huntertausenden von Exemplaren durch das Land gegangen und haben, wie ich glaube, dem Umschwung gute Dienste geleistet. Die Vertreter der kapitalistischen Ordnung rechnen mich zu ihren entschiedenen Gegnern, und ich hatte daher nicht erwartet, von der Revolution als Gegner begrüßt zu werden.«[31]

Und wieder an Ebert: »Es ist richtig: ich bin nicht Professor. Es sollte der Regierung jedoch nicht unbekannt sein, daß kein neueres Wirtschaftssystem mit annähernd gleicher Beteiligung des Landes erörtert worden ist, wie das in meinen wissenschaftlichen Schriften vertretene. Das Ausland – gegen meinen Willen und ohne meinen Verdienst – behauptet, in mir den Vertreter des neuzeitlichen wirtschaftlichen Denkens in Deutschland zu sehen und liest – ich verweise auf Skandinavien – kaum andere theoretische deutsche Schriften als die meinen. Der deutschen Regierung gelte ich lediglich als Industrieller . . . Ich bitte, nicht mißverstanden zu werden. So wenig wie bei der früheren Regierung bewerbe ich mich bei der gegenwärtigen. Es freut mich, wenn ich dem Lande dienen kann, doch fehlt es mir nicht an Betätigung.«[32]

Er rechtfertigt in der »Neuen Zürcher Zeitung« seine Tätigkeit in der Kriegsrohstoffabteilung;[33] er berichtet an Dr. Graf von Arco, daß er »mit Russen hier in Verbindung« stehe und »von ihnen regelmäßig ihr vertrauliches Material« bekomme,[34] dem schwedischen Freund setzt er auseinander, wie er seit Jahr und Tag den Untergang habe kommen sehen, wie er vergeblich gewarnt habe – dies übrigens ist der Tenor fast aller Briefe von 1918 und 1919 – und daß er der eigentliche Gedankenlieferant der Sozialdemokratie, die er im übrigen scharf verurteilt, sei.[35] Bei Oberst House, dem Vertrauten Wilsons, leitet er die Selbstverteidigung für den Fall ein, daß die Entente seine Auslieferung verlangen sollte,[36] in einem Brief an Julius Bab distanziert er sich von der neuen Deutschen Demokratischen Partei, der er beigetreten war;[37] an den Finanzminister Erzberger schreibt er voller Aktivität,[38] an seinen Verleger Samuel Fischer voller Resignation.[39]

Als müsse sich ein seit vielen Jahren in ihm gestauter Tatendrang entladen und als ahne er, daß ihm nicht mehr viel Zeit bleibe, so drängt er sich in einem wahren Furioso, rastlos erklärend, Stellung nehmend, prophezeiend zur Mitwirkung am politischen Tagesgeschehen: in Wahlaufrufen, Flugblättern, offenen Briefe, Aufsätzen, Reden, programmatischen Schriften.[40] Er findet die härtesten Worte für das Deutschland vor 1914, für die Republik, für die Sieger. In Hardens »Zukunft« empfiehlt er am 31. Mai 1919: »In Versailles muß das Äußerste darangesetzt werden, den Vertrag entscheidend zu verbessern. Gelingt es, gut. Dann unterschreiben. Gelingt es nicht: was dann?

Dann darf weder aktiver noch passiver Widerstand versucht werden. Dann hat der Unterhändler, Graf Brockdorff-Rantzau, das vollzogene Auflösungsdekret der Nationalversammlung, die Demission des Reichspräsidenten und aller Reichsminister den gegen uns vereinten Regierungen zu übergeben und sie aufzufordern, unverzüglich alle Souveränitätsrechte des Deutschen Reichs und die gesamte Regierungsgewalt zu übernehmen. Damit fällt die Verantwortung für den Frieden, für die Verwaltung und für alle Leistungen Deutschlands den Feinden zu; und sie haben vor der Welt, der Geschichte und vor ihren eigenen Völkern die Pflicht, für das Dasein von sechzig Millionen zu sorgen. Ein Fall ohnegleichen, unerhörter Sturz eines Staates; doch Wahrung der Ehrlichkeit und des Gewissens.

Für das Weitere sorgt das unveräußerliche Recht der Menschheit – und der klar vorauszusehende Gang der Ereignisse.«[41]

Was hier Rathenau als reale Möglichkeit propagierte, griff später Hugo Stinnes – wenn auch anders akzentuiert – wieder auf, nunmehr im scharfen Gegensatz zu ihm, der sich zur sogenannten »Erfüllungspolitik« durchrang,[42] und 1945, am Ende des Zweiten Weltkriegs, wurde es, nunmehr freilich erzwungen, Wirklichkeit.

So sehr Rathenau die tiefliegenden Ursachen der deutschen, der europäischen Katastrophe erkannte, so weitreichende Vorstellungen er von einem neuen Deutschland in einer kommenden Welt hatte, so patriotisch er Deutschland vor Ausländern verteidigte,[43] so unverblümt er den Alliierten die Wahrheit sagte[44] – es bedurfte auch für ihn geraumer Zeit, um die veränderte geschichtlich-politische Lage der Republik ganz zu erkennen, mehr, sie *anzunehmen* und den in sie hineingestellten Verantwortlichen gerecht zu werden. Wie war diese Lage?

a) Außenpolitisch: Für uns, die das Ende des Reiches 1945 erlebt haben, will, gemessen daran, die politische Situation Deutschlands nach 1918 geradezu als günstig erscheinen. Wir sehen von heute her die erhaltene Reichseinheit, die Zentralregierung, die im Vergleich zu 1945 unerheblichen Besatzungszonen und geringfügigen Gebietsverluste, kurz, Erhaltung und Fortbestand der Bismarckgründung. Den damals Lebenden aber, die die Wilhelminische Großmacht-, ja Weltmachtepisode erlebt hatten – ob mit, ob ohne Kritik an ihr –, mußte der Zusammenbruch als unfaßbar und nahezu beispiellos erscheinen. Nicht alle zogen die Konsequenz wie Albert Ballin, der sich erschoß, oder wie die vielen radikalen Nationalisten von den Freikorpskämpfern über Kapp zu Hitler, die das Reich mit Gewalt, nach innen wie nach außen, restaurieren wollten; aber keiner der Väter der Republik, keiner ihrer politischen Führer hat sich je von dem Trauma des verlorenen Krieges befreien, von der psychischen Einwurzelung in das Leben vor 1914, von seinen Denk- und Gefühlskategorien *ganz* loslösen können, nicht Ebert, nicht Stresemann und selbst nicht Rathenau. Das hat das Schicksal der Weimarer Republik unheilvoll bestimmt.

Immer bleibt zweierlei zu unterscheiden: die politisch-historische Lage, wie sie »eigentlich« war, das heißt: in einem Großzusammenhang, den nur der Rückblick wahrnimmt, und wie sie *damals erschien*. Sie erschien, mit Recht, trostlos: Elsaß-Lothringens, Posens und des größten Teils Westpreußens, des Saar- und des oberschlesischen Industriegebietes, von kleineren Abtretungen zu schweigen, beraubt; von der Provinz Ostpreußen durch den Korridor geschieden, an den Ostgrenzen ungeschützt und ständig bedroht, im Westen besetzt, fast ganz entwaffnet, der Kolonien verlustig, aller Bundesgenossen ledig, war das Deutsche Reich mit einem Schlage aus dem Kreis der Großmächte ausgeschlossen. Politik war zwischen 1918 und 1924 nur von Tag zu Tag möglich; Konzeptionen waren unmöglich, immer ging es um akute, an den Lebensnerv rührende Ad-hoc-Entscheidungen: angefangen vom Versailler Vertrag bis zum Ende des passiven Widerstands an der Ruhr Ende 1923. Wir verzichten hier auf die Aufzählung all der Konferenzen, Ultimaten, Repressalien, des ganzen, unendlich mühseligen, zähen Alltagskampfes der deutschen Regierungen um Kohleforderungen, Entwaffnungsbestimmungen, Gefangenenrückführung, Grenzschutz, Volksabstimmungen in den Randgebieten. Das ganze chaotische Wirrsal der Jahre bis zum Locarno-Vertrag stand im Zeichen des sich aller Mittel bedienenden und anfänglich von niemandem behinderten Versuchs Frankreichs, sich als kontinentale Hegemonialmacht zu sichern durch die endgültige und dauernde Niederhaltung Deutschlands. Daran hat auch Rathenau weder in seiner Expertenrolle auf den Konferenzen von Spa, London, Cannes noch als Außenminister etwas ändern können. Hier trat eine Änderung, das ist: die Möglichkeit zu deutscher Aktivität, zur Entwicklung und Durchführung eines außenpolitischen Konzeptes, damit auch zur erfolgreichen Tätigkeit Stresemanns, erst im Zuge einer europäischen Gewichtsverschiebung und »Klimaänderung«, ein, die Rathenau nicht mehr erlebt hat. Inwieweit er mit dem Abschluß des Rapallo-Vertrages zu ihr einen Beitrag geleistet hat, wird später kurz zu erörtern sein.

b) Innenpolitisch: Psychische Verwirrung, um nicht zu sagen: Verwüstung und materielle Verelendung kennzeichneten die innere Lage der Republik. Im Gegensatz zum Kriege von 1939 bis 1945 war die überwiegende Mehrzahl der Deutschen von der »guten Sache« fest überzeugt gewesen; die Verschwörung der Neider, der zu erwartende Sieg der Gerechtigkeit, der den Deutschen zur Seite stehende Herrgott (den ja Wilhelm II. schon im Frieden seinen »Alliierten« zu nennen pflegte) und manches andere in dieser Art stellten inkrustierte Denk- und Gefühlsklischees dar. Schlimmer als die Katastrophe selbst wurde deshalb ihre »Ungerechtigkeit« empfunden; da aber doch der »Herrgott« per definitionem gerecht ist, und da es an Opfermut, an ergreifender freiwilliger Hingabe für das Vaterland nicht gefehlt hatte, mußte die Niederlage »eigentlich« doch ein Sieg sein, ein Sieg freilich, um den man im letzten Augenblick durch die finsteren Mächte des Verrats, begangen von »den Roten«, von Sozialisten, Juden, Freimaurern, betrogen worden war. Diese bösen Hirngespinste waren damals politische Kraft und schufen politische Realität. Von den ersten Anfängen der Republik an wurde dieser »innere Feind« systematisch aufgebaut, einfach aus dem Bedürfnis heraus, sich gegen jegliche Katharsis, gegen erschütterndes und schmerzhaftes Umdenken zu immunisieren. An einer republikanischen und demokratischen intellektuellen Elite hat es nicht gefehlt; was in Geist, Kunst, Wissenschaft und auch in der Politik Rang und Format besaß, stand (von einzelnen Ausnahmen, wie etwa Ernst Jünger, abgesehen) von der Mitte bis links – und doch muß es irgendwo die geheime Wunde gegeben haben: alle diese Männer, die vor 1914 schon auf der Höhe des Lebens gewesen waren, mußten Republik und Demokratie nicht nur nach außen verteidigen, sondern auch in sich selbst; ihre Loyalität zum neuen Staat war ehrlich und echt, aber sie war nicht selbstverständlich, nicht angeboren, sondern als Erkenntnis- und Willensakt sich abgerungen. Die Hoffnung auf wachsende innere Vitalität der Republik mußte sich an die Integrierung der breiten Volksmassen der Arbeiter, der kleinen Angestellten und Kleinbauern heften; die aber wurde erschwert, wenn nicht unmöglich gemacht durch den wirtschaftlichen Niedergang, zumal durch die Arbeitslosigkeit. Doch greift das schon über die Lebensspanne Rathenaus hinaus. Die Jahre 1918 bis 1922 sind innenpolitisch geprägt vom Ringen um den Versailler Vertrag, um die Reparationenfrage, um die Konsolidierung der jungen Republik zwischen Links- und Rechtsradikalismus.

Die Weimarer Republik, besonders in ihren ersten Jahren, bietet ein historisches Musterbeispiel für die fast unentwirrbare Verflechtung von Außen- und Innenpolitik. Alle ihre Probleme sind zugleich innenpolitischer wie außenpolitischer Natur gewesen: der Kampf um Annahme oder Ablehnung des Versailler Diktats, später dann um seine Revision erregte und beherrschte die innenpolitischen Leidenschaften, denn dieser Vertrag sprengte die Sphäre der Außenpolitik, indem er das *gesamte* Leben des deutschen Volkes bis in jede Wohnung, in jedes Portemonnaie hinein beeinflußte; jedes Tun und Erleiden der deutschen Regierung – und bis hin zu Stresemann überwog letzteres – zeitigte Rückwirkungen nach innen und hatte auf diese wiederum Rücksicht zu nehmen. Das galt besonders für das Reparationenproblem. Dieses lag zunächst schon darin, daß der Versailler Vertrag zwar die Pflicht Deutschlands, Reparationen zu leisten – gestützt auf die These von der Alleinschuld des Reiches am Kriege – als Allgemeingrundsatz verankert, aber nicht im Detail, nach Höhe und Leistungsmodalitäten festgelegt hatte. Die verhängnisvolle Folge war, daß das unablässige »Tauziehen« zwischen Berlin und den Alliierten, oft genug mit Pression und Gewalt auf kurze Zeit gestoppt, dann wieder erneut einsetzend, fortwährenden Anlaß zu innenpolitischen Kontroversen bot; da die vielen Einzelschritte in der Reparationenfrage, alle die Abkommen, Beschwerden, Repressalien jedesmal von neuem dazu führten, daß sich die sogenannte »feste«, »nationale«, »patriotische«, »konsequente« Haltung und die ruhige, ausgewogene, realistische, aber als »schlapp«, »verjudet«, »international« diffamierte Haltung gegenüberstanden. Bis zum Ende der Republik hat die demagogische Verhetzung der Öffentlichkeit aus dem Gesamtvertragswerk von Versailles, ganz besonders aber aus der Reparationenfrage ihr Gift gesogen.

Man pflegt Rathenaus politische Tätigkeit oft unter dem Stichwort »Rapallo« zu subsumieren; zu Unrecht. Rapallo war ein spektakulärer Einzelakt – aber das Reparationenproblem war der politische Alltag. »In dieser Zeit« (seit der Ernennung Rathenaus zum Wiederaufbauminister am 27. Mai 1921), schreibt Theodor Schieder, »stand ununterbrochen die Reparationsfrage im Mittelpunkt der deutschen Politik, und Rathenau hatte sich mit ihr zwar in wechselnder Funktion, aber doch immer unmittelbar auseinanderzusetzen. So ist Rathenaus Beitrag zur deutschen Außenpolitik im wesentlichen darauf konzentriert, über die Reparationsfrage eine Entscheidung herbeizuführen und die durch sie auf dem Reich liegende Belastung zu mindern.«[45] Es will als eine zusätzliche Tragik erscheinen, daß Rathenau gerade zu dem Zeitpunkt in die Regierungsverantwortung eintrat, als mit dem Londoner Ultimatum und dessen Annahme ein Tiefpunkt in der Reparationsfrage erreicht war.

Diesen zu überwinden, ist Rathenau nicht mehr gelungen. Das ganze Problem wurde für ihn zu einer Quelle von Fehlschlägen und Enttäuschungen, die sein letztes Lebensjahr verbitterten.

Auf der Konferenz von Spa, wo es wesentlich um Kohleforderungen der Alliierten ging, war es zum Zusammenstoß mit dem Experten-Kollegen Hugo Stinnes gekommen, dessen dort gefallenes Wort von der »fremdrassigen Seele« Rathenaus diesem ebenso schwer geschadet hat wie vorher Ludendorffs Aussagen vor dem Untersuchungsausschuß des Reichstags, die ihn als Kriegssaboteur erscheinen ließen.[46] Er hatte sich in Spa nicht durchsetzen können und äußerte späterhin die Meinung, man hätte durch flexiblere Haltung dort, aber auch noch Monate später, günstigere Reparationsmodalitäten aushandeln können, die das Londoner Ultimatum erspart haben würden.[47] Als dieses am 5. Mai ergangen war, trat er für die Ablehnung ein[48] – drei Wochen später, nunmehr Minister, setzte er alles an die Erfüllung. Doch auch hier: das Widersprüchliche ist nur scheinbar, ist Ausdruck einer differenzierten Einstellung, die ein zutiefst apolitisches »Entweder-Oder« ersetzt durch ein staatsmännisches »Sowohl-Als-auch«. Nicht Radikalität konnte Deutschland helfen, sondern nur zähe, auf Kompromiß gerichtete Politik – Kompromiß aber nicht als bloße »Taktik«, sondern als Ziel der Politik verstanden. »Die Reparation«, schreibt Rathenau Anfang März 1921, »ist nicht lediglich als eine materielle, sondern auch als eine sittliche Aufgabe im Sinne der Völkerversöhnung anzusehen.«[49] Diese Auffassung erklärt alle Bemühungen Rathenaus um redliche Erfüllung der Aufgabe: »Deutschland wird bis an die Grenze seiner Leistungsfähigkeit gehen müssen.«[50] Und er nennt Faktoren, die von seiten der Alliierten zu dieser Bereitschaft hinzutreten müssen: Mitwirkung der Vereinigten Staaten, weltwirtschaftliche Abmachungen zur Aufnahme des deutschen für die Leistung der Reparationszahlungen erforderlichen Mehrabsatzes auf dem Weltmarkt – aber er verkennt nicht die Maßlosigkeit der alliierten Forderungen und schließt eine Ablehnung des Unannehmbaren nicht aus: »Bleiben die Forderungen der Alliierten unannehmbar, so wird die Regierung fest bleiben, und es muß das deutsche Volk die Folgen auf sich nehmen. Sie werden ertragen werden können, wenn der Nachweis erbracht werden kann, daß das Angebot bis an die Grenzen der Möglichkeit gegangen war.«[51]

Also, so könnte man zusammenfassen, statt verfrühtem Widerstand aus sinnloser Trotzhaltung – Offenbarungseid. Hier hat auch die Kritik angesetzt: Rathenaus Konzeption lasse sozusagen den Bankrott geschehen, um zu beweisen, daß die Forderungen der Alliierten zum Bankrott führten. Doch einerseits ließen die Befürchtung, es könnten weitere Gebiete des Reiches als Faustpfänder okkupiert werden, die Pflicht, dies wenn irgend möglich zu verhindern, und der Wunsch nach Versöhnung mit den Feinden von gestern Opfer, große Opfer, als notwendig und vertretbar erscheinen, und andererseits durfte man auf allmählich eintretende Kräfte- und Interessenverschiebungen innerhalb der Entente und auf die wirtschaftliche Vernunft der Sieger hoffen. Als diese ganz abhanden gekommen zu sein schien – im Londoner Ultimatum –, meinte Rathenau: »Ich glaube nicht, daß irgendein Mitglied der deutschen Regierung den Mut hat, diese Forderung der Entente zu unterschreiben, die wir niemals halten können.«[52] Als dann doch unterschrieben war und Rathenau im Kabinett Wirth die Verantwortung – erst als Wiederaufbauminister, seit Februar 1922 als Außenminister – mitzutragen hatte, hat er sich darum bemüht, die politische Haßverkrampftheit des Reparationenproblems abzubauen und es in ein ökonomisches, von Emotionen befreites zu verwandeln. Dem diente das Wiesbadener Abkommen, das einen Versuch darstellte, privat-kommerzielle Prinzipien in die Abwicklung der Reparationsleistungen einzuführen. Daß dieser Versuch mißlang, wie auch die in konkreto ergebnislose Wirtschaftskonferenz zu Genua (10. 4.–19. 5. 1922), ist nicht Rathenau anzulasten. Die Wirklichkeit war eben die, daß zu jener Zeit das ganze Problem überhaupt noch nicht lösbar war, weder politisch noch wirtschaftlich, weder auf dem Wege der Pression mit Machtmitteln noch auf dem Wege händlerischen Einvernehmens, weil der einzige wirklich schlagende Beweis noch ausstand: die Zerrüttung der nationalen Volkswirtschaften der Alliierten gerade *durch* die deutschen Reparationsleistungen. Der Circulus vitiosus, der für die deutsche Regierung darin bestand, gleichzeitig ihren »Erfüllungswillen« glaubhaft zu machen und doch dabei Währung und Wirtschaft nicht zu ruinieren,[53] weitete sich auch auf die Reparationen-Empfänger aus und bestand für diese darin, nicht gleichzeitig immer größere Leistungen empfangen und dabei die Eigenwirtschaft funktionstüchtig und gesund erhalten zu können. Aus beiden Teufelskreisen brachte nicht theoretische Erkenntnis – die es durchaus gab – den Ausweg, sondern erst die harte Erfahrung des Niedergangs aller.

3. WEDER REVOLUTION NOCH EVOLUTION

Es ist viel darüber geschrieben worden, warum der freiheitliche demokratische Staat von Weimar zugrunde ging – zugrunde ging *nicht* wie das Heilige Römische Reich, *nicht* wie das Zweite Kaiserreich, *nicht* wie die Hitler-Diktatur durch äußere Gewalteinwirkung, durch Kriegskatastrophe und Eroberung, sondern von innen her, durch Zerfall und Selbstauflösung, die sich im Rahmen formaler Legalität vollzogen. Alle die bekannten Ursachen, von den mannigfachen Hypotheken des Weltkriegs über die Mängel der Verfassung, die Schwächen des Parteienwesens, die Auswirkungen der Weltwirtschaftskrise bis hin zu den vielen menschlichen, charakterlichen und politischen Unzulänglichkeiten der Führungsgruppen, vermögen nicht das »Eigentliche«, den innersten Grund dieser deutschen Tragödie, befriedigend zu erklären. Während die Französische Revolution die elementare Eruption eines inneren Gärungsprozesses von über hundert Jahren gewesen war, in Schüben über ein Dezennium hin verlief, ungeheure Machtpotenzen erst nach innen, dann nach außen freisetzte, ein neues Gesellschaftssystem hervorbrachte und dieses geistig wie militärisch aggressiv über Europa auszubreiten unternahm; während die russische Revolution zwar (wie die deutsche und die österreichische) aus der Niederlage erwuchs, aber, ebenfalls aus dem Untergrund eines jahrhundertelangen Gärungsvorganges, von einer zum Äußersten entschlossenen, an Fanatismus, Sieges- und Welteroberungswillen dem jungen Islam vergleichbaren, in der hochbrisanten Mischung von Wissenschaftlichkeit und Glauben unbesiegbaren Minorität getragen, diese Niederlage bejahte, sie zum Anlaß der totalen physischen Liquidierung des »Ancien régime« nahm und so zum Instrument des eigenen Triumphes werden ließ; während also in beiden Fällen wirkliche Revolutionen, das ist: Gewalttat sozialer Umwälzung aus einem ideologiegespeisten Willen heraus, stattfanden, lagen die Verhältnisse in Deutschland ganz anders.

Auch hier bestand das ganze neunzehnte Jahrhundert über und bis zum Kriege die Einsicht der besten Köpfe, daß Umbau von Staat und Gesellschaft im Sinne der Ideen von 1776 und 1789 not tue, jedoch gab es kräftige konservativ-romantizistische Gegenströmungen; auch hier (wie in Rußland) Erinnerungen an mißlungenen Revolutionsversuch, doch als Antwort auf sie nicht geschärfte intellektuelle und politische Feindschaft gegen die Sieger, sondern Arrangement mit ihnen; auch hier politische Organisierung der demokratischen, der sozialistischen Kräfte in Parteien, als Arbeiterbewegung, aber – und die Durchsetzung der revisionistischen Richtung in der Sozialdemokratie ist Beweis dafür – ohne revolutionären Elan, ohne grundsätzliche Verwerfung des Bestehenden; vom Gedanken an Gewalttat zur Erzwingung eines – einerlei ob »richtigen« oder »falschen« – Gesellschafts- und Staatsideals keine Rede; als 1914 die Sozialdemokratische Partei einmütig mit allen anderen Parteien die Kriegskredite bewilligte, trug die nationale Solidarität über die klassenkämpferisch-internationale den Sieg davon. Die Überforderung des Reiches im Kriege, die auch eine Überforderung seiner tragenden Strukturen, Einrichtungen und Schichten war, endete in einem Zusammenbruch, der eben auch deren Zusammenbruch einschloß. Jetzt, in diesem Augenblick, hätte die Revolution beginnen können, das heißt, wie in Rußland, die gewaltsame Errichtung eines sozialistischen Rätestaates mit Liquidierung aller Mächte »von gestern«. Es geschah nicht; die radikale Minderheit der Unabhängigen Sozialdemokraten (USPD, später KPD) setzte sich nicht durch, die Mehrheitssozialisten, gemäßigt, auf Ordnung und friedlichen Umbau, nicht auf Chaos und absoluten Neubau bedacht,[54] bestimmten 1918/1919, an einer Wegscheide der deutschen Geschichte, den Fortgang der Nation im *evolutionären* Sinn, obwohl sie selber sich für Revolutionäre hielten.

Die »Revolution« war also keine. »Bloß ein Zusammenbruch. Die Türen sprangen auf, die Aufseher liefen davon, das gefangene Volk stand im Hof, geblendet, seiner Glieder nicht mächtig.«[55] Rathenau hat das sofort durchschaut: »Seit Luther hat deutsches Geblüt revolutionäre Gedanken nicht mehr gewagt; Auflehnung gegen die Obrigkeit hatte es nie gewagt. Seit hundert Jahren war unser Denken philologisch und physikalisch, die staatlich zum Denken Beauftragten schliefen den Schlaf des Historismus.«[56]

Nun, die Revolutionäre von 1918 hatten sich, aus Pflichtgefühl für das Volk und das Vaterland, eigentlich als Patrioten, »ein bißchen« gegen die alte, versagt habende Obrigkeit aufgelehnt, aber doch nur, um zu retten, was ihnen als höchstes Gut rettenswert erschien: das Reich und seine Ruhe und Ordnung; daß dabei auch soziale Gerechtigkeit und demokratische Freiheit in einem Zuge mitverwirklicht werden sollten, ehrt sie. Rathenau sah schärfer: »Die äußere Revolution ist der inneren vorausgeeilt«, schreibt er, »deshalb trägt sie schon heute alle entwürdigenden Zeichen des Interessenkampfes. Interessierte Romantik herrscht auf der Rechten, interessierter Radikalismus auf der Linken, und in der Mitte wird um Besitz und Einkommen gehandelt. Ein spießiges Parlament bürgerlichen Mittelmaßes, verkrampft und erstarrt, in unversöhnlichen Gegensätzlichkeiten, entkernt und entgeistet jede seiner Aufgaben und rüstet die Gegenrevolution. Die verbürgte Gefahrlosigkeit radikaler Tiraden ermutigt ungelernte Tribunen, das Pathos ihrer früheren Kriegsberichte auf die Schlagworte Sozialismus und Rätesystem abzustellen.

Aufrechter und aufrichtiger Idealismus findet sich bei den Extremisten. Doch sie haben kein anderes Vorbild und keinen anderen Gedanken als Rußland, sie sind Geschöpfe und Gefesselte der Massen, denen sie täglich mit unerfüllbaren materiellen Hoffnungen schmeicheln.«[57]

Immer wieder hat Rathenau über die Ursachen nachgedacht, die für das geschichtliche Elend der Deutschen verantwortlich sind. Dabei kam er zu einer bemerkenswerten Theorie vom Wesen des »Volksgeistes«: »Die Summe des Volksgeistes und Volkscharakters wird nicht bestimmt von der Masse der Teile, sondern von ihrer Richtung und ferner von einem Durchschnittsfaktor, den ich bildlich die Korngröße nennen möchte.

England ist das beste Beispiel. Der geistig vertiefte Engländer ist selten, und es gibt vielleicht keine große Nation, die dem Titanischen fremder und widerstrebender abneigt. Doch die Verteilung des Geistes ist überaus gleichmäßig, die durchschnittliche Korngröße beträchtlich ... Die Korngröße des deutschen Geistes ist ungleichförmig, und da die großen Brocken ebenso unwirksam bleiben wie der feine Staub, so beschränkt sich die Aktivität des Nationalgeistes auf ein bescheidenes Maß. Der Nutzeffekt verkleinert sich weiter durch völlige Richtungslosigkeit, die durchaus nicht lediglich, wie wir uns vortäuschen, von schöpferischer Originalität kommt, sondern vielfach von Bequemlichkeit, mangelnder Solidarität, Überschätzung kleiner Interessen. Die Kräfte mit entgegengesetzten Vorzeichen heben sich auf, und es bleiben innere Spannungen statt wirkende Energien.

Es war das Geheimnis des Prussianismus, daß er den deutschen Kräften eine Zwangsrichtung im militärischen und wirtschaftlichen Sinne einpreßte.

Kaum ist der Zwang gesprengt, so stieben die Elemente so regellos wie in Jahrhunderten durcheinander, und ein jedes setzt seinen Stolz in eigensinnig naive Anarchie des Geistes.

Mithin: auch soweit es von unserer Substanz abhängt, sind wir führerlos und zur Führung schlecht geeignet. Einer unablässigen Selbsterziehung an Geist und Charakter wird es bedürfen, um uns nachträglich für die geschenkte Revolution intellektuell reif zu machen.«[58]

Was Rathenau hier ausspricht, besagt mit anderen Worten: der deutsche Volksgeist ist seiner Artung nach zu einer ausgewogenen, gesunden staatsbürgerlichen Sozietät wenig geeignet; nur das Preußentum hat dem diffusen Nationalgeist die kompakte staatliche Façon gegeben. Da diese nun zerbrochen ist, besteht die einzige Hoffnung in einer Veränderung des Volkscharakters durch »Selbsterziehung«. Wirkliche Revolution wie einst in Frankreich, dann in Rußland, scheidet also auf Grund des Volksgeistes aus – es ist gewiß nicht Zufall, daß die deutsche Geschichte keine erfolgreichen Revolutionen kennt: die sozial-revolutionären Bauernkriege endeten mit dem Sieg der Fürsten und verschlechterten das Los der Aufständischen für mehr als zweihundert Jahre; der revolutionäre Charakter der Reformation wurde von der sich ihrer als eines politischen Instruments bedienenden Fürstenmacht adsorbiert und mündete in den Obrigkeitsstaat ein; das Mißlingen der Halbrevolution von 1848/1849 machte den Weg frei für den preußisch-deutschen Lösungsversuch Bismarcks, den liberalen Nationalstaat mit dem konservativen Dynastenbund in Einklang zu bringen, den einen im anderen zu installieren.

Es gilt sich indes klarzumachen, daß, entgegen heute weitverbreiteter Auffassung, die Entwicklung zum parlamentarischen Staat, zur modernen demokratischen Gesellschaft nicht notwendig an Revolutionen gebunden ist. Ja, ich wage sogar die gegenteilige These: Revolution führte nach bisheriger Erfahrung zur Diktatur, Demokratie ist Frucht einer Evolution. Das Wesen der Revolution: Entfesselung unterdrückter oder sich unterdrückt wähnender Volkskraft, die in Verbindung tritt mit geschärfter, machtstrebiger, intellektueller Elite (wobei »Elite« nicht moralische, sondern politische Qualität bedeutet) und mit den Mitteln der Gewalt eine Umwälzung herbeiführt – dieses Wesen bedingt es, daß nach Niederwerfung der alten Herrschaftsschicht und nach Austragung der Machtkämpfe innerhalb der neuen der »Sieger«, sei es eine Gruppe, sei es ein einzelner, das Errungene mit Gewalt zu halten gezwungen ist; gemäß dem Satze, daß alle geschichtliche Institution nur durch die Prinzipien und Mittel fortbestehen kann, durch die sie ins Leben trat, und gemäß der Tatsache, daß das Gewonnene nicht Ergebnis einer stufenförmigen Entwicklung, sondern unter Überspringung der Zwischenstufen sozusagen im Gewaltakt antizipiert wurde. Es bleibt nichts anderes: Diktatur, eines einzelnen oder einer Gruppe, muß nunmehr den Stufengang nachholen. Evolution wird »verordnet«. In Frankreich von Robespierre, von Napoleon, von de Gaulle; in Rußland von Lenin, Stalin, dem Zentralkomitee; in China von Mao

Tse-tung. (Die natürlich nicht geleugneten großen Unterschiede zwischen diesen Beispielen beruhen auf der Verschiedenheit der Ausgangslagen, der mentalen, sozialen Voraussetzungen der Völker und anderem mehr.)

Und nun das Gegenbeispiel: England. Seine Geschichte kennt Bürgerkriege, kennt blutige Kämpfe zwischen den Ständen, zwischen Parlament und Königtum – aber sie kennt weder die »große Revolution« noch, abgesehen von der Cromwell-Episode, die Diktatur. Die stufenweise sich vollziehende, über sieben Jahrhunderte sich erstreckende Entfaltung politischer Mündigkeit des Gesamtvolkes in einem bewundernswerten komplizierten Balancesystem der Gewalten, der Kontrollen, der Individual- und der Gemeinschaftsansprüche ist Frucht einer Entwicklung, eines Reifeprozesses *aller* Nation-Glieder. Darin gerade liegt die Reife, daß nicht Welt und Gesellschaft und Staat nach einer Ideologie auf Biegen und Brechen durch »Diktat« verändert, die Wirklichkeit des Zusammenlebens im Prokrustesbett der Theorien gestaucht und gezerrt werden soll, sondern darin, daß »common sense« sich ausbildet, Klima eines Zusammenlebens, darin sich Krone, Parlament, Regierung, Unternehmer und Arbeiter, Parteien und Verbände, Lords und Hydepark-Extremisten in einem Gleichgewicht finden, welches ein Mischungsoptimum von Freiheit und Bindung für alle bedeutet. Demokratie gibt sich hier also auch als Frucht des Geduld- und des Zeithabens zu erkennen. England ist in der Geschichte das große Beispiel für Evolutionismus und Konservativismus, Beweis dafür, daß diese eine echte Alternative zur Revolution und eine reale Möglichkeit im Werdegang der Völker darstellen.

Die Ungeeignetheit und Unfähigkeit der Deutschen zum »revolutionären Weg«, aber ebenso auch zum »evolutionären«, ihr Mangel an elementarer Kraft zur jähen Umwälzung, aber auch an zäher Geduld zur allmählichen Entwicklung verleihen ihrer Geschichte den halb heroisch-tragischen, halb kleinbürgerlich-muffigen Zug. Rathenau begriff ihn und litt an ihm. Was liegt *zwischen* Revolution und Evolution, zwischen Messianismus und common sense, zwischen Konstruktion und Wachstum? Von »jedem etwas«, »ein bißchen Revolte« und »ein bißchen zuwarten«, ein »bißchen zerschlagen« und ein »bißchen konservieren«, ein »bißchen Demokratie« und ein »bißchen Autokratie«. So sieht Rathenau seine Gegenwart, und er spricht von der »Revolution der Rankünе«. Sie bedeutet: »Ersetzung einer herrschenden Schicht durch eine andere. Wohlgemerkt: nicht durch die Gesamtheit. Denn ausgeschlossen von der Gesamtheit ist zunächst selbstverständlich die abgesetzte Schicht, weil sie bestraft und vernichtet werden soll, ausgeschlossen sind aber auch die in der Tiefe nachwachsenden sämtlichen radikaleren Schichten, deren Zahl unbegrenzt ist und die jedesmal unbemerkt und außer Ansatz bleiben, bis sie ins Licht der Opposition gerückt sind, das heißt, bis die jeweilige Vorgängerin an der Herrschaft ist, und sie, die neuen Opponenten, ihren Anspruch an die Macht bekennen. Diese Erscheinung, die von höchster Bedeutung ist, weil sie zur Oligarchie und Militärdiktatur führt, wird dauernd übersehen oder verschleiert.«[59] Sie bedeutet auch Versacken in plattem Materialismus, Eindampfung von Ideen zu nackter Begehrlichkeit: »Sehr milde müssen wir sein, um uns gegen das Gefühl zu wehren, daß der revolutionäre Gedanke nicht ein Gedanke der Freiheit und Verantwortung, sondern ein Gedanke des Mein und Dein geworden ist.

Schmerzlich ist die Erinnerung an den Dreiklang von Freiheit, Gleichheit und Brüderlichkeit von 1789, an den Ruf nach Reichseinheit und Bürgerfreiheit von 1848, wenn immer mehr die rote Fahne von 1918 sich mit Löhnungszahlen und Gehaltstabellen schwärzt.«[60]

Nein, dieser deutschen Halbrevolution kann die neue Ordnung, wie sie Rathenau vorschwebt, niemals entspringen. In Rußland hat eine wirkliche Revolution stattgefunden, aber: »Rußlands Methoden können wir nicht brauchen, denn sie beweisen lediglich und bestenfalls, daß die Wirtschaft eines Agrarlandes sich bis auf den Boden einebnen läßt; Rußlands Gedanken sind nicht unsere Gedanken . . . Der russische Gedanke ist Zwangsbeglückung, im gleichen Sinne und mit gleicher Logik wie die gewaltsame Einführung des Christentums und die Inquisition. Auch diese Logik war richtig, wenn die Voraussetzung stimmt; was verschlägt es, den Leib zu verbrennen, wenn die Seele gerettet wird. Diese Denkweise ist nicht deutsch.«[61]

Rathenau weiß, Deutschland braucht nicht den Gewaltakt hektischer Ungeduld, zu dem es unfähig und von seinen Strukturen her nicht geschaffen ist, Deutschland braucht den Umsturz nicht im eigentlichen Wortsinn, sondern im Sinne evolutionärer Wandlung, und dazu braucht es vor allem *Zeit*. Denn: »Im Handumdrehen kann eine Revolution nur Zwingmauern sprengen, nicht Häuser bauen. Sie kann alle Vorrechte vernichten, die erbliche Schichtung unmöglich machen, und somit eine ungeschichtete Gesellschaft vorbereiten. Dieser Vorgang erfordert Menschenalter. Es ist ein schwerer Irrtum, wenn man ihn zu beschleunigen glaubt, indem man eine herrschende Schicht durch eine andere ersetzt. Man erreicht nicht einmal das, was man will: die ranküнöse Beseitigung mißliebigen Wettbewerbs; die Revolution jedoch im Sinne der Schaffung gerechter und organischer Ordnung ist auf Menschenalter vereitelt.«[62]

Wir wissen heute, daß diese Zeit, diese »Menschenalter«, Deutschland nicht vergönnt waren, und wir zählen die lange Liste der bekannten Gründe auf. Doch muß man nicht hinzufügen, daß Deutschland sich diese Zeit hätte *nehmen* müssen? Aus dem Kreise der Großmächte ausgeschlossen, hätte es im Windschatten der Weltpolitik Zeit und Ruhe finden können, um mit Ausdauer und langem Atem den inneren Umbau zu bewerkstelligen. Dazu aber hätte es der Hinnahme der Niederlage als einer *Chance* und der Loslösung von den alten Leitbildern staatlichen Lebens, historischer Größe bedurft. Beides unterblieb. Der deutsche »Volksgeist«, um ihn nochmals zu zitieren, besaß nicht die Kraft, die Zeitspanne der Not, der politischen und wirtschaftlichen Bedrängnis, ohne exzessive emotionale und intellektuelle Verwirrungen zu überstehen, sie als geschenkten Übergang zur Entwicklung neuer, eigenständiger Lösungen zu nutzen. Auf solche hat Rathenau immer wieder gedrungen, immer wieder sein eigenes publizistisches Wirken ausgerichtet. Er erwartete sie, darin Nationaler alter Schule, als »deutsches Werk«: »Geschieht es, so ist der Krieg nicht gewesen. So ist die Erde nicht verteilt, der Lebensraum nicht verkümmert, die Fron der Rohstoffmonopole, des Boykotts und der Bußen nicht verhängt, der Rest der Weltwirtschaft ist geheilt. Aus Nationen werden Völker, der Polizeibund der Staaten wird zur Genossenschaft der bewohnten Erde . . . Geschieht es nicht, so wird und bleibt Deutschland ein Balkanvolk unter Balkanvölkern und wartet mit den andern auf Erlösung von Ost.«[63]

Das »deutsche Werk«, das nicht »gesättigter Individualismus des Westens« und nicht »abstrakter Doktrinarismus und Orthodoxismus Rußlands«[64] sein sollte – es geschah nicht. Gegen letzteren in seiner neuen unheimlichen Machtform des Bolschewismus verbündete sich die junge Republik mit den Mächten des alten Reiches, mit seinem Beamtenapparat und, vor allem, mit seiner Armee: 1919 schlugen Freiwilligenkorps den Spartakistenaufstand, 1920 die gerade erst entstandene Reichswehr die Rote Armee des Ruhrgebiets nieder. Der Kapp-Putsch des gleichen Jahres offenbarte des Zweckbündnisses Pferdefuß: es half gegen Bedrohung von links, nicht aber gegen Bedrohung von rechts. Der Kapp-Putsch scheiterte am Generalstreik und an der Loyalität der Ministerialbürokratie; Seeckt aber, der der Staatsführung in der Stunde der Not den Gehorsam verweigert hatte, wurde Chef der Heeresleitung, der Wehrminister Noske, ein aufrechter Mann der Sozialdemokratie, dem wohl die Integrierung der Truppe in den Staat nach und nach hätte gelingen können, mußte gehen. Sein Nachfolger Geßler, ein persönlich untadeliger Demokrat, wie auch später Groener, konnte nichts mehr an dem Faktum ändern, daß die bewaffnete Macht des Reiches endgültig auf Rechtskurs ging. Solcher Entwicklung lag letztlich zugrunde, daß diese Republikaner von 1918, diese anständigen und ehrenwerten Männer, den neuen Staat tatsächlich, wie es Rathenau richtig erkannte, fast widerwillig installiert hatten und, geprägt von den Jahrzehnten des Kaiserreichs und dem patriotischen Aufschwung der ersten Kriegsjahre, am »guten Alten« hingen, was sie, ob nun der Ratio oder dem Gefühl nach, die Bedrohung von links, die Gefahr des Kommunismus, für grundsätzlich schlimmer erachten ließ als die Bedrohung von rechts, die Gefahr der Restauration.

Das bedeutete jedoch zugleich, daß auch der andere, der »westliche Weg« des »gesättigten Individualismus« Rathenau keine Sorge mehr zu machen brauchte; auch er, der zur Einrichtung einer zwar nicht idealistisch hochgestimmten, aber wenigstens praktisch funktionierenden parlamentarischen Demokratie hätte führen können, blieb in einem Staat unmöglich, der keine Machtmittel besaß, um jene Ruhefrist von etwa drei Jahrzehnten zu garantieren, die es zum Heranwachsen einer ersten demokratischen Generation gebraucht hätte.

Der »russische Weg« wurde nicht gegangen, der »britische Weg« wurde nicht gegangen, und der »deutsche Weg«? – Rathenau hat ihn als eigenständige Leistung erhofft, hindurchführend *zwischen* den beiden Alternativen, der bolschewistischen Diktatur des Proletariats und der liberal-bürgerlichen Demokratie des Westens, und er hat ihn vorzuzeichnen versucht. Aber es gebrach Deutschland an Menschen, die nach Zahl, Erkenntnis, Willen und Macht in der Lage gewesen wären, Rathenausche – und auch Naumannsche, Max Webersche – Vorstellungen und Entwürfe in politische Realität umzugießen.

». . . wir sind so unpolitisch«, klagt Rathenau, »unser Parteiwesen ist so tief in Biertisch- und Vereinsklüngelei, in den Kult von Ortsgrößen, Wirtshausrednern und öffentlichen Phrasendreschern versunken, daß das allgemeine Volkswohl in mehrjährigem Abstand, von Parteimaschinen geleitet, Versammlungen zutage fördern muß, die tief unter der Ebene europäischer Parlamente stehen. Solchen Häusern und ihren beauftragten Ministern kann das Schicksal des Landes nicht anvertraut werden . . .«[65]

Das wurde 1919 geschrieben und gedruckt. Freunde hat es ihm sicherlich nicht geschaffen in den Reihen derer, mit denen er wenig später schon, im Reichstag, in Ausschüssen, schließlich in der Regierung, zusammenarbeiten mußte. Möglicherweise hätte er sich im Kabinett nicht lange halten können. Seine Ermordung war für ihn vielleicht eine Gnade – für Deutschland, für die Republik war sie eine Flammenschrift am Gemäuer der Geschichte, die viel mehr enthielt, als die Zeitgenossen zu entziffern vermochten.

»O du Deutschland!«, hatte er drei Jahre zuvor in seiner Kritik der Revolution geschrieben, »geliebt in deinem törichten Wahn, zehnfach geliebt in deinem gottvergessenen Irren und Laster, zehntausendfach geliebt in deinem schmachvollen Leiden, was weißt du von deinem Schicksal?«[66]

III.
Das geistige Koordinatennetz

Eines der Fundamentalprobleme der Geschichte besteht in der Konjunktion von Geist und Tat. Da will eigentlich alles rätselhaft erscheinen: *wie* bildet sich ein bestimmtes Denken und Fühlen innerhalb eines bestimmten Raumes, eines bestimmten Zeitabschnittes aus? Wie verbreitet, wie wandelt es sich? Auf welche Art und Weise greifen Denkarten und Denkinhalte, Gefühlslagen und Verhaltensnormen über von einer Kommunität, welcher Art auch immer, auf den einzelnen, um von diesem dann wieder auf jene zurückzuwirken? Wie erklärt sich der Wandel der Wertvorstellungen und Zielsetzungen von Generation zu Generation, aber auch innerhalb eines und desselben Menschenlebens? Wie entsteht und was ist »Zeitgeist«? Es gibt ihn ja, ohne Zweifel, aber will man ihn fassen, so faßt man Einzelstrahlen, Einzelfarben, nicht als zu einer »Einheit« gehörend erkennbar, lauter Zähler, aber kein gemeinsamer Nenner – nur aus der Distanz zeigt sich die Bündelung, die Konfluktuation, nur in ihr ein Gemeinsames, eben der »Zeitgeist«. Aus ihm fließen die Taten, doch formen sie ihn auch. Quellenforschung allein hilft nicht weiter: jede Antwort ist selbst wieder eine Frage. Dem Historiker bleibt nur die Wahl, seine Fragen mit Wissen und Willen ins Schlepptau der Forschungsmethodik zu geben, das heißt, *nicht* über das hinaus zu fragen, was überhaupt mit dieser beantwortbar sein kann, oder aber, von dem Frage-und-Antworten-Geflecht, darin jedes Faktum durch ein anderes erklärt wird, nicht befriedigt, immer wieder, immer von neuem nach dem »ultimum movens« zu suchen, und das heißt also: zu philosophieren. Solche Wahl ist nicht Zwang zu einem »Entweder-Oder«, sondern Möglichkeit zu einem »Sowohl-Als-auch«.

Das Koordinatennetz des Geistes zu betrachten, in das Menschen hineingeflochten sind, so daß es ihre Urteils-, Entscheidungs-, Verhaltensweisen mitbestimmt, bedeutet eine Tiefendimension aufzusuchen, in welcher zur Erhellung eines geschichtlichen Erscheinungsbildes der Schritt hinter dessen Faktizität gewagt wird. Überflüssig zu sagen, daß dem in seiner Gegenwart Lebenden der eigene Stand innerhalb des Koordinatennetzes nicht immer, ja vielleicht nur in den seltensten Fällen klar bewußt ist – wer »weiß« von sich schon: ich handle jetzt nach den Maximen Kants, urteile jetzt im Sinne Hegels, reagiere hier beeinflußt durch Nietzsche und nehme da Stellung im Geiste Spenglers? Auch ist es ja nicht so, daß jemand seinen Ort im geistigen Koordinatennetz der Zeit dadurch empfängt, daß er etwa Hegel liest und nun dessen Erkenntnisse übernimmt oder Marxist wird, weil er durch seinen Lehrer zu Marx geführt wurde – das kommt natürlich in Einzelfällen vor –, aber die Wirklichkeit dessen, was wir »geistiges Leben« nennen, bietet sich viel komplizierter dar: von Rousseau gingen Wellenkreise neuen Naturempfindens, veränderter zwischenmenschlicher Gefühlslagen, gewandelter Einstellung zu Gott, Welt, Staat aus, die nicht auf rationaler Auseinandersetzung mit dem Philosophen beruhten; Fichtescher Idealismus bewegte die Freiwilligen von 1813, von denen selbstverständlich die allerwenigsten Fichte gehört oder gelesen hatten; Schopenhauers Werk »Die Welt als Wille und Vorstellung« wirkte unmittelbar auf Richard Wagner wie auf Friedrich Nietzsche, aber der gewisse nihilistische Heroismus, der in beiden Weltkriegen Blüten trieb, und der Über- und Herrenmenschenwahn, der bis an die Rampen von Auschwitz führten, konnte den Trägern nicht als das geistige Koordinatennetz des »Rings« und des »Zarathustra« bewußt sein.

Dieses Koordinatennetz ist nicht identisch mit dem »Zeitgeist«. Dennoch gibt es zwischen beiden einen Zusammenhang; vielleicht dergestalt, daß jenes ein mehr oder minder verborgenes Gerüst von diesem bildet. Um ein »Geist-Skelett« aus Ideen, Entwürfen, Ideologien schließt sich ein Korpus mit Fleisch und Blut der Leidenschaften, Moden, Irrtümer, Hoffnungen, Traditionen; summa summarum: Zeitgeist. Um einen so komplizierten Mann wie Walther Rathenau und seine vielschichtigen Schriften zu verstehen – einen Mann, von dem Karl Dietrich Erdmann bemerkt: ». . . eine typische Erscheinung des Wilhelminischen Zeitalters, auf Macht und Geltung zweckrational und ehrgeizig eingestellt, mit einem jugendstilartigen, romantisch-gefühligen Einschlag in seiner Schreibweise, wurde er als Märtyrer der Weimarer Republik Symbolfigur«[1] –, bedarf es der Durchdringung des qualligen Zeitgeist-Gehäuses bis hin auf eben jenes »Skelett« und dessen Freilegung. Bei dieser geistesgeschichtlichen »Präparierung«, wenn ein medizinisches Bild erlaubt ist, treffen wir auf geistige Kraftfelder, die »die Welt, in der Rathenau lebte«, aufluden und innerhalb derer jeder stand – einerlei, ob gewollt und gewußt oder nicht –, der dachte, schrieb, handelte; und so auch Rathenau. Wir versuchen, sie, diese »Felder«, die zusammengenommen das »geistige Koordinatennetz« ausmachen, subsumiert unter die drei Namen-Paare Hegel–Marx, Nietzsche–Spengler, Naumann–Max Weber zu umreißen.

1. HEGEL UND MARX

»Jede Frage«, schreibt Rathenau in seiner »Mechanik des Geistes«, »die wir zu Ende denken, führt ins Überirdische. Von jedem Punkt, auf dem wir stehen, ist es nur ein Schritt bis zum Mittelpunkt der Welt . . . Somit leben und wirken wir unablässig im Gebiet des Transzendenten.«[2] Immer wieder, immer neu, von jedem einzelnen wird dieser Schritt getan, oft weder ihm noch anderen als Schritt in den »Mittelpunkt«, als Transzendenz erkennbar; die Summe dieser Schritte, so könnte man sagen, ist die Weltgeschichte; indem sie scheinbar als autonomer Prozeß im geschlossenen Raum-Zeit-System unserer Welt, mit uns als »Material« (und nur wo wir, dieses Geschichtsmaterial, sind, ist Welt und Geschichte = Weltgeschichte) sich vollzieht, lebt sich auf einer anderen Wirklichkeitsebene – eben »im Gebiet der Transzendenz«, wie Rathenau sagt –, auf die hin wir unsere »Schritte« tun, der Weltgeist, Gott, dar; die Summe unserer Schritte, unser »Geschichtsgang«, ist ein Sich-Darleben; *nur* in diesem Sich-Darleben ist er erfahrbar, nur *als* Geschichte ist er erfahrbar. Damit sind wir unversehens zu Hegel, zu seinem Gottes- und seinem Geschichtsbegriff gelangt.

Dessen Kern liegt darin, daß der Geist durch die Welt zu sich selbst zurückkehrt; dieser »Vorgang« ist die Geschichte, *als* Geschichte kreist und kehrt er zurück in sich; untrennbar an den Menschen geheftet – *nur* in ihm –, kreist und kehrt er als Geschichte zurück in sich; unter der Form der »Dialektik« vollzieht sich dieser Weg. Damit ging Hegel über Schelling, der wohl die in sich kreisende Einheit von Gott-Geist, Welt-Natur, nicht aber die Art ihrer Bewegung erkannt hatte, in Entscheidendem hinaus. Das Absolute, der Weltgeist (= Gott), so war er überzeugt, hat eine »Geschichte«, »entwickelt sich«, »wird«, und zwar *in* der Bewußtheit des Menschen, ja, als seine Bewußtheit. So haben wir die weitere Gleichung: »Geschichte des Absoluten« = Geschichte des menschlichen Bewußtseins = Weltgeschichte. Sie verläuft in »Denkschritten«. Oder wie Hirschberger sagt: »Das Absolute braucht das Werden, um sich selbst zu finden, und begibt sich deshalb auf den Weg einer kontinuierlichen Entwicklung.«[3] Dieser Entwicklungsweg ist dialektischer Natur, das heißt, er vollzieht sich im »Dreischritt« von Thesis, Antithesis und Synthesis. Auch Fichte hatte diese Dialektik schon gesehen, doch mehr willkürlich, mehr im Sinne des vom Subjekt Gewollten – Hegel dagegen sah den »Dreischritt« als ein Objektivum: die Thesis enthält wesenhaft die Antithesis, »weil beide Begriffe qualitativ auf ein höheres Gemeinsames bezogen sind«.[4] So sind Sein und Nichts in das Werden, Entstehen und Vergehen in das Dasein, Geburt und Tod in das Leben »aufgehoben«. Diese Dialektik, deren Wesen also darin liegt, daß alle Begriffe sich gegenseitig bestimmen, alle Ideen sich gegenseitig gebären, durch das Wechselspiel von Position und Negation, stellt einen gewaltigen Konkretisierungsversuch des Absoluten (= des Weltgeistes, Gottes) dar. Dessen »Geschichte« ist, wie wir feststellen, ein Bewußtwerdungsprozeß seiner selbst im Menschen, und dieser wiederum gibt sich nur als Konkretisierungsprozeß im dialektischen Dreischritt zu erkennen. Freilich, ein neuralgischer Punkt: Wird das Absolute im dialektischen Bewußtwerdungsprozeß nur *einsichtig*, oder *ist* es dieser Prozeß? Und da dieser dialektische Bewußtwerdungsprozeß die Geschichte ist – *offenbart* sich das Absolute, Gott, nur in ihr, oder *ist* sie es? In Abbreviatur gefragt: *Wirkt* Gott dialektisch, oder *ist* er, wie Friedrich Heer interpretiert, Dialektik?[5] »Konkretisiert« sich Gott in der Geschichte und als Geschichte, oder *ist* er Geschichte? Man kann darüber streiten, ob diese Fragestellung Relevanz besitze, weil ein Sein Gottes außerhalb der Konkretion – welcher auch immer – sich dem Fassungsvermögen des Menschen ohnehin entzöge. Auf der anderen Seite: Im Grunde unternimmt Hegel einen gigantischen und heroischen Versuch, Gott in einem »System« zur Anschauung zu bringen, mehr, verstehbar zu machen, indem er ihn als Geschichte konkretisiert und uns in den dialektischen Bewußtwerdungsprozeß, den sie darstellt, hineinbindet: der Mensch »wird« mit Gott, »entwickelt« sich mit Gott, hat »Geschichte« mit Gott; und für »mit« tritt »als« ein; und dann wird der Satz gedreht: das Absolute, der Weltgeist, Gott, »wird« *als* Mensch, »entwickelt« sich als Mensch, hat »Geschichte«, *ist* Geschichte als Mensch ...

Zweifellos ungeheure Perspektiven. »Wer bei der Betrachtung von Hegels Dialektik«, sagt Heer, »auch nur einen Augenblick vergißt, daß diese die große tragische Kunst Gottes, in der Welt und in die Welt hineinzusterben ist, verharmlost sie nicht nur, sondern verkennt ihren Ursprung, ihren Kern, ihr Wesen.«[6] Wir müssen auch denkend auf dem Erdboden bleiben: ist es angängig, Begriffe wie »Kunst«, gar »große, tragische Kunst« und vollends »große tragische Kunst, in die Welt hineinzusterben« auf Gott anzuwenden? Wird damit nicht ein gewaltiger Schritt rückwärts getan, weit zurück hinter die Gottesschau und -furcht der Juden, die schon wußten, daß der »Durch-sich-selbst-Seiende« nicht »gefaßt« werden kann in Kategorien des Menschengeistes? Verstößt es nicht gegen Demut und wird zu intellektuellem Götzendienst, wenn sogenannte Identitäten Gottes am Philosophenschreibtisch erfunden werden, heißen sie nun statt »Baal« und »Goldenem Kalb« »Geschichte«, »Dialektik« oder sonstwie? Auch Hegels Denken, so kühn es einen Kosmos schaffen will, in dem alles, Gott, Welt, Mensch, Geschichte ihren vom Philosophen zugewiesenen Platz innehaben, bleibt Menschendenken, bleibt Spekulation. Dialektik als objektives Entwicklungsprinzip erkannt zu haben, ist die große wissenschaftliche Tat Hegels gewesen – aber der Schritt weiter, diese Erkenntnis zu überspannen, das eigene Erkenntnisvermögen zu überschätzen (durch Fehleinschätzung der menschlichen Möglichkeiten), der Schritt, der unzählige andere nach sich zog und zu einem geschlossenen System führte – diese »Geschlossenheit« ist der stärkste Einwand gegen seine Wahrheit,[7] dieses Gewalttätig-Konstruierte eines sich von der Sinnenhaftigkeit emanzipiert habenden Intellekts war einem Goethe tief zuwider gewesen. Dieser Schritt vom Erfahrbaren, Nachprüfbaren – denn beides trifft auf die Dialektik zu – zum »Ausgedachten«, zur verkappten Religionsstiftung ist nichts anderes als ein sacrificium intellectus in Gestalt der menschlichen Selbstüberhebung.

Wer *das* nicht sieht, verharmlost den ganzen Hegel: indem er ein System schuf, das die ewige unüberbrückbare, totale »Andersheit« zwischen Gott und Mensch – eine Kluft, die nach christlichem Glauben von Gott her in der

Inkarnation des Christus aufgehoben wurde – vom Menschen her, von seinem Erkennen her in die Einheit der Geschichte, einer neuen, Hegelschen Inkarnationsweise also, aufhob, leitete er einen in den Folgen schrecklichen, von ihm weder vorausgesehenen noch gewollten Staatshypertrophierungsprozeß ein. Denn der Identitätssetzung Gott = Geschichte folgte die weitere: Geschichte = Staat. Diese hat Hegel selbst noch vollzogen. Denn es »muß« ja im logischen Denken so sein: wie das Absolute sich als Geschichte »verselbstet« (man könnte auch sagen: konkretisiert, inkarniert), so die Geschichte als Staat. Der dialektische Bewußtwerdungsprozeß des Absoluten als Geschichte geschieht konkret als dialektischer Entwicklungsprozeß des Staates. Bis etwa 1840 hatte Hegel, im Geiste weit gewalttätiger als ein Napoleon (den er »Weltseele« nannte[8]) in der Tat, alles in sein System integriert: Gott, Geschichte, Christentum, Staat – letzteren spezifisch als Preußen; ein philosophisches Imperium, wie es gewaltiger, imponierender und bedrohlicher für den Menschen vielleicht nie zuvor errichtet wurde noch je wieder errichtet werden wird.[9]

»Jeder Einzelne«, verkündet er, »ist ein blindes Glied in der Kette der absoluten Notwendigkeit, an der sich die Welt fortbildet. Jeder Einzelne kann sich zur Herrschaft über eine größere Länge dieser Kette allein erheben, wenn er erkennt, wohin die große Notwendigkeit will und aus dieser Erkenntnis die Zauberworte aussprechen lernt, die ihre Gestalt hervorrufen.«[10] Gewiß wäre es unredlich, aus solchen Sätzen eine »Verantwortung« des Schreibers für Lenin, Hitler, Mao abzuleiten. Darum geht es nicht, aber es gilt, sich bewußtzumachen, in welches geistige Koordinatennetz das Zeitalter, dem sie entstiegen, eingewoben war, welche Ideen es bestimmte, um in Marxismus-Leninismus, Faschismus, in Säuberungsprozessen und »Endlösungen« die historischen Anwendungen des Hegelschen Postulats – das »kann« impliziert ein »soll«! – zu verstehen, daß der »Einzelne, wenn er erkennt, wohin die große Notwendigkeit will«, zur Herrschaft aufsteige. Mochte der Philosoph selbst im Sinne Platos gemeint haben, vollkommenste Erkenntnis, natürlich im Verstande seines allumfassenden Systems, werde zur vollkommensten Herrschaft befähigen, zugespitzt ausgedrückt: der vollkommenste Hegelianer werde der vollkommenste Herrscher sein, so sorgte die Wirklichkeit für die Varianten. Wie andere Gewalt-Imperien auch, so zerfiel das Hegelsche alsbald zwischen den Diadochen: Althegelianer, Junghegelianer, Neuhegelianer schufen ihre geistigen Nachfolgestaaten. Ludwig Feuerbach, Arnold Ruge, Karl Stirner, Bruno Bauer, Sören Kierkegaard rissen Teile des Hegel-Kosmos an sich, und der war so groß, daß sie auf den Stücken noch stattliche Gebäude türmen konnten.

Walther Rathenau gehört nicht zu diesen großen und unmittelbaren Nutznießern, und er hat auch kein gewolltes oder bewußtes Band zu Hegel geschlungen – zumal er stets sehr stolz auf seine vermeintliche philosophische Eigenständigkeit war –, aber die mächtigen Trümmer des Hegel-Systems, die Dialektik, Selbstbewußtwerdung des Absoluten, Staat als Konkretion des Absoluten hießen, trieben damals (wie heute), wenn auch in unterschiedlichen

Tiefen, durch das Zeitbewußtsein. Immerhin läßt schon eine Wortwahl wie »Mechanik des Geistes«, diese ungewöhnliche, den üblichen Assoziationen, die mit »Mechanik« und mit »Geist« verbunden sind, widersprechende Verknüpfung aufmerken. Auch der Kerngedanke dieses Buches, »die Geburt der Seele«, der Gedanke, daß Seele »wird«, daß sie heranreift in Stufen und Schüben, und zwar nicht gleichmäßig und gleichzeitig, sondern in jeder Hinsicht unterschiedlich, läßt Hegels Auffassung vom Weltgeist, der sich zur Selbstbewußtwerdung entwickelt, durchschimmern – mehr als »Schimmer« ist es freilich nicht, denn weder arbeitet Rathenau den dialektischen Dreischritt heraus, noch unterwirft er wie Hegel das Individuum, das »blinde Glied der Kette«, mit auch nur annähernder Konsequenz einem Kollektivzwang. Andererseits freilich nimmt auch für ihn der Staat in allen seinen auf die zukünftig zu schaffende Gesellschaft bezüglichen Entwürfen eine omnipotente Stellung ein, und zwar vom Denk-Ansatz her: nur im Staat, nur als Staat kann die neue menschliche Zusammenlebensweise sich verwirklichen, wenngleich Rathenau in einem Atem damit ihn auch wieder in autonome Gruppen sachlich koordinierter Individuen aufzulösen trachtet.

Wenn Hegel ein geistiges Meer verkörperte, das jeden umspülte, der nach ihm zu philosophieren begann, so war Karl Marx der Stein, an den jeder stieß, der sich denkend, schreibend, handelnd mit der Zukunft der menschlichen Gesellschaft zu befassen unterfing. Absichtlich zählten wir ihn nicht bei den Hegel-Diadochen auf; denn er übernahm zwar des großen Schwaben Erkenntnis von der Art und Weise, *wie* der Weltgeist durch die Welt hindurch als Geschichte zu sich selbst zurückkehre, das Prinzip der Dialektik also, aber er brachte es in einen anderen, in den von ihm errichteten Bau ein. Dieser Bau unterscheidet sich von dem Hegelschen in vielen Punkten, jedoch in einem kardinalen: während Hegel in seinem Kolossal-System letztlich eine Rehabilitierung des christlich-absolutistischen Weltverständnisses unternahm – eine Rehabilitierung von gigantischem Ausmaß, kühn, diktatorisch, verspätet, sozusagen eine »Korrektur« des Heilsplans, den er, Hegel, nun erst »richtig« versteht, weil *er* sowohl das Christentum als Geschichtsmacht, wie den Staat als Geschichtsträger, wie die Dialektik als Geschichts-Schrittmaß erkennt –, löste sich Marx von diesem im Grunde doch traditionellen Weltverständnis ab, oder genauer, er machte dessen Zusammenbruch offenbar:[11] indem er nicht mehr den Staat, sondern die Gesellschaft, nicht mehr also gouvernementale Organisation, sondern sozialen Organismus als Weg und Ziel des Weltganges verkündet und am Ende keine »bloß geistige« Erlösung in Form der höchsten Selbstbewußtwerdung und -darstellung der Idee zu bieten hatte, sondern reale handfeste Erlösung in Form der »klassenlosen Gesellschaft«. Daß dies, wie längst erkannt, eine verfremdete Heilslehre eschatologischen Charakters bedeutet, bei der das »Letzte«, die Aufhebung der Klassen in eine materielle Harmonie, wo Lamm und Löwe beieinander wohnen, als das »enttranszendentalisierte« Heil erscheint, macht nur einmal mehr die Unveränderlichkeit der menschlichen Grund-Sehnsüchte durch die Jahrtausende hindurch deutlich. So gesehen, steht auch Marx nicht traditionslos in der Geschichte; zu seinen geistigen Ahnen sind alle zu zählen, die die Weltvollendung als einen irdischen, gesellschaftlichen Vollkommenheitszustand für möglich hielten, erwarteten und darum kämpften. Dem in einem essentiellen Sinne, unbeschadet aller Größe, doch restaurativen Denker Hegel steht Marx als revolutionärer Denker, was Relikte der Rückständigkeit nicht ausschließt, gegenüber. Das eigentlich Revolutionäre aber liegt darin, daß Marx, seinem Selbstverständnis nach, gar nicht mehr Hegel oder andere Philosophen »widerlegen«, Einzelpositionen theoretisch angreifen, daß er vielmehr überhaupt nicht mehr »philosophieren« will, sondern die »Aufhebung« der Philosophie, das heißt ihre »Verwirklichung«, die Überführung des Denkens in Handeln, postuliert.[12] »Es ist also die Aufgabe der Geschichte«, schreibt er, »nachdem das Jenseits der Wahrheit verschwunden ist [Gott bei Hegel durch die Kritik Feuerbachs], die Wahrheit des Diesseits zu etablieren . . .« Anstelle der »Kritik des Himmels«, meint er, trete die der Erde, anstelle der »Kritik der Religion« die des Rechts, anstelle der »Kritik der Theologie« die der Politik.[13] Damit wendet er sich von jeder transzendentalen, religiösen, mystischen Haltung ab, welche die Welt als eine Emanation Gottes und den Menschen als zur communio mit Gott bestimmt glaubt, und bekennt die In-sich-Geschlossenheit einer sich selbst genug seienden Welt, die es zu gestalten und einzurichten gilt.

Das Wesen dieser zu etablierenden Diesseitswahrheit hat Karl Marx in der Kritik der politischen Ökonomie so ausgesprochen:

»Meine Untersuchung mündet in dem Ergebnis, daß Rechtsverhältnisse wie Staatsformen weder aus sich selbst zu begreifen sind noch aus der sogenannten allgemeinen Entwicklung des menschlichen Geistes, sondern vielmehr in den materiellen Lebensverhältnissen wurzeln . . . In der gesellschaftlichen Produktion ihres Lebens gehen die Menschen bestimmte notwendige, von ihrem Willen unabhängige politische Verhältnisse ein, Produktionsverhältnisse, die einer bestimmten Entwicklungsstufe ihrer materiellen Produktionskräfte entsprechen. Die Gesamtheit dieser Produktionsverhältnisse bildet die ökonomische Struktur der Gesellschaft, die reale Basis, worauf sich ein juristischer und politischer Überbau erhebt und welcher bestimmte gesellschaftliche Bewußtseinsformen entsprechen. Es ist nicht das Bewußtsein der Menschen, das ihr Sein, sondern umgekehrt ihr gesellschaftliches Sein, das ihr Bewußtsein bestimmt.«[14]

Es kann nicht Aufgabe dieser Studie sein, in eine Diskussion solcher Aussage und der Marxschen Lehren überhaupt einzutreten. Für unseren Zweck, nämlich das »geistige Koordinatennetz« der Welt, in der Rathenau lebte, zu zeigen, erscheint mir folgendes festhaltenswert:

a) In einer, sieht man von Luther ab, noch nie dagewesenen Direktheit, Intensität und Ausdehnung transformierte sich im Falle Marx Philosophie zu Politik. Das dialektische Instrumentarium hatte Marx von Hegel übernommen; viele seiner Gedanken hatten schon ein Babeuf, ein Henri de Saint-Simon, ein Robert Owen vor ihm gedacht; an Großartigkeit der Konzeption übertraf ihn vielleicht ein Comte, an persönlicher Wirkung sicher ein Lassalle – aber der »Schöpfer-Anhauch«, der amorphe Arbeitermassen in eine zielstrebige, ihrer selbst bewußte Klasse verwandelte, kam von ihm. Marx ist, worauf ich schon an anderer Stelle ausführlich eingegangen bin, Religionsstifter gewesen, wenn auch in der dem neunzehnten Jahrhundert gemäßen Wissenschafts-Gewandung.[15] Seine Lehre hat das Schicksal einer Religion – bis heute: sie besitzt ihre Apostel, Heiligen, Märtyrer, ihre »Theologen« – all die Ausleger, Schriftgelehrten, Fortsetzer – und sie hat vor allem ihre Häretiker, Schismatiker, Dissidenten, Abtrünnigen, Überläufer; es ist geradezu verblüffend, diese Analogien, zur katholischen Kirche etwa, zu verfolgen.[16] Heute, fünfundachtzig Jahre nach dem Tode des Karl Marx, widerstreiten sich mehrere Großrichtungen des Marxismus nebst zahlreichen kleineren Varianten, stehen sich zwei Großreiche, die sich in ihren Gesellschaftssystemen auf Marx berufen, nebst Satellitenstaaten gegenüber, leben über eine Milliarde Menschen, ein Drittel der Erdbevölkerung, nach dem, was ihre Führer für Realisierung der Marxschen Lehre halten, erstrebt mindestens ein weiteres Drittel der Menschheit dasselbe, wenn auch in vielerlei Modifikationen. Um den »eigentlichen«, den »wahren« Marx wird seit 1883, seinem Todesjahr, unaufhörlich gerungen, und auf den »Urmarxismus« richten sich Sehnsüchte, nicht anders als auf das Urchristentum.

b) Diese »Glaubenskämpfe«, mit Leidenschaft, Eifer und Haß ausgetragen, haben nicht erst in den spektakulären Ereignissen der Weltgeschichte, in den Revolutionen von 1917 und 1918, in den russischen und chinesischen Bürgerkriegen, im Zweiten Weltkrieg ihren Niederschlag gefunden, sondern schon lange vorher, vor 1914, in den einzelnen Nationen, den einzelnen sozialistischen Parteien. Die interne Auseinandersetzung in der deutschen Sozialdemokratie, zwischen 1891 und 1917, bei der es letztlich um die Entscheidung ging: allmähliche Sozialisierung der Gesellschaft auf dem Wege kontinuierlicher Reformen innerhalb der parlamentarischen Demokratie *oder* Vernichtung der bürgerlichen Gesellschaft und Umschmelzung in das sozialistische Kollektiv durch den Gewaltakt der Revolution, wurde von der »etablierten« Gesellschaft des Kaiserreichs zwar wenig beachtet, hat aber das Schicksal Deutschlands entscheidend beeinflußt. Ihr Ergebnis, der Sieg der gemäßigten, prinzipiell zum Kompromiß, mehr: zum Bündnis mit der »Bourgeoisie« und dem Kapitalismus bereiten Mehrheitssozialdemokratie über den sich abspaltenden radikalen Minderheitsflügel zeitigte nicht nur die schon erwähnten politischen Folgen, sondern hatte auch bis in unsere Gegenwart reichende geistige Konsequenzen; allerdings auf dem Umweg über den Faschismus. Dieses Zwischenspiel wirkte sich insofern ambivalent aus, als es einerseits den Sieg des revolutionären Sozialismus in Deutschland, damit aber auch alle etwa über ihn mögliche Enttäuschung, jede aus der Erfahrungspraxis resultierende Auseinandersetzung mit ihm verhinderte, andererseits jedoch, gerade im Zusammenbruch, eine ganz allgemeine Aufwertung des evolutionären Sozialismus bewirkte.

Der Wiederaufbau von Staat und Wirtschaft nach 1945 ist in der Bundesrepublik (und wäre es bei Erhaltung der Einheit für ganz Deutschland) zweifellos ein Weg von Marx fort gewesen; die gewaltlose, gleichsam nur wie fortschrittliche Sozialhygiene anmutende, aber stetige Verbesserung des Lebensstandards der breiten Volksmassen, dieser pragmatische Sozialismus, bei dem fraglich erscheint, ob das Wort überhaupt noch zutrifft, hat den theoretischen Sozialismus ausgehöhlt und ihm die Schlag- und Zugkraft genommen; das ist der Schlüssel für die zunehmende Unruhe, die sich – nach der materiellen Saturierung – nun zahlreicher intellektueller Gruppen und großer Teile der jungen Generation bemächtigt: zurück zu Marx, zurück zum Kampf, zurück auch zu Theorie und Ideologie (diesen ewigen Gelüsten des Intellekts und der Jugend!) – wie aber, wenn Marx ein ferner, umstrittener, erst wieder freizuschaufelnder Gelehrter ist, der keine Aktivitätsimpulse mehr zu setzen vermag; wenn der »Feind«, den jede actio braucht, in diesem Fall die »Ausbeuter-Klasse«, nicht mehr als solcher empfunden wird, weil Versachlichung und Autonomisierung der Wirtschaft das personale Element, das zu jedem, auch dem Klassenkampf, gehört, ausräumen; wenn, alles in allem genommen, zur »Revolution« die ökonomische Unzufriedenheit der Massen fehlt?

c) Diesen Aspekt hervorzuheben ist deshalb so wichtig, weil er Bestätigung und Widerlegung Marxens zugleich umschließt: die allgemeine äußerste Verelendung der Arbeiter, das angeblich notwendige »Immer-ärmer-Werden« der Armen und »Immer-reicher-Werden« der Reichen und die darum notwendig eintretende, dicht bevorstehende Weltrevolution – diese und manche andere Prognosen haben sich als Irrtümer, teils grundsätzlicher, teils zeitgebundener Art erwiesen. Seine tiefen Einsichten jedoch in die ökonomischen Triebkräfte des menschlichen Verhaltens haben eine Bestätigung gefunden, die er nie für möglich gehalten hätte: materielle Sättigung der Massen in den kapitalistischen Industrieländern entnervten dort den Marxismus. Es verdient festgehalten zu werden, daß es ihm bis heute noch nirgends auf der Erde gelungen ist, in einer hochindustrialisierten, privatwirtschaftlichen Konsumgesellschaft die Macht zu erringen; das Rußland von 1917 besaß und die Länder der »dritten Welt«, in denen sozialistische Revolutionen noch Chancen haben, besitzen in keiner Weise jene Voraussetzungen, die Marx für den »wissenschaftlich notwendigen« Ablauf der Entwicklung unterstellte.

Dennoch wäre es verkehrt, daraus zu schließen, Marx sei »tot«. Ganz im Gegenteil: er ist in einen anderen Seinszustand übergetreten. In concreto vielfach widerlegt, als Programmatiker nicht einfach »anwendbar«, als irrtumsfreier, dogmatisch zuverlässiger »Wegweiser« zur Welt-Einrichtung unbrauchbar, wurde er längst zu einer *Symbolgestalt* – ob zu Recht oder Unrecht, spielt dabei keine Rolle – für einen säkularisierten Heilstraum, dessen Kern »soziale Gerechtigkeit« heißt; deren punctum saliens läßt sich in einen Satz komprimieren: die menschliche Gesellschaft soll nach dem Maß derer eingerichtet sein, die *nichts als sich selbst*, ihre Arbeitskraft, bestehe sie mehr im Körperlichen, mehr im Geistigen, haben, und nicht nach den Maßen derer, die *zusätzlich* Besitz an *Kapital- und Produktionsmitteln* ihr eigen nennen. Dieser zentralen Forderung hat Karl Marx als erster die konsequente, wissenschaftlich formulierte, politisch aktivierte, militante Stoßkraft verliehen. Längst hat sie sich von seiner Person, von seinen Lehren abgelöst; diese nehmen mehr und mehr historischen Symbol-Status an. Die Forderung selbst und der Weg zu ihrer Erfüllung bleiben eines der großen Themen der Geschichte.

Rathenaus Leben fiel in die Zeitspanne, in der der Name Karl Marx höchste aktuelle Konkretheit bedeutete: als geistige, wissenschaftliche, kulturelle Haltung; als politische Kampfformation wie die sozialistischen Parteien, die Gewerkschaften; als Revolutionen. Er verstand sich selbst nicht nur als einen Antipoden von Marx, sondern sogar als dessen Überwinder: »Dieses Buch«, meinte er 1917 von seiner Schrift ›Von kommenden Dingen‹, »trifft den dogmatischen Sozialismus ins Herz«,[17] hierin irrte er doppelt: einmal, weil er im Grunde das Marxsche Hauptprinzip, die Überzeugung von der Prävalenz des Ökonomischen als der Basis der Weltgeschichte, teilte und die stark betonten, bisweilen ins Mystische gesteigerten moralischen Aspekte desselben letztlich doch mehr als geistige, im Marxschen Sinne: als »ideologische« Arabesken anbrachte; zum andern aber auch deshalb, weil sein Werk, mehr divinatorische Schau als Wissenschaft und Programm, für die politische und wirtschaftliche Praxis schwer ausmünzbar und kaum in methodische Aktion übertragbar war.

2. NIETZSCHE UND SPENGLER

Im selben Jahr 1883, in dem Karl Marx starb, schrieb Nietzsche in Rapallo den ersten Teil seines Werkes »Also sprach Zarathustra«, das er ein »Buch für alle und keinen« nannte. Darin, gleich zu Anfang, der berühmte Satz: »Ich lehre euch den Übermenschen.«[18] Auch heute noch ist es unmöglich, von den gehämmerten Sätzen, die wie die Klänge einer Sterbeglocke des abendländischen Kulturkreises hallen, nicht betroffen zu sein: »Der Übermensch ist der Sinn der Erde: Euer Wille sage: der Übermensch *sei* der Sinn der Erde. Ich beschwöre euch, meine Brüder, bleibt der Erde treu und glaubt denen nicht, welche euch von überirdischen Hoffnungen reden ... Einst war der Frevel an Gott der größte Frevel, aber Gott starb, und damit starben auch diese Frevelhaften. An der Erde zu freveln, ist jetzt das Furchtbarste ...«[19]

Wir vermögen uns heute kaum noch vorzustellen, welch ungeheure magisch-suggestive Macht Nietzsche nicht zuletzt dank seiner in Bann schlagenden Sprache über die zwischen 1870 und 1920 Geborenen ausgeübt hat. Diese Macht beruhte nicht auf der Schlüssigkeit, nicht auf der Beweiskraft der

Nietzscheschen Aussagen, sondern auf der Dämonie seiner Verkündigung. Dämonie – ein anderes Wort will sich schwerlich einstellen angesichts der Tatsache, daß hier nicht Meinungen, Konzeptionen, Theorien als Ratio-Produkte, rational nachprüfbar, annehmbar oder ablehnbar, modifizierbar, zur Diskussion gestellt, sondern Schächte des Unbewußten, Verliese der Seele geöffnet, menschliche Autonomie, Willens- und Gefühlsemanzipation als allgemeine Daseins-Gestimmtheit nicht aus Erkenntnis, sondern aus »Gefühl« heraus inthronisiert wurden. Aufstand gegen den einer entfesselten Ratio entsprungenen und mit ihren Mitteln sich verwirklichenden mathematisch-technischen Weltbemächtigungsversuch, der Notwendigkeit ist, um die stürmisch anwachsenden Menschenmassen am Leben zu erhalten. Eine Revolte und zeitweise ein Triumph des Irrationalen, wie ihn der Okzident noch kaum je gesehen hatte.

Das dialektische Wechselspiel zwischen Emanzipations- und Verbundtendenzen ist, wenn man so sagen darf, ein Fortbewegungsprinzip der Weltgeschichte.[20] Das jeweils Dritte, in das hinein sie sich aufheben sollen, bleibt stets, unter verschiedenen Namen, Fernziel, Sehnsucht, Glaube. (Für welchen dieser Begriffe man sich entscheidet, hängt von der *Art* der Resignation ab.) Marx erschaute dieses tertium commune als die »klassenlose Gesellschaft«, Nietzsche als den »Übermenschen«, Rathenau als »das Reich der Seele«. Ihnen allen, und die Reihe läßt sich verlängern, ist gemeinsam, daß am Ende der Gedankenketten – einerlei, ob es sich um Ratio-Systeme, mystische Visionen, Phantasmagorien oder, wie meist, Mischformen handelt – stets Vollkommenheitszustände stehen, die es nie gab und nie geben wird. Das hängt mit der wesenhaften Eigenart des menschlichen Denkens – geradezu einer Definition des Menschseins überhaupt – zusammen: immer einen »Schlußstein« setzen zu wollen, setzen wollen zu *müssen*. Es bedarf höchster geistiger Selbstüberwindung, darauf bewußt zu verzichten und den eigenen Gedankengang als »unfertig«, »offenbleibend« hinzunehmen. Solcher Akt der Selbstbescheidung und intellektuellen Demut, nämlich in Absehung der menschlichen Grenzen sich mit einem »Aufhören« abzufinden, anstatt Vollendung, die nur Willenskrampf-Satzung sein kann, zu ertrotzen, ist weder Marxens noch Nietzsches Sache gewesen.

Die geschichtliche Erfahrung hat, so scheint mir, gelehrt, daß jedesmal, wenn jener »Schlußstein« *innerweltlich* angenommen wird, besonders schreckliche Menschheitsepochen heraufziehen, weil für seine Erreichung, die ja per definitionem nicht nur für möglich gehalten, sondern fest geglaubt wird, logischerweise kein Opfer zu groß sein darf. Wenn die klassenlose Gesellschaft – eine konsequent säkularisierte Form des »himmlischen Jerusalem« – mögliches und sogar mit Notwendigkeit zu erreichendes Ziel der Geschichte ist, dann unterliegt auch jeder Schritt darauf hin der Notwendigkeit; Hemmung und Fünf-gerade-sein-Lassen wird zur »Reaktion«, Mitleid zur Sentimentalität. Dasselbe gilt für Nietzsches Übermenschen – ist er züchtbar und seine Entstehung Sinn des Menschheitsweges, dann verschlägt es nichts, ihm Hekatomben von Normalmenschen alter Art – die ohnehin laut des Philosophen Meinung »mehr Affe als irgendein Affe« und »ein schmutziger Strom« sind[21] – hinzuschlachten.

Nietzsches Verbindung zur Politik und Geschichte ist ganz anderer Art als die Marxens.[22] Während dieser eine finale Konsolidierung der menschlichen Gesellschaft als Ergebnis der »Diktatur des Proletariats«, welches er für die dazu auf Grund dialektischer Notwendigkeit berufene Klasse hielt, voraussagte und mehr: sie »wissenschaftlich bewies«, und diese Lehre sich sogleich in Politik umsetzte, indem sie politische Formationen als Träger und Verfechter fand, verkündete Nietzsche viel mehr als die stellvertretend für die Gesamtmenschheit vom Proletariat zu erkämpfende ökonomische Freiheit, nämlich den »neuen Menschen«, der so vollständig umgestülpt ist, daß ihn die ökonomischen Kategorien des alten Menschen überhaupt nicht mehr berühren, und bewirkte damit eine weit über Zweckgruppierungen hinausgreifende seelische Umstimmung seines Zeitalters.

Dieser neue Mensch ist ein Elitemensch, befreit von den Fesseln der seitherigen Wertvorstellungen, »jenseits von Gut und Böse« stehend als Setzer eigener, nur nach Kraft und Macht und Adel sich richtender Satzung, ist der Erwählte, der den gewöhnlichen Menschen überwunden und das Ziel, den »Übermenschen«, erreicht hat.[23] Daß Nietzsche offenließ, wer nun sich aus der »Herde« und über sie erheben könne, wie und mit welchen Mitteln es zu geschehen habe; daß er keine konkreten, praktikablen Anweisungen für politisches und soziales Verhalten gab – das gerade verstärkte und vervielfältigte seine Wirkung. Ja, das Konkrete, hic et nunc, im Staat, in der gesellschaftlichen Gruppe, im Amt, das so mühsame Kleine, das so unscheinbare Detail, darin die Zusammenlebenspraxis besteht, mußte spießig, armselig und verächtlich erscheinen. »Stark« und »frei« und »Herr« galt es zu sein, nur das zählte, nur der war es, der zu den »Besten« gehörte, zur »höheren Rasse«, zum neuen Adel. Ihm kam Herrschaft zu über die Massen, er allein sollte Herr der Welt und der Geschichte sein. Hatte Hegel das Berufensein zur Herrschaft an die höchste Fähigkeit zur Erkenntnis des »Notwendigen« geknüpft und Marx diese eine Klasse, die die Rolle des »Gottesvolkes« in den Offenbarungsreligionen spielt, zugewiesen, so führte Nietzsche irrationale Qualitätskriterien ein, deren beliebige Auswechselbarkeit ihren Reiz und ihre Gefährlichkeit ausmachte. Der »Herr«, das konnte nun der Edle im Sinne Georges, der Immoralist im Sinn eines Anatole France, das konnte der Stoßtruppführer des Weltkriegs, der Fememörder der zwanziger Jahre, der bündische »Männerheld« (Blüher), der blonde nordische Funktionär des Judenmords sein. George, Sorel, E. T. Lawrence, der Ernst Jünger des Weltkriegs und bis hin zum »Arbeiter« (1932), Malraux, die Jugendbewegung, die stürmenden Studenten von Ypern und Langemarck, die »Kriegsbriefe gefallener Studenten«, der »Marsch auf Rom«, die Schüsse auf Erzberger und Rathenau, Sonnwendfeiern, Hoher Meißner, selbst der 20. Juli 1944 sind undenkbar ohne jene unheimliche Umstimmung des deutschen, des europäischen, ja des Weltklimas, die in Nietzsche ihren dämonischen Beweger fand und deren tiefstes Wesen in dem Eindringen einer neuen Irrationalität in die scheinbar so unerschütterlich-festen Ratio-Systeme der modernen Welt zu suchen ist. Die hierbei entstehenden geistigen »Kernreaktionen« fanden ihre physikalische Analogie in der »Bombe«.

Auch Rathenau zahlte Nietzsche seinen Tribut; in der Verachtung des Intellekts, der Überwertung der Phantasie: »Aller Verstand muß sich zuletzt im Unwesentlich-Wirklichen verlieren; die träumende Phantasie allein findet den Aufweg zum Wesentlich-Wahren.

Die heutige materiell-unternehmende Welt kann nur bestehen, wenn sie, von ihrer krassen Wertung des analytischen Geistes abkehrend, sich dem Idealen beugt. Nur indem er sich selbst opfert, kann der Verstand sich erhalten.«[24] In der Einteilung der Menschen als »Mutrasse« und als »Furchtrasse«, die er sogar mit blond und dunkel identifiziert; in der Verherrlichung der »Stärke«, der Abwertung des Mitleids: »Der Mutmensch kennt den Zorn, der Furchtmensch die Wut und den Ärger ...«[25] Und: »Die Kinder der Furcht: Mut entspringt aus Stärke, Furcht aus Schwäche. Die Wehr des Starken ist seine Kraft und Zuversicht, die Wehr des Schwachen ist Furcht und Flucht.«[26] Der 1904 geschriebene Aufsatz »Von Schwachheit, Furcht und Zweck« huldigt bis in die Wortwahl hinein Nietzsche und seiner »Umwertung aller Werte«:

»Der Zweckmensch: Der Zweckmensch ist ein Geschöpf des Leidens. Seufzend beginnt er sein Tagewerk, denn die neue Sonne leuchtet Gefahren und Sorgen. Der Peitschenhieb des Schreckens ist ihm gewohnt; was den Starken lachen macht, macht ihn beben. Sein Herz klopft vor unerbrochenen Siegeln und verschlossenen Türen. In Ketten der Angst geschmiedet, kennt er nicht die Ruhe der Seele, die heiter, frei und selig macht.

Selbst im Genuß gibt er sich nicht dahin ... Er kann nicht Feste feiern. Sein Auge erblickt das Gespenst des Kommenden an der Mitte der Tafel, und die Gäste scheinen ihm wahnsinnige Toren. Er genießt nur im Taumel, in der Betäubung, diebisch, schuldbewußt und reuevoll.

Dem Schmerz frönt er unersättlich, würdelos, mit Wollust. Denn der Schmerz verlöscht einen Teil seiner Angst; und mehr noch: er gibt ihm recht. Nur wenn hinter dem vorhandenen Übel das größere hervorlugt, krampft er sich regungslos zusammen und verharrt in scheinbarer Größe. Dann wird er als Märtyrer empfunden und gepriesen ... Gott fürchtet er und sucht ihn für seinen Zweck zu gewinnen ... Wie die Dinge, die der Zweckmensch fürchtet, tatsächliche und greifbare sind, so muß sein Geist sich unablässig mit Tatsächlichkeiten mühen. Er ist lernbegierig, mehr noch lüstern nach Fakten, neugierig. Neben den Tatsachen läßt er einfache Zusammenhänge gelten; eine gewisse mechanische Klarheit und handgreifliche Theorie scheint ihm zweckdienlich. Die Freude am Gedanken, das Denken als Selbstzweck ist ihm fremd.

Die Welt als Organon dient ihm nicht. Die Bewältigung der Erscheinung durch den Geist ist ihm gespenstige Spekulation. Kein Wunder; denn alles reine Denken nährt sich aus Kräften der Seele. Phantasie, Liebe und Begeisterung müssen auf ihren Schwingen den Geist emportragen, wenn er über der Schleierwelt des Geschehens betrachtend ruhen soll. Begeisterung aber ist dem Zweckmenschen (er fingiert sie gern) das direkt törichte Prinzip, der erspähenswerte Schwachpunkt des Gegners. Da nun alles schöpferische Denken visionär sein muß, also im gemeinen Sinn unklar, anfechtbar und unplausibel, so sind auch seinem Erfassen hier Grenzen gesetzt. Der plausible Gedanke, die überzeugende Trivialität, der erhärtete Beweis behagt seinem Geist, und Kompliziertheit und Paradoxie ersetzt ihm Tiefe und Wahrheit.«[27] Und weiter: »Der Kraftlose beneidet den Starken und seine Gewalt. In dem Bewußtsein, daß er aus eigenem Wesen Gewalt nicht üben kann, trachtet er Kraft durch Macht zu ersetzen. Aus Sklaverei erstanden, will er Sklaven befehlen, von Furcht gepeinigt, will er Furcht erwecken. Das Schwert, das sein Arm nicht heben kann, sollen Stärkere, Zahlreichere, Zahllose, durch Klugheit, List, Vertrag und Recht Gefesselte für ihn zücken.«[28]

Hier klingt nicht nur Nietzsche an, hier spricht der Richard Wagner des »Rings des Nibelungen«. Man kann seitenlang fortfahren. Gerade Rathenaus Aphorismen, die »Ungeschriebenen Schriften«, sind beredte Zeugnisse einer Durchtränktheit vom neuen »Zarathustra-Geist«, den er, damals immerhin kein Jüngling mehr, sondern auf Vierzig gehend, niemals mehr ganz überwunden hat. »Der Aristokratismus wurde von Germanen erfunden«[29] ... »Nichts Ekelhafteres als Sklavenneid, der Gleichheit fordert«[30] ... »In den nördlichen Sagen sind die Kunstfertigen, die Schmiede, stets unterirdisch, dunkel, zwerghaft, eine fremde Rasse. Ein Beweis, daß die Mut- und Lichtmenschen Kunst nicht betrieben.«[31] ... »Der freiwillige, instinktive Respekt der Menge beruht ganz auf Rassenempfindung. Einer edlen weißen Hand gehorchen sie lieber als klugen Argumenten.«[32] Er verkündet »die Romantik der Rasse«; die »Ungeschriebenen Schriften« CXV und CXVI lauten: »Sie wird das reine Nordlandsblut verherrlichen und neue Begriffe von Tugend und Laster schaffen. Den Zug des Materialismus wird diese Romantik eine Weile hemmen. Dann wird sie vergehen, weil die Welt neben der blonden Gesinnung des schwarzen Geistes bedarf und weil das Dämonische sein Recht will. Aber die Spuren dieser letzten Romantik werden niemals schwinden.«

»Solange wird alle Rassenlehre von Verzweifelten bekämpft werden, die sich vernichtet wähnen: bis die Erkenntnis sich erhebt, daß die freien Stämme nur dadurch adelig wurden, daß sie die Furcht und das Begehren abtaten. Das mag jeder Einzelne in sich vollbringen.«[33] Hier gibt sich Rathenau als ein Gobineau-Adept. Zwar verschweigt er dessen Namen, doch hat das nichts zu bedeuten; er liebte es nicht, geistige Väter zu besitzen, geschweige denn sie zu nennen.

Es bedarf keiner besonderen Mühe, aus Rathenaus eigenen Schriften und

Äußerungen die Mentalität seiner Mörder zu destillieren, das Plädoyer für sie zu gewinnen. Kessler traf ins Schwarze, als er schrieb: »Er, der Jude, stand mit dem Herzen von vornherein auf der Seite seiner Gegner.«[34] Während er für Marx, für die Sozialdemokratie, die Demokratie, die Parteien stets scharfe Kritik, ätzende Ironie und sarkastischen Spott bereit hatte, Ausdruck geheimer, irrationaler Antipathie, und durchaus nicht zu ihnen, sondern zu den seelenadeligen Todesmutigen gehören wollte,[35] zugleich aber alle seine riesigen intellektuellen Kräfte für diese ungeliebte Massenwelt der »Mechanik« einsetzte, erging er sich in zärtlichster Freundschaft zu dem völkischen Reformpädagogen Wilhelm Schwaner,[36] nahm er jede Beleidigung und Schmähung, ja die Tötung – denn er hätte sich vielleicht doch zu schützen vermocht – von seiten seiner geliebten, wundervollen Arier hin, die er dennoch dem Untergang in einer Welt, die die Welt *seiner* Arbeit, seiner Planung, seiner geistigen Entwürfe war, verfallen wußte: »Heutzutage ist die Welt der Abenteuer und Gefahren, der Kämpfe und Eroberungen, der Tapferkeiten und Herrschgewalten zerronnen. Unsere Welt ist eine Produktions-Vereinigung, eine Werkstatt, ein Mechanismus. Die Kraft des Armes vermag nichts mehr gegen Schwungräder und Panzerplatten; den Ausgang politischer und ökonomischer Transaktionen entscheidet nicht Tapferkeit und Gesinnung; Herrschertum und Gewalt findet in Kurien und Märkten keine Gefolgschaft. Die Macht unserer Zeit ist die Zahl; wir kennen keine Siege, sondern Erfolge; selbst im Krieg bedeutet Arbeit mehr als Bravouren. Die üblichen Mittel des Erfolges sind: Kenntnisse: das ist Geduld; Arbeit: das ist Knechtschaft; Umsicht: das ist Furcht; Streben: das ist Zweckhaftigkeit. Lohn des Erfolges sind Genüsse und Auszeichnung. Daher ist diese Zeit das goldene Alter der Zweckmenschen.«[37]

Von Nietzsche unterschied Rathenau einmal die Hoffnungslosigkeit, *die* teilte er mit seinem Zeitgenossen Oswald Spengler; dann die Verankerung seines Lebens in der Sphäre des Konkreten, des Realen in handgreiflichster Form, in Industrie-, Handels- und Finanzwelt, zum Schluß in der praktischen Politik; und schließlich doch auch seine Verwurzelung in dem Erdreich des deutschen Idealismus und des mystisch gefärbten, durch Buber ihm nahegebrachten Judentums. »Betrachtest du«, schreibt er einmal, »die Welt mechanisch-utilitaristisch, so entsteht Materialismus; betrachtest du sie empfindend-tätig, so ergibt sich Dualismus; begeistert-zweckfrei: Idealismus.«[38] Rathenau hat sie auf alle drei Weisen betrachtet – und zwar gleichzeitig. Das hat ihn zur proteushaften Symbolgestalt des Zeitalters werden lassen: man konnte (und kann) sich in ihm als »Mut«- und als »Furchtmensch«, als Träumer und als Pragmatiker, als Nationalist und als Kosmopolit, als Konservativer und als Sozialist, als Deutscher und als Jude, im Geiste Fichtes, Hegels, Schopenhauers, Marxens, Nietzsches zugleich lieben und hassen.

Am 11. Mai 1918 übersandte Oswald Spengler den ersten Band seines Werkes »Der Untergang des Abendlandes« an Rathenau und bemerkte dazu im Begleitschreiben: »Ich möchte Ihnen damit neben der Hoffnung, über ein wesentlich abstraktes Gedankensystem das Urteil eines eminent praktischen Denkers kennenzulernen, vor allem auch den Dank für Ihre Schriften ›Zur Kritik der Zeit‹ und ›Von kommenden Dingen‹ ausdrücken, die für mich zum tieferen Verständnis der gegenwärtigen Krisis von größter Bedeutung waren und sind. So wenig an sich Ihre konkreten Ausführungen in der notwendigerweise metaphysischen Richtung einer Geschichtsphilosophie liegen, so werden Sie doch bei Durchsicht des Buches eine vielfache Berührung beider nicht verkennen.«[39] Er schloß mit der Bitte, Rathenau möge »an einer öffentlichen Stelle, vielleicht in einer Zeitschrift«[40] das Buch besprechen. Rathenaus Antwort lautete kurz und kühl, von eigener Arbeit überlastet, sei er zu einer Rezension nicht in der Lage, aber vielleicht lerne man sich einmal persönlich kennen.[41] Diese persönliche Bekanntschaft erfolgte, soweit wir wissen, nicht. Was Rathenau an Spenglers Brief verstimmt haben mag, ist leicht erkennbar: es gefiel ihm nicht, sich als »praktischen Denker« dem »wesentlich abstrakten« gegenübergestellt und seinen eigenen Schriften den metaphysischen, geschichtsphilosophischen Charakter abgesprochen zu sehen. Daß Spengler zudem Rathenaus »metaphysischstes« Werk »Zur Mechanik des Geistes« unerwähnt ließ, wird Rathenau, der gerade hinsichtlich dieses Buches empfindlich, bisweilen auch eitel reagierte, nicht entgangen sein, und es ist in der Tat verwunderlich.

Wenn wir hier Oswald Spengler in das geistige Koordinatennetz der Rathenau-Zeit an markanter Stelle einbeziehen, obwohl seine Wirkung erst nach Rathenaus Tod ihren Höhepunkt erreichte (der zweite Teil des »Untergangs des Abendlandes« erschien 1922), dann vor allem deshalb, weil beider geistiger Nährvater (wenn auch nicht der einzige) ganz zweifellos Nietzsche gewesen ist; weil die Mischung aus Untergangsbewußtsein und daraus entspringendem Prophetendrang – ein typisches Phänomen für Endepochen – beiden gemeinsam war; und schließlich, weil hier einmal ein Denker von großem Format, selbst ein geistiger Exponent der Zeit, sich expressis verbis auf Rathenau bezogen hat. Es bleibe dahingestellt, ob man Hirschberger zustimmen kann, der in Spengler nur den Vertreter einer naturalistischen Lebensphilosophie, welche »Nietzsche ins Biologistische gewendet« hat, sehen will.[42] Es ist, wie ich meine, Nietzsches geistesgeschichtliche Sendung gewesen, nicht bloß in seinem Werk, sondern auch in seinem Dasein das Zerbrechen der menschlichen Glaubensfähigkeit an den personalen Christus-Gott, das heißt: der Glaubensfähigkeit als einer geschichtlich-konstitutiven Kraft,[43] zum allgemeinen Bewußtsein gebracht zu haben. Der religiöse, der transzendentale Leer-Raum, in den die Menschheit wie in ein Vakuum eingesogen wurde, ist es, welcher eine permanente Untergangs-Gestimmtheit hervorruft. Diese aber dringt in unterschiedlichem Maße in das Bewußtsein der Menschen, sei es, daß die »Untergänge« nur partiell gesehen werden als Ablösung bestimmter gesellschaftlicher, politischer Formen durch andere, sei es, daß das Bild der »Übergänge« vorwaltet, welche den partiellen Untergang als eine Spielart höherer

Kontinuität zeigt und so ertragbar macht, ja bejaht, sei es, daß die mannigfachsten Anstrengungen das Vakuum wieder aufzufüllen versuchen. Als solche Auffüllungsversuche, die dem eingeborenen menschlichen Drang entspringen, ich- und gegenwartübergreifende Fernziele des Daseins zu haben bzw. zu entwickeln, müssen wir sowohl Nietzsches »Übermenschen«, Marxens Zukunftsgesellschaft, Rathenaus »Reich der Seele« als auch Stefan Georges Maximin-Kult, Bergsons »élan vital«, Sorels Gewalt-Theorien begreifen, um einige ganz auseinanderliegende zu nennen, deren einziges Gemeinsame darin besteht, daß sie den »toten Gott« ersetzen sollen. Ist »Gott tot«, wie Nietzsche sagte[44] und damit meinte, daß er nicht mehr wahrgenommen und gefunden werden kann, dann tritt der Mensch an seine Stelle – das Totsagen, Für-tot-Halten *ist* bereits der Akt der Substitution.

Bei Spengler ist dieser Akt nicht so deutlich wie bei Marx, Nietzsche, Rathenau und den unzähligen Kleineren. Mit den drei Genannten teilt er die durchdringend scharfe Erkenntnis: Die derzeitige Kultur, unter welchem Aspekt man sie auch sehen mag, befindet sich in Auflösung und Untergang. Warum das so ist und worin es sich zeigt, wird von ihnen allen in vielfältiger, unterschiedlicher, zusammengenommen jedoch kaum widerlegbarer Weise erklärt. Der *Sinn* des Unterganges, das *Danach*, das ihm folgt, das Neue, zu dem der Untergang Übergang ist – das alles steht auf einem anderen Blatt, betrifft eine andere Fragestellung. In der Kunst der Diagnose sind sie sämtlich Meister: von Marx über Kierkegaard, Nietzsche, Spengler, Rathenau bis zu Toynbee, Ernst Jünger, Herbert Marcuse – das ist das Gemeinsame der sonst so Divergierenden. Ihre Prognosen, mit denen übrigens sämtliche Genannten nicht geizen, verlängern die Diagnosen in die Zukunft hinein, das heißt, diese wird als eine »Konsequenz« des Heute (wie dieses als eine des Gestern) gesehen. Eine gewisse platte Kausalitätsvorstellung gehört zu den Versuchungen der Analytiker und Systemerfinder: aus der Tatsache X *muß* die Tatsache Y folgen. Das stimmt aber, wie wir heute wissen, nicht einmal in der Physik, geschweige denn in der Geschichte, wo Willensfreiheit und Entwicklungsbrüche aller Art jederzeit mit hineinspielen.

Spenglers besondere Position kann darin erblickt werden, daß er den durch den »Tod Gottes« entstandenen Leer-Raum *nicht* mit einer neuen »Sinndeutung«, einem »Endzweck« aller Entwicklung, welchem auch immer, aufzufüllen unternimmt. Seine Auffassung, daß die Menschheitskulturen »Pflanzen« sind – hierin stand er bewußt Goethe nahe –, welche dem unerbittlichen und im Prinzip immer gleichen Gesetz allen Lebens, der Abfolge von Geburt, Erblühen, Höhepunkt in Blüte und Frucht, Absterben, Erstarren, Tod gehorchen, wird, im Gegensatz zu Toynbee, von keinerlei ideologischem oder gar religiösem Überbau umspannt. Er hat in seinem Hauptwerk »Der Untergang des Abendlandes« den biologischen Charakter der Weltkulturen zu beweisen, ihre prinzipiell gleichen Lebensabläufe aufzuzeigen und auf Grund von Vergleichen und Analogieschlüssen (mit der Antike, mit China usw.) den derzeitigen Ort unserer abendländischen Kultur auf der biologischen Kurve zu ermitteln versucht. Er war davon überzeugt, dies mit unwiderleglicher Wissenschaftlichkeit des strengen Historikers getan zu haben. Ihm Irrtümer im einzelnen nachzuweisen, ist möglich und ist auch geschehen, aber es verschlägt nicht: sein Grundgedanke, daß Kulturen Lebewesen mit dem Schicksal aller Lebewesen, nämlich Geburt und Tod, sind, bleibt einer der großen geschichtsphilosophischen Impulse dieses Jahrhunderts. In allem, was die Einschätzung ihrer Gegenwart und die Voraussicht auf die Zukunft betraf, standen sich Spengler und Rathenau tatsächlich nahe: was dieser die »Mechanisierung« des Daseins nannte, war für jenen die spätzivilisatorische Erstarrung. Während Rathenau aber doch den Zirkel logischer Zwangsläufigkeit sprengte und an Versöhnung des Reichs der Mechanisierung mit dem der Seele glaubte, wies Spengler jede Abschwächung seiner geschichts*zoologischen* Betrachtungsweise durch theologische Aspekte zurück: in dem Aufsatz »Pessimismus?« aus dem Jahre 1921, der einen einzigartigen Schlüssel zum Verständnis Spenglers liefert, verwahrte er sich gegen den Vorwurf desselben: er bekennt sich zum antiken Schicksalsgedanken,[45] zum In-sich-Kreisen der Menschheitsgeschichte: »Was das Ziel der Menschheit angeht, so bin ich ein gründlicher und entschiedener Pessimist. Menschheit ist für mich eine zoologische Größe. Ich sehe keinen Fortschritt, kein Ziel, keinen Weg der Menschheit außer in den Köpfen abendländischer Fortschrittsphilister. Ich sehe nicht einmal einen Geist und noch viel weniger eine Einheit des Strebens, Fühlens und Verstehens in dieser bloßen Bevölkerungsmasse. Eine sinnvolle Richtung des Lebens auf ein Ziel, eine Einheit der Seele, des Willens, des Erlebens sehe ich nur in der Geschichte der einzelnen Kulturen. Das ist etwas Begrenztes und Tatsächliches, aber es enthält dafür Gewolltes, Erreichtes und wieder neue Aufgaben, die nicht in ethischen Phrasen und Allgemeinheiten bestehen, sondern in greifbaren, historischen Zielen.«[46]

Da Spengler die abendländische Kultur auf dem Punkte stehen wähnte, den die antike Kultur in ihrer römisch-imperatorischen Phase einnahm, sagte er den neuen Caesarismus voraus – darin wiederum in Übereinstimmung mit Nietzsche. Auch Rathenau sah für die komplizierte, mechanisierte Massenwelt die Notwendigkeit straffer Lenkung, doch faßte er sie, im Unterschied zu Spengler, geistiger und unpersönlicher auf: »Die Führung unserer Zeit ist nicht die offenkundige und persönliche in Straßen und Sälen, die ist zuckender Reflex, sondern es ist die anonyme und einsame in den Stuben der Schreiber.«[47] In den letzten Lebensjahren neigte er mehr und mehr dem Gedanken des Rätestaates zu, den er freilich in seiner Weise als einen »Fachverband« zu definieren suchte. Zwischen Marx, Nietzsche und Spengler baute er die so notwendige Mittelstellung, zugleich auch Vermittlerstellung, aus, deren Wert nicht in ihrer Originalität, sondern in ihrer abwägenden Maßgerechtheit besteht.

3. FRIEDRICH NAUMANN UND MAX WEBER

Mit Hohn für Ästheten, Schreibtischidealisten und Theoretiker aller Art hat Spengler in seltsamer Verkennung seiner eigenen Existenz nicht gespart; er kündigte ein neues hartes »Römertum« an, und »Entwürfe« schienen ihm »das Verächtlichste, was es gibt«.[48] Gerade das nun, Männer der Entwürfe, Theoretiker, sind Friedrich Naumann und Max Weber gewesen; der eine mehr mit dem Akzent des Politikers, der andere mehr mit dem des Wissenschaftlers. Rathenau hat, man möchte sagen: merkwürdigerweise, mit keinem der beiden in Beziehung gestanden.[49] Inwieweit er ihre Schriften gelesen hat, wissen wir kaum; Naumanns »Mitteleuropa«-Buch hat er, wie aus einem Brief an Schwaner hervorgeht, gekannt und abfällig beurteilt.[50]

Die Einsicht in die Bedeutung Naumanns sowohl wie Webers ist nach ihrem Tod ständig gewachsen.[51] Für unsere Untersuchung erscheint es wichtig, ihre Relation zueinander und zu Rathenau zu sehen; daß diese – gerade wenn kein oder nur oberflächlicher Kontakt bestand – objektiver Natur ist, dient der Objektivierung von Rathenaus eigenem Ort im geistigen Koordinatennetz seiner Zeit. Ansetzen müssen wir bei einem ihnen dreien und überhaupt den besten Köpfen der Epoche Gemeinsamen: dem Drang, die neue, durch Rationalität, Technik, Wissenschaftlichkeit, Massenhaftigkeit schicksalsbestimmte Menschheitssituation geistig zu bewältigen, sie »in den Griff« zu bekommen durch die Erarbeitung von für die weitere Entwicklung tragfähigen Entwürfen.

Diese Entwürfe waren gerade bei Naumann und Max Weber *national* gebunden; dies soll nicht als Einschränkung verstanden werden; die Globaltheorien, die sich mit der Menschheit in toto befassen, geraten leicht in Gefahr, unverbindlich zu verschwimmen; so galt es zunächst, für Naumann besonders, die neuen Allgemeinsituationen auf der Erde in einer ihrer überschaubaren Partialsituationen, nämlich in dem konkreten Fall Deutschland, zu durchdenken und Wege für sie zu weisen. Der Gang der geistigen Entwicklung Naumanns besitzt insofern exemplarische Bedeutung, als er Position und Grenzen des Christlichen wie des Bürgerlichen in unserer modernen Sozial- und Arbeitswelt deutlich macht. Der 1860 Geborene, evangelischer Theologe, Pfarrer und gläubiger Christ, erkannte früh das überragende Gewicht, welches den sozialen Problemen der neuen industrialisierten Massengesellschaft zukommt. Diese Probleme »christlich« zu lösen, durch »Praktizierung« der Christuslehre, sollte, wie man meinen könnte, naheliegen, ja für den Christen selbstverständlich sein. In der Tat haben das Christen immer wieder geglaubt und versucht.[52] So im Kaiserreich ein Adolf Stoecker, so anfänglich Friedrich Naumann – und wie alle vor ihnen und nach ihnen sind sie gescheitert. Das Scheitern rührt an tiefste Fragen. Dies war die Lage (und ist sie noch): Die Arbeitermassen, und nicht nur sie: überhaupt die Massen Abhängiger im Großstadtmilieu, waren bereits um 1900 dem Raum des Christentums, dem

Raum der Kirchen entwachsen, herausgefallen oder fallengelassen worden – es ist letztlich einerlei, wie man das nennen will. Nur das Faktum zählt: Entchristlichung. Ihr politischer Ausdruck war die Sozialdemokratie, eine auf marxistisch-materialistisch-atheistischer Grundlage ideologisch gegründete Partei; nimmt man ihre Gliedorganisationen und die Gewerkschaften hinzu, so ist von einer mächtigen politischen und sozialen, eben von einer sozialistischen Bewegung zu sprechen. Stoeckers Versuch, an dem der junge Naumann teilnahm, dieser sozialistischen eine christlich-soziale Bewegung gegenüberzustellen, das heißt gegen die materialistisch-atheistische Weltanschauung und ihre politische Ausformung mit den geistigen Waffen des Christentums zu kämpfen, entsprang der Erkenntnis, daß es im Grunde nur eine einzige *echte* Alternative, eine einzige wirkliche Gegenkraft gäbe: ein dynamisches, lebensvolles Christentum. Aber dieser Satz steht eben im Konjunktiv, und als Konjunktiv stimmt die Einsicht zeitlos; er steht nicht im Indikativ, seit Jahrhunderten schon nicht mehr, und wahrscheinlich hat er nie im Indikativ gestanden. Stoecker und alle, die wie er glaubten, mit gutgemeintem, geschäftigem Mitleids- und Barmherzigkeitschristentum die industrielle Massengesellschaft durchdringen und sozial prägen zu können, erlagen einer ganzen Skala grundsätzlicher und spezieller Irrtümer. Als gravierendste erscheinen mir folgende:

a) Der Wunsch, die Arbeiter und kleinen Angestellten durch Verchristlichung von der Sozialdemokratie zu lösen und in den Staat, in die bürgerliche Gesellschaft, an deren Rand sie geraten waren, zu reintegrieren, war aus der Sicht eines aktiven Christen durchaus legitim, aber Aussicht auf Erfüllung hätte doch nur bestanden, wenn es ein Christentum oder sagen wir lieber: wenn es Christen gegeben hätte, die diesen Massen eine überzeugendere, erfolgversprechendere und glaubwürdigere gesellschaftliche Konzeption als die Marxsche zu bieten in der Lage gewesen wären.

b) Da es diese aber nicht gab, genauer: da sie nicht zahlreich genug, nicht einflußreich genug waren und es auch nicht sein konnten, weil die bürgerliche Zivilisationsgesellschaft der Moderne wesenhaft religiös indifferent und weltanschauungsneutral ist, konnte von einer das öffentliche Leben durchtränkenden Anziehungskraft auf die sozial Deklassierten ausübenden christlichen Erneuerung keine Rede sein. Die Kontroverse innerhalb der christlich-sozialen Bewegung zwischen den konservativ-patriarchalischen Kräften um Stoecker, die am Samaritergedanken der Inneren Mission festhielten, und den jüngeren, fortschrittlichen, auf die Selbsthilfeorganisation im Rahmen christlicher Arbeitervereine setzenden Kreise um Naumann ging deshalb letztlich am Kern der Sache vorbei: das Christentum war nicht mehr die Prägekraft der Gesellschaft (schon mindestens seit der Aufklärung nicht mehr) und würde sie auch für die technisch-industrielle, heute sagen wir: für die pluralistische Welt, nicht mehr werden,[53] wenngleich die Fassade vor 1914 noch imponierender – und darum täuschender – dastand als heute.

c) Dieser Sachverhalt: das Verschwinden der Religion als einer politisch und sozial konstitutiven Kraft, drückt keine deutsche, sondern eine mit der technischen Weltzivilisation zusammenhängende Entwicklung aus, die von »gutem Willen«, subjektiver Frömmigkeit und idealistischen Herzen nicht zu beeinflussen ist. Deshalb kamen notwendigerweise die christlichen Gewerkschaften, die christlichen Arbeitervereine usf. nie über Kümmerformen hinaus, mußte die christlich-soziale Idee, die ja auch nach 1918 neu zu beleben versucht wurde, immer wieder scheitern. Sie war, in Verkennung der Realitäten, gegen die historische Entwicklungstendenz zumindest unseres Jahrhunderts gerichtet.

Die Augen hierfür wurden Naumann durch Max Weber geöffnet.[54] Er stimmte mit Naumann in der Auffassung überein, daß es eine schwere Gefährdung des Reiches bedeute, wenn die Sozialdemokratie, und das hieß aber: wenn ein ganzer hinter ihr stehender, dauernd anwachsender Volksteil, die Arbeiterschaft, in der prinzipiellen Negation dieses Reiches, seiner politischen, wirtschaftlichen, sozialen Strukturen verharre bzw. immer tiefer in sie hineingetrieben werde. Im Gegensatz aber zu den Christlich-Sozialen sah Weber nicht in Rechristianisierungsversuchen an der Arbeiterschaft, sondern nur in streng sachbezogenen praktischen Sozialreformen die Möglichkeit, hier Wandel zu schaffen. Nicht durch die – aussichtslose – Bindung des Sozialismus an Christentum und Kirchen, sondern durch die für aussichtsvoller gehaltene an die *Nation* werde er aufgefangen und als positive Kraft zum Wohle des Reiches einbezogen.[55] Naumann, selbst wohl schon an die Schwelle dieser Erkenntnis gelangt, gewann aus der Begegnung mit der geistig und charakterlich härteren Persönlichkeit Webers den letzten Anstoß zur, wenn man so sagen darf, »Umpolung« seiner sozialpolitischen Strebungen. Sie spiegelt sich wider in der Gründung des »Nationalsozialen Vereins« (1896), der die Arbeiter von der sozialdemokratischen Partei lösen und sie auf einer nationalen Basis der Reichs- und Staatsbejahung aktiver politischer Mitverantwortung zuführen zu können wähnte. Diese Vorstellung mußte sich als ebenso wirklichkeitsfremd erweisen wie die christlich-soziale: der Ansatzpunkt war bereits falsch gesehen; es ging nicht *primär* darum, die Arbeiter »staatsbereit« zu machen, sondern umgekehrt darum, den Wilhelminischen Staat und seine gesellschaftlichen Verhältnisse für die Arbeiterklasse zu öffnen. Wie sollte ein so tiefgreifender Umerziehungsprozeß vor sich gehen? Und wie sollte er, falls er überhaupt möglich war, in Gang gebracht werden *ohne* ein starkes, schlagkräftiges politisches Instrument dieser Klasse? Dieses Instrument war und blieb die Sozialdemokratie nebst ihren Anhangsgliederungen. Naumanns »Nationalsozialer Verein« blieb ein Gebildeten-Zirkel ohne nennenswerte Resonanz in der Arbeiterschaft. Der Gründer selbst betrieb 1903 seine Auflösung und schloß sich bald darauf persönlich der »Freisinnigen Vereinigung« an.

Friedrich Naumann ist – und das hat er mit Rathenau gemeinsam – schwer einzuordnen. Seine Bedeutung als Parteipolitiker tritt weit hinter der als Publizist zurück,[56] doch als solcher gehört er weder zum »Journalistentyp«, wie er in der zweiten Hälfte des neunzehnten Jahrhunderts sich ausbildete, durch das Veröffentlichen um des Veröffentlichen willens im Sinne eines autonomen Pressewesens charakterisiert ist und in Maximilian Harden seinen profiliertesten Exponenten der Vorkriegszeit besaß, noch zum »Gelehrtentyp«, der in strengen wissenschaftlichen Kategorien denkt und die reine Erkenntnis des objektiv Wahren sucht, wie ihn sein Freund Max Weber vertrat. Er war weder »der« Wissenschaftler noch »der« Journalist, noch »der« Politiker – er trug von allen dreien Elemente in sich, aber er gehörte wesensmäßig zu jenen Gestalten der Rand- und Übergangszonen zwischen verschiedenen aneinandergrenzenden Lebensbereichen, zu denen ganz exemplarisch Rathenau, aber auch ein Carus, ein Virchow, ein Friedrich Wilhelm Förster, ein Claudel, ein Heuss zählten und die oft ebenso große Anreger wie große Verkannte sind. Naumann behielt zeitlebens eben jenes »Gran« des unverwüstlichen evangelisch-idealistischen Pfarreroptimismus, das sein persönliches Wirkungsgeheimnis ausmachte, ihn aber auch von jeglicher »Zunft« der Routinierten trennte. Die Bezeichnung »Romancier der Politik« für ihn gibt das recht gut wieder.[57]

Theodor Schieder, der Naumann geistesgeschichtlich in der Reihe von Constant, Wilhelm von Humboldt, Dahlmann, John Stuart Mill sieht,[58] hat den entscheidenden Punkt getroffen, wenn er schreibt: »Im Grunde strebte Friedrich Naumann danach, eine liberale Antwort auf Karl Marx zu geben, mit dem er bei allen fundamentalen Unterschieden des Charakters und auch des weltgeschichtlichen Gewichts die Randstellung dessen teilt, der mit der Theorie handeln will.«[59] Diese Antwort sollte eine »Versöhnung« zwischen Sozialismus und Liberalismus, Ausgleich und mehr noch: Synthese sein – nicht anders, wie sie Naumann vorher zwischen Sozialismus und Nationalismus, später dann, während des Ersten Weltkriegs, zwischen Imperialismus und (mittel-)europäischem Föderalismus versucht hat. Der Wert dieser Versuche liegt nicht so sehr in ihrer letzten philosophischen Hieb- und Stichfestigkeit, auch nicht in ihrer Realisierbarkeit auf dem Felde der praktischen Politik, sondern darin, daß sie unternommen werden in einer geistigen Alternativhaltung zur dialektischen, die damit des Anspruches, die *einzig* mögliche zu sein, entkleidet wird. Naumann will nicht »die Forcierung der Gegensätze bis zu ihrem äußersten Punkt . . ., um daraus die höhere Einheit hervorzubringen, sondern ihre Überwindung durch einen geistigen Akt, um rechtzeitig und d. h. *vor* dem unrettbaren Auseinanderbrechen aus einem nur in der Form, nicht in der Sache Widerstrebenden ein Gemeinsames zu schaffen«.[60] Er bekennt sich also, um mit Felix Weltsch zu sprechen, zum »Wagnis der Mitte«, das bedeutet nicht, zu matten Tageskompromissen, sondern zu qualitativen Legierungen, die mehr und Besseres und Humaneres sind als ihre Bestandteile.[61] Solchen Synthesen, die eigentlich das einzige Reizvolle für schöpferische Köpfe, die nicht nur »geistig«, sondern menschlich denken wollen, sein müßten, haftet leicht der Ruch des Utopischen und des Dilettantischen an. Das hängt damit zusammen, daß die Versöhnung an sich extremer Positionen in Gedanken zwar vollzogen, aber nur mühsam in die Wirklichkeit übertragen gedacht werden kann; Urteil also: Utopie. Der gedankliche Synthese-Prozeß selbst ist nur möglich dadurch, daß in bewußtem Verzicht auf angebliche immanente logische Gesetzmäßigkeit die Gedankenreihen *nicht* ad extremum getrieben, sondern, bildlich gesprochen, im »Feuer des Gefühls« legiert werden; Urteil also: Dilettantismus. Trotzdem: *darin* gerade liegt das geistige Wagnis.

Wir haben hier, im Blick auf Naumann, auch schon die eigentliche Problematik der Rathenauschen Geistigkeit ausgesprochen. Beider tiefere Gemeinsamkeit – bei aller sonstigen Verschiedenheit – finden wir, mehr noch als in gewisser thematischer Gleichrichtung, in dieser Modalität des geistigen Schaffens gründend. Der Vergleich zwischen Rathenau und Naumann drängt sich auf. Wir wollen versuchen, ihn schwerpunktmäßig zu verdichten und so zu präzisieren.

a) Zunächst ist rein äußerlich festzustellen, daß Naumann mehr geschrieben hat als Rathenau, und das will schon etwas heißen. Nimmt man dessen sechsbändige Gesamtausgabe vom Jahre 1929[62] nebst den beiden Bänden der nachgelassenen Schriften von 1927, so stehen etwa 3300 Druckseiten normalen Formats gegen etwa 4400 der umfangreichsten heute erhältlichen Auswahl-Ausgabe Naumanns gegenüber. In beiden Zahlen sind Reden und Briefe nicht berücksichtigt. Naumann und Rathenau begannen im selben Jahr zu schreiben: 1887. Damals erschien in der »Christlichen Welt« Naumanns Aufsatz »Was tut die Kirche für die Studenten?«[63] Rathenaus Schauspiel »Blanche Trocard« fand nicht den Weg in die Öffentlichkeit.[64] Während nun Naumanns schriftstellerische Tätigkeit bis zu seinem Tode 1919 nie mehr abriß, begann Rathenau sich erst zehn Jahre später, von 1897 ab und gegründet auf die sich entwickelnde Beziehung zu Harden, ganz allmählich in den Journalismus vorzutasten,[65] ab 1907 nahm er regelmäßig zu politischen und wirtschaftlichen Problemen Stellung und wurde während der letzten eineinhalb Jahrzehnte seines Lebens zu dem fruchtbaren, umfassenden Denker und Publizisten, der Gegenstand dieser Schrift ist.

b) Naumanns Hauptwerke lagen längst vor, ehe Rathenau in Erscheinung trat. »Demokratie und Kaisertum« erschien 1900. »Neudeutsche Wirtschaftspolitik« 1906; »Mitteleuropa« 1915. Auch Rathenau hat das Wesentliche seiner Gedanken in drei Hauptschriften vorgetragen: »Zur Kritik der Zeit« erschien 1912; »Zur Mechanik des Geistes« 1913, »Von kommenden Dingen« 1917; auch bei ihm gruppieren sich um diese Kernstücke zahlreiche kleinere Arbeiten, teils Aufsätze, teils Broschüren und schmale Bändchen, die Detailprobleme und Einzelaspekte aus den großangelegten Werken herausgreifen und vertiefend behandeln; auch seine Schriften erlebten wie die Naumanns hohe Auflagen. Beider Männer publizistisches Œuvre kann in die nahezu gleichen vier Themengruppen eingeteilt werden:

I. Den religiösen bzw. sich mit kirchlichen Problemen befassenden Schriften Naumanns stehen die philosophischen (man erlaube hier dies allgemeine Wort) Rathenaus gegenüber.

II. Die zweite Gruppe bilden die beiden die Schriften zur innerdeutschen Situation im weitesten Sinne: die Schriften zum Staatsbau, zum Verfassungsleben, zu wirtschaftlichen und gesellschaftlichen Fragen, zur konkreten Tagespolitik.

III. Der dritten Gruppe sind bei beiden die Schriften zu außenpolitischen Problemen zuzurechnen und schließlich

IV. der vierten bei beiden die mannigfachen Veröffentlichungen zu ästhetischen Fragen, zu Kunst, Theater, Reisen usf.

c) Wie verschieden nun aber die Gewichtsverteilung innerhalb der Gruppen: Naumanns drei Hauptwerke gehören in die Gruppen II und III. Sie knüpfen an konkrete, aktuelle Sachverhalte an und verfolgen konkrete politische Ziele: in »Demokratie und Kaisertum« geht es um den Entwurf eines modernen sozialen, demokratischen und monarchistischen Staates; um die detaillierte, bis in alle Einzelheiten ausgeführte Synthese zwischen der neuen industriellen Arbeitswelt mit den lebensfähigen Elementen der alten agrarisch-feudalistischen Ordnung; in »Neudeutsche Wirtschaftspolitik« versucht er »das hergebrachte liberale politische Programm« in die Sprache des »Großbetriebszeitalters« zu übersetzen; statt der traditionellen formalen Menschenrechte forderte er »industrielle« Menschenrechte, aus »Industrieuntertanen« sollen »Industriebürger« werden.[66] Im Mitteleuropa-Buch schließlich kreierte er ein föderatives Mitteleuropa, das aber doch zugleich Organ des nationalen deutschen Imperialismus und als solches »Kriegsfrucht« sein sollte.[67] Auch Rathenau hat sich mit diesen selben Problemen, die ja die Probleme der Zeit waren und sozusagen in der Luft lagen, befaßt, besonders mit den gesellschaftlichen, wirtschaftlichen, politischen Konsequenzen der Industriewelt, auch mit dem Mitteleuropagedanken, mit politischen Tagesfragen, mit der Monarchie, mit speziellen Untersuchungen etwa zum Aktienrecht oder zur Kolonialpraxis, aber seine zentralen Werke fallen sämtlich in die Gruppe I. Es sind ganz persönliche Deutungen, Analysen und Visionen, die sich gewissermaßen auf »der Menschheit große Gegenstände« richten; wohl geben deutsche Verhältnisse dabei besonders nahen Anschauungsunterricht, aber es geht Rathenau sowohl in »Zur Kritik der Zeit« wie in »Von kommenden Dingen« um Menschheitsschau; in »Zur Mechanik des Geistes« entwirft er eine Evolutionstheorie des menschlichen Geistes und legt darin ein privates, eigenwilliges, gänzlich undogmatisches, von jeglicher Schulphilosophie gelöstes Glaubensbekenntnis ab.

d) Solche Unterschiedlichkeit in der Gewichtsverteilung bei ähnlicher, streckenweise gleicher Thematik ist sicher kein Zufall gewesen, sondern sie sagt etwas Spezifisches über diese beiden Männer aus: Naumann, der evangelische Theologe aus gutem sächsischen Bürgerhause, ging seinen Weg von der

Kirche zum Staat, von der Gemeinde zur Gesellschaft, von der Inneren Mission zum Parteiwesen, von der Theologie zur Politik, alles in allem: er suchte den Weg von *innen* nach *außen*. Rathenau dagegen war in der großen Welt des Unternehmertums aufgewachsen, er lebte als Industrieller und Wirtschaftsmagnat im Zentrum stürmischer Expansion, die Welt des Realen und Konkreten war ihm wie eine Mitgift von Kindheit an mitgegeben, insgeheim (aber auch bisweilen ausgesprochen) suchte er die »höhere Existenz«, das Leben des Dichters, des Philosophen, das Reich der Seele, die ästhetische Erlesenheit und die Mystik, eben den Weg von *außen* nach *innen*. Naumann rang um »Wirklichkeit«, um Konkretion, um Sachlichkeit, er wollte Politiker sein; in Staats-, und Gesellschafts- und Wirtschaftsentwürfe legte er sein Bestes, gab er sich selbst hinein; die drei erwähnten Hauptschriften geben davon Zeugnis; aber er wurde kein Staatsmann, war kein Vollblutpolitiker, blieb stets ein ideenreicher, fruchtbarer, temperamentvoller Abgeordneter und Publizist mit einer gehörigen Portion von christlichem »Idealismus«, nationalem Eifer und unscharfer Rhetorik. Rathenau dagegen rang um die Überwindung, die Überhöhung der Wirklichkeit; er stand an führender Stelle der deutschen Wirtschaft, in der Leitung eines der größten europäischen Konzerne, der AEG, hatte die Hand am Hebel der dichtesten Realität, aber er schrieb über die »Evolution des erlebten«, »erschauten«, »praktischen Geistes«, die »Ethik«, »Ästhetik« und »Pragmatik der Seele«.[68] Er hat seine philosophischen Aussagen für sein Wichtigstes gehalten, an ihnen hing sein Herz.

e) Aus der divergenten Ausgangsposition beider Männer resultierte etwas Gemeinsames: ich möchte es eine latente geistige Unsicherheit nennen. Sie äußerte sich zunächst sprachlich: der eine, Naumann, der Prediger war und es nicht mehr sein, sondern als nüchterner Politiker reden und darin ernst genommen werden wollte, bildete den Stil aus, »der auf die Darstellung der großen Zusammenhänge ausgeht«, wie es Schieder formuliert hat, »und diese gleichsam in einer gleichbleibenden Mittellage vorzutragen versucht«.[69] Der andere, Rathenau, der gelernte Ingenieur, Kaufmann und Finanzier, der als Philosoph, Praeceptor Germaniae, Wissenschaftler (dieses Wort »Wissenschaft« wendet er wiederholt auf seine Schriften an) akzeptiert zu werden wünscht, verfällt oft in einen getragenen, hymnischen Prophetenstil, so etwa in »An Deutschlands Jugend« (1918), in der »Streitschrift vom Glauben«, in »Von kommenden Dingen«. Auch daß Naumann »das Allgemeine dem Besonderen sichtbar vorzieht«, daß er »auf die großen allgemeinen Gedanken« zielt und daß »das Detail nicht eigentlich seine Sache« ist,[70] mag als ein Symptom jener, wohl unbewußten Unsicherheit gedeutet werden, welches er mit Rathenau teilt. Dennoch dringt, vergleicht man die Schriften der beiden, Naumann tiefer ins Detail ein als Rathenau. Das hängt damit zusammen, daß dieser im Grunde die mühselige, kärrnernde Forschungsarbeit geringschätzte: »Zum Beweisen sind die Privatdozenten da.«[71] Und zum andern – daß er keinen Max Weber hatte.

Naumann wäre nicht der uns heute noch angehende politisch-gesellschaftliche »Entwerfer« geworden, ohne die Freundschaft mit Weber, der er geistige Zucht und Richtkraft zu verdanken hatte. Weber, 1864 geboren, im Alter also in der Mitte zwischen Naumann und Rathenau stehend, verband »ein enormes geschichtliches Wissen mit äußerster systematisch-analytischer Denkschärfe«.[72] Wie Naumann blieb er als politischer Publizist und aktiver Politiker zeitlebens – er starb 1920 – doch eigentlich im Bereich des Theoretischen, das ein Spengler so sehr verachtete.[73] Adolf von Harnack sagte von ihm einmal zu Theodor Heuss: »Zwischen 1880 und 1920 sei Max Weber international gesehen zweifellos der Mann der größten geistigen Konsumtionskraft«[74] gewesen, und Naumann urteilte ebenfalls Heuss gegenüber: »Wenn einer von den heutigen Deutschen an dem Universalismus Goethes gemessen werden darf, geistig und seelisch, ohne zu verblassen, so ist es Max Weber.«[75] Der Sohn aus nationalliberalem akademischen Bürgerhause war insofern ein »Kind seiner Zeit«, als er zu den großen Prägern des neunzehnten Jahrhunderts, zu Marx und zu Nietzsche, in einem Verhältnis partieller Anziehung und Abstoßung stand; er teilte mit ihnen die Kraft der universalen Weltschau, aber er transportierte diese aus ihrer Gewaltsamkeit und Emotionalität in die Sphäre der echten Wissenschaftlichkeit, die darin besteht, Kausalgeflechte, und seien sie noch so kompliziert, noch so schwer eingängig, aufzudecken im alles überherrschenden Drang nach Wahrheit; Wahrheit, die Gerechtigkeit gebiert; Gerechtigkeit, die Menschlichkeit gebiert, ja schon *ist*. In doppelter Frontstellung, nämlich gegen den Historismus und gegen den haß- und leidenschaftsgetränkten »Futurismus« eines Marx und Nietzsche, postulierte er die pragmatische Analyse als die eigentliche wissenschaftliche Haltung, konstruierte er die »idealtypischen Modelle« und forderte er die wertfreie Wissenschaftlichkeit, das heißt die Scheidung von Tatsachenforschung und implizierten Werturteilen. Es ist hier nicht die Aufgabe, sich mit diesen drei fundamentalen Weberschen Kategorien: pragmatischer Analytik, Idealtypologie und Wertfreiheit der Wissenschaft, kritisch auseinanderzusetzen. Es ist keine Frage, daß diese Haltung Webers weltweit als Selbstverständnis der Wissenschaft Platz gegriffen hat, keine Frage auch, daß die damit verbundene Selbst-Objektivierung, Selbst-Distanzierung zur »Entleidenschaftlichung« der Welt – Weber sagt »Entzauberung« –, zum Abbau irrationaler Haß-, Neid-, Gewalttätigkeitspotentiale beitragen kann; doch scheint auch dies seinen Preis zu haben, und es stimmt nachdenklich, daß die Epoche der Verwissenschaftlichung des Daseins auch die Epoche der Inhumanität ist; die Relation zwischen beidem muß in der menschlichen Natur, der ein letzter, unveränderlicher geschichts- und manipulationsresistenter Kern zu eignen scheint, gesucht werden.

Wie zwischen Naumann und Rathenau, so besteht auch zwischen Weber und diesen weithin thematische Gleichgerichtetheit. Riesengroß seine Schaffenskraft, die in der historischen Religionssoziologie und in Wirtschaft und Gesellschaft, im weitest gesteckten Rahmen dieser Begriffe, ihre Gegenstände fand. Anders aber als Naumann und Rathenau verharrte Weber nie im Allgemeinen, nie im »Stimmungshaften«; er wurde der Prototyp des rein rational, mit dem Instrumentarium der Empirie, welches auch die Kontrollen einschließt, analysierenden Wissenschaftlers. Was an Naumann »konkret« ist, was seine Bücher »Demokratie und Kaisertum« und »Neudeutsche Wirtschaftspolitik« an materieller Bestandsaufnahme enthalten, alles, was im Schaffen Naumanns handfeste Praxis meint und will, stammt aus der geistigen Befruchtung durch Weber; er war der Berater des genialen, jedoch manchmal diffus schweifenden Freundes. Er bildete das so notwendige Gegengewicht gegen jene Art von schwärmerischem Sozialutopismus, der für den jungen, den christlich-sozialen Naumann eine Gefahr bedeutete. Durch Weber wurde Naumann zum Denker und Sprecher eines realitätsnäheren Sozial-Liberalismus.

Daß Rathenau ein solcher durch substantiierte Kritik und Einbringung klarer Beurteilungskriterien disziplinierend wirkender Freund zeitlebens gefehlt hat – und es bleibt die Frage, ob er ihn ertragen hätte –, ist für ihn eine Benachteiligung von schicksalhafter Bedeutung gewesen. Daß Naumann trotz der auch in ihm lebendigen Widersprüchlichkeiten dennoch als eine viel einheitlichere, geschlossenere Persönlichkeit wirkt und daß auch sein schriftstellerisches Werk mehr wie *ein* Block vor uns steht, verdankte er der nüchternen, harten, aber zutiefst intellektuell-redlichen Wissenschaftshaltung Webers. Naumann verlor dadurch nicht seine Eigenart, er wurde weder Gefolgsmann noch Sprachrohr Webers, dem er an Schwung und Begeisterung ebenso überlegen blieb wie in geistiger Schärfe und Durchdringungskraft unterlegen. Was die Vielseitigkeit und geistige Weitgespanntheit angeht, so kann sich Rathenau mit Naumann und Weber messen; er war vielleicht »genialischer« als beide und sicher weltläufiger. Doch seine vielen faszinierenden, brillierenden Fähigkeiten zur Erkenntnis, zur Analyse und Synthese, zu Schrift und Rede, zur Wirtschaftsorganisation und Finanzgebarung, zu politischer und gesellschaftlicher Aktivität verschmolzen nicht zu einer Einheit; Denker, Visionär, Prophet, Publizist, Industrieller, Politiker war er *partiell*, einem Mimen gleich mit großem Rollenrepertoire. Er stand viele Jahre an der Spitze eines der größten Industriekonzerne, und er hat sich über Probleme der Wirtschaft, des Arbeitertums, der Auslese geäußert, aber nichts dabei hervorgebracht, was sich an wissenschaftlicher Solidität mit Webers Abhandlung »Zur Psychophysik der industriellen Arbeit« vergleichen ließe.[76] Daß Rathenau so ganz besonders »schizoid« wirkt, liegt daran, daß sich der einigende Reifen um die Vielzahl seiner Fähigkeiten und Eigenschaften nicht so leicht finden läßt. Wir werden zu erforschen haben, ob es einen solchen Reifen überhaupt gab.

Webers Stärke ist die Systematik des pragmatischen Denkens und Forschens gewesen; als Mensch vermochte er sich von seinen eigenen Ergebnissen sozusagen zu »abstrahieren«, ohne dabei die Einheit der Persönlichkeit einzubüßen. Als Beispiel hierfür verweise ich auf seinen Nationbegriff: Nation blieb ihm zeitlebens, wie Baumgarten sagt, »ein höchster unbezweifelbarer Wert. Theoretisch hat er jedoch die Phänomene ›Nation‹, ›Nationalbewußtsein‹ einer völlig wertfreien, das heißt seinen eigenen persönlichen Wertungen gegenüber absolut rücksichtslosen soziologischen Analyse unterworfen«.[77] Rathenau besaß wie Weber eine hochgezüchtete Rationalität, aber er setzte sie nicht systematisch ein. Sein großes Leitwort war die »Intuition«; er glaubte – wir werden darauf zu sprechen kommen –, daß auch das Pragmatische letztlich nur intuitiv in den Griff zu bekommen sei. So geschah das Merkwürdige, daß er, obwohl mehr und »prominenter« in der Wirklichkeit von Macht, Geld, Technik, Wirtschaft und, kurze Zeit, auch von Politik stehend als Weber und Naumann, dennoch diesen gegenüber, die beruflich eher Schreibtischmenschen, als solche aber mehr Praktiker waren als er, wie ein Prophet erscheint. An Blick in die Zukunft hat er beide übertroffen.

Zu Ernst Troeltsch, dem Freunde Webers, gab es von seiten Rathenaus eine lose Verbindung;[78] zu Weber, wie schon erwähnt, nicht, obwohl sie gerade in der Beurteilung der deutschen Lage weithin übereinstimmten. Wie Rathenau verwarf auch Weber im Kriege jegliche deutsche Annexionspolitik, wie Rathenau lehnte er den unbeschränkten U-Boot-Krieg ab, wie Rathenau trat er, schon lange vor 1914, für die Wahlrechts- und Parlamentsreform ein – gerade in diesen Forderungen bilden Rathenau, Naumann und Weber ein geistiges Triumvirat –, wie Rathenau prophezeite er der aus einer Niederlage erwachsenen Republik den Untergang und drang auf die notwendigen Reformen *vor* der Katastrophe; wie Rathenau wies er eine substantielle deutsche Kriegsschuld zurück, und wie dieser bejahte er eine moralisch-charakterliche;[79] wie Rathenau erblickte er das Kernproblem für eine Gesundung Deutschlands, doch nicht Deutschlands allein, in der Lösung des Führungsproblems der neuen technisch-ökonomisch bestimmten Massenwelt; wie Rathenau glaubte er nicht, daß rein quantitative Demokratie-Praktiken die Führung dieser Welt zu leisten vermöchten; er hielt, wie dieser, »Führungscharisma« für unabdingbar und sah in der Schaffung eines funktionierenden Gleichgewichts zwischen Führung und Kontrolle derselben den zentralen Punkt jedes Staatsneubaus.

Nur kurz hat Rathenau die beiden ihm geistig verwandtesten Deutschen überlebt. Naumann, der im August 1919 starb, knapp drei, Max Weber, der im Juni 1920 einer Lungenentzündung erlag, fast genau zwei Jahre. Als einzigem von ihnen war ihm noch das episodische Erlebnis politischer Macht[80] vergönnt – und ein historisch signifikanter, ein für die deutsche Geschichte symbolhafter Tod. In beidem müssen wir eine zu der Sphäre des rein Geistigen und bloß Theoretischen hinzutretende, auf ein geheimnisvolles, höheres Ganzes gerichtete Bestimmung erkennen.

ZWEITER TEIL

Die Welt, die Walther Rathenau suchte

IV.
Der Staats- und Gesellschaftsdenker

»In jedes Menschenleben«, sagt Ernst Gottlieb in der Einleitung zu seiner Rathenau-Bibliographie, »tritt die nihilistische Frage nach dem Wozu? Die Welt und ihr Geschehen erscheint in ihrer Totalität sinnlos und ungeordnet. Wir meinen, daß das Leben bis zu jenem Wendepunkt nur Zeit der Vorbereitung, der Entwicklung ist. Am Mittagspunkt erst entscheidet es sich, ob einer berufen oder auserwählt ist; auserwählt nämlich, seinem Leben einen Sinn geben zu können, ein Schaffender zu werden . . .«[1]

Es ist schwer, bei Rathenau diesen »Mittagspunkt« sicher zu bestimmen. Daß er kein Genüge an dem Leben des Ingenieurs, des Großkaufmanns, keine Erfüllung im Dienste am materiellen Dasein des Menschen finden konnte, war ihm von der Anlage her mitgegeben. Doch auch umgekehrt: Er vermochte sich der Welt des Tätig-Praktischen nicht zu entziehen, auch dann nicht, als er frei dazu gewesen wäre, finanziell unabhängig, nach dem Tode des Vaters. Kessler hat in seiner Biographie das Bild des in zwei unversöhnte Naturen gespaltenen Rathenau geprägt und seine tiefste Eigenart als »die Bewegung seines Innenlebens um zwei nicht aufeinander abgestimmte Achsen« zu erkennen geglaubt.[2] Er konnte sich dabei auf Rathenau selbst als Kronzeugen berufen:

»Von meiner Jugend her ist es mir ein Erbteil gewesen – ein Erbteil, das ich schwer verstanden habe und noch heute schwer verstehe –, daß ich in dem, was die Natur mir gab, mich in der Doppelheit fühle. Das, was die Natur mir als Grundton gegeben hat, mag die Betrachtung sein. Sie hat mir aber – und das ist wohl das Erbteil meines lieben und unvergeßlichen Vaters, an den ich heute mehr als zu irgendeiner Zeit habe denken müssen – zu diesem Erbteil etwas hinzubeschieden, etwas Willensgeartetes oder Mutgeartetes, das mich zwingt, nicht in der Betrachtung allein zu leben.«[3]

So antwortete der Fünfzigjährige auf die ihm im Hotel Adlon zu Berlin gehaltene Geburtstagsrede, und er fügte hinzu: »Es ist nicht verwunderlich, daß ein Mensch leiden muß, dem auf der einen Seite es beschieden ist, den Dingen nachzuhängen und nachzuträumen, in Sehnsucht und Empfindung, und den dann wieder der Teufel reitet, daß er in die Welt eingreifen und aufgekrempelt bis zum Ellenbogen in diesen Dingen der Welt rühren und kneten muß.«[4]

Keineswegs war es bei ihm so – wie man es aus den eingangs zitierten

Sätzen Gottliebs heraushören mag –, daß sein Denken und Schreiben eine Sinngebung des sonst Sinnlosen bedeutete. Beides ergänzte sich: das »In-die-Welt-Eingreifen« und das »Über-die-Welt-Nachdenken«, Aktion und Reflexion *zusammen* gaben für Rathenau den Lebenssinn. Es ist sicher nicht zufällig, daß er in jener Stunde, da ihm das Herz auf die Zunge trat, nicht vom Denken, nicht vom Philosophieren, geschweige denn von Wissenschaft oder publizistischer Arbeit sprach, sondern von »träumen«, von »Sehnsucht« und »Empfindung«. Hier also lag der wahre Zwiespalt: nicht zwischen Tat und Gedanke, sondern zwischen Gedanke und Empfindung, zwischen Kalkül und Intuition.

»Wissenschaftliche Beweise«, so formulierte es wiederum Kessler treffend, »für seine Konstruktionen hat er immer verschmäht, ihre Richtigkeit allein auf die Sicherheit seines Auges, seiner Phantasie, seiner Intuition gestützt. Er präsentierte sein Weltbild der Menschheit nicht als großer Intellektueller, der von Beweis zu Beweis, von Statistik zu Statistik, von Erfindung zu Erfindung eilt, sondern als Künstler, der das Ganze mit einem Ruck eben als Ganzes, als Abbild einer einmaligen inneren Vision hinausstellt.«[5]

Und doch muß man sich fragen, ob eigentlich solchen Gegenpositionen wie Empirie-Phantasie, Forschung-Vision, Rationalität-Intuition Lebenswirklichkeit zukommt. Gewiß kann man in Max Weber geradezu einen Antipoden Rathenaus sehen, was die Art des Erkenntnisvorganges und der Urteilsbildung anbetrifft – aber geht nicht auch der Verfechter der empirischen Analysen und der wissenschaftlichen Wertfreiheit von axiomatischen Vorstellungen aus?

So gibt sich Kesslers brillante Formulierung als Teilaussage zu erkennen. Rathenau war ratioverhafteter Intellektueller und zugleich intuitiv beschwingter »Seher«; diese Gegensätze sind gar keine echten – wir klammern uns nur deshalb so sehr an sie, weil sie die Einordnung in »Fächer«, das Katalogisieren und Ablegen des Lebendigen in die Regale unserer Verwaltungsbestände erleichtern –, sie heben sich in die Einheit der genialen Persönlichkeit und, mehr noch, in die der reifen menschlichen Persönlichkeit auf. Ratio ohne Intuition kann nichts erkennen, Intellekt ohne Phantasie kann nichts schaffen; Intuition ohne Ratio wird zum Wahn, Phantasie ohne Intellekt zum Hirngespinst. Aus beiden Gruppen-Paaren rekrutieren sich im Entartungsfalle die Pedanten, Vernichtungsplaner, Schreibtischmörder, die Pfuscher, Sektierer und Volksverführer. Rathenau entzieht sich der Etikettierung und Katalogisierung deshalb so hartnäckig, weil bei ihm das Ineinander und Zueinander von Ratio, Intuition, Phantasie, Berechnung unübersichtlich und kaum separierbar ist, ohne das Persönlichkeitsbild, das doch Einheit bleiben muß, weil es Einheit war, zu zerstören.

Im Gegensatz zu Gottlieb also glaube ich nicht, daß es in Rathenaus Leben eine »Wende«, und gar eine auf einen »Mittagspunkt« fixierbare, dergestalt gegeben hat, daß er plötzlich ein bis dahin als sinnleer empfundenes Dasein durch den Entschluß zu schriftstellerischem Wirken sinnvoll zu machen unternahm. Der Drang, Zwecke durch Sinn zu überhöhen und so den Dienst an ihnen erträglicher, ja freudvoll werden zu lassen, erfüllte Rathenau von klein auf. Wir wissen von dem Haß des Kindes auf den tyrannischen Geldsack[6] – von da an bis zur Konzeption einer neuen Wirtschaft verläuft eine im Grunde ungebrochene Linie. Es geht immer wieder um die Überwindung der Zweck-Welt, der Furcht-Welt, der Welt der »Mechanik« – alle diese Bezeichnungen hängen zusammen und vertreten sich –, um eine Überwindung, die *nicht* das Verlassen dieser Welt, welches ja unmöglich ist, bedeutet, sondern ihre Aufschließung für das »Reich der Seele«. Rathenau war kein Sozialutopist, der an die Realisierbarkeit eines gesellschaftlichen Idealzustandes, an das »Paradies auf Erden« glaubte, sondern er rang im Geiste um das Mögliche, um die Konzeption einer Gesellschaft, die »mechanisch« sein muß, die aber dennoch ihren Gliedern menschenwürdig, das ist: seelenhaft zu leben erlaubt. Es ist wahr, daß er in diesem Ringen nicht auf schulwissenschaftlichen Wegen, sondern seherisch-kreativ seinen Gipfel erreichte. Doch erreichte er ihn nicht durch Phantasterei, nicht in wirklichkeitsfremdem »Höhenflug«. Nach einer Reihe kleinerer Schriften, tastender publizistischer Versuche, trat er 1912, fünfundvierzig Jahre alt, mit seiner Befunderhebung über das Zeitalter an die Öffentlichkeit.[7] Er begann also keineswegs mit Prophetie, sondern mit Diagnostik, stellte nicht, wie Kessler schreibt, »das Ganze mit einem Ruck« hinaus, sondern versuchte, sich in einer zusammenfassenden Bestandsaufnahme über die Epoche klarzuwerden: der legitime Gang einer kontinuierlichen Erkenntnis-Bahn.

1. ZUR KRITIK DER ZEIT

Wenn Rathenau zu Beginn seines gleichnamigen Buches schreibt: »Durch die Mitte des vergangenen Jahrhunderts geht ein Schnittpunkt. Jenseits liegt alte Zeit, altmodische Kultur, geschichtliche Vergangenheit, diesseits sind unsere Väter und wir, Neuzeit, Gegenwart . . .«,[8] dann kann man, abgesehen von der etwas unglücklichen Wortwahl »Schnittpunkt«, wo Schnitt*linie* gemeint ist, den willkürlichen Ausgangspunkt seiner Betrachtung beanstanden. Denn was er charakterisierend anführt: »ein neues Deutsch, Zeitungsdeutsch, Abhandlungsdeutsch, Geschäftsdeutsch«, die Ablösung der humanistischen durch die »historisch-pragmatische Bildung«, die »geschäftliche Staatenpolitik«, die »Weltstadtphänomene«[9] – alles das trat ja um die Mitte des neunzehnten Jahrhunderts nicht plötzlich und unvermittelt in Erscheinung, sondern es wurde lediglich als eine konzentrierte Entwicklung sichtbar, deren Wurzeln um gut ein weiteres Jahrhundert zurückreichten. Wer wissen will, woher der neue Journalisten-Stil, die Publizistenklugheit ohne das geheime Salzkorn des Charismas eigentlich stammen, der lese etwa The Federalist, Sieyès, Gentz und Tocqueville. Die »geschäftliche Staatenpolitik« fand ihren neuzeitlichen

Ausdruck im Wiener Kongreß, und das Weltstadtphänomen: »Wabenzellen mit subtilen Substanzen, Papier, Holz, Leder, Geweben staffiert ... nach außen gestützt durch Eisen, Stein, Glas und Zement, ein wenig höher oder ein wenig flacher getürmt, die Öffnungen etwas dichter oder etwas weiter gestellt, durch senkrechte oder waagerechte Ritzungen und Schnörkel gegliedert ...«,[10] bot sich bereits im London von 1820 dar.

In anderer Weise freilich wird man dem Ansatz Rathenaus zustimmen müssen: die Volksvermehrung und die Schichtenverwerfung – im spezifisch Rathenauschen, höchst problematischen Sinne – mit ihren sämtlichen Konsequenzen gelangen um die Mitte des vergangenen Jahrhunderts zur vollen Evidenz. Zwischen 1816 und 1913 wuchs die Bevölkerung Deutschlands von 24 auf 65 Millionen an, am stürmischsten seit 1875, von welchem Jahr an sie sich bis 1913 um 52 Prozent vermehrte; nicht weil die Geburtenzahl stieg – im Gegenteil: sie sank, relativ gesehen, und 6 Millionen Deutsche wanderten zwischen 1841 und 1913 aus –, sondern weil die Sterblichkeit rapide zurückging; dies wiederum hatte seine Gründe in der auf Ertragssteigerung der Landwirtschaft und auf der Industrialisierung beruhenden Anhebung des Lebensstandards, im Ausbleiben von Hungersnöten und Seuchen, in der verhältnismäßig langen und vollständigen Friedenszeit (die Kriege von 1864, 1866 und 1870/71 setzten der deutschen Bevölkerung nur wenig zu), in den stürmischen Fortschritten von Medizin, Hygiene, Technik (Stichworte: Pockenimpfung, Antisepsis und Asepsis, Beseitigung des Kindbettfiebers, Erkennung und Bekämpfung der Infektionskrankheiten, Trinkwasserreinigung u. a. m.). Deutschland wurde ein Industrieland, anfänglich noch hinter, dann im wesentlichen zum Ausbruch des Weltkrieges beitragenden Kopf-an-Kopf-Rennen mit England. Es »verstädterte«: 1800 gab es in Deutschland zwei Städte mit über 100.000 Einwohnern, nämlich Berlin und Hamburg; 1900 gab es 33, 1913 47. Arbeiteten zur Zeit der Reichsgründung noch etwa 50 Prozent aller Erwerbstätigen in Land- und Forstwirtschaft, so waren es am Vorabend des Krieges nur noch 33 Prozent, denen über 50 Prozent Arbeiter, Handwerker und unselbständige Berufe gegenüberstanden, ein Großteil von ihnen als »Proletariat«.[11]

Mit Recht stellt Treue fest, daß dennoch der Zusammenhang dieser Bevölkerungszunahme – für sich allein genommen – mit der kapitalistischen Wirtschaftsweise nur schwer erweisbar ist; Rußlands Bevölkerungswachstumsrate lag z. B. wesentlich über der Deutschlands, obwohl die angeführten Ursachen hier weit weniger zutrafen.[12] Rathenau hat, ohne allerdings tiefer zu dringen, auf die Verknüpfung von »wirtschaftlicher Evolution mit Volksvermehrung« hingewiesen: »Einzelwirtschaft bedeutet Abgeschlossenheit, Nachbarlosigkeit. Gesamtwirtschaft kann nur aus dem vollen schöpfen, ohne Rücksicht, wieviel, wie wenig übrigbleibt. Gesamtwirtschaft lebt von Ersparnis; Ersparnis an Zeit, Kraft, Material, Lagerverlust, Reibungsverlust. Gesamtwirtschaft ist noch heute ebenso undenkbar bei spärlicher Bevölkerung wie Einzelwirtschaft bei großer Dichte. Gesamtwirtschaft muß daher mit Naturnotwendigkeit eintreten, sobald eine gewisse Verdichtung stattgefunden hat.«[13] Der Begriff der »Ersparnis«, den er einführt und der später immer wieder auftaucht, darf nicht verwirren; er bedeutet nichts anderes als »Rationalisierung«, deren Wesen ja tatsächlich Ersparnis in einem weitesten Sinne ist.

Um die Bevölkerungsverdichtung zu erklären, entwickelt Rathenau seine »Zwei-Schichten-Theorie«. Er nimmt sie für das Verständnis seiner eigenen Zeit so wichtig, und sie ist für uns zum Verständnis Rathenaus so wichtig, daß wir ihm selbst das Wort lassen müssen und ein längerer Einschub also erlaubt sein mag:

»Einschichtige Völker, d. h. solche, die aus einheitlich entstammten oder gut zusammengekochten Rasseelementen bestehen, zeigen, von den Ägyptern bis zu den Chinesen, im Stande der Zivilisation das gleiche Bild: Abgeschlossenheit und Konservativismus, lange Dynastienreihen von wesentlich identischer Physiognomie, langsam-stetig technische Entwicklung, die aber keinen Aufstieg zu einer idealen Kultur bedeutet, vielmehr in Geist und Kunst eine allmähliche Verflachung und Vernichtung erlebt, indem die lebendige Kraft des einstmaligen, vorzeitlichen Impulses sich nach und nach aufbraucht. Eine Geschichte hingegen, das Werden und Gehen politischer Formen, geistiger Ziele, Erlebnisse und Träume, Wechsel von leidenschaftlichen, friedlichen und tätigen Epochen, Aufstieg und Niedergang, kurz das, was im Leben des einzelnen dem freien, heroischen und tragischen Schicksal entspricht: eine Geschichte ist nur denjenigen Gemeinwesen beschieden worden, die von einer Oberschicht beherrscht, von einer stammverschiedenen Unterschicht getragen waren. Solche Zweischichtigkeit prägt sich mit Entschiedenheit aus im Bestehen von Aristokraten; daß alle Kultur dieser Erde von aristokratischen Organisationen ausgegangen ist, bezeugen Indien, Griechenland und Rom, Florenz und Venedig, England und die Niederlande, Frankreich und Deutschland. Selbst im Fernen Osten muß den Japanern die Führung und Verantwortung zufallen, weil ihr Feudalsystem die Reste alter Zweischichtigkeit am Leben erhält . . .[14]

Nun ereignet sich aber in diesen zweischichtigen Volkswesen jeweils etwas Wunderbares, in einem jeden zu seiner Zeit und ein einziges Mal: die beiden Schichten, einst wie Öl und Wasser getrennt, beginnen sich zu lösen, die Kontraste verfließen (die Unteren sagen: die Vorurteile), ein näheres Erkennen, ein engeres Zusammenwirken tritt ein. Noch hat die Oberschicht so viel Recht und Geltung, daß ihre reineren und freieren Ideale den Geist der Gesamtheit beherrschen, noch hat die Unterschicht so viel Glauben und Respekt, daß sie ihr Können, ihr traditionelles Handwerk, ihre Kunstfertigkeit in den Dienst dieser Ideale stellt. Die Kunstwerke solcher Epochen sind die edelsten Zeugnisse des irdischen Geistes; vor Zeiten nannte man sie hohen Stils, heute werden sie als archaisch oder primitiv verehrt.

Sodann beschleunigt sich der Vorgang, dem Phänomen vergleichbar, wenn zwei Flüssigkeiten hoher chemischer Affinität durch Mischung in Reaktion treten. Es lösen sich die langverhaltenen Energien in einer Epoche heißen Aufschäumens und leidenschaftlicher Lebenssteigerung. Jetzt steigen die Befähigten der Oberschicht aus der Herrschersphäre hinab in die Schar der Ausübenden; jetzt steigen die Bedeutenden der Unterschicht auf in die Zahl der Bestimmenden; ihre innersten Geheimnisse rufen die beiden Stämme freudig und rückhaltlos einander zu; jede Wahrheit hat Geltung, jeder Gedanke findet Hörer, man erlebt das Ungeheure und erwartet das Unmögliche. In solchen Zeiten ersteht der Kunst aus der Mischung der Freiheit und des Ausdrucks die Blüte, die wir aus der Zeit des Phidias und des Leonardo kennen. Noch lange bleiben die Elemente in Bewegung, aber das Phänomen ist vollbracht, die Mischung ist geschehen. Die Unteren waren die Zahlreicheren, und so trägt das Magma ihre Färbung. Meist haben sie der Staatsform ihren Stempel aufgedrückt, zum mindesten herrschen sie faktisch. Die transzendenten Ideale der alten Führer sind gefallen, an ihre Stelle tritt die freie Konkurrenz um den Geschmack der Menge. Dieser Geschmack aber ist geistig Skeptizismus, Negation, Aberglaube und Rationalismus, künstlerisch Materialismus, Deklamation und Ekstase. Einer Epoche dieser Art hat man die Bezeichnung des Barock gegeben, ein Name, den man füglich auf die Parallelepochen anwenden könnte, so daß bei allen Kulturzeitaltern von einer archaischen, einer kulminierenden und einer Barockperiode kurz und verständlich gesprochen werden könnte.

Mit dem Abschluß dieser dritten Etappe tritt die Beruhigung ein, und zwar für immer, sofern nicht neue Eroberer neue Oberschichten schaffen und den Kreisprozeß von neuem vorbereiten. Geschieht dies nicht, so bleiben die Affinitäten gesättigt, die freieren Energien sind verpufft, und die ausgebrannten Völker bleiben wie Todesschlacken am Wege liegen. So sind aus Dorern und Attikern innerhalb weniger Generationen die Graeculi der Römer geworden, so aus den Römern selbst römische Italiener . . .[15]

Noch heute sind die Länder des mittleren Europa nicht von durchwegs einschichtigen Völkern bewohnt.

Die Herrscherhäuser deutscher Zunge und ihre Gefolgschaften entstammen einer Oberschicht, die sich bei Strafe des Verlustes edelster Rechte mit fremdem Blut niemals mischen darf. Die Heere als Träger und Garanten der Nationalmacht nach außen, der Herrschermacht nach innen, gehorchen adligen Führern. Die Geschäftsführung deutscher Staaten und ihre Repräsentanz geschieht durch Zugehörige der oberen Schicht, nicht minder die höchste Leitung der Regierung und der größere Teil ihrer Exekutive. Ja selbst die Gesetzgebung kann der Sanktion und des Vetos einer Herrenkurie nicht entbehren. Der Geschichtsschreiber späterer Zeiten wird vor einem Rätsel stehen, wenn er sich zu vergegenwärtigen sucht, wie unsere Zeit mit den äußeren Organen ihres Geistes demokratisch zu fühlen glaubte, während das Wollen ihrer inneren Seele den Aristokratismus noch immer duldete und zu erhalten strebte.«[16]

Was Rathenau schon Jahre zuvor in Aphorismen, »Ungeschriebenen Schriften«, in Aufsätzen wie »Höre, Israel!« und »Von Schwachheit, Furcht und Zweck« als einen, vielleicht als *den* Untergrund seiner Weltbetrachtung hatte sichtbar werden lassen, nämlich die ideé fixe von der Zweischichtung der Menschen in die Herren- und die Sklavenrasse, die er beide mit konstanten Attributen ausgestattet sah, das nahm er nun zum Ausgangspunkt für seine Zeitanalyse. Es war ein brüchiger und in vielem einfach falscher Ausgangspunkt. Denn schon die Begriffe »einschichtig« und »zweischichtig« halten nicht stand. »Zweischichtig« bedeutet für Rathenau das Nebeneinander einer Eroberer- und Herrenschicht mit einer »stammverschiedenen« Schicht der Unterworfenen im selben Staatsverband; jene beherrscht diese, darauf beruht der Staat. Nun ist es wohl richtig, daß die Mehrzahl der in der Geschichte bedeutsam hervortretenden und kulturtragenden Staatsverbände durch rassisch-völkische Schichtungen und Mischungen gekennzeichnet sind. Doch ob dies die *Voraussetzung* der Kulturentwicklung abgibt, muß in Zweifel gezogen werden. Zumal Rathenau ja, Gobineaus Gedankengänge aufgreifend, nicht einmal die Mischung, sondern *nur* die unvermischte Schichtung der Herrenkaste über die Sklavenmasse als kulturzeugend gelten läßt und in der eines Tages eintretenden Vermischung den Beginn des Kulturtodes und des Überganges zur Zivilisation sieht. Es fragt sich, wo denn solche Zweischichtung unvermischt erhalten blieb? Vielleicht zwischen Spartanern und Messenern oder zwischen Arabern und Nubiern – die *Regel* ist die Vermischung. Sowohl die englische wie die französische, wie die deutsche, wie die russische Nation sind zur Zeit ihrer Kulturblüte *längst* Mischvölker gewesen, Legierungen aus nicht selten mehr als zwei Schichten von Eroberern und Eroberten. Unerfindlich bleibt auch, wie Rathenau dazu kommt, die Ägypter und die Chinesen »einschichtig« zu nennen und ihnen den »Aufstieg zur idealen Kultur« (was wohl soviel heißen soll, wie zur »durchgeistigt-transzendentalen« Kultur) abzusprechen. Beide haben mehrere Schichtungen und auch Epochen der »Zweischichtigkeit« im Rathenauschen Sinne erfahren, und beide haben ungemein lebensstarke Kulturen hervorgebracht. Als »einschichtig« könnte man allenfalls die Skandinavier, die nordgermanischen Staaten, bezeichnen; aber kann man sie kultur-unschöpferisch nennen?

Die Beobachtung an sich, die Rathenau vor oder zumindest gleichzeitig mit Spengler machte und deren Quintessenz notwendiger, weil lebensgesetzlicher Übergang der Kultur zur Zivilisation heißt, mag als richtig hingenommen werden, obwohl Kritik gerade an der Begriffsscheidung von »Kultur« und »Zivilisation«, die eine deutsche Hervorbringung ist, anzusetzen hätte – ihre Stützung auf die Schichten- und Mischungstheorie ist völlig unhaltbar. Das mehr als Irrige, das Schlimme dieser Theorie, die deutlich ihre Herkunft von Gobineau verrät, liegt in der Akzentuierung des Rassischen. Daß Rathenau die Feudalklasse, die Herren, die Krieger, den Adel als die »höhere« Rasse – selbst noch im Preußen-Deutschland seiner Tage – betrachtete, mutet nicht nur phantastisch an, war nicht nur schlicht falsch, sondern läßt erschreckend deutlich Wurzeln kommender verhängnisvoller Entwicklungen erkennen.

Es gibt keinen Zweifel, daß diese Aufschlüsselung der Weltgeschichte nach »blond« und »dunkel«, »mutig« und »feige«, »edel« und »niedrig«, »nordisch« und »orientalisch« einem persönlichen Trauma, einem übermächtigen Komplex Rathenaus entsprang. Der lebenslange innere, aber sich auch in Verhalten und Werk nach außen projizierende Kampf hat sein Schicksal bestimmt. Die »dunkelhaarigen Knechtsbrüder« der »Freigeborenen« mit »kurzem krausen Haar«, »rundem Schädel«, »breiten Gesichtern«, »kurz aufgestülpten Nasen«, handfertig, »schlauer Künste« mächtig,[17] destillieren sozusagen aus »Arbeitstrieb, Fertigkeit und ängstlicher Vorsicht« den »Erwerbs- und Geschäftssinn«, eine der stärksten Waffen im Rassenkampf.[18] Ihre Fruchtbarkeit füllt die Erde, die Bevölkerungsverdichtung geht auf ihr Konto – ob Rathenau, selbst ohne Familie und Kinder, in Gedanken die starke biologische Potenz der Slawen etwa gegen die geringere der Germanen hielt und darin weitere Beweise für der ersteren Animalismus und der letzteren Geistigkeit fand? Wir müssen es wohl annehmen. Denn, so verkündet er: »Die Verdichtung schafft sich in der sichtbaren Welt ihre Kompensation, die ich Mechanisierung nennen will und die darauf hinzielt, einem übervölkerten Planeten die Möglichkeit der Subsistenz und Existenz ungeahnter Menschenschwärme abzuzwingen; die Umlagerung spricht sich in der geistigen Verfassung unserer Völker als Entgermanisierung aus, die ein neues, für die Aufgaben der Mechanisierung seltsam geeignetes Menschenmaterial erschaffen hat.«[19]

Es ergibt sich also, nach Rathenau, folgende Kausalkette: die nordischen, blonden Germanen – auch das Wort »Arier« wird verwendet – überdecken als Herrenschicht das dunkle Niedervolk; diese unvermischte Zweischichtigkeit ist der Quell der Kulturschöpfung – durch Schlauheit, Lebenstüchtigkeit, Assimilationstalent und nicht zuletzt durch stärkere Vermehrung durchbrechen die Unedel-Niedrigen schließlich die Schranke zur Oberschicht – die eintretende Mischung bedeutet Entgermanisierung – sie läßt ein nun nicht mehr kulturschöpferisches, aber dafür zur Mechanisierung des Lebens geeignetes »Menschenmaterial« entstehen – jetzt ist der Zirkel geschlossen: dies Menschenmaterial steigert die Mechanisierung, und die Mechanisierung vermehrt das Menschenmaterial. In dieser halb biologistischen, halb intellektualistischen »Welt-Anschauung« sind sehr verschiedenartige Elemente eine Bindung eingegangen. So Vulgärdarwinismus: im »Kampf ums Dasein« siegen die biologisch Stärkeren, in diesem Fall die »Dunkelwesen«; was freilich biologisch-qualitativ »Auslese« ist, ist menschlich-qualitativ »Gegenauslese«. So Romantizismus: schlanke Adeligkeit, kühle Schönheit und edles Feuer schenken der Welt Weihe und Wert. So Schopenhauerscher Pessimismus: die Edelrasse muß untergehen, nicht *obwohl*, sondern *weil* sie edel ist.[20] So Marx' historischer Materialismus: der ökonomische Zwang treibt die Weltentwicklung in Richtung auf die Mechanisierung voran.[21] Diese Ingredienzien der von Rathenau vorgetragenen Theorie, denen sich noch weitere zuzählen ließen, dürfen wir uns nicht als bewußte Anleihen bei fremden Geistern vorstellen; Rathenau glaubte, originale Gedanken vorzutragen, und in einer gewissen subjektiven Weise stimmte es auch. Sämtliche genannten geistigen Strömungen und seelischen Gestimmtheiten zusammen bildeten jenes geist-seelische Klima der Zeit, in dem Rathenau und mit ihm alle atmeten. Wie sie im einzelnen sich verbanden und wie sie sich in kollektives Fühlen, Denken, Handeln umsetzten, wie sie Geschichte wurden, das war nicht einfach »Notwendigkeit«, nicht einfach »logischer Ablauf«, der so und nicht anders geschehen konnte, sondern Individualschicksal, d. h.: im letzten nicht zu durchdringende Synthese von Notwendigkeit und Freiheit, Umwelt und Charakter, Bestimmung und Wahl.

Wie in der Geschichte Freiheit und Schicksal nicht einfach mechanisch-operativ zu trennen sind, so auch nicht richtig und falsch. Von den Überzeugungen, Hypothesen, für sicher gehaltenen Erkenntnissen Rathenaus dünkt uns heute manches schlechtweg abstrus, aber zugleich birgt selbst das Abstruseste noch partielle Wahrheiten. Das gerade ist es, was Geschichtsdeutung oft aussichtslos kompliziert und unvergleichlich reizvoll macht. Doch darf man sich nicht zu sehr in die Wege-Verästelungen locken lassen. Wenn Rathenau selbst sagt: »Die Absicht dieser Darstellung richtet sich dahin, nicht sowohl den Vorgang als die Wirkungen der Verdichtung und Umschichtung, der Mechanisierung und Entgermanisierung auf die Welt, die Menschen und das Leben unserer Zeit zu erörtern«,[22] dann bedeutet das für uns, daß trotz irriger Voraussetzungen bezüglich des Werdens, der Geschichte der Mechanisierung doch sehr wohl richtige und wichtige Erkenntnisse bezüglich ihrer Wirkungen in Gegenwart und Zukunft gewonnen werden können. So bietet die prägnante Definition: »Erhöhung der Produktion und der Ersparnis an Arbeit und Material ist die Formel, die der Mechanisierung der Welt zugrunde liegt«,[23] einen tragfähigen Ausgangspunkt dieses Welt-Mechanisierungsprozesses, und wir dürfen getrost über die sie begleitenden sekulativen Erörterungen hinweggehen, die sich mit »der Mischung aus germanischer Idealität mit vorgermanischer Zähigkeit und Handfertigkeit« und mit der Frage, warum die westliche und nicht etwa die mandschurisch-mongolische Zivilisation die Welthegemonie errungen habe, befassen.[24]

Wie Rathenau von seiner rassischen Zwei-Schichten-Theorie zum Begriff der Mechanisierung, den er zunächst wirtschaftlich exemplifiziert, überleitet, so von dieser primär ökonomischen Ausdeutung zu den Aspekten des Staates und, weitergreifend, denen der ganzen Menschheit. Immer wieder erstaunlich ist es, wie er gerade in wirtschaftlichen Dingen weit über seine Gegenwart hinausweist und Erkenntnisse ausspricht, die erst nach dem Zweiten Weltkrieg Allgemeingut zu werden begannen. So umreißt er die neue Wirtschaftsgesinnung mit den Sätzen: »An die Stelle des Anschaffungswertes setzt die Mechanisierung den Verbrauchswert, an Stelle des Zinsverlustes die Neubeschaffung ... Die Mechanisierung will produzieren. Reparaturwerkstätten sind ihr kostspieliger als Fabriken, anstatt zu flicken, schmilzt sie um. Hier kommt ihr ein psychologischer Kreislauf zunutze; die Möglichkeit des Wechsels erzeugt den Wunsch nach Wechsel, dieser Wunsch wiederum unterstützt das Erneuerungsprinzip . . .[25]

Fassen wir die Reihe dieser Vorstellungen zusammen, so muß uns die Erde als eine einzige, untrennbare Wirtschaftsgemeinschaft erscheinen. Das Anwachsen der Bevölkerung hat dieses ungeheure Rad in Schwingung versetzt; nun kreist es, indem es selbsttätig und ununterbrochen seine Masse und Geschwindigkeit vermehrt. Über das Ziel des Schutzes und der Nahrung hinausstrebend, schafft die mechanisierte Produktion dauernd neue Begierden. Schon hat sie die materiellen Lebensbedingungen bedeutend gehoben; sie wird und muß dazu führen, jedes absolute Elend des Besitzes aus der Welt zu schaffen; gleichzeitig saugt ein immer wachsender Warenhunger die gewaltiger sich ergießenden Ströme auf.

Auch in früheren Jahrhunderten war Produktion eine Hauptaufgabe menschlicher Tätigkeit, doch ihre Mittel waren beschränkt und gaben keiner weiteren Hoffnung Raum als der, das Nötigste zu erschwingen und für himmlische und irdische Herren etwas zu erübrigen. Die Entfesselung der Mechanik hat jede Schranke niedergeworfen. Der Teil der menschlichen Tätigkeit in zivilisierten Ländern, der weder direkt noch indirekt der Produktion und ihrem Schutze dient, ist klein geworden. Die mechanisierte Produktion hat sich zum Selbstzweck erhoben.«[26]

Alles, was schon zwischen den Weltkriegen, besonders in den Vereinigten Staaten, sich ausprägte, ist hier vorwegnehmend ausgesprochen: Drang zu produzieren und Zwang zu produzieren können nicht mehr voneinander geschieden werden; der Verschleiß der Produkte muß gewissermaßen gleich bei der Produktion mit »eingebaut« werden, und zwar nicht nur deshalb, weil der mechanisierte Mensch den dauernden Wechsel braucht und das ständig Neue wünscht, sondern auch deshalb, weil ohne diesen erhöhten Güterumschlag die Vollbeschäftigung nicht gesichert wäre. Sie aber ist eine der wichtigsten Grundlagen einer geordneten Gesellschaft und eines funktionierenden Staates geworden. Vance Packard hat sich in seinem Buch »Die große Verschwendung« mit der Tatsache befaßt, daß Produktion heute nicht mehr nur Bedürfnissen dient – das selbstverständlich auch –, sondern daß sie Bedürfnisse schafft, schaffen muß,[27] wobei es gleichgültig ist, ob sie sich in der Wohlstandsgesellschaft auf Hollywood-Schaukeln und Antikonzeptiva oder im Staatskollektiv auf Marschstiefel und Traktoren richten. Der Produktionsdrang und -zwang hat zu einer Inhaltsverschiebung des Begriffes »Kapitalismus« geführt. Sein innerstes Wesen liegt nicht im Verhältnis von Unternehmer zu Arbeiter, von Besitz an Produktionsmitteln zu Nichtbesitz beschlossen, also nicht in *sozialen* Modalitäten, sondern im unausweichlichen Zwang zur permanenten, konkurrierenden, rationalisierten Gütererzeugung. Oder in Rathenaus präziser Formulierung: »Den mechanisierten Besitz nennen wir Kapital. Der Vorgang, der von außen und physikalisch betrachtet als mechanisierte Gütererzeugung erscheint, dieser Vorgang stellt sich von innen, menschlich und organisatorisch betrachtet, als Kapitalismus dar. Daher wird der Kapitalismus andauern, solange das mechanisierte Produktionssystem Bestand hat; er wird andauern, gleichviel, ob alles Kapital der Welt in den Händen einer Person oder eines Gemeinschaftskörpers vereinigt wird und somit das, was man heute Transaktion nennt, zur bloßen Buchung herabsinkt. Man kann daher von dem Aufhören der privatkapitalistischen Gesellschaft reden, vorläufig aber nicht von dem Aufhören der kapitalistischen Produktionsweise.«[28]

Diese Produktionsorganisation, die heute den privat- oder, man kann auch sagen: liberal-kapitalistischen ebenso wie den staats- oder sozialistisch-kapitalistischen (beides ist kein echter Gegensatz mehr) Ländern gemeinsam ist und die Rathenau treffend mit den Eigenschaftswörtern »anonym«, »selbsttätig wirkend« und »rational« bezeichnet, hat ein Eigenleben gegenüber jener zweiten Organisation gewonnen, »die aus Tradition, Anerkennung, Gewalt und Sanktion sich aufbaut«, gegenüber dem Staat.[29] Dieser, so meint Rathenau, hat seine tiefsten Wurzeln im Bereich des Mystischen, in der »uralten Verbindung mit Religion und Kult«, und er unterscheidet grundsätzlich zwei Staats-Typen, den religiösen und den Verwaltungsstaat. Wie immer, wenn er sich in solche theoretischen Erörterungen einläßt, betritt er schwankenden Boden. Die Behauptungen, daß das Römische Reich »vergeblich nach einem Ankergrund im Absoluten, Unantastbaren« gesucht habe, sich schließlich mit »orientalischem Leibgardendespotismus« hätte abfinden müssen und daran zugrunde gegangen sei oder daß der mittelalterliche Staat »zwar nicht mehr in sich das Licht der Religion« besessen, jedoch die »Strahlen der Kirche« reflektiert und, als sich weltliche und geistliche Gewalt entzweiten, durch die germanische Gefolgschaftstreue sich »intangibel« erhalten hätte, wird man ebensowenig unwidersprochen hinnehmen können wie die, daß erst Friedrich der Große den Staat entmystiziert und als Einrichtung der Nützlichkeit und Wohlfahrt zum »Menschenwerk« gemacht habe.[30]

Wie so oft hat Rathenau hier zwar gewisse Ergebnisse der geschichtlichen Entwicklung richtig gesehen, aber ihr Werden und ihre Verknüpfung allzusehr vereinfacht und verkürzt dargestellt.

Im Unterschiede zu Naumann und Weber wendet Rathenau bei der Beurteilung seiner Zeit dem Staat noch verhältnismäßig wenig Aufmerksamkeit zu. Dessen Problematik läßt er zunächst mit dem Satz ihr Bewenden haben: »Ihn als eine bewaffnete Produktionsvereinigung auf nationaler Grundlage hinzustellen wäre vielleicht verfrüht; ihn als eine mystische Institution oberhalb der mechanisierten Wirtschaft und Gesellschaft zu betrachten sicherlich verspätet«,[31] um auf die gesellschaftlichen Konsequenzen des Mechanisierungsprozesses einzugehen. Die Unterscheidung zwischen Staat und Gesellschaft, die schon die englischen Ökonomisten und dann Hegel gemacht hatten und die auch später in Spenglers Arbeit »Preußentum und Sozialismus« eine Rolle spielt,[32] wird uns noch wiederholt zu beschäftigen haben. Als die entscheidende, alle anderen Qualitäten subsumierende Eigenschaft der neuen, mechanistischen Gesellschaft sieht Rathenau deren Homogenität an, welche aus »Bindung und Beruf« jedes einzelnen Gesellschaftsgliedes resultiert; die Bindung des einzelnen in die kapitalistische Produktionsweise und in den mit ihr untrennbar verzahnten »Weltbetrieb der Wissenschaften« hinein homogenisiert nämlich selbst die scheinbar so spezialisierten Berufe der neuen Industriewelt.[33] Die Homogenität beruht in der gleichförmigen Geistesdisposition, welche zur Bewältigung auch der ungleichförmigen Geistesdisposition, welche zur Bewältigung auch der ungleichförmigen Arbeitsaufgaben in der technisch-industriell und ökonomisch durchrationalisierten Gesellschaft erforderlich ist.

Die Erkenntnis Rathenaus, daß »die Anwendung gleichartiger Denk- und Arbeitsformen« entscheidender wirkt »als die Ungleichartigkeit der Anwendungs- und Arbeitsgebiete; die Gleichförmigkeit der Arbeitszeit und Erholungsdauer entscheidender als die Verschiedenheit der Arbeitsstelle; die Gleichwertigkeit der Einkommen entscheidender als die Ungleichheit der Quellen, aus denen die fließen«,[34] impliziert schon die Voraussicht, daß sich die Klassen im Marxschen Sinne eines Tages im Zuge eines sie alle übergreifenden Nivellierungsvorganges der Lebensweisen gewissermaßen »lautlos« zersetzen und auflösen können. Noch ist das – 1912 – nicht so, noch besteht der »zweifellos schwerste Vorwurf, welcher der Zivilisation unserer Zeit gemacht werden kann«, nämlich »daß sie die Beschränkung eines Proletariats zuläßt, wenn unter einem solchen eine Bevölkerungsklasse verstanden wird, deren Angehörige unter normalen Verhältnissen zu selbständiger Verantwortung und unabhängiger Lebensführung nicht vordringen können«, zu Recht.[35]

Rathenau erreicht jetzt in seiner »Kritik der Zeit« mit der Kritik des Sozialismus, wie er ihn versteht, einen zentralen Punkt, der für alle seine späteren, in die Zukunft weisenden Äußerungen von größter Bedeutung sein wird: »Erstrebt nun der Sozialismus die Beseitigung wirtschaftlicher Ungerechtigkeit, die Hebung oder Umschmelzung des Proletariats, so muß diese Weltaufgabe mit hohem Respekt betrachtet und jeder Schritt zu ihrer Förderung als Zivilisationsetappe begrüßt werden. Doch darf man vom Standpunkt einer über den Augenblick hinausgehenden Betrachtung nicht übersehen, daß es sich hier um Remeduren, und zwar materielle Remeduren, nicht um absolute Schöpfung und Ideen handelt. Deshalb ist dem Sozialismus nicht gelungen, eine Weltanschauung zu schaffen; was er über das materiell-praktische Erstreben hinausgreifend zustande gebracht hat, ist stark anfechtbares popularphilosophisches Erzeugnis. Sozialismus bleibt Zeitaufgabe, solange er sich nicht zur Transzendenz erheben und neue Ideale für die gesamte Menschheit und ihren geistigen Besitz aufzustellen vermag. Dann aber würde sein innerstes Wesen sich wandeln und ein großer Teil des materiellen Rüstzugs abgestreift werden müssen. Aber auch innerhalb der Grenzen der Zeitaufgabe besitzt der Sozialismus nicht die Stärke der Konsequenz und Unausweichlichkeit, die ihn zum Pol der gesellschaftlichen Entwicklung machen könnte, denn er verkennt den Dualismus der Arbeit. Erfindung und Ausführung, Anordnung und Leistung werden sich niemals dauernd und grundsätzlich vereinigen lassen, am wenigsten in einer mechanistischen und arbeitsteilenden Gemeinschaft. Immer werden die intuitiv, phantastisch, künstlerisch und organisatorisch Veranlagten den handgreiflich, praktisch, suggestiv Veranlagten gegenüberstehen. Eine Arbeitsverschmelzung der beiden Kategorien ist innerhalb der uns bekannten menschlichen Eigenschaftszonen nicht denkbar, vielleicht nicht einmal wünschbar.«[36]

An dieser Aussage verdient verschiedenes unsere besondere Beachtung:

a) Rathenaus Auffassung vom Sozialismus als einer lediglich auf »materielle Remeduren« zielenden politischen Richtung, der er den Charakter der Weltanschauung abspricht, stützt sich auf das Bild, das die Sozialdemokratie, die Gewerkschaften, die Arbeiterbewegung im ganzen, zwischen 1899, dem Erscheinungsjahr von Eduard Bernsteins Buch »Die Voraussetzungen des Sozialismus und die Aufgaben der Sozialdemokratie«, und 1914 bot. Der parteiinterne Kampf zwischen der orthodoxen Kautsky- und der revisionistischen Bernstein-Richtung, das Ringen um die Grundsatzfrage: Sollen Welt und Gesellschaft durch Umsturz des Bestehenden gemäß der Marxschen Theorie verändert oder soll diese Theorie gemäß den Realitäten des nun einmal Gegebenen modifiziert und die Lageverbesserung des Proletariats innerhalb der kapitalistischen Gesellschaft angestrebt werden; in letzter Konsequenz also: Soll der proletarische Zustand aufgehoben werden durch »Entbürgerlichung« der nicht-proletarischen Gesellschaft oder durch »Verbürgerlichung« des Proletariats – dieses Ringen, das nicht zu eindeutigen Entscheidungen führte, blieb den Außenstehenden teils verborgen, teils dem Sinn nach verschlossen. So nur kann es verstanden werden, daß Rathenau den ethischen Gehalt, der, unbeschadet aller sonstigen schwerwiegenden Einwände gegen den Marxismus, diesem doch eignet, eigentlich konstant verkannt hat.

b) Rathenau setzt einen »Sozialismus als Zeitaufgabe« einschränkend ab gegen den »transzendenten« und »idealen« Sozialismus. Den Ansatzpunkt für diesen letzteren sucht er in einer Umwertung des Begriffs der Arbeit und, mehr noch: einer Inhaltsänderung desselben. Wie diese vor sich gehen soll, ist ihm 1912 noch ganz unklar; noch muß er sich ausschließlich in der Diagnose erschöpfen. Diese ist zwar eindrucksvoll, aber sie weist keine Auswege, vor allem nicht hin auf einen Ideal- und Transzendentalsozialismus. »Der Mensch«, schreibt er, »im Gesamtmechanismus Maschinenführer und Maschine zugleich, hat unter wachsender Spannung und Erhitzung sein Energiequantum an das Schwungrad des Weltbetriebes abgegeben. Ein rauchender Motor ist kein beschauliches Arbeitstier, das sich unter freiem Himmel weiden läßt; man schmirgelt ihn ab, schmiert ihn, feuert den Kessel, und schon stampft der eiserne Fuß mit neuen Kräften seinen Zyklopentakt . . .«[37]

Das alles ist richtig, und auch das Gefühl der »Frustrierung«, wie man heute sagt, wird treffend ausgedrückt. Die mechanisierte Arbeit, die immer nur in Teilverrichtungen besteht und keinen direkten Zusammenhang mehr kennt zwischen dem Arbeitenden und dem Endprodukt, erscheint, pointilistischen Gemälden gleich, in lauter Einzelmomente aufgelöst, und »jeder Moment ist, für sich genommen, wertlos«, sagt Rathenau, »aber von der heißen Arbeit erfüllt, die Reihe der wertlosen Momente zur Ewigkeit auszudehnen«.[38]

Denselben Gedanken spricht er an anderer Stelle mit den Worten aus: »Die mechanistische Lebensform ist ein Kreislauf ohne Ziel, eine sich selbst verstärkende Maschinerie ohne Tendenz nach außen, in sich geschlossen und ausschließlich . . .«[39]

Erst später wird er zu der Erkenntnis vordringen, daß allein aus der Mechanisierung selbst zwar nicht ihre »Überwindung«, wohl aber jene Veränderung des Arbeitsprozesses erwachsen kann, die Kräfte zu einem »zweiten Leben«, einem nicht-mechanistischen, seelischen, freien Dasein freisetzen und damit auch Vorbedingungen für den erträumten idealen Sozialismus schaffen wird. In quälender, ermüdender Breite stellt Rathenau noch einmal den »ungermanischen Geist«, hervorgegangen aus der Schichten-Vermischung, als den Urheber der mechanistischen Moderne vor – ohne dem bereits früher Angeführten etwas Neues oder Richtigeres hinzuzufügen –, ehe er sich ihren Auswirkungen zuwendet.

Im religiösen Bereich bestehen diese darin, daß der Konfessionalismus, verkörpert in »der Macht zweier Kirchen«, zwar durch das »ganze Arsenal ihrer [der mechanistischen Epoche] Forschungsergebnisse und Verstandesmethoden« paralysiert, das Christentum selbst aber – und wir würden hier vorziehen, »Christus-Glaube« zu sagen – nicht existentiell getroffen wurde. »Selbst der späte und reiche Geist Nietzsches wütete gegen die Kirche, indem er glaubte, mit Christus zu kämpfen.«[40] Daß Rathenau den kirchlichen Liberalismus, das Drängen »in materieller Auffassung zu dogmatischen Konzessionen« und »die dritte Kirche mit unpersönlichem Dogma« als den Weg der Kirchen voraussah, erfuhr nicht zuletzt durch einen Friedrich Naumann Bestätigung.[41]

Was Rathenau in seiner Zeitanalyse zu Kunst und Wissenschaft zu sagen hat, überschreitet nirgends die Konvention des aufmerksamen und intelligenten Beobachters. Diese Passagen seines Buches fallen sogar durch eine gewisse Banalität auf, so, wenn er von der Spezialisierung der Aufgaben – einer Selbstverständlichkeit – spricht und feststellt, daß »die Summe der entdeckten und errechneten Tatsachen und Zusammenhänge erstaunliche technische Ergebnisse gezeitigt«, »im Sinne der Erkenntnis gemessen« aber »das Gebiet des Unbegreiflichen zwar mit neuen Fragestellungen bestürmt, jedoch nicht verkleinert, sondern vergrößert« habe.[42] Auch über »das politische Ideal unserer Zeit, soweit es auf die Verhältnisse der Völker zueinander sich bezieht«,[43] den Nationalismus, geht er in recht allgemeinen Wendungen hinweg. Die Ambivalenz des Nationalismus – daß er nämlich eine contradictio zur auf Internationalität hin angelegten Mechanisierung des Daseins und zugleich auch in seiner imperialistischen Spätform eine Modalität der Mechanisierung ist – hat er erkannt, aber sowenig wie Naumann und Weber je ganz in sich ausgetragen. Im Hinblick auf die innere Strukturierung des Staates gibt sich die Mechanisierung – und erinnern wir uns wieder einmal, daß sie nahezu bedeutungsidentisch mit »Rationalisierung« ist – als Verwaltungsapparat zu erkennen: »Sosehr die Bezeichnungen der Regierung uns vertraut sind, so kann doch nicht geleugnet werden, daß die Zahl und Mannigfaltigkeit der Interessen und Bedürfnisse innerhalb einer mechanisierten Gemeinschaft den wahren Begriff des Regierens, die Leitung einer Menge durch überlegenen Willen und überlegene Einsicht zu vorbestimmten Zielen, nahezu aufgehoben hat. Der Begriff der Verwaltung hingegen kennzeichnet sich als Ausgleich berechtigter Interessen durch bestimmte Instanzen, wobei allerdings gewisse praktische und ideelle Endziele vorschweben können; jedoch dürfen diese auf die Dauer nicht außerhalb der Linie liegen, die der Schwerpunkt der anerkannten Interessen ohnehin beschreibt. Dem einzelnen steht die Verwaltung tatsächlich, der Gemeinschaft nur scheinbar als regierende Obrigkeit gegenüber ...«[44]

Zehn Jahre später hat Max Weber in seinem Aufsatz »Die drei reinen Typen der legitimen Herrschaft«[45] zwar mit der Unterscheidung von »legaler Herrschaft«, »traditioneller Herrschaft« und »charismatischer Herrschaft« brauchbare Kategorien zur Herrschaftssoziologie geschaffen, aber, seltsamerweise, die Gedankenkette Rathenaus bezüglich des tiefen Zusammenhangs zwischen Verwaltung als einer spezifisch »mechanistischen« Herrschaftstechnik und der Tendenz der Industrie-Massen-Gesellschaft zur Interessen- und Ziel-Homogenisierung nicht aufgenommen. Erst Oswald Spengler griff in seinem Essay »Preußentum und Sozialismus«[46] diese Problematik erneut auf; eine Problematik, die er nicht im Gegensatz des »antimechanistischen Verwaltungszustandes Preußens«[47] zum mechanistischen Verwaltungszustand Englands etwa sah, sondern im viel profunderen Gegensatz von »Staat«, mit dem er Preußen, und »Gesellschaft«, mit der er England identifizierte.

Auf den letzten zwölf Seiten seines Buches faßt Rathenau die Quintessenz solcher Zeit-Diagnose zusammen: »Wir müssen anerkennen, daß niemals, solange die irdische Menschheit besteht, eine Weltstimmung so einheitlich einen so ungeheuren Kreis von Wesen beherrscht hat wie die mechanistische. Ihre Macht scheint unentrinnbar, denn sie beherrscht die Produktionsquellen, die Produktionsmethoden, die Lebensmächte und die Lebensziele: und diese Macht beruht auf Vernunft ... Trotzdem aber die Mechanisierung noch lange nicht ihren Zenit erreicht hat, trotzdem sie ihre Aufgaben, den Weltkreis zu europäisieren, erst nach Generationen erfüllen und vielleicht auch dann noch nicht kulminieren wird, trägt sie schon heute den Tod im Herzen. Denn im Urgrund ihres Bewußtseins graut dieser Welt vor ihr selbst; ihre innersten

Regungen klagen sie an und drängen nach Befreiung aus den Ketten unablässiger Zweckgedanken.«[48] Mit dürren Worten: Rathenau prophezeit den Aufstand gegen die Vernunft. Er selbst benutzt diesen Ausdruck, obwohl er nur einen Teil dieser Vernunft, nämlich den rechnerisch-kalkulierenden Verstand, meint; solche Unschärfen, die ihm denn auch das Totschweige-Verdikt der Schulphilosophie eingetragen haben, sind bei ihm nicht selten. Aber das Fazit, das er aus seinem »Sektionsprotokoll« der Epoche – so kann man die »Kritik der Zeit« nennen – zieht, lautet ganz eindeutig: Sehnsucht nach Seele. Was diese »Seele« sei? Der Anatom begnügt sich mit Andeutungen dessen, worin sie sich zu erkennen gibt: im unbewußten Widerwillen gegen das mechanistische Denken; im Sehnen nach einem jenseits des Beweisbaren existenten Daseins-Sinn; in den »drei Emanationen«: Liebe zur Kreatur, zur Natur, zur Gottheit; und vor allem anderen: in ihrem unaufhaltsamen, unwiderstehlichen Siegeslauf. »Das Größte und Wunderbarste ist das Einfache. Es wird nichts geschehen, als daß die Menschheit unter dem Druck und Drang der Mechanisierung, der Unfreiheit, des fruchtlosen Kampfes, die Hemmnisse zur Seite schleudern wird, die auf dem Wachstum ihrer Seele lasten. Das wird geschehen nicht durch Grübeln und Denken, sondern durch freies Begreifen und Erleben. Was heute viele reden und einzelne begreifen, das werden später viele und zuletzt alle begreifen: daß gegen die Seele keine Macht der Erde standhält.«[49] Also Erlösungsglaube.

Immer wieder steht man staunend vor der Erkenntnis, daß nahezu das ganze Denken des neunzehnten und noch der ersten Hälfte des zwanzigsten Jahrhunderts, unbeschadet seines das Außenbild weithin bestimmenden Vulgär-Rationalismus, eine einzige große Gegenschwingung gegen die Aufklärung gewesen ist: das Wiedereindringen eschatologischer und chiliastischer Vorstellungen – klassenlose Gesellschaft, Übermensch, Tausendjähriges Reich, Reich der Seele –, getarnt als ökonomische Theorien oder als todsicheres Berechnungsergebnis oder als sonst etwas, durch die Hintertüre menschlichen Heils-Dranges in das geistige Haus Europas, aus dessen Hauptportal sie zuvor hinausgejagt worden waren. Nur ganz wenige Denker haben sich diesem »Heils«-Denken versagt: Max Weber, indem er es methodologisch als Gegenstand ausschloß, und cum grano salis Oswald Spengler, indem er jeglichen »Sinn« der Geschichte verneinte.

Rathenau aber erblickt visionär in der Mechanisierung selbst zugleich auch schon den Quell ihrer Überwindung. Unaufhaltsam wird sie einem Perfektions-Extrem zueilen: »Ein hundertfach übervölkerter Erdball, die letzten asiatischen Wüsten ausgebaut, ländergroße Städte, die Entfernungen durch Geschwindigkeiten aufgehoben, die Erde meilentief unterwühlt, alle Naturkräfte angezapft, alle Produkte künstlich herstellbar, alle körperliche Kraft durch Maschinen und durch Sport ersetzt, unerhörte Bequemlichkeiten des Lebens allen zugänglich, Altersschwäche als alleinige Todesart, jeder Beruf jedem eröffnet, ewiger Friede, ein internationaler Staat der Staaten, allgemeine Gleichheit, die Kenntnisse des mechanischen Naturgeschehens ins Unabsehbare erweitert, neue Stoffe, Organismen und Energien in beliebiger Menge entdeckt, ja zu guter Letzt Verbindungen mit fernen Gestirnen hergestellt und erhalten: im Sinne der Mechanisierung die höchsten Aufgaben, alle lösenswert und vermutlich dermaleinst gelöst.«[50]

Doch gerade diese Perfektion bringt die neue Not hervor, eine Hungersnot der Seele. Im Kampf gegen diese Not vollzieht sich die Wiedergeburt der Seele. Die Mechanisierung also, ad extremum getrieben, gebiert ihre Selbstüberwindung, was jedoch nicht Auslöschung – sie bleibt, da existenznotwendig, bestehen – bedeutet, sondern Ausbildung des höheren Menschentypus, der mechanistisch zu arbeiten und gleichzeitig seelenhaft zu leben vermag.

2. ZUR MECHANIK DES GEISTES

»In uns lebt nicht nur der rechnende Intellekt und der tierisch genießende Sinn«, schreib Rathenau 1914 an Max Lotz, »sondern ein höheres, im Haushalt der irdischen Arbeit zwecklos scheinendes und dennoch als Selbstzweck erhabenes Organ: die Seele.

Freude an der Natur, Liebe, Empfinden für das Schöne und Ahnung des Göttlichen haben im Sinne des Kampfes ums Dasein keinen Zweck; und dennoch sind sie da, und dennoch haben sie sich in den edelsten Naturen des Menschengeschlechts so hoch gesteigert, daß sie jedes andere Interesse hinter sich ließen. Ja, diese Kräfte allein, die Kräfte der Seele, sind das einzig Bleibende im Rundlauf der Welt: alle Schöpfungen der Urzeit vergehen, und dennoch halten sich die Lieder Homers, die Sagen der Bibel, die Lehren Christi und Buddhas, die Kunstwerke und Tempel der Griechen – alles Werke der Seele.«[51]

Die »Seele« – um sie geht es in seiner Schrift »Zur Mechanik des Geistes«, die 1913 erschien, um ein Zeugnis für ihr Werden und ihr Reich, wie Rathenau es zu erfahren und zu erkennen glaubte. Viele Jahre, nachweisbar mindestens seit 1906, war dieses Buch, das er zeitlebens für sein wichtigstes hielt, in ihm allmählich gewachsen; Jahre, während derer er an maßgeblicher Stelle, neben seinem Vater, im Mittelpunkt einer Welt lebte und arbeitete, die man geradezu als das Anti-Reich der Seele bezeichnen muß und die er auch so sah und empfand. Wenn irgend etwas, dann hat gerade dieses Buch aus der Feder eines Mannes, der in rund siebzig Aufsichtsräten saß,[52] das Bild von Rathenaus »Gespaltenheit« entstehen lassen. Mochten seine früheren kleineren Arbeiten und selbst noch die »Kritik der Zeit« als Liebhabereien eines klugen, kenntnis- und einblickreichen, vielleicht auch etwas geltungshungrigen Wirtschaftsmagnaten hingenommen werden, so sprengte dieses neue Erkenntnis- und

Bekenntnisbuch in seiner gesteigert-subjektiven Schau, mit seinem höchst persönlichen, ja, privaten Denk- und Sprachstil, seiner eigenwilligen Nomenklatur, den dem »Dilettanten« zugestandenen Rahmen. Kessler hat darauf hingewiesen, daß die Grundgedanken des Werkes sich bereits im »Breviarium mysticum« des Jahres 1906 finden. Der Neununddreißigjährige machte damals eine Reise nach Griechenland, und, ergriffen von den Eindrücken, trug er in sein Notizbuch ein:

»1. Das Weltbild eines jeden ist das Maß seiner Seele.
2. Vielen ist eine Seele eingeboren, alle können sie erringen.
3. Die Seele wird jedem zuteil, der bonae voluntatis ist.
4. Die Seele ist das Spiegelbild Gottes.
5. Die Kräfte der Seele sind dreifach: Phantasie, Liebe, Ehrfurcht.
6. Mit der Phantasie umfaßt sie die Welt, mit Phantasie und Liebe die Kreatur, mit allen drei Kräften Gott.
7. Die Seele ist zweckfrei, der Verstand zweckhaft.
8. Im Kampf mit dem Verstande liegt die Seele, weil der Verstand seine Zwecke selbst auflöst.
9. Die Kunst und das unbewußte Schaffen ist die Sprache der Seele, die Wissenschaft und das bewußte Schaffen ist die Sprache des Verstandes.
10. Die Seele nährt sich vom Lebensdrang, der Verstand von der Todesfurcht.«[53]

Diese im letzten Satz in harte »oppositio« gestellten Kräfte, die wir zunächst als Realitäten für Rathenaus Daseinsgefühl ernst nehmen müssen, bestimmen in ihrem Kampf gegeneinander sein Leben und brachten als literarische Frucht die »Mechanik des Geistes« hervor. Das Buch wurde in mehr als zwanzig Auflagen gedruckt, erschien auch in Dänemark und – ebenso wie die »Kritik« – in Schweden,[54] es trägt die Zueignung: »Dem jungen Geschlecht sei dieses Buch gewidmet.«

Kessler hat in seiner Biographie an dieses Werk ein umfangreiches Kapitel (»Das Reich der Seele«) gewandt, das zu den stärksten seiner Arbeit zählt und noch heute unverminderte Gültigkeit besitzt.[55] Für uns ist dabei wesentlich, daß er aus eigener Kenntnis der Person und der Lebensumstände des Autors die psychologische Verankerung des Buches aufzeigen konnte. ». . . hinter seinen [Rathenaus] Ausführungen zeichnen sich in durchsichtiger Verhüllung drei Erlebnisse oder Erfahrungen ab, die auf seine Reise nach Griechenland hinweisen: die der erhabenen Natur Griechenlands, die der Glückseligkeit künstlerischen Schaffens und die einer großen, unerfüllten Liebe.«[56]

Mit der letzten Bemerkung wird auf Rathenaus Beziehung zu Lili Deutsch, der Gattin seines Vorstandskollegen und späteren Nachfolgers auf dem Präsidentenstuhl der AEG, des Geheimrats Felix Deutsch, angespielt, auf die Kessler damals, 1928, nicht näher eingehen konnte; wir werden an späterer Stelle noch einmal davon zu sprechen haben.[57]

Nicht recht einsichtig will mir die Erwähnung der »Glückseligkeit des künstlerischen Schaffens« erscheinen. Rathenau spielte gut Klavier, oft zusammen mit seiner Mutter; er zeigte Kenntnis und Geschmack in Dingen der bildenden Kunst, nicht zuletzt bei Bau und Einrichtung seiner eigenen Domizile; er zeichnete auch gelegentlich und brachte von der Griechenlandfahrt einige hübsche Blätter mit, die ein bißchen an Goethes Reise-Zeichnungen erinnern; außer dem erwähnten Jugendwerk, dem Schauspiel »Blanche Trocard«, hatte er noch einige wenige Geschichten und, 1913, einen Gedichtzyklus zur Jahrhundertfeier der Befreiungskriege geschrieben.[58] Alles dies zusammengenommen rechtfertigt weder nach Ausmaß noch nach Gewicht die übertriebene Bezeichnung Kesslers; damit soll andererseits nicht gesagt sein, daß Rathenau keine künstlerische Ader besessen hätte; ihre effektive Produktivität ist jedoch gering gewesen. Zum Verständnis der »Mechanik« müssen für die Zeitspanne, da das Werk in ihm reifte, aber noch einige andere lebensgeschichtliche Umstände berücksichtigt werden.

a) Nach dem Ausscheiden aus der Berliner Handels-Gesellschaft (1. 7. 1907) fand Rathenau bald den Weg in den Vorstand der AEG. Die Anerkennung durch den Vater, die endlich neben ihm harmonisch und sinnvoll mögliche Arbeit, schließlich die volle menschliche Aussöhnung mit ihm, die während der letzten Lebensjahre Emils – er starb 1915 – zu echter Bindung wurde, gehören zur Lichtseite jener Jahre.

b) Ob man den Vorstoß in die Halbschattenzone der Macht, der im Attachement an Dernburg, in Kaiseraudienzen und gesellschaftlichem Umgang mit Bülow und der Berliner Prominenz seinen Ausdruck fand, auch dazu rechnen kann, bleibt fraglich. Ich möchte es eher verneinen. Die Afrika-Reisen von 1907 und 1908 brachten Eindrücke, Gesichtskreiserweiterung, zwei trockene Denkschriften, zwei mittelklassige Orden als Früchte, aber kein neues Wirkungsfeld, keine menschliche Bereicherung. Die innere Unzufriedenheit, ja Verbitterung, deren Quellen verästelt aus mannigfachen Wesensschichten entsprangen, blieb unverändert bestehen und klang 1912 kaum anders als 1906.

»Daß Sie meine Zukunft hell sehen«, schreibt der am 28. 9. 1906 an Harden, »erfreut und erstaunt mich. Ich überblicke eine willkürlich zerschnittene, ja zerbrochene Existenz und erkenne keine Brücke in die Zukunft, kein Ufer, kein Festland. Man hat mir den schönsten Tand in meinen Koffer gepackt, aber keine Wintersachen. Es gibt kein Land, das meine Waren braucht und dafür Heimstätte gibt. Ich bleibe mein Lebtag ein Hausierer, dem jeder gern im Kasten herumwühlt; mancher findet ein Stückchen, das ihm gefällt, handelt herunter und schimpft mir nach.«[59]

Im gleichen Ton unter dem 28. 11. 1911 an Stefan Zweig: »In meiner Anonymität genoß ich jede Freiheit: meine Bücher waren wie in einer Geheimschrift geschrieben. Sie gingen von Hand zu Hand, man blätterte sie lässig durch, suchte nach einem Wort, das einem Bonmot ähnlich sah, und verzieh mir die krausen Schrullen in Anbetracht dessen, daß man mich in der Verwaltung meiner Industrien brauchbar fand. Auch von meinen literarischen Freunden hat kaum einer auch nur einen Aufsatz von mir gelesen. Sie duldeten mich als jemand, der dank heterogenen und dilettantischen Interessen auf ihre Ideen anregend wirkte, und dachten einigermaßen verächtlich vom industriellen und finanziellen Leben, weil einer, der mit bescheidenen Mitteln in Architektur, Naturwissenschaft und Schreiberei dilettierte, auf diesem, sonst ernst betrachteten Gebiet Erfolge haben konnte. Wo Sie (außerhalb der Finanzindustrie und Politik) nach mir fragen, antwortet man Ihnen: ›Gescheut, vielseitig, nicht ganz seriös.‹«[60]

Und unter dem 20. 1. 1912 an einen Bekannten: »Sie wollen über das Buch schreiben? [gemeint: »Zur Kritik der Zeit«] Lieber, ich warne Sie. Wenn Sie nicht in das abgestempelte Urteil einstimmen, das lautet ›geistreich, kühl, Dilettant auf sechzehn Gebieten, leidlicher Kaufmann‹, so werden Sie ausgelacht. Die Leute wollen mich so haben, und ich bin zufrieden, wenn sie mich als unschädlichen Narren gewähren lassen. Sie fragen mich: ›Wo finden Sie nur Zeit für solche Allotria‹, und wenn ich ihnen sagte, daß das mein Leben ist, so würden sie zum Arzt schicken. Seien Sie vorsichtig, lieber Freund, es gehört nicht zum guten Ton, mich gut zu behandeln.«[61]

c) An diesem selbstquälerischen Grundton haben sicherlich menschliche Enttäuschungen und Fehlschläge ihren Anteil. Die mehr als zehn Jahre währende Freundschaft mit Maximilian Harden geriet ab 1906 in immer neue Krisen, die schließlich zum Bruch und zum über das Grab hinausreichenden Haß von seiten Hardens führten. Lili Deutsch, oder genauer: die Dreiecks-Freundschaft Rathenau – Harden – Lili Deutsch spielte dabei eine entscheidende Rolle. Doch macht der Harden-Nachlaß deutlich, daß Rathenaus erstes innerliches Abrücken vom Freunde seine tiefere Ursache in einer starken Reserve gegen die von diesem ausgelöste Eulenburg-Affäre hatte.[62] Einen direkten Einfluß Hardens auf die Entstehung der »Mechanik« wird man ausschließen können. Mochten in der Zeitanalyse weitgehende Übereinstimmungen zwischen beiden Männern bestehen – den ganz subjektiv-spekulativen Weg des »Visionärs« Rathenau konnte und wollte Harden nicht mitgehen. Dennoch dürfen wir wohl seinen indirekten Einfluß auf die Entstehung der »Mechanik« unterstellen, und sei es nur in der Weise, daß Rathenau sich in einer breit angelegten Confessio gegen den entfremdeten Freund abzugrenzen, sich durch ein in jeder Hinsicht von Hardens Art so wesensverschiedenes Werk zu bestätigen und zu befreien versuchte.

»Selbstbefreiung« erscheint überhaupt als der psychologische Schlüssel zur Niederschrift: Befreiung aus dem »Gespensterkampf«, in den Rathenau die Gegenwart eingespannt sieht, einem Kampf »abgestorbener Dogmen morgenländisch-nomadischer Herkunft« gegen die »Intoleranz einer aufklärerisch-materialistischen Epoche«.[63] Der sich da in stillen Stunden freischreibt, er steht nicht etwa zwischen den Fronten, sondern er sieht sich mit einem Teil seines Seins auf die eine, mit dem andern Teil auf die andere Seite gebannt; der

»Gespensterkampf« findet in ihm selber statt. Diesen Kampf kann weder die Philosophie entscheiden, die »die messenden Wissenschaften aus ihrem Haupte abgespalten«, den Weg zur exakten Wissenschaft eingeschlagen und dabei »Naivität, Überzeugungskraft, Wärme und Phantasie« verloren hat, noch etwa die in jungem Aufbruch befindliche Psychologie – »fälschlich Seelenkunde genannt« –, dieses »wissenschaftliche Altenteil« der Philosophie, das ihr bald »von den messenden Töchtern abgenommen werden wird«.[64] Rathenau verneint radikal die Möglichkeit, daß »eine philosophisch-intellektuale Wissenschaft uns Überzeugungen geben« kann. Und auf Überzeugungen kommt es ihm an; auf »Glauben und innere Gewißheit«;[65] die zu vermitteln ist die eigentliche Aufgabe der Philosophie; Erkennen und Glauben sollen nicht länger zweierlei, Philosophie und Religon nicht länger getrennt sein. Rathenau traut sich zu, den Zwiespalt aufheben und den siebenhundert Jahre alten, bis in die Auseinandersetzungen zwischen Abaelard und Bernhard von Clairvaux zurückreichenden Bruch heilen zu können.

Es würde uns keinen Schritt weiterbringen, wollten wir versuchen, Rathenaus Darlegungen zu systematisieren und Stück für Stück mit anderen philosophischen Gebäuden in Bezug zu setzen. Wir würden am Ende ein Sammelsurium von partiellen Bezügen haben – auf Plato, auf das Alte Testament, auf Christus, auf Augustinus, auf Kant, auf Fichte –, das uns dazu verleiten könnte, Rathenau unrecht zu tun: etwa indem wir seine mangelnde philosophische Originalität, seine Willkür im Aufbau, in Begriffs- und Wortwahl, seinen konsequenten Verzicht auf jegliche Quellenhinweise für das eigene Denken beanstandeten, indem wir ihm etwa gar die eigenständige Leistung absprächen. Es wäre tatsächlich ein Unrecht: nämlich ein Unrecht mittels inadäquater Kategorien. Zunächst ging es ihm darum, sein ganz persönliches Problem, die Zerrissenheit zwischen »mechanistischer« Praxis und geist-seelischer Transzendierungs-Sehnsucht, darzustellen und zu lösen. Die ihm gemäße Form hierfür bestand im Schreiben. Schreiben besitzt ambivalenten Charakter; es ist nicht allein Zwiesprache mit sich selbst (nicht einmal im Tagebuch), sondern auch zugleich Ansprache an ein gedachtes, erhofftes »Außen«; diese Projektion eines Innenvorganges nach außen, in »die Welt« hinein, macht wesentlich den Selbstbefreiungscharakter aus. »Ich erhebe keinen Anspruch, ein philosophisches Buch zu schreiben; ich versuche, meine inneren Erlebnisse zu ordnen und zu deuten.«[66] Rathenau *wollte* der Welt gar nicht sagen, was Plato und Descartes und Hegel und Nietzsche schon vor ihm gedacht, was *sie* zur Sicht, zur Deutung, zur Bewältigung der ihn bedrängenden Probleme beizutragen hatten, sondern er wünschte *seine* Schau, die er für Eingebung hielt, der Welt als einen Leitstern zu neuen Ufern vorzustellen. Daß diese »Eingebung« in unseren Augen deutlich die mannigfachsten Elemente der abendländischen Geistesentwicklung erkennen läßt, hängt damit zusammen, daß Rathenau ein außerordentlich gebildeter Mann und als solcher sozusagen ein »Tresor« der Geistesschätze der Vergangenheit gewesen ist. Weniger machte er bewußte »Anleihen«, als daß er vielmehr, wie es Spätlinge endender Epochen nicht selten tun, unbewußt synkretistisch dachte und diesen Synkretismus für ihm zuteil gewordene Erleuchtung nahm. Es soll mit dieser Feststellung keine Herabsetzung ausgedrückt werden: der unbekümmert um Schulhemmnisse vorgetragene, von Selbstidentifizierung mit dem Geschriebenen durchtränkte Glaubenskatalog, der schlechthin *alles* behandeln, auf *alles* antworten wollte, besitzt seinen »originalen« Wert gerade in dieser Dreiheit von Naivität, Selbsteinbringung und Synkretismus.

Obwohl selbst Intellektueller par excellence, hat Rathenau gleich zu Beginn des Buches den Intellekt als Erkenntnismittel dem Erleben untergeordnet. Erleben wiederum ist sinnengebundenes Sich-Erinnern. Die ersten Seiten, eigentlich der ganze erste Teil »Die Evolution des erlebten Geistes«, wiederholen Rathenaus alte Gedanken über Zweck, Furcht, Intellekt, wie wir sie aus seinen früheren Äußerungen kennen. Nur daß er jetzt soweit geht, »die Menschen, die wir vordem nach Furcht und Zweck benannt haben«, als die »Seelenlosen« einzustufen. Er meint, daß »Seele« nicht bei jedem Menschen wesenhaft a priori vorhanden sei, sondern daß sie, nur als Möglichkeit angelegt, erst allmählich wachse. Für ihn gibt es »seelenlose Gebiete« – er zählt auf: Frondienst, Rausch, Ausschreitung, Verzweiflung, Fetischismus – als Entartungsformen seelenhafter Zustände wie der Arbeit, der Muße, der Freude, des Kummers, des Glaubens; seelenlose Zivilisation, seelenlose Bildung, seelenlose Stätten, seelenlose Stämme.[67] »Entschieden«, so schreibt er, »wie uns der Gegensatz seelenhaft-mutiger und unbeseelt-zweckhafter Völker entgegentritt, sondern sich die geschichtlichen Epochen der Einzelvölker in Epochen der Seele und der Seelenlosigkeit.«[68] Die gegenwärtige Epoche ist eine der Seelenlosigkeit. Er resümiert noch einmal, was er bereits in der »Kritik der Zeit« verkündigt hatte: »Das Doppelphänomen der Mechanisierung und Entgermanisierung erklärt restlos alle Erscheinungen der Zeit: die Mechanisierung als Folge und Selbsthilfe der Volksverdichtung und als Ursache des Dranges zur Wissenschaft, Technik, Organisation und Produktion; die Entgermanisierung als Folge der Umschichtung und als Ursache des Mangels an Richtkraft, Tiefe, Idealismus und absoluter Überzeugung.«[69]

Mit dem »Leitmotiv«, wenn dieser musikalische Terminus hier einmal erlaubt ist, mit dem die »Kritik der Zeit« ausklang, daß nämlich die »Mechanisierung« Prüfung sei, aber auch schon die Elemente zu ihrer Bewältigung in sich berge, setzt die »Mechanik des Geistes« wieder ein: »Nicht die Einzelglieder der Mechanisierung sind angreifbar, denn sie sind mit eisernen Klammern objektiver Logik verschränkt; aber im tiefsten Inneren birgt sich der widerstandslose, vom Hauche des Gedankens bewegbare Punkt: Die Schwäche der Seele. Im Laufe der Darstellung wird der Sinn der mechanistischen Prüfung sich ergeben, die schwerer als Flut und Eiszeit auf der Menschheit lastet.«[70]

Was uns die Lektüre der Rathenauschen Schriften, besonders aber der »Mechanik«, so sehr erschwert, ist die Eigenwilligkeit ihres Vokabulars; leicht verfangen wir uns im Gestrüpp der wechselnden Definitionen, denen wir nicht ohne weiteres zu folgen vermögen; so etwa, wenn Rathenau sagt: »Geist nenne ich den Inbegriff alles innerlich Erlebenden«,[71] oder »die Seele ist eine Kraft, die sich dem Absoluten nähert und der wir vertrauen dürfen«;[72] ob er von »Wille«, »Charakter«, »Freiheit« spricht, von was auch immer – es besteht keinerlei Übereinkunft mit dem Leser über die Begriffsinhalte; sie besteht auch nicht für den Autor mit sich selbst. Wir kommen nicht umhin, jedesmal neu zu fragen, was er meint, was er *hier* meint. Ein Beispiel:

»Aus geheimnisvollem Urgrund, vom Animalischen losgelöst, nicht vollendet, aber der Vollendung zustrebend, steigt eine Macht in uns empor und besitzt unser ganzes Wesen. Sie reißt uns von der zweckhaften Schöpfung los, um uns durch neue, geläuterte Bande mit ihr zu verknüpfen. Sie bindet uns jenseits alles äußeren Erlebens an ferne Mächte und schließt uns in höhere Gemeinschaft, die wir zu ahnen wagen. Vor diesem Phänomen erstirbt alles frühere und gleichzeitige Erleben. Intellektuelle Analysen verblassen zu Spezialismen, wie akustische Experimente vor den Erschütterungen einer Symphonie. Das Gebiet der Seele wird das allbeherrschende, und solange wir es nicht durchschritten und ermessen haben, bleibt alles Sinnen Vorbereitung und Exegese.«[73]

Es ist klar, daß logistische Untersuchung dieser Sätze nichts bringen kann; denn über den »geheimnisvollen Urgrund«, »das Animalische«, »die Vollendung«, »die emporsteigende Macht«, »die zweckhafte Schöpfung«, »die fernen Mächte« usf. verlieren wir uns in schwierige Definitionsfragen und langatmige Kontroversen. Rathenau zwingt den Leser, das Buch zuzuklappen oder sich einer intuitiven Interpretation zu öffnen. Etwa so: Der Verfasser meint an dieser Stelle, daß in der Tiefe des menschlichen Herzens eine Sehnsucht lebt, die zu unstillbarem Drang werden kann, sich auf den Wellen eines reinen idealistischen Gefühls vom nur Berechenbaren abzukehren und zu einer Schau des Göttlichen emporzusteigen. Tausend Leser können das tausendfach anders sagen, nach eigenem Empfinden und Denken variiert. Die Interpretation unterliegt keinem rationalen Konsensus, sondern einer Gefühlsgestimmtheit. Man »harmoniert« mit dem Schreiber oder nicht, ohne daß dabei das logisch sezierende Eintreten in Einzelheiten eine sonderliche Rolle spielte. Wer die »Mechanik des Geistes« liest, liest kein wissenschaftliches Werk und erfährt nichts Eindeutiges, nichts praktisch Verwendbares; er liest ein persönliches Bekenntnis, das ebensogut, oder vielleicht besser, eine Dichtung hätte sein können, und er erfährt etwas über die allgemeine seelische Situation einer Übergangsepoche in Deutschland und über die spezielle psychologische eines ihrer exemplarischen Vertreter. Darin, nicht im Gewinn objektiver Erkenntnisse, liegt, zumal für den heutigen Leser, der Wert.

»Jedes Gedankensystem«, schreibt Rathenau, »ist ein Abbild des Denkenden. Seine Gültigkeit liegt nicht in der Kraft der Logik und der Beweise . . ., sondern in der Gültigkeit des Menschen und seiner Intuition.«[74] Dieser Grundsatz kehrt immer wieder, er bildet die Basis, auf der Rathenau zu stehen vorgibt. Selbst wenn wir den ersten Satz akzeptieren – trifft er denn auf Rathenau zu? Ist das Gedankensystem der »Mechanik« ein *System*? Nein: der Verfasser lehnt das ausdrücklich ab; es ist »gedankenvolles Träumen«, und was ihm »an sachlicher Kontinuität fehlt, das wird ihm überreich durch innere Einsicht vergolten«.[75] Wer will, wer kann mit solcher streiten? Doch ist dies Gedanken-Traum-Gewebe wirklich Abbild seines Webers? Stimmt diese Behauptung – gerade für Rathenau? Ohne Zweifel hat er es geglaubt. Wer aber sein Leben im ganzen überblickt, merkt, daß es sich nur um ein Teilbild handelt. Seine Abhandlungen über das Aktienwesen oder über Massengüterbahnen bilden ihn ebenso ab. Diese Bildteile gehören zusammen; das Gesamtbild zeigt uns ein unaufhörliches Kompensationsspiel der Teile.

Wir müssen es hinnehmen, daß Rathenau auf der Verketzerung des Intellekts beharrt, auf einem enggefaßten Ratio-Begriff, den er der seelenhaften Intuition in unversöhnlicher Feindschaft gegenüberrückt. Hierin drückt sich nichts anderes als Nietzsche-ähnlicher Selbsthaß aus. Auf diese Parallelität hat schon Kessler hingewiesen[76] und auch darauf, daß sich dahinter die rastlose Suche nach der erlösenden Zauberformel verbirgt: ». . . Was bei Spinoza eine mystische Formulierung für das Verhältnis zwischen Mensch und Unendlichkeit, bei Fichte die Grundlegung einer neuen Sittlichkeit war, die Göttlichkeit jeder Menschenseele, ihre Einzigkeit und ihr souveränes Recht der Welt gegenüber, erscheint dem Sucher Rathenau als eine ihn aus tiefster Lebensnot erlösende Zauberformel«,[77] und zum Beweise zitiert er aus der »Mechanik des Geistes« folgende aufschlußreiche Stelle: »Wer die ersten stillen Regungen des Seelenlebens erfahren hat, bedarf der Beweise nicht. Ihm besteht die innere Gewißheit, lebendiger als alles andere Erleben, daß hier eine neue Beschaffenheit des Geistes beginnt, die, von den intellektuellen Beschaffenheiten vollkommen gesondert, neue Kräfte, Freuden, Schmerzen und ein Leben über dem Leben erschließt.«[78]

Obwohl also das Ergebnis seines Buches von Anfang an in Rathenau als Geschenk der Eingebung feststeht – faßbar in einem Aphorismus und auch Jahre vorher schon so gefaßt und jetzt im Grunde nichts hinzufügend –, wendet er nun doch ein hohes Maß an Intellekt an, investiert er Zeit, Arbeit, Bildung, Argumente, um das, was er intuitiv »weiß«, den Mitmenschen zu beweisen. Er versucht, so könnte man sagen, Intuition mittels Ratio zu transportieren. Er möchte seine »Schau« rational, ja »wissenschaftlich« kommentieren, obwohl er dies wiederum prinzipiell ablehnt. Man mag sich drehen, wie man will: die Widersprüchlichkeit bleibt unauflösbar, sie ist Rathenaus spezifische Mitteilungs- und, mehr: Daseinsform gewesen.

In umständlichen, gewundenen und anspruchsvollen Bahnen steigt Rathenau zum Beweise dessen empor, was unbeweisbar ist und gerade seiner Überzeugung nach auch keiner Beweise bedarf: des Werdens der Seele. Er spart dabei nicht mit »Erfahrungen«, »Prinzipien«, »Gesetzen«. So spricht er von

»dreifacher innerer Erfahrung«; die erste lautet: »Geist ist teilbar. Die Teilbarkeit erfährt das Ich an sich selbst; Teile des Geistes ruhen, während andere wirken, Teile des Geistes wirken stärker oder schwächer, Teile des Geistes entwickeln sich, die früher nicht oder schwach wirksam waren, Teile des Geistes können unwillkürlich außer Tätigkeit gesetzt werden.

Die zweite Erfahrung lautet: Geist ist kombinierbar. Bestandteile des Geistes schmelzen im Ich zu einer Einheit zusammen, die dem naiven Sinn so homogen scheint, daß sie als das schlechthin Unteilbare, als das Individuum bezeichnet werden konnte.

Die dritte Erfahrung lautet: Geist wirkt auf Geist. Mit der Erkenntnis, daß das Ich nicht solipsistisch auf sich selbst gestellt ist, verbindet sich die erweiterte Einsicht dessen, was wir vom Geist, der nicht Ich ist, empfangen, und dessen, was wir ihm geben.«[79]

Aus diesen »drei Grunderfahrungen des inneren Erlebens« – denen freilich eine gewisse Banalität anhaftet – leitet er nun die Definition der »Mechanik des Geistes« ab. Teilbarkeit, Kombinierbarkeit und Wechselwirkung machen zusammen diese »Mechanik« aus.[80] Der gleiche Rathenau, der sich so oft gedrängt fühlt, von Seelenwelten und höherem Leben in gesteigerter Sprache zu künden, spricht hier vom Geist wie ein Ingenieur in technisch-rechnerischen Kategorien. Aus diesem Geiste läßt er dann verschiedene »Gesetze« resultieren: das Denkgesetz der »Reihen«: »Unser Geist ist nicht imstande, schlechthin Einmaliges zu denken. Wir denken in Analogien; das heißt, formell in Gesetzen, quantitativ in Reihen.«[81] Das »Prinzip der Wechselwirkung«: »Tatsächlich ist eine Wirkung ohne Gegenwirkung nicht denkbar – dem Ausdruck auf jeder der beiden Seiten steht der Eindruck auf jeder der beiden Seiten gegenüber . . .«[82] Auch diese Trivialität nennt er »Gesetz«. Es folgen das »Prinzip der Auswahl«: »Damit etwas erfolge, muß Ungleichheit der Belastung, Unsymmetrie der Beziehung, kurz, ein Faktor der Auswahl, somit der Willkür gegeben sein . . . Wir müssen daher das Geisteselement durch ein Willenselement befähigt denken, Auswahl der Wirkung und der Kombination zu treffen.«[83] Und das »Gesetz der großen Zahlen«, welches die Antinomie von Freiheit und Gesetz erklären soll: »Sie (›die mechanische Gesetzmäßigkeit bei vollkommener Freiheit des Willens‹) ist möglich durch das Gesetz der großen Zahlen. Alle Naturerscheinungen, die sich der Beobachtung darbieten, sind Massenerscheinungen ungeheurer Multiplikationen . . . Nehmen wir nun eine organische Massenerscheinung zu Hilfe, deren Elemente (wenigstens im Verhältnis zu der zu beobachtenden Erscheinung) Willensfreiheit besitzen: etwa einen sehr großen, mit gegebener Geschwindigkeit von Norden nach Süden sich bewegenden Heuschreckenschwarm . . . Setzt man nun an Stelle des Heuschreckenschwarms die Moleküle eines Gases, einer Flüssigkeit oder eines festen Körpers, so ist es klar, daß mechanische Gesetze Majoritätsgesetze bedeuten.«[84]

Wenn auch Rathenau hier ungewußt den Einsichten der modernen Physik nahekommt, wird man füglich bezweifeln dürfen, ob die Bilder glücklich gewählt sind; weder der einzelnen Heuschrecke noch des Moleküls »freie Bewegung« kann als »Willensfreiheit« bezeichnet werden. Rathenau überflutet seine Leser mit immer neuen Begriffen und »Entdeckungen«, die alle nicht ganz richtig und nicht ganz falsch sind und nicht ganz am rechten Ort und nicht ganz verkehrt angewendet werden. Er führt den Begriff des »Additionsfaktors« ein und den des »Strahlphänomens«. Jenen erblickt er darin, daß sich aus Liebe Seelenteilchen zu Seelenteilchen »addiere« und so durch »Solidarität und Opfer« eine »Gemeinschaftsseele« entstehe, die der Familie, des Stammes, des Volkes, der Nation, der Nationengesellschaft;[85] »dieses [das Strahlphänomen] ist bestimmt, dem Bilde der Erscheinungswelt seine letzte Beweglichkeit zu geben und zugleich die Vorstellung der Vererbung zu durchleuchten ...«,[86] und er gebraucht das Bild des Wasserstrahls, der, solange er fließt, stets derselbe Strahl, aber mit dauernd anderem Wasser ist. Daraus folgt, daß es stetige Formtendenzen gibt, die »trotz absterbender Menschen und aufeinanderfolgender Geschlechter immer wieder als das gleiche Erlebnis in anderen neuen Menschen« wiederkehren.[87] Die Summe dieser »Formtendenzen« macht die Sprache, die Kultur, die Geschichte, die Religion der Gemeinschaft aus.[88] So wird das Strahlphänomen »zum unbegrenzten Weltprinzip unseres materiellen Denkens, indem es alle Materie aufhebt und jedes Einzelphänomen umfaßt«.[89]

Materialisiert Rathenau den Geist, oder vergeistigt er die Materie? Er tut beides, er versucht das Getrennte zu vereinen, indem er die Trennung überhaupt bestreitet. Materie und Geist sind nur Erscheinungsformen des einen Seienden. »... auch Chemikalien, Bakterien und Steine«, so schreibt er, »sind Erscheinungssymbole des Geistigen, und ihre Kämpfe in der sichtbaren Welt sind Schattenbilder eines Höheren.« Der Tod wird seines Charakters als transzendierenden Brückenschlags zwischen hier und dort entkleidet; er bedeutet nur noch »Auflösung in Kollektivgemeinschaften«. Für den Erlösungsgedanken und für den Individualitätsgedanken gibt es keinen Raum mehr; denn »mögen in absteigender Reihe beliebig viele Gemeinschaften zertrümmert, beliebig viele Tode gestorben werden: einmal ist schon *hier* des Sterbens ein Ende, und neue Verbindungen schaffen neues Sammelleben ... Der Begriff des animalischen Todes hört auf und geht in den Begriff der kontinuierlichen Zellenerneuerung über, sobald wir als das wahre Lebensgeschöpf das zweifach Dimensionierte: die zeitliche Serie des Stammes und die räumliche Serie der kollektiven Koexistenz betrachten.«[90]

Gerade dieser mehr oder minder idealisch verbrämte Materialismus – Materialismus in der Form des Biologismus –, den Rathenau zwar nicht geschaffen, aber beredt vertreten hat, liegt mit an der Wurzel zu den »völkischen« Wahnideen unseres Jahrhunderts. Überall da, wo der unermeßliche Wert des Einzelwesens, der darin liegt, daß es eine Seele *hat* (als Gott-Anteil), nicht erst sie »erwirbt«, abgebaut wird zur personalen Nichtigkeit in einem diesseitigen Kollektiv; überall da, wo der personale Ewigkeitsbezug – in christlicher Sprache: das persönliche Heil – zugunsten eines irgendwie gearteten unpersönlichen zeitlich-räumlichen Fortexistierens aufgegeben wird, verliert der Mensch seine »Sonderstellung« in der Schöpfung und damit seinen eigentlichen, wahren, seinen *einzigen* Schutz; denn nun steht seiner »Verwendung« nach irgendwelchen wechselnden wissenschaftlichen, technischen, sozialen, »idealistischen« Maximen nichts mehr im Wege.

Sämtliche Begriffsinhalte sittlicher Natur werden nun schwankend, auswechselbar, manipulierbar. Das letzte halbe Jahrhundert, das wir durchlebt haben, ist, bis in unsere Tage hinein, nicht nur Geistesgeschichte dieser Manipulationen, sondern auch politische Anwendung derselben gewesen. Am meisten betroffen, nicht von ungefähr, der Begriff der Freiheit. Rathenaus Jonglieren mit ihm macht das deutlich. Die Freiheit des Handelns wird durch »Erblichkeit« – wir würden sagen: durch das Erbgut der Anlagen – »erschwert, aber nicht unmöglich gemacht«. Gefäß dieser Erblichkeit ist die Rasse: »In ihrer Form erblicher Ausstattung erweist sich die Zugehörigkeit zu einer animalischen Art oder menschlichen Rasse als Anfangsbeschränkung, als Durchgangskonstellation im Zeitpunkt T; die Möglichkeit beliebigen Vorschreitens in jeglicher Richtung ist dem einzelnen und der Gesamtheit zu jeder Zeit gegeben, und insofern herrscht Freiheit, ist jede grundsätzliche Rassenbeschränkung ungültig.«[91] An solchen Passagen wird es unbezweifelbar deutlich, in welchem Maße Rathenau zu sich selbst spricht. Im Gewande der allgemeinen Lehre versucht er sein privates Problem zu bewältigen; nach außen, vor der Welt in der Diktion des Philosophen, spricht er in Wahrheit Beschwörungsformeln zu sich selbst. Er bemüht sich um aufwendige Geschichtsdeutung und spricht doch auch da nur zu sich: »Wir können uns gewissen materiell erscheinenden Gesetzlichkeiten keineswegs verschließen: es tritt zutage, daß Kultur nur möglich ist auf der Grundlage eines Wohlstandes, daß kulturelle Hochperioden zustande kommen im Augenblick bedeutsamer Blutmischungen, daß intellektuelle zivilisatorische Entwicklungen nur möglich sind unter günstigen klimatischen und geographischen Vorbedingungen, daß, um den Zirkel zu schließen, nationaler Wohlstand von der Beschaffenheit der Erdkruste und Atmosphäre nicht unabhängig ist.«[92] Das ist die Schicksalsbestimmtheit. Aber es muß doch zu ihr ein Freiheitsregulativ geben. Rathenau findet es – oder er tut so – in einer populären Tüchtigkeitsvorstellung, die er »menschlicher Einzelerfahrung« entnimmt: »Wenn jede Lebensäußerung uns trügen kann: Worte, Meinungen, Blicke, Benehmen, zuweilen selbst Gestalt und Ausdruck; ein Indizienpaar trotzt aller Verstellung und täuscht uns niemals: Lebensführung und Werke. Sie sind das sichtbare Gehäuse, das jeder Menschengeist um sich zimmert, und zwar aus so unendlichem Aufbau großer und kleiner, bewußter und geheimer Regungen, daß jedes Planwerk versagt und der Natur das Wort bleibt. Sehen wir einen Menschen dauernd in schiefen Situationen, kleinlichen Kämpfen, von mißlichen Genossen und Werken umgeben, an falschem Ort, in irrigem Beruf, so fehlt es an ihm, nicht am Schicksal. Ein Tüchtiger kann in edlem Irrtum scheitern, in Leidenschaft vergehen, doch nicht gesunden Leibes in Widerwärtigkeit verkommen, denn jeder Moment bietet ein Lebenslos, und keine Wahrscheinlichkeit gewährt einer reinen Hand in steter Reihe das Recht auf tausend Nieten. Wirkt so im Sinne der Gerechtigkeit das Gesetz der großen Zahl auf das Einzelschicksal, so wirkt es unendlich gesteigert auf das Geschick der Gemeinschaften und Völker. Für ein Volk gilt keine Entschuldigung, es erlebt, was es verdient.«[93]

Das ist, fast aphoristisch verkürzt, die Postulierung der freien Selbstverantwortung der Völker – doch auch sie wird wieder abgeschwächt, wenn Rathenau wenig später meint, »daß Völker ihren Beruf nicht willkürlich wählen wie schwankende Abiturienten, sondern nach den Gesetzen und Möglichkeiten ihrer Natur«.[94] So haben wir uns denn nur einmal mehr im Kreise gedreht, und die Frage, was »Schicksal«, was »Freiheit« sei – beim einzelnen wie bei einem Volke –, bleibt unbeantwortet wie eh und je.

Das ganze Buch »Zur Mechanik des Geistes« kreist um die »Seelewerdung«, um die im Einzelmenschen wie um die im Kollektiven. Wenn man nach den Quellen dieser Vorstellung sucht, wird man auf den Chassidismus stoßen. Israel Ben Elieser (1698 bis 1760), genannt Baal Schem, einer seiner Neubegründer, hatte gelehrt, daß es in jedem Wesen und Ding, also nicht bloß im Menschen, den »göttlichen Funken« gebe, den es erlösend und läuternd freizusetzen gelte. Das gerade ist der Kerngedanke, der die »Mechanik« durchzieht. Die persönliche Bekanntschaft mit Martin Buber und die Lektüre von dessen sich mit dem Chassidismus befassenden Schriften haben Rathenau nachweisbar beeinflußt.[95] Auf die Verquickung dieser chassidischen Gedankengänge mit der Metaphysik Spinozas, welche Gott als die »unendliche Substanz, von der Raum und Zeit und alle Wesen und alle Gedanken und Gefühle und wir selbst nur flüchtige Erscheinungsformen sind«, sah (und die selber ja wieder von Descartes' »Substantia«-Begriff herkam); mit der Ethik Fichtes, an der Rathenau besonders die Verachtung des »Zweckes« anzog, und schließlich auch – im Sinne einer jeden Abendländer betreffenden Durchtränktheit – mit dem Geiste des Neuen Testaments, wie er vor allem in den Paulusbriefen Gestalt gewann, hat schon Kessler ausführlich hingewiesen.[96] Nimmt man dazu jenes heroisch-nihilistisch-prophetische »Nietzsche-Klima«, in welchem sich so viele Denk- und Gefühlsprozesse der Rathenau- und der Folgegeneration abspielen; ferner den dem »Zeitgeist« entsprechenden Hang, biologistische und mechanistische Analogien zur Erklärung geistigen Lebens heranzuziehen (»Gesetz der großen Zahl«, »Additionsfaktor«, »Strahlphänomen« usw.); und endlich die mannigfachen persönlichen Erlebnisfaktoren Rathenaus, dann bietet sich die »Mechanik des Geistes« geradezu als eine Summenformel ihres Autors und seiner Zeit dar.

So befremdlich auch die Vorstellung erscheinen mag, die Einzelseele könne durch sich an einen Kern anlagernde Erlebnis- und Liebespartikel nach Art eines Kristalls erwachsen, die Gemeinschaftsseele durch die Erlebens- und Liebeskohäsion aus den Einzelseelen sich aufbauen wie ein Molekül; so liegt doch auf der Hand, daß das Bemühen, solchen Entwicklungsgang konkret nachzuweisen und zu demonstrieren, zu vielen in sich richtigen Beobachtungen führen mag. So wird man ihm beistimmen, wenn er Leiden als Korrelat des Liebens und Schweigens als Korrelat der Einsamkeit als zwei »ethische« Wege des Menschen zur seelischen Reifung erkennt. Überall, wo Rathenau beobachtet, steht er auf der Höhe seiner Diktion: »Der zweckhafte Mensch ist nicht fähig hinzunehmen. In seinem Geist und Herzen lärmt es, denn die Begierde schläft nicht ein, und selbst im Traum verfolgt er, wie der schlummernde Jagdhund, stöhnend die Fährte seines Wollens und planenden Denkens. Jedes Ereignis zwingt ihn zur Parteinahme, jedes gesprochene Wort zur Erwiderung und zum Urteil. Schwatzt seine Stimme nicht, so schwatzt sein Geist, und alles Schwatzen hat nur den einen Sinn der urteilenden Billigung und Verdammung. Bietet sich keine anreizende Sinnennahrung, kein Stoff zum Zählen, Rechnen, Abtun, Wundern, Tadeln und Mitteilen, so tritt Langeweile, Mißbehagen oder Schlaf ein. Das letzte Hilfsmittel sind banale Verstandesspiele, abwärts bis zum Abzählen der Pflastersteine auf der Straße. Der schwatzende Geist kann sich wundern, aber nicht erstaunen. Aber auch die Verwunderung ist kurz, denn die Erscheinung geht ihm nicht nahe. Hat er sie notwendig assimiliert, womöglich durch ein Schlagwort, eine Modeformel oder einen Gemeinplatz, so nennt er sie überwunden; denn er weiß nicht, daß man nur im Kampf überwindet . . . Die Mechanisierungsformen der Erscheinungsaufnahme: Zeitungsnotiz, Illustration und Film kommen der seelenlosen Assimilation am weitesten entgegen; die unabhängige Durchforschung des reinen Gesetzes und des einheitlichen Aufbaus steht ihr am fernsten. Aus dem Kreise der menschlichen Gefühlswerte können nur die grellsten, die Sensationen der Lüsternheit und des Grauens, im Lärm der Sterilität Gehör finden; alle stillen Reflexe gehen unter, denn, wenn der Geist lärmt, schweigt die Natur.«[97]

Stellen wie diese oder die folgende gehören zum Besten, was er geschrieben hat: »Dem kindlichen Geist des Intellektualmenschen ist die Erde ein Grundstück, die Wiese ein Futterplatz, der Wald eine Forstwirtschaft, das Wasser eine Verkehrsbahn, der Stein ein Brennmaterial, das Tier ein Wild, Vieh, Raubzeug oder Ungeziefer, die Sonne eine Kraftquelle und ein Beleuchtungsmittel, der Mensch ein Konkurrent, Abnehmer, Vorgesetzter, Angestellter oder Steuerzahler, die Gottheit eine Behörde. Wie man einen Baum zerreißt, um seinen Leichnam in Papier, Zündhölzer oder Zahnstocher zu verwandeln, so zerreißt er das Bild des Kosmos, um ein wenig Nahrung, um ein wenig Flitter und ein wenig Aufsehen zu erwerben. Nun ist die Welt tot; nun hat der Arme sich gemüht, gesättigt, gewärmt und fortgepflanzt, sich begucken und beneiden lassen, und es bleibt ihm nichts mehr übrig, als das Spiel zu wiederholen, bis er endlich mit tiefem Bedauern das Zeitliche segnet, nachdem er das Ewige verdammt hat.«[98]

Obwohl Rathenau von einem verengten, karikierten Intellekt-Begriff ausgeht, der es ihm zur Manier werden läßt, den Intellekt (ein Wort, das ja schließlich von »intellegere« = erkennen kommt) zu denunzieren, sieht er das, was wir ohne die Überfrachtung mit »Weltanschauung« und ohne seine seelen-traumatisch bedingte Übersteigertheit einfach menschliche Schwäche nennen, doch sehr treffend, fast witzig. Da kommt dann auch einmal der schlagfertige, scharfzüngige Berliner in ihm durch: die Sprache, gehauen und gestochen – wie etwa im zweiten Zitat –, hebt sich wohltuend vom oft verquollenen und verschraubten »Hochstil« ab und erinnert dann an Bacon, Gracian, La Bruyère und Lessing.

Sobald Rathenau einmal nicht von seiner Gedanken-Traum-Mixtur, von Seele und Gottesreich spricht, sobald er weder spekuliert noch konstruiert, sondern dieser Welt zugewandt beobachtet und daraus Schlüsse zieht, gelingen ihm bedeutende Einsichten, die sogleich an der Sprache kenntlich sind: »Man sagt: ›Kleine Ursachen, große Wirkungen‹, und deutet damit unbewußt auf ein ernstes Naturgesetz, das alles Geschehen beherrscht und das man als das Gesetz der Auslösungen bezeichnen darf. Ein Erdbeben, ein Gewitter, eine Kesselexplosion, ein Grubenunfall, ein Krieg soll und wird kommen; die großen und unausweichlichen Vorbedingungen sind gegeben. Offenbleiben ... Stunde, Minute und Sekunde des Beginnes, Millimeterfleck der Zündung oder Entladung: das heißt, die Daten, die für das Einzelgeschick entscheidend sind. Diese Daten bleiben bis zum letzten Augenblick in scheinbarer Fluktuation, ähnlich wie früher in ein fertiges Bild die Spitzlichter ganz spät und mit leichter Hand eingesetzt werden. Darin besteht nun das Prinzip der Auslösung, daß das Wegräumen der letzten Hemmung, und somit die entscheidende Bestimmung von Ort und Zeit des Ausbruchs, mit ihnen aber auch die wichtigsten Einzelheiten des Verlaufs, durch eine minimale Leistung erfolgt, die mit den Grundbedingungen in keinem Zusammenhang zu stehen braucht. Dieses Differential der Leistung, und in erhöhtem Maße wiederum seine eigene Auslösung – und so hinauf ins Ungemessene –, entzieht sich immer weiter der Beobachtung und Berechnung: und schließlich ergibt sich, daß alles Weltgeschehen als Integral von Auslösungen aufzufassen ist, daß mithin alles Geschehen, sofern es auf Befreiung potentieller Kräfte hinausläuft, in jedem Zeitpunkt durch relativ wenige, verschwindend kleine Kräfte umgestaltet werden kann.«[99]

Es ist wenig Besseres über das Wesen des Geschehensmechanismus – wenn wir das Wort Mechanismus hier gelten lassen wollen – in Einzelleben und Weltgeschichte gesagt worden. Wir wiesen schon an früherer Stelle darauf hin, daß Rathenau in seiner »Mechanik« *alles* erörtern, zu *allem* sein Wort sprechen wollte. Es dürfte schwerfallen, irgend etwas, zu dem überhaupt eine menschliche Aussage möglich ist, zu finden, was nicht in dieser Schrift wenigstens gestreift wäre. Das macht ihre größte Schwäche aus. Da auch der umfassendste Kopf nicht alles gleichermaßen tief und gründlich zu durchdringen vermag, müssen, notgedrungen, bis zur Banalität flache Passagen mit bedeutenden wechseln. Diese Erscheinung gibt es selbstverständlich auch bei anderen Schriftstellern, selbst Goethe nicht ausgenommen, aber bei Rathenau verblüfft sie dadurch besonders, daß er stets mit gleichem »Anspruch« auftritt, alles mit gleicher Bedeutsamkeit vorträgt. Wo er selbst am unbezweifelbarsten dilettiert, nämlich in den Künsten, wird die Diskrepanz am deutlichsten sichtbar. Das gilt auch für den Abschnitt »Die Ästhetik der Seele«, in welchem er die Rolle der Kunst im Evolutionsprozeß der Seele darzustellen unternimmt. Schon der erste Satz, der Grund legen soll, legt eigentlich eine Falle: »Die empfängliche Beziehung zur Natur, welche wir Naturempfinden nennen, und die produktive Beziehung zur Natur, welche wir Kunst nennen, sind in ihrer reinen Form Funktionen der Seele«[100] – hier sind weder die Gesamtaussage noch die Teilaussagen haltbar, und Rathenau gleicht, wie so oft, dem Reiter über dem Bodensee; unter jedem seiner Tritte kracht das Eis.

Einerseits meint er, daß alle frühere Kunst auf irgendwelche Zwecke gerichtet gewesen sei; erst heute sei sie »ganz auf sich selbst gestellt, um ihrer selbst willen erschaffen«; »im Sinne der Menschheitsentwicklung sind wir Beethovens und Goethes, ja, Shakespeares und Rembrandts Zeitgenossen«;[101] andererseits geißelt er die offiziöse Kunst seiner Zeit als »Überladung und Übersättigung«, »Wettkampf der Effekte«, »Ästhetentum«, »Feminismus«[102] und erkennt dennoch in solchen Verfallszeichen die »Opfer, die der Seelenweg der Kunst erforderte. Sie fielen nicht vergeblich, denn das Ziel der Innerlichkeit und Freiheit wurde erreicht; eine andere als die Kunst germanischen Einschlags, die Kunst der Seele, ist in der Welt nicht mehr möglich.«[103] Die Beziehung Kunst – Seele bleibt offen. Einerseits spricht Rathenau der Kunst, da sie an die Sinne geheftet sei, die Möglichkeit ab, »das letzte Reich der Seele« zu betreten; fast in gleichem Atemzug aber deklariert er die Kunst als Verkündigung der Seele. Dann wieder gibt er seitenlang theoretische Kunstlehre,[104] bei der auf etwa zwanzig Seiten nichts, aber wirklich gar nichts unerwähnt bleibt, betreffe es nun Anmerkungen zur Lyrik, Kunstgeschichte Chinas, der Renaissance, Frankreichs, Verfall der Architektur, kunstsoziologische Erwägungen, um schließlich zur Überwindung der Kunst – verstanden im uns geläufigen Sinne – zu gelangen: »Da nun der denkende Geist über die Schranken der Sinnlichkeit unaufhaltsam hinausstrebt, so wird auf einer letzten Strecke diejenige Kunst seinen Weg zu geleiten haben, die heute abseits, von der Forschung bedrängt und übertäubt, ein schlummerndes Dasein führt, die Kunst des Gedankens.«[105] Auch sie bedeutet nicht die höchste und letzte menschliche Möglichkeit, »auch sie ist nicht ein absolutes Gut, denn wie über die Sinne, so schreitet auch über das Denken die Seele hinweg«.[106] Somit steht Rathenau wieder am Ausgangspunkt, auf dreihundert Seiten hat er sich einmal um sich selbst gedreht.

Er mochte empfinden, daß noch eine Lücke klaffte, noch etwas zu sagen blieb; denn, angenommen, der volle »Triumph der Seele« als Evolutionsziel würde erreicht – wie wäre er mit dem Leben auf dieser Erde, mit den aus der »Volksverdichtung« resultierenden Notwendigkeiten zu vereinen? Die Gefahr, das sieht er selbst, wäre denkbar, »daß die intellektualen Motoren, welche den soziologischen Weltmechanismus treiben, geschwächt, ja vernichtet werden, daß somit die menschliche Belebung der Erde verlösche oder in unglücklichster Auslese den Seelenlosen als den irdisch Stärkeren verbleibe«,[107] und so lautet für ihn die Frage: »Wie kann ein im Seelenhaften wesentlich vorgeschrittener Zustand im Praktisch-Weltlichen vorgestellt werden?«[108] Er verschweigt den zweiten Teil der gleichen Frage: Wie vermag dieser »vorgeschrittene Zustand des Seelenhaften« überhaupt zu entstehen, und wie hat man sich den Drang und Zwang des »Praktisch-Weltlichen« in ihm zu denken? Rathenau *kann* darauf nur mit »Glaubenssätzen« antworten: Die Entwicklung der Seele wird jede Institution und jede Erkenntnis durchdringen und umgestalten; höhere Einsichten werden verbesserte Einrichtungen schaffen (nicht umgekehrt); gerechte Menschlichkeit wird den »mechanischen Aufbau« erst möglich und sinnvoll machen; die Natur der Arbeit selbst wird sich ändern, indem »aus innerlichem Bewußtsein geschieht«, »was ursprünglich aus Gier und Furcht geschah«; das Arbeitsklima wird »Solidarität« sein, »Untertänigkeit und Patriarchalität werden verschwinden«, die Arbeitsteilung wird geistig überwunden werden.[109] Und wodurch dies alles? Durch »innere Wiedergeburt«, sagt Rathenau, »eine Umgestaltung des menschlichen Wollens, freilich eine solche, deren Wurzeln dem Boden der Mechanisierung entsprossen sind«.[110] So sind wir denn ein weiteres Mal im Kreise gegangen. Was der Seele todfeind ist, die Mechanisierung wird das Reich der Seele heraufführen; freilich bedarf es dazu einer seelischen Umstimmung, die wiederum aus der Mechanisierung geboren werden wird. Zirkel ohne Ausweg, logisch nicht aufzubrechen. Allein Prophetie bleibt: »Herrlich ist es, zu wissen, daß das geringe Abtun der trübsten Begierde, das keinem wahrhaft geistigen Menschen unserer Zeit ein ernstliches Opfer bedeutet, daß dieses Abtun genügt, um die Menschheit aus dem irren Kreislauf der Mechanisierung zu reißen und ihr freien Weg zu schaffen. Ein männliches Selbstbewußtsein, gleich entfernt von brutaler Herrensucht und äffischer Eitelkeit, ein königliches Vertrauen zur eigenen Kraft und zur Weisheit der Mächte wird diesen Weg geleiten, der nicht zu Wirtschaftssachen, sondern zu transzendenten Gütern führt . . . Der Mensch richtet sich auf und blickt wieder zu den Gestirnen empor, er wird zum Freund des Menschen, der Dinge und der Mächte.«[111]

Da der Prophet aber nun doch im Deutschland Wilhelms II. lebt und arbeitet, da er ein Kind seiner Zeit und an der »Mechanisierung« höchst aktiv beteiligt ist, kann er sich dem Zwang nicht entziehen, die Visionen immer wieder rational zu »begründen«, um sie als »Gesetze« (eines seiner Lieblingsworte) erscheinen zu lassen und sie vor seinem anderen Ich, dem des AEG-Vorstandsmitglieds, zu rechtfertigen. So führt er denn noch einmal auf, was wir als den »Cantus firmus« aller seiner Schriften schon kennen: die seelenhaften Völker edlen Blutes gehen in Vermischung mit den seelenlosen, unedelblütigen zugrunde; im Untergang aber bewirken sie, daß diese Dunklen, Vielen, Unedlen doch sozusagen mit »Seele geimpft« werden; nun können die ehemaligen Unterschichten, selbst Träger der Seelewerdung, zu höheren Menschheitsstufen emporsteigen; der Weg führt über die Mechanisierung – schon der Massen wegen, in denen diese Unteren auftreten –, aber das alles ist schließlich nur »Fortsetzung des ewigen organischen Kampfes mit neuen Mitteln«, letztlich sind nur die Kräfte am Werk, die »die Molluske zum Wirbeltier, den Fisch zum Vogel gemacht haben«,[112] sie lassen den Menschen das Seelenreich gewinnen, nachdem der Intellekt, selbst eines ihrer Mittel dazu, sich in sich selbst vernichtet hat. So sprechen neben all den anderen, die wir schon nannten, denn auch Darwin und Haeckel ihr Wort durch Rathenaus Mund. Mit den letzten Sätzen seines Buches betont er, daß das »Reich der Seele« nichts mit dem Jenseits zu tun hat, wie es sich die Christen erhoffen, sondern daß es das Reich Gottes in dieser Welt sei, das »sein Verkünder« [Christus] in Wahrheit gemeint und gewollt hat.[113]

Wir erkennen, daß Rathenaus Buch »Zur Mechanik des Geistes« im Grunde ein chiliastisches Buch ist. Er hat es stets als sein Hauptwerk betrachtet, als sein persönlichstes Bekenntnis, und sich so, ohne es zu wissen oder gar zu wollen – denn ihm kamen keine Zweifel an seiner Originalität –, in die große Schar derer eingereiht, die die »heile Welt«, die »coincidentia oppositorum«, das »himmlische Jerusalem«, die »Vollendung«, wie immer die Namen der Hoffnungen lauten, in *dieser* Welt, im Raum-Zeit-Koordinatensystem menschlichen Verständnisses, erwarten und darauf hinarbeiten; in die Schar, die ebenso einen Joachim von Fiore wie einen Karl Marx umfaßt.[114]

3. VON KOMMENDEN DINGEN

Hatte Rathenau in »Zur Kritik der Zeit« den Befund des Zeitalters zu erheben, in »Zur Mechanik des Geistes« seine Sinndeutung des Menschheitsweges zu geben versucht, so entwarf er in »Von kommenden Dingen« eine Art Reliefkarte der künftigen Welt, halb Vollzugsplan, halb Prophetie. Das Buch mit dem merkwürdig suggestiv wirkenden Titel erschien im Februar 1917, wiederum im Verlage Samuel Fischers, und wurde zum größten schriftstellerischen Erfolg Rathenaus. Innerhalb des ersten Jahres wurden 43.000 Exemplare verkauft; das Werk erlebte bis 1925 über siebzig Auflagen in Einzelausgabe, sieben im Rahmen der Gesammelten Schriften. Die Zahl der insgesamt verbreiteten Stücke dürfte nicht weit von 100.000 liegen. Es wurde ins Schwedische (1918), Englische (1921) und Französische (1922) übersetzt, in weit mehr als fünfzig deutschen Zeitungen und Zeitschriften und in zahlreichen ausländischen Organen besprochen. Es brachte den Durchbruch für den Publizisten

Walther Rathenau und machte ihn über Deutschlands Grenzen hinaus als Schriftsteller weltweit bekannt. Allein für das Erscheinungsjahr 1917 verzeichnet Gottliebs Bibliographie rund 200 Titel zu Werk und Person Rathenaus.[115] Fragt man sich, worauf dieser Erfolg beruhte, dann wird man vielleicht dreierlei antworten können: einmal war der Autor ja, ganz abgesehen von seinen Schriften, ein allgemein bekannter Mann; seit 1915 an der Spitze der AEG, stand er nicht anders im Lichte der Öffentlichkeit als heute ein Beitz oder Oetker; die Tatsache, daß ein Großindustrieller schon seit mehr als einem Jahrzehnt regelrecht »schrieb«, für Zeitungen und Zeitschriften, über die diversesten Themen, erschien als ungewöhnlich und löste die sehr verschiedenartigen, von Rathenau oft beklagten Reaktionen aus; daß er nun mit »philosophischen« Werken, mit anspruchsvoll-universalen Deutungen und Entwürfen hervortrat, mußte von vornherein Interesse und Neugier wecken; der geradezu geniale Buchtitel und der erstklassige Verlag taten ein übriges. Zum anderen erschien die Schrift im optimalen Zeitpunkt; Deutschlands Hoffnungen auf einen schnellen Sieg hatten sich zerschlagen, die auf einen Sieg überhaupt begannen zu wanken, mehr oder minder resigniert war man auf lange Kriegsdauer mit anschließendem »Unentschieden« eingestellt; ein frischer Auftrieb einerseits (Berufung Hindenburgs und Ludendorffs an die Spitze der Kriegsführung 1916; unbeschränkter U-Boot-Krieg und Revolution in Rußland 1917) und schwere Depressionen andererseits (Ablehnung des Friedensangebotes der Mittelmächte 1916, Kriegserklärung der USA und Scheitern der päpstlichen Friedensmission 1917) hielten sich noch die Waage. Doch begannen, gerade im Jahre 1917, zunehmender Hunger und Mangel, einsetzende Propaganda für Kriegsbeendigung, die enttäuschende Osterbotschaft des Kaisers, die Abspaltung des radikalen Flügels der SPD als »Unabhängige Sozialdemokratische Partei Deutschlands« (USPD) und das Ende des parteilichen »Burgfriedens« im Reichstag das innerpolitische Klima des Reiches nachhaltig zu verändern. Hin und her gerissen zwischen den heterogensten Impulsen – wie sie etwa von Friedrich Naumanns schöpferisch-kühnem, aber doch politisch-unrealem Mitteleuropa-Buch (1915), von Heinrich Manns die deutschen Charakterschwächen sarkastisch treffenden Roman »Der Untertan« (1915) oder aber auch von einer epochalen technischen Tat wie der Großerzeugung von Ammoniak aus der Stickstoff-Wasserstoff-Synthese (Haber-Bosch-Verfahren 1916) ausgingen –, bildeten die bürgerlichen Intelligenzschichten, vorzüglich auch weite Kreise der Jugend, ein bereites Publikum, das nach Deutung, Weisung Ansporn neuer Hoffnungen und Proklamationen neuer Ziele begierig war. Genau dieser Wünsche-Mischung entsprach das Buch »Von kommenden Dingen«: mitten im grauen Kriegselend, in politischer und geistiger Wirrnis wurde das Fernziel einer neuen Ordnung gezeigt – fern zwar, was den Endzustand betraf, aber doch in den einzelnen Verwirklichungsstufen nahe; da sprach einer, ein Großer der Wirtschaft, »der es wissen mußte«, handfest-praktisch von der Zukunft: »Dieses Buch handelt von materiellen Dingen, jedoch um des Geistes willen. Es handelt von Arbeit, Not und Erwerb, von Gütern, Rechten und Macht, von technischem, wirtschaftlichem und politischem Bau, doch es setzt und schätzt diese Begriffe nicht als Endwerte«,[116] aber er sprach zugleich wie ein Weiser und Seher. Er redete konkret über die Wege zur neuen deutschen und Menschheitsordnung und über ihre Formen im einzelnen, aber doch nicht so konkret, daß illusionärer Schwung und jugendliches Sehnen darunter gelitten hätten, nicht so ins einzelne gehend, daß man sich darüber hätte zerstreiten können.

So breit gestreut wie die Leserschaft, so breit gefächert war auch die Beurteilung des Buches. Jene reichte von bündischer Jugend bis zur Industrie- und Wirtschaftsprominenz, diese von Schmähungen völkischer Kreise bis zu fachmännischer Auseinandersetzung.[117] Wie mußte ein Schriftsteller auf seine Umwelt wirken, der Konzernherr und Prophet, Jude und Preuße (beides komplexbeladen, betont und distanziert in einem) war und nach »Von kommenden Dingen« im Abstand von wenigen Monaten »eine Streitschrift vom Glauben« (Juni 1917) und »eine geschäftliche Betrachtung« »Vom Aktienwesen« (Oktober 1917) erscheinen ließ? Verwirrung, Anziehung, Mißtrauen, Spott, Bewunderung, Haß – alle diese Regungen wurden durch Rathenau gerade in jener Zeit aktiviert, denn für jede von ihnen boten seine nicht einzuordnende Persönlichkeit und sein der Etikettierung widerstrebendes Œuvre reichliche Nahrung.

Überblicken wir Rathenaus Leben, so sind wir geneigt, eine innere geistige, menschliche Wandlung für das halbe Jahrzehnt zwischen 1912 und 1917 anzusetzen; vielleicht ist »Wandlung« insofern nicht das richtige Wort, als es sich nicht um eine »Katharsis«, nicht um das Hervortreten ganz neuer Züge, veränderter Eigenschaften, neuer Richtungen handelte, sondern mehr um »Selbstbefreiung«, um Konzentration der Kräfte auf die denkerische und publizistische Wirksamkeit und auf die Vorbereitung des Übergangs zu politischem Handeln.

A. Die neue Wirtschaft

In dem Aufsatz »Deutsche Gefahren und neue Ziele«[118] schrieb Walther Rathenau 1913: »Es bleibt eine letzte Möglichkeit: die Erstrebung eines mitteleuropäischen Zollvereins, dem sich wohl oder übel, über kurz oder lang die westlichen Staaten anschließen würden ... Die industrielle Zukunft gehört der schöpferischen Technik, und schöpferisch kann sie nur da sich betätigen, wo sie unter frischem Zuströmen menschlicher und wirtschaftlicher Kräfte sich dauernd im Wachstum erneuert ... Gleichzeitig aber wäre dem nationalistischen Haß der Nationen der schärfste Stachel genommen. Denn wenn man sich fragt, warum die Staaten zur Erbitterung ihrer Wettkämpfe getrieben werden, warum sie sich Kräfte, Rechte, Bündnisse und Besitztümer neiden, warum das Glück des einen der Schaden des anderen ist: es sind längst nicht mehr Religionen, Sprachen, Kulturen und Verfassungen, die sie entfremden ... Was aber die Nationen hindert, einander zu vertrauen, sich aufeinander zu stützen, ihre Besitztümer und Kräfte wechselweise mitzuteilen und zu genießen, sind nur mittelbare Fragen der Macht, des Imperialismus und der Expansion: im Kerne sind es Fragen der Wirtschaft. Verschmilzt die Wirtschaft Europas zur Gemeinschaft, und das wird früher geschehen, als wir denken, so verschmilzt auch die Politik. Das ist nicht der Weltfriede, nicht die Abrüstung und nicht die Erschlaffung, aber es ist Milderung der Konflikte, Kräfteersparnis und solidarische Zivilisation.«[119]

Hierbei ist nicht allein der Passus über einen mitteleuropäischen Zollverein von Interesse, der Rathenau schon vor Naumanns entsprechender publizistischer Aktivität und unabhängig davon auf der gleichen Linie zeigt,[120] sondern mehr noch die dezidiert geäußerte Auffassung, daß der Wirtschaft – gesehen als »industrielle Zukunft« auf dem Boden »schöpferischer Technik« – das Primat vor der Politik zuwachsen werde. Es ist die Überzeugung, daß sich die aus der Notwendigkeit, eine stetig wachsende Menschenzahl auf der Erde zu sichern, ergebenden Sachzwänge stärker erweisen werden als alle politischen, nationalistischen und imperialistischen Strebungen sui generis; Politik als Funktion der Wirtschaft.

Diese Wirtschaft aber ist in Rathenaus Augen nicht einfach materielles Taktieren, nicht bloß Manipulation in Technik und Finanzen, sondern als Mühe, dem Menschen menschenwürdiges Leben zu ermöglichen, und das heißt, ihn für den »Seelen-Weg« frei zu machen, selbst Weg der Seele – gemäß seinem in der »Mechanik« abgelegten Bekenntnis –, Weg, wie ihn das zwanzigste Jahrhundert gehen muß und allein noch gehen kann.

Im ersten Teil der Schrift »Von kommenden Dingen«, den Rathenau »Das Ziel« überschrieben hat, setzt er mit den gleichen Auftakten ein, die wir aus den beiden vorhergegangenen Büchern bereits kennen, um sich dann aber schnell der sozialen Wirklichkeit zuzuwenden. Ein wesentlicher und der beklemmendste Teil dieser Wirklichkeit ist das Proletariat, ist der »proletarische Zustand« eines großen Teils der kapitalistischen Gesellschaft. Vergegenwärtigen wir ihn uns noch einmal in knappen Strichen: man schreibt das Jahr 1917; die Lage der Arbeiterschaft ist schlechter als vor Kriegsausbruch, nicht allein, weil mehr, länger und härter gearbeitet werden muß, sondern vor allem, weil unter dem moralischen Druck des Patriotismus, welcher Einigkeit, Zusammenstehen gegen den äußeren Feind, Vertagung »eigensüchtiger« Ziele auf die Stunde »nach dem Siege« verlangt, der soziale, der »Klassenkampf« gelähmt, wenn nicht ganz suspendiert ist. Die Sozialdemokratie hat gleich allen anderen Parteien für die Kriegskredite gestimmt, hat sich einmütig und ohne Einschränkung zum Vaterland, nicht zur Internationale bekannt; man muß es sich ab und zu in Erinnerung rufen: noch gibt es keinen Achtstundentag (es wird 12–14 Stunden gearbeitet, auch samstags), kein Betriebsverfassungsgesetz, keine Mitbestimmung, keinen wirksamen Schutz durch die

Gewerkschaften; der Arbeiter ist nicht gesucht und umworben, sondern, zumal als ungelernter, Massenware, total abhängig von seinem Fabrikherrn; er arbeitet nicht in hellen, sauberen Räumen, sondern sehr oft in dunklen, schmutzigen Löchern, ohne sonderlichen hygienischen Komfort, wohnt nicht in freundlichen Siedlungen, sondern in den trüben Vorstadtvierteln und elenden Mietskasernen, die wir heute fast nur noch aus Bildern kennen; es gibt in der Regel weder für ihn noch für seine Familie die Möglichkeit des Aufstiegs oder auch nur die Aussicht auf nachhaltige Besserung seines Loses – es gibt sie insbesondere so lange nicht, als seine politischen und sozialen »Arme«, die SPD und die Gewerkschaften, infolge des Krieges, teils freiwillig, teils gezwungen, sich nicht regen, nicht kämpfen können.

Auf diesem Hintergrunde gewinnen Rathenaus Darlegungen erst ihr volles Gewicht: »Wer aber ermißt, daß dieses Leben nicht endet, daß der Sterbende die Reihe seiner Kinder und Kindeskinder unrettbar dem gleichen Schicksal überliefert sieht, den ergreift die Schuld und Angst des Gewissens. Unsere Zeit ruft nach Staatshilfe, wenn ein Droschkenpferd mißhandelt wird, aber sie findet es selbstverständlich und angemessen, daß ein Volk durch Jahrhunderte seinem Brudervolk front, und entrüstet sich, wenn diese Menschen sich weigern, ihren Stimmzettel zur Erhaltung des bestehenden Zustandes abzugeben.«[121]

Die Änderung oder gar die Behebung dieses unwürdigen Zustandes vermag er nicht vom »Dogma des Sozialismus«, vom Marxismus Kautskyscher Interpretation also, zu erwarten; denn es ist »flach« und »ein Produkt dieser bürgerlichen Gesinnung; tiefste Notwendigkeit und funkelndes Paradox ist es zugleich, daß dieses Dogma zur stärksten Stütze von Thron, Altar und Bürgertum werden mußte: indem es nämlich mit dem Gespenst der Expropriation den Liberalismus schreckte, so daß er alles freie und eigene Denken fahrenließ und hinter den erhaltenden Mächten Schutz suchte.«[122]

Nun hatte freilich schon 1899 Naumann eine Schwäche der Sozialdemokratie darin gesehen, daß sie sich einem Weltanschauungs-Dogma – von seinem Inhalt einmal ganz abgesehen – verschrieb. »Die sozialistische Bewegung«, schrieb er, »kann etwas Großes bedeuten, sie kann eine Periode deutscher Politik machen, wenn sie sich direkte politische Ziele stecken will . . . Sie kann sich alles angliedern, was freiheitlich und sozialreformerisch denkt, und das tun, wozu der deutsche Liberalismus zu schwach war: Überwindung des bösen konservativen Drucks! Gerade in einer Zeit, wo dieser Druck bis zu toller Höhe steigt, ist es angebracht, alles Philosophieren über unerreichbare Endziele zu lassen und kalt rechnend, nüchtern und fest« – unter Abstoßung von »unnützem Utopismus und Radikalismus« . . . bestimmte nationalpolitische Aufgaben zu übernehmen.[123]

Beider Männer Standpunkte lagen also, wenngleich zeitlich getrennt, nahe beieinander. Die dialektisch zugespitzte Formulierung Rathenaus, die über Naumann hinauszugehen scheint – scheint: denn einmal war ja die angebliche

Selbstaufgabe des Liberalismus nicht einfach Furcht-Reaktion auf den Marxismus, und zum anderen trieb diesen die Verfestigung der »erhaltenden Mächte« auch wiederum voran –, diese Formulierung drückt die zusätzlichen Erfahrungen zwischen 1899 und 1917 aus. Manchmal ist die Ähnlichkeit der Rathenauschen Aussagen mit denen Naumanns verblüffend; so etwa, wenn Naumann in seinem Essay »Das Schicksal des Marxismus« schreibt: »Auch in den anarchistischen und halbanarchistischen Nebenbewegungen der Sozialdemokratie findet sich derselbe Zug vom Glauben an ein blind waltendes Naturgeschick im Wirtschaftsleben hinweg zu der Einsicht, daß der Wille die Dinge so oder anders gestaltet. Diese Rückkehr zur Willenslehre ist Folge der Tatsache der Festigung der neuen Industrieherrschaft ... Die Macht und Verantwortlichkeit der Persönlichkeit tritt wieder mehr in den Vordergrund ... Es gibt nichts Größeres als den wollenden Menschen«,[124] und dies bei Rathenau dann sieben Jahre später so klingt: »... all unser Willen, soweit er nicht animalisch ist, entspringt den Quellen der Seele. Jedem schrankenlosen Verehrer des intellektualen Denkens sei es von früh bis spät wiederholt: der größere und edlere Teil des Lebens besteht aus Wollen. Alles Wollen aber ist unbeweisbares Lieben und Vorlieben; es ist seelischer Teil, und neben ihm steht der erzählende, messende und wägende Intellekt abseitig und selbstbewußt als Theaterkassierer am Eingang zur Bühne der Welt.«[125]

Derselbe Kerngedanke – nämlich die Betonung des sittlichen Willens als treibende Kraft gegenüber Notwendigkeit und Getriebensein –, aber in welch unterschiedlicher Gewandung! Obwohl Rathenau im praktischen Leben eher noch nüchterner als Naumann gewesen ist, erliegt er als Schriftsteller immer wieder dem Hang zum »overstatement«, sei es in verquollener Pathetik (»Quellen der Seele«, »unbeweisbares Lieben und Vorlieben« usw.), sei es in krampfigen Metaphern (»der wägende Intellekt abseitig und selbstbewußt als Theaterkassierer ...«).

Naumann, der ursprünglich eine Loslösung der Arbeitermassen von der Sozialdemokratie und ein christlich-soziales, dann ein national-soziales Auffangbecken für sie erstrebt hatte, rang sich – gerade auch durch Bernstein beeindruckt – zur prinzipiellen Bejahung der Existenz der Sozialdemokratie durch, wenngleich er am Wege »zur großen Weltanschauung, die hinter allem Liberalismus liegt« – und auch hinter allem Sozialismus –, als dem für jeden einzelnen Menschen gültigen Ziel festhielt. Doch war er zu sehr praktisch-politisch engagiert, als daß er etwa Sätze wie die folgenden hätte schreiben können oder mögen: »Aus der Verneinung [der Transzendenz] entsteht Partei, nicht Weltbewegung. Der Weltbewegung aber schreitet Prophetensinn und Prophetenwort voran, nicht Programmatik.«[126] Klar ist an solchen Sätzen, die ganz verschiedene Kategorien vermengen und Pseudo-Gegensätze deklarieren (»Partei« – »Weltbewegung«; »Programmatik« – »Prophetenwort«), nur eines: Die Weltbewegung erkennt und als Prophet schreitet ihr voran: Walther Rathenau. Seine grundsätzliche Verwerfung des parteilichen Sozialismus packte er nicht zufällig in die Einleitung zu »Von kommenden Dingen«; der Leser soll von vornherein wissen, daß ihm hier eine Alternative zu Marx geboten werden soll, zu dem »gewaltigen und unglücklichen Menschen«, der »soweit irrte, daß er der Wissenschaft die Fähigkeit zuschrieb, Werte zu bestimmen und Ziele zu setzen.«[127] Dies letzte lag auf der Linie Max Webers; ja, die scharfe Unterscheidung zwischen Wertbestimmung und Zielsetzung als moralisch-voluntaristischen Akten einerseits und Zustands-, Entwicklungs- und Verfahrensanalysen als wissenschaftlich-rationalen Erkenntnisakten andererseits war gerade sein Werk. Doch Rathenau verlagerte die Unterscheidung an eine andere Stelle: er sonderte nicht zwischen sittlichen *Wertungs-* und wissenschaftlich-rationalen *Erkenntnis*akten, er trennte vielmehr – und zwar sowohl, was das Erkennen, als auch, was das Werten anbetraf – zwischen intuitivem und intellektuellem *Weg*. Der fast sophistisch zu nennende Vorwurf Rathenaus gegen die Sozialdemokratie, diese habe, indem sie die Furcht um Erhaltung des Besitzes und der Privilegien mobilisierte, die »Steigerung des reaktionären Geistes«, die »Zertrümmerung des liberalen Gedankens« und die »Entwertung des Freiheitsgefühls« bewirkt,[128] schließt eine taktische Zusammenarbeit mit ihr nicht aus.

»Empfinden wir«, so meint er, »den Stachel der Würdelosigkeit, den die Knechtschaft verwandten, geliebten und göttlichen Blutes uns einprägt, so werden wir ohne Scheu eine Wegstrecke neben der Bahn des Sozialismus wandern und dennoch seine Ziele ablehnen. Wollen wir in der inneren Welt das Wachstum der Seele, so wollen wir in der sichtbaren Welt die Erlösung aus erblicher Knechtschaft.«[129]

Hier hat Rathenau ganz klar ein Ziel genannt – inwiefern lehnt er im vorhergehenden Satz das Ziel des Sozialismus ab, das doch das gleiche ist? Er *meinte*, daß er den theoretischen Unterbau der Begründung dieses Ziels und die praktischen Wege zum Ziel, wie sie der politisch organisierte Sozialismus verträte, ablehne. Diese immer wiederkehrenden Unschärfen, die den Leser zu ständiger »Übersetzungsarbeit« zwingen, erschweren den Zugang zu seinen Schriften und sind sicherlich eine der Ursachen dafür, daß sein Gedankengut trotz weiter Verbreitung (bis in die ausgehenden zwanziger Jahre hinein) bis heute brachliegt, das heißt ohne politische, wirtschaftliche, soziale Realität konstituierende Wirkung blieb.

Dennoch, so will mir scheinen und so versucht es dieses Buch darzutun, lohnt sich die Mühe der »Übersetzung«. Neben vielem Zeit- und Persönlichkeitsverhafteten in Rathenaus Schriften gibt es in ihnen – wie in denen Naumanns – einen »eisernen Vorrat« von Einsichten, die unverändert gültig, ja erneut aktuell und sogar mehr als das: die zukunftsträchtig sind. Alles, was Rathenau über die feudale Schichtung der Gesellschaft sagt, die es vor sechzig Jahren noch gab, besitzt heute den Wert historischer Feststellungen; denn es gibt sie – vielleicht von einzelnen Relikten im Jemen oder im Iran oder in Lateinamerika abgesehen – nicht mehr. Anders steht es mit der »auffälligeren kapitalistischen« Schichtung, der er ebenfalls, wie der feudalen, das Odium der Erblichkeit zuschreibt, welches wiederum auf der Gegenseite den erblichen Zustand des Proletariertums als »unentrinnbares Massenschicksal« bewirkt.[130] Sehen wir einmal vom Begriffs- und Sprachenwirrwarr unserer Tage in diesem Fragekomplex ab, so kann es doch an der Aktualität und Brisanz dieser Problematik keinen Zweifel geben. Die Tatsache, daß in den industriell fortgeschrittenen Ländern dieses »unentrinnbare Massenschicksal« bis zur Nichtwahrnehmbarkeit gemildert erscheint, sollte uns nicht darüber hinwegtäuschen, daß es zumindest die ernste Frage nach diesem Schicksal noch – und zwar weltweit – gibt. In Rathenaus Epoche war das Proletarierschicksal als Seitenstück zum, als *Folge* des Kapitalismus, weder gemildert noch gar durch die heute hinzugetretenen Umstände und Entwicklungen verschleiert.

Schon in der »Kritik der Zeit« hatte Rathenau ausgesprochen, daß der Kapitalismus so lange fortbestehen werde wie die Mechanisierung, deren Wirtschaftsform er sei. Mit anderen Worten: auf unabsehbare Zeit. An diese Auffassung knüpft er jetzt wieder an. Dem Sozialismus wirft er vor, nur den Weg »der unmittelbaren Stillung« [der Proletarierwünsche] zu suchen und diese von der Aufteilung oder, »wissenschaftlicher« gesprochen, von der Verstaatlichung des Kapitals zu erwarten.[131] Beides heißt aber, »das Gesetz des Kapitals in seiner gegenwärtig entscheidenden Hauptfunktion: nämlich als desjenigen Organismus, der den Weltstrom der Arbeit nach den Stellen des dringendsten Bedarfs lenkt«, verkennen.[132] Denn, ob wir uns einen Einzelunternehmer oder einen rigoristisch gesteuerten Weltstaat (der ein »globaler Einzelunternehmer« wäre) vorstellen, in beiden Fällen entstünde von selbst wieder als Inbegriff des Kapitalismus die Kapitalrente.

»Niemals wird, abgesehen von Fällen ideeller Begründung, die geeignete Verwendung des Kapitals anders gesichert sein als durch die Ermittlung der auskömmlichen Rente; niemals wird das Risiko der Beurteilung und die einseitige Kapitalsentziehung anders zu decken sein als dadurch, daß diese Rente wirklich erhoben wird und nicht bloß auf dem Papier steht. – Würde heute alles Kapital der Welt verstaatlicht, so wäre es morgen an ungezählte Pächter und übermorgen an ungezählte Eigentümer aufgeteilt. Die Notwendigkeit der Rente ist gegeben durch die Notwendigkeit der Selektion der Anlage. Sie ist der Ausdruck schreiendsten und meistbietenden Anlagebedürfnisses.«[133]

Im Vokabular Rathenaus bedeutet »Rente« den Kapitalertrag im weitesten Sinn des Wortes – also nicht nur den zur Privatverfügung in die Tasche des Kapitaleigners fließenden Gewinnteil – und »Kapital« ist im Grunde eine Chiffre für ertragbringenden Besitz, also nicht nur für »Geld«, sondern für Besitz an Produktionsmitteln, unter denen wir aber, theoretisch wenigstens, nicht allein Industrie-, sondern ebenso Landwirtschafts-, Forst-, ja Handwerksbetriebe zu verstehen haben. Dieses Kapital stellt den großen nationalen und internationalen Regulator der wirtschaftlichen Produktion dar, und das »Regulationsventil« ist die »Rente«, das heißt der Ertrag: »Die Rente ist somit dem Grunde und dem Umfang nach bestimmt durch den Bedarf der Weltinvestition; sie ist die Zwangsrücklage der Welt zum Zwecke der Aufrechterhaltung ihrer Wirtschaft; sie ist eine Produktionssteuer, die erhoben wird an jedem Punkte der Gütererzeugung, und zwar an erster Stelle; sie ist unvermeidlich, auch wenn alle Produktionsmittel in einer Hand liegen, gleichviel ob eines einzelnen, eines Staates oder einer Staatengemeinschaft; sie läßt sich lediglich vermindern um den Verzehr der Kapitalbesitzer.

Somit hat die Verstaatlichung der Produktionsmittel keinen wirtschaftlichen Sinn; umgekehrt bringt die Vereinigung des Kapitals in wenigen Händen an sich keine andere wirtschaftliche Gefahr, als die der Willkür in Verbrauch und Investitionsform; da aber die letztere unter dem Bilde der Konkurrenz der Renten sich einwandfrei bewährt hat, so hätte die rein wirtschaftliche Sorge gerechter Aufteilung sich auf den Verbrauch zu beschränken. Die Rente an sich ist unabweislich zur Deckung der jährlichen Weltinvestition . . .«[134]

Aus dieser Darlegung wird deutlich, daß Rathenau weder in der Frage des Kapitalbesitzes noch in der des Ertragsverzehrs – auf die allein er den Sozialismus fixiert wähnt – den Kern des Kapitalismus-Problems sieht. Dieser Kern heißt Kapital*macht*. »Die gerechte Sorge«, so schreibt er, »hat sich indessen weiter zu erstrecken; zunächst auf die Machtfrage . . . denn Besitz in seiner heutigen Form ist Macht.«[135]

Nun hat zwar Besitz immer schon in einer Wechselbeziehung zur Macht gestanden. Der Grundbesitz des Altertums und des Mittelalters ist ebenso ein Machtinstrument gewesen wie der Besitz an Produktionsmitteln in der Neuzeit. Und doch war da ein wesentlicher Unterschied: er lag nicht etwa in der »Erblichkeit« der Zustände – die lastete noch zwingender auf dem antiken Sklaven und dem mittelalterlichen Hörigen als auf dem Arbeiter der Industriewelt –, er beruhte vielmehr in der gesellschaftlichen Fehlproportioniertheit der Besitzabhängigen, die das eigentliche Wesen des proletarischen Verhältnisses ausmacht. Im Altertum wie im Mittelalter hatten den Freiheitsmängeln Sicherheitsvorteile gegenübergestanden; der Unfreie oder Halbfreie war in wirtschaftliche, soziale und rechtliche Gemeinschaften eingefügt, die ihm, solange sie funktionierten, Schutz und Sicherheit gewährten. Die Auflösung der patriarchalisch-feudalen Strukturen durch den Frühkapitalismus, durch die Französische Revolution nebst ihren Folgen, durch die industrielle Revolution hatten die Sicherheiten zerstört und die Freiheit nur *scheinbar* vermehrt. Denn der Arbeiter, der nun »frei« seine Arbeitskraft auf dem »Arbeitsmarkt« (man beachte diese Wortbildung!) feilbieten konnte, aber nichts anderes außer ihr besaß, war in Wirklichkeit Sklave – Sklave eben jenes vom Eigentümer der Produktionsmittel beherrschten Marktes –, doch jetzt ohne alle Sicherheiten, ohne jeden Schutz. Hier hatte Karl Marx angesetzt; aber indem er den Begriff »Kapitalismus« interpretatorisch auf den Punkt der nicht-leistungsgerechten Entlohnung des Arbeiters fixierte, welche diesen geringer bezahlt, als dem »Nutzwert« des durch seine Arbeit entstandenen Produktes entspricht (der

»Mehrwert« fließt dem Unternehmer zu), indem er also Kapitalismus mit materieller Ausbeutung des Arbeiters gleichsetzte, verengte, fast ließe sich sagen: *verharmloste* er den Begriff. Kapitalismus ist mehr als nur zahlenmäßig faßbare Entlohnungs-Ungerechtigkeit »Ausbeutung«) gegenüber dem, der nichts als seine Arbeitskraft besitzt; er ist hochspezifiziertes *Macht*system; dieses beruht nicht auf dem Einstreichen des »Mehrwertes«, nicht auf die Tatsache des Besitzes an Produktionsmitteln als solchem, es ist im Grunde, wie es Rathenau richtig erkannt hatte, einerlei, *wer* sie besitzt, sondern es beruht auf der Behandlung der Arbeit als *Ware* und der Möglichkeit zu solcher Behandlung. Gerade hierin jedoch stimmen Marx und der Kapitalismus ja überein: auch Marx sah die Arbeit als Ware. Und das ist der vielleicht schwerwiegendste Einwand gegen ihn überhaupt. Die Arbeit zur Ware erklären, um die zwischen den beiden Gruppen: den Eignern der Arbeitskraft und den Eignern der Arbeitsmittel, gefeilscht wird, heißt tatsächlich den Kapitalismus verharmlosen, ja sogar indirekt unterstützen, und den Sozialismus degradieren. Deshalb hat Spengler Marx den »Stiefvater des Sozialismus« genannt und so nachdrücklich darauf hingewiesen, daß Arbeit nicht Ware, sondern *Ethos*, und Sozialismus nicht ökonomische Praktik, sondern *Lebenshaltung* sei.[136] Auf dieser Linie fand er sich in voller Übereinstimmung mit Rathenau.

Für diesen ist der gesamte Bereich der Wirtschaft ein ethischer Bereich gewesen. Er spricht bewußt über sie in sittlichen Kategorien: so sind etwa die uneingeschränkte Vererbbarkeit von Vermögen, die unbegrenzte Anhäufung von Besitz, die ungehemmte Verfügung über Eigentum, die unkontrollierte Verschwendung nicht allein materiell schädlich, sondern sie sind auch unsittlich: »Eine kommende Zeit wird schwer begreifen, daß der Wille eines Toten die Lebenden band; daß ein Mensch befugt war, Meilen irdischen Landes abzusperren; daß er ohne staatliche Genehmigung Äcker brachlegen, Bauten vernichten oder aufführen, Landschaften verstümmeln, Kunstwerke beseitigen oder schänden konnte, daß er sich berechtigt hielt, jeden beliebigen Teil des Gesamtvermögens durch geeignete Geschäfte an sich zu bringen und, sofern er einige Abgaben zahlte, nach Gutdünken zu verwenden, jegliche Zahl von Menschen zu beliebiger Arbeitsleistung in seine Dienste zu nehmen, sofern seine Kontrakte nicht widergesetzliche Bestimmungen enthielten, jegliche Geschäftsform zu praktizieren, sofern sie nicht staatliches Monopol oder im Gesetzbuch als Schwindel erklärt war, jeden noch so unsinnigen Aufwand zum Schaden des Gesamtvermögens zu treiben, solange er im zahlenmäßigen Verhältnis zu seinen Mitteln blieb.«[137]

Er postuliert den *moralischen* Gemeinschaftscharakter der wirtschaftlichen Welt: »Wirtschaftlich betrachtet ist die Welt, in höherem Maße die Nation, eine Vereinigung Schaffender; wer Arbeit, Arbeitszeit oder Arbeitsmittel vergeudet, beraubt die Gemeinschaft. Verbrauch ist nicht Privatsache, sondern Sache der Gemeinschaft, Sache des Staates, der Sittlichkeit und Menschheit.«[138]

Und noch prononcierter: »Der Sinn aller Erdenwirtschaft ist die Erzeugung idealer Werte. Deshalb ist das Opfer materieller Güter, das sie erfordern, nicht Verbrauchsaufwand, sondern endgültige Erfüllung der Bestimmung. Deshalb scheiden alle echten Werte der Kultur aus der ökonomischen Erwägung; sie sind inkommensurabel mit Gut und Leben; sie sind wertfrei, niemals zu teuer erkauft, es sei denn im Tausche gegen höhere Idealitäten, sie sind nicht Mittel und Rechnungsgrößen, sondern Wesenheiten aus eigenem Recht.«[139] Der proletarische Zustand ist, nach dieser ethischen Betrachtungsweise, nicht einfach auf ein Besitzproblem zu reduzieren. Nicht daß der Proletarier nur seine Arbeitskraft und keinen Anteil an den Produktionsmitteln besitzt, macht ihn zum Proletarier, sondern daß er kein gleichgestellter Partner bei der Bestimmung über Kapitalverwendung, -nutzung und -ertrag ist. Eine Machtfrage ist das Kernproblem des Kapitalismus wie des Sozialismus; an der Wurzel des Proletariertums liegt nicht die Armut, sondern die Ohnmacht. »Das Verhältnis des Proletariats ist«, so klingt das in Rathenaus Worten, »soweit es sich in Wirtschaftsbeziehungen ausdrückt, nicht sowohl eine Sache des Besitzes wie des Verbrauchsanspruchs. Auch hier den äußersten Fall der Ungleichheit gesetzt: daß ein einzelner das ganze Weltvermögen besäße – und dieser Fall ist nur sittlich, nicht wirtschaftlich verschieden von dem Grenzfall der Utopie, wo dieser einzelne Staat heißt –, in diesem angenommenen Falle brauchte dem Weltbesitzer durchaus kein Proletariat gegenüberzustehen. Seine Angestellten freilich wären wir alle, doch von unserem Gemeingefühl und Vorgehen hinge es ab, welche Aufteilung der jährlich erzeugten Gütermenge wir durchsetzen. Immer vorausgesetzt, daß der Besitzer die Weltproduktion verständig lenkt, so stehen ihm nicht mehr als fünf Verwendungsarten frei: einen Teil muß er uns, seinen Arbeitern und Beauftragten, überlassen und aufteilen; einen zweiten Teil muß er zur Erneuerung und Verstärkung seines Produktionsapparates und andern der Gesamtheit dienenden Einrichtung vorbehalten; einen dritten Teil kann er aufsparen, so etwa Lebensmittel, um künftigen Knappheiten vorzubeugen; einen vierten Teil kann er selbst verbrauchen und einen fünften Teil willkürlich vernichten, sofern er ein böser Narr ist; eine sechste Verwendung ist nicht gegeben. Da der vierte und fünfte Fall vernachlässigt werden kann, der dritte nicht wesentlich ist, so werden wir mit unserem Brotherrn nur über die Teilung zwischen eins und zwei zu verhandeln haben. Er wird anführen, daß die Sorge für die Zukunft eine größere Aufwendung für werbende Zwecke fordere, wir werden einwenden, daß auch wir leben wollen und die Nachkommen für sich selber sorgen mögen. Und wohlgemerkt: Diese Verhandlung wird in gleichem Sinne verlaufen, gleichviel, ob der Besitzer Rockefeller heißt oder sozialer Universalstaat.«[140]

Um diese »Verhandlung« zwischen den Sozialpartnern geht es; verhandelt wird nicht über Enteignung oder über Besitz-Umverteilung, sondern über den gerechten Besitz-Ausgleich, der in »Beschränkung des Einzelreichtums« zu bestehen hat und der auf soziale Freiheit hinzielt. Zu bewerkstelligen ist dieser

Ausgleich nur, sagt Rathenau, »durch entschiedene Trennung der drei Wirkungsformen des Vermögens: des Anrechts auf Genuß, des Anrechts auf Macht und des Anrechts auf Verantwortung. Wird diese Scheidung durchgeführt, so lassen sich Wirtschaftsformen finden, die innerhalb der herkömmlichen Eigentumsordnung den Forderungen der Freiheit, der Menschenwürde und Gerechtigkeit genügen und der Entwicklung Raum lassen.«[141]

Zweierlei ist hierbei wichtig: Es soll nicht grundsätzlich an dem »herkömmlichen« Eigentumsbegriff, nicht einmal an der »Eigentumsordnung« gerüttelt werden, sondern es soll eine Wandlung der Eigentums*gesinnung* eintreten; von dieser Wandlung hängt es nämlich ab, die »drei Wirkungsformen des Vermögens«, die Rathenau anführt, zu *versittlichen*. Die Versittlichung wiederum gibt sich in konkreten Maßnahmen zu erkennen, welche auf teils freiwilligen, teils verordneten Verzichten und Verpflichtungen beruhen:

a) Der Monopolismus muß beseitigt werden. »Befragen wir über das Recht oder Unrecht der Monopolbereicherung unser unbefangenes inneres Gefühl, so empfinden wir: in der erzwungenen Beitreibung, in ihrer willkürlichen Bemessung, in der rücksichtslosen Machtstellung des Einzelnen gegenüber den Vielen liegt etwas Unsittliches.«[142]

b) Die Erblichkeit des Besitzes muß eingeschränkt werden: »Nur ein geringer Teil des heutigen Wohlstandes ist vom Besitzer erworben; die weitaus überwiegende Menge des Vermögens ist ererbt.«[143] Während in der Feudalepoche die Erblichkeit zugleich auch einen Katalog von Rechten und Pflichten umschloß, »Schutz und Dienst von Geschlecht zu Geschlecht verlangte und gewährte«, unterlag sie in der kapitalistischen Epoche einem Verfremdungsprozeß: sie »bot nur noch Macht und Genuß und erwiderte nichts«.[144] Auch wenn man hier einwenden kann, daß dies nicht allgemein galt, daß es im Bereich der kapitalistischen Besitzvererbung – etwa der Weitergabe von Produktions- oder Handelsunternehmen innerhalb einer Familie – durchaus einen unternehmerisch-sittlichen Pflichtenkodex gab, so wird Rathenau doch beizustimmen sein, wenn er schreibt: ». . . daß unter den unantastbaren, jeder Kritik enthobenen Gütern der Menschheit der Sittenbegriff der Güter- und Machtvererbung keinen Platz findet.«[145]

c) Übermäßiger, ungehemmter Luxus muß unterbunden werden: »Der Gesamtertrag menschlicher Arbeit ist zu jeder Zeit begrenzt. Verbrauch, wie Wirtschaft überhaupt, ist nicht Sache des Einzelnen, sondern der Gemeinschaft. Aller Verbrauch belastet die Weltarbeit und den Weltertrag. Luxus und Absperrung unterliegen dem Gemeinwillen und sind nur soweit zu dulden, als die Stellung jedes unmittelbaren und echten Bedarfs es zuläßt.«[146]

Alle drei Folgerungen: Abschaffung bzw. Beschränkung des Monopol-, des Erblichkeits- und des Luxuswesens, lassen sich unter die eine leitende Überzeugung Rathenaus subsumieren, daß der Staat, wenn nicht der Herr, so zumindest aber der Treuhänder der Wirtschaft ist, dem der Ausgleich von Besitz und Einkommen seiner Bürger als ethisches Gebot obliegt: »Im Staate darf und soll nur einer ungemessen reich sein: der Staat selbst. Aus seinen Mitteln hat er für Beseitigung aller Not zu sorgen. Verschiedenheit der Einkünfte und Vermögen ist zulässig, doch darf sie nicht zu einseitiger Verteilung der Macht und der Genußrechte führen.«[147] Deshalb müssen die Quellen des heutigen (gemeint ist der Zustand von 1916/1917) Reichtums verstopft werden; denn »diese sind Monopole im weitesten Sinne, Spekulation und Erbschaft. Der Monopolist, Spekulant und Großerbe hat in der künftigen Wirtschaftsordnung keinen Raum.«[148] Rathenaus Resümee lautet: »Beschränkung des Erbrechts, Ausgleich und Hebung der Volkserziehung sprengen den Abschluß der Wirtschaftsklassen und vernichten die erbliche Knechtung des untersten Standes. Im gleichen Sinne wirkt die Beschränkung luxuriösen Verbrauchs, indem sie die Weltarbeit auf die Erzeugung notwendiger Güter verweist und den Wert dieser Güter, gemessen am Arbeitsertrage, ermäßigt.

Auf diesen Grundsätzen ruht das System des wirtschaftlichen Ausgleichs und der sozialen Freiheit.«[149]

Zugleich fügt er einen Katalog von Maßnahmen an, die zur Verwirklichung seiner Vorstellungen ergriffen werden sollten. Er empfiehlt zur »Regelung des Verbrauchs« als »nächstliegende Mittel ... ein ausgedehntes, teilweise bis an die Grenze der Prohibition getriebenes System von Zöllen, Steuern und Abgaben auf Luxus und übermäßigen Verbrauchsgenuß«.[150] Sehr typisch für das oft eigenartig abstrakte, um nicht zu sagen weltfremde Denken des Weltmannes ist die Bemerkung, daß der finanzielle Gesichtspunkt hierbei ganz Nebensache sei und es lediglich um den Verbots-, den Beschränkungseffekt gehe, eine Haltung, die an Fichte und dessen Schrift »Der geschlossene Handelsstaat« (1800) erinnert. Rathenau macht damit aber den Staat zu einer Art von Polizist, der die Wirtschaftsgesinnung überprüft und für üble Gesinnung Geldstrafen verhängt. Die gleiche Haltung nimmt er für seine Empfehlung, die Vermögens- und Einkommensbesteuerung drastisch zu verschärfen, ein. Auch sie soll weniger »Notquelle für den Staat, mit Bangen auferlegt und mit Unmut entrichtet«,[151] sein als vielmehr Ausdruck echter, tiefgreifender Läuterung im Besitzdenken der Menschen. Es müsse als eine ethische Selbstverständlichkeit von jedermann bejaht werden, »daß oberhalb eines bürgerlichen Auskommens der Erwerbende nur bedingter Mitbesitzer des Erworbenen ist und daß es dem Staate freisteht, von diesem Übermaß ihm soviel oder sowenig zu belassen, wie er will«.[152] Dieselbe moralische Akzentuierung natürlich in Fragen der Monopolbekämpfung wie der Beschneidung des Erbrechtes, die beide durch staatliche Handels- und Steuergesetze zu lösen sind.

Als sei er froh, sich von lästigen Einzelheiten abwenden zu können, gerät Rathenau sogleich in eine emphatische Schilderung der durch die Versittlichung der Wirtschaft gesundeten und veredelten Gesellschaft: »Das äußere Leben erscheint unter neuer Auffassung. Neben seiner Beziehung zur Klasse entsteht im Einzelnen eine vertiefte Beziehung zur Gemeinschaft, der er entstammt und zu der er durch sein Haus zurückkehrt. Die losgelöste, von der

Masse getragene Existenz verliert ihren Sinn; das bürgerliche Dasein besteht nur solange, als es dient und leistet, und schattenhaft, soweit es seine Untauglichkeit bekennt. Die schnöde Luxusexistenz hört auf und zugleich mit ihr die erbliche Gebundenheit; die Anschauungen gleichen sich aus zum Volksgefühl. Die Herrschaft eitler, diebischer, frevelhafter Naturen wird zur seltensten Ausnahme, Wirkung und Achtung treten sich näher. Die Erziehung gewinnt neue Formen und neue Wirksamkeit; war sie leichte Rüstung, so wird sie zur Lebenswaffe. Die Notwendigkeit, jede Anlage zu erforschen und zu fördern, wird unabweisbar; sie lohnt der Gemeinschaft mit einer ewigen Ernte geistiger Kräfte, wie nur die Perioden der großen Umwälzungen bisher sie gekannt haben. Der Frau wird ihre mütterliche Würde und häusliche Verantwortung zurückgewonnen, die in damenhaftem Selbstzweck, in Leerheit und in Tagesfron ersticken sollte. Jedem gutwilligen Menschen erschließt sich ein Aufblick und Aufstieg; niemand ist ausgestoßen noch verachtet; ausgeschlossen nur der Verächter.«[153]

Die neue Gesinnung, die die neue Wirtschaft und, auf dem Wege über sie, den neuen Staat und die neue Gesellschaft schaffen, kommt nicht von selbst, sondern sie bildet sich aus als die natürliche Reaktion auf die mechanistische Entwicklung. An der Meinung, die Rathenau in »Zur Kritik der Zeit« und in »Zur Mechanik des Geistes« vertreten hatte, daß nämlich die vorangetriebene Mechanisierung selbst sich in sich überwinde und, gleichsam dialektisch, den »Weg der Seele« eröffne, hält er auch jetzt fest. Das moderne industrielle Großunternehmen erlangt eine Art von Autonomie, das heißt eine Eigengesetzlichkeit, die über kleinliche, egoistische Privatunternehmerwünsche einfach hinwegschreitet; es gewinnt »Seele« und zwingt den Eigentümer, der Diener wird im Funktionsgeflecht mit anderen Dienern (Rathenau nennt sie bezeichnenderweise nicht nur bei der AEG »Beamte«), zum »Weg der Seele« – eine analoge Entwicklung also, wie sie im Staat vom Absolutismus über den aufgeklärten Absolutismus zum Konstitutionalismus und von ihm zur demokratischen Republik führt. »Nicht mehr die Erwerbslust des reichen Kapitalisten ist es, die das Unternehmen schafft, sondern das Unternehmen selbst, zur objektiven Person geworden, erhält sich selbst, schafft sich seine Mittel, wie es sich seine Aufgaben schafft, und ist bereit, diese Mittel aus eigenen Erträgen, aus vorübergehendem Anlagebedürfnis, aus Staatsdarlehen, aus Stiftungen, aus Spargeldern seiner Angestellten und Arbeiter oder wie immer sonst zu entnehmen. Es lagert sich somit zwischen das Gebiet der Staatsverwaltung und das Gebiet der Privatgeschäfte eine Schicht mittlerer Gebilde; autonomer Unternehmungen, die der privaten Anregung entstammen, von privater Initiative geleitet werden, der Aufsicht des Staates unterliegen und ein selbständiges Leben führen, das in seiner Wesensart von der Privatwirtschaft zur Staatswirtschaft überleitet.«[154]

Wir verlassen das Buch »Von kommenden Dingen«, auf das wir in anderem Zusammenhang nochmals zurückzukommen haben, und wenden uns kurz den wirtschaftstheoretischen Schriften zu, die es einrahmen. Am 20. Dezember 1915 hatte Rathenau vor der »Deutschen Gesellschaft von 1914« einen Vortrag über Deutschlands Rohstoffversorgung gehalten, der nicht nur als eine Art von Rechenschaftsbericht hinsichtlich der Tätigkeit an der Spitze der Kriegsrohstoffabteilung (KRA) des Kriegsministeriums, sondern auch als Ideen- und Pläne-Reservoir für die Nachkriegszeit unser Interesse verdient. Die von Anbeginn des Krieges an bestehende Rohstoffknappheit Deutschlands, ein vorgegebener Unterlegenheitsfaktor, auf den Wichard von Moellendorff[155] als erster hingewiesen hatte, erzwang die »Planwirtschaft«, Rathenau hat ihr die erste Form gegeben. Es ging darum, »solche Stoffe, die der Landesverteidigung dienen und die nicht dauernd oder ausreichend im Inlande gewonnen werden können«, zu bewirtschaften. (Ausgenommen von dieser bei der Kriegsrohstoffabteilung durchgeführten Bewirtschaftung waren Nahrungsmittel und flüssige Treibstoffe, welche von getrennten Stellen kontingentiert wurden.) Liest man heute, wie Rathenau selbst die Aufgaben jener Vorratsplanung gesehen und auch durchgeführt hat, dann findet man darin tatsächlich wichtige Elemente einer »neuen Wirtschaft« auch für Friedenszeiten; Elemente, die während der nationalsozialistischen Herrschaft sowohl schon vor 1939 als auch besonders dann im Zweiten Weltkrieg, freilich wohl ohne bewußten Bezug auf Rathenaus Ausführungen, eine tragende Rolle spielten. »Vier Wege waren möglich«, erklärte er seinen Zuhörern, »und mußten beschritten werden, um die Wirtschaft im Lande umzugestalten, um das Verteidigungsverhältnis zu erzwingen.

1. Alle Rohstoffe des Landes mußten zwangsläufig werden, nichts mehr durfte eigenem Willen und eigener Willkür folgen. Jeder Stoff, jedes Halbprodukt mußte so fließen, daß nichts in die Wege des Luxus oder des nebensächlichen Bedarfes gelangte; ihr Weg mußte gewaltsam eingedämmt werden, so daß sie selbsttätig in diejenigen Endprodukte und Verwendungsformen mündeten, die das Heer brauchte. Das war die erste und schwerste Aufgabe.

2. Wir mußten alle verfügbaren Stoffe jenseits der Grenzen ins Land hineinzwingen, soweit sie zu zwingen waren, sei es durch Kauf im neutralen, sei es durch Beitreibung im okkupierten Ausland. Durch Kauf ist manches hereingeflossen; späterhin durch Beitreibung im okkupierten Auslande sehr viel und Unentbehrliches; davon werde ich später reden.

Die 3. Möglichkeit, die sich uns erschloß, war die Fabrikation. Wir mußten Bedacht darauf nehmen, daß alles das im Inland erzeugt wurde, was unentbehrlich und unerhältlich war. Wir mußten auch darauf Bedacht nehmen, daß neue Erzeugungsmethoden gefunden und entwickelt wurden, wo die alte Technik nicht ausreichte.

Und nun der 4. Weg: Es mußten schwer erhältliche Stoffe durch andere, leichter beschaffbare ersetzt werden. Wo steht es geschrieben, daß diese oder jene Sache aus Kupfer oder Aluminium gemacht werden muß, sie kann auch aus etwas anderem gemacht werden. Surrogate müssen herhalten, altgewohnte Fabrikate müssen aus neuen Stoffen geschaffen werden. Wenn die alten sich störrisch zeigen hinsichtlich ihres Stoffverbrauches, so muß dieser Eigensinn gebrochen werden, und es müssen solche Fabrikate erstehen, die weniger wählerisch sind hinsichtlich ihrer Erzeugungsmittel.«[156]

Diese vier Hauptwege zur Umstellung der Friedens- auf Kriegswirtschaft umfaßten weit mehr als wirtschaftspolitische Verwaltungsmaßnahmen. Es galt, überhaupt erst die Rechtsgrundlagen für die staatliche Zwangswirtschaft zu schaffen. »Wir schufen«, so bekannte Rathenau stolz, »einen neuen Begriff der Beschlagnahme; mit etwas Willkür zwar, aber das Belagerungsgesetz stand uns zur Seite, und später ist alles auch unabhängig vom Belagerungszustand gesetzlich sanktioniert worden.«[157] Wichtiger noch als die Verfügungsbeschränkungen des Eigentumsrechts an Rohstoffen erscheint die Ersetzung der privatwirtschaftlichen Rentabilitätsgrundsätzen gehorchenden Güterverteilung durch planwirtschaftlichen Dirigismus, dessen Organe die sogenannten »Kriegswirtschaftsgesellschaften« waren – »Organismen«, wie Rathenau definierte, »geschaffen . . . zum Aufsaugen, Aufspeichern und zum Verteilen« des Warenstroms. »Auf der einen Seite«, fuhr er fort, »war ein entschiedener Schritt zum Staatssozialismus geschehen; der Güterverkehr gehorchte nicht mehr dem freien Spiel der Kräfte, sondern war zwangsläufig geworden. Auf der anderen Seite wurde eine Selbstverwaltung der Industrie, und zwar in größerem Umfang, durch die neuen Organisationen angestrebt.«[158]

Diese aus dem Zwang des Mangels und der Not geborene, wirklich neue Wirtschaftskonzeption, deren Wesen eine harmonische Verbindung von Unternehmerinitiative und Staatsweisung, von Freiheit des Einzelunternehmers und Generallinie seiner industriellen Körperschaften, von diesen wiederum und den Staatsorganen sein sollte, hat Rathenau für zukunftsträchtig gehalten. Er sah die Kriegswirtschaftsgesellschaften »als ein Mittelglied zwischen der Aktiengesellschaft, welche die freie wirtschaftlich-kapitalistische Form verkörpert, und einem behördlichen Organismus; eine Wirtschaftsform, die vielleicht in kommende Zeiten hinüberdeutet«,[159] und seine Erwartungen gingen in zweifacher Weise auf das Allgemeine und das Besondere: Er glaubte, obwohl er im Vortrag dies nur streifte, daß die neuentwickelten Arbeitsweisen »auf die Frage der kapitalistischen Wirtschaftsordnung und ihrer möglichen Reform« nicht ohne Einfluß bleiben würden; zum andern glaubte er an eine positive Wirkung auf die nationale Volkswirtschaft: »Unsere Wirtschaft wird in doppeltem Sinne unabhängiger, denn wir hängen nicht mehr ab vom Wohlwollen des Verkäufers, noch vom Wohlwollen unseres Gläubigers, dem wir zu zahlen haben und der es unter Umständen in der Hand hat, durch Erhöhung seiner Zollmauer das Zahlungsmittel unserer Ware zu entwerten.«[160]

Beide Hoffnungen haben sich nicht erfüllt. Oder genauer: sie haben sich nicht in rechter Weise, im rechten Zeitpunkt erfüllt. Weder zur Reform des privatkapitalistischen Systems im Sinne der Rathenauschen neuen Wirtschaftsethik noch zur nationalen wirtschaftlichen Unabhängigkeit kam es – konnte es kommen – während der Jahre der Weimarer Republik, da es für Deutschland, für unser aller Schicksal am dringendsten notwendig gewesen wäre. Als die nationalsozialistische Wirtschaftspolitik mit ihren staatsdirigistischen und autarkistischen Tendenzen, ohne sich dessen bewußt zu sein, Rathenausches Gedanken- und Erfahrungsgut mitverwandte, diente dies der vermeintlichen Stärkung des Reiches für eine weitgesteckte rigorose Großmachtpolitik und damit aber dem Kriege und dem Untergang. Erst die wirtschaftliche Entwicklung nach dem Zweiten Weltkrieg mit ihren ganz exzeptionellen Voraussetzungen hat – nunmehr freilich auf ganz anderen antiautarkistischen Wegen – zu einer Modifizierung der kapitalistischen Wirtschaftsordnung von innen heraus geführt, die noch im Flusse ist.

Fast genau ein Jahr nach jenem Vortrag, am 18. Dezember 1916, sprach Rathenau abermals vor dem gleichen Kreise über das Thema »Probleme der Friedenswirtschaft«. Das Jahr 1916 hatte den einer Niederlage gleichkommenden Abbruch der Schlacht um Verdun, den Kriegseintritt Rumäniens und die Verschlechterung der Beziehungen zu den Vereinigten Staaten gebracht, das Kriegsende und der immer noch mancherorts (nicht von Rathenau) erträumte »Sieg-Friede« waren in weite Ferne gerückt; das Buch »Von kommenden Dingen« stand kurz vor dem Erscheinen. Weder die Höhe seines Niveaus noch die gedrückte Stimmung der dritten Kriegsweihnacht verraten sich in der Ansprache. Rathenau strahlt Zukunftsoptimismus aus, wie er ihn wohl für seine Pflicht hielt. Was mochten sich wohl die Hörer, unter ihnen Dernburg, dabei denken, wenn er sagte: »Wir werden uns ruhig darauf gefaßt machen, daß unsere Wirtschaft bis zu einem gewissen Grade Binnenwirtschaft sein wird. Dies hat nichts Erschreckendes, im Gegenteil: ich möchte meinen, daß etwas menschlich Schönes darin liegt, wenn nach diesem Kriege, in dem wir ganz auf uns gestellt waren, in dem wir ganz unserer Kraft uns bewußt wurden, vor allem unserer Kraft zum Opfer, wir von dieser stolzen und reinen Gesinnung etwas behalten, wenn wir auch in der Wirtschaft den Stolz fühlen, auf uns gestellt zu sein, aus eigener Kraft, aus eigenem Willen und aus eigenem Denken wieder emporzuwachsen ... Es liegt aber auch etwas ästhetisch Schönes darin. Denn die Verschwommenheit unserer Güterwirtschaft hat dazu geführt, daß jedes Produkt an jeder Stelle der Welt zu haben und zu sehen war ... Ein ästhetisches Schöne der Binnenwirtschaft aber kann und wird es werden, daß die Produkte, die Güter, die Werke wieder den Charakter ihrer erzeugenden Erde tragen.«[161] Wir haben hier ein sehr typisches Beispiel für die schon wiederholt angeführte Vermengung inkommensurabler Lebensbereiche, die zu Rathenaus Denk-, Gefühls- und Stileigentümlichkeiten und, sagen wir ruhig: -schwächen gehörte. Bemerkenswert erscheint ferner die Einteilung des Gesamtkomplexes Wirtschaft in »Material-«, »Arbeits-« und »Kapitalwirtschaft«.[162] Unter »Materialwirtschaft« will er straffe Materialrationalisierung und Materialautarkie verstanden wissen, Schutz gegen Einfuhr »nicht im Sinne der alten Schutzzollpolitik, sondern im Sinne der Richtigstellung unserer Handelsbilanz [was heißen soll, daß die Einfuhr die Ausfuhr nicht übersteigen darf], also im Sinne eines Neomerkantilismus«.[163]

Wenn Rathenau im folgenden von »Arbeitswirtschaft« spricht, dann meint er weniger konkrete Sozialreform-Vorschläge, die das Los des Arbeitenden, als vielmehr »sittliche Orientierung«, die den Charakter der Arbeit betreffen. Oberster Grundsatz dieser sittlichen Orientierung: »Jeder Mann wird gebraucht, kein Werkzeug darf feiern.«[164] Das klingt zwar recht plakativ, aber es meint die Rationalisierung der Wirtschaft, jetzt nicht im technischen Bereich, nicht in der Abwicklung des Arbeitsganges, sondern in ihren Produktionszweigen und -stätten: »Noch immer besteht eine Zersplitterung in viele Betriebe da, wo ein oder wenige Betriebe ausreichen. Ich weiß, daß ich da etwas ausspreche, das gefährlich erscheinen kann; wir fürchten uns vor der Konzentration, und nicht mit Unrecht. Die Konzentration der Betriebe und Werkstätten kann, hemmungslos geübt, zur Gefahr werden, aber in unserer Zukunftswirtschaft, wo Wirtschaft nicht mehr Sache des einzelnen ist, sondern Sache der Gemeinschaft, kann es nicht gleichgültig sein, ob der einzelne Raum, Werkzeug, Materialien vergeudet ... Nicht um eine Verstaatlichung der Wirtschaft ist es uns zu tun, noch um Einmischungen herbeizuführen da, wo sie nicht nötig sind; doch es wächst das Gefühl, daß in demselben Maße, wie wir nicht mehr uns allein verantwortlich sind für das, was wir wirtschaftlich schaffen, sondern uns wechselseitig verantwortlich sind: daß wir dadurch auch dem Staate verantwortlich werden und er uns. Eine engere Gemeinschaft des Staates und der Wirtschaft ist nicht zu fürchten, sofern der Staat sich von einseitigen und bürokratischen Methoden freimacht – auch er wird manches umzulernen haben – und zum wahren und höchsten Organ des gemeinschaftlichen Willens und Geistes erwächst.«[165]

Versuchen wir uns klarzumachen, was Rathenau hier vorschlägt. Um besser, billiger, schneller, effizienter produzieren zu können – wie es in der kommenden Friedenszeit erforderlich sein wird –, muß nicht nur technisch, sondern auch organisatorisch rationalisiert werden. Die organisatorische Rationalisierung, also das Zusammenschließen von Produktionsgebieten und -stätten zu optimalen Großeinheiten – wer soll es veranlassen, wer durchführen? Die Gemeinschaft; denn »Wirtschaft ist nicht mehr Sache der einzelnen, sondern Sache der Gesamtheit«.[166] Die Gemeinschaft ist der Staat – der neu zu schaffende Volksstaat –, aber dieser Staat soll nicht als eine diktatorische Obrigkeit die Rationalisierung befehlen, sondern er soll nur den Rahmen für das abstekken, was Selbsteinsicht und Selbstverantwortung einer sich selbst verwaltenden Industrie ohnehin wollen werden. Woher kommen Einsicht und Wille? Aus der neuen versittlichten Wirtschaftsgesinnung, zu der der Krieg erzogen hat. Und woher diese? Aus den Sachzwängen der Mechanisierung. Ein circulus, von dem 1916/17 noch niemand zu sagen weiß, ob er funktionieren wird.

Nicht allein die Rationalisierung des nationalen Produktionsapparates faßt Rathenau ins Auge, sondern auch die »Erfassung« der nationalen Arbeitskraft: »Das Arbeitsproblem berührt auch die Frage, wieweit ein Mensch das Recht haben soll, sich außerhalb der Arbeitswirtschaft zu stellen. Das Hilfsdienstgesetz, das jetzt an uns herantritt, läutet eine Glocke, die dazu mahnt, daß in einer Wirtschaft, die zur nationalen Sache geworden ist, nicht ohne Not jemand beiseite stehen darf. Das betrifft nicht die freien Gebiete, die Selbstzweck sind: Wissenschaft, Kunst, Betrachtung, Religion. Diese Dinge stehen nicht innerhalb eines wirtschaftlichen Zusammenhanges; sie sind aus eigenem Recht, und sie dürfen nicht angetastet werden. Aber es wäre durchaus vorstellbar und nicht zu fürchten, wenn allmählich sich eine Ordnung bei uns einstellte, die den gesunden und kräftigen Mann, der auf idealem Gebiet nicht produktiv leistend sein kann, zur produktiven bürgerlichen Arbeit aufruft.«[167] Mit dürren Worten: Arbeitsdienst als Pflicht und Zwang; wie immer man den Akzent zu setzen wünscht. Wissenschaftler und Künstler, Philosophen und Priester bleiben, als Vertreter höherer Existenzformen und weil sie, zum Staatswohl, differenzierterer Behandlung bedürfen, davon unbehelligt. Für unsere historische Erkenntnis ist es wichtig zu sehen, daß und in welchem Ausmaß die Gedanken in der Luft lagen, die heute manchmal zu Unrecht als Erfindungen der faschistischen und sozialistischen Diktaturen gelten. Der Gedanke der Vergemeinschaftung des Lebens im allgemeinen und seiner verschiedenen modernen Formen im besonderen erfüllte und bewegte die Menschen aller Lager und Richtungen. Die späteren Exzesse im Zuge der totalitären Realisierungsversuche entstanden aus sehr komplexen inneren und äußeren Konstellationen, die damals noch niemand vorauszusehen vermochte.

Es war nur logisch, daß Rathenau in die Material- und die Arbeitsplanung auch die Kapitalplanung – wenn man will: ebenfalls Rationalisierung zu nennen – einbezog. Ihre Kardinalpunkte: strikt rationelle Verwendung der Mittel, »gerechte Verteilung« der Mittel, Verbot der Kapitalflucht ins Ausland, Verfügungsbeschränkung im Inland, Vermögensabgabe als unvermeidliche Kriegsfolge – »eine gewisse Ähnlichkeit mit Konfiskation« wird bestehen –, starke Besteuerung vor allem der hohen Einkommen – *auch* als Ausdruck der sozialen Gerechtigkeit, die einen Ausgleich angesichts der »Verschiedenheit der äußeren Glücksgüter« verlangt.[168] Manches davon wurde später Wirklichkeit, manches, wie etwa der »Lastenausgleich« nach dem Kriege, klingt uns heute wie selbstverständlich; damals aber, aus dem Munde des AEG-Präsidenten, klang es mutig, progressiv und in den Ohren vieler seiner Berufskollegen wohl auch provokativ.

Genau ein Jahr nach »Von kommenden Dingen« erschien im Januar 1918 die knapp neunzig Seiten starke Schrift »Die neue Wirtschaft«, wie stets bei S. Fischer. Das kleine Buch wurde binnen drei Monaten in 40.000 Exemplaren aufgelegt und ins Schwedische (1918), Holländische (1919), Italienische (1919) und Französische (1921) übersetzt.[169] Diese nüchternen Angaben machen deutlich, wie begierig man inmitten des zunehmenden Kriegselends nach dem klärenden, richtungweisenden Wort zur Zeit, mehr vielleicht noch: zur Zukunft, war und wie viele Menschen damals dieses Wort gerade von Rathenau erwarteten. Dieser ging in seiner Abhandlung von den enormen Verlusten an Menschen und Material aus, die der Krieg – war er einmal beendet – für alle Beteiligten, für Deutschland wie für dessen Gegner, mit sich gebracht haben würde. Dennoch scheint er die Verluste überschätzt und die Regenerationsfähigkeit der von der Katastrophe betroffenen Welt unterschätzt zu haben. Eines sah er allerdings richtiger als viele der Zeitgenossen: daß es weder Sieger noch Besiegte im eigentlichen, vor allem nicht im wirtschaftlichen Sinne geben werde. »Alle, die mit dem Kriege zu tun gehabt haben«, so lautete seine Maxime, »sind Gläubiger aller derer geworden, die nichts mit dem Kriege zu tun gehabt haben. Freilich in allen möglichen und durchaus nicht immer sittlichen Abstufungen.«[170] Dies galt nicht nur für Länder wie die Schweiz oder Schweden, sondern auch für die Vereinigten Staaten, die zwar »mit dem Kriege zu tun« gehabt, aber doch in ihm nicht gelitten, sondern prosperiert hatten.

Über die im vorhergehenden dargelegten Gedankengänge griff Rathenau zwar theoretisch kaum noch hinaus, aber er bereicherte sie durch aktuelle Aspekte. Daß die Umstellung von Kriegs- auf Friedenswirtschaft schwierige Probleme aufwerfe, langwierig und mühselig sein werde, sah er voraus – das wirkliche Ausmaß des wirtschaftlichen Zusammenbruchs aber, das erst nach Rathenaus Tode den Gipfel erreichte, konnte er, der noch auf Verständigungsfrieden und Remis hoffte, als er seine Erwägungen 1917 niederschrieb, nicht voraussehen. Wie die meisten Deutschen konnte er sich die Niederlage, den verlorenen Krieg mit anschließendem »Diktat-Frieden« einfach nicht vorstellen. Daher rühren die mancherlei Fehleinschätzungen der Realitäten bei einem sonst so scharfsichtigen Beobachter. Deutschland, so meinte er, wird günstiger dastehen als die Westmächte, weil »wir zu bedeutenden Zins- und Schuldenzahlungen an das Ausland nicht verpflichtet sind und nicht annähernd die gleichen Zerstörungen auszugleichen haben«, und zudem wird das Reich ein attraktiver Handelspartner sein, weil »wir die eigenen Bestände aufzehrten, so daß wir zu ihrer Ergänzung von unseren bisherigen Gegnern zu kaufen und zu leihen haben«.[171] Wir wollen auf die innere Widersprüchlichkeit dieser Sätze (selbst für den Fall, daß die Voraussetzungen gestimmt hätten) nicht weiter eingehen – alles das wurde durch die tatsächlichen Entwicklungen gegenstandslos –, sondern nur das beleuchten, was einen weiterführenden Wert besaß.

Daß die Wirtschaft nach dem Kriege – wie auch immer er enden würde – vermehrter Belastung ausgesetzt sein würde, stand fest; fest stand aber auch, daß die Lage der Arbeiterschaft durch Steigerung der Löhne und Hebung der Lebenshaltung verbessert werden mußte; zu beidem gehört nach Rathenaus Ansicht die Verbilligung der Ware – kurz: erhöhte Belastung und erhöhter

Rationalisierungszwang würden die Nachkriegswirtschaft charakterisieren. »... die bestehende Wirtschaftsordnung«, so erkennt er, »löst die Aufgabe nicht, noch weniger die kommunistische. Die Ordnung, zu der wir gelangen, wird eine privatwirtschaftliche sein, wie die gegenwärtige, doch keine ungezügelte. Ein Gemeinschaftswille wird sie durchdringen, der gleiche, der heute alles solidarische Menschenwerk durchdringt, mit Ausnahme eben des wirtschaftlichen Schaffens; eine Sittlichkeit und Verantwortung wird sie durchdringen, die heute jeden Dienst an der Gemeinschaft adelt.«[172]

Der Verwirklichung dieser uns bereits vertrauten Forderung nach »Wirtschaftsethik« stellt sich in Deutschland als schwerstes Hemmnis die historisch bedingte Gemeinschafts-Unreife des Volkes entgegen, eines Volkes, »das in Entschlüssen sich nicht selbst vertraut und alles von ererbtem Obrigkeitsgeist verlangt, das nur einmal sich selbst eine neue Richtung gegeben hat, nämlich in geistigen Dingen [gemeint ist die Reformation], und damals nur unter dem Patronat von Adel und Fürstentum. Es ist hart für eine Zeit, die alles grundsätzliche Denken verachtet, weil sie es verlernt hat, die von der Zeit lebt und jedes Problem in Tagesfragen zersplittert.«[173]

Man wird hier freilich dem Autor entgegenhalten können, daß eigentlich die Deutschen eher an Übersteigertheit »grundsätzlichen« Denkens als am übertriebenen Hang zur Alltags-Programmatik kranken. Einmal mehr müssen wir »übersetzen«, was gemeint ist: die Unausgewogenheit zwischen grundsätzlichem und pragmatischem Denken, die Neigung, aktuelle Zusammenlebensfragen, die zur Lösung anstehen, unglücklich mit »Prinzipien« zu überfrachten, und, umgekehrt, echte Grundsatzentscheidungen durch »Zerreden« zu verzögern und zu vernebeln, ist wirklich deutsche Schwäche.

Nachdem Rathenau noch einmal das wiederholt hat, was uns besonders aus den erwähnten Vorträgen geläufig ist, geht er nun insofern einen Schritt weiter, als er die Organisierung der Wirtschaft in Berufs- und Gewerbsverbänden empfiehlt; beider Regulator und Protektor hat der Staat zu sein. Der Berufsverband – also etwa der der Stoffabrikanten – erhält vom Staat »bedeutende Rechte, die zum Teil an Hoheitsrechte grenzen. Das Recht der Aufnahme oder Ablehnung neu Hinzutretender, das Recht des Alleinverkaufs inländischer und eingeführter Ware, das Recht der Stillegung unwirtschaftlicher Betriebe gegen Entschädigung, das Recht des Ankaufs von Betrieben zur Stillsetzung, Umwandlung oder Fortführung. Kein neuzeitliches Syndikat hat je so weitgreifende Rechte besessen und mit ihnen so bedeutende Aussichten auf Leistungskraft und Ausdehnung ... In der Verwaltung ist der Staat vertreten, dessen Beauftragte überwachende und eingreifende Rechte haben, außerdem die Arbeiterschaft. Innere Streitigkeiten werden durch Schiedsämter geschlichtet. Der Verantwortungskreis der Berufsverbände setzt sich demnach wie folgt zusammen: ordentliche Geschäftsführung, Organisation und Handhabung des Verkaufes und der Ausfuhr ... Beschaffung, notfalls Einführung der Rohstoffe und Hilfsmaterialien unter Mitwirkung des Handels, Einführung des Fabrikats ... Beschaffung von Frachtraum und Zahlungsmitteln ... Hebung und Verbilligung der Produktion ... Ausarbeitung und Durchführung des großangelegten und wissenschaftlich durchdachten Planes zur Arbeitsteilung von Werk zu Werk, Bezirk zu Bezirk, nach Maßgabe der Lage, Materialbeschaffung, Absatzentfernung, Kraft- und Arbeitsverhältnisse, Leistungsfähigkeit. Verteilung der Erzeugungskontingente, Entscheidung und Mitwirkung bei Errichtung neuer Werke ... Einführung einheitlicher Typen und Muster ... Verhandlung und Verkehr mit den benachbarten Verbänden des Gesamtgewerbes, mit Angestellten- und Arbeiterverbänden, Vertretung der Berufsinteressen gegenüber der Regierung und Gesetzgebung.«[174]

Die Gewerbeverbände fassen benachbarte Berufsverbände zu funktionalen Großeinheiten der Wirtschaft zusammen, also etwa die Wollimporteure, Tuchhersteller, Kleiderfabrikanten, aber auch die Hersteller von Korsettagen, Wäsche, Strümpfen usw. zum Gewerbeverband »Textil«. So stellt sich am Ende die gesamte Wirtschaft als ein nach funktionalen Gesichtspunkten gegliedertes und verknüpftes Geflecht dar. Sein wesentliches Merkmal ist die Vergesellschaftung, die an Stelle der freien Konkurrenz tritt. Die Vergesellschaftung wird ermöglicht, erhalten und, wo es not tut, erzwungen durch eine Mischung von Staatsdirigismus und verbandlicher Selbstverwaltung. In den nach Branchen gebildeten Berufs- und Gewerbsverbänden bestimmen – Rathenau sagt nicht, in welchem Zahlenverhältnis – die Vertreter des Staates, der Unternehmer und der Arbeiter (und Angestellten), die alle ihrerseits wieder »standesgemäß« inkorporiert sind: die Staatsvertreter als Beamte, die Unternehmer und die Arbeitnehmer als Angehörige ihrer »Klasse« in Interessenverbänden (zu denen z. B. auch die Gewerkschaften zählen).[175]

Obwohl Rathenau, wie stets empfindlich seine geistige Unverwechselbarkeit und Eigenständigkeit betonend, den Vergleich seiner Konzeption mit dem »alten Gilden- und Zunftwesen« vorsorglich zurückweist, bleibt doch bestehen, daß er hier eine Neuauflage des englischen Gildensozialismus anbietet. Dieser wurde in der Fabian Society entwickelt und von den Wirtschaftstheoretikern Pentry, Orage und Hobson vertreten; sein Grundgedanke sieht den Zusammenschluß der Erwerbstätigen eines Industriezweiges zu »Gilden«, also zu Produktionsgenossenschaften, vor, welche eine Art moderner Zunftverfassung erhalten und vom Staat nur indirekt, das heißt auf dem Wege seiner Steuer-, Lohn- und Preispolitik, reguliert werden sollen. Dieser Kern liegt unbezweifelbar auch Rathenaus Ideen zugrunde, wenngleich sie gewisse Varianten aufzeigen, deren wichtigste sind:

a) Der Privatbesitz wird bei Rathenau nicht beseitigt, nicht in Genossenschaftsbesitz verwandelt, sondern lediglich durch Streuung und Anonymisierung (Prinzip der Aktiengesellschaften) sowie durch Wachstum der Produktionsstätten, technisch-ökonomische Rationalisierung und eben durch das staatlich-genossenschaftliche Verwaltungssystem der Industrie in seiner Verfügbarkeit und Machtwirkung eingeschränkt.

b) Rathenaus Berufsverbände- und Gewerbeverbände-Netz ist umfassender als das der Gildesozialisten; die Verknüpfung der einander ergänzenden Industriezweige, praktisch jedes Zweigs mit jedem, geht über die »Monobranchen«-Gilde der Briten hinaus.

c) Der Staat wird, anders als in der englischen Version, in die Verbände aktiv einbezogen; er steht nicht außerhalb des »Netzes« als ein Kontrahent oder gar Feind, sondern er wirkt innerhalb derselben mit als Partner.[176]

Rathenau wähnte völlig neue Bahnen zu beschreiten: »Ich glaube, daß unsere Zukunft von der Versittlichung unserer Wirtschaft abhängt«, schrieb er an Woldemar von Seidlitz (27. 3. 1917), »und betrachte meine Anregungen nur als den Beginn einer großen Bewegung, die bestimmt sein wird, Dinge, die bisher als selbstverständliche, der Kritik enthobene, hingenommen wurden, von neuer Seite zu beleuchten und gänzlich neuartige Erwägungen in den Kreis der wirtschaftlichen Beurteilung zu tragen.«[177]

Die Erwägungen waren, wie wir sahen, keineswegs gänzlich neu, auch nicht in Deutschland selbst. Der Vergesellschaftungsgedanke in der Wirtschaft ist alt: Rathenau hat ihn zu »transzendieren« versucht, aber ihm nicht eigentlich Eigenes an geistiger Entdeckung hinzugefügt. Das erkannte bereits Imre Révész in seinem Buch »Walther Rathenau und sein wirtschaftliches Werk«, das vor vierzig Jahren erschien und, was die Beurteilung Rathenaus als Wirtschaftstheoretiker anbetrifft, keineswegs überholt ist. Da das angelsächsisch-liberale Prinzip der freien Konkurrenz bis zum äußersten in Deutschland keinen günstigen Boden fand – warum, machte Révész einsichtig[178] –, lagen sowohl Kartellierungs- als auch, »ethisch« überbaut, Gemeinschaftsideen sozusagen in der Luft. Erstere, von der dynamischen Unternehmergeneration, der Emil Rathenau angehörte, vorangetrieben, ließen Deutschland zum klassischen Land der Kartelle werden, neben den Vereinigten Staaten; letztere machten es zum klassischen Land universalistischer Wirtschaftstheorien, »autoritativer Sozialpolitik und staatlicher Unternehmen«. Révész, der sich bei diesen Feststellungen auf Rathenaus Kollegen Wichard von Moellendorff bezieht,[179] nennt Friedrich den Großen und Bismarck als Vertreter einer universalistischen, staatsgelenkten Wirtschafts- und Sozialpolitik, Fichte, Stein, List als die zugehörigen Theoretiker der Vergemeinschaftung, nicht nur der Wirtschaft, sondern des gesamten nationalen Lebens.

Rathenau gehört in dieser Reihe also zu den Epigonen und Eklektikern. ». . . wir werden ihm gerne zuhören«, meinte Gustav Schmoller, »auch wenn wir an manchen Stellen mehr die Phantasie eines edlen Schwärmers als eines staatsmännischen Politikers finden, wenn wir ihm nicht überall folgen können«,[180] und Lujo Brentano betrachtete seine wirtschaftstheoretischen Ideen als »die Verallgemeinerung des in den ersten Wochen des Krieges vorhandenen Idealismus. Solcher Idealismus, in seltenen extremen Situationen geboren, kann niemals zur stetigen und konsequenten Alltagshaltung eines ganzen Volkes werden.«[181] Ablehnende Kritik erfuhr Rathenau auch von Franz Oppenheimer – eine Ablehnung, die sich weniger auf die ja sehr allgemeingehaltenen, von jedermann zu bejahenden idealen Fernziele, als vielmehr auf Wege und Methoden bezog; gerade weil Oppenheimer weltanschaulich mit Rathenau weithin übereinstimmte, nahm er an dessen ihm dilettantisch erscheinender Methodik Anstoß.[182] Auch der sich zwischen beiden Männern entspinnende briefliche Gedankenaustausch vermochte keinen Konsensus hinsichtlich der wirtschaftlichen Praxis zu erzeugen.[183] Die profundeste Zurückweisung – Polemik auf hohem Niveau – mußte Rathenau von Leopold von Wiese hinnehmen:[184] »Seltsame Gegensätze berühren sich in diesem Systeme. Es ist in politischer Hinsicht teils weltbürgerlich, teils schroff nationalistisch; in wirtschaftlicher teils ein Produkt des Geistes der Verkehrswirtschaft, teils – besonders in seinen praktischen Forderungen – ausgesprochen gemeinwirtschaftlich gerichtet, in sozial-politischer Hinsicht ein echtes Erzeugnis des Kapitalismus, wobei doch der Verfasser zugleich zu einem Staatssozialismus reinster Prägung gelangt.«[185]

Daß Rathenau bei seinem eigenartigen Privatsozialismus, dieser Mischung aus Staatsräson und Sozialethik der Wirtschaftspartner – »relativen Staatssozialismus« nannte Wiese sie –, stehenblieb, erklärte der Gelehrte aus der psychischen Struktur: »Er [Rathenau], der Trustmagnat und Beherrscher so vieler Werke, er, der Organisator eines so wichtigen Teiles der Kriegswirtschaft, der aber selbst nicht Beamter war, fühlte sich gedrängt, ein System zu schaffen, bei dem Männer seiner Art und Herkunft die Herrschaft über die Volkswirtschaft ausübten und sie nicht an Arbeitervertreter oder an Geheimräte auslieferten.«[186]

»Epigone« war Rathenau hinsichtlich der großen Grundgedanken – die hatten andere schon vor ihm gedacht. Es gibt keine philosophische »Originalität« nach drei Jahrtausenden abendländisch-europäischen Erkenntnisstrebens (von menschheitlichem Streben, das die außereuropäische Welt einbezieht, ganz zu schweigen); für den christlichen und den atheistischen Existentialismus, für die Phänomenologie, für jegliche neuere Richtung sind Erkenntniselemente in der Vergangenheit nachzuweisen; niemand steht allein »für sich«, nicht Heidegger, nicht Sartre, nicht Husserl und nicht Scheler. Und natürlich auch nicht Rathenau. Eine unermeßliche equilibristische Akrobaten-Pyramide des Geistes ragt aus der Tiefe der Vergangenheit in die Zukunft hinein. Da ist denn jeder, der überhaupt zu denken und zu schreiben wagt, irgendwo auch ein »Eklektiker«. Je mehr ein universalistisches, allumfassendes, Gegensätze auflösendes, die Welt harmonisierendes System erstrebt wird, desto stärker der Zwang zum Eklektizismus: aus der Fülle der Erscheinungen, Lehren, Äußerungen auf allen Gebieten der Vergangenheit und Gegenwart muß der System-Erbauer das selektieren, was »paßt«; das gilt für Hegel wie für Marx. Und es gilt für die schwer zu normenden Gespinste der Traum-Weber, für die der Nicht-Systematiker wie Nietzsche oder Rathenau.

Es wäre eine optische Täuschung zu meinen, Rathenau löse sich bei eingehender Untersuchung, einer Zwiebel gleich, in eine Menge von Schalen ohne Kern auf. Er war ja ein lebendiger Mensch, keine künstliche Mixtur aus Vorgängern und Zeitgenossen von Plato bis Naumann. Wissenschaftliche Analyse kann zur Vivisektion entgleisen; sie muß es nicht. Es gab unbezweifelbar in Rathenau das, was nicht Leihgabe aus Bildungsvorrat, nicht Filtrat aus Zeitgeist gewesen ist, es gab das Unauflösbar-Individuelle in ihm wie in jedem Menschen, aber wir finden es nicht in seinen einzelnen Schriften, nicht in seinen widersprüchlichen Äußerungen zu fast sämtlichen Lebensbereichen – wir finden es nur in ihrer *Summe*, zu der die Summe aller seiner sonstigen Aktivitäten hinzugezählt werden muß.

B. Der neue Staat

Im Bestreben, alle wirtschaftstheoretischen Gegensätze seiner Zeit durch eine Großsynthese zu versöhnen, hatte Rathenau das System einer privatkapitalistisch-staatsdirigistisch-zünftlerischen Gemeinwirtschaft entworfen. Daß dieser auch ein »neuer Staat« entsprechen müsse, ergab sich dabei gleichsam als Selbstverständlichkeit; in seiner Schrift »Die neue Wirtschaft« hatte er zunächst einmal in Negativformulierungen sich zu diesem neuen Staat bekannt: »Uns ist es nicht um westliche oder irgendeine andere Demokratie zu tun, noch um Parlamentsherrschaft oder etwas dergleichen. Wahre Demokratien, Volksherrschaften, hat es nie und nirgends gegeben, außer etwa in kurzen Tagen der Revolutionen, und Parlamentsherrschaften kaum in Südamerika oder im Balkan. Überall in der Welt herrschen Personen, und die einzige Frage ist die, ob sie einer kleinen, erblichen, nicht übermäßig geschäftsfähigen Kaste angehören oder auf den Vorschlag geheimer Kabinette ernannt werden müssen, oder aus der Gesamtheit des Volkes auserlesen werden sollen, ob mithin das Volk politisch sich in ewig Beherrschende und ewig Beherrschte spaltet, ob durch diese Spaltung die ganze Folgenreihe ständischer Vorrechte, Gepflogenheiten und Anmaßungen erhalten bleibt. Die Frage heißt: Kastenstaat oder Volksstaat?«[187]

Wir wollen hier nicht erneut darauf eingehen, daß Rathenau in für ihn typischer Weise den Demokratie-Begriff verfremdet, indem er ihm durch irreführende Wörter (»wahr« und »Volksherrschaft«) einen verkehrten Inhalt gibt. Demokratie bedeutet ja nicht, daß »das Volk« aktiv, das heißt als gemeinsamer, gleichzeitiger Exekutor seines formlosen Willens direkt herrscht – was nicht einmal auf der Agora von Athen möglich war –, sondern sie bedeutet ein möglichst breitbasiertes, möglichst gerechtes, streng formales System zur Herrschaftsbildung und -kontrolle, d. h. die indirekte Selbstregierung durch Beauftragte. Das wußte auch Rathenau und sprach es ja, wie so oft, in gleichem Atemzuge mit seiner Fehlinterpretation aus. Wenn er schrieb: »Der Volksstaat wird kommen, seinen Gegnern und selbst denen zum Trotz, die eine besondere deutsche Freiheit predigen und nachweisen, daß sie in gewollter erblicher Abhängigkeit bestehe«,[188] dann meinte er jenes komplizierte, Demokratie geheißene Selbstverwaltungssystem und nicht eine Straßenherrschaft des Pöbels.

Im dritten Teil seines Buches »Von kommenden Dingen« gelangte Rathenau nach kurzem historischen und geistesgeschichtlichen Überblick, welcher gegenüber den beiden vorhergehenden Büchern keine neuen Aspekte aufweist, einer »tour d'horizon«, wie er sie liebte, zu dem Resultat, daß die deutsche nationale Einigung unter bzw. durch Bismarck, deren Geburtsfehler ihm nicht verborgen waren,[189] durch »Übertragung des Nationalgefühls auf wirtschaftliche Interessenfragen« zwei neue Begriffe zur Dominanz gebracht hätte:

Einmal den »wirtschaftlichen Nationalismus als feindlich wirkende Arbeitskonkurrenz auf dem beschränkten Markt der Erde, mit der begleitenden Erscheinung der Umstellung eines wesentlichen Teils der äußeren Staatspolitik auf wirtschaftliche Ziele; sodann den Imperialismus, das nie zu stillende Bedürfnis der Machtausdehnung auf jedes erschließbare Gebiet, weil jedes zum Baustein, zum mindesten zum Tauschwert für die Errichtung des ideellen Baues selbstgenügender Universalität werden konnte«.[190]

Von diesen beiden Zeittendenzen, die, wie er richtig meinte, mehr noch als das Denken das Empfinden der Epoche beherrschten, nahm er an, daß sie, die den Krieg »vorbereitet und heraufgeführt« hätten, »nach dem Kriege erst zu ihrem Höhepunkt aufsteigen« würden.[191] Sie – wirtschaftlicher Nationalismus und Imperialismus – sind Früchte des bürgerlich-liberal-demokratischen Zeitalters, das in Europa mit dem Jahre 1789 einsetzte. Man muß sich immer von neuem in Erinnerung rufen, daß nicht das Ancien régime, nicht Feudalismus und hierarchisch gestufte Adelsgesellschaft, die sämtlich politisch-soziale Ausdrucksformen einer Agrarkultur sind, sondern das die »volontée générale« konstituierende, auslegende und vollziehende Bürgertum mit Demokratie als verzwicktem Spielregelsystem der Besitzenden unter sich – politisch-sozialer Ausdruck der Industriewelt –, den spezifischen Nationalismus des 19. Jahrhunderts, der eine Spielart von unbezähmbarer Beutelust einer staatlichen Organisation gewesen ist, und den Imperialismus, der diese Lust zu einem globalgerichteten Pirateriewesen ausbaute, hervorgebracht haben. Insofern ist das Wilhelminische Deutschland zwar in seinem Wollen und Praktizieren ein »imperialistischer« Staat gewesen, nicht anders als England, Frankreich, Rußland; aber seine Staatsform, seine innere Struktur, sein Gesellschaftsaufbau waren demgegenüber abständig, man kann ruhig sagen veraltet: der Agrarkultur entsprechende *Form* mit dem Industrialismus entsprechendem *Inhalt* – eine Tatsache, auf die Friedrich Naumann wiederholt hingewiesen hat, so etwa in dem Essay »Der Industriestaat«, dessen letzte Sätze, geschrieben 1909, lauten: »In dem politischen Streite der letzten Jahre hat nicht der Industriestaat gesiegt, sondern der Agrarstaat. Das aber wird wohl sein letzter großer Sieg gewesen sein. Die größere Menge der Wähler steht längst auf der Seite des

Industriestaates, und die öffentliche Meinung bereitet sich bemerkbar auf ihn vor. Jetzt hat das Volk das Entweder-Oder begriffen. Der Block des Fürsten Bülow war ein letzter Versuch Bismarckischer Harmoniepolitik ... das Zweiparteiensystem kommt und in ihm ringt sich die Neuzeit in die Höhe. Agrarpolitik und Industriepolitik kämpfen miteinander, und eines Tages wird der Industrie die Führung zufallen ...«[192] Naumann hätte, losgelöst von der Tagespolitik, noch hinzufügen können, daß in der Tatsache, daß alle dem Reich sein internationales Gewicht gebenden Aktivitäten von der Dynamik der Industrie und des Handels getragen waren, doch bereits ein »Sieg« des Industriestaats über den Agrarstaat lag: der Sieg der Realität über die Schimäre, des Körpers, wenn man so will, über das Kostüm. Dieses Kostüm, besser vielleicht: Korsett, des gouvernementalen Apparates war bereits damals ein riesenhafter agrarisch-feudaler Anachronismus. Der Weltkrieg brachte die Diskrepanz zur Auflösung; er war ein totales technisch-ökonomisches Ringen, geführt im Geiste und mit den Praktiken erbitterter wirtschaftlicher Konkurrenten. Das ist der Grund, weshalb in ihm Kaiser und Fürsten zur Bedeutungslosigkeit und Passivität verurteilt blieben und weshalb die »antirealistisch« strukturierten, durch den Zwiespalt zwischen Gesellschaftswirklichkeit und einem »Als-ob« von Thron und Krone charakterisierten Reiche – Deutschland, Rußland, Österreich-Ungarn – zerbrachen. Die Niederlage dieser Monarchien hob die beschriebene Diskrepanz auf und stellte den Einklang von Gesellschaft und Staat neu her, indem nun der »Volksstaat« als die der Industriegesellschaft gemäße »politische Hülle«[193] sich installierte.

Daß dieser Volksstaat zunächst durchaus nicht als parlamentarisch-demokratischer Staat nach westlich-liberalem Muster unbestritten feststand, ist heute weithin vergessen und verdient in Erinnerung gerufen zu werden. Wie damals um den Begriff der »Gemeinwirtschaft« gerungen wurde, so auch um den des »Volksstaates«. »Der Volksstaat setzt voraus«, schrieb Rathenau in »Von kommenden Dingen«, »daß jede Bevölkerungsgruppe in ihm zur Geltung komme, daß jede berechtigte Eigenart des Volkes sich in seinen Organisationen spiegle, daß jeder verfügbare Geist der ihm adäquaten Aufgabe dienstbar gemacht werde. Wie in einem gesunden Hausstand sollen Arbeit, Autorität, Beziehung und Verantwortung, Stimmung, Aufwand, Gemeingefühl und Vertrauen in harmonischer Teilung und Vereinigung wirken ...«[194]

Dieser »gesunde Hausstand« präjudizierte keineswegs eine bestimmte Staatsform; nur daß kein Klassenstaat mehr sein konnte, stand fest; im übrigen aber wäre ebenso eine soziale Monarchie, wie sie einst Naumann in »Demokratie und Kaisertum« konzipiert hatte,[195] als auch ein syndikalistischer oder Rätestaat möglich gewesen. Das erschien Rathenau ganz selbstverständlich, wenn er sagte: »Daß der Volksstaat nicht mit Volksregierung, nicht einmal mit dem sehr theoretischen Begriff der Volkssouveränität gleichbedeutend ist, sollte in unserer Zeit, die mit Organisationen im großen wie im kleinsten vertraut ist, nicht ausgesprochen werden müssen ... daß nicht der mechanische Wahlakt ausschließlich oder zum wesentlichen die Form der Aussonderung darstellen soll, mag erwähnt werden.«[196] In den Sommermonaten des Jahres 1916, als Rathenau den letzten Abschnitt seines Buches schrieb, stand die Beseitigung der Monarchie, abgesehen von kleinen radikalen Zirkeln, noch nicht ernsthaft zur Debatte; schon gar nicht für ihn, der ein zwiespältiges, von Anziehung und Abstoßung gleichermaßen geprägtes Verhältnis zu ihr besaß. Wir werden nicht anstehen, Rathenau einen Demokraten zu nennen, aber wir sollten uns dabei bewußt sein, daß er es in einem anderen Sinne als dem heute üblichen war. Nach dem Schock der totalitären Diktatur und in der verständlichen Reaktion auf ihn haben wir uns daran gewöhnt, unter Demokratie ausschließlich die angelsächsische Version, wie sie sich in England und in den Vereinigten Staaten seit 1776 ausgebildet hat, zu verstehen. Doch der Begriff ist ja sehr viel differenzierter: sein Gehalt, die Wirklichkeit, die hinter ihm steht, richtet sich danach, was unter »Volk« hinsichtlich des Quells und der Instituierung politischer Macht begriffen wird (Einteilung und Einfluß nach Besitz, nach Stand, nach Verdienst usw.); danach, *wie* Herrschaft instituiert wird (Wahlsysteme, Erbfolge, Adoption, Ernennungs- und Beförderungsautomatismen); schließlich danach, auf welche Weise die Legislative und die Exekutive arbeiten und wie sie sich zueinander verhalten, wie sie beide kontrolliert werden und welcher Status der dritten, der richterlichen Gewalt zukommt. Alle genannten Faktoren können die unterschiedlichsten Verbindungen miteinander eingehen; das Athen des Perikles, das Rom der Gracchen, die italienischen Stadtrepubliken (Genua, Venedig, zeitweise Florenz usw.), die deutschen Reichsstädte sind »Demokratien« gewesen, aber auch dem Aufbau der Kirchen (der protestantischen ohnehin, jedoch sogar partiell der katholischen Kirche), den plebiszitären Kaiserreichen Napoleons I. und mehr noch Napoleons III. eignen teilweise demokratische Strukturen (z. B. was die Instituierung der Macht anbetrifft); was die Ableitung der Macht vom »Volkswillen« angeht, so ist auch der nationalsozialistische »Führerstaat« eine »Demokratie« gewesen,[197] und wir wissen, daß es genug Menschen gab und gibt, die im Rätesystem die einzige echte Form von Demokratie erblicken. Dieser kleine Exkurs soll nur daran erinnern, daß gerade bei so ungeprüft gebrauchten und deshalb abgenutzten Worten wie »Demokratie« und »demokratisch« eine Übereinkunft not tut, in welchem Sinne man sie anwendet.

Rathenaus Begriff von Demokratie hat zwischen 1916 und 1919 eine Wandlung erfahren: Im Sinne Naumanns hoffte er anfänglich auf die Möglichkeit eines reformfreudigen sozialen Kaisertums, das ruhender Pol und doch zugleich Motor eines klassenlosen Volksstaates sein könne.[198] »Nicht aus bloßer Abneigung gegen Wahlumtriebe und Streberei, gegen Advokaten- und Publizistenmache bin ich Anhänger des monarchischen Gedankens, sondern aus angeborener Empfindung und der Überzeugung, daß an der Spitze staatlicher Macht ein tiefverantwortlicher Mensch stehen soll, allen Wünschen, Strebungen und Versuchungen des gemeinen Lebens enthoben und entrückt; ein Geweihter, nicht der Arrivierte einer glücklichen Karriere.«[199]

Bei Friedrich Naumann klingt diese Hoffnung so: »Noch immer heißt die Zukunftslosung für unser Vaterland ›soziales Kaisertum‹! Ist dieses gefunden, dann fällt die Erinnerung an alles Mißtrauen und alle Enttäuschung der Vergangenheit in sich zusammen, dann redet niemand mehr von ›innerem Feind‹, dann aber klingt es aus Millionen deutscher Seelen, die jetzt die Mitfreude am Machtwachstum der Nation sich selbst verbieten, dann klingt es aus den Städten, die das moderne Leben fassen, dann klingt es vom Schacht, vom Steinbruch, aus der Arbeiterversammlung, ungewohnt, aber von Herzen: Es lebe der Kaiser!«[200]

Beide Männer wünschten die Monarchie zu erhalten: Naumann, im Jahre 1900, aus seiner damals verständlichen Sicht heraus, durchaus noch mit Glauben an Erfolg; daß diese Sicht schon damals unrealistisch war, haben wir früher schon dargelegt; allgemein erkennbar wurde die Unmöglichkeit erst 1918. So ist es begreiflich, daß Naumann ein 350 Seiten starkes Buch an den Plan der Sanierung des Kaisertums, seiner Versöhnung, ja Verschmelzung mit moderner sozialer und nationaler Demokratie wenden konnte, ein Buch der ins einzelne gehenden Faktensammlung und der detaillierten Analysen. Das »Wie« des Weges blieb freilich verschwommen; ein klares, reale Politik atmendes und weisendes Programm gab Naumann nicht; außer dem emphatischen Hinweis auf den nationalsozialen Verein am Ende seiner Schrift hatte er wenig an Konkretem zu bieten.

Rathenau machte sich weit weniger Arbeit in dieser Frage; auf fünf Seiten handelte er in »Von kommenden Dingen« das Monarchie- und Dynastieproblem ab.[201] Während Naumann noch eine intakte Monarchie vor Augen gehabt hatte, als er sein Buch »Demokratie und Kaisertum« schrieb, war sie, als Rathenau sich zwei Jahre vor ihrem Ende zu ihr bekannte, bereits völlig abgewirtschaftet. Dennoch schlug er mit seinem Wunsche nach einem »geweihten«, nicht einem durch »glückliche Karriere arrivierten« Reichsoberhaupt Töne an, die bei Naumann gänzlich fehlten und die im Jahre 1916/17 einfach utopisch klingen. Es ist immer wieder erstaunlich zu sehen, wie der idealistische Christ, Parteipolitiker und Journalist Naumann, wenn er schreibt, die Hand am Puls der Wirklichkeit zu halten und solide Fakten beizubringen versucht (auch wenn das nicht immer gelingt) und wie dagegen Rathenau, sobald er am Schreibtisch sitzt, sich in Theorien zu versteigen droht: »Der Staat soll sein das zweite, erweiterte und irdisch unsterbliche Ich des Menschen, die Verkörperung des sittlichen und tätigen Gemeinschaftswillens. Eine tiefe Verantwortung soll den Menschen an alle Handlungen seines Staates binden, die gleiche Verantwortlichkeit soll ihm bewußt machen, daß jede Handlung, die er begeht, eine Handlung des Staates ist. Wie im Anblick der transzendenten Mächte kein Denken oder Handeln gering oder indifferent sein kann, so gibt es innerhalb des Staates keinen verantwortungslosen

Bereich. Die dreifache Verantwortung: den göttlichen, den inneren und den staatlichen Mächten gegenüber, schafft jenes wundervolle Gleichgewicht der Freiheit, das nur dem Menschen beschieden ist und ihn zum Grenzbewohner des planetaren Reiches erhebt. Indem wir die Richtung des Gewissens zum Staate so fest gewinnen, daß die Tendenz ins Unbewußte versinkt und zur Natur wird, haben wir das Maß der Staatsgesinnung geschaffen, das die Nation zur echten überpersönlichen Einheit erhebt und unsterblich macht.«[202]

Das ist Neuhegelianertum im Rathenauschen Sprachgewand. »Solches Ereignis« – nämlich die Geburt der Nation als unsterbliches Über-Ich – »ist wiederum nur innerhalb des Volksstaates möglich, und deshalb muß dieser geschaffen sein, bevor der letzte Anspruch an die Nation erhoben wird.«[203]

Man liest das heute nach dem Untergang des Reiches nur mit Beklemmung und lernt ermessen, daß alle derartigen Allgemeinverkündigungen sehr gefährlich sind, wenn sie nicht sogleich genau definiert und differenziert werden. Das aber war Rathenaus Sache nicht – oder nur selten. Wer wollte nicht beistimmen, wenn er fortfährt: »Was wir brauchen ist Unabhängigkeit, Adelsgefühl, Herrenhaftigkeit, Verantwortungswillen, Großmut, Freisein vom Vorgesetzten- und Untergebenengeist, von Kleinlichkeit und Mißgunst. In dieser Forderung liegt die ganze deutsche Politik und politische Zukunft beschlossen, sie ist nicht eine Frage der Einrichtungen, sondern des Charakters.«[204]

Nur »stimmt« der zweite Satz so allgemein, daß er nicht mehr stimmt; man kann die Aufzählung des ersten Satzes ebensogut durch die Zehn Gebote oder die Bergpredigt ersetzen. Es genügt nicht, von einem Menschen zu sagen, sein Leben, seine Zukunft lägen darin beschlossen, daß er gütig, tatkräftig und klug sein müsse; kurz: sein Los sei eine Charakterfrage. Wer helfen und ändern will, muß in die Arena hinabsteigen; das bedeutet auf den Schriftsteller übertragen, er muß vergegenwärtigen und spezifizieren. Rathenau, der ja wenige Jahre später in die Arena des Handelns eintreten und in ihr verbluten sollte, machte auch als Staats- und Gesellschaftsdenker Ansätze hierzu, allerdings recht sporadische. Im Gegensatz zu Naumann, der sich intensiv mit Tages- und Parteipolitik befaßt hat, und auch zu Max Weber, der ein rühriger Vortrags- und Diskussionsredner war, nahm Rathenau vor 1920 (Konferenz von Spa) zu politischen Tagesfragen meist nur in einer über den Tag bewußt hinausgreifenden, stets Verallgemeinerungen anstrebenden Weise, die vielleicht auch Taktik des Sich-nicht-festlegen-Wollens war, Stellung. Es ist deshalb ziemlich selten, daß er eine Partei beim Namen nennt, wie in jener Passage, wo er die nationalliberale Partei als ein Abbild der kapitalistischen Gesellschaft und ihre Haltung im Reichstag als »sinnbildlich« für die Haltung dieser Gesellschaft erklärt: »Sie vertritt die großbürgerliche Intelligenz, aber auch die Interessen des Kapitalismus; sie bewahrt die alten liberalen Ideale, aber gedämpft durch Kompromisse mit bestehenden Mächten; sie neigt zum freien und unvoreingenommenen Urteil, aber sie bedarf der Mittel und Kräfte bevorrechteter Beschützer. Sie könnte die Entscheidung in Händen haben; und überblickt man die Jahrzehnte, so hat sie unfreiwillig und unbedankt dem Feudalismus gedient.«[205]

Wiederum hat Naumann das, was Rathenau hier ganz allgemein und deshalb mißverständlich ausspricht, bereits im Jahre 1908 in präziser Formulierung, die die Zusammenhänge deutlich macht, festgestellt: »Bismarck verschaffte sich die Möglichkeit, gelegentlich auch ohne Liberale zu regieren, indem er den Kulturkampf beendete, und brachte damit den rechten Flügel des Liberalismus in eine abscheuliche Zwangslage, der er nicht gewachsen war. Um an der Regierung beteiligt zu bleiben, sollte sich der Nationalliberalismus mit den Konservativen verbinden (Kartell der Ordnungsparteien!), das machten nicht alle Nationalliberalen mit; ein Teil ging unter Rickert nach links, aber die Mehrheit der Rechtsliberalen ließ sich im Kartell verwenden und verlor damit alle alten Grundsätze.«[206] Dies sind die Fakten, aus denen Rathenau seinen pejorativen Gemeinplatz destilliert.

Gleichsam »in scribendo« rückte Rathenau, der sowohl von seiner beruflichen Stellung wie von seinem Naturell her ein »Liberaler« war, vom Liberalismus immer weiter ab; am Schreibtisch löste er sich innerlich von AEG, von Harden, vom Milieu des Berliner Automobilclubs und des Großbürgertums, um, beschattet vom Genius loci des Preußenschlosses Freienwalde, im Geiste die Straße von Manchester zum Potsdam Friedrich Wilhelms I. zurückzugehen: »Es festigt sich die Vorstellung, daß der Staat nicht als Kostgänger der Privaten mit einem notdürftigen Zehnten abzufinden ist, sondern daß er nach freiem Bedarf über Besitz und Einkommen seiner Glieder verfügt. Wird überdies im Falle einer Vermögenskonfiskation oder einer Monopolwirtschaft der Staat Eigentümer und Verwalter ungezählter wirtschaftlicher Einzelinteressen, die er, soweit es ihm gutdünkt, auf halbstaatliche oder gemischtwirtschaftliche Institute abwälzen mag, so ist die letzte der Schranken gefallen, welche die Privatwirtschaft als scheinbare Sache des einzelnen von der staatlichen Sache der Gemeinschaft schieden; und gleich wie alles materielle Schaffen schlechthin, wird Wirtschaft erkennbar als mittelbare oder unmittelbare Staatshandlung.«[207]

Hebt, so muß man sich fragen, diese Hinwendung Rathenaus zum Staat seine Auffassung vom Primat der Wirtschaft über die Politik auf? Die Antwort wird zu differenzieren haben: Es kommt der Wirtschaft als Motor der gesellschaftlichen Wandlungen und der staatlichen Neuformungen tatsächlich ein Primat vor der Politik insofern zu, als sie (nach Rathenaus Ansicht) die unausweichlichen Sachzwänge, denen sich Politik nicht entziehen kann, schafft; nicht aber gebührt ihr ein Rang-Primat gegenüber dem Staat; der Staat ist ihr *Ziel*, gerade die Entwicklung der »neuen Wirtschaft« läßt den »neuen Staat« entstehen; dieser wiederum – darin liegt das »Neue« – integriert die Wirtschaft in sich hinein. Am Ende steht konsequenterweise die Aufhebung des Dualismus von Staat und Wirtschaft. Voraussetzung ist allerdings die geist-seelische

Reifung des Volkes, seine Erziehung, fort vom engen Prinzipien- und Interessendenken hin zum selbstverständlichen Ethos des Gemeinschaftslebens, das alle Gegensätze zu bloßen Verfahrensfragen absinken läßt. In Erwartung solcher Reifestufe will sich Rathenau nicht auf Wortgefechte über staatstheoretische Begriffe einlassen: »Wenn jemand mich fragt, ob ich Demokrat oder Absolutist sei, so kommt es mir vor, als ob er im Sinne der Scholastik mich auf Nominalismus oder Realismus prüft; ich kann nur das vedische ›Nein, nein!‹ ihm entgegenrufen. (Gemeint ist: weder-noch im Sinne der vedischen Lehren von der Aufhebung der Gegensätze in die Harmonie.) Eine radikale Demokratie kann sich als versteckter Absolutismus oder plutokratische Oligarchie enthüllen, ein absolutes Staatswesen als leicht überdeckte zügellose Herrschaft des Haufens. Jede dieser Kategorien, auf reinste Form gebracht, wird vollkommen sinnlos.«[208]

Nachdem er dies weiter ausgeführt und darum die »Volksbildung und Erziehung« als »schlechthin höchste aller inneren Aufgaben« postuliert hat, deren Ziel »sorgsamste Auslese und Fortbildung jeglicher Begabung« heißt,[209] räumt er unumwunden ein, daß auch die Möglichkeit eines Staatsaufbaues, »der als ein lebendiger Organismus seine edelsten Kräfte aus allen Schichten des Volkskörpers zieht und sich die Aufgabe stellt, aus sechzig Millionen Menschen jederzeit ein Aufgebot von Genialitäten, Begabungen und Charakteren zu erzeugen, das die napoleonischen Ernten verdunkelt«, sich nicht beweisen läßt.[210]

Um die Persönlichkeit Rathenaus zu verstehen, ist es nützlich, ab und zu außer den großen und wichtigen Leitlinien seiner Gedanken auch scheinbar Nebensächliches wie etwa die Wahl der Bilder, Beispiele oder Vergleiche zu beachten. Er wählt sie bewußt; aber was sich seinem Bewußtsein im Augenblick der Wahl präsentiert, ist kein Zufall, es steigt aus dem Unterbewußtsein auf. Daß er als Musterbeispiel einer gelungenen Volksauslese just das Sammelsurium von kühnen Truppenführern, waghalsigen Abenteurern, skrupellosen Emporkömmlingen, gewiegten Lieferanten und Spekulanten, die die gesellschaftliche Creme des ersten französischen Kaiserreichs bildeten, nennt und daß er »von allen großen und blühenden, sich selbst organisch erneuernden Menschheitsgebilden« die preußische Armee herausgreift, um ideale Auslese zu demonstrieren,[211] verrät uns mehr, genauer: verrät uns anderes, als er selbst über sich preiszugeben pflegte. Wir kennen das martialische Foto des Einjährig-Freiwilligen in der Garde-Kürassieruniform, mit blitzendem Brustharnisch und weißen Stulpenhandschuhen; es verdeckt eine Wunde. Als Jude hatte er nicht Reserveoffizier werden können. Ein jüngerer Leser vermag sich heute kaum vorzustellen, was das für den empfindlichen, ehrgeizigen, national eingestellten Großbürgersohn an Demütigung bedeutete, keineswegs durch den Umstand gemildert, daß Hunderttausende sie erdulden mußten. Wir werden auf diese persönliche Problematik Rathenaus im siebenten Kapitel noch einmal zurückkommen. Sicher ist, daß es seiner ureigensten Art, Schock und

Komplex zu überwinden oder wenigstens zu überspielen, entsprach, wenn er durch scheinbar objektives, scheinbar ressentimentloses Urteil über Krone und Kaiser, Armee und Adel sich die eigene Gelassenheit als Zeichen der inneren Freiheit und der Heilung des verletzten Selbstgefühls zu beweisen trachtete. Im Grunde wünschte er einfach, ein »Herr« zu sein wie die andern, aufgenommen in den innersten Kreis, »dazugehörig« wie der jüngste adelige Leutnant – daß ihm das als Juden versagt blieb, hat ihn in immer neue Verkrampftheit und Hektik hineingetrieben.

Obwohl nur die vollständige und allgemeine Parlamentarisierung, Liberalisierung und Demokratisierung des deutschen Volkes den Rassen- und Kastendruck nach und nach, in ein bis zwei Generationen, hätten beseitigen können, meinte Rathenau durch sarkastische Kritik des parlamentarischen Gedankens sich als einer imaginären »Noblesse« zugehörig ausweisen und dieser empfehlen zu müssen – jedenfalls noch 1916, auf den letzten Seiten seines Buches.

»Ursprünglich ständische Versammlungen, die Lasten und Auflagen bewilligten und verteilten«, so charakterisiert er die Parlamente, »sind auf dem Wege der Substitution des Grundes zu gesetzgebenden, in parlamentarischen Staaten zu regierenden Körperschaften geworden. Aus der Ursprungszeit ihrer ständischen und örtlichen Interessenvertretung haftet ihnen zumeist noch der völlig sinnlos und schäbig gewordene Modus der Bezirkswahlen an, der die Minoritäten vernichtet, das Land in zahlreiche, falsch abbildende Atome zersplittert und den Wahlakt verderbt.«[212]

Unter »Substitution des Grundes« versteht Rathenau die Tatsache, daß eine Einrichtung, ein Handlungsablauf, vom ursprünglichen Motiv, das zu ihrer Entstehung führte, losgelöst, eine Änderung ihrer Begründung und ihrer Zwecke erfahren. In bezug auf die Entstehung und Entwicklung der Parlamente wendet er hier jedoch seinen Begriff unkorrekt an; denn es handelt sich nicht um eine Änderung der Motive, die zur Bildung von Volksvertretungsorganen führten – ihr »Grund« ist im Gegenteil völlig unverändert von der Dorfversammlung des Frühmittelalters bis zum britischen Unterhaus der Gegenwart –, sondern um die Ausweitung ihres Kompetenzbereichs. Unzulänglichkeiten des Wahlmodus, über die man streiten kann, stellen keine generellen Einwände gegen den Parlamentarismus dar, als die sie Rathenau hier aber erscheinen läßt. Wir müssen wieder einmal »übersetzen«: Er will nicht das Volksvertretungsprinzip in toto treffen, sondern seine parteien-parlamentarische Ausformung: »In Gedanken wird die gesetzgebende Macht von der exekutiven streng gesondert; in Wirklichkeit sind sie nicht zu trennen, denn im wesentlichen geht die Gesetzgebung von der Regierung aus, während die Volksvertretung dauernd in Form der Kontrolle und Bewilligung sich in die Geschäfte der Exekutive mischt. In beiden Fällen steht den Parlamenten die Kritik und Hemmung zu; vorwiegend verschlechtern sie die Gesetzentwürfe und stören die Verwaltung ... Gedacht sind die Parlamente als Organe der

Beratung: das Volk im verkleinerten Abbild und Auszug bearbeitet seine Geschäfte. Dies ist in Wirklichkeit nie und nirgends der Fall ... Das Parlament redet. Die Rede ist Empfehlung oder Protest, Kritik, Begründung oder Theorie, doch ist sie nicht bestimmt, im Hause jemand zu überzeugen; sie ist als politische Kundgebung gedacht und soll auf die Regierung, die Öffentlichkeit oder den Wahlkreis wirken ... Wenn nun das Parlament weder berät noch arbeitet, sondern redet und abstimmt: Wie kommt die parlamentarische Arbeit zustande? Durch drei halboffizielle Organisationen: die Partei, die Fraktion, die Ausschüsse. In parlamentarisch verwalteten Staaten führt der vornehmste und permanente Ausschuß als Kabinett die Regierung; in halbparlamentarischer Verfassung verhandeln die Ausschüsse mit der Regierung und in sich selbst, soweit nicht die Parteiführer in persönlicher Absprache die Geschäfte erledigen ... Das Parlament ist somit nicht solidarische Vertretung und Beratungsstätte des Volkes, sondern die Börse der Parteien ...«[213]

Der Mann, der dies schrieb, urteilte nach dem äußeren Anschein, nach dem Bilde, das der Reichstag während der Regierungszeit Wilhelms II. bot; er hatte nie in einer Partei mitgearbeitet, nie einen Parlamentssitz, weder im Reichs- noch im preußischen Landtag, innegehabt; Versuche, ihn für die Nationalliberalen aufzustellen, waren gescheitert,[214] vielleicht also urteilte er auch mit Ressentiment. Zwar meinte er – und das war ein gewisser Widerspruch zu seiner karikierenden Darstellung –, daß »der seltsame und nicht immer erfreuliche Parlamentsapparat« dennoch unentbehrlich sei, »weil er eine Auswahl und Schule des Staatsmannes und Politikers ist – oder sein soll«,[215] aber wenige Seiten später bemerkt er fast gehässig: »Bismarck hat, und nicht mit Unrecht, den Reichstag, als das Geschöpf seiner Hände sich auflehnte, erniedrigt«,[216] und führt er die »Abneigung des deutschen Volkes« [gegen den Parlamentarismus] an, »dem alles Rednerische und Propagandistische fremd ist«, das in politischen Meinungen »sich nicht sicher fühlt und mißmutig wird mit jedem neuen unerfüllten Versprechen, das aber ein gesundes Empfinden hat für menschliche Eigenschaften und schließlich die ehrliche Arbeit der Regierung, die es vor sich sieht, höherstellt als die Dialektik ihrer Kritiker«.[217]

Diese Argumentation mit dem undeutschen, widerdeutschen Charakter des Parlamentarismus spielte in der Weimarer Republik eine unheilvolle Rolle; sie gehörte zum eisernen Bestand der Rechten und erfuhr schließlich nach 1933 eine Bestätigung, die Rathenau sich nicht hätte träumen lassen. Sosehr er gefühlsmäßig sich vom Parlamentarismus distanziert, wobei Invektiven und sachliche Fehleinschätzungen reichlich unterliefen, so scheute er doch in »Von kommenden Dingen« davor zurück, die Institution des Parlaments gänzlich über Bord zu werfen. Daß die Parlamente unentbehrlich seien, um Staatsmänner und Politiker zu schulen, hatte er ihnen ja konzidiert; nun fügte er jedoch hinzu, daß sie, um solcher Aufgabe gewachsen zu sein, selber erzogen werden müßten: »... wir bedürfen keiner absoluten Parlamentsherrschaft, wohl aber der Erziehung der Parlamente und ihrer Staatsleute zur Wirklichkeit, zur Verantwortung und Macht, einer Erziehung der Parteien zur realen Arbeit, zur Tradition und zu politischen Zielen, einer Erziehung des Volkes zur Politik und Selbstbestimmung.«[218]

Wie dieser Erziehungs-Circulus zu realisieren sei, verriet er nicht. Er sprach von »Richtkraft und Stoßkraft«, den »beiden Hauptwaffen im Daseinskampf der Nation«, sagte, daß sie »Sache der Völker« seien,[219] und bemängelte das Fehlen des Organs in »unserm Staatsleben, welches die Richtkraft sichert«.[220] Doch sowohl die Konkretisierung dieser Richt- und Stoßkraft im Falle Deutschlands als auch die Konkretisierung jenes geheimnisvollen Organs, welches sie »sichern« soll, blieben im dunkeln. Es ist trotz bestem Willen nicht möglich, zu jener Zeit, da Rathenau sein letztes großes Buch abschloß, 1916 also, eine klare und in sich einigermaßen logische Einstellung zum Parlamentarismus, zum Problem der Volksvertretung überhaupt, bei ihm zu finden. Sätze wie die folgenden wirken wie eine sich selbst aus Vernunft-, heute würden wir sagen, aus Publicity-Gründen abgerungene Konzession, eher geeignet, das Problem zu verdunkeln als zu erhellen: »Wir haben die Bedeutung echter Parlamente darin erkannt, daß sie nicht der Massenregierung, sondern der Volksvergeistigung, der Sublimation nationalen Denkens und Wollens dienen sollen; daß sie neben ihrer herkömmlichen mechanischen Eigenschaft als Barometer der Interessen in Zukunft die Schule des Staatsmannes bilden müssen.«[221]

Was sind »echte« Parlamente, was ihre »mechanische Eigenschaft«, was das »Barometer der Interessen«? Rathenau bleibt die Antwort schuldig. »Es ist«, erklärt er, »nicht unbedingt nötig, daß sie die höchsten staatlichen Leiter ernennen; es ist unbedingt nötig, daß sie die hohen Begabungen, deren die Ernennung bedarf, zur Verfügung halten und daß die Parteien, denen sie entnommen sind, die Männer ihres Vertrauens so stark unterstützen, daß ihnen jegliche Neugestaltung im bürokratischen Aufbau ihrer Ämter ermöglicht wird.«[222]

Dem Leser bleibt es überlassen, das Rätsel zu lösen, wie Parlamente und Parteien, die auch fürderhin von der Verantwortlichkeit politischen Handelns ausgeschlossen sind, zur »Schule des Staatsmannes« und zum Sammelbecken der »hohen Begabungen« werden können. So schließt das Buch »Von kommenden Dingen« nicht anders als die vorausgegangene »Kritik« und »Mechanik«, mit eben jener Fülle offener Fragen, die sein Erfolgsgeheimnis ausmacht, da sie eine gleiche Fülle von Antworten ermöglicht.

Auch für Rathenau selbst blieb geistige Bewegungsfreiheit erhalten. In keiner seiner vor November 1918 publizierten Schriften hatte er sich so festgelegt, daß sein weiteres Wirken auf Gedeih und Verderb mit *einer* Richtung, mit Sieg oder mit Niederlage des Reiches, mit Monarchie oder Republik verknüpft gewesen wäre. Es ist bei einem Schriftsteller immer schwer zu sagen, was Instinkt für das »rechte Wort zur rechten Stunde«, was Opportunismus und

Konjunkturbeflissenheit, was innere Entwicklung ist. Keine Frage: Rathenau hatte während des letzten Jahrzehnts des Kaiserreichs nicht mit Kritik an Gesellschaft und Politik gespart, doch blieb er dabei – gerade auch während des Krieges – in dauerndem, teilweise engem Kontakt zu den hohen Vertretern dieses Reiches, zu Kanzlern, Staatssekretären, Diplomaten und Generälen. Wäre nach einem »Verständigungsfrieden« die Monarchie, reformiert im Sinne der Reichsverfassungsänderungen von 1918,[223] erhalten geblieben, so hätte Rathenau vermutlich gute Aussichten gehabt, in der demokratisierten und parlamentarisierten Monarchie eine Rolle zu spielen. Daß die Republik nur spät und zögernd auf seine Dienste reflektierte – und ohne die persönliche Initiative Wirths wäre auch das kaum geschehen –, war Ausdruck dafür, wie wenig ihn die neuen Männer zu den Ihren zählten, wie sehr er als mit dem alten System verbunden galt. Und in der Tat vermochten ihn seine Ausführungen über Sozialismus, Demokratie, Parteien und Parlamente, die wir näher betrachteten, nur schwer der Mehrheitssozialdemokratie zu empfehlen, die ja in die Bresche der ersten Stunde zu springen hatte.

War er in »Von kommenden Dingen« hinsichtlich seiner Staatsvorstellungen vielleicht hinter manchen Erwartungen zurückgeblieben, so preschte er nun mit der kleinen Schrift »Der neue Staat«[224] so weit vor, daß er der Rechten wie der Linken und am meisten der Mitte unheimlich wurde. Der Zusammenbruch war da; Fürsten, Throne, Kronen verschwanden; die eilig zusammengezimmerte Republik, ohne Selbstbewußtsein, unter dem Odium der Niederlage entstanden, von Hunger, Anarchie und Okkupation bedroht, in aussichtsloser Position gegenüber der Versailler Friedenskonferenz, lebte sozusagen von der Hand in den Mund, existierte von heute auf morgen und bot kein Erprobungsfeld für Rathenaus Erneuerungsideen. Dieser war nicht der Mann, sich nun noch, im Mai 1919, als Monarchist zu bekennen, wie er es 1916 expressis verbis getan hatte. Man darf das, denke ich, nicht als charakterschwach verurteilen, sondern muß es als Einsicht in die Realität hinnehmen; die Hohenzollern hatten abgewirtschaftet; eine Fortsetzung des Kaiserreichs unter einer anderen Dynastie – und welcher? und hätten die Landesfürsten ebenfalls bleiben sollen? – war undenkbar. Die Republik war, freilich leider nur als Liquidationsergebnis, da, und im Interesse Deutschlands mußte alles darangesetzt werden, sie lebensfähig zu gestalten und im Volke einzuwurzeln. Rathenau besaß die Fähigkeit, das Recht und sogar die Pflicht, daran mitzuwirken. Sein »Neuer Staat« ist ein wichtiger und auch heute noch interessanter Beitrag gewesen, obgleich seine Sprache, reich an Ausfällen, Tritten und Hieben gegen das jüngst Vergangene, befremden mag.[225] Ich will versuchen, unter Fortlassung allen aus der Zeitstimmung, aus der privaten Situation des Autors und aus seiner Persönlichkeit herrührenden Beiwerks, den Kern seiner Konzeption bloßzulegen.

Wie früher schon erwähnt, geht Rathenau davon aus, daß »die deutsche Revolution nicht erfüllt« ist, ihre »Erfüllung« wird Zeit brauchen und nicht

»durch Bolschewisten und Spartakisten« geschehen, »sondern durch eine Reihe von Volksschöpfungen, deren erste die soziale und demokratische Verfassung sein soll, die dann freilich eine Verfassung sein muß, wie sie weder in imperialen noch plutokratischen, noch rentenbürgerlichen, noch ackerbürgerlichen Staaten besteht, sondern eine Verfassung deutscher Zukunft«.[226]

Diese »deutsche Zukunft« erscheint 1919 durch folgende Faktoren bestimmt:

a) »Für uns«, sagt Rathenau, »ist der Imperialismus beendet.« Was er mit »uns« meint, wird erst aus späteren Stellen deutlich; nicht den Nationalstaat als solchen, sondern den feudalistisch-monarchistisch strukturierten, wie ihn Preußen-Deutschland bis 1918 verkörpert hatte, versteht er unter »uns«: »Während der Imperialismus der Herrschenden zum Gipfel stieg, war der Staat längst zur Interessenausgleichstelle, zum Ordnungs- und Verwaltungsmechanismus mit unvollkommener Selbstverwaltung geworden ...«[227]

Der Einwand, den wir sogleich erheben müssen, lautet dahin, daß Rathenau hier zwei Gedankenglieder zu einer Kette vereinigt, die *so* nicht vereinigt werden können; denn »der Imperialismus der Herrschenden« und der Staat sind keine Gegensätze; der »Ordnungs- und Verwaltungsmechanismus« bedeutet ebenfalls keine Antinomie zum Imperialismus und schließt ihn nicht aus.

b) Der zweite Faktor heißt, natürlich, Mechanisierung: »In Geist und Lebensform sind wir genau mechanisiert wie alle übrigen Völker. Wir haben auch die Mechanisierung nicht geschaffen, aber mit unserer großen Gründlichkeit erlernt und auf die Spitze getrieben.«[228] Daran wird sich, Imperialismus hin und Volksstaat her, nichts ändern. Es ist der unproblematischste Zug der neuen deutschen Situation, da er allen, auch den Gegnern, gemeinsam eignet.

c) Die wahre Hypothek auf der »deutschen Zukunft« besteht, so erklärt Rathenau, in gewissen Eigenschaften des Charakters, die uns von anderen Nationen unterscheiden: »Wir sind weicher, weniger selbstbewußt, formloser, fügsamer. Wieweit die Eigenschaften der Betriebsamkeit, der Disziplin, Ordnungsliebe und Pünktlichkeit Sache des Herrenzwanges und Sache des eigenen Wesens waren, steht dahin ...«[229]

Mag man in letzteren Eigenschaften noch Stärken für den Hausgebrauch sehen – »im Nationalen und Politischen aber überwiegen die Schwächen, die nicht Individualismus im hohen Sinne sind, nicht selbstbewußte, produktive Eigenart, sondern Formlosigkeit, Haften an nebensächlicher Gewohnheit und Bequemlichkeit. Mißgunst ist unser nationaler Fehler, Mißgunst, die sich nur durch Mittelmäßigkeit besänftigen läßt. ›Ich bin nichts und gebe mich zufrieden, folglich bist du auch nichts und hast dich auch zufrieden zu geben.‹ Ungewöhnliches Sein, Denken und Handeln wird nur dem zugestanden, der durch Stand und Geburt dem Urteil enthoben oder, weil er sich durchgesetzt hat – der Begriff sagt alles! –, der Verfolgung entronnen ist«[230].

Unüberhörbar auch hier wieder, wie so oft, der Ton persönlicher Gereiztheit, Ausdruck jahrelang aufgestauter Empfindlichkeiten, Enttäuschungen, Komplexe. Ihre objektive Berechtigung soll nicht gänzlich abgestritten werden; sicherlich hat Rathenau gelegentliche Demütigungen und Kränkungen hinnehmen müssen (jede Kritik empfand er als solche) – ihre Schwere lag jedoch im subjektiven Ermessen, besser: im Maße seiner Sensibilität, vielleicht auch seiner Eitelkeit oder seines Ehrgeizes, die ihn »Zurücksetzung« – also etwa, daß er nicht in die Regierung berufen, nicht einmal Abgeordneter wurde, daß er weder den Schwarzen Adlerorden noch die Nobilitierung empfing – kaum verwinden ließ. Hält man dagegen, daß er nach beruflicher und gesellschaftlicher Stellung, nach Einfluß und Einkommen und seit 1917 sogar als Schriftsteller zur obersten deutschen »Prominenz« zählte, dann kann der Akzent der Verbitterung in dem deutlich auf sich selbst zielenden Satz: »In Deutschland entscheiden über einen Menschen nicht die Vorzüge, sondern die Einwände ... einwandfrei aber ist nur die klare, runde, tadellose Null«,[231] nur aus tiefwurzelndem Persönlichkeits- und Lebenstrauma erklärt werden.

d) Als letzten, die Zukunft Deutschlands prägenden Faktor nennt Rathenau die Diskrepanz, die seiner Meinung nach zwischen wirtschaftlicher, sozialer Fortgeschrittenheit – »übertriebene Gegenwart«, sagt er – und »landschaftlicher« Zurückgebliebenheit – »mittelalterlich« nennt er sie – besteht.[232] Was ist gemeint? Eine Absage an den territorialen Föderalismus. Die Homogenisierung der deutschen Länder war nach Ansicht Rathenaus zwischen 1871 und 1918 nicht gelungen: »Preußen hat die politische Einigung nicht erreicht, die kulturelle verhindert.«[233] Als »wirtschaftlich-militärische Interessengemeinschaft dynastischer Landschaften«[234] präsentierte sich das Bismarckreich – und fallierte es. Sie muß zugunsten einer territorial vereinheitlichten Ordnung überwunden werden. Das bedeutet keinen zentralistischen Einheitsstaat, nicht einmal die Auflösung Preußens, die Rathenau für »Unrecht und Unheil« hielte; es bedeutet zwar Nivellierung der alten Länderherrlichkeit, aber in einem Rahmen, der sich vom Staat herkömmlichen Verständnisses unterscheidet.

»Der neuzeitliche Staat ist«, so schreibt Rathenau, »längst nicht mehr ein bloßer Staat. Aus der Willensgemeinschaft der Nation, der politischen, militärischen, religiösen und Rechtsgemeinschaft hat er sich überentwickelt zur Kulturgemeinschaft, Bildungsgemeinschaft, Verkehrsgemeinschaft und demnächst zur Wirtschaftsgemeinschaft ...[235]

Er ist schon heute eine Vielheit ideeller Staaten, eine Vielheit von schiefen Kegeln auf gemeinsamer Grundfläche, deren Spitzen sich in der parlamentarischen Wolke verlieren. Genaugenommen gibt es neben dem politischen und juristischen Staat den militärischen, den kirchlichen, den Verwaltungsstaat, den Bildungsstaat, den Verkehrs- und Wirtschaftsstaat.«[236]

Hier gilt es, Atem und dann etwas weiter auszuholen. Das Nachdenken über das Wesen des Staates gehört zu den großen, nie verstummenden Themen des abendländischen Denkens. Es auch nur im Überblick darzustellen, ist aus

Raumgründen und um die Einheit dieser Schrift zu wahren unmöglich. Wir müssen uns hier auf die Stichworte beschränken, die zum Verständnis der Rathenauschen Konzeption erforderlich sind.

Alle Diskussion über den Staatsbegriff läßt sich zum Schluß auf zwei Grundpositionen zurückführen:

Position A: Der Staat ist eine eigenständige Wesenheit, die zwar – wie ein Wald nur in Bäumen, in Eichen oder Buchen oder Zedern körperliche Realität besitzt – nur in seinen Gliedern und deren Zusammenlebensformen Wirklichkeit, und das heißt, Geschichtlichkeit hat, aber die darüber hinaus Idee ist, mit unzerstörbarem Eigenleben, und mehr als eine bloß pragmatisch organisierte Summe von interessenverbundenen Menschen. Das Verhältnis des einzelnen Gliedes, des Bürgers, zum Staat, der Idee ist, entspricht dem des Menschen zum Seienden überhaupt, welches Idee ist; alles Seiende, so auch der Staat, in seiner irdisch-menschlichen Wirklichkeit ist »Abbild« der Idee. Idee und Abbild werden ineinander und durcheinander ihrer selbst bewußt – und *nur* so werden sie ihrer selbst bewußt. Der Staat gelangt zum Wissen seiner selbst nur in der Gemeinschaft seiner Bürger – der einzelne aus dieser Gemeinschaft gelangt zu geschichtlichem Dasein nur im Staat. Das Wechselspiel dieser Gegenseitigkeitsbeziehung bietet den Freiheitsspielraum; der Bürger ist kein Maschinenteilchen des Staatsapparates – der Staat ist keine Assekuranz der Bürger. Am Ursprung dieser Lehre steht Plato, am Ende Hegel. Der Staat als Selbstverwirklichung Gottes in der Geschichte.[237]

Position B: Der Staat stellt die Organisation der Gesellschaft dar. Sie ist das Primäre; gemeinsame Interessen – dies Wort im weitesten Sinne genommen – lassen Menschen zu einer Zusammenlebens-Gruppe werden, die eine »Gesellschaft« – Rudel, Horde, Stamm, Volk – bildet; dieser Zustand der Gesellschaft kann von der Primitivität der Sammler und Jäger bis zur äußersten Differenziertheit der technisch-industriellen Konsumgeflechte unserer Tage reichen; Entwicklung nach »vorn« als Fortschritt, aber auch »zurück« als Verfall ist möglich; der Staat als eine Organisation, die nicht von Anfang da ist und nicht unabänderlich in alle Zukunft fortbesteht, ist – so könnte man zugespitzt sagen – ein geschichtliches »Accessoir« der Gesellschaft. Er entsteht auf einer gewissen Entwicklungsstufe der Gesellschaft, die nunmehr *als* Staat in das Licht der Geschichte eintritt. Er ist nichts Ewiges, nichts Ideelles; er ist Instrument auf Zeit. Wie er auf einer Stufe der Gesellschaft entstand, so kann er auf einer anderen wieder verschwinden – sei es, daß eine Gesellschaft auf die Stufe *vor* der Staatwerdung zurücksänke, sei es, daß sie eine Stufe erreichte, die Staat überflüssig macht. Für letzteres gibt es bisher noch keinen Präzedenzfall; doch halte ich es für möglich, daß die schwer zu deutende, vielfach irrationale Erregung unserer Zeit, die ein globales Phänomen darstellt, gerade diesen Prozeß ankündigt. Am Ursprung dieser Sicht steht Aristoteles, am Ende Herbert Marcuse. Der Staat hebt sich auf in ein gesellschaftstechnisches Normensystem, das variabel ist.[238]

Zwischen diesen Positionen A und B gibt es in der historischen Realität mannigfache Vermengungen, Überschneidungen, Verschmelzungen, ja, solche dürfen wohl als die Regel angesehen werden. Unterstellen wir eine (nicht nur europäische, sondern weltweite) Entwicklungstendenz von der Staats-Idee zur Gesellschaftsplanung, dann ist es klar, daß mit der Säkularisierung des menschlichen Daseins, vom ausgehenden Mittelalter an, mit der allmählichen Aufgabe heilsgeschichtlicher Vorstellungen, in denen Staat nicht nur als Idee-Verkörperung, sondern sogar als Heils-Gefäß figurierte, das politische Philosophieren sich mehr und mehr zu letzterer hin verlagert. Die erste große Wegstrecke führt von Plato über Augustinus, Thomas von Aquin und Dante hin zu Luther und Vitoria; ihnen allen ist gemeinsam, daß der Staat göttlich instituiertes Zusammenlebensprinzip ist, in welchem sich Geschichte und Schicksal des Menschen nach göttlichem Plan vollziehen und erfüllen; Luther und Vitoria,[239] der evangelisch- und katholisch-christliche Denker, stellen dabei so etwas wie eine »geistige Wasserscheide« dar, denn von nun an dominiert die Auffassung, daß Staat eine streng diesseitig, natürlich und anthropozentrisch determinierte Einrichtungspraxis ist. Das aber bedeutet im Kern die Wendung vom »Staat« zur »Gesellschaft«. Die zweite Wegstrecke verläuft von Machiavelli über die Theoretiker des Absolutismus (Grotius, Bodin, Pufendorf usf.),[240] über Hobbes, Locke, Montesquieu zur Französischen Revolution; ihnen ist gemeinsam – einerlei, welche zeitgebundene Nomenklatur sie benutzen –, daß es Praxisnormen zu schaffen gilt für ein gesellschaftliches Zusammenleben, in welchem »Staat« ein Werkzeug zum Dienst am Menschen und nicht, umgekehrt, der Mensch ein Werkzeug zum Dienst am Staate ist. Die Französische Revolution markiert wiederum eine Wegscheide: die eine Straße geht weiter im Sinne von Position B zur wirtschaftlich-technokratischen Vergesellschaftung, an deren Ende das Verschwinden des Staates steht: auf ihr wandern – auch wenn sie nicht alle jene letzte Konsequenz ziehen – John Stuart Mill, Comte, Marx, Weber und auch Rathenau; die andere Straße zieht, entspringend aus der Kritik an der Französischen Revolution, auf der Suche nach »Heils«-Ersatz und neuer Transzendierung der Geschichte, von konservativ-romantisch-religiösen Restaurationsversuchen hin zu den geschichtliche Reminiszenzen aufgreifenden, pseudomythoshaltigen, autoritären Superstaaten des zwanzigsten Jahrhunderts; auf ihr sehen wir den langen Zug der de Maistre, Donoso Cortés, Hegel, Nietzsche, Sorel dahinziehen. Es sei noch einmal wiederholt, daß hier selbstverständlich nur eine geistesgeschichtliche »Strichskizze« zu geben versucht wird: erst die Farben würden das Gemälde entstehen lassen. Um diese »Farben« geht es zum Schluß immer: alle Genannten waren Menschen aus Fleisch und Blut, keine abstrakten Ideenträger; zwischen ihnen allen verlaufen die zahllosen Fäden der Wirklichkeit; die Geschichte ist kein Museum der »Anti-Positionen«, um die der Gelehrte isoliert ringsherum laufen kann, sondern ein Gewebe der Mischpositionen, dem Teppich gleich, der von hinten nur ein Faden- und Knotengewirr, von vorne aber das Muster zeigt – immerhin, es wurde vorgezeichnet; diese Kartonzeichnung haben wir zu betrachten versucht.

Nachdem wir Rathenaus theoretisch-politischen Ort ausgemacht haben, verstehen wir seinen »neuen Staat«, dessen Neues in der Entstaatlichung beruht. Was wir so nennen, bietet sich bei Rathenau als Auflösung des Gesamtbegriffs »Staat« in Fragmente dar, die dann mosaikgleich wieder zusammengesetzt werden. Dem Parlamentarismus fällt in diesem Prozeß eine nebensächliche Rolle zu: »Ein Parlament, teils Interessentenkammer, teils Politikerkammer, teils Religionskammer, vorwiegend aus beliebten Mittelmäßigkeiten bestehend, kann dreierlei: Regierungskräfte absondern, eine allgemeine politische Richtung geben, die in Annäherung dem Volkswillen entspricht, und die Staatsmaschine formal kontrollieren. Es kann nicht, was man in erster Reihe von ihm verlangt, organisch gesetzgeben, es kann nicht, was es nicht soll, regieren . . .[241] Der Parlamentarismus war von je ein Notbehelf; außer in Ländern von solcher politischen Reife, daß es auf die Regierungsform nicht mehr ankommt. Bei uns ist er überlebt, bevor er begonnen hat.«[242]

Rathenaus Grundsatzkritik an der Demokratie besteht darin, daß er das Volk, zumal das deutsche, welches nun sein Schicksal selbst bestimmen soll, für unfähig hierzu erachtet. Es kann nur so entscheiden, wie seine Manipulatoren es ihm eingeben. »Deshalb«, so erklärt er, »sagen die Russen: Bevor wir die Demokratie einführen, müssen wir das Volk aufklären.

Deshalb haben bei unseren demokratischen Nationalwahlen Millionen Wähler, zumal ländliche, offenkundig gegen ihr Interesse gestimmt.

Deshalb haben die großen Verfassungsschöpfer Roms in den bäuerlich-aristokratischen Staat das Volkstribunal eingeschaltet.

Deshalb werden bei uns und in Europa die Forderungen nach einer Ausbalancierung der bürgerlichen Demokratie durch ein Rätesystem nicht mehr zur Ruhe kommen.

Deshalb ist die primitive Form der einparlamentigen Staatsverfassung, die für die westlichen Bürgerrepubliken in der Zeit des liberalen Händlertums und des konservativen Unternehmertums brauchbar war, für die Epoche der Massenemanzipation nicht mehr geschaffen.«[243]

Wir wissen, daß sich die Konzeption von Gemeinwirtschaft und ihr entsprechendem Rätestaat nicht erfüllt hat; dennoch – oder gerade deshalb – besitzt von allem, was Rathenau geschrieben hat, sein Entwurf eines nichtparlamentarischen, nichtparteilich-demokratischen Staates, eines Staates, wie er dem Gedankengut des Liberalismus gemäß ist, sondern eines nach »Sachgebieten« gegliederten Rätestaates, wie er in Rußland als die marxistisch-leninistische Variante des Ständestaates sich ausbildete, für uns heute noch (oder wieder) erregende Aktualität.

Er geht davon aus, daß der Staat sein Wesen als – gemäß Position A – sämtlichen Schichtungen, Parteiungen, Tätigkeitsbereichen, Lebensäußerungen in ihm übergeordnetes und sie alle umgreifendes Abstraktum, als letztlich in der Idee wurzelnde Klammer, eingebüßt hat und statt dessen zu einer Bündelung von streng sachbezogenen Gruppen geworden ist. Diese nach Sachbezogenheiten zusammenhängenden, in sich zweckeinheitlichen Gruppierungen nennt er die »Fachstaaten«; sie – der »Wirtschaftsstaat«, der »Kulturstaat«, der »Bildungsstaat« usf. – bilden zusammen den »Gesamtstaat«; jeder der Fachstaaten ist in sich zwiefach gegliedert, nach sachbedingten, also fachlichen, und nach politischen, ideologischen Gesichtspunkten: »Sie [die Massen] wollen nicht eine Republik«, schreibt Rathenau, »sie wollen zwei Republiken. Die des Parlaments und die der Räte ... Es ist nötig, daß wir die nebeneinander und ineinander geschachtelten ideellen Staaten voneinander lösen, sie sachlich aufbauen und selbständig hinstellen, einer politischen Spitze freilich untergeordnet. Damit schaffen wir den neuen Staat, den Staat der Zukunft; damit schaffen wir die echte Demokratie und zugleich das Volkstribunat der Massen ...«[244]

Ein Arbeiter X oder ein Lehrer Y ist also in seinem Fachverband (wir erinnern uns an die »Berufs- und Gewerbsverbände«) sachlich-beruflich, also im Hinblick auf die Modalitäten seiner Arbeit, seines Einflusses, seiner Mitwirkung, vertreten und politisch im Sinne der demokratischen Teilhabe an der Regierung und ihren Entscheidungen. Im »klassischen« Rätesystem liegt alle Macht, unter ausdrücklicher Verwerfung der Gewaltenteilung, bei den Räten, den Arbeiter-, Bauern-, Soldatenräten, welche in sich das Volk gewissermaßen »total« vertreten, nämlich beruflich, wirtschaftlich, sozial, politisch. Bei Rathenau bestehen hier Unklarheiten: Werden, z. B. im »Wirtschaftsstaat«, die Räte des Kohlenbergbaus, der Stahl-, der Leder-, der Textilindustrie ihren Zweig »total« vertreten, das heißt: nicht nur im Sinne wirtschaftlicher Mitbestimmung, sondern auch im Sinne politischer Willensbildung, so daß also, soll die Demokratie gewährleistet sein, innerhalb der Räte Liberale, Sozialisten, Konservative nebeneinandersitzen und wirken, *oder* sollen zwei Säulen bestehen dergestalt, daß die eine die Fach- und Berufsinteressen, die andere die politischen Willensbildungen wahrnimmt? Die totalitäre Räteherrschaft, also die »Diktatur des Proletariats«, hat Rathenau abgelehnt, aber sein, wenn man so sagen darf, modifiziertes demokratisches Rätesystem blieb verschwommen: »Das System der Fachstaaten gibt jeder demokratischen und überdemokratischen Freiheit Raum. Der Wirtschaftsstaat kann sich auf Räte stützen, der Kulturstaat kann sich auf Fachparlamenten aufbauen, der Bildungsstaat auf Fach- und Staatsbürgerparlamenten. Der Gesamtstaat als oberste, entscheidende und richtunggebende Gewalt muß freilich den Grundsatz der absoluten theoretischen Demokratie verkörpern, denn die Gesamtrichtung der Politik betrifft und verpflichtet jeden Staatsbürger gleichmäßig und muß ihn daher gleichmäßig berechten.[245]

Diese Sätze sind deshalb so schwer durchleuchtbar, weil ihr Vokabular unpräzise ist. Was meint die »überdemokratische Freiheit«? Wahrscheinlich die des Individuums außerhalb der Organisationen – aber wir wissen es nicht. Und will Rathenau den Begriff »Räte« nur auf den »Wirtschaftsstaat« angewandt wissen? Sollen sie etwas grundsätzlich anderes sein als die »Fachparlamente« des »Kulturstaats«? Und für den »Bildungsstaat« sind »Fach-« und »Staatsbürgerparlamente« vorgesehen. Warum nur für ihn? Es bleibt uns überlassen, *wie* wir »übersetzen«, wie interpretieren wollen. Was Rathenau im großen meint, ist dennoch klar zu entnehmen: der Neue Staat soll ein Gesellschaftssystem sein, in welchem alle Lebens- und Arbeitsgebiete der demokratisch-freiheitlichen Selbstverwaltung durch die in ihnen Wirkenden unterliegen; im ständigen Zusammenwirken aller dieser Selbstverwaltungszellen von der untersten in einem Betriebe, einer Schule, einem Stadttheater bis hinauf zu den obersten »Fachparlamenten«, in denen dann die Elektroindustrie, das Schulwesen, das Theaterwesen sich repräsentieren, soll sich auch der politische Wille ausbilden, der auf dem Wege über Gesamtparlament und Zentralregierung schließlich den Gang des Volksganzen bestimmt. Die Einzelheiten läßt Rathenau wie stets offen. Er gibt kein minutiös ausgearbeitetes Programm, aus dem etwa hervorginge, ob fachlicher und politischer Aufbau nebeneinander oder in eins verbunden bestehen, ob jeder in eine eigene Spitze münden und diese beiden Spitzen nebeneinander kollegial bestehen oder zu einer einzigen, welche nun alle fachlichen und alle politischen Vertretungen in sich vereinte, verschmelzen sollen.

Fest steht für ihn nur: »Der jeweilige Bestand an Bindungen und Verhältnissen [wird] jeweils ein Gegenstand unablässiger erneuter Vereinbarungen sein; an die Stelle des staatlichen Gleichgewichts tritt das dynamische. Somit wird das Paktieren und Umlagern kein Ende nehmen, und das äußere Bild dieser unablässigen Bewegung ist das Parlamentieren in jeder Form. Diese, vielleicht die unerfreulichste, die kulturell gefährlichste Nebenwirkung der neuen Gestaltung – sie bedroht die Einsamkeit – müssen wir in Kauf nehmen. Ja, wir haben sie in Kauf genommen, wir wissen nur noch nicht, daß sie unabänderlich, unaufhörlich ist . . . Haben wir uns mit der Notwendigkeit der Erscheinung abgefunden – die nächste Generation wird nicht wissen, daß es jemals anders sein konnte –, so werden wir den geordneten Aufbau, die geregelte Praxis des Verhandlungswesens den Zufalls- und Gelegenheitsberatungen vorziehen. Was heute an Vereinssitzungen, Kommissionsberatungen, Sachverständigenbesprechungen, Verbandstagungen, Rätekongressen, Volksversammlungen wild und ungeordnet vertan wird, das wird, zum Teil wenigstens, in Bahnen der Organisation gelenkt, verliert an Willkür und Leidenschaft und gewinnt an Folge und Ordnung.

Es liegt etwas Gewaltiges darin, den leidenschaftlichen Willensüberschuß der Menschen durch Verantwortung zu bändigen und fruchtbar zu machen. Wir täuschen uns, wenn wir glauben, daß die plötzlich entfesselten intellektuellen und Willenskräfte der Millionen zur Ruhe zu bringen sind, indem wir ihnen einige Stimmzettel in die Hand geben und ihnen sagen, daß ein behäbiges und unbedeutendes Bürgerparlament souverän in ihrem Namen tagt und für ihr Bestes sorgt. Nur ein lebendiger Aufbau vom Grunde bis zur Spitze, in dauernder Erneuerung und Bewegung, kann die von unten nachdrängenden Kräfte aufnehmen und nutzbar machen, die Bürokratie durchdringen und stärken und mit dem Mittel der selbstverwaltenden Unterteilung Leistungen, Lasten und Schöpfungen ausgleichen.

Der Aufbau des Neuen Staates bedarf der Jahrzehnte, doch genügt es, ihn zu begreifen, um ihn zu wollen, und ihn zu wollen, um ihn zu schaffen.«[246]

In schlichten Worten: Der Mensch als Einzelwesen und das Volk als Ganzes sollen anderes und mehr als Stimmvieh in einer Demokratie sein, die als Regierungssystem des emanzipierten Bürgertums von 1789 nur noch Besitzklassenschutz-Charakter hat – der einzelne und das Volk als Ganzes sollen vielmehr zu einem lebendigen Organismus der Selbstverantwortlichkeit in allen Bereichen des Daseins heranreifen, indem jedermann eine echte Teilhabe am Gesamtschicksal dadurch hat, daß er verantwortlich in einem Bezirk – sei dieser noch so klein –, den er überschauen kann, von dem er etwas versteht, bestimmend und verwaltend mitwirkt. Dieses »Überschauen«, dieses Sachverständnis ist der Ausgangspunkt des Neuen Staates: *weil* der Arbeiter A, der Lehrer B, der Postschaffner C in seinem Bereich Überblick und Kenntnis hat, kann, soll und muß er ein Mitbestimmungs-, ein Mitwirkungsrecht haben. Dieses soll nicht aus theoretischer Doktrin abgeleitet sein und im Stimmzettel, der alle paar Jahre nach vorausgegangener »Bearbeitung« ausgefüllt wird, verkümmern, sondern es soll fließen aus der tatsächlichen tätig-praktischen Integriertheit in die Sozietät hinein.

Damit dieser nach Funktion seiner Glieder organisierte Staat geschaffen werden kann, sind vier »Kämpfe« zu bestehen:

»Der erste Kampf muß gekämpft werden gegen ein zersplittertes, sachunkundiges Parlament, das zu führen glaubte und vorgab, in Wirklichkeit aber unter Wahrung des Scheins geführt sein wollte und geführt werden mußte.«[247]

Also Umwandlung in eine Art von neuzeitlichem, der Industriewelt gemäßem »berufsständischem« Parlament. Die Einzelheiten dieser Umwandlung läßt Rathenau im dunkeln, insbesondere auch die Rolle der überkommenen oder der künftigen Parteien.

»Der zweite Kampf ist von Ressort zu Ressort, und von Zentrale zu Einzelstaaten. Er bleibt bestehen und verschärft sich, wenn der Partikularismus siegt, gemindert freilich um die gefährlichen Plänkeleien gegen Hofgesinde und Souveräne, an deren Stelle andere Intrigen treten werden.«[248]

Man wird diesen Passus als eine Absage an den deutschen Föderalismus auf Basis der historisch gewordenen deutschen Länder zu interpretieren haben.

»Der dritte Kampf gilt den Interessen, ihren Verbänden und der von ihnen erregten öffentlichen Meinung ... Er wird selbst im sozialisierten Staat nicht enden, solange es noch einen Rest von Privatinteressen gibt.«[249]

Hier versteigt sich Rathenau zur glatten Utopie, wie sie nur an Schreibtischen in einsamer Abendstunde erwachsen kann. Das Verschwinden der »Privatinteressen« setzt die Mutation des Menschen zu einem neuen Wesen voraus – womit wir uns erneut inmitten chiliastischer Gedankengänge finden.

»Hinzu tritt im vorläufigen Staatswesen«, meint der Autor schließlich, »der vierte Kampf, der gegen die organisierten Massen. Er wird zur Quelle unaufhörlicher Revolutionsbewegung, sofern es nicht gelingt, diese Massen in den Staatsbau einzugliedern.«[250]

Die Eingliederung geschieht, wie ausgeführt, als Einbeziehung der Bürger in die Fachorganismen, nennen wir diese nun »Räte« oder »Fachparlamente« oder »staatenähnliche Gebilde«; das ist zwar formal nicht dasselbe, wohl aber dem inneren Sinngehalt nach. Die alte Bürokratie hierarchischer Prägung wird zu Funktionären, das heißt zu Beauftragten und Vollstreckern der Selbstverwaltungsgebilde.

»Zu jeder Stufe der Beamtenleiter gehört künftig die entsprechende Stufe der Volksvertretung, Interessenvertretung oder Ideenvertretung, je nach Art und Bestimmung aus örtlichen oder beruflichen Elementen gebildet, bis zur Spitze des ideellen Fachstaates, wo, von einem Fachparlament getragen, ein Fachministerium erscheint, dessen Vorsitz ein politischer, vom politischen Hauptparlament gebilligter Reichsminister führt. Der Fachminister tritt an die Stelle des jetzigen Unterstaatssekretärs, und es ist bei jenem so wenig ausgeschlossen als bei diesem, daß eine politische Richtung von der herrschenden Mehrheit bestimmt wird.«[251]

In sehr vager Form berührt hier Rathenau, gleichsam im Vorübergehen, das Problem der Verknüpfung von »Fachaufbau« und politischer Machtübung. Die »Fachparlamente« erscheinen unter einem »politischen Hauptparlament« subsumiert, ebenso die Fachminister unter dem politisch verantwortlichen Reichsminister. Diese Lösung stellt einen Versuch dar, durch Synthese des Geflechtes fachlicher Vertretungen mit dem Geflecht politischer Vertretungen ein Gleichgewichtssystem aller Kräfte des Volkes zu schaffen. Es ist ein in entscheidendem Punkte – nämlich dem des freiheitlichen Zusammenspiels sämtlicher Faktoren, Strebungen und Träger der Gesellschaft – variiertes Rätesystem, von dem Rathenau sagt: »Die populäre Forderung des Rätesystems enthält nicht nur den richtigen Gedanken von der Notwendigkeit der Volkstribunate, sondern auch die dunkle Erkenntnis, daß die Durchlüftung und Durchlichtung des ganzen Staatsbaues, die Auflockerung und Durchsetzung der Bürokratie mit organisch eingegliederten Volksvertretungen geschehen muß. Doch das Rätesystem bedeutet einseitige Mechanisierung, weil es keine andere Volksvertretung kennt als die diktatorische des Arbeitnehmers. Deutschland bleibt, was auch geschehen mag, geistig zu reich und vielgestaltig, als daß es all sein Schaffen dieser einförmigen, gleichgerichtet interessierten Aufsicht unterwerfen könnte. Auch der Sonderwille des Proletariats ... ist eine Instanz, in wirtschaftlichen Dingen heute die stärkste; doch die Dinge des

Glaubens, der Erziehung, der Kunst der auswärtigen Geschäfte können nicht samt und sonders von Klassenkörpern, womöglich gar von örtlichen, gerichtet werden.«[252]

Er distanziert sich von jeglichem Versuch, eben diesen »Sonderwillen des Proletariats« zur ausschließlichen staats- und gesellschaftsprägenden Macht zu erklären. Er verwahrt sich gegen jegliche Diktatur, einerlei, aus welcher Richtung, aus welchem Motiv sie hervorgehen, einerlei, wer ihr Träger sein mag. Nur das aus völliger Freiheit individueller Meinungsäußerung fließende Zusammenspiel der »Fachstaaten« – »Erziehungs-«, »Wirtschafts-«, »Kultur-«, »religiöser« Staat – zum Gesamtstaat, davon ist er überzeugt, wird die Bewahrung der Menschenwürde im Zeitalter der Mechanisierung zu gewährleisten und damit dem Weg in das »Reich der Seele« zu dienen befähigt sein.

Die Stunde des kapitalistischen Bürgertums hat geschlagen: »Das stützt sich auf eine Bürokratie, die aus Bildungsmonopolisten besteht und von Kapitalmonopolisten geführt wird. Es herrscht durch ein demokratisches Parlament, dessen Wahlen sich unter bürgerlichen, zum Teil kirchlichen Traditionen, unter der geistigen Leitung der bürgerlichen Schicht, Bürokratie und Presse vollziehen. Diese Schale entspricht nicht mehr dem Kern. Der Rest der Fiktion stützt sich auf den Rest des Unrechts: den Bildungsmangel des Proletariats. Mit wunderbarer Kraft hat eine Vielzahl diese Schranke durchbrochen; zwei Menschenalter werden genügen, um sie hinlänglich wegzuräumen.«[253]

Die Welt von 1789 muß vergehen. Die zitierten Sätze wurden vor einem halben Jahrhundert geschrieben – heute, in Vulgärdeutsch abgesunken, sind sie fast schon Makulatur bei den Treffen und Aktionen unserer Jung-Revolutionäre. Damals waren sie mutig – und ich möchte sie in einem ganz bestimmten Sinne »adelig« nennen; denn Rathenau hat sie sich rein aus der Erkenntnis dessen, was not tut und was als Kompaß in die Zukunft spürbar wird, *gegen* seine eigene Lebenssituation entrungen. Deshalb sind sie sein Wertvollstes gewesen. Nicht Kapitulation vor dem Geschehen in Rußland, sondern Aufarbeitung desselben und Abgrenzung gegen es: »Der geistige Brand aber schreitet unaufhaltsam von Ost nach West ... Nur deshalb stemmen wir uns dem Äußersten entgegen, weil es um die Zivilisation und Kultur Europas geht. Der russische Waldbrand erfüllt seine Bestimmung; nach Jahrzehnten wird eine neue, vielleicht eine bessere Menschengesellschaft aus der Verwüstung sprießen ... Ein neu verfaßtes, nach seiner eigenen Art verfaßtes, auf Vernunft und Gerechtigkeit ruhendes Deutschland hält den Sturm vom Osten aus, den Druck vom Westen, nicht ein morsches Bundesstaats- und Bürokratengerüst, übertüncht mit den Freiheitsfarben hundertjähriger Mode.«[254]

Mit unheimlicher Sehergabe fügt er hinzu: »Ein Zufall entscheidet, ob wir der Diktatur oder der Wirrnis entgegentreiben.«[255]

Man kann diese Worte in unserer Zeit eigentlich nur mit Erschütterung lesen. Was in Rußland geschah und wovon Rathenau, obwohl er gut informiert war, sicherlich doch nur ein sehr ungefähres Bild hatte, muß ihn heftig bewegt haben; das spürt man in dieser kleinen Schrift vom »Neuen Staat«, die den Gipfel seines denkerischen und schriftstellerischen Werkes bildet. In fast keinem seiner anderen Werke sind kühnes Vorausdenken und realistische Mäßigung eine so glückliche Verbindung eingegangen wie auf den Schlußseiten dieses Essays; vollkommen unzweideutig bekannte er sich in jenem Frühling 1919 zum sozialisierten und dennoch freiheitlichen Staat. »Es ist nötig, die Verantwortung des Arbeiters so gewaltig zu steigern, daß er nicht nur seinen Vorteil will, sondern auch das Gedeihen seines Gewerbes will, der Wirtschaft will, des Staates will; will und wollen muß. Hemd und Rock müssen ihm gleich wert sein.«[256]

Was im Jahre 1968 die Welt bewunderte: den tschechischen Versuch, einen eigenständigen liberalisierten Kommunismus zu entwickeln – Rathenau hat ihn vor fünf Jahrzehnten vorausgedacht. Er wußte, es kann keine Rückkehr zu einem imaginären »Urzustand« geben; der setzte »in Deutschland einen Rückgang der Bevölkerung von sechzig auf etwa sechs Millionen voraus, denn er fordert weite Räume«.[257] In Rußland liegen die Dinge anders; aber es fragt sich, ob der Begriff »Urzustand«, den Rathenau gleich vielen seiner Zeitgenossen auf das bürgerkriegsdurchtobte Riesenreich anwandte, zutreffend war. Zwar mußte als Folge der radikalen Vernichtung des zaristisch-feudalen Systems ein Chaos vorübergehend hingenommen werden – Preis, ja Wurzelgrund für den Neubau –, aber dieses Chaos war Übergang. »Der Bolschewismus – nicht der theoretische, sondern der praktische –«, schrieb Rathenau, »lebt vom Begriff des Übergangs.«[258]

Gerade aber das Wagnis des Chaos – können wir es in Deutschland eingehen? Müssen wir es? In fanatischen Konventikeln unserer Tage wird die Frage theoretisch bejaht. Worin liegt denn das eigentliche Problem des Neubaus? Er kann weder gelingen durch anarchische Eigenrevoluzzerei in den Klein-Einheiten, also in diesem Dorf, an jener Universität, in dieser Gemeinde, an jener Behörde; noch durch rein zentralistische Schreibtischplanung »von oben«. Weder das Hirn allein noch die Extremitäten für sich vermögen den lebensvollen Organismus des Ganzen zu schaffen. Beide Fehlansätze finden sich, so erkennt Rathenau, in Rußland und auch bei der deutschen Rätebewegung: »Wir haben das Hirn demokratisiert – Parlament und Regierung –, wir stehen im Begriff, die Haut zu sozialisieren – die peripherischen Elemente –; das ist halbe, aussichtslose, ja verderbliche Arbeit, sofern wir unterlassen, den staatlichen und wirtschaftlichen Leib mit organischem Demokratismus und Sozialismus zu durchsetzen.«[259]

Erneut nimmt Rathenau den Grundgedanken aus der »Neuen Wirtschaft« auf: die staatliche Neuordnung muß aus der wirtschaftlichen hervorgehen. Es ist und bleibt dies vergleichbar ein wenig der Frage, ob »zuerst« die Henne oder das Ei da war. Den Satz »dem Aufbau der Räte muß daher vorangehen der Aufbau der Gilden, d. h., die neue Wirtschaft« wird man abzuwandeln haben: beides muß Hand in Hand gehen. Nicht consecutio temporum, sondern Gleichzeitig gilt es; die Schwierigkeit liegt in der aufeinander abgestimmten und doch elastischen, örtlichen und doch zentralen, freiwilligen und doch geplanten Kooperation zwischen »unten« und »oben«. Sollen nicht alle guten Neu-Ansätze im Wirrwarr Gleichberechtigter untergehen, so bedarf es eben am Ende doch einer starken, zentralgesteuerten Exekutive. Denn »würde es jemand einfallen«, fragt Rathenau, »das Eisenbahnnetz eines Landes in der Weise zu entwerfen, daß man jede Gemeinde beauftragt, nach Gutdünken zwei bis drei Strecken zu bauen, ohne sich um Haupt- und Nebenstränge zu kümmern?«[260]

Er nennt den Grundsatz, der für die Arbeitsteilung zwischen den einzelnen von unten nach oben aufsteigenden Organisationsstufen zu gelten hat: »Keine Instanz darf Existenzfragen der Elemente ihrer eigenen Stufe entscheiden: so wenig wie ein Mensch den andern ohne Anrufung des Richters zum Tode oder zu Vermögensstrafen verurteilen darf.«[261]

Dieser Satz enthält ein Kernproblem aller Demokratie: das der Kompetenzen-Definition und -Abgrenzung jeder mit Selbstverantwortlichkeit ausgestatteten Organisationsstufe bzw. Körperschaft. Das Wesen der Demokratie besteht nicht darin, daß möglichst viel oder gar »alles« auf jeder Stufe, in jeder Körperschaft entschieden wird, nicht also in der extrem gesteigerten Autonomie der Stufen und Organe, sondern darin, daß jede Stufe, jede Zelle das Richtige, ihr Gemäße eigenverantwortlich regelt und zu der nächsttieferen und nächsthöheren in wohlabgewogener Kompetenzrelation steht. Das zu erreichen, ist so kompliziert wie dieser Satz. Mit dem politischen Zentralparlament alter Art ist es unmöglich: »Die sozialen Funktionen einem rein politischen Zentralparlament überlassen, heißt, ein Gehirn schaffen ohne Rückenmark, ohne Nerven- und Blutbahnen, ohne selbsternährende Tätigkeit der Körperteile. Das demokratischste Parlament ist nicht demokratisch, das sozialste nicht sozial, das sachlichste nicht sachlich und das klügste nicht klug. Jedes politische Parlament ist ein notwendiges Übel, wie jeder Monarch, und es ist noch lange fraglich, welches der kleinere ist. Das Übel der politischen Parlamente aber kann nur ausgeglichen werden mit Hilfe der Sach- und Fachparlamente, die keine Übel zu sein brauchen.«[262]

Immer wieder muß man sich, liest man Rathenaus Bekenntnis zum Rätestaat deutsch-eigentümlicher Bauart, vor Augen halten, daß er damals in tiefer innerer Erregung darüber, sich von der Teilnahme und Mitwirkung am deutschen Umbruch ausgeschlossen zu finden, auf dem Papier mit Tinte und Feder Konsequenzen ziehen konnte, die den im politischen Alltag Handelnden versagt waren – und auch dann verwehrt geblieben wären, selbst wenn sie sie in der gleichen Schärfe wie der vereinsamte und verbitterte Denker gesehen hätten.

»Manches«, meinte dieser, »können wir von den Russen lernen, vor allem die gewaltige Einheit ihres neugestaltenden Willens ...« – nun, *die* gerade konnten wir nicht lernen. Die war nichts Lernbares, die ankerte letztlich im Charakter, der auch von Rathenau stets als ultimum movens anerkannt wurde. Der Essay schließt mit einem dezidierten Bekenntnis zu Rußland, zum neuen kommunistischen Rußland, das freilich damals erst in Umrissen zu erahnen war: »Wir werden mit allen Nationen, die dazu bereit sind, arbeiten. *Unsere Anlehnung aber wird Rußland sein.* Wir werden nicht den Bolschewismus annehmen, denn er eignet sich bestenfalls für ein Landvolk mit weiten Räumen. Wir werden uns mit Rußland auseinandersetzen und eine eigene, für unsere feingegliederte Produktionsweise geeignete Wirtschaftsform erhalten. In Gemeinschaft mit Rußland und anderen Gebieten, die sich freiheitlich gestalten, werden wir die Träger des Geistes einer neuen Zeit sein. Dieser Geist wird uns sicherer schützen als Armeen, denn er verbindet uns mit der lebendigen Masse der Erdenländer, deren Kapitalherrscher erst sterben. Im Panzer der alten Herrenkämpfe, auf dem Turnierplatz der alteuropäischen Horizontalpolitik sind wir unterlegen und verloren. In der unsichtbaren und undurchdringlichen Rüstung des neuen Geistes dürfen wir den Schauplatz der kommenden Epoche der inneren Völkerwanderung mit reiner Zuversicht betreten.«[263]

Wenngleich aus diesen Worten die Erwartung eines anderen Rußland sprechen mag als des unter Stalin vollendeten oder heute sich der Welt präsentierenden: die Richtung ist dennoch ganz eindeutig ausgesprochen. Mir scheint, daß diese Tatsache – auch wenn sie sich nicht aktenkundig nachweisen läßt – in den Erwägungen über Rathenaus innere Haltung zum Rapallo-Vertrag stärker berücksichtigt werden muß.

C. Die neue Gesellschaft

Die Reihenfolge der drei »Programmschriften« (wobei »Programm« sehr allgemein verstanden werden muß) entspricht der inneren Konsequenz des Rathenauschen Gedankengangs: die neue Wirtschaft gebiert den neuen Staat, beide zusammen bilden die Façon der neuen Gesellschaft. So lautet denn auch der Titel des im Oktober 1919 erschienenen Traktats, in dem der Autor wiederholt und vertieft, was er seit nunmehr sieben Jahren, seit dem Erscheinen der »Kritik der Zeit«, vorbringt.[264] Die russische Revolution hat ihn, wie wir wissen, ungemein beeindruckt und beschäftigt; in ihm zwiespältige Reaktionen der Anziehung wie der Ablehnung hervorgerufen. Nicht weil sie ihm grundsätzlich neue Erkenntnisse vermittelt hätte, faszinierte sie ihn, sondern weil er in ihr ein gewaltiges Experiment der Menschheit, vorgenommen in einer Riesenretorte von fanatisch überzeugten, den »Willen zur Macht« verkörpernden Gesellschaftsbildnern (die nicht *nur* Gesellschaftsingenieure, -techniker und -chemiker, sondern *auch* Gläubige – säkularisierte freilich – echt russischen Formats waren) sah; weil er Ideen und Prinzipien, die teilweise auch die seinen waren, hier auf dem Prüfstand der Geschichte gewahrte. Doch Rathenau besaß nicht jenen blindwütigen Reformeifer, der auf der fast unreflektierten Zuversicht beruht, alles sei machbar, wenn es nur »wissenschaftlich richtig« angepackt werde; bei allem sozusagen ästhetisch gehegten und gepflegten Glauben an das dereinst aus der Mechanisierung hervorblühende »Reich der Seele« blieb er Skeptiker. Er sah die Größe und Tragweite des russischen Totalumbruchs – aber auch seine Sackgasse: »Mit einer Diktatur ist nichts getan«, sagte er in einem Gespräch zur Freundin Lore Karrenbrock (Mai 1919),[265] »eine Diktatur muß sich der Gewalt bedienen, gerade wie die jetzige Regierung auch. Eine Diktatur besteht aus vielen, die nichts anderes sind als die Beherrschten auch und die immer die Knechte ihrer eigenen Fehler und Unzulänglichkeiten sind und endlich in die gleichen Fehler verfallen, die die ehemals Herrschenden unerträglich machten. Sehen Sie doch das Heer an, das Lenin und Trotzki aufgeboten haben. Nach einigen Jahrzehnten werden die Nachkommen der jetzigen russischen Diktatoren einige fest zusammenhängende Adelsklassen bilden, die, ohne sich organisch von neuen Kräften durchdringen zu lassen, über die Hunderttausende des Landes herrschen werden. Nein, Diktatur kann den wahren Sozialismus nicht bringen.«[266] Er nannte als das Merkmal »für die vollendete Sozialisierung einer menschlichen Gesellschaft« – ja, sogar als das einzige – »das Aufhören des arbeitslosen Einkommens«.[267] Wenige Monate (9. November) später meinte er zur Freundin: »Man macht durch Lohnerhöhung und Arbeitszeitverkürzung die Massen nicht geistiger und nicht glücklicher. Die Parteiführer glauben zu wissen, was ihnen fehlt. Aber sie wissen es nicht. Sie wissen nur die äußeren Dinge. Aber damit ist nichts getan. Man muß den Massen wieder Ziele, Willen, Glauben schaffen.«[268]

Man muß solche Äußerungen zusammen sehen; Rathenau wußte: das Richtige und Notwendige erkennen und die Maßnahmen ergreifen ist eine Sache – die Menschen glücklich machen eine andere. Wenn als Ausdruck neuer sozialer Gerechtigkeit das »arbeitslose Einkommen« erlischt, dann ist das ein Kriterium des sozialisierten Zustandes, sagt aber nichts über dessen »Grundkraft« aus. Diese ist anderes und mehr: innerstes Vergesellschaftungsstreben, zu dem ein Volk heranreifen muß; ob es heranreift? wie lange das dauert? ob es bei den Deutschen geschehen wird, die »nie einen freiheitlichen Aufbau aus sich selbst [haben] schaffen können? Sie sind zu schwerfällig, zu gleichgültig, zu unpolitisch . . .«[269] Niemand weiß es. Vorerst ist alles »Dunkel des sozialen Traumlandes, von dem keiner ernstlich redet, weil keiner ehrlich daran glaubt«.[270] So klingt es wie Vertagung auf unbestimmte Zeit, wenn Rathenau schreibt: »Solange nicht eine völlig veränderte Geistigkeit einkehrt, die den Menschen vom Besitz löst und dem Gesetz zuwendet, die Leidenschaften bändigt und die Gewissen schärft, ist der Leitsatz: es gibt keine reichen Leute und arbeitslosen Einkommen, einzuschränken in die Formel: es sollte keine geben.«[271]

Er versucht dennoch das »dunkle Traumland« vorauszusehen. Dabei vermengen sich falsche und richtige Prognosen. Irrig etwa die Annahme, in Deutschland könnte sich der alte Hochadel und der jüngere Beamtenadel erhalten,[272] das Großbürgertum werde in die Rolle der Hugenotten-Refugiés von einst geraten, die mittleren Landwirte und selbständigen Bauern würden einen »vierten Stand« bilden, zwischen Hand- und Kopfarbeitern werde Haß herrschen; zutreffend dagegen die Vorhersage, daß die Gesellschaft (zumindest in der ersten Nachkriegszeit) verarmen werde, daß die Dinge des Gebrauchs und Verbrauchs genormt und typisiert, dabei »geschmacklos«, die alte Kultur unterganggeweiht sein würden. Nicht weniges, was er damals in noch schwer zu bemessender Ferne wähnte, wurde erst nach dem Zweiten Weltkrieg, erst in unseren Tagen Wirklichkeit oder steht im Begriff, es zu werden.

»Sollen wir das geistige und kulturelle Leben der vollsozialisierten Gesellschaft betrachten, so haben wir auszugehen von der vollkommenen Gleichberechtigung aller Individuen in Urteil und Entschluß. Autorität, auch auf den geistigen Gebieten, besteht nur, soweit das Volk unmittelbar durch seinen Willen oder mittelbar durch seine Vertrauensleute sie einsetzt, anerkennt, bestätigt. Lebensweise und Erziehung sind sehr ähnlich, Geheimnisse, nebelhafte Autoritäten einzelner Berufe gibt es nicht, niemand läßt sich imponieren. Jeder stimmt ab, gleichviel ob es sich um ein Amt, ein Denkmal, ein Gesetz, ein Drama handelt, oder läßt durch Vertrauensleute oder Vertrauensleute von Vertrauensleuten abstimmen. Jeder will wissen, wie, wo, warum – ähnlich wie heute in Amerika –, und verlangt plausible Gründe. Die Antwort: das verstehst du nicht, ist unmöglich.«[273]

Im Hinblick auf das kommende Zusammenlebensklima in der mechanisierten Welt gelangt Rathenau zu Aussagen, die wirklich das Beiwort »prophetisch« verdienen: »Die öffentliche Meinung bestimmt alles. Die Vertreter der absoluten Werte haben sich dem Wettbewerb zu fügen. Religiöse Anschauung bewirbt sich mit den gleichen Mitteln um die Billigung der Zeit wie eine neue Heilgymnastik. Ein Kunstwerk bewirbt sich um Stimmen. Was ins Leben treten will, bedarf der Popularität, ohne Reden gibt es kein Schaffen. Wie zur spätern Griechenzeit ist Rhetorik und Dialektik die stärkste der Künste.«[274]

Wir haben in diesem Buch mit Kritik an Rathenau und Einwänden gegen Teile seines Œuvres nicht hinterm Berge gehalten; im Vergleich mit bedeutenden Zeitgenossen, mit Naumann und Weber zumal, schien er bisweilen schlecht abzuschneiden; von Gemeinplätzen wie von Verstiegenheiten fanden wir sein Werk nicht frei. Doch in seinen beiden letzten Schriften von grundlegender Bedeutung, im »Neuen Staat« und in der »Neuen Gesellschaft« gelangen ihm Abschnitte von unvergleichlicher Hellsichtigkeit, brillant und eindrucksvoll vorgetragen, Prophetie ohne jeden lächerlichen Beigeschmack. Wenn man bedenkt, in welchem Maße den Diktaturen dieses Jahrhunderts, den sozialistischen wie den faschistischen, restaurative, ja schlechtweg reaktionäre Tendenzen innewohnen, welche sie manchmal geradezu als »retardierende Momente« in der staatlich-gesellschaftlichen Entwicklung der Erde erscheinen lassen, dann erst gewinnen vor fünfzig Jahren geschriebene Sätze wie die folgenden ihr volles Gewicht: »Denken ist höchste Verantwortung. Wer für andere denkt, hat für sie zu sorgen, und wenn sie leben, so darf er sie nicht töten. Deshalb ist es eine böse romantische Narrheit, uns in die Vergangenheit zu weisen. Wir müssen durch das dunkle Tor, und der Weise darf nicht brüllen: Laß mich aus, ich bin das Salz der Erde. Zuerst muß die Menschheit gerettet werden; nicht ein sauber gewähltes Paar in einer Arche, sondern die ganze Menschheit, mitsamt dem Verbrecher und der Dirne, dem Narren, Bettler und Krüppel. Die Autorität haben wir selbst zerbrochen, nun wird es ein Gedränge geben und manches anders aussehen, als die Weisen wollen und die Romantiker träumen.«[275]

Nun, das »Gedränge« ist da; und zwar unabhängig von Krieg und Frieden, Sieg und Niederlage, unabhängig auch von der Staatsform und sogar vom unterschiedlichen Ausmaß zugestandener oder errungener Freiheit. Was wir heute weltweit als »Unruhe« wahrnehmen, äußert sich zwar in den einzelnen Völkern, sozialen Schichten, gesellschaftlichen, weltanschaulichen, wirtschaftlichen Gruppen höchst mannigfaltig, läßt aber doch als gemeinsamen Nenner ein schwer faß- und beschreibbares Gefühl der Erstickungsangst und die Ratlosigkeit, wie diesem zu begegnen sei, erkennen. Die letztlich auf mathematischer Rationalität gründende, technisch-ökonomisch bis ins letzte gesteuerte und determinierte Zivilisation des zwanzigsten Jahrhunderts hat den Charakter der zerebralen Dekompensation angenommen, als welche man das karzinomatöse Überwuchern des gesamten menschlichen Daseins durch »Gehirnlichkeit« wohl bezeichnen muß, und ist so zum Menschheits-Alb geworden. Es liegt ein unheimlicher Zirkelschluß vor: die Entdeckung »dieser Welt« und die Selbstentdeckung des Individuums, der daraus fließende, seit der italienischen Renaissance etwa einsetzende Weltbewältigungsversuch mit den Mitteln mathematischer Ratio – er ist (was häufig vergessen wird) nur *einer* von möglichen anderen Versuchen – hat vor allem auf dem Wege über explosive Bevölkerungsvermehrung (die ein direktes Ergebnis des mathematisch-technischen, naturwissenschaftlichen Weltbewältigungskonzeptes ist) zu einer Situation geführt, in der der Jahrhunderte hindurch bis zum Paroxysmus gesteigerte Drang nach totaler Diesseitigkeit nun die totale Hölle zu schaffen droht. Diese Hölle erscheint durch folgende Kriterien definiert:

a) Die Menschheitsvermehrung schafft unausweichliche Zwänge: so den Konsumzwang; alle *müssen* konsumieren, einerlei was, damit alle zu arbeiten und zu leben haben, um wieder konsumieren zu können; ein ungeheuerlicher irdischer Kreislauf; daß in ihn egoistische, sei es nationalistische, kapitalistische, profitliche Interessen hineinwirken, führt zu dem Gefälle von Überfluß bis Armut, von Übersättigung bis Hunger, der heute die Welt in die Lager der Allesbesitzenden und der Habenichtse teilt; die Menschheitsvermehrung schafft ferner den nahezu vollständigen Freiheitsverlust: der Mensch des »kapitalistischen Westens« besitzt die Wahl zwischen zahllosen Konsumgütern, nicht aber die Wahl zwischen Konsum und Nichtkonsum; er *muß* konsumieren; und er *muß* in unerbittlicher Tretmühle sein Leben lang dem Konsum dienen; alles, womit er geistig, seelisch, informativ gespeist wird, ist konsumbedingt und konsumhörig, er wird gefüttert wie eine Maschine mit dem Kraftstoff, den er braucht, um »fit« zu bleiben. Der Mensch des sozialistischen Ostens besitzt diese Konsum-»Freiheit«, welche Sklaverei ist, nicht oder noch nicht (aber er giert schon mit allen Fasern seines Seins danach!); doch er sieht sich verurteilt, ein Leben lang winziges Funktionspartikel eines zentralen »Planes« zu sein, der, ob er nun mit säkularisierten Heilsideen drapiert ist oder nicht, Unfreiheit bedeutet und in diesem Punkte auf derselben Stufe steht wie der Konsumapparat. Der Mensch der »dritten Welt« ist in seinem Elend und seiner Ohnmacht das allerärmste Ausbeutungsopfer der beiden vorgenannten Gruppen; er hat die Wahl – falls er sie hat –, welche der beiden Sklavereispielarten er vorzieht.

b) Da die wissenschaftlich-technischen Möglichkeiten des Menschen schon heute seinen spirituellen Erkenntnis- und ethischen Entscheidungsfähigkeiten weit davongelaufen sind und es immer mehr tun, sind Entwicklungen denkbar, die ganz nüchtern nur als Inferno bezeichnet werden können. Nicht die Massenvernichtung steht als Gefahr an erster Stelle, sondern die Möglichkeit, Menschen, einzeln und in beliebigen Mengen, von der Zeugung und Geburt – wörtlich genommen – bis zum Tode zu steuern: ihre Anlagen, Eigenschaften, Triebe, Wünsche, Reaktionen, ihren Eintritt in diese wie ihren Austritt aus dieser Welt. *Machbar* ist das alles schon heute; und die Wissenschaft arbeitet weiter daran in schönem »freiem Selbstgenüge«, das ihr Stolz ist. Die Regulative zur Anwendung des Machbaren sind unterentwickelt. Dazu bedarf es nicht rationaler Einsicht in irgendwelche objektgebundenen praktischen Zwecke, sondern spiritueller Erkenntnis dessen, was *Sinn* und *Wesen* des Menschen und seines Erdenganges ist. Erst aus ihr heraus können sittliche Entscheidungen, sittliches Verhalten erwachsen: sie werden *so* ausfallen wie die Antworten auf die Frage nach Sinn und Wesen des Menschen. Wir können uns drehen und wenden, wie wir wollen: am Ende ist das Problem der Welt doch allemal ein theologisches Problem. Der Menschheitsweg hat bisher als höchste, als die *einzige* Blüte die Konstatierung des unermeßlichen, gänzlich inkommensurablen Wertes des Einzelmenschen, gründend in seiner unsterblichen Seele und seiner als »Gedanke Gottes« unendlich kostbaren Individualität, gebracht. Von dieser Konstatierung leitet sich ausnahmslos alles ab, was sich unter »Menschlichkeit« begreifen läßt. Alles, was hieran rüttelt, sei es eine Lehre, eine Einrichtung, eine vermeintliche »Notwendigkeit«, trägt dazu bei, den Menschen als einzelnen zu entmenschen, die Menschheit als Ganzes um Jahrtausende zurückzuwerfen. Das gerade aber ist die Lage: An dem unermeßlichen Wert des Individuums rüttelt nicht nur, es *leugnet* ihn alles das, was

Rathenau mit dem einen Begriff »Mechanisierung«, unter die auch weltanschauliche Gebäude fallen, erfaßte.

c) Die Hölle, und das ist vielleicht ihr Ärgstes, wird von der Mehrzahl ihrer Einwohner zunächst nicht als solche wahrgenommen: das heißt nicht bewußt, nicht klar aussprechbar und damit bekämpfbar wahrgenommen. In unablässiger Reizüberflutung, nie stillstehender Zwangsmobilität (als Arbeiter, Fernseher, Urlauber, Funktionär, Sexverpflichteter, Käufer und Verkäufer) tritt die entsetzliche Leere nicht als Erkenntnisblitz ins Bewußtsein, sondern gebiert sie nur permanente, als Hektik und »Lust« verkleidete Langeweile. Die Dauerfrustration marschiert im Gewande der Dauer-Agilität. Es gibt einige wenige Leute, die die Hölle erkennen: ihre Qual ist ausgesuchter Art; sie sehen keinen Ausweg – es sei denn den einen, den sie sich kaum einzugestehen wagen: die vollkommene Zerstörung dieser zur Hölle entgleisenden Zivilisation.

In der Tat stehen wir hier am entscheidenen Punkt: die Entwicklung strebt immer rascher einem Extrem zu. Der Mensch muß sich *mutieren*, das ist, er muß zu einem so veränderten Wesen werden, daß er in das selbsterfundene System paßt, also Selbstverfütterung an den selbstmontierten Baal – oder: Zerstörung Baals. Diese Alternative müssen wir, glaube ich, an der Wurzel der oft so unerklärlich, so widerlogisch, so unsympathisch erscheinenden Generationen-Revolte erkennen. Einpassung in die Zivilisationsapparatur, wie sie jetzt ist und wie sie »nach dem Gesetz, wonach sie angetreten«, fortschreitet, *und* Selbstverwirklichung des Menschen sind unmöglich. Das spüren die Jungen dumpf, ohne es rational zu wissen und aussprechen zu können. Das ist die Erstickungsangst, die zu Haß- und Zerstörungsorgien treibt. Feinde werden gesucht, Schuldige, an denen man auslassen kann, was man »irgendwie« spürt, aber nicht zu nennen weiß oder falsch nennt mit Fetisch-Namen: »Establishment«. Sie speien und treten und prügeln wild um sich, blindwütig, in verkehrte Richtungen, treffen Falsche. In allem Verwirrten, Verstellten, auch Bösen, an seiner Basis, liegt doch etwas Echtes, nicht Gemachtes oder bestelltes: die halbbewußte Qual des Unvermögens, *gleichzeitig* total unfrei *und* menschenwürdig, menschenwürdig *und* als Ameise leben zu können. Entweder siegt die totalitäre Konsumzivilisation in einer weltweiten Mutation des Menschengeschlechts – dann sind die Neoanarchisten von heute die letzten Reaktionäre gewesen; oder diese Zivilisation geht unter, sei es, daß sie ihrerseits eine Mutation erfährt oder sogar gewaltsam zerstört wird, dann waren sie die ersten Sturmvögel.

Rathenau selbst hat diesen Denk-Schritt bis zum äußersten Entweder-Oder nicht vollzogen, ihn damals auch nicht vollziehen können. Aber mit sicherem Blick erkannte er, daß eine Wurzel der humanen Dekompensation und dementsprechend auch eine Wurzel ihrer Heilung in der *Arbeitswelt*, in dem Verhältnis des Menschen zu seiner Arbeit lag. Dieses Verhältnis ist tief gestört, denn: »Es ist ein Traum, zu glauben, aus der entgeisteten Teilverrichtung, auf der die mechanisierte Produktionsweise beruht, werde jemals wieder die handwerkliche Fertigung sich entwickeln lassen ... Solange die Arbeitsteilung besteht, leistet der Mensch nicht Fertigung, sondern Teilarbeit, im besten Falle und bei höchster mechanischer Entwicklung Überwachungsarbeit.«[276]

Immerhin: »Fortschreitender Technik wird es gelingen, mechanische Arbeit in Überwachungsarbeit zu verwandeln« – schon das ein großer Fortschritt und heute weithin erreicht; die Zahl der Fließbandheloten, deren entsetzlich gleichförmige Handgriffe einst Charlie Chaplin in Grotesken mit tiefem Sinne zur Anschauung brachte, nimmt ab, die Zahl der vor Schaltschemata der Automation Wachenden nimmt zu. Aber in gewisser Weise bleibt auch diese »Überwachungsarbeit« abstumpfende mechanische Arbeit: »Es ist der Tatsache ins Auge zu blicken, daß die mechanisierte und mechanische Arbeit ein Übel an sich ist, und zwar ein solches, das durch keine wie immer geartete wirtschaftliche und soziale Umgestaltung beseitigt werden kann. Weder Karl Marx noch Lenin kommt über diese Tatsache hinweg, an ihr scheitert jeder Zukunftsstaat, der auf Grundlage heutiger sozialistischer Einsicht errichtet wird. Hier liegt das Zentralproblem des Sozialismus, unberührt, wie bis vor kurzem der legendäre Mehrwertbegriff, eingebettet, wie er, in ein Rattennest von nachgesprochenen Redensarten.«[277]

Für solche Einsichten müssen wir heute Ohr und Verständnis erst wieder schärfen. Der Marxsche Mehrwertbegriff hat jegliche Aktualität verloren, wenn nicht theoretisch, dann doch praktisch. Arbeiter, die ihr Häuschen, ihren Garten, eine wohlgefüllte Lohntüte, Mitbestimmung (einerlei, wie effizient) und in Zeiten der Hochkonjunktur volle Freizügigkeit in der Wahl ihres Arbeitsplatzes haben, denken über Mehrwert oder andere volkswirtschaftliche Theorien nicht nach, wünschen keine Systemänderungen, hassen keine Kapitalisten und sind, wie die Erfahrung lehrt, kaum zu mobilisieren, zum Klassenkampf alter Art gänzlich unbrauchbar. Das andere aber, den lebenslänglichen Zwang zur »mechanisierten und mechanischen Arbeit«, scheinen sie gegenwärtig nicht quälend zu empfinden. Der Sachverhalt ist nämlich verschleiert: solange, wie in der Nachkriegszeit von 1945 bis heute, die Arbeitszeiten ständig sinken und die Freizeit dementsprechend ständig zunimmt, erfährt die »Wiederkehr des ewig Gleichen«, dieses eigentliche Wesen der mechanisierten Arbeit, ob sie an einer Maschine, einem Schalthebel, ob als Handgriff oder Überwachung stattfindet, einen Ausgleich, an den Rathenau noch nicht dachte: den des Vergnügens. Täglich sechzehn Stunden der Nicht-Arbeit, freie Samstage, Betriebsferien, zwanzig bis fünfzig bezahlte Urlaubstage jährlich, alles dies bereit für das ungeheure Angebot an Zerstreuungen und Vergnügungen von drei Fernsehprogrammen bis zur Mallorca-Reise, dazu die bewußt kalkulierte Tendenz des permanenten »Fortschritts« in gleicher Richtung, lassen den Arbeitnehmer vergessen, was Rathenau als das Schlimmste erschien, die unfreie, seelisch frustrierte, notwendig unbefriedigende Tätigkeit. Rathenau hielt sie für das Kernübel und suchte es zu beheben durch seine Idee des »Arbeitsausgleichs«. Darunter verstand er einmal die Vergeistigung der Arbeit überhaupt, vor allem aber – da solcher Vergeistigung doch Grenzen gesetzt sind – den *Wechsel* zwischen mechanisiert-mechanischer und geistiger Arbeit. Er suchte nach einem System, das »die Vergeistigung des Tagewerks, und zwar durch Wechsel und Verbindung geistiger und mechanischer Arbeit«, garantieren sollte.[278]

»Der Grundsatz des Arbeitsausgleiches«, so erklärte er, »verlangt: daß jeder mechanisch Arbeitende beanspruchen kann, einen Teil seines Tagewerks in angemessener geistiger Arbeit zu leisten; daß jeder geistig Arbeitende verpflichtet ist, einen Teil seines Tagewerkes körperlicher Arbeit zu widmen.«[279] Er fand starke Worte, um auszudrücken, für wie elementar wichtig er den Arbeitsausgleich hielt: »Solange ... [er] nicht verwirklicht ist, bleibt wahrhafte Volksbildung ein Ding der Unmöglichkeit. Solange Volksbildung nicht besteht, bleibt Bildung ein Monopol von Klassen und von Überläufern, bleibt die Gesellschaft eine gleichgewichtslose, jedem Umsturz preisgegebene Vereinigung, die auch bei höchstem Stande sozialer Einrichtungen die Massen mit Gewalt zur Zwangsarbeit anhält und die Kultur vernichtet.«[280]

Die Praktizierung des Wechsels zwischen mechanischer und geistiger Arbeit bietet freilich erhebliche Schwierigkeiten. Er soll ja nach Rathenaus Vorstellung mehr sein als nur eine einmalige Episode; in diesem Zusammenhang erwähnt er das »Arbeitsjahr, das von allen jugendlichen deutschen Männern und Frauen ohne Unterschiede in körperlicher Schulung und Arbeit zu leisten ist«.[281] Hinzu kommt auch, daß es leichter ist, den Gebildeten dann und wann mechanischer Arbeit zuzuführen als umgekehrt den mechanischen Arbeiter der Geistestätigkeit. Theoretisch hat Rathenau recht, wenn er meint: »Für Befähigung und Bildungsstand sind nicht Prüfungen der Maßstab, sondern Arbeitserprobung. Jeder, der seine Befähigung einigermaßen glaubhaft macht, kann verlangen, erprobt und, wenn er besteht, fortgebildet zu werden.«[282] Doch wird in der Praxis diese Erprobung selbst auf Schwierigkeiten stoßen, weil sie in differenzierten und komplizierten Bereichen ohne eine theoretische Legitimation kaum gewagt werden kann. Dem Einwand, daß die Zahl der »mechanischen Arbeitsstellen« bei weitem die der geistigen übertreffe, so daß nicht jeder der »zu geistiger Übung« Gewillten einen Platz finden könne, begegnete er mit dem Hinweis darauf, daß die Arbeit in Zukunft immer mehr den Charakter der Verwaltungs- und technischen Überwachungsarbeit annähme; das »aber schafft eine so große Zahl intellektueller Arbeitsstätten, daß das vorhandene, geschulte Personal sie nicht ausfüllen kann. Wird das Arbeitsjahr eingeführt, so entstehen weitere Abgänge und Lücken. Es ist wahrscheinlicher, daß der Andrang zu geistiger Arbeit zu klein, als daß er zu groß sein wird.«[283]

Hier vereinfacht nun der Verfasser aus mangelnder Erfahrung, die es noch nicht geben konnte, allzusehr; »geistige Arbeit« ist ein dehnbarer Begriff: die höhere geistige Arbeit, z. B. der Wissenschaft, der Künste, der oberen Organisation und Verwaltung, kann nicht ohne weiteres von Handarbeitern übernommen werden; in vorübergehend durch Einziehung zum Arbeitsjahr entstandene Freistellen der »mechanisierten Arbeit« kann allenfalls ein »Geistesarbeiter« eintreten, umgekehrt ist es schon wesentlich schwieriger, wenn nicht unmöglich. Auch eignet nicht allem, was Rathenau »geistige Arbeit« nennt, also längst nicht aller Verwaltungs- und Überwachungsarbeit, jener »erlösende«, »befreiende« Charakter, der den Sinn des Wechsels ausmachen soll. Die Verwaltungs-Kleinarbeit, wir erwähnten es schon, ist nicht weniger »mechanisch«, geist- und nervtötend als die Tätigkeit an Fließband oder Maschine.

Dennoch kommt den Erwägungen Rathenaus hohe Bedeutung zu. Es ging ihm vor allem um die echte Praktizierung des Gleichheitsgrundsatzes. Dieser besagt *nicht*, daß die Menschen nach Eigenschaften und Fähigkeiten »gleich« seien; er besagt vielmehr, daß sie nach gewissen Rechten und Pflichten gleich sind, welche *nicht* aus der individuellen Verschiedenheit der Menschen resultieren, sondern sich aus jener Gleichheit ableiten, die im Gemeinsamen der Spezies (Menschenrechte!) und im Gemeinschicksal (Zugehörigkeit zu einer Lebensgemeinschaft) ankert. Kein Mensch vermag den anderen hinsichtlich dessen Fähigkeiten und Möglichkeiten vollkommen zutreffend, wertgerecht zu beurteilen. Deshalb muß jedem die *gleiche* Chance gegeben werden, sich zu entfalten. Alle sind Läufern auf der Aschenbahn vergleichbar; sie werden verschieden schnell, mit verschiedenen Kräften, verschiedenen Stil laufen; das ist die Ungleichheit; aber keiner darf am Start gehindert werden; das ist die Gleichheit. Nun wissen wir freilich, daß gerade diese »Startgleichheit« eines der vielschichtigsten und letztlich sogar unlösbaren Probleme aller Sozialtheorie darstellt; um so hoffnungsloser, je weniger Betonung auf die natürlichen Anlagen des Menschen und ihr Durchsetzungsvermögen, je mehr Betonung auf die Umweltfaktoren gelegt wird. In letzter Konsequenz böte nur totale Umweltnivellierung (ein »Höllenaspekt«) totale Chancengleichheit. Schließlich läuft es darauf hinaus, daß doch die *absolute* Startgleichheit nicht zu verwirklichen ist und man sich mit einer relativen abfinden muß: also – um das Bild der Aschenbahn beizubehalten – allen Humpelnden, allen Asthmatikern, allen Kurz-, allen Langbeinigen die gleiche Startchance; die Differenzierung läßt sich so weit treiben, wie die technischen, wissenschaftlichen Mittel reichen. Mit dieser Feststellung gewinnen wir unversehens Anschluß an die über den heutigen Zivilisationszustand gemachten Ausführungen: wir gehen möglicherweise Zeiten entgegen, in denen die ideologisch begründete Chancengleichheit so weit getrieben wird, daß bereits das Kleinkind durch »wissenschaftlich« perfektuierte Testmethoden zum künftigen Fensterputzer, Boxprofessional oder Biochemiker geeicht wird. Womit denn die Ungleichheit wieder erreicht wäre. Das sind durchaus keine Scherze – *gedacht* ist dies alles bereits. Mit anderen Worten: Die Entwicklung ist über die soziale und technische Situation, die Rathenau vor sich sah und die er zum Ausgangspunkt seiner Überlegungen machen mußte, inzwischen ganz gewaltig hinweggeschritten. Trotzdem ist es faszinierend, einmal Sätze wie die folgenden auf ihre Substanz abzuklopfen und festzustellen, ob und wie sie von der Realität unserer Tage eingeholt wurden: »Das Wesen des Arbeitsausgleiches wird also darin bestehen, daß es einen eigentlichen Gegensatz zwar noch von körperlicher und geistiger Arbeit gibt, doch nicht mehr von körperlichem und geistigem Beruf. Bis in sein höheres Alter steht es jedem Menschen frei, nicht bloß einige lebensverschönernde Kenntnisse zu erwerben, sondern Ernst zu machen und mit beiden Füßen in den Gegenberuf einzutreten.«[284]

Der nationalsozialistische Staat propagierte nachdrücklich das enge Miteinander der »Arbeiter der Stirn und der Faust«. Das gehörte zu jenem Teil der »Volksgemeinschafts«-Ideologie, welche besonders großen Anklang bei den Massen fand, nicht zuletzt auch bei gutgesinnten Idealisten. Wir wissen heute, daß diese Schranken-Niederreißung und Schichten-Vermischung, wie sie der Reichsarbeitsdienst, aber auch das gesamte Organisationswesen von der Hitlerjugend bis zur Wehrmacht bewirkte, die Errichtung anderer, neuer und unübersteigbarer Schranken tarnte; wir wissen auch, daß handfeste politische und ökonomische Motive der »Arbeitsdienstpflicht« zugrunde lagen. Immerhin: ein Experiment des »Arbeitsausgleichs«, wenn auch heute in jeder Beziehung überholt und schon aus der veränderten technischen und wirtschaftlichen Konstellation heraus nicht wiederholbar. Was Rathenaus Bemerkung über das Eintreten »mit beiden Füßen in den Gegenberuf« anbelangt, so hat sie heute einen neuen Inhalt gewonnen: es steht dem in unserer Industriegesellschaft Eingespannten durchaus nicht »frei«, in den »Gegenberuf« überzuwechseln, und schon gar nicht »bis in sein höheres Alter«; der Fünfzigjährige, der angesichts einer erheblich verlängerten Lebenserwartung noch relativ jung ist, erhält kaum noch einen Arbeitsplatz; aber dafür werden schon gegenwärtig und, wie die Soziologen voraussagen, in Zukunft verstärkt die Arbeitenden zu wiederholtem Wechsel ihrer Tätigkeit gezwungen werden. Die Umschulung der überflüssig gewordenen Bergarbeiter ist ein Beispiel. Das bedeutet aber geradezu den *Gegensinn* des Rathenauschen Arbeitsausgleichs: nicht mehr steht der Ausgleich zwischen »mechanisch« und »geistig« zur Debatte – auch die geistige Arbeit trägt mehr und mehr mechanistische Züge –, nicht mehr geht es um Wechsel zwischen Hand- und Kopfarbeit, zwischen körperlicher Strapaze und Überwachungstätigkeit. Es geht nur noch um die rationelle Einsetzung der »Arbeitskraft« am optimalen Punkt des Bedarfs. Die Arbeitskraft (ihr Träger, der Mensch, als eine Einheit mit Leib und Seele, tritt hinter ihr ins Unwesentliche zurück) hat zu dienen, hat im System zu funktionieren, wie das System es erfordert, und wenn der Arbeitnehmer sich auch zehnmal im Leben »umschulen« ließe. Hiermit schließt sich der Kreis unserer Betrachtung. Was wir als die Erstickungsangst beschrieben und begründet haben, besitzt eine wesentliche Wurzel in der Verwandlung von Berufsarbeit in rationalisierte

Funktionalität. Rathenau, am Beginn dieses Jahrhunderts, erblickte noch im Geiste einen Vollmenschen vor sich, der in ständigem elastischem Wechsel zwischen Körper- und Geistesarbeit den Weg ins »Reich der Seele« gehe. Wir, an des Jahrhunderts Ausgang, gewahren den Zivilisationsangehörigen, der zwar, wie Rathenau es wünschte, keinen »festen Beruf« mehr haben, aber dafür ein menschlicher Allzweckapparat sein wird. »Ausgleich« im Sinne Rathenaus kann, wenn überhaupt, nur noch *außerhalb* des Bereichs der Arbeit, in der Freizeit, erfolgen. Ob er mit dem Wesen und Funktionieren der Zivilisation vereinbar ist, erscheint, wie wir schon erkannten, äußerst fraglich. Versteht man unter Ausgleich, daß der Konsum-Produzent zu seiner Erholung Konsum-Konsument (»Vergnügungskonsum-Konsument«) wird, dann ist schon heute alles in bester Ordnung; soll Ausgleich aber ein Heraustreten des Menschen aus der Produktions-Konsumationsmaschinerie bedeuten, einen Austritt zur Selbstbesinnung und Selbstinnewerdung, dann hat die »Zukunft«, die »Neue Gesellschaft« noch längst nicht begonnen.

Ehe wir uns dessen versahen, sind wir, entlang der Leitlinie Rathenauscher Gedanken zu letzten Fragen vorgedrungen. Gerade angesichts ihrer erhalten die vom Glauben an den letztlich doch guten Weg des Menschen getragenen Postulate Rathenaus Gewicht und neue Frische: »Nicht die Regierungsform bestimmt den Geist des Landes, sondern die Gesellschaftsform. Eine demokratische Gesellschaftsform gibt es nicht, denn Demokratie kann mit Kapitalismus, mit Sozialismus, ja selbst mit Klub- und Geschlechterwesen verbunden sein. Ausgesprochener Grundbegriff, der sowohl demokratischer Verfassungsform wie organischer Gesellschaftsform Sinn und Bestand gibt, heißt Solidarität, das ist Verbundenheit und Gemeinsinn. Solidarität bedeutet, daß nicht jeder sich selbst der Nächste, sondern jeder für alle, alle für jeden, vor sich selbst, vor Staat und Gott verantwortlich sind und einstehen ... Im Sinne der Solidarität ist Herrschaft der Mehrheit über die Minderheit nicht ein Ziel, sondern ein Übel; das Ziel der solidarischen Demokratie ist Herrschaft des Volkes über sich selbst, nicht vermöge der Verhältniszahlen seiner Interessen, sondern vermöge des Geistes und Willens, den es befreit, im Sinne der Solidarität kann eine Gesellschaft nicht auf erblichen Monopolen beruhen, weder des Kapitals noch der Bildung, noch kann sie dem Terrorismus von Berufen und Verbänden ausgeliefert sein ... Jedem, der geboren wird, muß das gleiche Lebensanrecht in die Wiege gelegt sein ... Jede Betätigung steht ihm frei, mit Ausnahme derer, die den Lebensraum der anderen verkümmert.«[285]

Vielleicht liegt das Unverwelkliche dieser Sätze in ihrer immer gleichbleibenden – Unerfüllbarkeit. Es gibt ethische Forderungen, deren Sinn und Wert darin beruhen, stets von neuem erhoben zu werden. Wer Rathenau gelesen hat und heute, sinnbildlich gesprochen, einen geistigen Aussichtsturm besteigt, um in die Runde zu blicken, wird zu seinem nicht geringen Erstaunen feststellen, wie vieles in des schillernden Mannes Werk noch oder wieder von hoher, ja brisanter Aktualität ist. Daß sich die Welt in einem umfassenden Wandlungsprozeß auf die »Neue Gesellschaft« hin befindet – ohne daß wir mit Sicherheit zu sagen vermöchten, in welcher Phase dieses Prozesses wir stehen –, wird von niemandem mehr bestritten. Zu diesem Prozeß wird auch, so will es mir scheinen, eine Umwandlung der klassischen Demokratie westlicher Provenienz, möglicherweise ihre Einschmelzung in erst noch zu entwickelnde neue Gesellschaftsordnungen gehören. Das Wesensmerkmal dieser Ordnungen wird vermutlich die Großsynthese von bisher für unvereinbar gehaltenen antipodischen Staats- und Gesellschaftskonzeptionen sein. Diese Entwicklungsrichtung ist es, die uns Rathenau und sein Werk so wichtig und in manchen Teilen so erregend macht. Da erweist sich denn das Synkretistische und Allgemeine als seine wahre Stärke. Von Friedrich Naumann und Max Weber erfährt der Historiker mehr über die Vergangenheit – von Walther Rathenau mehr über die Zukunft.

V.
Der Publizist

1. HARDEN UND RATHENAU

Zehn Jahre vor der »Kritik der Zeit«, 1902, erschien Rathenaus erstes Buch »Impressionen«,[1] welches elf in Hardens »Die Zukunft« seit 1897 veröffentlichte Arbeiten vereinigte; keine davon hatte er unter seinem Namen publiziert; fünf mit dem Pseudonym W. Hartenau, eine als Walter Michael, eine als »Künstler, der die Kunstschreiber nicht mag« und die restlichen überhaupt nicht signiert. Zum erstenmal trat Rathenau aus der Anonymität mit dem Aufsatz »Die Neue Ära« heraus, den der »Hannoversche Kurier« am 12. Februar 1907 druckte. Ein Dezennium hat er für Hardens Blatt geschrieben – und, bis auf eine Ausnahme, nicht ein einziges Mal unter seinem Namen. Diese Ausnahme betraf den Aufsatz »Deutsch-Ostafrika«, den »Die Zukunft« im Mai 1908 mit dem Vermerk brachte, es handele sich um ein »Fragment aus dem Bericht, den Herr Dr. Rathenau über seine Reise in unsere größte Kolonie erstattet hat«; zugleich teilte eine Anmerkung den Lesern mit, daß die seit 1904 unter dem Pseudonym Ernst Reinhart erschienenen Aufsätze vom gleichen Autor stammten.[2] Dieses nachträgliche Eingeständnis der Zusammenarbeit mit Harden – was vor 1904 lag, wurde weiterhin verschwiegen; weder die »Impressionen« von 1902 noch die »Reflexionen« von 1908 erwähnten expressis verbis, wo und durch wen sie aus der Taufe gehoben worden waren –, dieses späte Bekenntnis leitete auch zugleich das Ende der publizistischen Gemeinschaft beider Männer ein. Lediglich 1912, 1915, 1918 und 1919 brachte »Die Zukunft« noch einmal Beiträge von Rathenau: 1912 die anonyme Glosse »Unser auswärtiger Dienst. Von einem im Ausland lebenden Deutschen, dessen Beobachtungen aus, wie der Leser bald merken wird, mildblickendem Auge in den heute mehr als je notwendigen Rat mündet, für Mißgriffe nicht stets die Außenposten, sondern zunächst die Berliner Zentralleitung, von der die Instruktion kommt, verantwortlich zu machen.«[3] In der gleichen Nummer unter dem klingenden Pseudonym Herwart Raventhal der Gedichtzyklus »1813, ein Festgesang zur Jahrhundertfeier«. Diese Verse hatte Rathenau mit folgenden Worten angeboten: »Ich habe diesen Sommer, der härtesten Zeit seit meiner Jugend, nur eine Arbeit gemacht, von der ich nur zögernd und im reinsten Vertrauen auf Ihre Verschwiegenheit rede. Es sind Verse. Den Zusammenhang mit meinem eigenen Leben werden Sie fühlen, wenn Sie das Ms. lesen. Sie heißen ›1813‹ und bilden eine dreifache Serie von insgesamt zwölf Gedichten: das Ganze hat etwa die Form einer Cantate und ist auch in Verbindung mit Musik gedacht. Ganz schlecht scheinen sie nicht zu sein; Hauptmann, dem ich ebenso vertraulich wie Ihnen Kenntnis gab, ließ sie sich durch Miß Cox abschreiben. Hätten Sie Muth und Lust, diese Verse zu drucken? Abgesehen von dem literarischen Risiko hat die Sache freilich noch einen Haken: solange ich der Börsenkritik unterstehe, kann ich Reime nur pseudonym vertreten; ich würde ein neues Anagramm ausdenken und Sie herzlich bitten, es durch keine Erläuterung zu erschüttern.«[4]

Die Eitelkeit, die aus diesen Zeilen in Gestalt von Pseudobescheidenheit spricht (»Ganz schlecht scheinen sie [die Verse] nicht zu sein . . . Hauptmann ließ sie sich . . . abschreiben«), sollte man dem Verfasser nicht zu schwer anlasten; sie ist oft die Schwäche gerade bedeutender und schöpferischer Naturen. Über die abermalige Bitte um »Tarnung« wird sich Harden geärgert haben, hatte er doch wenige Wochen zuvor an Rathenau geschrieben: »Geben Sie Ihren Namen. Ihret- nicht meinetwegen. Über die Zeit der Versteckspiele sind Sie lange hinaus. Bald sickert's doch durch. Und man lächelt. Wäre nichts dran und drin, würden Sie es empfinden und ich würde es nicht hehlen; dann wäre auch . . . Publikation Gackerey. Aber wie Sie wollen.«[5]

Nun, mit dem Erscheinen der »Kritik« und der »Mechanik«, 1912/13, begann Rathenaus Stern als Schriftsteller rasch zu steigen. Verstecken war nicht mehr möglich und nicht mehr nötig. 1915 veröffentlichte Harden die Grabrede, die Walther seinem Vater Emil Rathenau am 23. Juni 1915 gehalten hatte; er tat es schon mehr wohl aus Verehrung für den Toten als aus Liebe zum Sohn, denn die Freundschaft war zu jener Zeit, trotz gelegentlichen Aufflackerns, bereits zerknickt.[6]

Die Beziehung zwischen Walther Rathenau und Maximilian Harden bedarf im Rahmen dieser Untersuchung einer etwas eingehenderen Betrachtung; denn sowohl für den Menschen als auch für den Schriftsteller Rathenau hat die lange Jahre währende, schmerzlich endende Verbindung große Bedeutung gehabt.[7]

Maximilian Harden (1861–1927), der bürgerlich Witkowski hieß und ursprünglich Schauspieler gewesen war, gründete, nachdem er sich bereits als Journalist – seine zeitkritischen Aufsätze erschienen unter dem Pseudonym »Apostata« – einen Namen gemacht hatte, 1892 »Die Zukunft«, ein Wochenblatt, das man als »den ›Spiegel‹ des Wilhelminischen Reiches« bezeichnen kann.[8] Aber noch viel ausgeprägter als dieser war die »Zukunft« Stimme und Ausdruck eines einzigen Mannes, eben des Gründers und Herausgebers Harden, der, sozusagen inkarniert »als« Journal, seine Ansichten und, mehr noch: sein ganzes Wesen, seine Leidenschaften, sein Temperament, seine Gescheitheit, seinen Fanatismus, seine komplizierte Psyche auf die Stufe der Publizistik erhob, in Druckerschwärze verwandelte und zur »öffentlichen Meinung«

machte. Harden ist in mehrfacher Hinsicht ein Phänomen gewesen: geradezu unglaublich seine Fülle an Verbindungen und Informationsquellen, seine Geschicklichkeit, immer neue anzuknüpfen bzw. zu erschließen, die ihn zu einem der bestunterrichteten Männer Deutschlands werden ließen; ebenso erstaunlich sein Gedächtnis, sein unermüdlicher Fleiß, seine Energie, die ihn nahezu drei Jahrzehnte lang befähigten, die Wochenzeitung praktisch als Einmannbetrieb aufrechtzuerhalten; er schrieb für jede Nummer, er las die eingesandten Manuskripte, er korrigierte, kürzte, erweiterte, kommentierte, er war sein eigener Inhaber, Verleger, Chefredakteur, Korrespondent, Reporter, Autor und Hersteller. Er entwickelte einen eigenen, unverwechselbaren Stil, gemischt aus Ironie, Sarkasmus, Hohn, Zorn, Klugheit, Scharfsicht, Entlarvungsfanatismus, Besserwissen. Seine eigene Schreibweise erscheint uns heute bisweilen etwas aufgesetzt und krampfig, in den letzten Jahren auch kraus und verschachtelt. Die Wirkung des Blattes, sein Einfluß auf die öffentliche Meinung, sein Ansehen, seine Bekanntheit im In- und Ausland waren groß. Allerdings war es, das lag in der Natur der Sache, ein Intellektuellen-Organ. Wer als geistig gebildeter Deutscher ein Sprachrohr der eigenen Kritik an Kaiser, Reich, Politik, Personalien, an Prunk- und Renommiersucht, Verlogenheit, Säbelgerassel – kurz an der Nachtseite des äußerlich so strahlend-pompös erscheinenden Deutschland suchte, mußte zur »Zukunft« greifen. Sie stellte das Oppositionsorgan des intelligenten, liberalen Bürgertums dar, Opposition weniger parteipolitisch artikuliert als vielmehr gegen das gesamte »Klima« des Reiches und gegen den Regierungsstil seiner Führung gerichtet. Bis in den Ersten Weltkrieg hinein ist das Blatt Unmutsventil und so etwas wie eine Kläranlage der Wilhelminischen Gesellschaft gewesen. Die politischen und sozialen Verhältnisse im Reich ließen begreiflicherweise den »Stoff« nie ausgehen; als diese aber nach 1918 sich entscheidend veränderten, wurde dem Journal, das notwendig von professioneller Feindschaft »gegen etwas« leben mußte und nicht so schnell den neuen Feind aufbauen konnte, der Boden entzogen. Harden verließ, mit knapper Not einem Attentat entronnen, 1922 Deutschland; die »Zukunft« stellte kurz danach ihr Erscheinen ein.

Harden ist wahrscheinlich der bedeutendste, ganz sicher der Vollblut-Journalist schlechthin gewesen, den Deutschland besaß. Kein Zweifel, daß solche Geißler ihrer Zeit wichtig und nötig sind. Sie haben eine fermentativ-katalysatorische Aufgabe im sozialen, politischen, kulturellen Organismus der Gemeinschaft zu erfüllen. Auf der anderen Seite bedeutet das nicht, daß sie nur Richtiges sagen und schreiben, von gewissen Schattenseiten des Charakters zu schweigen. Das Prinzip rückhaltloser, ja schonungsloser Kritik, dem sie sich verpflichtet fühlen, hat auch auf sie selbst Anwendung zu finden. Es ist bekannt und psychologisch nicht allzuschwer erklärbar, daß die unerbittlichsten Zensoren und Präzeptoren in eigener Sache ungemein empfindlich sind. Die Größe, in Gleichmut und Noblesse zu kritisieren und sich kritisieren zu lassen, besitzen nur sehr wenige Menschen. Zu ihnen gehörte Harden nicht.

Bis zur Grausamkeit scharf gegen andere, war er mimosenhaft empfindlich gegen sich selbst. Seine Korrespondenz mit Rathenau dokumentiert nicht nur die Epoche, sondern auch beider Freunde vielschichtig-schwierige Charaktere.

Harden, an den Rathenau auf schriftlichem Wege mit dem Aufsatz »Höre, Israel!« herangetreten war, apostrophierte den Verfasser dieses ungerechten und erbarmungslosen Traktats als eine starke schriftstellerische Begabung und wünschte ihn kennenzulernen.[9] Ein grimmiger Erguß Rathenauschen Selbsthasses – wir werden darauf noch einmal zu sprechen kommen – führte also die beiden Männer, die unter ähnlichen Wunden (den Wunden verletzten Selbstwertgefühls) litten, zusammen zu einer Bundesgenossenschaft auf Zeit. Daß Rathenau, in dem Harden nicht immer neidfrei ein von Gaben, Erfolgen und Wohlstand überschüttetes Glückskind sehen mochte, sich vor der Öffentlichkeit nicht recht zum neuen Freunde bekennen wollte, hat jenen fraglos und verständlicherweise gekränkt. Eine eigenartige Gespanntheit lag vom Anfang an über dem Verhältnis. »Sehr geehrter H. Doktor«, schreibt Harden am 9. Oktober 1897, »es tut mir recht leid, daß Sie Oldenberg so von oben herab behandelten. (Nämlich: weil ich mir denken kann, wie Sie – innerlich – da erst mich behandeln. [Anmerkung Hardens]) Ich gebe ja gern zu, daß sie oben sind. Aber muß man's auch zeigen? . . . Ich muß Waffen gegen Sie sammeln, denn wir wollen raufen.«[10] Mit der psychologisch ungemein typischen Anmerkung schlägt Harden einen Grundton der Überempfindlichkeit, des Mißtrauens und der Komplexe an, der bis zum Ende, bald mehr, bald weniger penetrant, nie ganz verschwinden wird. Im Anfang der Freundschaft waltete eine Gefühlsmischung aus Kameradschaft und Komplizenschaft zweier innerlich Vereinsamter vor, die es genossen, im Widerstand gegen die Umwelt einander rückhaltlos zu vertrauen und »verschworen« zu sein; sie teilten ihre Sympathien und Antipathien – und auch ihre Irrtümer. So waren beide fest von der Schuld des Hauptmanns Dreyfus überzeugt und hielten seinen Verteidiger Zola für einen sich völlig vergaloppiert habenden Romantiker.[11] In der Anklage gegen Harden wegen Majestätsbeleidigung spielte auch Rathenaus anonym in der »Zukunft« erschienene »Legende« »Der Wahrheit Rache« eine Rolle, in der die Staatsanwaltschaft eine Verhöhnung des Kaisers zu erkennen meinte.[12] So rückt denn der – von Harden übrigens nicht preisgegebene – Freund zum »lieben Mittäther« auf.[13] Doch wenn Gemeinsamkeit so verteilt ist, daß der eine, Harden, monatelang auf der Festung Weichselmünde seine Strafe wegen Majestätsbeleidigung absitzen muß, der andere, Rathenau, nur die Liebesgaben (Pfirsiche, Trauben usw.) zu schicken hat, dann kann das einer Freundschaft im Grunde nicht zuträglich sein. So klingen denn Hardens Briefe aus der Haft (1899; und nochmals 1901) verständlicherweise besonders deprimiert, gereizt, ja unterschwellig rachsüchtig.[14] Hinzu kommt sein schlechter Gesundheitszustand, weithin psychisch bedingt, mit Neurodermitis und Neuritis; er leidet unter dauerndem »Kopfweh« und ist »rasend nervös«, die Krankheitsberichte ziehen sich als roter Faden durch die Korrespondenz.

Jahrelang durchdringt die gegenseitige Freundschaftsbeziehung, ungeachtet nie gänzlich verstummender gefährlicher Untertöne, alle Lebensbereiche: nicht nur, daß Harden treulich des Freundes Arbeiten in der »Zukunft« druckt, nicht nur, daß dieser sich wiederholt Hardens Finanzen annimmt; sie empfehlen sich Leute, Ärzte, Bücher und Theatervorstellungen; sie teilen sich ihre Ansichten über die »Prominenten« der Politik, des Hofes, des kulturellen und wirtschaftlichen Lebens mit; sie verschweigen sich weder Krankheiten noch Sexualia, noch, besonders häufig, ihre Ressentimentgeladenheit gegen Rasse- und Glaubensgenossen (so kommt etwa Theodor Herzl, der Begründer des Zionismus, besonders schlecht weg). Es ist im Rahmen dieser Schrift unmöglich, die Korrespondenz der beiden Freunde auszubreiten, zumal hierzu auch ein eingehender Kommentar erforderlich wäre.[15] Wir müssen uns damit begnügen, einen zusammengefaßten Überblick zu gewinnen.

a) Zwei Jahre nach Bismarcks Entlassung hatte Harden die »Zukunft« gegründet. Sie trat an die Öffentlichkeit als eine Art publizistischer Racheengel. Der beißende Spott, mit dem sämtliche Nachfolger des ersten Kanzlers überschüttet wurden, und die durch nichts zu mildernde Aversion gegen das Regiment Wilhelms II. entsprachen an Intensität der glühenden Verehrung Hardens für den Reichsgründer. Bei aller Klugheit stand er Bismarck nicht objektiv, sondern einseitig parteiisch gegenüber, blind vor allem für dessen innenpolitische Augenschwäche. Bis zum Ersten Weltkrieg unterschied sich Harden, was den grundsätzlichen Imperialismus anging, nicht von der Mehrzahl der Deutschen, nicht von denen auch, die er bekämpfte. Mit Rathenau und vielen anderen bürgerlichen Oppositionellen verurteilte Harden weder das kapitalistische noch das imperialistische Prinzip, sondern nur seine unkluge, plump-provozierende und darum lebensgefährliche Wahrnehmung durch den Kaiser und die Reichsführung. Den sozialen Problemen stand er lange verhältnismäßig indifferent gegenüber.

b) Die Überzeugung, daß die Hofkamarilla, die den Kaiser umgab, für das Reich schädlich und unheilvoll sei, war zweifellos echt. Er stand mit ihr auch nicht alleine. Von der Mischung aus Liebedienerei, Byzantinismus, Bramarbasieren, die nicht nur den neuen Ton des Hofes, sondern auch der höheren Gesellschaft, des Offizierskorps und der hohen Beamtenschaft zu prägen begann, fühlten sich viele Deutsche abgestoßen. Die große Gefahr des Treibens um Wilhelm II. lag – das erkannte Harden klar – darin, daß Personen, die niemandem verantwortlich waren, die keiner Kontrolle unterlagen, kein Amt verwalteten, undurchschaubaren, unnachprüfbaren Einfluß auf die Reichsführung gewannen. Die halb-konstitutionelle, halb-absolutistische Staatsform Deutschlands gab einen nur allzu günstigen Nährboden für halb private und halb offiziöse Ohrenbläserei ab. Wilhelm II., ohne die staatsmännische Genialität eines Friedrich II., ohne die Bescheidenheit des Großvaters, Wilhelms I., und ohne die gescheite Frau des Vaters, Friedrichs III., unsicher und überspannt, gottesgnadensüchtig und sprunghaft-modernistisch, erschien durch die Kamarilla besonders gefährdet und darum diese besonders gefährlich. Auf der anderen Seite wissen wir heute, daß Eulenburg mäßigend und, alles in allem, eher positiv als nachteilig auf den Kaiser eingewirkt hat. Der riesige, von Harden in Gang gebrachte Skandal wühlte die schmutzigsten Abwässer der Epoche auf. Selbst wenn wir Harden ursprüngliche bona voluntas unterstellen, bleibt ein »Rest zu tragen peinlich« – ein sehr beträchtlicher Rest. Aus heutiger Entfernung wird man Eulenburg, der in Homosexualitäts- und Meineidsprozessen, die niemals zum Abschluß gelangten, völlig zerbrochen wurde, ein menschliches Mitgefühl nicht versagen. Die Harden-Korrespondenz, gerade der Jahre 1906/07, trübt zweifellos das Charakterbild des »Censor Germaniae«.[16] Man hat in der späten Freundschaft Hardens mit Holstein »ein echt menschliches Zeugnis« im Sinne einer günstigen »Korrektur« für beide erkennen wollen.[17] Doch bleibt gerade die Basis dieser Verbindung, Holsteins Zuträgerschaft, Racheakt eines Entlassenen, dubios. Wenn man dazu berücksichtigt, daß Harden und Holstein von ziemlich entgegengesetzten politischen Auffassungen herkamen, daß Holstein in Haßliebe zu seinem Meister Bismarck Obstruktion, ja Felonie betrieben hatte, daß er nach Bismarcks Sturz gerade jene im letzten von Verantwortung freie und doch zentral mitbestimmende Position einnahm, die einem Eulenburg vorgeworfen wurde – alles dies konnte Harden nicht verborgen sein –, dann neigt man doch dazu, in der neuen »Freundschaft« mehr eine Psychopathen-Allianz zu sehen.

c) Hiermit ist ein schwerwiegendes Stichwort gefallen. Holstein – Wilhelm II. – Harden: greifen wir nur sie, die Exponenten ihrer Epoche waren, heraus, so muß es nachdenklich stimmen, daß jedem von ihnen der Arzt die psychopathische Konstitution attestieren wird. Das Kriterium des Psychopathen ist *nicht,* daß er an einer unheilbaren geheimen oder offenbaren »Wunde« leidet (wer täte das nicht!), auch nicht, daß er dieses Leiden zu bewältigen trachtet (wer versuchte das nicht!), sondern allein, *wie* er es zu bewältigen trachtet. Unzählige Menschen leiden, in verschiedenen Bewußtheitsgraden, an »ihrer« Wunde. Unzählige kämpfen gegen sie, wiederum unterschiedlich bewußt, an: das Ergebnis dieses Kampfes kann vom lyrischen Gedicht bis zur Gründung eines Imperiums reichen. Von Psychopathie wird dann zu reden sein, wenn Wunde wie Kampf niemals auf die Höhe eines sittlichen Bewußtseins gehoben werden und in kleinlicher Ichverstrickung, die zu zerreißen nicht gelingt, befangen bleiben, so daß den »Kompensationen« das Gehässige und Infantile, das Zerstörerische und Unreife anhaften. Alles dies trifft, wie mir scheint, auf die Genannten zu. Alle drei – und sie stehen nur als, allerdings recht eindrucksvolle, Beispiele da – waren intelligent, stark in Aufnahmefähigkeit und Gedächtnis, ruhelos-agil, guten Willens durchaus nicht bar, oft erstaunlich scharfsichtig; alle drei aber auch ungemein egozentrisch, innerlich unsicher, unfähig zur Objektivität, ihre seelischen »Webfehler« nicht sublimierend, sondern überlärmend, »kompensierend« in kleinen Abmessungen, gebannt ins Ausweglos-Vordergründige, das nie Befreiung schenkt. Psychopathisch der Renommier- und Bramarbasier-Drang des Kaisers, sein Kostümierungs- und Reisetick, seine Unstetigkeit, Unbeherrschtheit, Lobesbedürftigkeit; psychopathisch der Denunzier- und Intrigiertrieb, die Rachsucht, das Mißtrauen, die unstillbare Neugier und Geltungssucht, die Eifersucht, der Drang, unentbehrlich zu sein, ausschließlich geliebt und geehrt zu werden bei Holstein und Harden. Daß der Prototyp der Ära, der ihr den Namen gab, Wilhelm II., und seine unerbittlichsten Kritiker, die Antipoden seines »Stils«, eine *gemeinsame psychopathische Basis* besaßen, ist vielleicht einer der wichtigsten Schlüssel zur deutschen Tragödie.

d) Darin nun hob sich Rathenau von ihnen, von Maximilian Harden zumal, ab: er hat nicht weniger an sich selbst und an Welt und Leben gelitten als dieser, doch er hat zeitlebens verschmäht, dafür an seiner Umwelt Rache zu nehmen. Seine »Kompensation« äußerte sich in mancherlei Schwächen, niemals in Niedrigkeiten. Er war nicht weniger verletzlich und eitel als Harden und gewiß ebenso von Komplexen gepeinigt, aber er wurde niemals gemein. Gerade der Briefwechsel zwischen ihnen beweist dies; im Hinblick auf ihre Entzweiung und den endgültigen Bruch wiegt er schwer zugunsten Rathenaus; wenn auch zur Entlastung Hardens gesagt werden muß, daß Rathenau fraglos durch seine Prätention, seinen demonstrativen Edelmut, seinen gesellschaftlichen Ehrgeiz (Audienzen beim Kaiser usf.) ihn oft unwissentlich provoziert hat. Die Entfremdung der Freunde vollzog sich in Schüben; auf Zerwürfnisse folgten Versöhnungen, Perioden der Intimität und der eisigen Kühle wechselten; beide Männer wurden älter, in sich verfestigter, unelastischer, so mußten die Verletzungen tiefer gehen, die Aussöhnungen schwerer fallen. Rathenau ist, wir erwähnten es bereits, nicht begeistert gewesen von Hardens Initiatoren-Rolle in der Eulenburg-Affäre; sie erschütterte das Land, brachte aber keine Reinigung und Lüftung; solche kann durch Leitartikel und Gerichtsverhandlungen nie gelingen, sondern nur durch eine auf schicksalhaftem Erleben gründende geistig-moralische Klimaänderung. Das war einem Manne klar, der zur gleichen Zeit, da der Freund bis zu den Hüften im Schlamme stapfte, sein Breviarium mysticum schrieb und die Kern-Ideen seiner großen Bücher in sich zu entwickeln begann. Äußerer Anlaß zum Bruch war ein höchst unerfreuliches und undelikates Gewirr von Zwischenträgereien innerhalb des Freundschafts-Dreiecks Lili Deutsch – Harden – Rathenau (1912/13).[18] Diskretion und Noblesse sanken, zumal bei den Erstgenannten, auf einen Tiefpunkt. Sogar die Möglichkeit eines Duells zwischen den beiden Lili Deutsch Zugetanen schwebte als Groteske zeitweise über die Szenerie. Obwohl es selbst jetzt noch zu äußerlichem »Frieden« kam, blieb doch innerlich ein Scherbenhaufen zurück.

Überblickt man die Rathenau-Harden-Korrespondenz als Ganzes, so wird indes einsichtig, wo die Ursachen für das Zerbrechen des Bundes in Wahrheit lagen. Harden, in der Mischung von Protektions- und Minderwertigkeitsgefühlen gegenüber Rathenau, versuchte, ihn zu seinem Geschöpf, zu so etwas wie einem geistigen »Juniorpartner« zu machen; seine Art, zu lieben und Freund zu sein, bestand darin, die totale Unterwerfung zu fordern, die ausschließliche »Hingabe«. Dieses Verlangen konnte und wollte Rathenau nicht erfüllen. Er war selber empfindlich, sagen wir ruhig: eitel, seines Wertes sich bewußt und unfähig, sich jemandem, sei es Freund oder Frau, mit Haut und Haar auszuliefern. Er hat das Harden unzweideutig mitgeteilt. Doch dieser konnte ebenfalls nicht gegen seine Natur. So suchte er den persönlich-menschlichen Machtkampf – und verlor ihn. Die Folge ist bitterster Haß gewesen; über den Tod hinaus versuchte er den einstigen Freund zu töten. Niemand hat Rathenau vernichtender charakterisiert als Maximilian Harden.[19]

Die Haltung des professionellen Negativismus, die teils seiner Natur entsprach, teils im Laufe der Jahre zu seiner Natur geworden war, vermochte er auch nach dem Sturz der Monarchie nicht mehr abzulegen oder auch nur zu modifizieren. Er, der noch zu Beginn des Weltkrieges, wie die meisten Deutschen, auf »Siegfrieden« und Machtzuwachs des Reiches gesetzt hatte, wurde zum Pazifisten und näherte sich den Standpunkten der USPD an. Von der Bismarckverehrung über die Holsteinfreundschaft zum Rathenauhaß – welch ein Weg! Auch politisch, welche Wandlung! Die junge bürgerlich-liberale Republik verfolgte er mit der gleichen Erbitterung wie einst das Hohenzollern-Reich, extrem in der Position, maßlos im Ton. Er starb, vereinsamt und verbittert, 1927 in der Schweiz, fünf Jahre nach Rathenau.[20] Beider Männer Wirken bildete ein breites Band im geistigen, gesellschaftlichen, publizistischen Spektrum des Wilhelminischen Reiches. Was jedoch Harden versagt blieb, gelang Rathenau: in Wort, Schrift und Tat jene Zukunft zu fassen, sich ihr zu stellen, die bei Harden nur ein Magazintitel gewesen und geblieben war.

2. THEMEN UND TENDENZEN

Mit einem pamphletistischen Paukenschlag in Form des Aufsatzes »Höre, Israel!« begann Rathenau seine schriftstellerische Bahn, und eineinhalb Jahrzehnte ging er sie als Feuilletonist. Dies Wort kommt von »feuille«, Blatt, und »Blätter« sind solche Arbeiten, sollen es sein, leicht hingeweht, wie Stunde und Laune es ergeben, leicht auch wieder verweht, wie es dem Winde wechselnder Moden und Interessen gefällt. Wer von dem dreißigjährigen Autor erwartet hatte, er werde die Linie aufbegehrender Polemik gegen das eigene »Blut« fortsetzen und sich als Enfant terrible installieren, sah sich getäuscht: ein Reisebericht aus Spanien folgte. »Im Garten der Hesperiden« [so der Titel] hatte er die Augen offengehalten, wach betrachtet, fein empfunden und dann Beobachtung und Eindruck gewandt zu Papier gebracht. »Madrid. Die Stadt macht den Eindruck, als wäre ein mittelmäßiger Unternehmer an der Aufgabe gescheitert, ein reduziertes Abbild von Rom herzustellen.«[21] Über einen Stierkampf bemerkte er: »Es ist beschämend, wie schnell Auge und Gefühl sich abstumpft: dies Bild, einmal ertragen, nahm mir die physische Beklemmung und machte mich zum Spießgesellen. Ich fühlte in mir selbst den Hauch des Fiebers, das das Haus erfüllte, und ahnte etwas von dem, was die Väter und Mütter dieses Volkes empfanden, als sie mit verzehrendem Blick die Scheiterhaufen Torquemadas umstanden.«[22]

Mitten in Sevilla erinnerte er sich plötzlich des Wallotschen Reichstagsneubaus in Berlin. Er konnte damals nicht ahnen, wie oft er selber Jahrzehnte später »aus der pompösen Vorhalle durch eines der nadelöhrartigen engen Türchen in diesen Saal« treten würde und wie recht jener Führer, der ihm den Bau zeigte, mit seiner Bemerkung über die Vorzüge der Holztäfelung des Plenarsaales hatte: »Auf der einen Seite reden die Reichsboten nicht deutlich genug und auf der anderen Seite können sie nicht ordentlich verstehen. Das Holz aber räsoniert mit, es bildet in akustischer Beziehung einen richtigen Räsonierboden, so daß selbst starkes Blech nicht dagegen aufkommt.«[23]

Man sieht, daß sich der Verfasser bisweilen auf witzige Pointen verstand. »Und ich gedachte«, behauptete er, »der alten Paulskirche in der Stadt Frankfurt am Main, darinnen der deutsche Parlamentarismus geboren und begraben wurde. Die schmucklose Rotunde dieses Hauses bestand aus Stein und das alte Parlament lebte vielleicht noch heute, wenn es hölzern genug gewesen wäre und die Volksvertreter weniger feine Ohren und gröbere Stimmen gehabt hätten.«[24]

Ungewöhnliche Gedanken in der Sonne Andalusiens. In jenem Reisebericht sprach er von Sevilla, von Kordova (sic!), von Lissabon; ein Jahr später von Berlin, von dem in der Gründerzeit mächtig gewachsenen, gewucherten, in halb liebevoller, halb sarkastischer Schilderung, die auch heute noch hübsch zu lesen ist.[25]

Die Fülle der kleineren Einzelarbeiten, die in Zeitungen und Zeitschriften verstreut erschienen, ehe sie in den Gesamtausgaben und Nachlaßbänden zusammengefaßt wurden, läßt sich in zwei große Gruppen teilen: in die der Beiträge zur Ästhetik, zur Kunst und Philosophie – hierzu seien auch Reisenotizen, Erzählungen, Aphorismen und Gedenkblätter gerechnet – und die Beiträge zur Wirtschaft, Politik und Gesellschaft, wozu auch zeitkritische Glossen und der Großteil der gedruckten Reden zu zählen sind. Das Schwergewicht des publizistischen Werkes verlagerte sich im Laufe der Jahre von der ersten zur zweiten Gruppe. Mit dem Eintritt in die Regierung, 1921, verstummte der Schriftsteller; das Werkverzeichnis enthält für die letzten beiden Lebensjahre fast nur noch Reden. Überblickt man die Zusammenstellung der Persönlichkeiten, welche mehr oder minder lang und intensiv zu Rathenaus Lebenskreis gehörten und in ihm als Gesprächs- und Korrespondenzpartner eine Rolle spielten, so zeigt sich auch hier die Zuordnung zu den beiden genannten Bereichen.[26] Da gibt es die losen Fäden, engeren Verbindungen, sachbezogenen Beziehungen, bisweilen, selten, die Freundschaften zu Dichtern wie Gerhart Hauptmann, Frank Wedekind, Hermann Stehr, zu Gelehrten und Wissenschaftlern wie Fritz Haber, Julius Landmann, Ernst Mach, Hermann Oncken; zu Politikern, Diplomaten und Militärs wie Bethmann Hollweg, Wilhelm Solf, Erich Ludendorff, Hans von Seeckt, Joseph Wirth; zu Wirtschaftlern und Industriellen wie Bernhard Dernburg, Robert Bosch, Max Warburg, Hugo Stinnes. Mannigfaltig wie Rathenaus Anlagen und Strebungen sind seine Bekannten, Freunde und Gegner gewesen; vielfältig wie beides waren seine zu beidem in innerer Beziehung stehenden publizistischen Äußerungen. Wer mit Exponenten des zeitgenössischen Theaters wie etwa mit Max Reinhardt oder mit Frank Wedekind vertrauten Umgang pflog, schrieb natürlich auch darüber. Ob sie, wenn sie folgende Bemerkungen über das »Théâtre Antoine« lasen,[27] erfreut waren, steht dahin: »Zu dem Volk müssen wir zurück, zu diesem großen, helläugigen Burschen, der soviel Herz, Verstand, Phantasie und Geschmack hat, ja: guten und schlechten – er reicht vom Schunkelwalzer bis zur neunten Sinfonie – und sich noch jedesmal zurechtgefunden hat. Denselben Haufen von Menschen kannst du durch ein großes Wort begeistern, durch eine Melodie rühren, durch eine Fahne entflammen, durch eine Zweideutigkeit lüstern machen, durch eine Schweinerei zum Meckern bringen, wenn du nur den Willen und die Kraft hast, den Bogen seiner Leidenschaften zu spannen. Darum ist es ebenso verbrecherisch, die schlechten Instinkte der Massen zu kitzeln, wie es töricht ist, an ihren guten Instinkten zu verzweifeln. Wenig wird der Erzieher erreichen, der seinem Schüler ins Gesicht lacht und ihm beständig seine Beschränktheit vorwirft – nach Art der Propheten der Künstler-Kunst . . .[28] Mit Handwerkern und Zukunftskuriositäten züchtet man ein künstlerisches Publikum, ›eine Gemeinde‹, wie die Feuilletonsprache stammelt (›Die Schulze-Gemeinde flammte vor heller Begeisterung‹, oder ›Die Kohn-Gemeinde vereinte sich zu weihevoller Feier‹) – eine Herde von Vielwissern, Suggerierten, Bildungssimpeln, Intellektuellen.«[29]

Wer mit Malern wie mit Max Liebermann verwandt, mit Edvard Munch, von dem er sich porträtieren ließ, befreundet war, schrieb selbstredend auch über Probleme der Malerei; im allgemeinen wie im besonderen. Im Jahre 1908 veröffentlichte Rathenau in dem Sammelband »Reflexionen« sein, wie er angibt, bereits 1900 geschriebenes »Grundgesetz der Ästhetik«. »Das Gesetz«, so verkündet er auf hohem Kothurn, »soll den Namen führen: ›Der Satz von der latenten Gesetzmäßigkeit‹.«[30] Er lautet so: »Ästhetischer Genuß entsteht, wenn eine verborgene Gesetzmäßigkeit empfunden wird.« Über den Begriff »ästhetischer Genuß« weiß er folgendes zu sagen: »Ästhetischer Genuß bedeutet die vom Zweck losgelöste Freude an einer wahrgenommenen Erscheinung; sie umfaßt somit den Naturgenuß und Kunstgenuß.«[31] Und über die »Gesetzmäßigkeit«: »Die Gesetzmäßigkeit muß eine verborgene sein: das heißt eine solche, die nicht Gegenstand der Erkenntnis geworden ist.

Die Gesetzmäßigkeit muß empfunden werden: das heißt, sie muß auf die unbewußten Kräfte der Seele wirken. Wird sie mit Bewußtsein erkannt, so gehört der Vorgang nicht mehr dem Kreise der Ästhetik an. Hier scheiden sich Kunst und Wissenschaft: die Kunst läßt uns das Gesetzmäßige empfinden, die Wissenschaft lehrt es erkennen.«[32]

In seltsamer Naivität reiht so der kluge Kopf, der er doch auch schon damals als Dreißigjähriger war, Banalität an Banalität und hält sich dabei allen Ernstes für einen »Entdecker«. Das Wort »Gesetzmäßigkeit« hat Rathenau stets geliebt – sie war seine Domäne, er entdeckte sie, und er deutete sie, manchmal gleich dutzendweise. In dem hier angeführten Aufsatz finden sich die »Gesetzmäßigkeit der Struktur«, »Gesetzmäßigkeit des Materials«, »Gesetzmäßigkeit des Typus und der Idealisierung«, »Gesetzmäßigkeit des Ausdrucks und des Charakters«, »Gesetzmäßigkeit des Farbenspiels beleuchteter Flächen und der plastischen Schattenwirkung«, »Gesetzmäßigkeit der Raumwirkung, des Hintergrundes, der Perspektive und der Luftperspektive«, »Gesetzmäßigkeit der Flächeneinteilung und des Gleichgewichts farbiger Flächen«, »Gesetzmäßigkeit der seelischen Suggestion«, »zeichnerische Gesetzmäßigkeit«, »Gesetzmäßigkeit des Landschaftseindrucks«, »Gesetzmäßigkeit der Stimmung«[33] – für alle diese »Gesetzmäßigkeiten« hat Rathenau jeweils einige wenige apodiktische Sätze bereit, wodurch das Ganze einen quälend dilettantischen Anstrich erhält, verstärkt noch durch den spürbaren Mangel an intellektueller Bescheidenheit und Selbstkritik. Denn der gehört schon dazu, um auf knapp zwanzig Seiten das Riesengebiet der Ästhetik, über das die bedeutendsten Philosophen der Jahrhunderte gedacht und geschrieben haben, in einige markige »Merksätze« über Dichtung, Musik, Malerei und »technische Künste« pressen zu wollen. Es läßt sich nur immer wiederholen, daß Rathenau ein wirklicher liebend-kritischer, geistig gleichrangiger Freund gefehlt hat. Merkwürdigerweise war das auch Harden nicht – oder nur bis zu einem bestimmten, von Rathenau akzeptierten Grade. Kleine Stiche, die er ihm versetzte, zeitigten keine Wirkung: »Ich denke, es wird Sie interessieren, daß Scheffler sagt: ›Rathenau sieht oft das Allerletzte; schade nur, daß er nicht tief genug dann eindringt‹« – und Harden fügt hinzu: »So spiegeln sich die Dinge in manchen Augen.«[34] Hätte Rathenau solche sehr zahme, verschleierte Kritik ernst genommen, so würde er vielleicht auch »seinen« Max Weber gefunden haben. Dies hätte um die Jahrhundertwende geschehen müssen, als sich immer stärker der Hang zu einem gewissen Universaldilettantismus auszuprägen begann.

Anschließend an das »Grundgesetz der Ästhetik« enthält der »Reflexionen«-Band den Aufsatz »Von neuerer Malerei«, den Harden bereits 1905 unter dem anspruchsvollen Titel »Von neuzeitlicher Malkunst. Zur Kritik der Moderne« gebracht hatte.[35] In ihm handelt Rathenau von »Armut und Reichtum der Malerei«, »Gefahren«, »Vertiefung«, »Entwicklung der neuesten Kunstprogramme«, »Von Größe und Persönlichkeit«, »Von Meisterschaft« usf. Während das, was er über die Geschichte der Malerei und über das Malen selbst vorbringt, in Oberflächlichkeit, Scheintiefe und Halbwahrheit verbleibt, gewinnt seine Aussage da Gewicht, wo sie so Allgemeines wie das Verhältnis zwischen Künstler und Auftraggeber, zwischen Kunst und Gesellschaft betrifft. Einsicht und Fehlsicht stehen hart nebeneinander: »Jedes Zeitalter bekommt seine Färbung durch das Geistesgebiet, dem die stärksten menschlichen Potenzen sich zuzuwenden belieben ... Heute, scheint mir, wenden sich unsere größten Geister ab von den Künsten, zumal ab von der Malerei. Wissenschaft, Technik und Erwerb haben alle Gewalten ergriffen und über allen Ländern tausend unsichtbare Königreiche geschaffen, die nach Herrschern verlangen.«[36]

Wenn er das weiß, wozu dann eine so kitschig-reaktionäre Frage und Bitte? »Werdet ihr [gemeint: Maler] uns die heilige Nacht unserer Wälder, die Lauterkeit unseres sanften Himmels, die herbe Reinheit unserer Nordlandsee widerspiegeln, so daß wir, aus eurer Seele verklärt, durch unsere Augen sie dankbar empfangen? ...

Gott schenke der deutschen Kunst ein gutes Jahr. Er schenke ihr Seele und Vertiefung, er erwecke ihr Respekt vor der Natur, gebe ihr mehr Meisterschaft und weniger Originalität und sende ihr ein paar große Menschen.«[37]

In einem undatierten und erst in den Nachlaßbänden publizierten Aufsatz »Grenzen der Malerei«[38] untersuchte Rathenau bis in alle Einzelheiten die technisch-handwerklichen Probleme eines Bildes, seine Plastik, seine Tiefe und »Ferne«, den Helligkeitswert, die Wirkung des Rahmens, die der »Augenbewegung«, die Betrachtung als Zeitfolge-Erlebnis; lebhaft fühlt man sich an jene trefflichen, etwas lehrhaft-trockenen Beobachtungen über bildende Kunst erinnert, wie sie das Aufklärungszeitalter liebte und wie sie etwa ein Johann Heinrich Merck zu Papier brachte.

Zur Literatur hat er sich, seltsamerweise eigentlich, kaum geäußert; ebensowenig zur Musik. 1904 besprach er für die »Zukunft« Hermann Hesses Roman »Peter Camenzind«[39]; was er, lobend übrigens, dazu zu sagen hatte, überstieg – wie auch in den Gedenkartikeln für Hermann Stehr, Frank Wedekind, Max Liebermann, Hans Thoma, Beethoven – nirgends die Konvention eines mitunter recht platten Feuilletonismus.[40]

Der Großteil aller Schriften Rathenaus vor 1912/13 war Vorbereitung auf die von uns schon behandelten Hauptwerke, stetiges und – retrospektiv erkennbar – geistig-seelisch konsequentes Sammeln der Bausteine zu ihnen. In Aufsätzen wie »Physiologie der Geschäfte«, »Zur Physiologie der Moral«, »Von Schwachheit, Furcht und Zweck«, in der Aphorismensammlung »Ungeschriebene Schriften«, in Artikeln wie »Ökonomik«, »Unser Nachwuchs«, »Politische Selektion« finden sich im Ansatz mehr oder minder stark herauskristallisiert nahezu sämtliche Grundgedanken, die dann die großen Arbeiten beherrschen.[41]

Bei dem aphoristisch gehaltenen Aufsatz »Physiologie der Geschäfte« hatte sich Rathenau nicht nur der Anonymität, sondern noch einer besonderen

Camouflage bedient; er tat so, als entstammten die Aufzeichnungen »dem Nachlaß des jüngst verstorbenen kaiserlich-russischen Etatsrates Nicolaus von der Mühl, meines Oheims mütterlicher Seite«,[42] was ihm die Korrespondenz mit Theodor Herzl einbrachte.[43] In der originellen Arbeit sind mit leichter Hand, witzig-sarkastisch und unversehens tiefer dringend, wichtige Erkenntnisse formuliert: nicht weniges wünschte man sich noch heute hübsch gedruckt und eingerahmt im Chefzimmer oder Sitzungssaal so manchen Unternehmens, mancher Behörde: »Daß Geschäfte gemacht werden, um Geld zu verdienen, scheint so vielen ein so selbstverständlicher Satz, daß er nicht erst ausgesprochen zu werden braucht. Dennoch habe ich noch niemals einen wahrhaft großen Geschäftsmann und Unternehmer gesehen, dem das Verdienen die Hauptaufgabe seines Berufes war, und ich möchte behaupten, daß, wer am persönlichen Geldgewinn hängt, ein großer Geschäftsmann überhaupt nicht sein kann.«[44] Oder: »Eine Organisation soll ihr Gebiet bedecken wie ein Spinnennetz: von jedem Punkt soll eine gerade und gangbare Verbindung zur Mitte führen.«[45] Oder: »Verlange, daß jeder deiner Leute einen Stellvertreter, keiner einen Adjutanten halte.«[46] Oder: »Glaube nicht, etwas dadurch zu erreichen, daß du alle Einwände vorwegnimmst und widerlegst. Niemand läßt sich ad absurdum führen.«[47] Ferner: »In letzter Instanz entscheidet die Ansicht, die die Menschen voneinander haben. Ungemessener Aufwand von Studien, Vorarbeit und Mühewaltung sachkundiger Kräfte wird vergeudet – und schließlich erkennen zwei Führer, daß die Sprechweise des einen dem anderen unsympathisch ist.«[48] Und endlich: »Wer sich beklagt, daß er zuviel zu tun hat, beweist, daß er nicht organisieren kann. Napoleon hätte nie abgelehnt, Spanien zu erobern mit der Motivierung, er sei überlastet. Wer dagegen zu wenig zu tun hat, weiß, daß er überflüssig ist.«[49]

In dem Aufsatz »Ökonomik« mit den beiden Unterteilen »Vom wirtschaftlichen Gleichgewicht« und »Vom Konsumanteil« treffen wir bereits auf die Gedanken, die wir dann ein Jahrzehnt später in »Von kommenden Dingen«, in der »Neuen Wirtschaft« gereift und ausgeführt wiederfinden. So verurteilt er den Monopolismus, den er – in erweitertem Sinn – als die Schaffung »singulärer bevorzugter Erwerbssituationen« definiert. Da solche Situation Macht bedeutet, »so entsteht die doppelte Aufgabe: anzustreben, daß der Güteranteil in den Händen der zur Verantwortung Unfähigen nicht allzusehr anwachse; diese Aufgabe heiße die der Nivellierung; und anzustreben, daß der Güteranteil der zur Verantwortung Fähigen nach dem Maß gerechter Ansprüche zugemessen werde; diese Aufgabe heiße die der Instaurierung«.[50]

Die Monopolbekämpfung durch Verstaatlichung, Syndikatskontrolle, progressive Einkommensteuer, hohe Erbschafts- und Schenkungssteuer – alles ist hier schon ausgesprochen.

In dem Aufsatz »Von Schwachheit, Furcht und Zweck« zeigen sich die Fundamente der »Kritik« und der »Mechanik« antizipiert: »Alle Geschichte ist ein Kampf der Klugen gegen die Starken. Wo die Starken auftraten, da wurden sie Herrscher, und wo sie herrschten, da mußten sie langsam, unmerklich und unausbleiblich der Maulwurfsarbeit ihrer schwachen und klugen Hörigen erliegen. Zähigkeit, schmachvolle Geduld, stets neuerlich erzeugende Überzahl auf seiten der Schwachen. Herrscherkraft, Zusammengehörigkeit, Adelsgefühl und Erblichkeit der Tradition war die Rüstung der Starken. Wo die Starken herrschen, da gilt Disziplin, Tüchtigkeit und Unkultur; wo die Schwachen regieren, wuchert Schwätzer- und Tribunenherrschaft, Korruption und Genußsucht. Das Regiment der Starken stürzt, sobald es den Unterdrückten gelungen ist, die Atmosphäre des Geistes mit ihrem Hauch zu erfüllen.«[51]

Das sind die uns längst bekannten Töne. Voller Verachtung und Abscheu zeichnet er die Furcht- und Zweck-Welt, die dennoch notwendig und unentrinnbar ist und der er, der Schreiber, ebenso diente wie ein Harden, der ihn druckte. Auch dies letztlich larvierte Selbsthaß-Formen. Was für den genannten Essay gilt, trifft auch auf »Zur Kritik der Moral« zu (identisch, wenn auch leicht verändert, mit »Zur Physiologie der Moral«): einer der Ecksteine für die »Mechanik« zu sein. »Die abendländische Ethik ist eine Ethik der Gesinnung. Gesinnung kann vererbt, anerzogen und gezüchtet werden. Ihre Gegnerin ist die Intelligenz, die nicht übertragbar ist, sondern sporadisch, aber um so kraftvoller aus der Masse auftaucht. Überall wo ein Volk in zwei Schichten gelagert ist, verteidigt die Oberschicht die Gesinnung, weil diese ihr zur Herrschaft verholfen hat; die Unterschicht kämpft sich empor durch Intelligenz, die ihr aus der Unterdrückung erwachsen ist.«[52]

Obwohl, wie bekannt, mit dem Herzen auf der Seite der nunmehr bedrängten »Starken« und »Mutigen«, läßt sich Rathenau doch schon zu jener Zeit (1907) durch den Kopf gehen, wie der Unterschicht zu helfen sei. Der wichtigste Schritt muß in der Brechung des »Bildungsmonopols« bestehen. Gerechte Auslese heißt das dringendste soziale Problem: »Die höchste Ungerechtigkeit und Torheit der heutigen Gesellschaft besteht darin, daß sie jährlich Tausende von Intelligenzen und Impulsen wissentlich verkümmern läßt. Abgesehen von der Verletzung der Menschlichkeit schafft so die Gemeinschaft sich Legionen begabter Feinde; erbitterter Feinde: weil jeder einzelne sich des erlittenen Unrechtes bewußt ist.

Abhilfe kann hier nur durch Selektion der Talente geleistet werden. Es ist schwierig und kostspielig, aber nicht unmöglich, das Unterrichtswesen so zu reorganisieren, daß von der elementaren Schulung an die Auslese der begabtesten Kinder und Jünglinge und ihrer Überweisung an höhere und spezialisierte Anstalten durchgeführt wird. Technische, wissenschaftliche, praktische und künstlerische Befähigung entscheidet über die fernere Art der Ausbildung. Von den hervorragendsten Talenten würde polytechnisches, humanistisches und akademisches Studium, zuletzt ein freies Stipendium für selbständige Ausübung der Wissenschaft oder Kunst den Abschluß bilden.«[53]

In den Aufsätzen »Unser Nachwuchs« und »Politische Selektion«[54] hat

Rathenau die gleiche Thematik behandelt. In ersterem die lapidare Feststellung: »Das Zeitalter der Juristerei, der Korps- und Reserveambition hat Deutschland eine Generation gebildeter Intelligenz gekostet«,[55] und der Ratschlag: »Man züchte nicht Serien von Großstadtgeschlechtern, sondern befördere den generationsweisen Austausch von Stadt und Land.« Geschrieben zehn Jahre vor der »Neuen Gesellschaft«, die den grundsätzlichen Austausch-Gedanken, jetzt jedoch verwandelt, wieder aufnahm; geschrieben, als die Jugendbewegung, auf dem Höhepunkt stehend, den Stadt-Land-Ausgleich auf ihre Weise suchte, ein Vierteljahrhundert fast vor der »Blut- und Boden«-Woge der braunen dreißiger Jahre.

Wenn auch vor dem Erscheinen der Hauptwerke Rathenaus schon eine beträchtliche Zahl von Aufsätzen zu wirtschaftlichen und politischen Problemen – bis 1912 ein gutes Dutzend, bis 1917, als »Von kommenden Dingen« herauskam, gut zwei Dutzend – veröffentlicht war, was nicht nur thematische Vorbereitung auf die Bücher-Trias, sondern auch systematischen »Aufbau« des Schriftstellers Rathenau bedeutete, so geschah doch die endgültige, unwiderrufliche Hinwendung zu staats-, wirtschafts- und gesellschaftspolitischer Aktivität erst jetzt: Rathenaus geradezu stupende Schreib- und Rede-Eruption war wesentlicher Teil dieser Aktivität.

Im Jahre 1917 erschienen vier, 1918 fünf, 1919 sechs und 1920 drei Bücher, zum Teil allerdings nur schmale Bändchen, welche entweder in sich geschlossen ein Thema behandelten, wie z. B. »Die Neue Wirtschaft« (1918), »Der Kaiser« (1919), »Die Neue Gesellschaft« (1919), oder die Sammlungen verstreut gedruckter Artikel enthielten wie etwa »Zeitliches« (1918), »Nach der Flut« (1919), »Was wird werden?« (1920) oder Reden und Vorträge wiedergaben wie die »Demokratische Entwicklung« (1920), »Produktionspolitik und Sozialisierung« (1920). Für das Jahr 1917 verzeichnet die Bibliographie elf, für 1918 achtzehn, für 1919 achtundzwanzig Einzelbeiträge in Zeitungen oder Zeitschriften, manches davon Teilabdrucke aus den Büchern. Gleichzeitig war 1918 die erste fünfbändige Gesamtausgabe der Rathenauschen Schriften erschienen. Freund Samuel Fischer betreute sie, wie er seit 1912 schon die Mehrzahl der Einzelschriften verlegt hatte. So gehörte Rathenau denn zweifellos zu den meistgedruckten und -gelesenen Autoren jener Tage. In dem Maße die Bindung an die »Zukunft« schwächer wurde, um schließlich ganz zu erlöschen, nahm die an verschiedene Zeitungen zu, so an »Die Neue Freie Presse« in Wien, an das »Berliner Tageblatt«, an die »Frankfurter Zeitung«; aber auch Blätter wie die »Vossische Zeitung« oder die »Kölnische Volkszeitung« brachten wiederholt Beiträge von ihm; nach dem Kriege überhaupt die meisten deutschen Zeitungen, abgesehen von den ausgesprochen rechtsstehenden. Nicht wenige seiner Artikel wurden stets in mehreren Zeitungen des In- und Auslandes nachgedruckt. Der Aufsatz »Ein dunkler Tag«, in dem Rathenau das übereilte Friedensangebot der deutschen Regierung verwarf und die Massenerhebung der Deutschen propagierte, erschien als Erstdruck in der »Vossischen Zeitung« (7. 10. 1918) und wurde fünfundvierzigmal ganz oder auszugsweise nachgedruckt, darunter auch im »Journal des Débats« (Paris), im »Petit Parisien« (Paris), in der »Times«, in vielen Schweizer Blättern.

Der Wille zur aktiven Mitwirkung am deutschen Schicksal, an der Liquidierung des blutigen Ringens sowohl als auch am Neubau des Reiches, der sich gegen Ende des Krieges und in den Monaten des Umbruchs immer mehr steigerte, fand seinen Ausdruck – außer in den großen besprochenen Arbeiten – in den zahlreichen Aufsätzen der Jahre 1918, 1919, 1920. Von Bedeutung ist der Aufsatz »Von Wahl und Volksvertretung«,[56] der eine Art »Gelenk« zwischen »Von kommenden Dingen« und den ein Jahr später publizierten Essays über Staat und Gesellschaft darstellt.

Noch bestand die Monarchie, sogar im altüberkommenen Zustande, denn die parlamentarisierenden Verfassungsänderungen geschahen erst im Oktober. Die Linie, die Rathenau sich zwar zum »Volksstaat«, aber nicht zum Parlamentarismus westlicher Ausprägung hat bekennen lassen, ist hier deutlich gezeichnet: »Welches sind nun die Willenszüge eines Volkes? Sind es Interessen? So möchte es scheinen. Denn was könnte in unseren Zeiten stärker sein? Wenn alle Politik ein offenes oder verstecktes Wirtschaften ist, so sind die Interessen seine Triebkräfte.

Politik ist aber etwas anderes. Sie ist das bewußtgewordene Leben einer Nation nach innen und außen. Sie bedarf der Wirtschaft, sie ist aber nicht um ihretwillen da.

Wäre der Staat etwas Ähnliches wie eine Handelskammer, eine Gewerkschaft, eine Aktiengesellschaft, wäre er, kurz gesprochen, eine bewaffnete Produktionsgemeinschaft, so könnte er sich scheinbar auf Interessenausgleich aufbauen; genauer betrachtet aber auch dann nicht. Denn er bleibt ein lebendiges Wesen: und selbst der armseligste materiellste Interessentenverein, sofern er sich nicht auf Beschwerden und Petitionen beschränkt, kann sich nicht auf Vermittlungsgeschäfte zwischen seinen Mitgliedern stützen, er bedarf schöpferischen Inhalts, er bedarf der Idee.«[57]

Als Träger solcher Idee sind seiner Auffassung nach die deutschen Parteien nicht anzusehen und also auch nicht das Parlament, welches ihre Abgeordneten vereinigt.

»Soll ein Parlament den Stand des Geistes und Willens eines Volkes spiegeln, so bleibt nichts übrig, als das Wahlrecht an den Menschen zu knüpfen. Hier vereinigt sich der Individualismus der absterbenden frühliberalen Vorstellung mit dem aufsteigenden Gedanken der Solidarität und Verantwortungsgemeinschaft. Ein jeder fasse den Inbegriff seines persönlichen Wesens, seiner Erfahrungen und Wollungen zusammen und biete sie als Baustein des Staates dar.«[58]

Hier sind die Grundsätze formuliert, die dem »Neuen Staat« zugrunde liegen; auch daß die Qualität eines Parlamentes nicht »von der Güte der Wähler, sondern von der Wahlform abhängt«, wird klipp und klar ausgesprochen.[59] Im Gegensatz zu seinen späteren Konzeptionen der »Fachparlamente« hielt Rathenau noch am klassischen Zwei-Kammer-System fest und sah ein Oberhaus vor, das als die fachlich qualifizierte Ergänzung zum partei- und wahlgebundenen Unterhaus fungieren sollte. »In ein Oberhaus gehören«, so schrieb er, »die besseren der gewesenen Staatsminister, Diplomaten und Verwaltungsbeamten; bedeutende Militärs; hohe Kultusbeamte; die Oberbürgermeister der größten Städte; erfolgreiche und altansässige Landwirte; Arbeiter, Gewerbetreibende und Handwerker, die etwas geleistet oder organisiert haben; Frauen, die sich in öffentlicher Fürsorge bewähren; selbstgeschaffene und anerkannte industrielle und großhändlerische Führer; hervorragende Staatsrechtslehrer, Forscher, Künstler und Journalisten. Ein Teil dieser sollte kraft seines Amtes Mitglied sein, ein Teil von der Krone ernannt, ein Teil vom Unterhaus – jedoch nicht aus seiner Mitte – erwählt, ein Teil kooptiert. Ob damit alle Berufsstände vertreten sind, ist gleichgültig. Ob alle Mitglieder einer oder mehreren oder allen Parteien angehören, ist gleichgültig. Ob sie sich zu Fraktionen zusammenschließen, ist gleichgültig; so gleichgültig wie beim Generalstab oder Reichsgericht. Wichtig ist, daß eine Kammer, der eine hohe Aufsicht über Verwaltung und Gesetzgebung zugesprochen ist, vornehm, bedeutend, gerecht und menschlich sei.«[60]

Diese etwas romantisch-akademisch anmutenden Vorstellungen gewannen keine politische Realität. Er selbst hat sie, als er den »Neuen Staat« und die »Neue Gesellschaft« schrieb, fallenlassen. Immerhin erhielt sich der Gedanke eines elitären Gremiums doch zäh, bis hin zu jenem Preußischen Staatsrat, den das nationalsozialistische Regime nach 1933 ins Leben rief,[61] und fand sogar noch in der bayrischen Verfassung von 1946 seien Niederschlag. Auch in der Rätestaat-Variante Rathenaus sind die Elemente elitärer Auswahl deutlich nachweisbar.

Wenige Wochen bereits nach Inkrafttreten der Waffenruhe begann Rathenau in der Welt um Verständnis für Deutschland, um den Abbau des kriegshysterischen Hasses zu ringen. So richtete er an Oberst House, den amerikanischen Vertreter bei den Waffenstillstandsverhandlungen und engen Mitarbeiter Wilsons, im Dezember 1918 einen offenen Brief, in dem es hieß:[62] »Nicht an Ihr Mitleid wende ich mich, sondern an das Gefühl der menschlichen Solidarität. Ich weiß, niemand empfindet es tiefer als Sie und Wilson, kein Volk versteht es klarer als die große, an Freiheit und Selbstverantwortlichkeit gewöhnte amerikanische Nation: Die Menschheit trägt eine gemeinsame Verantwortung. Jeder Mensch ist für das Schicksal jedes Menschen verantwortlich, auf das er Einfluß hat. Jede Nation ist verantwortlich für das Schicksal jeder Nation. In diesen Tagen werden Beschlüsse gefaßt, die auf Jahrhunderte das Geschick der Menschheit bestimmen. Wilson hat ausgesprochen, was nie zuvor irdische Gewalt zu verwirklichen wagte: Friede, Versöhnung, Recht und Freiheit für alle. Gott gebe, daß seine Worte Wahrheit werden.

Werden sie es nicht, so trifft das alte sibyllinische Wort ein, das Plutarch uns überliefert: Auch für den Sieger wird der Sieg verderblich. Werden sie Wahrheit, so ist der Welt ein neues Zeitalter geschenkt, und die unsäglichen Opfer des Krieges waren nicht vergeblich.«[63]

Wenn diesem Schreiben auch im ersten Teil (vgl. Anm. 62) ein gewisser pharisäischer Unterton des »Ich habe von Anfang an alles gewußt und richtig vorausgesagt« anhaftet, ein nicht restlos angenehmer Klang der Selbstentlastung, so ist dennoch der gute Wille Rathenaus zu helfen unverkennbar echt. Der Brief wurde zuerst in Schweden, dann in Frankreich und in den Niederlanden veröffentlicht. Greifbare Wirkungen konnte er ebensowenig zeitigen wie der gleich darauf verbreitete Aufruf »An alle, die der Haß nicht bindet« (In der »Zukunft« lautet der Titel »An alle, die der Haß nicht blendet.«) – »ein Deutscher wendet sich an alle Nationen«. Mit welchem Recht?, fragt der Verfasser, und antwortet: »mit dem Recht eines, der den kommenden Krieg verkündet, der das Ende voraussah, die Katastrophe erkannte, der dem Spott, Hohn und Zweifel trotzte und vier lange Jahre den Machthabern zur Versöhnung riet. Mit dem Rechte eines, der das Vorgefühl des tiefsten Sturzes jahrzehntelang in sich trug und weiß, daß der Sturz tiefer ist, als Menschen, Freunde und Feinde, ahnen. Mit dem Rechte eines, der niemals ein einziges Unrecht seines Volkes verschwiegen hat und nun für das Recht seines Volkes eintreten darf.«[64]

Auch hier wieder jene trübe, etwas hypochondrische Selbstgefälligkeit, die auf die Zeitgenossen irritierend wirken mußte. Rathenau steigerte sich in eine Pathetik hinein, von der heute schwer zu sagen ist, ob sie der damaligen psychischen Verfassung weiter Kreise entsprach: »Wehe dem und seiner Seele, der es wagt, dieses Blutgericht Gerechtigkeit zu nennen. Habt den Mut, sprecht es aus, nennt es bei seinem Namen: es heißt Rache.

Euch aber frage ich, geistige Menschen aller Völker, geistliche aller Konfessionen und Gelehrte, Staatsmänner und Künstler; Euch frage ich, Arbeiter, Proletarier, Bürger aller Nationen; Dich frage ich, ehrwürdiger Vater und höchster Herr der katholischen Kirche, Dich frage ich im Namen Gottes: darf um der Rache willen ein Volk der Erde von seinen Brudervölkern vernichtet werden, und wäre es das letzte und armseligste aller Völker? Darf ein lebendiges Volk geistiger, europäischer Menschen mit seinen Kindern und Ungeborenen seines geistigen und leiblichen Daseins beraubt, zur Fronarbeit verurteilt, ausgestrichen werden aus dem Kreise der Lebenden?«[65]

In unseren Ohren klingt solche Diktion wenig sympathisch. Einmal können wir sie sachlich nicht für gerechtfertigt halten, weil, gemessen an dem Zusammenbruch von 1945 mit Eroberung und Auflösung des Deutschen Reiches, der Ausgang von 1918, ja selbst der Versailler Friede, der trotz aller Härte Deutschland dennoch als mitteleuropäische (zumindest potentielle) Großmacht bestehen ließ – dies ist freilich eine Feststellung post festum und war damals für die Zeitgenossen noch nicht zu übersehen –, uns sehr glimpflich erscheint. Zum andern sind wir mit Recht empfindlich geworden gegen alles, was im »Diskant« vorgetragen wird – und um eine Art von »psychischem Diskant« handelt es sich hier. Für die damals Lebenden aber, die wie Rathenau, einerlei ob partiell zustimmend oder partiell ablehnend, in den obersten Etagen des kaiserlichen Deutschland agiert hatten und durchaus seine Nutznießer gewesen waren, war der Sturz, in den Waffenstillstandsbedingungen von Compiègne und dem Friedensdiktat von Versailles vor aller Welt schwarz auf weiß nachlesbar dokumentiert, eine ihr Fassungsvermögen übersteigende Ungeheuerlichkeit. Hinzu kam für Rathenau noch, daß er, der nicht gerufen und nicht gefragt wurde, sich mit aller Kraft zur Mitwirkung am Neubau drängte und aus dieser Hektik heraus nicht nur in einen Schreibetaumel, sondern auch, manchmal, in jene Schrillheit geriet, um gehört zu werden.

Auf der einen Seite hatte er sich gegen den Vorwurf zu verteidigen, er sei mitverantwortlich für die Deportation belgischer Arbeiter nach Deutschland gewesen,[66] auf der anderen Seite ging er zum Angriff gegen Frankreich über, das die deutschen Kriegsgefangenen nicht sogleich freiließ, sondern zur Arbeit in den zerstörten Nordregionen einsetzte. »Es ist ungerecht und nicht zu dulden, wenn Frankreich anstelle freier Arbeit Fronarbeit verlangt und zu erzwingen sucht. Nie hätte eine deutsche Hand die Unterschrift unter jenen Vertrag des Waffenstillstandes setzen dürfen, das unvergängliche Blatt der Schmach, das Deutschland vernichtet.

Empörend wie das übrige ist die Bestimmung, daß unsere gefangenen Volksgenossen nicht heimkehren. Antike Sklaverei, Hohn auf Christentum und Neuzeit ist es, wenn sie, die Duldenden, über Waffenstillstand und Friedensschluß hinaus – ist das ein Friedensschluß? – den Feinden fronen sollen.«[67]

Als die Einzelheiten des Versailler Vertragswerkes bekannt wurden, nannte Rathenau es einen »wissenschaftlichen Mord, kalt, klar, klug und blutlos«, der »das Werk der vergangenen und das Leben der kommenden Geschlechter« vernichte. »Vae victoribus!« fügte er hinzu, »auch wenn wir ihnen vergeben, das Weltgeschehen vergibt ihnen nicht, und das Blut der Unschuldigen kommt über ihr Haupt.«[68] Solche emotionsgeladenen Prophetien scheinen die Theorie zu stützen, nach der das Aufkommen des Radikalismus, besonders des nationalistischen, in den Sieg des Nationalsozialismus einmündenden, eine direkte und notwendige Folge des Versailler Vertrags war. Doch ist dies nur eine (besonders gefährliche) halbe Wahrheit, denn es liegt zwar der unmittelbare Zusammenhang zwischen »nicht bewältigter« Niederlage und nationalistischer Fehlhaltung zutage, nicht aber der unausweichliche zwischen ihr und dem Sieg Hitlers. Dieser war nicht »Notwendigkeit« im Sinne einer Aufhebung der Entscheidungsfreiheit, sondern Verhängnis im Sinne einer breitgestreuten, letztlich auf Charaktermerkmalen beruhenden Fehlentscheidung.

Die Publikationen Rathenaus in seinen letzten Jahren mußten sich, fast notgedrungen, mit Tagesfragen der Wirtschaft und Politik befassen: mit den Problemen der Gemeinwirtschaft und Sozialisierung, welche gleich nach 1918 die Gemüter heftig bewegten, mit den wirtschaftlichen Konsequenzen der Inflation, mit dem gordischen Knoten der Reparationsproblematik. Die Tatsache, daß sich 1918/19 in verfassungsrechtlicher Hinsicht die Idee der »westlichen« parlamentarischen Demokratie gegen die sozialistische Räte-Idee, in Hinsicht der realen Machtübung die alten Bollwerke der hohen, im Generalstab noch funktionstüchtig erhaltenen militärischen Führerschaft sowie des Beamtenapparates gegenüber den revolutionären Kadern der Arbeiter- und Soldatenräte durchsetzten, implizierte auch eine entsprechende Wirtschaftsordnung. Diese konnte nicht im fundamentalen Gegensatz zu den in den anderen Lebensbereichen gefallenen Entscheidungen – Entscheidungen eben zugunsten einer bürgerlich-kapitalistischen, liberal-parlamentarischen Demokratie – stehen. Soziale Verbesserungen waren möglich, sozialistischer »Gesellschaftsumbruch« unmöglich. Die Gewerkschaften erreichten endlich ihre Anerkennung durch die Arbeitgeber sowie die Erfüllung einiger ihrer Grundforderungen: die »kollektiven Arbeitsverträge« (Tarifverträge), den Acht-Stunden-Tag, die betriebsinternen »Arbeiterausschüsse« (für Betriebe mit mehr als 50 Beschäftigten), die Schlichtungsstelle für Kündigungsfragen.[69] Die Parole hieß nicht Revolution, nicht Klassenkampf und Enteignung, sondern Zusammenarbeit von Arbeitgebern und Arbeitnehmern. Als Max Cohen am 4. Februar 1919 im Namen des Rätekongresses die oberste Gewalt der Nationalversammlung von Weimar anerkannte, blieb die damit verbundene Forderung nach Integrierung der Arbeiter- und Soldatenräte in die kommende Reichsverfassung eine machtlose Deklamation. Eine von der Vollversammlung der Arbeiterräte kurz zuvor (15. 1.) verlangte »Kammer der Arbeit« als gleichberechtigte Institution neben dem Parlament kam nicht zustande. Aufgenommen in die Weimarer Verfassung wurden lediglich die Betriebsräte; der Artikel 165 sah zwar Betriebs- und Bezirksarbeiterräte und einen Reichsarbeiterrat vor, aber das Recht zu bindenden Tarifabmachungen blieb den Unternehmerverbänden und den Gewerkschaften vorbehalten. Der Reichsarbeiterrat sollte durch die Hinzunahme von Arbeitgebern und Wirtschaftlern verschiedener Art zum Reichswirtschaftsrat erweitert werden; dieses repräsentative Gremium der Gesamtwirtschaft sollte auch bei den Sozialisierungsgesetzen mitwirken.

Das im Mai 1920 geschaffene Organ ist nie zum eigenständigen Leben erwacht. Das Betriebsrätegesetz vom 18. 1. 1920 regelte das Arbeitnehmer-Arbeitgeber-Verhältnis. Die erreichte Ordnung bedeutete die – wie sich herausstellen sollte – endgültige Niederlage sozialistischer Konzeptionen aller Art und den Sieg der gemäßigten konservativen, liberalen, sozialen Kräfte (die Akzente lassen sich verschieden setzen), welche in gewisser Weise einen Bund von Unternehmern und Gewerkschaften darstellten.[70]

Rathenau zog daraus den Schluß, seine kühnen theoretischen Linien aus »Von kommenden Dingen«, »Neue Wirtschaft«, »Neuer Staat«, »Neue Gesellschaft« nicht weiterzuverfolgen. Er widerrief nichts, aber er schritt auch nicht mehr weiter voran. Die Zeit für seine Entwürfe war nicht reif. Es drängte ihn mehr, aktiv am Staate mitzuarbeiten, als am Schreibtisch fortzutheoretisieren. Gerade gegen Ende seines Lebens trat der Täter vor den Denker. Seine Schriften waren so differenziert, bisweilen auch so verschwommen, daß sich in ihnen ziemlich mühelos für jegliche Argumentation Belege finden ließen. Wir sahen an den zahlreichen Zitaten, daß er einesteils weit über seine Gegenwart und über die offiziösen sozialistischen Theorien hinausgegangen war, andernteils aber auch sich von den Realisierungsansätzen einer Solidaritätswelt distanzierte. In Zukunftsschau übertraf er die meisten seiner Zeitgenossen, im Alltag der Politik und Wirtschaft verschmähte er nicht die Kompromisse. Er stellte sich 1920, 1921 und bis zu seinem Tode ganz dem Aktuellen und Speziellen und ließ das Ferne und Allgemeine auf sich beruhen.[71] Er wurde vom Philosophen zum Staatsmann, vom Schriftsteller zum Redner. Dies bedeutete in einer gewissen Weise einen Rückschritt; denn er war als Mann der Politik kleiner als als Mann des Gedankens. Die kühnen Flüge in ein Zukunftsland neuer gesellschaftlicher Lebensformen mußten eingestellt werden und wichen mühseligem Bodenkriechen durch den Zerfalls- und Kriegsfolgewust des Wilhelminischen Reiches. Der Protagonist einer Zukunft, für die es damals keine Chancen und kein Gefolge gab, wurde Aufräumarbeiter einer Gegenwart, die kleiner war als seine zu Papier gebrachten Entwürfe. Die junge Republik, der er die letzten Monate seines Lebens diente, hatte nichts mit dem Staat gemein, den er am Schreibtisch vorgezeichnet hatte. Darin aber lagen gerade die Größe und Würde dieses Dienstes. Es ist gewiß »schöner«, mit Blick in den Park, vor anheimelndem Kaminfeuer, unter der ruhig tickenden Pendule im Reich der Ideen frei zu walten, als in der Sozialisierungskommission über die Zukunft des Kohlenbergbaus[72] oder die Neuregelung des Wohnungswesens[73] oder die Organisation der Kaliwirtschaft zu debattieren.[74] Es ist gewiß reinlicher, Vorschüsse zu nehmen auf eine kommende neue Welt, als um Reparationszahlungen zu kämpfen in der so zäh bestehenden alten. In diesem Punkt, dem Dienst am Staate in der Stunde der Not, dem freiwilligen Übergang von der vita contemplativa zur vita activa, steht Rathenau, unbeschadet aller Unterschiede in Persönlichkeit und Zeitverhältnissen, neben einem Wilhelm von Humboldt.[75]

3. REDEN

Der Redner Rathenau ist auch der Akteur Rathenau gewesen; die Masse seiner Reden, Ansprachen, Vorträge fällt natürlicherweise in die Zeit seines politischen Wirkens. Nicht zufällig setzt der Band »Gesammelte Reden« mit dem März 1915 ein, da Rathenau sich in einer kurzen Ansprache von seinen Mitarbeitern der Kriegsrohstoffabteilung des Kriegsministeriums verabschiedete.[76] In die fünfbändige Gesamtausgabe der Schriften wurde neben den erwähnten

Vorträgen über die Rohstoffversorgung und über die Friedenswirtschaft nur die Ansprache, die er bei der Beerdigung seines Vaters hielt, aufgenommen.[77] Sie stellt in ihrer Mischung von hochgeschraubter Idealität, patriotischer Phraseologie, wie die Zeit sie verlangte, und übersteigerter Verherrlichung des Verstorbenen ein wichtiges psychologisches Dokument dar. Nachdem der Sohn die vierfachen Gaben des »ewigen Geistes« an die, »die er liebt, die er mit Leiden segnet und denen aufs Haupt er die Verantwortung der Welt bürdet«, gepriesen hat, nämlich die Gaben der Einfalt, der Wahrheit, des Schauens und der Liebe, spricht er die seiner Meinung nach tiefste Leistung des Vaters so aus: »... aber mit drei Griffen, die der dreifachen Natur seines Intellektes entsprang, diese Kräfte zu sammeln, sie auf ein Ziel zu lenken, eine Einheit zu schaffen von Technik und Finanzkraft, Finanzkraft und Kaufmannsgenie: das ist sein Werk ... Mit diesem dreifach wuchtenden Hammer hat er mitgeschmiedet an der dritten Waffe, die heute in den Händen des Reiches unseren Feinden furchtbar ist. Neben der Waffe des Heeres und der Waffe der Flotte ist diese dritte die Waffe der Wirtschaft.«[78]

Er schließt in einem Hymnus, der fast ein wenig das seelische Schamgefühl verletzt: »... an deinem Leben laß uns, Vater, unsere Lebensfackel entzünden, an deiner Wahrheit unser Irren erleuchten, laß uns aus deiner Kraft unsere Kraft schöpfen und unsern Glauben aus deinem Glauben: zur Arbeit an unserm heiligen deutschen Lande und zur Arbeit im Dienste des ewigen Geistes!«[79]

Seine Trauer war zweifellos aufrichtig und groß; ebenso groß oder größer seine Eitelkeit, die ihn die Totenrede sogleich drucken und verschicken ließ; am größten aber die Wucht einer »totalen« Sohnschaft, die ihm vielleicht zum Verhängnis wurde, weil sie ihn unfähig machte, Ehemann und Vater zu sein.[80]

Vom Jahre 1920 an nimmt die Zahl der Reden – alle gehalten zu politischen und wirtschaftlichen Tagesproblemen – ständig zu. Von den knapp fünfzig, meist gedruckten Reden entfällt ein rundes Drittel auf die Tätigkeit in der zweiten Sozialisierungskommission; die übrigen zwei Drittel verteilen sich auf die ministeriellen Verpflichtungen (vor dem Reichstag, in den Ausschüssen, auf Konferenzen usf.), auf die Mitarbeit im Reichswirtschaftsrat, auf die Teilnahme an sonstigen diversen Veranstaltungen; am weitaus seltensten sprach Rathenau im Dienste seiner Partei, der Deutschen Demokraten.

Er war kein Parteipolitiker, hat sich selbst nie als solchen betrachtet und war der im November 1918 als Fortsetzung der »Fortschrittlichen Volkspartei« und in Hoffnung auf Vereinigung mit der Mehrzahl der Nationalliberalen gegründeten Deutschen Demokratischen Partei, die Friedrich Naumann als ihren Spitzenkandidaten herausgestellt hatte, nur lustlos beigetreten (1919), wohl weil er erkannt, daß die Erringung einer verantwortlichen politischen Position ohne solche, wenn auch lose Bindung dem Außenseiter noch mehr erschwert werden würde. Der Zwang, bei einer Massenveranstaltung das

Niveau herunterschrauben zu müssen, um allgemein verständlich zu bleiben, hat sicherlich dazu beigetragen, daß Rathenau nur selten und ungern auf parteilichen Großkundgebungen das Wort ergriff. Doch hatte er es in dieser Beziehung bei der Deutschen Demokratischen Partei gut: sie war niemals eine Massen-, stets eine »Gebildeten«-Partei, was ihre Schwäche, aber auch ihren Reichtum an erstrangigen Persönlichkeiten ausmachte.[81] In der Weimarer Nationalversammlung hatte sie 75 Sitze innegehabt; in den ersten Reichstag, 1920, konnte sie nur noch 39 Abgeordnete entsenden. Mit der Wahlniederlage setzte sich Rathenau in einer Rede vor dem Demokratischen Klub zu Berlin auseinander.[82] Die Art, wie er es tat, macht deutlich, daß es einen Grad von geistigem und kulturellem Niveau gibt, der Breitenwirkung und populären Erfolg ausschließt.

Um die Wurzeln der Niederlage freizulegen, stieg Rathenau in die Arsenale der hohen Bildung, da sprach er von den Enzyklopädisten, von Diderot, Voltaire, Rousseau, von Grimm und Holbach, da analysierte er geistvoll die Französische Revolution, zog er Linien vom »Emile« zu Kant, von der Deklaration der Menschenrechte 1789 zum britischen Insel-Individualismus, von beidem zur deutschen Entwicklung des neunzehnten Jahrhunderts. Klug und pointiert untersuchte er das Wesen des Imperialismus, seinen Zusammenhang mit dem personalen Individualismus, den »Sowjetismus«. Was er vor fast einem halben Jahrhundert dazu sagte, ist immer noch bedeutsam: »Rußland nennt sich die Sowjetrepublik. Ich behaupte, daß es eine Sowjetrepublik nicht gibt. Es gibt in Rußland eine Autokratie, die nicht wie ehedem die Herrschaft einer Horde, eines Stammes oder einer Familie ist, sondern die Autokratie eines Klubs ... Der Sowjetismus ist eine Veranstaltung für anderthalb Millionen Arbeiter, die kaum mehr ernsthaft betrieben wird.«[83] Nachdem Rathenau die Anfangs-Gehversuche des Sowjetsystems in ähnlicher Weise behandelt hat, wie wir heute die Chinas behandeln, fuhr er fort: »Trotzdem gehen von diesem Rußland zwei Riesenströme aus, ein kalter Strom und ein heißer Strom, die die Welt überfluten und die für ihre künftige Gestaltung mehr Bedeutung haben als irgendeine andere Erscheinung unserer Zeit. Der kalte Strom ist der Strom des Ressentiments. Denn eins ist in Rußland verwirklicht: Es ist Rache genommen an der Bourgeoisie ... dieser Strom des Ressentiments und der Klassenrache ergießt sich über das ganze Europa ... Der andere, der heiße Strom, ist der des radikalen Gedankens. Wie durch die Französische Revolution der eigentliche revolutionäre Gedanke nicht verwirklicht wurde – Liberté, Egalité et Fraternité hieß es, und der Kapitalismus wurde daraus –, so ist auch hier der eigentlich tiefe Gedanke nicht verwirklicht; doch er ist geschaffen und zeugt weiter. Die extremen Ausdeutungen des Rätegedankens beschäftigen uns hier nicht; was uns beschäftigt, ist das Prinzip seiner inneren Elastizität und organischen Schmiegsamkeit. Man geht aus von der Erfahrung, daß Menschen sich am besten dann verstehen und vertreten, wenn sie sich wirklich kennen, wenn sie sich dauernd kontrollieren, wenn sie in derselben Fabrik, in derselben Armee, im selben Häuserviertel leben – kurz, wenn sie eine Gemeinschaft bilden. Der Gedanke, daß eine solche Devolution des Vertrauens auf den Nächsten, im eigentlichen Sinne »Nächsten«, etwas anderes ist als die Wahl eines Fremden, eines Kandidaten, und daß durch Auslese aus Vertrauensleuten Vertrauensausschüsse jeweils höherer Ordnung erwachsen. Dieser Gedanke – mag er bekämpft oder anerkannt werden – geht seinen Weg, das haben wir schon in Deutschland erfahren.«[84] Als Beispiele nannte er das Betriebsrätegesetz und den Reichswirtschaftsrat, die beide, so war er überzeugt, ohne die vom Osten ausgehenden Impulse nicht zustande gekommen wären. Er wurde nicht müde, seinen demokratischen Zuhörern die unwiderrufliche Überholtheit der bürgerlich-liberalen, kapitalistischen, parlamentarischen Demokratie zu verkünden und ihr die »Zukunft des gemeinschaftlichen, intensiven, verantwortlichen und sozialen Arbeitens«, die eine Zukunft der »Akratie« sein wird, gegenüberzustellen: »Der westliche liberale Demokratismus ist auf deutschem Boden nicht verankert. Das, was wir zu schaffen haben, wird ein Erzeugnis des deutschen Bodens sein. Was sind denn überhaupt diese ›Kratien‹, die seit Plato und schon früher das Denken der Menschen bewegt haben? ›Kratien‹ sind Herrschaften« – und er zählte sie auf, die »Plutokratie«, die »Aristokratie«, die »Autokratie« bis hin zur sich selbst in Akratie aufhebenden »Demokratie«, um zu dem Ergebnis zu gelangen: »Wir brauchen aber keine Herrschaften mehr. Was wir brauchen, sind Verwaltungen, Verantwortungen, Gemeinschaften. Selbstverwaltende verantwortliche Gemeinschaften! Akratie wäre das Wort, um dieses auszudrücken, nicht Anarchie. Herrschen – und wenn es über sich selbst wäre – ist den Völkern nach unserer Art nicht mehr bestimmt, sowenig wie Beherrscht-werden.«[85] Am Ende seiner Rede kam Rathenau – wie um nun doch noch einer fast vergessenen Pflicht zu genügen – auf »unsere Lage als Partei« zu sprechen. Er sah sie durch folgende Umstände und Aussichten gekennzeichnet: »Entstanden sind wir aus dem Liberalismus; er fällt mehr und mehr von uns ab« – »Die Lage unserer Partei am linken Flügel der bürgerlichen Parteien, am rechten Flügel jenseits der Marxisten ist unser bester Besitz, denn auf dieser gutgeschnittenen Ecke wird das Haus der Zukunft gebaut werden« – »Wir sind heute nicht mehr eine Partei der großen Interessen ... wir haben die Pflicht, die Partei des Geistes zu werden, mag sie klein oder groß sein« – »Wir können uns nicht zufriedengeben mit dem liberalen und individualistischen Gedankeninhalt des akquisitorischen, kapitalistischen, mechanisierten und plutokratischen 19. Jahrhunderts« – »Unsere Entwicklung wird führen zu dem Dreiklang der Freiheit, Verantwortung und Gemeinschaft.«[86]

Auf diese Rede so ausführlich eingegangen zu sein rechtfertigt sich aus ihrem paradigmatischen Charakter, den sie mit einigen späteren teilt, so etwa mit der über »Produktionspolitik« vor dem Deutschen Beamtenbund,[87] mit der auf dem Demokratischen Parteitag zu Nürnberg,[88] mit der über den »Höhepunkt des Kapitalismus« in der Deutschen Hochschule für Politik.[89] Wie in einem Hohlspiegel wird gerade in den Reden der »Fall Rathenau« konzentriert und überdeutlich sichtbar. Obwohl er den festen Willen zur praktischen Mitarbeit innerhalb des nun in der jungen Republik einmal gegebenen Rahmens hatte, gelang sie ihm doch nur sehr schwer in der mühseligen Kärrnerei des Parteienalltags. Im Gegensatz zu Naumann fühlte er sich hier nicht zu Hause. Sein Verhältnis zur eigenen Partei war »gestört«,[90] es gelang ihm nie oder, genauer: er hat es gar nicht versucht, sich eine parteipolitische »Hausmacht« zu schaffen. Dieser Umstand hätte ihn höchstwahrscheinlich als Außenminister auch dann zu Fall gebracht, wenn er am Leben geblieben wäre. Die Reden lassen noch heute spüren, wo die eigentliche Schwierigkeit lag. In seinem Denken, wie wir es in den Hauptschriften vor uns sahen, war er nicht bloß über die politischen, wirtschaftlichen und sozialen Realisationen der Republik hinausgeschritten, noch ehe diese überhaupt in Weimar Gestalt annahmen, sondern er war geradezu in der entgegengesetzten Richtung gegangen. Während Naumann und Max Weber, Friedrich Meinecke und Ernst Troeltsch als nationale und soziale Liberale auf der Straße, die von der Paulskirche nach Weimar führte, gewandert und geblieben waren, hatte Rathenau diese Straße verlassen.[91] Gerade unter der starken, durchaus nicht *nur* negativen Beeindruckung durch das Geschehen in Rußland hatte er Konzeptionen entwickelt, die nicht mehr in die Abmessungen des angelsächsischen Demokratie-Schemas hineinpaßten. So konnten seine Parteifreunde ziemlich mühelos die Spielregeln dieses Schemas handhaben, er aber mußte sie sich anzwingen. Der Staats- und Gesellschaftsdenker Rathenau war kein Demokrat in dem Sinne, wie er für die Weimarer Republik galt, doch er mußte so zu *erscheinen* versuchen, um überhaupt eine Wirkmöglichkeit zu erhalten. Dieses Sich-selbst-Dressieren, Sich-selbst-Herabschrauben zum liberalbürgerlichen-mehrheitssozialdemokratischen Kompromiß, auf dem der Weimarer Staat beruhte, spricht aus seinen Reden – und wie sehr der »andere« Rathenau, der Autor der Grundsatzschriften von Wirtschaft, Staat und Gesellschaft, immer wieder hervorblitzt, haben wir gleichfalls am Beispiel gesehen. Hier finden wir auch den Grund für seine zahlreichen Absagen, die er Einladungen zu Vorträgen und Ansprachen, besonders parteilichen Charakters, erteilte. Je größer der Kreis der Zuhörer, desto stärker der Zwang zur Anpassung an die parlamentarisch-demokratische Konvention; in kleinerer Runde ging er aus sich heraus und sprengte dann sogleich den Rahmen des Durchschnittlich-Üblichen.

Gerade in den Berichterstattungen vor dem Reichstag wurden die inneren Spannungen Rathenaus bisweilen deutlich: Balance-Akte des Ministers und des Denkers auf dem Hochseil der parlamentarischen Bravheit. »Leicht ist mir der Entschluß nicht geworden«, meinte er, als er sich als Wiederaufbauminister den Abgeordneten präsentierte, »mich an diese Stelle zu begeben und mich zu trennen von einer so großen Zahl großer wirtschaftlicher Gebilde, die ich zum Teil selbst geschaffen hatte. Aber dieser Entschluß war leichter als der, sich zur Verfügung zu stellen für eine große unübersehbare Aufgabe, die nicht von uns selbst, sondern von anderen in ihrem Umfange bestimmt wird . . .[92]

Was mir den Entschluß erleichterte, war die Erwägung, daß mein neues Arbeitsgebiet kein politisches ist. Nicht als Mitglied einer Partei bin ich berufen worden. Ich entnehme dieser Tatsache das Recht, meinen Aufgabenkreis so unpolitisch zu behandeln wie möglich, vielmehr privatwirtschaftlich und industriell. Es ist keine Besorgnis vorhanden, daß dies Arbeitsgebiet sich verquicken wird mit Kriegswirtschaft. Ich bin kein Anhänger weder der Kriegswirtschaft noch der Zwangswirtschaft ... Weder mein Nachfolger [gemeint: bei der Kriegsrohstoffabteilung] noch ich selbst habe jemals etwas zu tun gehabt mit staatlichen Vergebungen, mit Ernährungswesen oder mit etwas, was sonst unter dem ominösen Begriff der Kriegswirtschaft verstanden wird ... Meine industrielle Vortätigkeit ist erledigt. Meine wissenschaftliche ist es nicht, und ich denke nicht daran, sie zu verleugnen ... Eine allgemeine Reform des gesamten deutschen Wirtschaftslebens mit meiner Tätigkeit zu verquicken, würde ich nicht wagen, zumal jetzt nicht. Der deutsche Wirtschaftskörper ist viel zu krank, als daß es heute möglich wäre, ihn auf neue Lebensformen einzustellen. Zunächst gilt es, ihn zu heilen. Man exerziert nicht im Feuer, und in der Furt wechselt man nicht die Pferde. Große wirtschaftliche Reformen versprechen erst dann Erfolg, wenn das Bewußtsein des Volkes sich auf diese Reformen im voraus eingestellt hat. Man kann ein Volk nicht mit Ideen beglücken, die sich dem Bewußtsein noch nicht einverleibt haben.«[93]

Vergegenwärtigen wir uns einen Augenblick die Situation. Der Wiederaufbauminister Rathenau, der erstmalig ein Regierungsamt bekleidet, stellt sich dem Parlament vor. Und was sagt er ihm? Er sei nur schweren Herzens Minister geworden, da er sich von einer »so großen Zahl großer wirtschaftlicher Gebilde«, zum Teil von ihm selbst geschaffenen, habe trennen müssen. Immerhin, so räumt er ein, sei es ihm insofern leichter gemacht worden, als ja sein Gebiet – der Wiederaufbau vor allem Nordfrankreichs – kein politisches Arbeitsgebiet sei. Diese an sich schon nicht stimmende Aussage unterstreicht er, indem er stolz betont, daß er nicht als Parteimann gerufen worden sei, sondern – das klingt zwischen den Zeilen – als Fachmann und daher sein Amt nicht nach politischen, sondern nach privatwirtschaftlichen Gesichtspunkten verwalten werde. Sollte den Abgeordneten bis jetzt noch nicht unbehaglich zumute gewesen sein, so werden sie erst recht gestaunt haben zu hören, daß Rathenau nichts mit Kriegswirtschaft zu tun hatte. Dieser Passus ist besonders interessant für eine gewisse Sophistik des Redners; es ist richtig, daß die Kriegsrohstoffabteilung weder Aufträge vergab noch mit dem Ernährungswesen befaßt war – die peinlichen Assoziationen von Schiebertum und Hunger können ihr also nicht anhaften; doch der sophistische Trick liegt in der damit gekoppelten Behauptung, er, Rathenau, habe niemals zu tun gehabt »mit etwas, was sonst unter dem ominösen Begriff der Kriegswirtschaft verstanden wird«. Diese Aussage ist richtig, wenn »Kriegswirtschaft«, wie hier von Rathenau stillschweigend impliziert, als Auftragsvergabe und Ernährungsrationierung definiert wird, aber Augenwischerei, ja schlicht: Schwindel, wenn man sie als das begreift, was sie wirklich war, als staatliche Zwangs-Planung für alle kriegswichtigen Stoffe. Schließlich erklärt er den Abgeordneten, daß er seine »wissenschaftliche« Tätigkeit fortzuführen und die bisherige keineswegs zu verleugnen gedenke – um sie im gleichen Atemzuge, wenn nicht zu verleugnen, so doch als unverbindlich, als »Zukunftsmusik« zu relativieren, da das Volk erst wirtschaftlich gesunden müsse, ehe auf Ideen – seinen Ideen – basierende Reformen möglich seien. Abgesehen davon, daß diese Feststellung die altbekannte Frage aufwirft, ob der Patient erst gesunden müsse, um der Behandlung gewachsen zu sein, oder ob die Behandlung zur Gesundung notwendig wäre – abgesehen davon also, finden wir in den zitierten Sätzen, wie nur selten, alle Ingredienzen der Rathenauschen Problematik beisammen, das ganze Bündel seiner Zwiespältigkeiten, die ihn in ein Niemandsland zwischen gestern und morgen, zwischen Gedanke und Tat, Individualität und Solidarität, Privatwirtschaft und Staatsdienst bannten, in ein Niemandsland, das ein Todesstreifen zwischen den Zeiten war, welchen der Grenzgänger nicht lebend durchschreiten konnte.

Die letzten Äußerungen Rathenaus sind Reden gewesen. Reden zum Reparationsproblem, gehalten in Cannes, in Genua, vor dem Reichstag; die vier wichtigsten erschienen als Broschüre 1922 unter dem Titel »Cannes und Genua«, sechs Wochen nach des Redners Tod; um zwei weitere Ansprachen vermehrt, wurden sie unter dem gleichen Titel 1924 in die Ausgabe der »Gesammelten Reden« aufgenommen.[94] In ihnen allen ging es darum, den eigenen Landsleuten wie den früheren Feinden den »Weg der Vernunft« zu zeigen, der aus dem irrational gespeisten Haß-Zirkel hinausführte.[95] In meisterhafter Weise fand Rathenau den Ton strikter Nüchternheit, den eine Materie, die von Goldzahlungen, Handelsbilanzen, Kohlenlieferungen handelte, erforderte und der dennoch stets einen Appell an die sittliche Vernunft der Zuhörer unterschwellig enthielt. Ein treffendes Beispiel bietet die Rede, die er als Sachverständiger der deutschen Delegation vor dem Obersten Rat der Alliierten in Cannes hielt und in der er die Darstellung der deutschen Leistungsgrenzen auf Grund der wirtschaftlichen Potenz, die Bereitschaft, an der Sanierung Rußlands auf privatwirtschaftlicher Basis mitzuwirken, und den Hinweis auf die Rolle des Reiches als der stabilisierenden Ordnungsmacht für Mitteleuropa sehr geschickt miteinander verknüpfte. »Deutschland ist um so mehr geeignet, am Wiederaufbau teilzunehmen, als es mit den technischen und wirtschaftlichen Bedingungen und Gepflogenheiten des Ostens vertraut ist. Der Weg, auf den man sich begeben will, erscheint mir richtig. Ein internationales Syndikat, und zwar ein Privatsyndikat. Deutschland glaubt, daß man die Frage des Wiederaufbaues beginnen sollte mit der Wiederherstellung des Verkehrs und der Verkehrsmittel. Man muß sodann an die Quellen der Produktion vordringen und vor allem die bestehenden Unternehmungen neu beleben. Deutschland glaubt, daß es an der Entwicklung des Ostens und der Mitte Europas um so mehr Anteil zu nehmen berechtigt ist wegen seiner Haltung der politischen und wirtschaftlichen Entwicklung gerade dieses östlichen Europas gegenüber. In dem Augenblick, als Deutschland fast am Ende seiner Kräfte war, nach Krieg, Niederbruch, Revolution hat Deutschland doch der staatlichen und sozialen Desorganisation widerstanden. Hätte diese Desorganisation in Deutschland triumphiert, so wäre sie eine entscheidende Gefahr für die ganze Welt geworden. Deshalb glaubt Deutschland, sich nicht nur nach Kräften der Wiederherstellung zerstörter Gebiete des Westens, sondern auch mit Rücksicht auf seine geographische Lage und Kenntnis nachbarlicher Verhältnisse der Wiederherstellung von Ost- und Zentral-Europa widmen zu sollen, und somit an der Aufgabe teilzunehmen, die die Großmächte sich im Einvernehmen mit diesen Gebieten gestellt haben.«[96]

Das zentrale Problem der Regierung Wirth, gleichzeitig die ehrliche Bereitschaft zur »Erfüllung« *und* die Unerfüllbarkeit der Pariser Beschlüsse von 1921 zu beweisen – gegen das Mißtrauen von außen und gegen die Demagogie im Innern –, fand in Rathenau einen glänzenden Interpreten. Im Hinblick auf die Alternative, von vornherein auf Biegen oder Brechen Widerstand gegen jegliche Reparationsverpflichtung zu leisten oder nur eine gewisse, a priori die Unerfüllbarkeit der Forderungen einschließende Bereitschaft zu zeigen, bemerkte er vor dem Hauptausschuß des Reichstages am 7. März 1921: »Die dritte Auffassung des Versuches der Erfüllung war die Auffassung der Reichsregierung, und sie ist im Laufe dieses Jahres in erheblichem Maße gefördert worden. Die Reichsregierung ging davon aus, daß eine Verpflichtung für das Reich geschaffen sei durch die Unterschrift seiner maßgebenden Stellen. Sie ging davon aus, daß unter allen Umständen der Versuch gemacht werden müsse, den ehemaligen Gegnern zu zeigen, daß Deutschland bereit sei, bis an die Grenze seiner Leistungsfähigkeit zu gehen. Ich glaube, daß diese Auffassung die psychologisch richtige war. Sie rechnete mit der Mentalität der ehemals gegnerischen Länder und ging davon aus, daß über kurz oder lang eine Erkenntnis des wirklichen Sachverhalts eintreten würde durch eigene Einsicht der übrigen Nationen . . . Ich habe für die Möglichkeit der Erfüllung die stärkste Grenze gezogen, die man überhaupt ziehen kann, nämlich die sittliche. Ich habe erklärt, daß das Maß der Erfüllung gegeben sei durch die Frage, wieweit man ein Volk in Not geraten lassen dürfe. Dieses ›dürfe‹ unterstreiche ich, denn darin war die sittliche Verpflichtung enthalten, nur bis zu dem Punkt zu gehen, den der Staatsmann verantworten kann. Diesem Grundsatz ist die Regierung treu geblieben. Es hat sich im Laufe des Jahres dann auch gezeigt, daß die Fragestellung ›Möglichkeit oder Unmöglichkeit‹ der Erfüllung überhaupt nicht diejenige geworden ist, die die Mentalität der übrigen Länder ausschließlich beschäftigt hat. In kurzer Zeit hat sich ergeben, daß eine weitere Frage hervortrat, nämlich die: wieweit eine Reparationsleistung Deutschlands überhaupt für die übrigen Völker erträglich sei, denn die volkswirtschaftliche Verknüpfung der Länder führte dazu, zu erkennen, daß die Zwangsarbeit eines Landes, auf den Weltmarkt gebracht, nur dazu führen kann, den gesamten Markt der Erde zu zerrütten, und damit, wenn auch auf einer Seite Zahlungen erlangt werden, Nachteile für andere Länder zu schaffen, die so erheblich sind, daß sie z. B. in England allein zu einer Arbeitslosigkeit von zwei Millionen Menschen führten.«[97]

Für Abgeordnete kleineren Formates mußte der permanente Seiltanz Rathenaus verwirrend, fast beängstigend wirken; hatte dieser doch die Pariser Beschlüsse und das Londoner Ultimatum abgelehnt;[98] dann, eingetreten in das erste Kabinett Wirth, wurde er zum Ausleger und Verteidiger des »Erfüllungs«-Gedankens, den er nunmehr wieder sowohl von der ethischen Seite her eingrenzte als auch von der praktischen Seite her nahezu ad absurdum führte. Manches von diesem Jonglieren fand Ausdruck in Reden, die noch heute brillant zu lesen sind und damals sicherlich ihren Eindruck nicht verfehlten. Die Hörer waren gezwungen, den souveränen Mann, der vor internationalem Forum lässig erklärt, er werde der Einfachheit halber sich anderer Sprachen als der deutschen bedienen, was indessen kein Präjudiz darstellen solle,[99] zu bestaunen. Ob sie ihn ob ihres eigenen Staunens liebten, ist freilich eine andere Frage.

Zwölf Tage vor der Eröffnung der Weltwirtschaftskonferenz zu Genua sprach Rathenau im Reichstag Sätze zum Rußland-Problem, die in den Zusammenhang der laufenden Verhandlungen gehören und wohl als eine Art psychologischer Vorbereitung auf das deutsch-russische Zusammenspiel, wie es dann in Rapallo zur Tat wurde, aufgefaßt werden müssen: »Zweifellos wird Genua für Rußland manches Wesentliche bringen, und ich will nicht einen Augenblick die Auffassung der Kabinettsregierung unausgesprochen lassen, die dahin geht, daß wir nach Ausmaß unserer Kräfte uns aufrichtig bemühen werden, am Wiederaufbau Rußlands mitzuwirken. Dabei ist der Weg von Syndikaten nicht der entscheidende, Syndikate können nützlich sein, und von solchen Syndikaten sollten wir uns nicht ausschließen. Dagegen wird das Wesentliche unserer Aufbauarbeit zwischen uns und Rußland selbst zu besprechen sein. Solche Besprechungen haben stattgefunden und finden weiter statt, und ich werde sie mit allen Mitteln fördern. Es ist kein Gedanke daran, daß Deutschland etwa die Absicht hätte, Rußland gegenüber die Rolle des kapitallüsternen Kolonisten zu spielen. Ich freue mich ganz besonders, daß von seiten des Herrn Stresemann und seiner Freunde heute eine solche Stellung Rußland gegenüber gewünscht wird, denn ich erinnere mich an eine Periode, in der ich mit meiner Auffassung über die Notwendigkeit, Rußland zu Hilfe zu kommen, bei dieser Seite keine Gegenliebe gefunden habe.«[100]

Der letzte kleine Seitenhieb drückte die Spannungen zwischen den feindlichen liberalen Brüdern aus. Daß die Vereinigung des liberalen Lagers nach 1919 nicht gelungen ist, war vor allem Stresemann zuzuschreiben. Seine und der Deutschen Volkspartei (DVP) nicht immer glückliche Rolle gerade in den ersten Jahren der Republik, bis zur Kanzlerschaft Stresemanns (1923), hat die vortreffliche Arbeit »Die Politik der Kabinette Wirth« von Ernst Laubach deutlich gemacht.[101]

Auch in der Schlußansprache vor der Vollversammlung der Genueser Konferenz (19. 5. 1922) hat Rathenau sich nochmals ausdrücklich zur Annäherung an Rußland bekannt, als er sagte: »Ein weiteres historisches Ergebnis der Konferenz erblickt die deutsche Delegation in der Annäherung des großen schwer bedrängten russischen Volkes an den Kreis der westlichen Nationen. Durch manche Aussprachen hatte Deutschland sich bemüht, zu einer Annäherung der beiderseitigen Gesichtspunkte beizutragen. Deutschland hofft, durch die Fortsetzung der beiderseitigen Besprechungen das Werk des Friedens zwischen Ost und West zu fördern.«[102] Vierzehn Tage vor seinem Tode kam der deutsche Außenminister vor einem geladenen Kreis aller Parteien in Stuttgart noch einmal auf das Geschehen von Rapallo zurück: »Die Wiederverbindung des Ostens und Westens ist eine der großen Aufgaben der künftigen europäischen Politik. Es ist nötig, daß ein Kontinent wie Rußland, ein Land von solchem Umfang, solcher Menschenzahl, solchen ungehobenen Schätzen wieder erschlossen wird. Es ist nötig, daß es dem wirtschaftlichen Komplex des Westens wieder angegliedert wird ... Mit einem solchen Land kann man nicht abrechnen wie mit einem schlechten Schuldner. Man kann und soll mit ihm zusammenwirken in dem Augenblick, wo seine Not am größten ist ... Wir wollen keine Monopole, kein Alleinrecht. Wir wollen nichts weiter, als daß die Verbindung zwischen Osten und Westen wieder hergestellt wird.«[103] Ausdrücklich verwahrte sich Rathenau in dieser Rede gegen Rückschlüsse von dieser außenpolitischen Haltung auf innenpolitische Konsequenzen. Ein »Handreichen«, so betonte er, bedeute keinesfalls, sich »einem Gedankenkreis zu verschreiben, der nicht der unsere ist«. Ja, noch deutlicher distanziert: »Wir haben unseren Frieden geschlossen nicht mit einem System, sondern mit einem Volk, und wir haben ihn geschlossen durch die Menschen, die in diesem Augenblick dieses Volk vertreten.« Die Wirtschaftsform des Systems, sagte er, kümmere Deutschland nicht, man wolle lediglich »wirtschaftlich zur Seite stehen ... mit den organisatorischen Fähigkeiten des deutschen Wirtschaftsmannes, mit den Einsichten des deutschen Gelehrten«, man wolle sich dem neuen Regime weder verschließen noch sich ihm aufdrängen, »sondern wir werden es nach seiner Fasson selig werden lassen«.[104] Die ganze Diktion dieser Passage über das Verhältnis zu Rußland ist gönnerhaft, etwas »von oben herab« und beweist – abgesehen von dem Überlegenheitston, der Rathenau eignete und ihn manche Sympathie kostete –, wie sehr selbst er, obwohl er die potentielle Bedeutung Rußlands für die Weiterentwicklung voll erfaßt und ausgesprochen hat, die wirkliche Kräfte- und Gewichtsrelation zwischen beiden Ländern verkannte.

Am 13. Juni 1922 sprach Rathenau aus Anlaß des Erscheinens der ersten sechs Bände der deutschen diplomatischen Akten, die das Auswärtige Amt publizierte,[105] vor der »Deutschen Gesellschaft von 1914«. Diese kurze Rede, die nicht seine letzte war, denn es folgte noch die vom 21. Juni vor dem Reichstag, besitzt dennoch für die Nachlebenden den Wert eines – ungewußten – Vermächtnisses. Rathenau machte sich über die gefährliche Situation, in der sich Deutschland und er selbst befanden, keine Illusionen. Die Bedrohung seiner Person war ihm bekannt, er lebte, das kann man ohne Übertreibung sagen, auf Abruf. Ebenso wußte er, daß bei aller elementaren Bedeutung der wirtschaftlichen Probleme doch der seelische Schock, den die Deutschen erlitten hatten und der sie unfähig machte, die Niederlage zu akzeptieren oder gar fruchtbringend in neue Ordnung zu verwandeln, die eigentliche Gefahr für die Zukunft darstellte. Sosehr auch die Reparationen im Vordergrund allen politischen Ringens jener Jahre standen und sosehr sie unmittelbar jeden Deutschen trafen, so wirkten sich doch die entehrenden und demütigenden Bestimmungen des Versailler Vertrages[106] nicht minder übel – auf die Länge der Zeit vielleicht sogar noch verheerender – auf das politische Klima, auf den psychologischen Untergrund dieses Klimas, aus. Wenn es nicht gelang, hier zu einer Entkrampfung zu kommen, dann würde es nicht bei einzelnen Gewalttaten verhetzter Fanatiker bleiben, sondern eine allgemeine Verwilderung und aus ihr resultierend eine katastrophale staatliche Fehlentwicklung die Folge sein. Post festum wissen wir, daß gerade dies eintrat. 1922 aber bestand in allem Elend durchaus die Hoffnung, es werde gelingen, mit der Zeit der Republik nicht nur nach innen Annahme und Bejahung zu verschaffen, sondern ihr auch nach außen Achtung zu erringen. Da trotz des Umbruchs von 1918 aber die geschichtliche Kontinuität mit dem Kaiserreich nicht zerbrochen war, es auch gar nicht sein sollte, betrachteten es die Männer der Republik für ihre und des Staates Selbstachtung und Achtung in der Welt als unumgänglich, daß eine Rehabilitierung der deutschen Politik *vor* 1918, zwischen 1870 und 1914, erfolge. Die Aktenpublikation ist, so gesehen, eine Kampfhandlung im Ringen um diese Rehabilitierung gewesen. Rehabilitierung – das bedeutete nicht, die eigene »Unschuld« und die »Schuld der anderen« nachweisen zu wollen. Es ging um den Versuch, historische Wahrheit zu finden, indem man Licht in das Dunkel der tatsächlichen politischen Vorgänge vor dem Kriege brachte. Diese historische Wahrheit würde dann von selbst Rehabilitierung bedeuten insofern, als die gemeinsame ineinanderwirkende Schuld *aller* in die Weltkriegskatastrophe hineingeglittenen Mächte zutage träte.

Wie in seinen besten Stunden fand Rathenau an jenem Abend Worte, die – man muß wohl sagen: tragischerweise – nichts von ihrer Aktualität eingebüßt haben. »Wir wissen alle, daß seit dem Weltkrieg die dunklen Mächte des Hasses, der Verdächtigung, des Mißtrauens, der Anklage und der Beschuldigung die internationale Atmosphäre vergiften. Wir Deutschen haben es ganz besonders stark erfahren müssen, daß diese dunklen Mächte in das Getriebe der Politik bestimmend eingegriffen haben und ihre bösen Wirkungen, die uns im Weltkrieg in furchtbarer Deutlichkeit vor Augen traten, auf diese Weise zu verewigen drohen ... Das Bestreben der Besten muß darin bestehen, daß wir in Europa wieder reine Luft atmen können, eine Luft, die befreit ist von jener dumpfen Schwüle, die seit dem Kriege und auch mehrere Jahre vorher schon geherrscht hat.«[107]

Als Ausdruck dieses Bestrebens wollte er die Aktenveröffentlichung gewertet wissen, als einen ehrlichen Anfang, »rücksichtslos mit sich selbst ins Gericht« zu gehen, »um dadurch einen Beitrag zu der gewaltigen Aufgabe des geistigen Wiederaufbaus zu leisten«.[108] Daß er am Ende seines Lebens so nachdrücklich den Willen ausgesprochen hat, der Wahrheit »als Tribut zu entrichten, was uns zur Verfügung steht«,[109] versöhnt, indem darin ein genereller, weit über den Tagesanlaß hinausgreifender Wille spürbar wird, mit vielem in seiner Persönlichkeit, was uns immer wieder die Wahrheitsfrage stellen und mit der Antwort zögern läßt.

VI.
Der Akteur

Niemand wird Cäsar oder Marc Aurel, Friedrich den Großen oder Bismarck auf Anhieb als Schriftsteller bezeichnen, obwohl sie hervorragende Gaben dieser Art besaßen und vollgültige Werke hinterließen; umgekehrt gelten uns Seneca oder Boethius, Goethe oder Claudel nicht eigentlich als Staatsmänner, obwohl sie dem Staat lange und erfolgreich dienten. Bei ihnen allen und vielen anderen Doppelbegabten, Doppeltätigen gibt es, überblickt man ihr Leben als Ganzes, denn doch den mehr oder minder klar erkennbaren Schwerpunkt, den Hauptstrom, der Seitengewässer abzweigt oder auch von ihnen gespeist wird.

Wohin gehört Rathenau? Daß wir diese Frage stellen, daß wir sie nur umständlich oder in Schlagworten – und wenn in Schlagworten, dann falsch – beantworten, hat sicherlich dazu beigetragen, ihm den wohlbestallten Platz in der deutschen Geschichte, den so viele Kleinere einnehmen, vorzuenthalten. Harden war ein Publizist, Naumann ein Publizist und Parteipolitiker, Max Weber ein Philosoph, der moderne Typ des gelehrten Geisteswissenschaftlers schlechthin, Gerhart Hauptmann, Frank Wedekind, Max Reinhardt verkörperten die Welt von Literatur und Theater ebenso eindringlich wie Ballin, Dernburg, Stinnes die Welt der Wirtschaft, wie Bülow und Kiderlen, Stresemann und Wirth die der Politik. Rathenau besaß von alledem etwas; von allem zu viel, um es als »Liebhaberei« abzutun; von allem zu wenig, um einen wirklich erstrangigen Platz einzunehmen? Das ist eine der Fragen, die – unausgesprochen – hinter diesem ganzen Buche stehen.

»Die Vielseitigkeit dieses Mannes«, meinte Carl Fürstenberg, »hat ihm in dem Spezialistenland Deutschland vielleicht am meisten geschadet. Die Industriellen sahen in ihm zunächst nur den halben Schriftsteller, die Schriftsteller den halben Industrie- und Bankdirektor. Eine derartige Kritik kennzeichnet an sich nur die Schwächen des ›Fachmannes‹, dem es nicht möglich ist, zu einer Begabung höheren und allgemeineren Ausmaßes Stellung zu nehmen. Ich mache sie mir nicht zu eigen, indem ich sage, daß nach meiner Auffassung Walther Rathenaus Schriften nicht durchwegs sein Bestes gewesen sind.«[1]

Es ist kein ganz nutzloses Gedankenexperiment, sich einmal vorzustellen, wie denn Rathenau im Bewußtsein der Nachwelt figurierte, wenn er nur Schriftsteller oder nur Industrieller gewesen wäre. Dabei zeigt es sich, daß letztere Vorstellung ohne weiteres, erstere kaum möglich erscheinen will. Als

Mann der Wirtschaft war er stets eine in sich geschlossene, von niemandem – es sei denn eben auf Grund seiner schriftstellerischen Ambitionen – in Zweifel gezogene Erscheinung, mit dem gehörigen »back-ground«, der Sachkenntnis und dem Einfluß, um jenen »dreihundert Männern« zugezählt zu werden, die »die wirtschaftlichen Geschicke des Kontinents« leiten.[2] Daß seine ästhetischen, philosophischen und zeitkritischen Ambitionen, ob sie nun zur Publikation kamen oder nicht, jemals seine praktische Tätigkeit als Wirtschaftler beeinflußt oder gar beeinträchtigt hätten, ist nicht erkennbar. Er gehört nicht zu denen, die wie etwa ein Schiller, ein Freiligrath, ein Engels ihren erlernten Beruf aufgaben, um ihrer Berufung, die sie als unvereinbar mit jenem erkannten, zu leben; er gestattete sich kein Übergreifen des Denkers und Schriftstellers in den Bereich des technisch-organisatorisch, kaufmännisch-finanziell, später auch politisch Handelnden. Niemals versuchte er, die Grundsätze seiner »Neuen Wirtschaft« in der AEG zu praktizieren, niemals die des »Neuen Staates«, der »Neuen Gesellschaft« in der Republik zur Anwendung zu bringen, ganz abgesehen davon, daß ihm hierzu auch die Möglichkeiten fehlten. Der Denker und der Täter, der Schriftsteller und der Konzernherr blieben streng geschieden; genauer: *Wenn* Einflüsse wirksam wurden – und sie bestanden –, dann gingen sie von den praktischen Erfahrungen in der Welt der Wirtschaft aus und flossen in die theoretischen Schriften ein; nicht umgekehrt.

1. IM REICH DER INDUSTRIE

Der Aufstieg von der Erstlingsstelle in Neuhausen (Schweiz) über die Leitung der Elektrochemischen Werke Bitterfeld, über die praktische Ingenieurstätigkeit im Dienste der AEG als Erbauer von Zentralstationen, über die Geschäftsführertätigkeit in der Berliner Handelsgesellschaft, über die Tätigkeit neben dem Vater bis zur Nachfolge desselben an der Spitze der AEG – das war eine klare, niemals ernstlich gefährdete Straße. Wohl gab es gelegentliches Kettenrasseln mit dem Wunsch, als freier Schriftsteller zu leben, ohne daß eine Realisierung ins Auge gefaßt worden wäre; wohl gab es die, zeitweise sogar schweren, Spannungen mit dem Vater, aber als nach dem Tode des von diesem besonders geliebten und vielleicht auch vorgezogenen jüngeren Sohnes Erich (1903) Walther als der »Kronprinz« übrigblieb, mußte es früher oder später zur Versöhnung kommen; das entsprach auch dem natürlichen, stark entwikkelten Sippengefühl dieser großbürgerlich-jüdischen Familien. Wie in einer Erbmonarchie folgte der Sohn 1915 dem verstorbenen Vater.

Auf dieser Straße und an ihren Rändern lag alles das, was damals die »Hautevolee« zu bieten hatte und was sie charakterisierte; und alles das fiel Rathenau mühelos zu: Dutzende von Aufsichtsratssitzen, sehr großes Einkommen, fürstlicher Landsitz, gesellschaftliche Vorzugsstellung und Einführung bei Hofe, mit Orden, mit Audienzen beim Kaiser, Umgang mit den Kanzlern, Staatssekretären, Diplomaten und Offizieren. Gerade gegen den Vorwurf, dies alles sei ihm gewissermaßen »von selbst«, durch Zufall der Geburt, als dem Sohne des großen Pioniers Emil Rathenau zugefallen, ist er stets besonders empfindlich gewesen. Er legte größten Wert darauf, ein »selfmademan« zu sein, seinen Weg, seine Erfolge sich selbst – und nur sich selbst, seinem Fleiß, seiner harten Arbeit, seiner Fähigkeit – zugeschrieben zu wissen. Er liebte es, sich als »Elektrikerjungen« zu bezeichnen, sein Einkommen bescheiden und mittelmäßig zu nennen, den Erwerb des Schlosses Freienwalde als eine Art von Gefälligkeit gegen den Preußischen Staat und Verpflichtung gegen dessen kulturelles Erbe hinzustellen. Der Schrift »Kritik der dreifachen Revolution« hängte er ein Kapitel »Apologie« an, in welchem er sieben Hauptvorwürfe, darunter natürlich auch die erwähnten, Punkt für Punkt zu widerlegen unternahm; ein verfehlter Versuch, der erfolglos bleiben mußte. Es wäre sicherlich klüger gewesen, sich in gewissem Maße ganz offen zu den Bevorzugungen zu bekennen, die ihm verdienstlos auf den Lebensweg mitgegeben waren. Denn auch dann hätte er sehr wohl bestehen können. Eine günstige Startposition durch Wohlstand der Eltern, durch guten Bildungsgang, sorglose Kindheit und Jugend, durch mächtige Väter, kurz: durch das »gemachte Nest«, wird vielen Menschen zuteil, aber längst nicht alle dergestalt Begünstigten wissen aus dieser Vorgabe etwas zu machen. Rathenau hat aus seiner privilegierten Ausgangsposition das äußerst Mögliche gemacht. Vielleicht wäre er ohne die günstigen Umstände, Sohn und Erbe eines der größten deutschen Unternehmer des Kaiserreichs zu sein, nicht an die Spitze eines Weltkonzerns und damit auch nicht in den vollen Genuß all der damit verbundenen Folgeerscheinungen gelangt – andererseits jedoch wäre er *trotz* dieser Umstände nicht über den Durchschnitt hinaus und auf den Gipfel gelangt ohne seine eminenten Gaben, seine Arbeitskraft und Persönlichkeit. Es bleibt als Resümee, daß Rathenau durchaus mit Recht auf seine eigenen Leistungen stolz sein konnte, auch wenn – wie nicht zu leugnen – diese auf den vorbereiteten Boden einer privilegierten Ausgangsposition fielen. Man wird es bedauern, daß der bedeutende Mann, der sich so souverän gab, doch nicht souverän genug war, um ohne Überwertigkeits- oder Unterwertigkeitskomplexe (was praktisch auf eins hinausläuft) diesen einfachen Sachverhalt schlicht zuzugeben.

Unschwer läßt sich denken, daß Rathenau Präsident der AEG und Minister hätte werden können, ohne je eine Zeile veröffentlicht zu haben. In den Wirtschaftskreisen, das sah Fürstenberg richtig, schadeten ihm die Publikationen; sie gaben ihm eine Aura des Zwielichtigen, Skurrilen und manchmal auch des Gefährlichen. Ein bloßer, noch so fähiger »Angestellter« oder »Mitarbeiter« Rathenau hätte nach 1912, spätestens nach 1917, gewiß keine Stellung mehr in einem deutschen Industrieunternehmen bekommen; da er aber als Industriemagnat, mit starker wirtschaftlicher Hausmacht, völlig unabhängig war, konnte er es sich leisten, am Schreibtisch, theoretisch, das ganze System, in dem und von dem er lebte, zu überwinden, ja es rein gedanklich zu liquidieren. Diese Unbeschwertheit gerade, als Erbe das Erben, als Millionär den Kapitalismus, als Schloßherr den Luxus, als privatwirtschaftlicher Industrieller den privatwirtschaftlichen Besitz zu verwerfen und bis in Detail die Maßnahmen zur Abschaffung oder wenigstens Eindämmung vorzuschlagen – diese provokative Freiheit, die sich Rathenau nahm, ist es gerade gewesen, die ihn unseriös, unglaubwürdig, geltungshungrig erscheinen lassen oder – je nach Temperament der Urteilenden – sogar verhaßt machen mußte. Die Welt wünscht, daß der gesellschaftliche Status und das gesellschaftliche Verhalten eines Menschen, gemäß Klischeevorstellung, übereinstimmen; der sozialistische Großindustrielle und der konservative Arbeiter bedeuten, nicht zuletzt auch ihrer Seltenheit wegen, ein Ärgernis. Dieses Ärgernis, das ganz allgemeiner Natur ist, hat entscheidend zu Rathenaus Untergang beigetragen.

Wenn wir oben das Wort »Unbeschwertheit« verwandten, so bezog es sich auf die geistige Elastizität, mit der Rathenau das unverwertete und Ungewohnte »literarisch« vollzog. Es kam darin eine Art von innerer Umpolung, die er sich anzubefehlen vermochte, zum Ausdruck. Der Schriftsteller, der Theoretiker Rathenau hat den Geschäfts- und Staatsmann Rathenau niemals gelenkt; aber umgekehrt steuerten die praktisch-wirtschaftlichen Erfahrungen sehr wohl die Schriften – und sei es oft auch in gegensinnigen Reaktionen. Felix Pinner hat in seiner Emil-Rathenau-Biographie das Porträt des ebenso bedeutenden wie schwierigen Vaters sehr plastisch und im ganzen sicher zutreffend gezeichnet.[3] Wenn man diese Schilderung liest, dann wird einem klar, in welchem Maße Walthers Auffassungen von der Hinwendung und von dem Widerspruch zum Vater und Chef mitgeprägt worden sind.

»[Emil] Rathenau hielt es für richtiger und vorteilhafter«, schreibt Pinner, »früh ein Strommonopol vorzuschlagen, auf dessen Konstruktion und Beschaffenheit er bestimmend einwirken konnte, statt schließlich eins nehmen zu müssen, bei dessen Formung und Verwaltung er ausgeschaltet sein würde. Sein Elektrizitätsmonopol mit der Zentralkraftherstellung durch den Staat und der Verteilung durch die bisherigen Privatunternehmer läßt auch deutlich die Aufteilung der Macht, des Besitzes, ja der produktiven und ertragsfähigen Arbeit zwischen Staat und Privatindustrie erkennen.«[4]

Deutlich lassen Walther Rathenaus Verwerfung des Monopolismus und seine Vorstellungen von dem Zusammenwirkens-Modus zwischen Staat und Privatindustrie die Faktoren der Ablehnung und der Annahme väterlicher Prinzipien gewahren. Wenn Pinner über den Vater bemerkt: »So kraß Wärme und Kälte in dem Wesen Emil Rathenaus aber auch in Erscheinung treten konnten, so wenig ließ der reale Tatsachensinn, der in der Mitte zwischen den beiden Polen stand, zu, daß sie mit ihrem Übermaß Einfluß auf die praktische Arbeit gewinnen konnten,[5] dann trifft das fast ohne Abstriche auch auf den Sohn zu. In anderer Hinsicht jedoch erblicken wir diesen geradezu als den Antipoden des Vaters. »Noch bescheidener und sparsamer als in kleingeschäftlichen Dingen war [Emil] Rathenau in seinem Privatleben. Bedürfnisse hatte er nicht, Wohlleben verstand er nicht zu würdigen. Wenn er auch ganz und gar nicht frei von Ehrgeiz und den Bedürfnissen der Anerkennung war, im öffentlichen und gesellschaftlichen Leben wollte er keine repräsentative Rolle spielen.«[6] Mit Recht konstatierte hier Pinner die typische Situation für das Verhältnis von urwüchsig-kraftgenialischem Vater, der gründet, und verfeinert-sensibel-genialem Sohn, der erbt, wenn er feststellte, daß die schriftstellerischen Arbeiten des Sohnes dem Alten, der sie »wohl kaum ganz verstand«, gerade darum heimlichen Stolz abnötigten. Ein gutes Beispiel für die Vater-Sohn-Dialektik bietet die Einstellung beider zum Wirtschaftstypus der Aktiengesellschaft.

»Doppelseitig wie die Stellung Rathenaus zur Aktie war auch die zu den Aktionären«, berichtet Pinner. »Er verachtete und ignorierte die Kapitalisten, die ihr Geld ihm und seinen Gesellschaften anvertrauten, keineswegs, wie das manche Selbstherrscher des Aktienwesens tun, von denen die Aktionäre nur als Objekte, nicht als Subjekte der aktienrechtlichen Gesetzgebung und der aktiengesellschaftlichen Interessen betrachtet werden. Für Emil Rathenau stand das Interesse der Aktionäre sehr hoch und wurde von ihm mit peinlicher Gewissenhaftigkeit wahrgenommen.«[7] Der Autor fügt hinzu, daß, retrospektiv, Emil bei Streitigkeiten mit den Aktionären sachlich stets recht hatte und daß die AEG nicht das Weltunternehmen geworden wäre, wenn statt ihm sich die Kapitaleigner durchgesetzt hätten.[8] Emil Rathenau ließ sich von der Realität des Geschäftes leiten und es bei solcher Pragmatik bewenden – Walther tat ersteres zwar auch, aber er knüpfte daran theoretische Erörterungen, die sich weit von der Wirklichkeit entfernten. Mit Rudolf Hilferding stimmte er darin überein, daß sich, wie dieser schon 1910 geschrieben hatte, »mit der Ausdehnung des Aktienwesens . . . die ökonomische Entwicklung [loslöse] von den individuellen Zufälligkeiten der Eigentumsbewegung, die in dem Schicksal der Aktien, nicht der Aktiengesellschaft erscheint«,[9] aber während Hilferding in diesem Auseinandertreten von Eigentumskonzentration und Unternehmenskonzentration eher eine Verfestigung der kapitalistischen Strukturen erkannte, meinte Rathenau, in dem Anonymisierungs-Effekt des Aktienwesens einen wichtigen Schritt zur neuen, solidarischen Gesellschaft hin zu sehen.

Walther Rathenaus Weg innerhalb der AEG hat im technischen Bereich begonnen. In der schwedischen Ausgabe seines Buches »Von kommenden Dingen« gab Rathenau kurze autobiographische Hinweise, die teilweise recht charakteristisch für ihn sind: »Ich beschloß, mich von der Industrie zurückzuziehen, um literarisch zu arbeiten, die AEG schlug mir vor, in ihr Direktorium einzutreten und die Abteilung für den Bau von Zentralstationen zu übernehmen. Ich übernahm die Arbeit drei Jahre, baute viele Zentralen, unter anderem in Manchester, Amsterdam, Buenos Aires und Baku.«[10] Sein Freund Simon merkte hierzu an, daß sich Rathenau für die AEG, die bis dahin Kraftwerke nur auf eigene oder befreundete Rechnung gebaut hatte, erstmalig an öffentlichen Ausschreibungen beteiligt und durch Gewinnung eines Wettbewerbs den Auftrag zur Erbauung des Elektrizitätswerkes Heidelberg persönlich hereingeholt habe. Noch weitere Verdienste des regen Ingenieurs und Kaufmanns werden aufgezählt: die Eroberung ausländischer Märkte, die Beauftragung mit dem Bau des Kraftwerkes Malmö, große Erfolge in England, gipfelnd in der gesamten Elektrizitätsausstattung der Stadt Manchester, Bau- und Überwachungstätigkeit in Polen, in Frankreich, in Südamerika usf.[11] Trotzdem endete diese aktive und erfolgreiche Phase Rathenaus mit der Trennung von der AEG. Kessler und Fürstenberg haben dabei auf die wesens- und situationsbedingten Unstimmigkeiten zwischen Vater und Sohn hingewiesen; man sollte jedoch nicht übersehen, daß eine finanzkaufmännische Tätigkeit Walthers in der engbefreundeten Berliner Handelsgesellschaft sowohl der ergänzenden Abrundung seiner Geschäftskenntnisse als auch den Interessen beider Häuser diente.[12] In Rathenaus selbstbewußten Worten: »Ich trat in das Direktorium einer unserer Großbanken, der ›Berliner Handelsgesellschaft‹, ein und reorganisierte einen großen Teil ihrer Industrieunternehmungen. Ich bekam einen Einblick in die deutsche und ausländische Industrie und gehörte damals nahezu hundert Unternehmungen an.«[13]

Im übrigen darf man bei Rathenaus Überwechseln von der AEG zur Berliner Handelsgesellschaft das Wort »Trennung« nicht im strengen Sinne nehmen; er verblieb im Aufsichtsrat der väterlichen Gesellschaft, der blieb Verwalter der dem AEG-Konzern gehörenden Elektrobank Zürich und war maßgeblich an den beiden großen Fusionen der Jahre 1904 und 1910 beteiligt, die die Verschmelzung der Union-Elektrizitäts-Gesellschaft und des Felten Guilleaume-Lahmeyer-Konzerns mit der AEG brachten. Umgekehrt riß ja auch die Verbindung Rathenaus zur Berliner Handelsgesellschaft nicht ab, als er diese am 1. Juli 1907 verließ; er behielt seinen Sitz in deren Verwaltungsrat bei und wurde später in Nachfolge Emils Verwaltungsratsvorsitzender.[14]

Man kann, glaube ich, Rathenau nicht voll verstehen, wenn man keine Vorstellung von den Maßstäben seines wirtschaftlichen Wirkungsbereiches hat; deshalb erscheinen mir einige Angaben hierzu notwendig. Nur Andeutungen sind im Rahmen dieser Studie möglich, denn eine umfassende Darstellung des riesigen, vielfältig verzweigten und verschachtelten Konzern-Komplexes AEG würde ein eigenes Buch erfordern.[15] AEG bedeutete nicht nur einen Firmennamen, sondern die Abkürzung für ein polymorphes Industriegeflecht. Über allem die Holding- und Finanzierungsgesellschaft, das heißt die »eigentliche« AEG mit ihren Banken, wie etwa der Bank für elektrische Werte, Bank für elektrische Unternehmungen Zürich, Treuhandbank für elektrische Industrie usw. Unter diesem »Dach« die Unterkonzerne, wie z. B. Akkumulatorenfabrik Berlin-Hagen, Felten Guilleaume Carlswerk AG, Linke-Hofmann-Lauchhammer Werke AG, Breslau, und andere. An diesen hingen so bekannte Firmen wie etwa die Rütger-Werke AG, Berlin, die Osram-Werke, Berlin, die Rheinische Metallwaren- und Maschinenfabrik Rheinmetall, Düsseldorf, die

Mansfelder Syndikat-AG, Berlin, die Bing-Werke, vormals Gebrüder Bing AG, Nürnberg, und andere; sie alle wiederum untergliedert und sämtlich miteinander fast undurchschaubar verflochten. Eine besondere Gruppe bildeten die Finanz-, Kontroll- und Verwaltungsgesellschaften, so etwa außer der schon genannten Bank für elektrische Werte Berlin, die Allgemeine Lokal- und Straßenbahn-Gesellschaft, Berlin, die Elektrizitäts-Lieferungsgesellschaft, Berlin, die Elektrizitäts-Aktiengesellschaft, vorm. W. Lahmeyer Co., Frankfurt am Main. An jeder dieser Gesellschaften hingen wieder kleinere, wie z. B. die Elektro-Treuhand AG, Hamburg, oder die Gesellschaft für elektrische Unternehmungen, Berlin.

Aus der nach Branchen geordneten Liste der AEG-Unternehmungen nur einige wenige Angaben: Der Konzern besaß 58 Banken, Finanzierungs-, Holding-, Handels- und Terrain-Gesellschaften; 11 Steinkohlen- und 21 Braunkohlenbergwerke; 21 Schwerindustrie- und Walzwerkbetriebe; 77 Maschinen-, Lokomotivbau- und Metallverarbeitungsfabriken; 76 Elektroindustrie-Unternehmungen; 35 chemische Betriebe; 101 Elektrizitätswerke, Gaswerke, Telegraphengesellschaften; an anderen Verbänden, Kartellen, Syndikaten war der AEG-Komplex in 64 Fällen beteiligt.[16] Die Gesamtzahl der Betriebsanlagen belief sich auf 966. Das Aktienkapital betrug bei der Gründung der AEG 1887 zwölf Millionen Mark; 1900 sechzig Millionen; 1914 einhundertfünfundfünfzig Millionen; 1915 einhundertvierundachtzig Millionen; 1917 zweihundert Millionen; 1920 fünfhundertfünfzig Millionen; 1921, als Rathenau ausschied, um sein erstes Ministeramt anzutreten, 1,1 Milliarde. Die Zahl der Arbeiter und Angestellten (diese hießen bei der AEG »Beamte«) stieg von etwa 2000 zur Zeit der Gründung auf über 66.000 bei Kriegsausbruch.[17]

Ehe man sich in Spekulationen über Walther Rathenaus Persönlichkeit, die dazu allerdings in besonderem Maße verlockt, einläßt, muß man sich das, meines Erachtens, entscheidende Faktum seines Lebens vor Augen halten: er hat von knapp fünfundfünfzig Lebensjahren achtundzwanzig in dem Wirtschaftsimperium verbracht, das der Vater unter genialer Ausnutzung der allgemeinen ökonomisch-technischen Entwicklung Deutschlands zwischen 1880 und 1914 errichtet hatte; er hat es bis 1921 niemals verlassen, ist in ihm nach langen, manchmal gespannten, aber im ganzen doch durchaus schon eigenständigen »Thronfolgerjahren« zum Herrscher aufgestiegen, sechs Jahre Präsident gewesen. Vergleicht man seinen Zeit-, Arbeits- und Kraftaufwand für die AEG mit dem für sein schriftstellerisches Werk, so schrumpft dieses zur peripheren Episode, fast müßte man sagen: zum »Hobby«. Und doch wäre diese quantitative Sicht falsch. Für das Verständnis der Gesamterscheinung Rathenaus darf die Wucht des Milieuzwanges, dem er unterworfen war und blieb – er konnte und er wollte sich nicht befreien –, freilich nie vergessen werden, aber seine Werke, die Hervorbringung seines schöpferischen Ich, sind nicht nach Verteilung der Arbeitsstunden auf Vorstands- und Aufsichtsratssitzungen, auf Reisen, Konferenzen, Verhandlungen einerseits und auf nächtliches

Nachdenken und Schreiben andererseits zu bemessen. *Dieses* Verhältnis läge vielleicht 100 : 1; was jedoch die Früchte seiner Arbeit, der im Wirtschaftsreich und der im »Reich der Seele«, anbetrifft, so liegt es eher umgekehrt.

Solange Emil Rathenau lebte, stand der Sohn in seinem Schatten. Diese Tatsache hat ihn ja nicht zuletzt angetrieben, in anderen Bereichen ein Äquivalent zu suchen, sich selbst, seinen Eigenwert, seine Unverwechselbarkeit und Originalität zu bestätigen: als Publizist, Philosoph, Schriftsteller; dahin auszuweichen, wo der Vater nichts zu sagen hatte, weil er nichts verstand; wo *er*, der Sohn, überlegen war. Der Vorstand der AEG war mit ungemein fähigen Persönlichkeiten besetzt,[18] unter ihnen vor allem Felix Deutsch, Walthers Nachfolger auf dem Präsidentenstuhl, zu dessen Geschäftsbereich das System der in- und ausländischen Zweiganstalten, der Installation und Fabrikation im Ausland, die Organisation der dreihundert Filialen, Installations- und Ingenieursbüros, die Einrichtung von Elektrostationen für Berg- und Hüttenwerke, die Aufstellung der Jahresbilanz (nicht jedoch das Buchungswesen) gehörten. Pinner nennt ihn den »Außenminister der AEG«, so wie Paul Mamroth ihr »Innenminister« gewesen sei; dieser erwarb sich große Verdienste um die Entwicklung des Kraftfahrzeugwesens, des drahtlosen Nachrichtenwesens und der Luftfahrt; ein weiteres als Ingenieur bedeutendes Mitglied der obersten Konzernleitung war Georg Klingenberg, Professor der Technischen Hochschule Berlin, Automobilkonstrukteur und Gründer der Allgemeinen Automobil-Gesellschaft (1899), der etwa 70 Kraftwerke in aller Welt baute und Rathenaus Mitarbeiter bei der Kriegsrohstoffabteilung wurde. Aus einem Gremium solchen Ranges ragte – das muß klar ausgesprochen werden – Walther Rathenau in seiner Berufseigenschaft nicht heraus. Gerade die »Kronprinzen«-Position verhinderte es, aber auch von der Anlage her ist der älteste Sohn des AEG-Gründers kein großindustrieller Wirtschaftsführer vom Format eines Carl Duisberg, Emil Kirdorf, August Thyssen oder Hugo Stinnes gewesen.

Obwohl also Rathenaus Wirken in der Wirtschaft neun Zehntel seines Arbeitsvolumens in Anspruch nahm, hat es für ihn und für die Nachwelt nicht in sich die Erfüllung getragen, sondern ist nur »Umstand«, Hilfsmittel, Vorbereitung und Voraussetzung für die eigentliche wahre Bedeutung des Mannes gewesen. Was immer wieder Veranlassung bietet, sich mit ihm zu beschäftigen, und was ja auch dieses Buch motiviert, kann nicht in seiner Stellung innerhalb der Industrie- und Finanzwelt gefunden werden. Unter *dem* Aspekt wären Emil Rathenau, Georg von Siemens und die vielen anderen Wirtschaftsführer, an denen die Jahre zwischen 1870 und 1930 so reich sind, vorzuziehen. Was Walther Rathenau zum ebenso anziehenden wie wichtigen Objekt der historischen und geisteswissenschaftlichen Untersuchung macht, ist seine Gesamtpersönlichkeit, an der sich das erregende Schauspiel des Umschlags von materieller in geistige Sphäre oder, um in seiner eigenen Sprache zu reden: von »Mechanisierung« in »Seele« verfolgen läßt. Was uns interessiert hat und was immer wieder interessieren wird, ist also noch *mehr* als sein gedrucktes

Œuvre, es ist dessen Werden, es ist der Blick in die »Werkstatt« eines einzelnen Menschengeistes, in welcher der Übergang von einer Menschheitsepoche in eine andere, von der individualistisch-kapitalistischen in die kollektivistisch-(Rathenau sagt: solidarisch-)sozialistische sich vollzieht und beobachtbar ist.

Als leitender Mann eines Großunternehmens, als Erbe und Nachfolger einer der großen Gründerfiguren der deutschen Industrie wäre Rathenau nur einer unter Dutzenden, keineswegs der Bedeutendste gewesen; daß er in einer reaktiven Konterhaltung zu diesen mächtigen Dominanten seiner Existenz, in einem geradezu klassischen dialektischen Entwicklungsprozeß, aus dem Eingespanntsein in das sozusagen »vollreife« System des Kapitalismus, die Prinzipien zu seiner Auflösung entwickelte, hebt ihn über alle seine Kollegen hinaus und macht ihn zu einem exemplarischen Ereignis der deutschen Geschichte. Aber er hat, so wird man einwenden, den Kapitalismus ja gar nicht wirklich überwunden; er ist auf halbem Wege immer wieder stehengeblieben, hat unter Beibehaltung der privatwirtschaftlichen Grundstrukturen auf die utopische Hoffnung einer »Änderung«, einer »Solidarisierung« der Menschen aus ethischer Höherentwicklung heraus gesetzt, er ist hinter den Gilde- und Kathedersozialisten, hinter Hilferding und Wissell, von Marx gar nicht zu reden, zurückgeblieben, er hat deren grundsätzliche Erkenntnisse verwässert durch Gerede von »Seele« und die Gegensätze zwischen den Klassen, ihren Machtkampf, verkleistert durch verschwommene Idealitäts-Vorstellungen und ungedeckte Wechsel auf eine Zukunft des »edleren« Menschen; kurz, er konnte letztlich nicht über seinen Schatten springen, nicht ausbrechen aus dem System, dessen bevorzugter Funktionär er war. Diese Einwände besitzen Gewicht und gehen nur in einem fehl: sie verkennen die alte Wahrheit, daß entscheidend wichtig ist, *wer* etwas erkennt und sagt. Darin, daß Rathenau kein Arbeiter, kein Armer, kein Proletarier, kein sozialistischer Funktionär, kein Revolutionär war, liegt gerade die Brisanz seiner Schriften, die suggestive Wirkung seines Lebensweges und Todes begründet. Nicht daß ein Sklave die Sklaverei verwirft, ein Höriger das Feudalwesen, ein Lakai das Ancien régime, ein Arbeiter die kapitalistische Gesellschaftsordnung, stellt das Außergewöhnliche dar, sondern daß die Stöße gegen ein herrschendes System von dessen privilegierten Nutznießern selbst geführt werden, erschüttert es und kündigt seinen endgültigen Untergang an. Ehe die Köpfe fallen, fallen die Grundsätze. Und gegen die Grundsätze führen, wenn die Zeit reif ist, gerade diejenigen die schwersten, die folgenreichsten Streiche, die von der Erhaltung des Bestehenden alles zu erwarten, von dessen Umsturz alles zu befürchten haben. Gerade diese Selbstaufgabe, dieses Erlöschen der Selbstverteidigung einer Herrschaftsschicht, sei es aus Furcht, aus Schwäche, aus höherer Erkenntnis, aus sittlicher Einstellung heraus, pflegt den Umwälzungen großen Ausmaßes voranzugehen.

Rathenau hat das selbst bewußt und wiederholt geschrieben. Er ist ein Modell-Fall dafür gewesen. Gewiß hat er keine neue in sich geschlossene Gesellschaftsordnung konzipiert – obwohl er es glaubte –, aber indem er, weltweit sichtbarer Exponent der alten Ordnung, die allertiefste Unbefriedigtheit und, um einen Terminus unserer Tage zu benutzen, die Frustrierung als unweigerliche Folge dieser Ordnung in seinem Werk, seinem Leben, ja, seinem Sterben ad oculos mundi demonstrierte, hat er eine Entwicklung vorbereiten helfen, deren Konturen erst jetzt, da das, historisch gesehen, retardierende Moment des Dritten Reiches zerfallen ist und den Blick kaum noch zu verstellen vermag, allmählich sichtbar werden.

2. DIENST AM STAAT

In einer Epoche wie der Wilhelminischen, in welcher trotz allen Erhaltungs- und Stützungsversuchen die alt-bevorrechtete Adelsklasse an Bedeutung verlor und in welcher das Bürgertum, vornehmlich in Gestalt des Groß- oder Besitzbürgertums, die eigentliche Trägerschicht darstellte, waren die Übergänge zwischen Wirtschaft und Politik fließend. An sich nichts Neues: daß wirtschaftliche und politische Machtstellung sich wechselseitig auseinander erzeugen, erscheint als Organisations-Grundgesetz *jeder* Gesellschaft; wie früher die großen Lehnsherren die nächste Stellung am Throne eingenommen und den Staat beeinflußt, oft gelenkt hatten, so besaßen nun die großen Konzernherren, die Wirtschaftsführer das Ohr des Herrschers und nahmen Einfluß, direkt und indirekt, auf die Regierung, auf das politische Geschick des Landes. Es war kein Zufall, daß Männer wie Emil Kirdorf und Hugo Stinnes gleich Rathenau, sowohl auf Grund ihres Naturells wie ihrer Wirtschaftsmacht, politischen Einfluß, der nicht immer leicht durchschaubar ist, ausübten. Der Reeder Albert Ballin war des Kaisers Freund, Bernhard Dernburg, der zum Staatssekretär des Reichskolonialamtes aufstieg und zu Beginn der Weimarer Republik Finanzminister wurde (April–Juni 1919), kam aus dem Bankfach; mit ihnen allen stand Rathenau in persönlicher Verbindung, die von Gegnerschaft im Falle Stinnes bis zur Freundschaft im Falle Dernburg reichte. Helfferich war Vorstandsmitglied der Deutschen Bank gewesen, ehe er Staatssekretär des Reichsschatzamtes, später des Reichsamtes des Innern wurde; nach 1918 der führende Kopf der Deutschnationalen, geriet er in scharfen Gegensatz zu Wirth und zu Rathenau, den er nur um zwei Jahre überlebte; in der Gestalt Alfred Hugenbergs, des Parteivorsitzenden der Deutschnationalen Volkspartei (DNVP), vereinigte einer der unglückseligsten Politiker unserer neueren Geschichte Wirtschafts- und politische Macht zum Unheil Deutschlands. Auch ein Stresemann muß zu den Politikern gerechnet werden, die in ihrer Person den kontinuierlichen Zusammenhang zwischen Wirtschaft und Politik verkörperten.

So bedeutet der allmähliche Eintritt Rathenaus in die politische Zone in keiner Weise etwas Außergewöhnliches; er war für einen Mann seiner Art, der umgetrieben, ja heimlich gepeinigt wurde von ruhelosem Selbstbestätigungsdrang und nie gestilltem Wirkungsstreben, nur natürlich. Die Darstellung seines Weges durch diese Zone, die ihm zur Todeszone werden sollte, kann entsprechend dem andersgearteten Sinn und Ziel meiner Studie nur in skizzenhafter Knappheit gegeben werden.

A. Stufen und Stationen

Hans Dieter Hellige hat über die erste Begegnung Rathenaus mit Kaiser Wilhelm II. am 10. Februar 1900 berichtet.[19] Dieser Bericht ist deshalb wichtig, weil er, minuziös kommentiert, an Hand der Originalaufzeichnung des Gesprächs zwischen den beiden Männern das psychologische Klima widerspiegelt, in dem ein großer Teil gerade des arrivierten Bürgertums damals dachte, redete und arbeitete. Hellige hat denn auch nicht mit Tadel an Rathenau gespart und auf die Widersprüchlichkeit hingewiesen, die oft zwischen seinem Schreiben und seinem Handeln bestand; obwohl solche Diskrepanz zu allen Zeiten nichts Ungewöhnliches gewesen ist, werden wir bei der abschließenden Charakterdarstellung noch einmal darüber zu sprechen haben. Der Dialog zwischen dem naß-forsch, unglaublich schnoddrig daherredenden Kaiser[20] und dem devot-beflissenen Elektro-Ingenieur, als den sich Rathenau gibt, wirkt für heutige Leser halb komisch, halb peinlich. Auf Rathenau wirft er kein gutes Licht; es ist verblüffend, wie er sich sofort chamäleonartig der Mentalität Wilhelms anzupassen versteht; daß er die »historische Begegnung« in dieser Form, um wörtliche Wiedergabe bemüht, aufzeichnete, bestätigt nur einmal mehr seine Schwäche einer manchmal fast schmerzlich berührenden Eitelkeit. Sie ist es auch hauptsächlich gewesen, die ihn trieb, die Sphäre des Hofes und der den Staat beherrschenden Kreise zu suchen.

Die Früchte dieser Mühen blieben freilich lange recht bescheiden. Die gelegentlichen Kaiser-Audienzen und die beiden Afrikareisen (1907/08) in halboffiziellem Status haben wir erwähnt. Rathenau gewann weder den Einfluß, den Ballin auf den Kaiser hatte (obwohl auch dieser Einfluß politisch kaum je effektiv wurde), noch gar eine amtliche Stellung von Bedeutung, wie Dernburg sie bekleidete. Im Gegenteil: gerade jene Reisen, oder genauer, Rathenaus »Verarbeitung« derselben, kosteten ihn die Freundschaft des Staatssekretärs. Darüber berichtet Carl Fürstenberg: »Auf seiner afrikanischen Reise hatte sich Dernburg von seinem Freunde Rathenau begleiten lassen. Der Niederschlag der afrikanischen Reise des Staatssekretärs war eine umfangreiche Denkschrift, die Walther Rathenau verfaßte und in der er die gemeinsam gemachten Beobachtungen niederlegte. Meisterhaft in der Form, wie fast alles, was von Walther ausgegangen ist, schuf diese Arbeit auch sachlich bemerkenswerte Grundlagen und zeichnete die Bahnen vor, die für die weitere Erschließung der Schutzgebiete beschritten werden mußten. Vielleicht vergaß Walther, daß

Dernburg an dem Inhalt dieser Ausarbeitung ebenso stark beteiligt war wie er selbst. Jedenfalls sollte sich hier der Ausgangspunkt einer Entfremdung zwischen den beiden hochbegabten und bisher einander engbefreundeten Männern ergeben.«[21]

Was Fürstenberg so taktvoll »vergessen« nennt, war der gelegentliche Hang Rathenaus zur nicht immer glücklichen »mise en scène«, der ihm zweifellos viel geschadet, sich aber, wie mir scheint, gegen Ende seines Weges mehr und mehr verloren, vielleicht muß man sagen: sublimiert hat.

Die Bahn, die Rathenau von 1907 an bis zum Kriege durch die bel étage der Wilhelminischen Gesellschaft zog, läßt das 1967 edierte »Tagebuch« sehr plastisch vor uns erstehen. Seinen Einfluß zu objektivieren ist schwer, praktisch unmöglich; man stößt da an Grenzen der Geschichtswissenschaft. Denn was aus diesem Knäuel gesellschaftlicher Kontakte »belegbaren« Niederschlag fand, was als Akte, Brief, Diarium nachprüfbar ist oder was gar politische Faktizität erlangte, ist zweifellos *weniger*, als was an Gedanken ausgetauscht, an Andeutungen und Zwischentönen geäußert, an Hinweisen gegeben und an Fäden geknüpft wurde. Doch dieses »mehr« wiederum bleibt, da ins Halbdunkel der Privatheit, in das nicht aufgezeichnete Gespräch eingeschlossen, dem Historiker unverifizierbar.[22] Daß es auch diese Seite der Geschichte gibt und daß ihr Gewicht nur taxierbar (und selbst das schwer) ist, wird von den Positivisten des Faches gern verdrängt. Wie immer wir sie hinsichtlich Rathenaus einschätzen mögen, Tatsache ist, daß er bis zur Gründung der Kriegsrohstoffabteilung an der Peripherie des inneren Machtbereichs verharren mußte. Er wurde nicht gerufen, weder von Bülow, der in seinen »Denkwürdigkeiten« im Ton der Herablassung von ihm spricht, noch von Bethmann Hollweg, um den sich Rathenau offensichtlich bemüht hat; und wo er, wie etwa in der Mitteleuropafrage, das Wort ergriff, tat er es unaufgefordert.

Mit dem Mitteleuropa-Gedanken, als Bestandteil des deutschen Kriegszielprogramms, hat sich Fritz Fischer ausführlich in seinem Buch »Griff nach der Weltmacht, die Kriegszielpolitik des kaiserlichen Deutschland 1914/1918« befaßt.[23] Fischer, dem es darum geht, die imperialistische Fehlhaltung der deutschen Politik in ihrer Katastrophenträchtigkeit nachzuweisen, hat auch in den Mitteleuropa-Plänen nichts anderes als deutsche Hegemonialansprüche sehen wollen. Seine Thesen, die ja lebhafte Kontroversen auslösten, müssen hier unerörtert bleiben. Lediglich mit Blick auf Rathenau möchte ich folgendes dazu sagen:

a) Sowenig wie die große Mehrzahl der anderen Deutschen – und nicht nur der Deutschen; die Franzosen gebärdeten sich noch viel chauvinistischer – konnte und wollte sich Rathenau der »großen Stunde« des Vaterlandes verschließen. Wie ein Thomas Mann, ein Rilke, ein George, ein Gerhart Hauptmann, die niemand als typische nationalistische Scharfmacher ansehen wird, zollte auch er seinen Tribut an die allgemeine Stimmung. In seinen patriotischen Manifestationen blieb er gemäß seiner eigenen Stellung und seiner

Mittel konventionell: Angebot der Mitarbeit, Denkschriften, hochgestimmte Briefe. Man mag diese ganze Atmosphäre des Spätsommers 1914 für hysterisch und verderblich ansehen – und objektiv war sie es in ganz Europa –, aber das ist eine erkennende Feststellung des »gebrannten Kindes«. Man kann, ja man *muß* sie machen, doch nicht in der Attitude dessen, der Ankläger, Gutachter und Richter in einer Person ist. Die damals Lebenden glaubten an »die gute Sache«, an den »gerechten Krieg«, und jede Seite glaubte, er sei ihr vom Gegner »aufgezwungen«. Solche Idealisierung des Krieges läßt sich heute kaum mehr psychisch nachvollziehen; aber vermutlich läßt sich ein sogenannter »Volkskrieg«, ein Krieg, der auf Wehrpflicht als »Ehrenpflicht« der Nation fußt, überhaupt nicht führen ohne Ideologisierung.

b) Angesichts dieser psychischen (eben: massenpsychotischen) Verfassung erschienen die anfänglichen Kriegsziele Deutschlands, wie sie das September-Programm Bethmann Hollwegs ausweist, durchaus nicht extrem. Verlautbarungen wie die des Reichskanzlers: »Wir müssen durchhalten, bis die Sicherheit Deutschlands in der Zukunft ganz verbürgt ist«, klingen eher banal und, berücksichtigt man die Situation, selbstverständlich.[24] Gegenüber dem Eroberungswahn der Alldeutschen war – das räumt auch Fischer ein – das September-Programm mit seinem Kernstück, dem Mitteleuropa-Plan, »mäßigend gedacht und als wirtschaftlich notwendig und erreichbar empfunden«.[25] Und es ist nicht nur »gedacht« und »empfunden«, es ist der einzige konstruktive Beitrag gewesen, den es innerhalb der Kriegszielprogrammatik sämtlicher kriegführender Staaten überhaupt jemals gegeben hat. Daß der Mitteleuropa-Plan auf Gedankengängen Rathenaus fußte, die bis in die Jahre 1911 und 1913 zurückreichten und nun, bei Kriegsausbruch, in Memoranden und Briefen erneut vorgetragen wurden, gereicht ihm zur Ehre. In dem projektierten Mitteleuropa war dem Deutschen Reich das Schwergewicht, wenn man will: die Hegemonialposition zugedacht; das kann nicht bestritten werden. Aber entsprach das denn nicht der Realität? Und hätte sich eine solche Vormachtstellung, die ja nicht auf Bajonetten ruhen sollte, nicht von selbst entsprechend den Gegebenheiten innerhalb der Wirtschaftsunion ausbalanciert? Rathenau unterstellte bei seinen Erwägungen die faktische Unbesiegbarkeit Großbritanniens, und auf dieses Faktum suchte er eine Antwort; die Antwort »Mitteleuropa«.

»Die Zukunft«, schrieb er an den Kanzler, »zeigt uns den Aufstieg des angelsächsischen und den des östlichen Wirtschaftskörpers; es ist die deutsche Aufgabe, den alteuropäischen Körper zu verwalten und zu stärken.«[26] Und im Oktober: »Ich halte es nicht für verwegen, sondern für rechtzeitig, den künftigen Friedensschluß mit Frankreich vorzudenken, wenn auch die Besiegelung erst in schwerer Arbeit mit England erfolgen wird ... Euer Exzellenz bitte ich es nicht als Unbescheidenheit zu deuten, wenn ich nochmals auf die mitteleuropäische Zollvereinigung hinweise, als auf die größte zivilisatorische Errungenschaft, die der Krieg unserer Geschichte bescheren kann.«[27]

Das waren gesunde Gedanken. Die Einbeziehung Frankreichs in ein das Reich und Österreich-Ungarn umfassendes Zollunionsgebiet, dessen Ausweitung zu einem wirtschaftlichen Großraum, der dem »alteuropäischen Körper« eine reelle Existenzchance zwischen den Ost- und Westriesen bieten würde, zum Kriegsziel zu erklären, bedeutete, inmitten sich steigernder, blindmachender Haßorgien eine Idee des Neubaus und des Ausgleichs zu entwickeln. Da der Krieg nun einmal ausgebrochen war, da es weder in Rathenaus noch in sonst eines Menschen Macht lag, ihn abrupt unter Wiederherstellung des Status quo ante zu beenden, muß im Mitteleuropa-Projekt sogar ein mäßigendes und damit friedenförderndes Element gesehen werden. Daß Rathenau also die Verwirklichung des Planes an den Sieg Deutschlands gekoppelt und ihn darum als »Kriegsziel« sah, darf ihm nicht angelastet werden. Es gab keine Alternative als die der Kapitulation; aber diese konnte 1914 und bis fast zum Ende hin niemand denken oder gar wünschen, ausgenommen diejenigen, die den radikalen Gesellschaftsumbruch wollten; doch war das eine gerade damals, zu Kriegsbeginn, nicht ins Gewicht fallende Minderheit. Daß die Mitteleuropa-Idee Rathenaus dann, einmal in den Händen der Politiker und Militärs, sozusagen »entgleiste«, daß sich immer mehr militärische Sicherheitsvorstellungen, Kolonial-Expansionsträume und Annexionswünsche in den Vordergrund schoben, war ebenfalls keine bloß deutsche, sondern eine allen Kriegführenden gemeinsame Entwicklung, an der Rathenau nicht nur keinen Anteil nahm, sondern von der er sich distanzierte.

». . . Ich möchte immer wieder die Erwägung darauf lenken«, schrieb er am 10. Oktober 1914 an den Gesandten von Mutius, »daß die wirtschaftliche Vermählung mit den Nachbarn die künftige politische einschließt. Ich weiß, daß für die französische Verhandlung der Zeitpunkt noch lange nicht gekommen ist, aber es handelt sich darum, von langer Hand Stimmungen vorzubereiten, die im Augenblick der Tat entscheidend werden . . .«,[28] und vierzehn Tage später: »Deshalb wird die vornehmste Aufgabe des Friedensschlusses werden, dafür zu sorgen, daß auf allen Seiten der Haß sich mildert. Leidenschaft ist eine reale Kraft, Haß nicht. Die letzte Ursache des Krieges ist begründet in der Unversöhnlichkeit eines einzigen Volkes, das noch dazu diese Unversöhnlichkeit mehr auf der Zunge als im Herzen trug. Der künftige Friedensschluß wird für uns um so stärker sein, je versöhnlicher er ist.«[29]

Der Kern einer durch deutschen Sieg möglich werdenden Nachkriegsordnung Europas sollte in den Augen Rathenaus die Wirtschaftseinheit Mitteleuropa sein; deren Kern wiederum der Ausgleich mit Frankreich. Man braucht die imperialistischen und dem Hegemonie-Denken verhafteten Elemente solcher Idee nicht zu verschweigen, um dennoch anzuerkennen, daß diese Idee mutig und fortschrittlich gewesen ist, Pioniergeist, der der Realisation fünfzig Jahre vorauseilte.

c) Gerade die Einbeziehung Frankreichs in die Mitteleuropa-Konzeption Rathenaus – die ja im Grunde die Erweiterung Mitteleuropas zu Europa bedeutete, gemäß dem Hilferding-Aufsatz »Europäer, nicht Mitteleuropäer«[30] –, gerade sie war es, die den Unterschied zu Naumanns Konzeption verdeutlicht.[31] In so vielem, was Staats- und Wirtschaftsneuordnung anbetrifft, gebührte Naumann ein »Prioritätsrecht« – in der Mitteleuropa-Frage blieb er nicht nur zeitlich hinter Rathenau zurück. Naumanns Buch »Mitteleuropa« erschien im Oktober 1915 und wurde »der größte Bucherfolg, den ein politisches Buch im Kaiserreich nach Bismarcks ›Gedanken und Erinnerungen‹ je erreicht hatte«.[32] Es war durch verschiedene kleinere Arbeiten Naumanns publizistisch, durch intensive Studien, die Heuß anschaulich geschildert hat,[33] und durch Reisen des Verfassers nach Österreich, nach Böhmen und Ungarn sachlich vorbereitet worden. In einer überaus wirkungsvollen Stilmischung aus Nüchternheit und Pathos – Naumann steht als Publizist in diesem Buch auf der Höhe seines Könnens – entwirft er ein Mitteleuropa im engeren und d. h. im eigentlichen Sinne, bestehend nämlich aus dem ganz verschmolzenen deutsch-österreichisch-ungarischen Wirtschaftsraum nebst einem Assoziationsgeflecht mit Polen, mit den Balkanländern wie Bulgarien und Rumänien: sozusagen eine nach Ostmitteleuropa verlagerte EWG. Wenn Naumann schrieb: »Das Deutschtum stellt sich zwischen Russen, Engländer, Nordamerikaner und Japaner und verlangt und behauptet seinen Platz«,[34] dann entspricht das genau den von Rathenau dem Reichskanzler gegenüber geäußerten Gedanken; in der Vorstellung freilich, das Deutsche Reich mit Österreich-Ungarn auch staatlich zu verschmelzen, ging Naumann über Rathenau hinaus, es war der Schritt, der das Mögliche zum Utopischen wandelt.

Naumanns umfangreiches Buch steckt, wie Wolfgang Schieder herausgearbeitet hat, voller Unklarheiten, Widersprüche, Überspanntheiten, ja, trotz aller Bemühung um Sachlichkeit, voller Phantastik.[35] Dennoch gilt für es das gleiche, was wir über Rathenaus Pläne sagten: inmitten der zunehmenden, auch geistigen Zerstörungswut ein Zeugnis konstruktiven Willens zu sein. Es verdient als merkwürdig festgehalten zu werden, daß es bei so großer, durch die Mitteleuropa-Diskussion erneut ausgewiesener Nähe der beiden Männer nicht einmal jetzt zwischen ihnen zu uns erkennbaren näheren Kontakten gekommen ist. Rathenau, der mit unzähligen, darunter vielen unbedeutenden, ja manchen obskuren Gestalten mündliche und schriftliche Verbindung hielt, hat mit Naumann kein Gespräch gesucht.[36]

Beider Männer Ideen sind nicht verwirklicht worden. In fratzenhaft verzerrter Form hat Hitler die europäische und speziell die mitteleuropäische »Neuordnung« unter deutscher Hegemonie noch einmal in Angriff genommen – mit dem Ergebnis, daß der Raum, um den Rathenaus und Naumanns Überlegungen kreisten, nun unter russischer Hegemonie »geeinigt« ist.[37]

Das retrospektive Mißtrauen, das uns gegenüber all den Stimmen, Stimmungen und Projekten unserer gutmeinend-überzeugt patriotischen Väter und Vorväter nicht verlassen will, basiert – psychologisch analysiert – auf dem ruinösen Mißerfolg. Anders ausgedrückt: Weil wir heute Lebenden den deutschen Geschichtsbankrott, der sich zwischen 1870 und 1945 vollzogen hat, kennen, seine Schlußphase zum Teil noch aktiv miterlebt haben und unter seinen Auswirkungen weiterarbeiten müssen, suchen wir naturgemäß – und ich meine: nicht leider, sondern gottlob – seine Wurzeln weniger bei den »bösen anderen«, sondern im Versagen, in Fehlhaltungen der damals Führenden und Geführten. Ein Denken und Urteilen jedoch, welches aus der Position fallierter Erben heraus über die »Bankrotteure« moralisch und sachlich den Stab zu brechen bemüht ist, verurteilt im Grunde – freilich in der Attitude des nunmehr »Besseren« und »Klügeren« – nur den Bankrott selbst. Der sittliche Rang eines Menschen läßt sich daran erkennen, ob er *im* Kampfe maßvoll und menschlich bleibt, ob er in der Position der Stärke nachgeben und sich eines Vorteils begeben kann, ob er im Siege fähig ist, die gleichen strengen, moralischen und sachlichen Urteilsmaßstäbe gegen sich selbst und die Vorfahren anzuwenden wie im Falle der Niederlage. Was die Geschlagenen bei ihren redlichen Mühen um Selbstpurgierung oft in so mißliche Lage bringt, ist der Umstand, daß gleiches Streben bei den Gewinnern leider fast nie sich bemerkbar macht.

Legen wir solchen hohen ethischen Maßstab an Rathenau, so bleibt uns gerade hinsichtlich seiner Haltung im Kriege jenes »retrospektive Mißtrauen«, das aus der Polyphonie seiner Äußerungen erwächst. Diese »Vielstimmigkeit« des einen Mannes ist es, die uns fasziniert und gleichzeitig befremdet und die wir hinnehmen müssen, weil alle Versuche, sie aus falsch verstandener posthumer Idealisierung in »una voce« umzumodeln, vergeblich sind. Wir müssen es hinnehmen, daß derselbe Mann, der sich so oft der Organisation der Rohstoffabteilung, die zu schaffen er angeregt hatte, rühmte und der ihre Wirksamkeit mit der Feststellung, daß sie »gegenwärtig das ganze Rohstoffwesen Deutschlands kontrolliert«,[38] charakterisierte, wenige Jahre später vor dem Reichstag behauptete, nie etwas mit Zwangswirtschaft zu tun gehabt zu haben. Es läßt sich nicht fortretouchieren, daß er am 6. November 1915 an Ludendorff schrieb: »Ich fürchte nichts so sehr als eine plötzliche Nachgiebigkeit gegen England, das uns gegen Herausgabe von Belgien den Frieden und, was schlimmer ist, ein gefährliches Bündnis bietet. Die unerwartete Nachgiebigkeit gegen Amerika hat auch hier Erstaunen erregt und, wie es scheint, zum zweimaligen Demissionsgesuch von Tirpitz und zum Wechsel in der Leitung des Admiralstabes [von Holtzendorff] beigetragen ... Die Erfolge des Ostheeres haben unsere Phantasie derart gesteigert, daß ein Alexanderzug nach Ägypten nicht mehr utopisch erscheint. Sieht man aber auch hiervon ab, so kann ein Vordringen im Balkan England sicher unbequem werden. Was ich aber hierbei bedauere, ist, daß wir Vorarbeit für Österreich leisten. Ich erwarte eine stetig steigende Spannung mit Österreich, das uns seine Rettung nicht verzeiht und das, falls nicht wir Rußland an uns binden, die erste Gelegenheit wahrnehmen wird, um sich mit Frankreich und Rußland gegen uns zu verständigen.«[39]

In diesen fünf Sätzen ist das Ungereimte derart gehäuft, daß es den Stempel der Unwahrhaftigkeit an der Stirn trägt. Wir dürfen uns die Analyse des Inhalts ersparen; er ist ganz unzweifelhaft reine Liebedienerei gewesen, eine Sucht, Ludendorffs Wohlgefallen zu erringen. Rathenau hat solche Briefe nicht gezwungen, sondern freiwillig geschrieben; er hätte genausogut das Gegenteil sagen oder schweigen können. Sein innerer Schreib-, Rede- und Agierdrang, der sich von Ziel und Gegenstand ablöste, zwang ihn, wie hier, in Lüge und Fehlhaltung hinein; er ist das eigentliche Rätsel seiner Persönlichkeit.

Am 31. August 1916 schrieb Rathenau an Ludendorff: »Wenn mein Interessengebiet mir das Recht verleiht, Euer Exzellenz eine Versicherung zu geben, so ist es die, daß unsere deutsche Wirtschaft imstande ist, noch immer ein Mehrfaches des geforderten Kriegsmaterials herzugeben. Dies scheint mir unsere sicherste Stärke im Verhältnis zu unseren Gegnern zu sein, die sich immer wieder an der Grenze ihrer Anstrengungen sehen, und zwar eine solche Sicherheit, die im Laufe der nächsten Kriegsjahre sich ständig weiter in dem Maße akzentuieren wird, als der Krieg fortfährt, sich zu mechanisieren.«[40]

Solange Rathenau in Ludendorff den Wundermann und Retter sah, setzte er also die Linie bewußter Augenwischerei fort; denn wenn *einer* es wußte und wissen mußte, daß die fortschreitende »Mechanisierung« des Krieges die Gewichte zu Deutschlands Ungunsten verschieben würde, dann war er es. Für Ludendorffs Munitionsbeschaffungsprogramm wußte der AEG-Präsident ebenfalls Rat:

»Auch wenn Belgien 100.000 bis 200.000 Mann hergibt, was ich für dringend nötig halte, und wenn eine ähnliche Aktion in Polen qualitativ und quantitativ einigermaßen erträgliche Ergebnisse liefert, wird die Zahl der Freizugebenden erheblich größer sein als ursprünglich in Aussicht genommen. Die Behandlung durch die Generalkommandos ist naturgemäß eine sehr verschiedenartige. Eine stärkere Zentralisierung halte ich für nötig.«[41]

Hier empfahl Rathenau klipp und klar die Verletzung der Haager Landkriegsordnung von 1899 und 1907. Auch die »bürgerliche Mobilmachung« hielt er »für durchführbar und wertvoll«; nicht etwa unter dem Schock des deutschen Waffenstillstandsangebotes, sondern am 6. November 1916.[42]

Im gleichen Sinne einen Tag später an Seeckt: »Eine bürgerliche Mobilmachung in dem Sinne, daß zwischen sechzehn und sechzig Jahren alle verwertbaren Kräfte des Landes zur Kriegsarbeit herangezogen werden, steht zur Erwägung. Hierdurch werden in erster Linie Ersatzkräfte für diejenigen Nebentätigkeiten geschaffen, die gegenwärtig zu Unrecht von Felddienstfähigen versehen werden. Wichtiger noch erscheint mir die gründliche Auskehrung der Etappen und Garnisonen: es muß das Prinzip feststehen, daß alle Felddienstfähigen in die Front gehören und Schreibarbeiten, Überwachungen usw. den Kriegsuntauglichen obliegen.«[43]

Für uns bleibt festzustellen, daß Rathenau sich in seinem Aufsatz »Ein dunkler Tag« vom 7. Oktober 1918 und in seinem ellenlangen »levée en masse«-Brief an den Kriegsminister Scheüch[44] nicht unter dem Ansturm patriotischer Gefühle spontan geäußert, sondern in journalistisch wirkungsvoller Form der Öffentlichkeit nur zugänglich gemacht hat, was bereits zwei Jahre vorher Gegenstand seiner Korrespondenz mit der Heeresleitung gewesen war.

Vom Frühjahr 1917 an änderte sich Rathenaus Haltung: zu Ludendorff, den er nun doch in seiner Begrenztheit erkannte, dem er in der Frage des unbeschränkten U-Boot-Krieges entgegentrat und von dem er sich nach einem letzten ergebnislosen Treffen im Sommer 1917 distanzierte; zu den Stärkeverhältnissen zwischen Deutschland und seinen Verbündeten einer- und der Entente andererseits; zu der Frage des Kriegsausganges. Von jenem Jahr an, spätestens, wußte er, daß Deutschland den Kampf nicht mehr siegreich beenden konnte; er hoffte auf ein erträgliches Unentschieden, war aber auch von dessen Erringung nicht zweifelsfrei überzeugt. Der Zusammenbruch traf ihn, aber er überraschte ihn nicht.[45] Mit dem gleichen zudrängenden Eifer, mit dem er sich den alten Herren, dem Kaiser, Bülow, Bethmann Hollweg, Falkenhayn, Ludendorff, Seeckt und vielen anderen genähert hatte, bot er sich nun den neuen an. Aus Vaterlandsliebe, gewiß; doch war sie manchmal ununterscheidbar mit quälender Eigenliebe vermischt.

B. Regierungsverantwortung

Max Weber und Rathenau teilten nicht nur viele Anschauungen, vor allem bezüglich der Fehlstrukturierung des Kaiserreichs und der verderblichen Folgen eines Haßfriedens, sondern auch den Fehlstart in der neuen Republik.[46] Obwohl Weber zu den Vätern der auf Theodor Wolffs (des Chefredakteurs des Berliner Tageblatts) Initiative aus Fortschrittspartei und linkem Flügel der Nationalliberalen sich konstituierenden Deutschen Demokratischen Partei (DDP) gehörte,[47] blieb ihm eine verantwortliche politische Stellung im jungen Staat versagt. Bei den Wahlen zur Nationalversammlung wurde seine Spitzenkandidatur im Kreis Frankfurt von den eigenen Parteifreunden hintertrieben. Vielleicht spürten sie in ihm die Unvereinbarkeit der Natur eines kompromißlos der reinen, streng sachgerechten Erkenntnis verpflichteten Gelehrten mit der des pragmatischen, zum Kompromiß gezwungenen, mehr: verpflichteten Politikers. Immerhin wirkte er am Entwurf für die Weimarer Verfassung mit, für die er sich ein gesundes Gleichgewicht zwischen starker Stellung des Reichspräsidenten und starken Kontrollbefugnissen des Parlaments wünschte. Weber, der 1919 einen Ruf an die Universität München angenommen hatte, starb im Sommer 1920; er war ebensowenig wie Rathenau mit der ersten nachrevolutionären Welle zu politischem Einfluß gelangt.

Lag der Grund hierfür bei Weber in seiner eindeutigen Bestimmtheit als

Wissenschaftler, so bei Rathenau im Gegenteil: in seiner mißtrauenerregenden Vielgesichtigkeit. Nach dem schon im Keim gescheiterten Versuch einer eigenen Gründung (demokratischer Volksbund) bot sich die neue Deutsche Demokratische Partei als die natürliche politische »Heimat« an. Doch erfreute er sich bei ihr keiner besonderen Sympathien; sowohl seine Kandidatur für die Nationalversammlung als auch der Einzug in den Preußischen Landtag wurden verhindert.[48] In der ersten Sozialisierungskommission war Rathenau ebenfalls nicht erwünscht,[49] der gewundene Entschuldigungsbrief Eberts läßt ahnen, wie sehr solche Zurückweisung Rathenau gekränkt und wie wenig er diese Kränkung verheimlicht hat.[50] Fuß faßte Rathenau erst im vorläufigen Reichswirtschaftsrat und, 1920, in der zweiten Sozialisierungskommission, in die er dank der Bemühungen des damaligen Reichsfinanzministers Wirth berufen wurde. In ihr trat er den konsequenten Sozialisierungsvorschlägen Kautskys, Hilferdings, Kuczynskis und anderer entgegen und begnügte sich mit einer ziemlich verschwommenen Gegenerklärung: »Es wird die Aufgabe sein, zu neuen Wirtschaftsformen überzuleiten und Wege zu zeigen, die von der heutigen Wirtschaftsgesinnung zu einem Aufbau auf Grund reiner Gemeinschaftsgesinnung führen; doch darf man nicht vorzeitig Gebilde schaffen, deren bewegende Kräfte noch unentwickelt sind.«[51]

Erst mit der sachlichen und bald auch menschlichen Verbindung zu Joseph Wirth war für ihn das Eis gebrochen; durch ihn wurde Rathenau aus der Isolation befreit und endlich zur ersehnten politischen Verantwortlichkeit an führender Stelle herangezogen.[52] Diese Endphase seines Wirkens und seines Lebens gehörte der politischen Geschichte im »klassischen« Sinne an und steht im Lichte nachprüfbarer Forschung. Er gehörte der zweiten Sozialisierungskommission bis zum 30. Mai 1921 an; vom 5. bis 9. Juli 1920 wurde er als Sachverständiger (wie auch Stinnes und andere Wirtschaftler) zur Konferenz von Spa herangezogen; im Frühjahr 1921 half er der deutschen Regierung (Fehrenbach), die Londoner Konferenz vorzubereiten; von Ende Mai bis Ende Oktober gehörte er dem ersten Kabinett Wirth als Wiederaufbauminister, vom 31. Januar 1922 bis zum Tode dem zweiten Kabinett Wirth als Außenminister an; dazwischen lagen halbamtliche Fühlungnahmen mit politischen und Finanzkreisen in London (November, Dezember 1921), mit Politikern und Mitgliedern der Reparationskommission in Paris (Dezember 1921, Januar 1922) sowie die Leitung der deutschen Delegation auf der Konferenz in Cannes (Januar 1922).

Alles, was die Zeitspanne der Kanzlerschaft Wirths, die im ganzen vom 10. Mai 1921 bis zum 14. November 1922 währte, und damit auch die Außenministertätigkeit Rathenaus anbetrifft, hat Ernst Laubach in seiner Arbeit quellenkundlich minutiös dargestellt.[53] Zur außenpolitischen Problematik jener Jahre, zum Reparationsproblem, zum deutsch-russischen Verhältnis, zum Rapallo-Vertrag und seiner Vorgeschichte gibt es eine Fülle von Untersuchungen, die ein erneutes Eintreten in die Sachdiskussion innerhalb des diesem

Buche gesteckten Rahmens erübrigen.[54] Versucht man sie insgesamt zu überblicken und hinsichtlich der Rolle Rathenaus zu einer Quintessenz zu verdichten, so läßt sich diese in den folgenden zwei Punkten aussprechen.

a) Nach der Annahme des Londoner Ultimatums befand sich das Reich außenpolitisch auf dem größten Tiefpunkt seit Kriegsende. Es hatte sich einer Reparationsforderung von 132 Milliarden Goldmark unterwerfen müssen, deren Aufbringung theoretisch fast zwei Generationen in Atem gehalten hätte. Wenn wir das mißverständliche Schlagwort von der »Erfüllungspolitik« gebrauchen, dann sollten wir uns dessen Sinn klarmachen: sie bedeutete *nicht* das Gelöbnis, 132 Milliarden Goldmark zu zahlen, sondern nur eine Zusage, die in bürgerlicher Sprache etwa lauten würde: »Deutschland wird tun, was möglich ist.« Eine solche Sinngebung der Ultimatum-Annahme war sachlich wie moralisch gerechtfertigt, der Akt der Annahme selbst deshalb einfache Klugheit. Zeit und Erfahrung würden die Korrekturen ohnehin bringen. Die Erkenntnis, daß auch das reichste Land der Welt nicht reich genug wäre, um einen Weltkrieg, an dem zwei Dutzend Nationen teilgenommen hatten, allein zu bezahlen, konnte nicht ausbleiben, mit ihr war früher oder später absolut sicher zu rechnen. Um dieses »früher oder später« ging es Rathenau. Dem Bemühen, die der ganzen Reparations-Konzeption der Sieger innewohnende wirtschaftliche Unvernunft zu enthüllen, dienten seine Anstrengungen. Sie gruppierten sich um zwei Schwerpunkte: Umwandlung der Goldleistungen in Sachleistungen und Abwicklung dieser Sachleistungen nicht nach Machtgelüst mit politischen Druckmitteln, sondern nach privatwirtschaftlichen Rentabilitätsüberlegungen mit gegenseitiger Absprache. Sowohl in den Wiesbadener Kohlenlieferungsverhandlungen mit Loucheur, dem Minister der französischen Régions Liberées, als auch in den Fühlungnahmen zu England versuchte Rathenau diesen Weg der leidenschaftslosen wirtschaftlichen Rationalität zu gehen. Das Wiesbadener Abkommen vom 6. Oktober 1921 sah deutsche Sachleistungen an Frankreich bis zur Höhe von sieben Milliarden Goldmark für drei Jahre vor. Allerdings – und hier wurde die Achillesferse auch der Rathenauschen Konzeption sichtbar – erschütterten gerade die Sachleistungen die Wirtschaft des Empfängerlandes dadurch, daß der eigenen Industrie der vielversprechende Wiederaufbaumarkt weithin blockiert wurde. Die französische Wirtschaft wehrte sich denn auch, und das Wiesbadener Abkommen blieb unausgeschöpft.[55]

Am 23. September 1921 schrieb Rathenau an den englischen Botschafter in Berlin Viscount d'Abernon: »Ich erlaube mir daran zu erinnern, daß ich schon mehrfach bei Ihnen den Gedanken angeregt habe, ob nicht der Versuch gemacht werden könnte, auch England gegenüber zu Abmachungen zu kommen, die auf einen Ersatz von Goldleistungen durch Sachleistungen hinzielen. Es hat sich bei der Leistung der ersten Milliarde, wie ich es Ihnen voraussagte, deutlich genug gezeigt, daß die Aufbringung großer Devisenbeträge mit außerordentlichen Schwierigkeiten verknüpft ist. Auf die Dauer können Goldzahlungen nur bei einer außerordentlich aktiven Handelsbilanz beschafft werden; eine solche Handelsbilanz setzt aber unter den gegenwärtigen weltwirtschaftlichen Verhältnissen eine sehr scharfe Konkurrenz Deutschlands auf allen Märkten der Erde voraus. Ich habe viel darüber nachgedacht, wie eine Zerrüttung der Weltmarktpreise durch die deutschen Reparationsverpflichtungen verhindert werden könnte, und komme zu dem Ergebnis, daß es nur dann möglich ist, wenn ein erheblicher Teil der deutschen Leistungen in Form von Warenlieferungen so kanalisiert werden kann, daß er für die Verhältnisse des Welthandels nicht schädigend in Betracht kommt.«[56]

Da eben lag ja das Unlösbare: die Goldleistung war von Übel, denn sie zerrüttete die deutsche Währung und setzte damit die Leistungsfähigkeit der deutschen Wirtschaft herab; zudem setzte sie eine aktive Handelsbilanz voraus, welche nur durch ein für die Sieger unerfreuliches, ja bedrohliches Ausmaß an deutschem Export hätte erreicht werden können. Die Sachleistung jedoch ruinierte die Märkte der Empfängerländer nicht minder. Wie also sollten die deutschen Warenlieferungen »so kanalisiert werden«, daß sie »für die Verhältnisse des Welthandels nicht schädigend in Betracht kamen«? Die Antwort blieb offen; auch die Weltwirtschaftskonferenz von Genua brachte sie nicht. Es gab damals keinen Ausweg aus dem circulus vitiosus. In dieser Hinsicht war Rathenau verurteilt, in der tiefsten Nacht allgemeiner Einsichts- und Ausweglosigkeit zu kärrnern, ohne den Lichtstreifen am Horizont noch zu erleben.

b) Außer Laubach hat sich in jüngster Zeit Theodor Schieder noch einmal ausführlich mit der Entstehungsgeschichte des Rapallo-Vertrages beschäftigt.[57] Auch seine Untersuchung macht, nicht anders als die zahlreichen früheren Beiträge zu diesem Thema, deutlich, daß eine letzte Klarheit über Rathenaus Rolle kaum zu gewinnen sein wird. Unter »Rolle« muß dabei *mehr* verstanden werden als das, was Aktion in Form von Gesprächen, Teilnahme an Verhandlungen, abgerungenem Entschluß und Unterschrift wurde. Seine Haltung zum ganzen Rußland-Problem ist zwiespältig gewesen. Wie Kessler fühlte er sich in gewisser Weise von der starken schöpferischen Kraft der russischen Revolution angezogen; besorgt, ja im Hinblick auf Deutschland vielleicht sogar furchtsam, auf alle Fälle aber als Staats- und Gesellschaftsdenker angezogen. Den Tagebüchern des Grafen Kessler verdanken wir Einblicke in die psychologische Atmosphäre der ersten Nachkriegsjahre im allgemeinen und auch der Rathenauschen Außenminister-Monate im besonderen. Bei der Bewertung solcher Quellen muß stets nach der Persönlichkeit des Schreibers gefragt werden. Kessler war ein überaus sensitiver, von Eitelkeit nicht freier, scharfer, manchmal ausgesprochen boshafter Beobachter. Mit Rathenau hatte er manche Gemeinsamkeit: das Geltungsbedürfnis, die Fülle der Konnexionen, die materielle Unabhängigkeit, die große Bildung, die Diskrepanz zwischen einem bis zur Radikalität gesteigerten Gedanken-Sozialismus und einem privaten Grandseigneur-Lebensstatus. Es ist nicht wichtig, ob alle Angaben seiner Tagebücher im einzelnen stimmen; das »Klima« der Zeit, das auch das Zusammenwirken der Hauptakteure bestimmte, die Persönlichkeiten und das, was sie an Gedanken und Empfindungen äußerten, hat er meiner Meinung nach sinngerecht aufgenommen und wiedergegeben. Bei ihm findet sich folgender Bericht: »Zum Bolschewismus ließ er [Rathenau] starke Hinneigung durchblicken. Es sei ein großartiges System, dem wahrscheinlich die Zukunft gehören werde. In hundert Jahren werde die Welt bolschewistisch sein. Der gegenwärtige russische Bolschewismus gleiche einem wunderbaren Theaterstück, das auf einer Schmiere von Schmierenschauspielern gespielt werde. Und Deutschland werde den Kommunismus, wenn er zu uns komme, genauso im Schmierenstil aufführen. Uns fehlten die Männer für ein so überaus kompliziertes System. Es verlange eine viel feinere und höhere organisatorische Begabung, als bei uns zu finden sei. Wir hätten keine Menschen von genügender Statur; vielleicht die Engländer und Amerikaner. Wir Deutschen könnten nur à la Feldwebel organisieren, nicht auf der hohen Stufe, die der Bolschewismus fordere. Des Nachts sei er Bolschewist; aber am Tage, wenn er unsere Arbeiter, unsere Beamten sehe, sei er es nicht oder noch nicht. Er wiederholte mehrmals das ›noch nicht‹.«[58]

In dem selben Gespräch fiel auch das Wort Rathenaus von den »kleinen Leuten«: »Heute sei die Zeit der kleinen Leute. Einer sehe aus wie der andere: Scheidemann, Naumann, Kühlmann; alles Knieholz: alle diese ›-männer‹ könne man untereinander vertauschen, ohne daß es jemand merke.«[59]

Solche Äußerungen, die nicht vereinzelt dastehen und die mir glaubwürdig erscheinen, zeigen das unverbundene Nebeneinander von Schreibtisch-Abstraktion, die ihn einem konsequenten Sozialismus ganz nahe rückten, ja bis zur reinen Sozialutopie sich steigern ließ, und von einer hochmütig-großbourgeoisen Reserviertheit, die ihn in seinen letzten Lebensmonaten bis zur politischen Sterilität brachte. Zwar erwähnt Simon Rathenaus Gespräche mit Lloyd George in Chequers (Dezember 1921), bei denen der wirtschaftliche Wiederaufbau Rußlands und eine europäische Befriedung im Sinne des späteren Locarno-Vertrages erörtert worden seien,[60] aber es bleibt bestehen, daß Rathenau diese Dinge nach dreißig Jahren privatwirtschaftlich-industrieller Tätigkeit eben doch nur mit den Augen des privaten Großunternehmers sah – zu sehen vermochte. Ob es sich um die Reparationsfrage oder um das Rußlandproblem oder um das Problem des Arrangements mit den Ententemächten handelte – immer sah er als Akteur die Welt als Wirtschaftseinrichtung, mit kaufmännischen Augen. Daher rührt der Eindruck der Passivität, den er in Sachen Rapallo-Vertrag erweckt. Er war informiert, er sprach mit, er nahm teil, er unterschrieb – doch all dies konzeptions- und lustlos, merkwürdig inaktiv. Nicht nur der Leiter der Ostabteilung im Auswärtigen Amt, Ago von Maltzan, sondern auch der Reichskanzler Wirth wirken in jenen Wochen und Monaten als die dynamischeren politischen Gestalten.

Wenn wir uns die Frage stellen, ob Rathenau ein »Staatsmann« gewesen ist, dann müssen wir der Antwort eine Bemerkung vorausschicken. Nicht nur der Offizier bedarf, um erfolgreich zu sein, dessen, was Friedrich der Große von ihm als »fortune« verlangte. Auch dem Staatsmann muß sie zuteil werden. Bis hin zu Stresemann ermangelten alle deutschen Politiker nach 1918 eben jener »fortune«, d. h., es fehlte ihnen nicht nur »Glück«, sondern sie besaßen nicht einmal jenes Maß an Handlungsfreiheit, an Alternativmöglichkeiten, um staatsmännisch handeln zu können. Ihr Rahmen war von den Siegern so eng gesteckt, daß ihnen außer mühseligem Taktieren von einem Tag zum nächsten nichts zu tun möglich war; ihre Stimme konnte nicht durchdringen, ihre Vorschläge blieben gewichtslos. Es ist nicht auszumachen, ob Stresemann wirklich »größer« war als Wirth – aber er besaß, nachdem das französische Ruhrexperiment in dialektischer Wirkung die politische Gegenschwingung zu Deutschlands Gunsten auslöste, als erster Politiker nach dem Kriege die Möglichkeit, sich als Staatsmann zu bewähren und zu entfalten im wieder in Fluß geratenen Kräftespiel der Mächte.

Diese Chancen wurden Rathenau nicht geboten. Die Sohle der politischen Ohnmacht des Reiches, von der aus es aufwärtsgehen konnte, war noch nicht erreicht. Der Rapallo-Vertrag war eine bedeutende Tat, weil er das vorbildhafte Muster einer Kriegsbereinigung zwischen zwei großen Mächten auf der Basis haßlosen Interessenausgleichs, ja: vernünftiger Interessenangleichung darstellte und weil er eine erste Bresche in die Isolation Deutschlands schlug, das sich erstmals nach 1918 wieder als politisch handelndes Subjekt zeigte. Doch er ist nicht Rathenaus, sondern Tschitscherins, Maltzans und Wirths Werk gewesen. Als Rathenaus Werk mag man, wenn man will, die gesellschaftliche Aufwertung der deutschen Diplomatie und die Ansammlung eines gewissen internationalen Vertrauenskapitals für die deutsche Regierung in Genua sowie die Einleitung einer deutsch-englischen Annäherung werten. Mehr war ihm nicht vergönnt. Das Auswärtige Amt, eine sehr komplizierte Behörde, die eine Art »geschlossener Gesellschaft« bildete, hatte er nicht im eigenen Griff. Da die Außenminister bis hin zu Stresemann häufig wechselten, die Staatssekretäre als Beamte aber blieben, war das nicht verwunderlich. Wahrscheinlich hätte sich dies bei einer längeren Amtszeit Rathenaus geändert. Nur sie hätte Antwort auf die Frage, ob er ein Staatsmann war, bieten können. Der Tod raubte ihm die Möglichkeit, einer zu werden.

VII. Der Mensch

1. DEUTSCHER UND JUDE

Die Verpflichtung, *jedes* Thema nach den Maßstäben menschenmöglicher persönlicher und sachlicher Redlichkeit zu behandeln, also auch das Thema Deutschtum – Judentum, lastet schwer bis zur Unerfüllbarkeit auf dem Angehörigen eines Volkes, das sich des quantitativ wie qualitativ »perfektesten« Judenmassakers schuldig gemacht hat und dessen geschichtlicher Tiefstpunkt nicht nur chronologisch mit ihm zusammenfiel, sondern in ihm den schauerlichen, aber offenbar einzig adäquaten Ausdruck fand. Mit diesen Worten bekenne ich mich, um in einer so wichtigen Sache beim Leser von vornherein keine Unklarheit aufkommen zu lassen, zu der Auffassung, daß das deutsch-jüdische Verhältnis innerhalb der Großthematik, die die Rolle des Deutschtums in der Welt und des Judentums in der Welt betrifft, ein Sonderkapitel darstellt. Damit gerate ich möglicherweise in einen gewissen Gegensatz zu denen, Deutschen wie Juden, die gerade in der Postulierung und Fixierung eines »Sonderstatus« für diese beiden Völker eine Ursache zu beider Völker Unglück sehen. Wie jeder Einzelmensch seine Möglichkeiten, seine Aufgabe, seinen sinnvollen Platz im Weltganzen hat, so auch jedes Volk. Rangordnungen hierbei zuzuerkennen oder gar Werturteile auszusprechen kann schon deshalb nicht unsere Sache sein, weil wir weder einen universal-menschheitlichen und universal-historischen Überblick noch einen solchen ermöglichende Erkenntniskräfte und Beurteilungsmaßstäbe besitzen; die Menschlichkeit ist nur dann einigermaßen gesichert, wenn wir zwar nicht die Gleichartigkeit, wohl aber die Gleichwertigkeit, das heißt: die Gleichheit aller Menschen hinsichtlich ihrer einmaligen unermeßlichen Kostbarkeit festhalten; diese allen gleiche Kostbarkeit wurzelt in der für alle gleichen Geschöpflichkeit und Liebespartnerschaft mit dem personalen Gott. Es erscheint unbegreiflich, daß ein Großteil der Menschen nicht erkennen kann oder will, daß der *einzige* Schutz, den es für ein Einzelwesen wie für ein Volk gibt, die *einzige* Gewähr für das, was wir allzu undifferenziert »Humanität« nennen, auf der Annahme eines außermenschlichen, außerweltlichen Bezugspunktes – wir heißen ihn Gott – beruht, welcher durch seine totale »Andersheit« *alle* Menschenwesen sich gegenüber gleich fern, gleich klein, aber auch durch seine Partnerschaft konstituierende total-liebende Personhaftigkeit gleich wertvoll und gleich kostbar macht. Jede andere Einwurzelung der Humanitas ist unzuverlässig, weil sie dauernd unter der Gefahr steht, daß die Substituierung von innerweltlichen »Zwecken« – Zwecken unterschiedlichster, wechselnder, austausch- und manipulierbarer Art –, denen einzelne wie Völker angeblich zu dienen haben, diese zu bloßem Instrumentarium mit zweckabhängigem Nutzwert degradieren: man kann es pflegen, verändern oder verschrotten, das hängt von der »Entwicklung«, von den »Erfordernissen« ab.

Ist es ein Widerspruch zu solchermaßen abgeleiteter Gleichheitstheorie, wenn ich im Hinblick auf Deutschtum und Judentum dennoch einen menschheitlichen Sonderfall wahrzunehmen meine? Das heißt: einen Fall, der nicht mit den üblichen Mitteln historischer, geographischer, ökonomischer, soziologischer Erklärungsweisen auflösbar ist? Es ist, denke ich, kein Widerspruch. Was das Judentum anbelangt, so bin ich fest davon überzeugt, daß sein geschichtliches Schicksal mit der geistlichen Bestimmung des Menschen auf immer verknüpft ist. Das ist keine »wissenschaftliche« und keine in die »Zuständigkeit« des Historikers fallende Aussage, wenn man darunter lückenlose Beweisbarkeit mit den Methoden und Mitteln historischer Forschung versteht und fordert. Andererseits rechtfertigt der uns erkennbare Weg des jüdischen Stammes, der quantitativ nur ein winziges Partikel der Menschheit ausmacht, die Annahme einer »Sonderung« und, wagen wir ruhig das Wort: einer Erwählung. Es sind hierüber schon ganze Bibliotheken geschrieben worden; das Thema hat eine »transszientifische« Dimension und bleibt deshalb unausschöpfbar.[1] Man kann es selbstverständlich als »unwissenschaftlich« ausklammern, aber es verschwindet damit nicht; nicht nur deshalb nicht, weil es mit Glaubensfragen verbunden ist und daher so lange wie dieser Glaube selbst bestehen wird, sondern auch darum nicht, weil wir keine jüdische Persönlichkeit in ihren Tiefen begreifen können, ohne uns der Frage nach dem Wesen des Judentums zu stellen. Nichts anderes bezweckt dieser Exkurs: da wir am Ende des Buches zu einem möglichst umfassenden und der Wahrheit nahekommenden Verständnis Rathenaus zu gelangen versuchen müssen, dürfen wir der Problematik seines Judentums nicht ausweichen. Diese Problematik ist im letzten – einerlei, ob der einzelne Jude oder Nichtjude sie erkennt und akzeptiert oder nicht – religiöser Natur. Es gibt kein profangeschichtliches Kriterium, sei es politischer, ökonomischer oder soziologischer Art, welches das in jeder Hinsicht extraordinäre Schicksal des jüdischen Volkes ausreichend zu erklären vermag. Seine wesenhafte Verbindung mit dem geistlichen Menschheitsweg, mit Monotheismus, mit Christentum und Islam ist offenkundig. Der Beweis, daß bei Leugnung dieser Verbindung, bei Negierung einer Heilsgeschichte und der aus ihr fließenden Folgen, der Sonderstatus fortfallen werde, das Auserwähltheitsstigma – mehr Fluch als Segen – auslöschen werde, kurz, das Judentum allen anderen Menschengruppen gleich sein, »normalisiert« sein werde, steht noch aus.

Viel schwieriger als die jüdische Position ist die Rolle des Deutschtums in der Welt zu definieren. Der Schlüssel zu ihrem Verständnis liegt, wie ich meine, in dem halben Jahrtausend mittelalterlicher Geschichte, die hinsichtlich einer »deutschen Sendung« durch den Versuch, ein christlich-sakrales Reich unter deutscher Führung zu errichten, und durch das Scheitern dieses Versuches charakterisiert ist.[2] Daß die Schaffung eines »Heiligen römischen Reiches deutscher Nation« als einer von Deutschen geleisteten »civitas Dei« mißlang, mißlingen mußte; daß aber als Folge dieser letztlich vergeblichen Kraftanstrengung auch die Teilnahme an der von Europa ausgehenden Weltdurchdringung und -überformung ermangelte oder, wo versucht, scheiterte; daß das Deutschtum von der »Weltverteilung« der Neuzeit, die unter Angelsachsen, Spaniern, Portugiesen, Franzosen, Russen geschah, ausgeschlossen blieb, daß es unter den europäischen, ja unter den großen Weltvölkern das, zumindest äußerlich, machtmäßig-materiell betrachtet, »erfolglose« Volk ist, das bildet die merkwürdige Parallelität zum Judentum. Gemessen an den Maßstäben handfester historischer Akquisitionen haben beide Völker ausgesprochenen geschichtlichen Bankrott erlitten. Der Drang, dieser mehr dunkel erfühlten als klar erkannten Bankrotteursrolle zu entfliehen, hat zu den unterschiedlichsten, oft gewaltigen Anstrengungen geführt – unterschiedlich je nachdem, was als Ursache für den geschichtlichen Mißerfolg angesehen wurde. Im Falle des Judentums seien als Beispiel das Assimilationsstreben und der Zionismus genannt; das erstere folgt aus der Auffassung, die im Jahwe-Glauben wurzelnde Auserwähltheitsüberzeugung sei die Wurzel des jüdischen Mißgeschicks seit fast zweitausend Jahren, Lösung des Problems und damit Erlösung von den Leiden könne nur in der Aufgabe dieser »Sonderrolle«, in der völligen Assimilation an die Gastvölker gefunden werden. Der Zionismus suchte das gleiche Ziel auf entgegengesetzten Wegen: in der Übertragung des »Sonderstatus« auf die Begriffe realer Politik, das heißt: in der Gründung eines jüdischen Staates.

Deutsche Geschichtsbankrott-Ausweichreaktionen heißen: deutscher Idealismus; Überwertigkeitsvorstellungen von »deutscher Tüchtigkeit«; verspätet und dilettantischer Nationalismus und Imperialismus; schließlich germanischer Rassenwahn. Alle diese krampfhaften Anstrengungen haben, und zwar beim Judentum wie beim Deutschtum, immer nur zu neuen größeren Katastrophen geführt. Das Ziel: Fluch, Mißerfolg, Aussonderung endlich abzuschütteln, wurde nicht erreicht; die »Normalisierung« mißlang. Am Ende der deutschen Krampf-Reaktionen, bis heute, stand der Untergang des Reiches, der menschliche, sittliche, geistige Verfall von vorher unausdenkbarem Ausmaß. Am Ende des jüdischen Assimilationsweges stand die physische Vernichtung von einem Drittel des Judentums; als Frucht des Zionismus entstand der Staat Israel, der jedoch bisher nur einen verhältnismäßig kleinen Teil der Juden umfaßt und dessen Existenz noch immer nicht als der Gefahrenzone entzogen und endgültig gesichert gelten kann. Gerade der jüngste Abschnitt des Weges beider Völker hat eine zugleich großartige und grauenvolle Konjunktion gebracht. Ich vermag es nicht als bloßen Zufall anzusehen, daß die Grundleger einer neuen Menschheitsepoche deutsche Juden gewesen sind: Karl Marx, Albert Einstein und Sigmund Freud. Ihr gemeinsamer Nenner, Deutschtum und Judentum, drückte sich in der Gemeinsamkeit ihres ansonsten ganz individuellen und unvergleichbaren Lebenswerkes aus: nämlich in der Aufbrechung und Auflösung der bis dahin geltenden Ordnungsgefüge, des gesellschaftlichen, des raum-zeitlichen und des psychischen Gefüges. Vom Judentum her gesehen sind alle drei Vertreter des Assimilationismus gewesen; dazu Sprosse deutscher (bzw. österreichischer) Bürgerlichkeit des 19. Jahrhunderts. Die Lebensdaten Freuds und Einsteins – dieser starb 1955, jener 1939 – reichten in den Untergang der deutsch-jüdischen Symbiose hinein, welche in Massenmord endete.

Absichtlich haben wir etwas weiter ausgeholt, um den Ort zu zeigen, an dem Walther Rathenau als Deutscher und als Jude stand: im letzten Drittel dieser Symbiose, wenn wir sie von der Judenemanzipation in Preußen zu Beginn des neunzehnten Jahrhunderts an bis zu den Nürnberger Gesetzen von 1935 rechnen. Er ist einer der entschiedensten und prominentesten Exponenten des Assimilationswillens gewesen; seine Ermordung war ein frühes Menetekel des tragischen Scheiterns dieses Wollens.

Zum Assimilations- wie auch zu dessen Gegenteil, dem Separierungswillen, gehörten stets die *beiden* Kontrahenten. Sowohl für die herrschenden Christen wie für die beherrschten Juden gab es religiöse Gründe, die die Separierung hervorbrachten und sie »notwendig« erscheinen ließen. Die Intoleranz der Christen, welche sich eine Art von Rächer- und Richterrolle für die Leiden ihres Herrn den Juden gegenüber anmaßten und die auf den Geschmack gekommen waren, wie nützlich es sei, sich unter dem Deckmantel der Frömmigkeit eine Gruppe Entrechteter für alle nur möglichen Zwecke zu halten, und die passiven und aktiven Abwehrkräfte der Juden: das Festhalten am Väterglauben, die Schlauheit, Wachheit, Geschäftstüchtigkeit (erzwungene Tugenden zur Selbsterhaltung) entsprachen und steigerten einander. Erst die Entfanatisierung und Liberalisierung der christlichen Religion im achtzehnten Jahrhundert ließ Toleranz erwachsen und machte damit die allmähliche Emanzipation der unterdrückten Minderheitsgruppen, zu denen ja nicht die Juden allein zählten, möglich. Es bleibt ein dunkler Fleck des Christentums, daß diese Toleranz nicht als seine Frucht, sondern im Gegensatz zu seinen offiziösen, d. h. konfessionellen Ausformungen heranreifte. Nicht christlicher »metanoia« verdanken die Juden, die Leibeigenen, die Sträflinge, die Soldaten ein menschenwürdigeres Los – sondern der Aufklärung. Erst das Zweite Vaticanum hat hierzu auch sein christologisches Wort gesprochen.

Es besteht kein Zweifel, daß alle geistigen und gebildeten Menschen Deutschlands die volle Gleichstellung der Juden bejahten. Dennoch waren tausend Jahre Intoleranz nicht mit einigen Federstrichen auszulöschen. Bis zur

Weimarer Republik genossen sie nicht die volle bürgerliche Gleichstellung: sie konnten nicht aktive Offiziere, vor dem Kriege nicht Reserveoffiziere, sie konnten weder Hochschullehrer noch Minister werden – es sei denn als Getaufte. So unsinnig diese Beschränkungen waren – sie wiesen auf die ursprünglichen religiösen Wurzeln der Judenunterdrückung hin; als die zugegebenermaßen unwürdige christlich-jüdische Zusammenlebenspraxis des Mittelalters dank den geistigen Entwicklungen des achtzehnten Jahrhunderts abgebaut wurde, blieben dennoch ihre einstigen Wurzeln zum Teil in der gewandelten Gesellschaft zurück. Die völkisch-rassistischen Bewegungen des ausgehenden neunzehnten und frühen zwanzigsten Jahrhunderts, zum Schluß ein Hitler, *säkularisierten* sie, indem sie die einst religiösen in biologistische Motive, den Glaubenshaß in Rassenhaß, den Christenwahn in Germanenwahn umwandelten.

Damit wurde nachträglich noch das Assimilationsstreben all der geistig und menschlich hochstehenden Juden, die an eine Integrierung ihrer selbst in »ihr« deutsches Volk geglaubt und sie für möglich gehalten hatten durch »Angleichung« an dieses Volk, auf das Schrecklichste ad absurdum geführt. In seinem Aufsatz »Höre, Israel!« betonte Rathenau gleich eingangs, er wünsche sich denen anzuschließen, die *nicht* länger den »Fahnen ihrer philosemitischen Beschützer« zu folgen, die also nicht mehr die Sicherheit des Judentums dem guten Willen toleranter Freunde anzuvertrauen gedächten. Vielmehr – so die Quintessenz dieses Artikels – sollten die Juden sich im Spiegel betrachten, selbst erkennen, dann ihre Untugenden, durch die sie den Deutschen sich unsympathisch (wenn nicht mehr) machten, ablegen, um ganz so wie diese zu werden. Einem deutschen Leser unserer Tage kann es heiß und kalt werden bei diesen Sätzen Rathenaus aus dem Jahre 1897: »Seltsame Vision! Inmitten deutschen Lebens ein abgesondert fremdartiger Menschenstamm, glänzend und auffällig staffiert, von heißblütig beweglichem Gebaren. Auf märkischem Sand eine asiatische Horde. Die gezwungene Heiterkeit dieser Menschen verrät nicht, wieviel alter, ungesättigter Haß auf ihren Schultern lastet. Sie ahnen nicht, daß nur ein Zeitalter, das alle natürlichen Gewalten gefesselt hält, sie vor dem zu beschützen vermag, was ihre Väter erlitten haben. In engem Zusammenhang unter sich, in strenger Abgeschlossenheit nach außen –: so leben sie in einem halb freiwilligen, unsichtbaren Ghetto, kein lebendes Glied des Volkes, sondern ein fremder Organismus in seinem Leibe.«[3]

»Der Staat hat euch zu Bürgern gemacht, um euch zu Deutschen zu erziehen. Ihr seid Fremde geblieben und verlangt, er solle nun die volle Gleichberechtigung aussprechen? Ihr redet von erfüllten Pflichten: Kriegsdienst und Steuern. Aber hier war mehr zu erfüllen als Pflichten: nämlich Vertrauen ... Doch ich weiß: es sind Einzelne unter euch, die es schmerzt und beschämt, Fremde und Halbbürger im Lande zu sein, und die sich aus der Ghettoschwüle in deutsche Waldes- und Höhenluft sehnen. Zu ihnen spreche ich.«[4]

Rathenau blieb bei dieser Ungerechtigkeit nicht stehen; als wolle er den zukünftigen Vernichtern des deutschen Judentums Argumente liefern, fährt er fort: ». . . ein Ende der Judenfrage ist die Taufe nicht. Wenn auch der Einzelne durch die Lossagung sich bessere Existenzbedingungen verschaffen kann: die Gesamtheit kann es nicht. Denn würde die Hälfte von ganz Israel bekehrt, so könnte nichts anderes entstehen als ein leidenschaftlicher ›Antisemitismus gegen Getaufte‹, der durch Schnüffeleien und Verdächtigungen auf der einen, durch Renegatenhaß und Verlogenheit auf der anderen Seite ungesünder und unsittlicher wirken würde als die heutige Bewegung.«[5]

Unumwunden empfahl er seinen Stammesgenossen die Selbstaufgabe: »Was also muß geschehen? Ein Ereignis ohne geschichtlichen Vorgang: die bewußte Selbsterziehung einer Rasse zur Anpassung an fremde Anforderungen. Anpassung nicht im Sinne der ›Mimicry‹ Darwins, welche die Kunst einiger Insekten bedeutet, sich die Farbe ihrer Umgebung anzugewöhnen, sondern eine Anartung in dem Sinne, daß Stammeseigenschaften, gleichviel ob gute oder schlechte, von denen es erwiesen ist, daß sie den Landesgenossen verhaßt sind, abgelegt und durch geeignetere ersetzt werden.«[6] Wenn sie in den Spiegel schauen, so meint er, werden sie sich gerne selbst aufgeben. Rathenau schildert das Bild, welches der Spiegel angeblich zeigt, so erbarmungslos-roh, daß ich gezögert habe, die Stelle in diesem Buch zu zitieren. Der Wunsch, ein komplexes und wahrheitsgetreues Porträt Rathenaus zu zeichnen, gab den Ausschlag; der Leser findet die entsprechenden Passagen im Anmerkungsteil.[7]

Nachdem der Autor dem Staat ausdrücklich noch einmal das Recht zur »Sonderbehandlung« seiner jüdischen Bürger zuerkannt hat, richtet er einen matten Appell an ihn, doch die wenigen guten, gerechten, würdigen Juden, zu denen er natürlich sich selbst zählt, unbehindert aufsteigen zu lassen: »›Jude ist Jude‹: das ist heute der einfache Grundsatz des Staates. Strikt und ohne Ausnahme wird die Ausschließung aus Heer, Verwaltung und Hochschulen durchgeführt. Das Ziel: der Verjudung des öffentlichen Wesens entgegenzuarbeiten, ist berechtigt. Den erwählten Weg vom sittlichen Standpunkt zu prüfen, habe ich keine Veranlassung. Vom Standpunkt der Zweckmäßigkeit ist er falsch . . . Man mag die strengste Prüfung der Herkunft, Gesinnung, sogar des Äußeren zur Vorbedingung machen und die schärfste Beaufsichtigung der Führung walten lassen, aber die grundsätzliche, ausnahmslose Aussperrung muß aufhören. Gäbe es nur eine Handvoll jüdischer Beamten und Offiziere – und sollten unter einer halben Million Menschen sich nicht so viele Gerechte finden lassen wie in Sodom und Gomorrha? – so würde die jüdische Bevölkerung empfinden, daß der Staat aus der Judenfrage nicht eine Frage des Glaubens, sondern der Erziehung macht, sie würde nicht aus politischer Hoffnungslosigkeit sich der berufsmäßigen Opposition zuwenden oder gezwungen sein, das widerwärtige und unsittliche Bild assoziierter Interessen- und Glaubensbegriffe beständig sich vor Augen zu halten . . . Gerechtigkeit schuldet der Staat selbst seinen verlorensten Söhnen; seine Weisheit muß es verhüten, daß in den Seelen gerade der Besten dieses unglücklichen Stammes ein Funke koriolanischen Zornes sich entfache.«[8]

Maßlos wie diese Ausführungen des Dreißigjährigen muß die innerliche Alteration gewesen sein, die zu ihnen führte. Daß objektive Sachverhalte solcher Verletzung zugrunde lagen, wissen wir. Aber andererseits war gerade Preußen seit Humboldts Zeiten schon in der Emanzipationsfrage vorausgegangen; das Wilhelminische Reich zeigte sich in dieser Hinsicht liberal; dem getauften Juden stand jeder Weg offen, bis hin zu den höchsten Staatsämtern und zur Freundschaft mit dem Kaiser – Dernburg und Ballin begegneten uns als Beispiele; ein Max Warburg, Bankier, nationalistisch und imperialistisch gesonnen wie nur einer, übte vor dem Kriege und in ihm großen Einfluß auf die deutsche Wirtschaftspolitik aus.[9] Jüdisch-christliche Eheschließungen sind gerade zur Kaiserzeit in Adelskreisen häufig gewesen. Die völlige Gleichstellung der jüdischen Bürger im Volksgefühl konnte nach so vielen Jahrhunderten der Minderachtung freilich nicht innerhalb weniger Jahrzehnte gelingen; ein Ton herablassender Geringschätzung schwang sicherlich oft mit, bei Feudalkorps und Elitetruppen – wie z. B. den Gardekürassieren, in deren Reihen Rathenau als Einjährig-Freiwilliger diente – fühlbarer als anderswo.[10] Daß Rathenau diese verhältnismäßig geringen Widrigkeiten um des Prinzips willen unerträglich, demütigend und entwürdigend fand, ehrt ihn. Als »Lebenskünstler« hätte er sich abfinden und mit den großen Möglichkeiten der Juden in Handel, Industrie und Finanz zufriedengeben können; persönliche Empfindlichkeit, geistige Rechtschaffenheit und sittliche Noblesse ließen ihn gerade die permanente unterschwellige menschliche Nichtästimierung »des Juden« als eine Schande empfinden.

Er suchte zunächst ihre Wurzeln in jüdischen Fehlern und erwartete Änderung durch jüdische Selbst-Mutation. Die schroffe Einseitigkeit dieser Forderung wich mit der Zeit gerechterem Abwägen. Sein 1912 erschienenes Buch »Zur Kritik der Zeit« enthielt im Anhang »Zeitfragen und Antworten« den Aufsatz »Staat und Judentum«, der die Schuld am gestörten Verhältnis nunmehr beiden Teilen zumaß: »Auf ein Erlöschen dieser Abneigung [gegen die Juden] ist kaum zu hoffen, solange der Staat sie durch differenzierte Behandlung billigt, anpreist und rechtfertigt, und solange gewisse Stammeseigentümlichkeiten den jüdischen Deutschen seinem christlichen Landsmann erkennbar und verdächtig machen. Es liegt nahe, den Juden anzuraten, durch eine energische Selbsterziehung, die schon seit einem Jahrhundert von vielen geübt wird, alle korrigiblen Seltsamkeiten zu beseitigen. Vor Jahren habe ich dies ausgesprochen in der Meinung, daß so die edelsten Gegenkräfte des Antisemitismus geweckt und hiermit im eigentlichen Sinne Not zur Tugend werde. Doch habe ich mir nicht verhehlt, daß es hart ist, Opfer als Gegenleistung für Bedrückung zu verlangen, und daß dieses Volksopfer lange Zeitläufe zu seiner Erfüllung braucht.«[11]

Die aus Indolenz fortbestehende Gewohnheit, das religiöse Glaubensbekenntnis zum Regulativ der Beziehung des jüdischen Bürgers zu Staat und Volk zu machen, entlarvte Rathenau als unmoralisch. Es ist pure Heuchelei, von den Juden sozusagen als Eintrittskarte in die Gesellschaft die Taufe zu verlangen.

»Ich weiß nicht«, fragt er mit Recht, »wie viele erwachsene evangelische Christen im Schoße ihrer Kirche verbleiben würden, wenn ihnen heute ein Modernisteneid im Sinne unbedingter Anerkennung des offiziellen Glaubensbekenntnisses zugeschoben würde.«[12]

Doch geht es ja um mehr als nur um das unwürdige Spiel eines Religionswechsels – die gesamte Einstellung des Staates zu seinen jüdischen Bürgern bedarf der Revision: »In den Jugendjahren eines jeden deutschen Juden gibt es einen schmerzlichen Augenblick, an den er sich zeitlebens erinnert: wenn ihm zum ersten Male voll bewußt wird, daß er als Bürger zweiter Klasse in die Welt getreten ist, und daß keine Tüchtigkeit und kein Verdienst ihn aus dieser Lage befreien kann.

Die der preußischen Judenpolitik zugrunde liegenden Vorstellungen sind rückständig, falsch, unzweckmäßig und unmoralisch. Rückständig: denn alle Nationen westlicher Kultur haben diese Vorstellungen aufgegeben, ohne Schaden zu erleiden. Falsch: denn Maßnahmen, die gegen eine Rasse gedacht sind, werden gegen eine Religionsgemeinschaft gerichtet. Unzweckmäßig: denn an die Stelle der offenkundigen Verjudung, die bekämpft werden soll, tritt die latente, und zwar auf Grund einer üblen Selektion; gleichzeitig wird eine große, konservativ veranlagte Volksgruppe in die Opposition getrieben. Unmoralisch: denn es werden Prämien auf Glaubenswechsel gesetzt und Konvertiten bevorzugt, während hunderttausend Staatsbürgern, die nichts anderes begangen haben, als ihrem Gewissen und ihrer Überzeugung gefolgt zu sein, in ungesetzlicher Weise und durch kleine Mittel ihre edelsten Bürgerrechte verkürzt werden.«[13] Man wird indessen den Pferdefuß in diesen Sätzen nicht übersehen dürfen: indem Rathenau die auf Glaubenswechsel zielende Judenpolitik des Staates als »unzweckmäßig« verurteilt, und zwar mit der Begründung, durch sie trete an die Stelle der offenkundigen die latente Verjudung – man beachte auch die Wortwahl –, liefert er selbst die Argumente jenen Antisemiten, welche schon wenig später den Kampf gegen die »Rasse« aufnehmen und zum Ausrottungsexzeß steigern werden. Es ist erstaunlich, daß ein so scharf durchdringender Geist diesen Aspekt seiner Äußerungen nicht sah.

Er faßte die deutsch-preußische Judenpolitik mit Recht »als den letzten Ausdruck der gegen Unzünftige gerichteten Interessenpolitik der beiden dominierenden Kasten« (Adel und Bürgertum) auf;[14] er erblickte mit Recht in ihr den Ausfluß eines »allzu renitenten Konservativismus Preußens«, als Teil der Tendenz, die Staatsmaschine für dauernd zu monopolisieren,[15] und schließlich, alles in allem, erkannte er mit Recht, daß die Behandlung der Juden in einem Staate wie ein Barometer das in diesem Staate herrschende Rechtsbewußtsein anzeige. Auf Preußen-Deutschland übertragen hieß das: unterentwikkeltes, gestörtes, geschrumpftes Rechtsbewußtsein. Von diesem her, so meinte er, drohe dem Lande die ernsteste, die eigentliche Existenzgefahr.[16] So gewiß dies alles stimmte, so verkannte es dennoch die letzte schreckliche Tiefe des Problems: die Metaphysik des Bösen. Der gebildete, liberale Jude, der patriotische Deutsche, der souveräne Mann von Welt meinte, es genüge, beiden Partnern gewissermaßen auf die Schultern zu klopfen und sie zu ermahnen, etwa in dem Sinne: »Ihr Juden, ändert euch, damit ihr den Deutschen nicht so auf die Nerven geht«, und: »Ihr Deutschen, benehmt euch fair zu euren jüdischen Mitbürgern, insbesondere du, preußischer Staat, lasse vernünftige Gerechtigkeit walten!« – es genüge dies, um Antisemitismus wie Philosemitismus überflüssig zu machen, da sich die »Judenfrage« dann ohnehin in nichts auflöse. Es genügte, wie wir heute wissen, nicht. Rationaler Liberalismus und romantizistischer Nationalismus, die beide Rathenau eigneten, vermochten einer aus dem Sumpfbrodem massen-psychopathischer Emotion aufsteigenden Wahnhaltung wie dem deutschen Antisemitismus dieses Jahrhunderts, der etwa in der Linie des Hexenwahns lag, mental überhaupt nicht beizukommen. Rathenau, der selbst die blond-blauäugigen Mut-Gestalten seiner Traumgermanen liebte und die dunkel-schlauen Furcht-Wesen seiner Selbsthaß-Visionen diffamierte, hätte dennoch nicht begriffen, wenn man ihm gesagt haben würde, daß aus solchen Vorlieben und Abstempelungen, welche in ihrer Generalisierung das Wehr der Humanität öffnen, Katarakte einer satanischen Unmenschlichkeit freigesetzt werden können.

Im Juni 1917 veröffentlichte S. Fischer Rathenaus Schriftwechsel mit Curt von Trützschler-Falkenstein unter dem Titel »Eine Streitschrift vom Glauben«.[17] Ausgangspunkt war die Schrift Trützschlers »Die Lösung der Judenfrage im Deutschen Reich«, in welcher er die Bekehrung der Juden zum Christentum als die einzige erfolgversprechende Lösung postulierte. Nicht allein weil Rathenau die Unzulänglichkeit solcher »Lösungs«-Vorschläge längst erkannt hatte, nahm er dazu Stellung, sondern weil er wohl das Bedürfnis spürte, einmal in der Öffentlichkeit über seine eigene religiöse Haltung zu reden. Zunächst spricht da der aufgeklärte Bildungsbürger, für den Juden, welche an »vorgeschichtlichen Riten«, »scholastischen Distinktionen« festhalten, und »Christen, deren Mutter-Gottes-Bilder Besuche austauschen und deren geweihte Symbole in Kutschen einherfahren«, auf der gleichen Stufe stehen, von der es sich zu distanzieren gilt. Ebenso gilt es jedoch von Juden, »die den Gottesbegriff zu reinem Pantheismus verflüchtigen«, und von Christen, »die aus der Heilslehre der Evangelien eine kommunistische Sittenlehre« herauslesen, abzurücken.[18]

Rathenau, der die Stärke des mosaischen Glaubens darin erblickte, daß er »nicht nur kirchenfrei«, sondern auch »dogmenlos« ist (obwohl das ja nicht ganz richtig ist), hat sich in dieser Schrift zur freien Gemeinde geistig Glaubender bekannt, die nicht in den offiziösen und organisierten Kirchen ihren Platz zu finden vermögen. Gegen sie, sowohl die evangelisch- wie die katholisch-christliche, bringt er seine Einwände vor: klug, maßvoll, mit Verständnis und ohne alle Taktlosigkeit. Er gelangt zu dem Schluß: »Wenn heute ein Dissident, ein Muselmann oder ein Buddhist zu mir käme und mir sagte, daß er seiner innersten Überzeugung nach den ursprünglichen Glauben der Evangelisten und Apostel in eigener, nicht willkürlicher, doch gefühlsmäßig abwägender Auffassung und Deutung redlich teile; jedoch nicht mehr und nicht weniger: dürfte ich ihm raten, einer der christlichen Konfessionen sich anzuschließen? . . . Es wäre aber, wie mir scheint, kein vermessenes Paradox, wenn ich ihm sagte: ›Dein Glaube ist im Schoß des Judentums entsprossen. Vielleicht ist er die allein mögliche Fortbildung seines ethischen Monotheismus. Er hat in den Jahren seiner Entstehung, als kein anderes Gesamtvolk reif war, ihn aufzunehmen, Tausende von palästinensischen Landbewohnern hingerissen und ist als Element der Volksreligion nur am Widerstand großstädtischer Klassen und fremder Staatsgewalt gescheitert; auch in andern Ländern und andern Jahrhunderten sind Staatsgewalten und großstädtische Klassen den praktischen Urlehren des Evangeliums nicht immer günstig gewesen. Willst du überhaupt deinem Glauben den Stempel eines herkömmlichen Bekenntnisses aufdrücken . . . so scheint der mosaische Monotheismus kraft seiner Freiheit von Dogma und Kirche mir das einzige Bekenntnis zu sein, das deinen Glauben ohne inneren Widerspruch dulden darf und dulden muß‹.«[19]

In dieser Empfehlung an den gedachten Dissidenten liegt weniger ein Bekenntnis zum eigenen mosaischen Glauben als zur größtmöglichen geistlichen Freiheit, die doch noch »Religion« sein soll. Die instituierten Kirchen sind für ihn Mechanisierungsformen der Religiosität, »die den reinen Glauben umschließen, ihn gegen den Abbruch der Zeiten schützen, ihn den Mengen nach Art und Begabung anpassen«.[20] Das ist die Einstellung des Gebildeten, der zu diesen »Mengen« nicht zu gehören wünscht. Kirchen sind gut und wichtig, sie sind von Dauer und haben »heilige Aufgaben« – für die Menge. Für sich selbst legt Rathenau ein klares Bekenntnis zur außerkirchlichen Religiosität, zu einem freien persönlichen Glauben ab: »Ich glaube aber auch an die Möglichkeit des kirchenlosen Glaubens der freien Gemeinde und des persönlichen Bekenntnisses. Ich erblicke das Maß der irdischen Glaubenskraft nicht in der Bekennerzahl einzelner Religionsformen, sondern in der Intensität der religiösen Durchdringung des Lebens. Ich glaube an die innere Notwendigkeit der Verschiedenartigkeit der Glaubensformen und möchte sie eher gesteigert als verringert sehen; denn wie die Lebenskraft in der Tausendfältigkeit der Form sich auswirkt, so kann die Gotteskraft nur in der Tausendfältigkeit der Strahlung wirken.«[21]

Den christlichen Staat bejaht Rathenau, ein Kirchenmonopol, welcher Art auch immer, verwirft er. Es würde nicht nur dem Staat schaden, nicht nur die Freiheit der Bürger beschneiden, sondern auch für den Glauben und sogar für die Kirchen selbst von Übel sein. Gar »politische Folgerungen aus der Zugehörigkeit zu einer anerkannten Religionsgemeinschaft zu ziehen«, erscheint ihm als unvereinbar mit dem Begriff staatlicher Gerechtigkeit. Die religiöse Schule – gemeint ist die Konfessionsschule – und die kirchliche Kontrolle der Schule lehnte Rathenau eindeutig ab; dem Staate liegt es ob, dafür zu sorgen, daß nichts gelehrt wird, was gegen die Sitte verstößt oder was »einem Glauben zu nahe tritt«.[22] Toleranz und Takt ja – kirchlicher Dirigismus nein.

»... ein Zwang«, so schließt Rathenau, »zur Verbreitung einseitig bestimmter Glaubensformen gebührt nicht der Würde eines mündigen und gebildeten Volkes. Wir leben und atmen der Freiheit entgegen. Nie wird das deutsche Volk Zügellosigkeit noch Anarchie verlangen. Wenn es aber ein Reich der intelligiblen Freiheit gibt, und wenn wir dieses das Reich der Seele und das Reich Gottes nennen dürfen, soll auch sein irdisches Abbild, das Reich des Glaubens, ein freies Reich sein.«[23]

Was die Rolle der organisierten Religiosität in Staat und Gesellschaft anbetraf, so entsprach Rathenaus Haltung hierzu der klassischen Haltung des Liberalismus. Das gilt es festzuhalten. Er selbst, als Privatmann, gelangte über die intensive Beschäftigung – er versuchte sogar hebräisch zu lernen – mit den Richtungen des mosaischen Glaubens, besonders mit der chassidischen Mystik, die ihm durch Martin Buber nahegebracht wurde, zu einer »Privatreligion«, wie sie so vielen bedeutenden Geistern von Goethe bis Einstein oder Thomas Mann eigen war. Alle diese Eigenprägungen sind elektrischer Natur; doch urteilt James Joll wohl zu hart, wenn er meint, bei Rathenau sei nur »eine wässrige Salonmystik, der sowohl die Disziplin der jüdischen Denkweise als auch die moralische Reife des Christentums fehlte«, herausgekommen.[24] Gegen diese Behauptung spricht, wie mir scheint, vor allem die mutige und würdige Haltung Rathenaus während seiner letzten Lebensmonate, als er schon dauernd mit dem Tode bedroht war, von dieser Drohung wußte und ihr in einer Ruhe entgegensah, die sicher nicht als Komödiantentum abzutun, sondern die die Ruhe eines Mannes gewesen ist, der auf seine Weise seinen Frieden mit der Welt und mit Gott gemacht hatte.

2. FAMILIE UND FREUNDE

Für Rathenau stellte sein Judentum so etwas wie einen notwendigen und geliebten Feind dar: das, was er in sich und an anderen zu »bekämpfen« hatte und was er dennoch, gerade darum, zur höchsten Veredelung brachte. Seine Eltern entstammten jenen Führungsschichten der deutschen Judenschaft, die im neunzehnten Jahrhundert ihren eigenen Aufschwung an den von Technik, Industrie, moderner Großwirtschaft zu binden wußten. »Das väterliche Geschlecht«, bemerkt F. W. Euler, »hat im Mannesstamm einen raschen, aber keineswegs ungewöhnlichen Aufstieg genommen. Dabei ist wie so oft zu beobachten, daß immer eine ganze Generation gemeinsam einen solchen Status erreicht und dann auch in ihrer Gesamtheit ein entsprechendes Verhalten mit Einschluß der Heiraten an den Tag legt.«[25] Walthers Großvater Moritz Rathenau (1799–1871), »als Fabrikant ohne Erfolg und verarmt«, verband sich mit einer Tochter des angesehenen Hüttenbesitzers und Fabrikanten Kommerzienrat Joseph Bendix Liebermann und dadurch mit einer Familie von beachtlicher Reputation in Preußen und besonders in Berlin, der der große Maler Max Liebermann (ein Vetter Emil Rathenaus) und mehrere Gelehrte entstammten.

Auch Walthers Großvater mütterlicherseits Isaak Joseph (später: Isidor) Nachmann (geboren 1816) war kein Mann des Erfolgs: als Bankier in Frankfurt machte er 1870 bankrott und beging Selbstmord. Seiner Ehe mit der Frankfurterin Ida Stiebel (deren Brüder sich ab 1849 »Steffens« nennen durften) entsproß 1845 die Tochter Sabine Mathilde Nachmann, die Walthers Mutter wurde und bis 1926 lebte. Die beiden Geschwister Walthers waren der um fünf Jahre jüngere Bruder Erich, der 1903 starb, und die fünfzehn Jahre jüngere Schwester Edith, die den Bankier Fritz Andrae heiratete. Die Ahnentafel Rathenaus weist ein über Jahrhunderte unvermischt erhaltenes jüdisches Erbe aus. Vor allem die Ahnen mütterlicherseits, die Geschlechter Stiebel, Bonn, Speyer, Strauß, zählen zu den ältesten jüdischen Familien Frankfurts, teilweise lückenlos nachweisbar bis in das fünfzehnte und sechzehnte Jahrhundert hinein.[26] Jahrhundertelang engste Lebensgemeinschaft mit der deutschen Umwelt – und dennoch keine Adsorption; es bleibt eine schwer zu begreifende Tatsache. Sicher erscheint nur, daß gerade in dieser Symbiose, die nicht zur Aufsaugung führte, ihr spezifischer Wert lag. Das deutsche Judentum wirkte wie ein Ferment; es ist auf das engste mit dem geistigen, kulturellen, wirtschaftlichen und politischen Weg Deutschlands verbunden gewesen, als Motor, als Katalysator, als belebende Essenz – wie immer man das nennen will. Die Folgen seiner Vernichtung für das Deutschtum sind noch kaum abzusehen. Wenn dieses – und es sieht ganz so aus – in die Mediokrität drittklassiger Imitation von West- oder Ost-Vorbildern absinkt, dann nicht zuletzt deshalb, weil es sich seines intellektualen Salzkorns, des Judentums, entledigt hat. Das Wüten gegen dieses wird dann, nach Generationen, als ein Wüten auch gegen sich selbst erkennbar sein.

Von breitgetretenen Erörterungen darüber, inwieweit der Einfluß des Vaters oder der Mutter Werden und Weg eines Menschen bestimmt habe, wie das Verhältnis zu ihnen im einzelnen beschaffen und aus dieser Beschaffenheit – welche gerne quantitativ und qualitativ aufgefasert wird – heraus wirksam gewesen sei, halte ich wenig. Nur allzu leicht gerät man dabei ins Fabulieren; auch Briefe trügen, denn die Korrespondenz, die ein Kind mit Vater und Mutter führt, sagt wenig über die tieferen Bindungen aus; auch die Erinnerungen an die Kindheit und Jugend, die in der Rückschau getanen Aussagen über das Verhältnis zu den Eltern geben im allgemeinen keine für ein objektives Urteil verwendbaren Kriterien ab. Erst im Überblick über ein abgeschlossenes Leben und aus der zeitlichen Distanz heraus, die ihn ermöglicht, mag man vorsichtige Vermutungen über die Verwobenheit dieses Lebens mit dem der Eltern und Ahnen anstellen.

Walther Rathenau war in jeder Hinsicht ein Kind *beider* Elternteile; das klingt banal, soll aber betonen, daß man seinen komplizierten Charakter eben nicht nach »Einzelportionen« auf Vater und Mutter »verteilen« kann; nach dem Schema etwa: vom Vater praktische Energie, Geschäftssinn, alles das, was zum »Zweckmenschen« in der »mechanisierten« Welt taugt; von der Mutter Sensitivität, Geistigkeit, alles das, was zum »höhergearteten seelenvollen Mutmenschen« gehört – nein: diese sämtlichen Eigenschaften besaßen beide, der Vater Emil, der bei aller Robustheit ein seelisch außerordentlich differenzierter Mann war, und die Mutter, die bei aller Kultiviertheit von eisenharter Willenskraft gewesen ist. Walthers Beziehung war zu beiden im Grunde von derselben Art: eine Mischung aus Trabantentum und Autonomie; das Streben, jenes abzuschütteln und diese zu stabilisieren, teils im Wechsel, teils im Gemenge mit der Lust, die nie reißende Nabelschnur zu spüren und auch als reifer Mann der »exemplarische Sohn« zu sein; diese psychische Spannung bedeutete – ich sage das mit gebotener Vorsicht – wahrscheinlich eines seiner geheimen Lebensgesetze. Die nicht vollzogene, wenn man will: nicht geleistete Ablösung des Sohnes von den Eltern, dieser unterbliebene, ebenso schmerzliche wie notwendige Prozeß der Selbstwerdung, ohne den die Fähigkeit, selbst Ehemann und Vater, Ehefrau und Mutter zu werden, verkümmert, dieser Mangel ist eine verborgene Wunde gewesen, von der andere Schmerzen und Enttäuschungen ihren Ausgang nahmen.

Die permanente »Sohnschaft« und das innere Angehen gegen sie bewirkten, als Kompensation, jenen Ton des ständig präsenten Besserwissens und der pastoralen Belehrung, den viele Bekannte und Freunde bezeugt haben. Selbst in den Briefen an den Bruder Erich, an dem er aufrichtig hing, pflegte er, trotz aller Wärme und sogar gelegentlichen Humors, meist ein wenig von oben herab zu dozieren. Es spielte keine Rolle, ob der Briefempfänger ein Mann oder eine Frau war – der Ton weiser, milder, überlegener Lehre blieb immer gleich; nicht anders im persönlichen Umgang: er »ergriff das Wort«, er sprach, erklärte, beurteilte – der andere war Zuhörer. Wem das nicht paßte, der zog sich zurück, oder Rathenau ließ ihn fallen. In Harden fand er, wenn man so sagen will, seinen Meister; auch deshalb konnte die Freundschaft nicht dauern. Die Frau als Gegenpol und Ergänzung, geschweige denn als Erfüllung des eigenen Seins, hat in seinem Leben gefehlt. Die riesige Korrespondenz weist nur wenige weibliche Adressen auf: Minka Grönvold, Fanny Künstler, Lore Karrenbrock; die beiden letzteren unverheiratete Anbeterinnen ohne Aussicht auf Erhörung. Lore Karrenbrock, klein, zart, verwachsen, liebte Rathenau romantisch, hingebungsbereit, ein wenig verstiegen und ganz hoffnungslos.[27] Er ging ihr gegenüber mehr als gewöhnlich aus sich heraus; zwischen beiden herrschte Vertrauen, so etwas wie ein feinsinniges Beichtverhältnis, leider bisweilen vergiftet von Rathenaus Eitelkeit: »Eine vertrauliche Nachricht wird Sie erfreuen: durch einen Abgesandten, der deutsche Verhältnisse studieren soll, ließ House mir heute sagen, er habe tieferschüttert meinen Brief gelesen und ihn sofort Wilson gegeben.«[28]

Auch Selbstbemitleidung und -beweihräucherung, die man heute halb mit Rührung und halb mit Unbehagen liest, fehlen nicht: »Ihre Briefe, zumal der verzweifelte an Ihren Bruder, haben mich tieftraurig und sorgenvoll gemacht. Was soll ich, was kann ich für Sie tun? Sie wollen meine Nähe, meine Berührung, einen Teil von mir selbst – wie gerne gäbe ich Ihnen das! Doch ich gehöre ja nicht mehr mir selbst, ich habe mich weggegeben, es bleibt mir nichts, kaum eine Stunde der Ruhe, kaum der Schlaf – ich bin nur noch ein Fremder, der gekommen ist, um sich auszugeben, und ich werde nicht länger leben, als bis ich mich ausgegeben habe. In *eigenem* Leben ertrüge ich die Zeit nicht, ertrüge ich nicht das Maß von Haß und Feindschaft, das auf meinen Schultern liegt; ich ertrage es, weil ich keinen eigenen Willen, keine Heimstätte, kein eigenes Leben mehr habe, sondern da bin, wie ein Mensch in einem Panzerturm, der seinen Befehl hat und ein Geschütz bedient. Sie wollen für mich da sein? Das fühle ich mit Dankbarkeit. Es hat noch nie ein Mensch für mich da sein wollen, Sie sind der erste. Alle wollten, ich solle für sie da sein, und das war natürlich, denn ich bin, soweit meine Kräfte reichen, für alle da, freilich in einem anderen Sinne als die Menschen es wünschten, denn sie wollten, genau genommen, gar nicht mich, sondern Dinge, die lose mit mir zusammenhängen, Anregung, Unterhaltung, Gedanken, Handlungen, mich selbst wollten sie nicht, sie lehnten mich ab.«[29] Bewegend: daß vieles, was Rathenau hier ausspricht, stimmt; befremdend, *daß* er es ausspricht, daß er es fast wie ein Christus ausspricht. Auf der anderen Seite – auch das muß man sehen – ist es für einen fünfzigjährigen Junggesellen nicht leicht, einer liebenden Frau, der man nicht in der einzig begehrten und vollgültigen Münze erwidern kann, zu antworten. Da muß zwangsläufig einiges so hohl oder krampfig klingen wie etwa in dem berühmten Briefwechsel Wilhelm von Humboldts mit Charlotte Diede oder wie diese Sätze: »Könnte ich Ihr armes Herz um ein paar Jahre altern machen! Ich kenne diese Sehnsucht und fühle sie Ihnen nach und weiß doch, wie vergeblich sie ist. Vereinigung gibt es nur im Bereich der Sinne, und auch die ist flüchtige Täuschung. Die Seelen aber stürzen hintereinander her wie die bewegten Sterne, und können doch ihre Bahn nicht verlassen und begegnen sich nicht . . .[30] Glauben Sie mir, es ist nicht recht, daß Sie so völlig sich leidenschaftlichen Gefühlen hingeben. Es muß Dinge und Menschen geben, die außerhalb Ihrer Gefühlssphäre stehen und es verdienen, daß Sie ihnen etwas von Ihren Kräften zuwenden. Es ist keinem von uns gestattet, auf die Welt zu verzichten und den Kampf um Glück in unserer Eigensphäre zu kämpfen. Wenn Sie etwas für mich tun wollen, so tun Sie dies: schaffen Sie sich eine noch so kleine, noch so gleichgültige Sphäre des Wirkens außerhalb des Eigenbezirks . . .«[31]

Der Mann, der dies 1919 schrieb, hatte längst alle Gedanken an Ehe und Familie, falls sie je bestanden, begraben. Frauen gingen ihm bloß noch auf die Nerven: sie »haben zu viel Diskant im Kopf«,[32] meint er zu Lore Karrenbrock. Und: ». . . ich hätte keine Familie gründen können. Einen Sohn habe ich entbehrt, ja; aber wenn ich bedenke, wie ich mich mit meinem Vater gequält habe, und wie jeder Sohn sich mit dem seinen quält, so kann ich nicht mehr bedauern, keinen zu besitzen. Ich wäre wohl kein bequemer Vater.«[33]

Es mag sein, daß Rathenau seine Kontaktlosigkeit zur Frau mit Absicht hervorstrich, sie übertrieb, um es dadurch Lore und sich selbst leichter zu machen; dennoch trifft es den Kern, wenn er von sich sagt: »Ich sehe alle diese neutralen Menschen wie durch eine Glasscheibe.«[34]

»Seine einzige von Leidenschaft gefärbte Beziehung«, berichtete Kessler, war die zu Lili Deutsch.[35] Diesen Namen jedoch wie überhaupt alle näheren Umstände durfte Kessler in seinem Buch nicht nennen, da ihm Felix Deutsch, der Gatte Lilis und der Nachfolger Rathenaus an der Spitze der AEG, mit gerichtlicher Verfolgung drohte.[36] Aus des Grafen Tagebüchern wissen wir wenigstens, wie Lili über Rathenau dachte. Man muß, will man ihre im ganzen negative Beurteilung richtig werten, dreierlei bedenken: zum ersten, und das erscheint mir als das Wichtigste, hatte der Beziehung zwischen Walther und Lili jegliche erotische Erfüllung gefehlt; gerade das aber verstieß gegen die natürliche weibliche Regung, begehrt werden, wirken und »siegen« zu wollen; die theoretisierende Frustration der Beziehung bedeutete neben allem anderen eine Demütigung für die Frau;[37] zweitens hatte der Wust peinlicher Zwischenträgereien zwischen Harden, Rathenau und ihr – an dem sie wesentlich mitschuldig gewesen war – eine Fülle unangenehmer Erinnerungen hinterlassen; als Kessler sie in Vorbereitung seiner Rathenau-Biographie über Walther befragte (November 1927), war Harden gerade gestorben, der zeitlich nähere Tote verstellte und trübte den Blick auf den schon seit einem halben Jahrzehnt Fortgerufenen; schließlich mag auch mitgespielt haben, daß das Verhältnis zwischen Deutsch und Rathenau nicht spannungsfrei, sondern von Rivalität bestimmt gewesen war und daß die Gattin, die keineswegs als eine überragende Persönlichkeit erscheint, darauf Rücksicht zu nehmen hatte.

Dennoch kann man das Zeugnis Lilis nicht einfach abtun: wichtige Züge im Bilde des Menschen Rathenau sind zweifellos richtig erfaßt und decken sich mit den Berichten anderer.[38] Eine bleibende Bedeutung maß Lili Deutsch lediglich den wirtschaftlichen Ideen Rathenaus bei: »Die«, so meinte sie, »würden noch einmal grundlegend werden.« Gefühle sprach sie ihm rundweg ab. »Er habe immer nur Sehnsucht nach Gefühlen gehabt. Dieses wiederholte sie immer wieder: das Gefühlsleben habe bei ihm keine entscheidende Rolle gespielt, nur der Verstand und der Wille zur Macht über andere Menschen. Sein Werben um Menschen sei nur um seines Machtwillens gewesen; so habe er um Große geworben, wie den Kaiser, Bülow, Dernburg, aber auch um ganz Kleine, Unscheinbare, um seinen Machtwillen an ihnen auszulassen.«

Die Beziehung zu Lore Karrenbrock habe er nur gepflegt, weil sie Redakteurin beim »Vorwärts« gewesen sei, bei dem er nach 1918 »einen Stein im Brett haben wollte«; die zu Schwaner nur deshalb, um auch den völkischen Extremisten angenehm zu werden. Hier schleichen sich in Lili Deutschs Äußerungen ganz offenkundig ressentimentgeladene Verzerrungen ein. Alles in allem entwarf sie Kessler ein ziemlich vernichtendes Bild des Menschen Rathenau und stimmte damit in den Ton ein, den Harden in seinem Nachruf angeschlagen hatte; gerade dessen Kern-These übernahm sie: »An Rathenau war *alles* unecht; nur der Machtwille nicht und sein Innenleben.« Zwei Tage später wiederholte Lili Deutsch dies nochmals mit anderen Worten: »Er habe fortwährend an sich gearbeitet. Alles sei unwahr gewesen, Demokratie, Republik, Patriotismus; er habe nur immer sich gewollt.« »Allerdings«, so fügte sie hinzu, »sei er tief verwurzelt gewesen in der deutschen Kultur und habe von Deutschland nicht losgekonnt; das sei echt gewesen.« Nun, dieser Widerspruch zeugt für sich und, da »in dubio pro reo«, für Rathenau.

Lili Deutsch machte Kessler Rathenaus Briefe an sie zugänglich.[39] Einige davon, die in die Zeit zwischen 1906 und 1911 fallen, hat dieser in seine Biographie aufgenommen. Sie unterscheiden sich in keiner Weise von anderen Briefen Rathenaus an engere Bekannte; scheinbar öffnet sich hier eine Seele, aber im Grunde ist es der stets gleiche edle und getragene »Sarastro«-Stil, den sich Rathenau angewöhnt hatte und von dem eigentlich nur seine Briefe an Harden, in denen Scherze, Bosheiten, gelegentlich Intimitäten vorkommen, eine Ausnahme machen.

»Betrachten Sie mein Leben«, schreibt er der Freundin Lili, »kennen Sie ein anderes ernsteres, entsagenderes? Und das liegt wohl nicht an Unempfindlichkeit und Stumpfheit. Es liegt auch nicht an irgend etwas, das ich will, denn ich will nichts. So sehr ich mein Inneres zerquält habe, ich habe nie Weltliches gefunden, das ich will. Ich will, was ich muß, sonst nichts ... Daß dies mein Leben ein Opfer ist, das gutwillig und freudig den Mächten gebracht wird, nicht um Lohn und um Hoffnung, das darf ich sagen und das wissen Sie selbst; daß mir die Liebe der Menschen dabei zerbrochen ist, das weiß ich und empfinde es hart. Wenn ich nun gesagt habe, daß ihr Leben ein Spiel ist, so meint das nicht, es sei frivol, sondern vielmehr, es sei kein Opfer. Sie sind um Ihrer Schönheit und ihres Griechentums willen geschaffen worden, und meinem Nordseegeblüt konnte nur dies eine Licht geschenkt werden und kein anderes.«[40] Die Probe genüge: in diesem Ton sind sämtliche Briefe gehalten, und es läßt sich unschwer vorstellen, wie sie auf eine halbwegs natürliche Frau gewirkt haben mögen.[41]

Kessler prägte das treffende Wort von der »halbseitigen Lähmung« des Rathenauschen Gefühlslebens, bedingt durch die Vielseitigkeit seiner Natur. (Letzteres ist sicherlich eine unzureichende Erklärung, denn die ungleich mächtigere Vielseitigkeit etwa der Goetheschen Natur drückte sich gerade in dem Reichtum seines Gefühlslebens aus.) Die »Halbseitenlähmung« war ein

Defekt; sie bestand darin, daß Rathenau zu natürlichem, innerlich losgelassenem, lebensvollem Eros, der eben etwas anderes als Sexualität oder erlesen-prätentiöse Freundschaftskorrespondenz ist, unfähig war. Daher rührte es auch, daß er keine Unterschiede in seinem Verhalten zu Männern oder Frauen kannte und daß just der blutarme Klassizismus der Schadow, Schinkel und Gilly seine Lieblingskunst verkörperte.

Rathenau hat die, die ihm nähertraten, nicht bewußt getäuscht; doch da er durch die Art seines Redens, Schreibens und Verhaltens Liebe und Wärme zu verheißen und herauszufordern schien, selbst zur Hingabe aber unfähig war und vor der anderer zurückwich, täuschten sich die Menschen oft in ihm. Die Folge war Enttäuschung. Da seine Schwäche stets im Gewande gelassener Weisheit, unerreichbarer Überlegenheit einherging, wurde sie – was ja der Zweck war – nur von wenigen durchschaut. Er lebte, hat Hans Fürstenberg gesagt, »historisch«,[42] das heißt, er dachte stets an die Nachwelt und meißelte und ziselierte schon zu Lebzeiten konsequent an dem Monument, das sie ihm errichten würde. Manche Zeitgenossen mochten das spüren, seine nie entgleisende Edelhaltung war ihnen nicht geheuer, und Spottworte wie »Christus im Frack« und ähnliche kamen auf.[43]

Geht man das Register seiner Korrespondenz durch, die naturgemäß bei seiner Stellung sehr umfangreich war, so zieht ein repräsentativer Querschnitt der deutschen Gesellschaft zwischen 1890 und 1920 an einem vorüber. Doch bedeutet das keineswegs einen entsprechend großen Kreis von Freunden oder auch nur engeren Bekannten. Streicht man einmal alle die Wirtschaftsführer, Politiker, Diplomaten, Generäle, mit denen Rathenau in seinen Eigenschaften als Großindustrieller und Minister in Verbindung trat – einerlei, ob er die Beziehungen suchte oder ob sie sich dienstlich ergaben –, aus der Liste, so schrumpft diese schon gewaltig; klammert man nun noch die Leute aus, die in jener Zeit sozusagen zum »Inventar« der kulturellen Öffentlichkeit zählten, Männer wie Max Reinhardt, Richard Dehmel, Hugo von Hofmannsthal, Gerhart Hauptmann,[44] Rudolf Alexander Schröder, Alfred Heymel, dazu die Löwen der Berliner High-Society wie den Architekten van de Velde oder den Krupp-Direktor Bodenhausen und wie viele andere, die in weitverzweigtem gesellschaftlichem Geflecht standen und dabei selbstredend auch einmal mit Rathenau sich trafen und zu Abend aßen, dann bleibt nicht mehr viel an wirklichen menschlich-privaten Bindungen übrig. Der riesige Schwarm lichtet sich, und man erblickt einen einsamen Rathenau zwischen wenigen sehr heterogenen Gestalten wie etwa dem schwedischen Arzt, Psychologen und Publizisten Poul Bjerre, dem zu wenig anerkannten Religionsphilosophen Constantin Brunner (Leo Wertheimer), dem ebenfalls schwedischen Maler und Schriftsteller Ernst Norlind.[45] Sie alle sind eher als Randfiguren zu bezeichnen, von unterschiedlichem Format, mehr Mittelmaß als Größe, Rathenau räumlich meist fern, typische Brieffreundschaften.

Auf eine Freundschaftsbeziehung Rathenaus, die gewöhnlich etwas verschämt mit wenigen Sätzen abgetan zu werden pflegt, muß jedoch näher eingegangen werden: auf den Bund mit Wilhelm Schwaner. Diese einzige gefühlsbefrachtete, ja durchgehend sentimentale Freundschaft, die Rathenau je sich geleistet hat, diese eigenartig exaltiert-schwärmerische Duzbruderschaft galt einem völkischen Sektierer obskuren Winkeldaseins. Viele Briefe Rathenaus an ihn sind in die gedruckten Sammlungen aufgenommen worden; doch muß man auch die Gegenseite kennen, um das Verhältnis ermessen zu können.[46] Eine Skizzierung dieser beklemmenden völkischen Liaison habe ich als Exkurs im Anhang dieser Schrift zu geben versucht.

3. DIE SUMME

Eine bekannte Biographie Wilhelms II. trägt den Titel »Ein Fabeltier unserer Zeit«;[47] der Autor nannte den Kaiser »The Fabulous Monster of contemporary history«; er dachte dabei an das sagenhafte Einhorn und wollte ausdrükken, daß die Maßstäbe rationalen Nutzens und registrierender Sachlichkeit nicht ausreichten, einem Manne gerecht zu werden, der sie nicht in sich trug, aber *dadurch* gerade ihre Herrschaft unterstrich. Niemand hat dieses »Fabeltier«, den letzten deutschen Herrscher »von Gottes Gnaden«, der uns noch heute beklommen kopfschütteln macht, psychologisch subtiler erfühlt als Rathenau – ein Fabeltier das andere.

Insofern stehen sie tatsächlich nahe beieinander; doch das Etikett »Wilhelminist« für Rathenau ist ganz unzulänglich; es bezeichnet nur *eine* Rolle aus dem verblüffenden Repertoire dieses Mannes.

Seit eh und je verbindet sich für aus lauter Gründlichkeit phantasielose, aus lauter Redlichkeit trockene und aus lauter Wahrheitsliebe langweilige Leute mit dem Begriff des Theaters, der Rolle, des Schauspielers auch das Odium der Lüge, der Unzuverlässigkeit, der Hohlheit. Puritaner lieben das Theater nie, Mathematiker und Fromme nur selten. Wenn wir Walther Rathenau verstehen und gerecht beurteilen wollen, müssen wir uns von solchen selbstverfertigten Beschwernissen frei machen. Es wäre sinnlos, mit krampfigen Hypothesen und Interpretationen die Widersprüche fortretouchieren oder in eine »Einheit« aufheben zu wollen, an denen seine Zeitgenossen Anstoß nahmen – und nicht nur sie, auch spätere Beurteiler –, die aber nur innerhalb gewisser, von den Betrachtern mit sich geschleppter Urteils-Maximen überhaupt bestehen. Die Widersprüchlichkeiten sind da, in Hülle und Fülle wie selten bei einem Menschen – doch sie resultieren vor allem daraus, daß die Einteilungsschemata, die wir für ihn mitbringen, nicht passen wollen. Ein Denken, in dem alles, Welt, Mensch, Natur, in vielen unveränderlichen Kästchen geordnet daliegt, kann mit Rathenau nicht fertig werden; es muß ihn zerstückeln, um ihn »einzuräumen«.

Doch das Gebot »Du sollst nicht töten« gilt auch für den Historiker. Er darf eine Persönlichkeit nicht zur Sache machen, nur um sie dann zerlegen und in Schubfächer wie »Industrie«, »Politik«, »Philosophie« usf. ablegen zu können. Er hat es mit Menschen zu tun, das heißt mit unauflösbaren Einheiten, einerlei, ob sie Zeitgenossen sind oder der Vergangenheit angehören. Er muß zwar, um sie verstehen und sie anderen verständlich zu machen, bald diesen, bald jenen Aspekt beleuchten und herausstellen, aber er wird sich hüten, wenn er dabei auf vielfältige Formationen, auf Berge und Täler, tropische und polare Zonen trifft, die Einheit der Landschaft zu leugnen.

Wir neigen dazu, Ungewohntes, das nicht in die von uns gehandhabten Raster paßt, durch moralische Amputationen handlicher zu machen. Es ist ungewohnt, den Elektroingenieur Feuilletons schreiben, den Publizisten Banken ordnen zu sehen; ein Großindustrieller, der philosophische Bücher schreibt, ein Philosoph, der sich zu Hofe drängt, ein Weltmann, der die Gesellschaft verachtet, in der er lebt, und der sie sucht, wo sie sich ihm entzieht, befremdet uns; der Exponent des Kapitalismus, der die Gemeinwirtschaft plant; der großbürgerliche Individualist, der die Kollektivgesellschaft postuliert; der jüdische Liberale, der als preußischer Monarchist den autoritärsozialistischen Volksstaat entwirft, macht uns verwirrt; der Patriot, der den Krieg begrüßt, den er verabscheut, und dem Siege dient, an den er nicht glaubt; der die Niederlage nicht verwinden kann, welche er als notwendig erkannt hat; der in seinen Gedankengebäuden der Gegenwart um hundert Jahre vorauseilt und in seinen Handlungen abbremst, was er mit seinen Theorien beschleunigt – ein solcher Mann läßt uns mißtrauisch werden. Er regiert die AEG und verkündet das Reich der Seele; er ringt um Gotteserkenntnis und um Orden und Ämter; er will Bücher schreiben und Minister sein, er sehnt sich nach Einsamkeit und Weisheit und genauso nach Scheinwerferlicht und Macht. Luxus muß verschwinden, Schloß Freienwalde bleiben. Er liebt Harden wie Schwaner, wirbt um Bülow wie um Ebert, aber was sein Herz berührt, wissen wir trotzdem nicht.

Einer solchen Erscheinung gegenüber versagen Begriffe wie »ehrlich«, »natürlich«, »aufrichtig«. Fragen wie »Wer ist der wahre Rathenau?« oder »War er verlogen?« gehen am Eigentlichen vorbei. Ich möchte noch einmal das Beispiel des Theaters aufgreifen: Es ist abwegig, von dem Künstler, der heute den Hamlet, morgen den Fuhrmann Henschel, übermorgen den Snob spielt, der in Tragödien und Komödien, in Schwänken und Musicals und, falls er sehr vielseitig ist, noch am Vormittag in der literarischen Matinee und am Nachmittag im Weihnachtsmärchen auftritt, zu fragen, wer er »im Grunde« sei; es ist töricht, daraus, daß man ihn im Kostüm und in Zivil, geschminkt und mit Perücke, wohl aber auch einmal natürlich gebräunt und mit Glatze, auf der Bühne, im Eisenbahnabteil oder am Strand sieht, Widersprüche zu konstruieren. Sein Wesen, seine Wahrheit, seine Echtheit ist, *dies alles* zu können, zu wollen, zu sein. Sein zu müssen.

Ein solcher, phänomenal vielgestaltiger Darsteller seiner Zeit ist Rathenau gewesen. Alle Facettierungen und Brechungen dieser Zeit waren in ihn eingegangen, er verkörperte sie in Fleisch und Blut.[48] Die Vielzahl der »Rollen«, der Umfang des »Repertoires« entsprachen dem gewaltigen Umwälzungsprozeß der Epoche und dem Format dessen, der sie voll auslebte. Die Vielheit der Rollen ausfüllen zu können, das war seine innere Einheit; das Riesenrepertoire, einschließlich eines dramatischen und noblen Todes, zu beherrschen, das war seine Größe. Eklektiker, Synkretist, Kompilator – alles das stimmt, das ist er gewesen. Es zu erkennen und auszusprechen, bedeutet aber nicht Herabsetzung, nicht Vorwurf oder gar Verachtung; es sind nur recht unzulängliche Wörter für die Summenformel des Übergangs vom neunzehnten zum einundzwanzigsten Jahrhundert. Diese Summenformel hat in Rathenau ihre sinnenhafte Gestalt gefunden. Damit wir nicht in Abstraktionen verharren, nicht im Begriffsdickicht hängenbleiben und darüber, über unseren Analysen und Statistiken und Diskussionen, vergessen, daß Leben und Geschichte sich nach wie vor in hinfälligen Menschen vollzieht, in Geschöpfen der Mitte und der Mischungen – darum bedeutet uns Rathenau viel, darin lag seine wirkliche Bestimmung, die erst heute erkennbar wird.

Eine »Renaissance« des Schriftstellers und Denkers Rathenau dergestalt, daß seine Schriften als praktisch nutzbare Programme, als Ausgangsbasen für unsere Zukunft wiederentdeckt und geistiges Allgemeingut der Deutschen und der Welt werden, halte ich für wenig wahrscheinlich, zumindest nicht für nahe bevorstehend. Nicht nur ihr Stil erschwert das – der ist auch bei Kant und bei Heidegger schwierig –, doch nicht sie als Konglomerate, sondern ihre geistigen Bausteine, daraus er sie zusammensetzte, sind es, die fortwirkten und fortwirken. Die spezielle, von seiner Individualität geprägte Art und Weise der Zusammensetzung hat nur noch zeitgeschichtlichen Wert. Rathenaus Bedeutung für uns – Grund der immer wieder neuen Beschäftigung mit ihm – liegt nicht in isolierbaren Einzelleistungen; die treiben längst im mächtigen Geschichtsstrom dahin, sondern in dem seltenen Glücksumstand, daß hier einmal das, was wir historische Kontinuität nennen, exemplarisch *als Mensch* sichtbar und greifbar wurde.

Anhang

Exkurs
Anmerkungen
Bibliographie
Zeittafel
Register

Exkurs

Walther Rathenau und Wilhelm Schwaner

Es begann mit einem Brief Schwaners vom 3. Dezember 1913. In ihm erklärt der Schreiber, er fühle sich gedrängt, Rathenau Abbitte für Verkennung zu leisten. »Denn«, so bekennt er, »›ich sah das Elend meines Volkes‹, und Schuld an diesem Elend hatten m. E. doch nur die Juden ...« Rathenaus »Kritik der Zeit« habe ihn bekehrt: »Der dunkle Jude hat den blau-blonden Germanen erlöst! Und in der Weihnachtsnummer des V. E. (›Volkserzieher‹, ein Blatt für völkische Lehrer) wird dieses Bekenntnis stehen.« Treuherzig meint er: »Aber ich tat Ihnen Unrecht und manchem edlen Juden: Sie sollen wissen, daß es auch unter den blau-blonden Dickköpfen Menschen gibt mit warmem, reinem Herzen. Lassen Sie sich die Hand drücken. Wir sind Brüder auf dem Wege zur Menschheit, zur Gottmenschheit!« Unterschrift: »Ihr bestergebener Wilhelm Schwaner, Herausgeber der Germanenbibel.«[1]

Wer war das? Ein Lehrer, ein »geweckter Autodidakt und Dorfschulmeister«, wie es sein Schwiegersohn Alfred Ehrentreich formulierte,[2] der, 1863 geboren, seit 1907 unter dem Zeichen des »religiös gedeuteten« Hakenkreuzes nicht ganz unbeträchtlichen Einfluß auf manche Kreise der deutschen Lehrerschaft ausgeübt hat, vor allem durch seine in mehreren Auflagen erscheinende »Germanenbibel«, eine Anthologie dessen, was Schwaner für den vollkommensten Ausdruck germanischen Geistes- und Seelenlebens hielt. Der Schwiegersohn und auch ein Doktorand des Jahres 1941, welcher seine Dissertation über den »Volkserzieher« schrieb,[3] wollten Schwaner im geistigen Zusammenhang mit Gestalten wie George, Gundolf, Eugen Diederichs und H. St. Chamberlain gesehen wissen. Ehrentreich versuchte später, nach dem Zweiten Weltkrieg, die Liste etwas zeitgemäßer durch Martin Buber, Constantin Brunner und Theodor Lessing aufzupolieren. Schwaner, der »stämmige blauäugige Waldecker«, der ein »Geheimkapitel« über sein Verhältnis zu Rathenau geplant haben soll,[4] starb erst 1944, hat also die Früchte des rührenden Idealismus seiner jungen, von ihm »erzogenen« Freunde noch erleben dürfen.

Bis zum Tode Rathenaus dauerte der 1913 begonnene Briefwechsel an. Er bedeutet ein erstrangiges, wenn auch schwer zu entschlüsselndes Zeugnis für unsere Erkenntnis von Rathenau – und zwar nicht durch seine, sondern durch Schwaners Briefe. Daß er sie nicht nur ertrug, sondern daß sie ihm offensichtlich innerlich guttaten, bleibt ein Rätsel, das in den Kern dieser rätselhaften

Persönlichkeit hineinreicht. Wie ein seelisch Ausgehungerter stürzte sich Rathenau auf den »Bekehrten«; einen Tag nach Schwaners Brief antwortet er bereits, schickt er ihm sein Buch »Zur Mechanik des Geistes«, fügt hinzu: »Es ist mein Lebensbekenntnis, und ich fürchte nicht, daß es das Band zerreißt, das Ihre freundliche Gesinnung geknüpft hat.«[5] Im März des folgenden Jahres, 1914, erfolgt die erste Einladung an Schwaner, »zwanglos zu zweit mit mir hier zu speisen«.[6] Sich sehen, lieben, duzen ist eins; die beiden Männer von fünfzig und sechsundvierzig sprechen zueinander wie pubertierende Jünglinge. »Lieber Freund und Bruder!« schreibt Schwaner nach dem Treffen, »Wie ein Senkblei werfe ich diese Frage in Deine Seele: Hast Du mich lieb? *Ich* habe Dich lieb! Ich habe Dich *sehr* lieb! Ich will nichts von Dir, wenigstens nichts Materielles und auch sonst nicht mehr, was ich Dir nicht ›heimzahlen‹ könnte. Kannst Du ja sagen? Und auch Freund und Bruder? Wie glücklich wäre ich! Fast möchte ich Dich dann bitten, laß uns immer nur unter vier Augen bleiben! Oder nie uns wiedersehen! Ich möchte, daß unsere Freundschaft Veilchen bliebe, Veilchen zartester Seelenfreundschaft.

Wenn Dir das Veilchen nicht willkommen, vielleicht weil Du Rosen lieber hast, dann pflanze das Blaublonde wieder an dem Baum am Waldesrande ... Kannst und willst Du nach diesem Briefe doch zu mir kommen, so komm in der Nacht und sag mir's vorher. Ich liebe sonst den Tag und die Sonne über alles; aber seit ich in der Nacht den Tod bezwungen und seit mir so oft um die 12. und 3. Stunde Heiligstes geoffenbart wurde, seitdem spreche ich über Fragen der Seele nach Gott nur angesichts aller Sterne. Dein sehnender und bald sich erfüllender Br. Wilm Schwaner.«[7] Briefkopf: Svantehus am Hermannstein. Post Rattlar in Waldeck. Rechts und links ein Hakenkreuz. Dazu die Angaben: »Wilhelm Schwaner, Obmann des Bundes Deutscher Volkserzieher« und »Germanenbibel aus heiligen Schriften germanischer Völker«. Die Epistel trägt den handschriftlichen Vermerk Rathenaus: »Diesen Brief erhielt ich kurz nach unserer ersten Begegnung. Ich habe ihn in voller Herzlichkeit, doch retardierend am 4. 4. 14 beantwortet.«

Die Retardierung war nicht erheblich. »Treugruß, mein Bruder!« jubelt Wilm bereits vierzehn Tage später.[8] Als der Krieg ausgebrochen ist, gibt Schwaner die »Feldbriefpost der Volkserzieher« heraus, schwarzweißrot umrandet, eisernes Kreuz in der Mitte, flankiert von Hakenkreuzen. Wahlsprüche: »Treu leben, todtrotzend kämpfen, lachend sterben« und »Wer Gott vertraut und feste um sich haut, hat wohlgebaut!« Stets spricht er von »meine Leute«, deren Zahl er mit zehn- bis zwölftausend angibt. Alle, so behauptet er, wollen den »Volkserzieher« nachgesandt haben, »und noch viel mehr zum Austeilen«. An Selbstgefühl mangelt es nicht: »Wir sind über Nacht ein anderes Geschlecht geworden, und nie sah die Welt ein größeres!« »Du, jetzt kommt *unsere* Zeit! Wohlan: ich bin gerüstet! Heil und Sieg.«[9]

Rathenau geht durchaus auf den Ton ein. »Wie innerlich notwendig war dieser Krieg! Wie löst sich das Alte, Unverträgliche in neuer Hoffnung! Gott schütze unser wundervolles Heer!«[10] »... Wir haben das Höchste erlebt, was ein Volk erleben kann ...[11] Du sorgst für Herzen, ich für Waffen ...«[12] Natürlich spielt die »Judenfrage« in der Korrespondenz eine große Rolle. Rathenau verwirft nochmals ausdrücklich jeden Auserwähltheitsanspruch des Judentums, ja, er nennt ihn eine Gotteslästerung. Im selben Brief (5. 2. 1915) stellt er einige Irrtümer des Freundes richtig: »Hermann Bahr, Thomas Mann, Rudolf Presber, Levin Schücking sind autochthone Christen, Levin ist ein westfälischer Vorname.« Kellermann, Laube, Lindau, Paquet wahrscheinlich auch. »Die Ahnenprobe«, so entschuldigt er sich, »ist mir nicht bekannt.« Sacher-Masoch hat er nie als Juden nennen hören; einige andere Schriftsteller deklariert er mit Sicherheit als solche. »Dies nur nebenbei, aber ich wünsche nicht, daß man Dich mit Trivialitäten angreift.«

Wilm drängt, Walther solle zu ihm ziehen an den Hermannstein. Soweit geht dessen Liebe freilich nicht: es bleibt ja die Aufgabe, »das Werk meines Vaters über die schweren Zeiten unserer Wirtschaft hinwegführen zu helfen«.[13]

Die geldliche Anzapfung muß kommen, und sie kommt. Rathenau greift in die Tasche, mit Maß, immerhin: 3000 Mark, für Freisendungen des »Volkserziehers« ins Feld.[14] Dasselbe noch einmal, fünf Monate später; wieder mit Erfolg. Rathenau schickt abermals Geld, was Wilm mit der biederen Bemerkung quittiert: »Ich habe nicht abgewogen, was an blauen Scheinen in Deinem gestrigen Einschreiben lag.« Da Freund Walther nun aber doch einen Zettel beigelegt hatte mit der Aufschrift: »Für Dich persönlich, denn Dein Werk ist nicht mein Werk!«, begehrt der blauäugige Dickkopf auf: »Lieber, lieber Freund, dann kann und darf ich nicht das Kleinste davon nehmen; denn ich bin mein Werk und mein Werk bin ich!« Er nimmt's aber trotzdem und fügt die impertinente Bemerkung an: »Ich gab weit über die Stiftung hinaus und schrieb's auf Dein Lebens- und Seelenkonto.«[15] Nun ist es wiederum an Walther, den Gekränkten zu beruhigen. In endlos langem Schreiben erörtert er, ob Juden edles oder unedles Blut, und wenn unedles, ob sie dann ein Heimatrecht auf deutschem Boden haben. Rührend versucht er den Germanen Wilm zu überzeugen, sich und die Seinen zu verteidigen: »Ich habe und kenne kein anderes Blut als deutsches, keinen andern Stamm, kein anderes Volk als deutsches. Vertreibt man mich von meinem deutschen Boden, so bleibe ich deutsch, und es ändert sich nichts. Du sprichst von meinem Blut und Stamm, selbst einmal von meinem Volk, und meinst die Juden. Mit ihnen verbindet mich das, was jeden Deutschen mit ihnen verbindet, die Bibel, die Erinnerung und die Gestalten des Alten und Neuen Testaments. Meine Vorfahren und ich selbst haben sich von deutschem Boden und deutschem Geist genährt! Und unserem, dem deutschen Volk erstattet, was in unseren Kräften stand. Mein Vater und ich haben keinen Gedanken gehabt, der nicht für Deutschland und deutsch war; so weit ich meinen Stammbaum verfolgen kann, war es das gleiche ... Ich bin in der Kultgemeinschaft der Juden geblieben, weil ich keinem Vorwurf und keiner Beschwernis mich entziehen wollte, und habe von beidem bis auf den heutigen Tag genug erlebt. Nie hat eine Kränkung dieser Art mich unwillig gemacht. Nie habe ich meinem, dem deutschen Volke, mit einem Wort oder einem Gedanken derlei vergolten.«[16]

Wir wollen diese Proben nicht weiter ausdehnen. Fast quälend ist es, den labyrinthischen Windungen verwirrter Gedanken und Gefühle nachzutasten. Schwaner zögert nicht, an Rathenau all die Schmähungen weiterzuleiten, die diesem und ihm selbst von seiten der völkischen Freunde zuteil werden. Er genießt dabei die Rolle, des beschimpften Edeljuden aufopfernd treuer Beschützer zu sein. Rathenau soll wissen, was er an seinem Wilm hat. So fügt er ihm denn auch den Brief des Volkserziehers Otger Gräff bei, in dem dieser aus »Welsch-Lothringen, am 8. Ernting 1916« Schwaner Vorwürfe über die Freundschaft mit Rathenau macht und mit den Worten schließt: »über Fall Rathenau-Volkserzieher sind wir nach wie vor anderer Meinung, denn selbst wenn es so wäre, daß er unser Retter ist, eine Schande wär es fürs deutsche Volk, daß ein Semit es sein muß. Ich glaube an Friedrich Ludwig Jahns Wort: ›Den Deutschen kann nur durch Deutsche geholfen werden, fremde Helfer bringen uns immer tiefer ins Verderben‹.« Unterschrift: »Deutscher Gruß« und: »Gildemeister des Greifenbundes, Bundesführer im Wandervogel e. V.«[17] Immer wieder geht Rathenau auf die klebrig-sentimentalen und dabei naiv-taktlosen Schreibereien Schwaners ein, verteidigt sich, erläutert, begibt sich dabei auf die Plattform der Hasser, nimmt jede Demütigung hin, tut, als sei er unverwundbar und ist doch im Innersten tödlich verletzt: »Nein, Lieber, ich denke nicht daran, eine Milderung dieses Hasses zu erwarten. Je mehr Juden in diesem Kriege fallen, desto nachhaltiger werden ihre Gegner beweisen, daß sie alle hinter der Front gesessen haben, um Kriegswucher zu treiben. Der Haß wird sich verdoppeln und verdreifachen, und nicht nur dieser Haß, sondern jeder Haß und Zwist, der überhaupt in unserem Lande möglich ist . . . Auch ich habe aufgehört, für die Zeit zu arbeiten; ich habe mich wieder meiner sozialen Schrift zugewandt und schaffe für eine glücklichere Zukunft. Diese und künftige Arbeiten, wenn solche mir auferlegt und beschieden sind, kann ich an jedem ruhigen Ort schreiben. Es sind deutsche Arbeiten, aber sie brauchen nicht in Deutschland geschrieben zu werden, wenn mein Land und Volk mich nicht dulden will.«[18]

Schwaner war durchaus kein Bösewicht, kein Gewaltmensch, keiner, der wissend oder gar handgreiflich Schlechtes tat – das wäre ja einfach, ließe einen aufatmen. Er ist der exemplarische Vertreter einer durch und durch verderbten »Gefühligkeit« gewesen, Muster einer heillosen Verrottung ehedem guter, sauberer Dinge wie Religion, Vaterlandsliebe, Treue. Er wurde eingehender erwähnt, weil er ein beeindruckendes, freilich niederschmetterndes Beispiel für das pervertierte Deutschtum darstellt, welches aus der technisch-industriellen Entwicklung des neunzehnten Jahrhunderts, die anscheinend für das deutsche Volk Katalysator eines Degenerationsprozesses war, hervorging. Dieses unheimlichen Verfallsprozesses Kumulation und zugleich Peripetie vollzog sich im nationalsozialistischen Abenteuer, dem experimentum crucis unserer Geschichte. Und auch dies, daß *vor* der grenzenlosen Bosheit die grenzenlose Dummheit zu kommen pflegt, wird am Beispiel Schwaners deutlich. Mit Entsetzen würde er den Vorwurf zurückgewiesen haben, mitschuldig am Judenmassaker und an Deutschlands Untergang gewesen zu sein. Hat er doch stets »das Gute gewollt«; hat der doch sogar in seinem »Volkserzieher« von Rathenau verkündet: »Da steht vor Dir in merkwürdiger Vereinigung der hohe König und hohe Priester der Juden und zugleich der Zukunftslehrer und -arbeiter der Deutschen.«[19] Und der Schwiegersohn sagt zweifellos die Wahrheit, wenn er schreibt: »Persönlich hat Schwaner den Freund nie verleugnet.«[20] Nein, am Idealismus Wilms, an diesem schrecklichen, gottverlassenen, tauben, blinden, lauten und geschäftigen Idealismus der Spätdeutschen gibt es keinen Zweifel: »Ich gehöre zum Nachfolger Heliands, des gepanzerten Heilands . . .«,[21] verkündet er Rathenau, dem »Gastdeutschen des Grunewalds«, den er mit dem »Adoptivdeutschen von Bayreuth«, Houston Stewart Chamberlain, zusammenzubringen suchte. Soll man lachen oder weinen, wenn man den Freundesschwur liest: »Wenn Du fällst und nach Gott-Land auswanderst, so darfst Du versichert sein, daß ich alsbald folgen werde – freiwillig und freudig. Denn auch ich bin des Zwischenspieles müde. Die deutsche Welt soll erfahren, daß es auch zwischen Rassemenschen Treue über den Tod hinaus gibt.«[22]

Anfang November 1918 unterrichtet er Rathenau davon, »es seien Maßnahmen getroffen, ›Dich im geeigneten Moment kaltzumachen‹. Für meine Person habe ich es schwarz auf weiß, daß ich denselben Weg gehe . . .«[23] Er genießt diese Gemeinsamkeit, sendet weiterhin antisemitische Drohbriefe, die ihm auf den Tisch flattern, zum Zeichen, »daß hier draußen einer wohnt, der kein Petrus ist«.[24]

Und Rathenau? Er gibt Geld zur Finanzierung der Germanenbibel; er läßt zu, daß sich Schwaners Winkelblätter seiner Schriften bemächtigen, schreibt für »Upland«, Blatt für Religion und Heimat, den Beitrag »Vision«;[25] er steigert sich in Heiligen-Stil: »Ich richte sie [die Hassenden] nicht; sie können nicht anders. Möchte es Dir gelingen, sie zu erleuchten, daß sie fühlen: es gibt nur ein Gericht und das ist Vergebung. Ich habe nichts zu vergeben, denn ich bin nicht gekränkt. Ich kann auch aus dieser Feindschaft manches lernen, und es ist deshalb gut, daß sie mir bestimmt ist. Aber Du, vergib ihnen.«[26]

Bis zum Schluß behielt Wilm den nun schon lieben Brauch bei, seinem Walther jede, aber auch jede Gemeinheit zu hinterbringen. Unmöglich für normale Menschen, solche Gefühlsbrühe zu klären. Fast genau auf den Tag ein Jahr vor seiner Ermordung erhielt Rathenau von Schwaner einen Zeitungsausschnitt, der in Form einer Leserzuschrift ein unglaublich rohes Mordgedicht auf Wirth und ihn wiedergab.[27] Hakenkreuzgeschmückte Freischärler hatten das Lied im Eisenbahnzug gesungen. Rathenau erregte sich nicht darüber, er blieb von derselben stoischen Gleichmut, die er nun schon acht Jahre seinem Freunde Schwaner gegenüber und allem, was von diesem kam, bewiesen hatte. Keine Temperaturschwankung der Gefühle, kein Ausbruch, keine Unbeherrschtheit. Was mochte er von diesem Menschen, den er seinen »Bruder« nannte, halten? Nicht *der*, Rathenau gibt da Rätsel auf. Wir müssen uns damit abfinden, sie nicht restlos lösen zu können.

Anmerkungen

Aus dem Werk Rathenaus wird, was seine Hauptwerke (Zur Kritik der Zeit, Zur Mechanik des Geistes und Von kommenden Dingen) betrifft, aus dem 1977 erschienenen Band II der Walter-Rathenau-Gesamtausgabe zitiert; sonst beziehen sich die Anmerkungen auf die Ausgabe der Gesammelten Schriften in 5 Bänden, Berlin 1925; auf den Band »Aus Kriegs- und Nachkriegszeit«, Berlin 1928, der als Band 6 zur Ausgabe der Gesammelten Schriften, Berlin 1929, hinzutrat, sowie auf die »Nachgelassenen Schriften« in 2 Bänden, Berlin 1928.

Briefzitate entstammen, wenn nicht anders angegeben, der Ausgabe in 2 Bänden, Dresden 1926, dem Nachtragsband »Neue Briefe«, Dresden 1927, und der Edition »Politische Briefe«, Dresden 1929. Für den Briefwechsel Rathenau–Harden wurde der 1983 erschienene Band VI der Walther-Rathenau-Gesamtausgabe zugrunde gelegt. Reden werden, wenn nicht anders angegeben, zitiert nach »Gesammelte Reden«, Berlin 1924.

Wenn es auch nicht selten vorkam, daß Arbeiten von Rathenau unter verschiedenen Titeln, an verschiedenen Orten, bisweilen gekürzt oder auszugsweise gedruckt wurden, so gibt es bei ihm doch keine Textvarianten im eigentlichen Sinne. Am einmal Geschriebenen, Abgelieferten und Gedruckten änderte er später nichts mehr, so daß die aufeinander folgenden Auflagen praktisch textgleich sind.

Vorwort zur 1. Auflage

1 Die hundertste Wiederkehr seines Geburtstages am 29. September 1967 veranlaßte zahlreiche Würdigungen. Es seien hier genannt: Margret Boveri, »Rathenau: Bild inneren Zwiespalts«, Frankfurter Allgemeine Zeitung, Nr. 87/1968; Karl Dietrich Erdmann, »Nur ein Wilhelminist?«, Der Spiegel, Nr. 7/1968; Walter Görlitz, »Unternehmer, Philosoph und Staatsmann«, Die Welt, Nr. 226/1967; Hans Lamm, »Ein deutscher Staatsmann«, Parlament, 17. Jg., Nr. 39/1967; Golo Mann, »Am Hofe Walther Rathenaus«, Die Zeit, Nr. 8/1968; Fritz Sänger, »Prophet im Gehrock«, Die Zeit, Nr. 39/1967; Theodor Schieder, »Walther Rathenau und die Probleme der deutschen Außenpolitik«, Vortrag, gehalten im Auswärtigen Amt am 29. September 1967, erweitert aufgenommen in »Discordia concors«, Festschrift für Edgar Bonjour, Basel 1968 (S. 256ff.). Viele dieser Beiträge knüpfen an die 1967 erschienenen Tagebücher Rathenaus an.

2 Hierzu seien als maßgebliche Arbeiten genannt: Herbert Helbig, »Die Träger der Rapallo-Politik«, Göttingen 1958; Eric C. Kollman, »Walther Rathenau and German Foreign Policy. Thougths and Actions«, in: Journal of Modern History 24, 1952, S. 127ff.; Theodor Schieder, »Die Probleme des Rapallo-Vertrags, eine Studie über die deutsch-russischen Beziehungen 1922–1926«, Köln und Opladen 1956; ders., »Die Entstehungsgeschichte des Rapallo-Vertrages«, in: HZ (Historische Zeitschrift) 204/3, 1967, S. 545ff.

3 Diese Grundsituation des Intellektuellen in zivilisatorischen Spätzuständen – er hat nur noch die Wahl zwischen Korrumpierung durch Anpassung und Frustrierung in Ohnmacht – untersucht Thomas Molnar in seinem Buch »The Decline of the Intellectual«, New York 1964, Deutsche Ausgabe: »Kampf und Untergang der Intellektuellen«, München 1966. Besonders s. Kap. VI, Von der Ideologie zur Gesellschaftsmechanik, S. 254ff.

I. Das Kaiserreich

1 Dies bezieht sich nur auf das Verfahren und widerspricht nicht der Tatsache, daß die Reichsgründung von der überwiegenden Mehrheit des deutschen Volkes gewünscht und getragen war.

2 RGBl. I (1933) Nr. 29.

3 RGBl. I (1932) Nr. 48 (Verordnung zur Wiederherstellung der öffentlichen Sicherheit und Ordnung im Gebiet des Landes Preußen).

4 RGBl. I (1934) Nr. 11.

5 Amtsblatt des Kontrollrates in Deutschland, H. 1.

6 Vgl. Ulrich Noack, »Geist und Raum in der Geschichte«, Göttingen 1961, S. 72ff.

7 Vgl. die Reichsgesetze Friedrichs II., insbesondere »confoederatio cum principibus ecclesiasticis« (1220) und »statutum in favorem principum« (1232), die die Macht der geistlichen und weltlichen Landesherren auf Kosten der Städte und des Bürgertums festigen und verstärken.

8 Walther Rathenau, Schriften aus Kriegs- und Nachkriegszeit (Bd. 6 der Gesammelten Schriften), Berlin 1928. Aufsatz »Staat und Vaterland«, S. 245.

9 Ibid., S. 253.

10 Ibid., »An Deutschlands Jugend«, S. 130.

11 Ibid., S. 164.

12 Ibid., S. 104.

13 Zit. n. Alfred Schulze-Hinrichs, »Alfred von Tirpitz«, Göttingen 1958, S. 27.

14 England entzog sich allen Bemühungen der deutschen Regierung, es an den Dreibund zu binden; es lehnte sogar 1896 das formale Ersuchen Österreichs und Italiens ab, die Mittelmeer-Entente von 1887 zu erneuern. Die vor diesem Hintergrund nicht ganz unverständlichen deutschen Kontinentalbundpläne scheiterten jedoch ebenfalls, da sich Frankreich versagte und sogar die diesbezügliche deutsche Initiative nach London weitermeldete (1896); 1904 und 1905 wurden die Pläne nochmals von deutscher Seite aufgegriffen, diesmal in Form eines Werbens um Rußland; Wilhelm II. erreichte zwar bei der persönlichen Begegnung mit Nikolaus II. das Abkommen von Björkö (25. 7. 1905), das jedoch dann von beiden Regierungen nicht akzeptiert, sondern fallengelassen wurde. So gibt es insgesamt vier mißlungene Kontinentalbund-Versuche: 1890, 1896, 1904 und 1905. Vgl. hierzu: H. Prowaseck, »Der Gedanke einer Kontinentalliga gegen England«, Diss. Leipzig 1928.

15 1890 war es gut: Sansibar-Helgoland-Vertrag; 1893 Abkühlung infolge neuer kolonial- und weltmachtspolitischer Aktivität Deutschlands; 1896 Tiefpunkt zur Zeit der Krüger-Depesche; 1898 Annäherungsversuche und Bündnisgespräche, initiiert von Joseph Chamberlain; sie scheiterten 1901 endgültig; 1908 scheitert die Initiative Bülows, zu einer Bereinigung des englisch-deutschen Flottenproblems zu gelangen, ebenso wie vier Jahre später, 1912, die gleichgerichtete britische Initiative, die sog. Haldane-Mission.
Hierzu u. a.: A. Kessler, »Das deutsch-englische Verhältnis vom Amtsantritt Bethmann Hollwegs bis zur Haldane-Mission«, 1938; Walter Hubatsch, »Der Wendepunkt in der Marinepolitik im Jahre 1912«, in: HZ 176 (1953); B. Kraft, »Lord Haldanes Zending naar Berlin en 1912«, 1931; E. C. Helmreich, »Die Haldane-Mission«, Berliner Monatshefte 12/1934; Oswald Hauser, »Deutschland und der englisch-russische Gegensatz 1900–1914«, Göttingen 1948; Fritz Fischer, »Griff nach der Weltmacht«, 1. Kap., Deutscher Imperialismus, S. 13–46, Düsseldorf [4]1967.

16 »England und wir. Eine Philippika«, in: Walther Rathenau, Gesammelte Schriften, Bd. 1, S. 211ff., Berlin 1925.

17 Ibid.

18 Ibid., S. 214f.

19 Ibid., S. 211.

20 Ibid., S. 216.

21 Ibid., S. 218.

22 Gebhardt – Grundmann, Handbuch der Deutschen Geschichte, [8]1959ff., Bd. III, S. 297 (»Von der Reichsgründung bis zum ersten Weltkrieg«, S. 194–315).

23 »Die vorbehaltlose und sichere Freundschaft Englands«, so schrieb Bülow in seinen »Denk-

würdigkeiten«, »wäre nur zu erkaufen gewesen durch Aufopferung eben der weltpolitischen Pläne, um deretwillen wir die britische Freundschaft gesucht hätten.« Zit. n. Schulze-Hinrichs, a.a.O., S. 25.

24 »Europa im Zeitalter der Nationalstaaten und europäische Weltpolitik bis zum Ersten Weltkrieg (1870–1918)«, in: Handbuch der Europäischen Geschichte, hg. von Theodor Schieder, Bd. 6, Stuttgart 1968, S. 4ff.

25 Ibid., S. 5.

26 Zum Kulturkampf gibt es umfangreiche Literatur. Besonders wichtig: Karl Bachem, »Vorgeschichte, Geschichte und Politik der Deutschen Zentrumspartei«, 9 Bde., 1927/1932; vgl. auch Erich Schmidt-Volkmar, »Der Kulturkampf in Deutschland« (1871 bis 1890), Berlin 1962; Karl Buchheim, »Ultramontanismus und Demokratie. Der Weg der deutschen Katholiken im 19. Jahrhundert«, München 1963.

27 Theodor Schieder, »Das Reich unter der Führung Bismarcks«, in: Peter Rassow (Hg.), Deutsche Geschichte im Überblick, Stuttgart 1962, S. 541.

28 Otto von Bismarck, Sämtliche Werke, Bd. XII, zit. n. Buchheim, a.a.O., S. 359.

29 Vgl. hierzu: Karl Erich Born, »Von der Reichsgründung bis zum Ersten Weltkrieg«, in: Gebhardt, Bd. III, S. 191–199; 218f.

30 Einen guten Einblick in diesen Problemkreis gibt die Arbeit von Elisabeth Fehrenbach, »Der Lippische Thronfolgestreit«, in: Politische Ideologie und nationalstaatliche Ordnung, Festschrift für Theodor Schieder, München 1968, S. 337–355.

31 H. Goldschmidt, »Das Reich und Preußen im Kampf um die Führung, 1871–1918« (1931), sieht den Unitarismus-Föderalismus-Gegensatz als sehr schwerwiegend an; R. Morsey, »Die oberste Reichsverwaltung unter Bismarck, 1867–1890« (1957), schränkt die politische Bedeutung dieses Gegensatzes stark ein.

32 Walther Rathenau, Gesammelte Schriften, Bd. 5, »Der neue Staat« (geschrieben 1919), Berlin 1925, S. 265.

33 Der Umstand, daß sich der Absolutismus in Deutschland nicht wie etwa in Frankreich in *einem* Großraum und in *einem* Herrscher, sondern in vielen Kleinräumen mit vielen Potentaten manifestierte, hat zweifach negative Auswirkungen gehabt: die staatsbürgerliche *Deformierung* der Untertanen zur politischen Apathie und zum rückgratlosen Servilismus war besonders kraß durch eine mit ihr verbundene, geradezu unglaubliche Horizontverengung. Es ist ein Unterschied, ob man Untertan des Königs von Frankreich oder des Grafen von Erbach ist. Und zum zweiten: die Ablösung vom Absolutismus, der Übergang zum Konstitutionalismus und weiter zum Parlamentarismus wurde dadurch erschwert, daß sie in einer Vielzahl von politischen Einheiten vor sich gehen mußte. Jede Revolution mußte eine »multiplizierte« sein – das hat sich 1848/49 und 1918 gezeigt. Welches Gefälle in der politischen Mündigkeit bestand z. B. zwischen Baden und Mecklenburg!

34 Auch in Deutschland gab es freiheitliche Tendenzen, vor allem in der Entwicklung der Reichsstädte. In ihrer differenzierten Selbstverwaltung müssen wir die wichtigsten Wurzeln der Demokratisierung sehen. Ihre Schwächung hat zur Lähmung des »political sense« der Deutschen wesentlich beigetragen. Gemessen an den Freiheits- und Einflußmöglichkeiten des einzelnen wie der Stände noch um 1550, stellt der Zustand von 1650 schon einen Rückschritt, von 1750 eine Entartung dar. Die Antinomie des Absolutismus: er hat den modernen Verwaltungsstaat geschaffen, aber den freien Bürger zum unfreien Verwaltungsobjekt gemacht. Den Konflikt zwischen den dem Staat immanenten und den dem Individuum immanenten Tendenzen ließ er ein für allemal als ein zeitlos aufgegebenes Problem sichtbar werden. In diesem Zusammenhang müssen Kants Schrift »Zum ewigen Frieden« (1795) und Wilhelm von Humboldts »Ideen zu einem Versuch, die Grenzen der Wirksamkeit des Staats zu bestimmen« (1792) erwähnt werden.

35 Hier werden auch Bismarcks Grenzen sichtbar. Was die Innenpolitik anlangte, war ihm oft der Blick für die wirklichen politischen Tendenzen der Gesellschaft seines Zeitalters verstellt. Dies gilt für die Demokratisierung und Parlamentarisierung des Staates, für die tieferen Probleme der Arbeiterschaft, für den Sozialismus. Fehlsicht brachte Fehlhaltungen hervor: die Geringschätzung des Parlaments, die Verständnislosigkeit für ein demokratisches Heranreifen der Deutschen, das innerliche Nicht-für-voll-Nehmen *aller* Parteien.

36 An Ernst Friedegg, Berlin, unter dem 27. 1. 1912. Walther Rathenau, Briefe, Bd. 1, Dresden 1926, S. 90.
37 Die Betrachtung »Der Kaiser« erschien 1919. Sie wurde in Bd. 6 der Gesammelten Schriften (Berlin 1928) aufgenommen. Bereits um 1908 hatte Rathenau eine Arbeit über die »Psychologie der Dynasten« begonnen, die aber Fragment blieb. (Veröffentlicht in Nachgelassene Schriften, Bd. 1, Berlin 1928, S. 31ff.).
38 Gesammelte Schriften, Bd. 6, S. 287f.
39 Ibid., S. 288f.
40 »Der wahre Grund politischer Fehler«, in: »Zeitliches«, Berlin 1918; wieder aufgenommen in Gesammelte Schriften, Bd. 6, S. 13ff.
41 Ibid., S. 20f.
42 Durch Zusatz zum Artikel 15 der Reichsverfassung von 1871 wurde der Reichskanzler nunmehr vom Vertrauen des Reichstags abhängig.
43 Gesammelte Schriften, Bd. 6, S. 301.
44 Ibid.
45 Ibid., S. 322.
46 Ibid., S. 306.
47 Johannes Penzler und Bogdan Krieger, »Die Reden Kaiser Wilhelms II.«, 4 Bde., Leipzig 1897/1913.
48 Ibid.
49 Die Zukunft, Jg. V, Nr. 23 (6. 3. 1897).
50 Walther Rathenau, »Tagebuch 1907–1922«, hg. und kommentiert von Hartmut Pogge v. Strandmann. Mit einem Beitrag von James Joll und einem Geleitwort von Fritz Fischer, Düsseldorf 1967.
So verzeichnet beispielsweise die Eintragung des 2. Februar 1911: »Donnerstag ... abends bei Friedländer. Prinz Heinrich, Henckel, Fürst von Fürstenberg etc. Gespräch mit Henckel über Glatzel, dessen Ausscheiden er bedauert. Mit Moltke und Krätke über Judenartikel und Judenfragen« (S. 126). Oder die des 3. Februar 1911: »Mittags Hans Heinz Ewers im Klub. Gespräch über Lebensgebiet des Willens ... Abends acht Uhr bei Bethmann, führte Fräulein von Pfuel. Musizierten: Chelius und Frau, Grünfeld. Bethmann über Judenartikel. Befriedigt über äußere Politik« (S. 126).
51 Adolf Zimmermann, »Mit Dernburg nach Ostafrika«, S. 86, zit. n. Tagebuch, S. 74.
52 Briefe, Bd. 1, S. 43ff., an Frank Wedekind, 21. 11. 1904.
53 Vgl. hierzu Carl Fürstenberg, »Die Lebensgeschichte eines deutschen Bankiers, niedergeschrieben von Hans Fürstenberg«, Wiesbaden o. J. (1961), sowie Anm. 3, Kap. VI.
54 Vgl. hierzu Conrad Matschoß, »Die geschichtliche Entwicklung der AEG in den ersten fünfundzwanzig Jahren ihres Bestehens, Berlin 1909; Emil Schiff, »AEG und Berliner Elektricitäts-Werke«, Berlin 1915; Hanns von Sothen, »Die Wirtschaftspolitik der AEG«, Diss. Freiburg 1915; Paul Ufermann und Carl Hüglin, »Die AEG, eine Darstellung des Konzerns der Allgemeinen Elektricitäts-Gesellschaft«, Berlin 1922.
55 Zit. n. Harry Graf Kessler, »Walther Rathenau, sein Leben und sein Werk«, mit einem Kommentar von Hans Fürstenberg: »Erinnerung an Walther Rathenau«, Wiesbaden o. J. (1962), S. 50.
56 Ibid.
57 Ibid.
58 Carl Fürstenberg, a.a.O., S. 378.
59 »Unser Nachwuchs«, in: Neue Freie Presse, Wien, 25. 12. 1909.
60 Bruno Seidel, »Die Wirtschaftsgesinnung des Wilhelminischen Zeitalters«, in: Zeitgeist im Wandel, hg. von Hans Joachim Schoeps, Bd. 1, Das Wilhelminische Zeitalter, Stuttgart 1967, S. 174ff.
61 Ibid.
62 Ibid.; vgl. Karl Bücher, »Das Gesetz der Massenproduktion«, in: Zeitschrift f. d. ges. Staatswissenschaft LXVI, 1910, S. 429ff.
63 Seidel, a.a.O., S. 175.

64 Die »Kathedersozialisten« bekämpften den Marxismus. Sie waren keine einheitliche, geschlossene Gruppe. Geistige Wurzeln lagen in der Lehre Ludwig v. Steins vom »Sozialen Königtum« – aufgenommen in Friedrich Naumanns Ideen eines »sozialen Kaisertums« –, in den staatssozialistischen Vorstellungen von Rodbertus, in sozialkonservativen (Stoecker) und christlichsozialen (Naumann) Gedankengängen. Gemeinsam war ihnen die Forderung, der Staat müsse in das Wirtschafts- und Sozialleben regulierend eingreifen, um die Klassengegensätze abzubauen und eine höchstmögliche soziale Gerechtigkeit für alle zu gewährleisten. Vgl. hierzu die grundlegende Arbeit von Dieter Lindenlaub, »Richtungskämpfe im Verein für Sozialpolitik« (Wissenschaft und Sozialpolitik im Kaiserreich 1890–1913), Wiesbaden 1967.

65 Vgl. Seidel, a.a.O., S. 177ff.; ders., »Industrialismus und Kapitalismus«, Meisenheim 1955, S. 263ff.; Wilhelm Treue, »Wirtschafts- und Sozialgeschichte Deutschlands im 19. Jahrhundert«, in: Gebhardt, Bd. III, S. 399ff.; ders., »Wirtschaftsgeschichte der Neuzeit«, Stuttgart [2]1966, S. 528–560; Hans Rosenberg, »Wirtschaftskonjunktur, Gesellschaft und Politik in Mitteleuropa, 1873–1896«, in: Moderne deutsche Sozialgeschichte, hg. von Hans-Ulrich Wehler, Köln/Berlin 1966, S. 225ff.

66 Carl Fürstenberg, a.a.O., S. 260; vgl. auch Ivo N. Lambi, »Die Organisation der industriellen Schutzzollinteressen«, in: Moderne deutsche Wirtschaftsgeschichte, hg. von Karl Erich Born, Köln/Berlin 1966, S. 296ff.

67 RGZ 38, 155; Seidel, a.a.O., S. 281ff.

68 Gewerbeordnung für den Norddeutschen Bund vom 21. 6. 1869; 1871 als Reichsgewerbeordnung übernommen. § 1 lautet: »Der Betrieb eines Gewerbes ist jedermann gestattet, soweit nicht durch dieses Gesetz Ausnahmen oder Beschränkungen vorgeschrieben oder zugelassen sind.« Von Bedeutung auch § 3: »Der gleichzeitige Betrieb verschiedener Gewerbe, sowohl desselben Gewerbes in mehreren Betriebs- oder Verkaufsstätten, ist gestattet.« (E. R. Huber, Dokumente zur deutschen Verfassungsgeschichte, Bd. 2, Stuttgart 1964, S. 246.)

69 Seidel, a.a.O., S. 177f.

70 Treue, »Wirtschaftsgeschichte der Neuzeit«, S. 547.

71 Walther Rathenau, »Von kommenden Dingen«, Berlin 1917, S. 376 (Bd. II der Rathenau-Gesamtausgabe).

72 »Die neue Wirtschaft«, in: Gesammelte Schriften, Bd. 5 (Wirtschaft, Staat, Gesellschaft), Berlin 1925, S. 206f.

II. Die Republik

1 »Kritik der dreifachen Revolution«, Berlin 1919. Diese Schrift, die auch Rathenaus »Apologie« enthält, wurde 1928 in Bd. 6 der Gesammelten Schriften aufgenommen. (Im Text wird nach der Einzelausgabe von 1919 zitiert.)

2 Ibid., S. 10.

3 Ibid.

4 Hannoverscher Courier vom 12. 2. 1907; aufgenommen in Nachgelassene Schriften, Bd. 1, Berlin 1928, S. 16ff.
Rathenau warnt: »Deutschland ist nicht mehr das Land der Träumer und Professoren. Der wirtschaftliche Weltkampf zeigt die Deutschen im Erfolge an dritter, intellektuell an erster Stelle. Es wird schwer zu motivieren sein – auch vor dem Auslande, das uns respektieren soll –, daß dem Deutschen soviel weniger konstitutioneller Einfluß auf seine Staatsgeschäfte gegönnt ist als dem Schweizer, dem Italiener, dem Rumänen. Das Thermometer des Kontinents zeigt heute auf ›Selbstverwaltung‹, und es kann bei uns nicht auf alle Zeit ein Separatklima erhalten bleiben . . . Für die rückläufige Richtung der deutschen auswärtigen Politik des letzten Jahrzehntes Verantwortungen zu suchen hat in diesem Zusammenhange keine Bedeutung; es genügt, den Abfall zu registrieren. Die europäische Hegemonie ist nach Westen gewandert, ihr Meridian ist heute der von Greenwich. Unsere Alliierten bedeuten nicht viel, unsere überseeische Position ist komplizierter und daher empfindlicher als vor Jahren, unsere vielfältigeren Exportbeziehungen vermehren die Zahl der Angriffspunkte. Die wirtschaftliche Drohung Amerikas, von Ignoranten leichtgenommen, winkt uns stärker als anderen Nationen.«

5 Tagebuch, S. 55f.
6 Ibid., dort zit. Bülow, »Denkwürdigkeiten«, Bd. 2, S. 266.
7 »Erwägungen über die Erschließung des deutsch-ostafrikanischen Schutzgebietes«, geschrieben und überreicht 1907; in: »Reflexionen«, Leipzig 1908; auch Nachgelassene Schriften, Bd. 2, Berlin 1928; »Denkschrift über den Stand des südwestafrikanischen Schutzgebietes«, geschrieben und übersandt 1908; in: Nachgelassene Schriften, Bd. 2, Berlin 1928. Nach der ersten Reise wurde Rathenau der Kronen-Orden II. Klasse (28. 11. 1907 oder 18. 1. 1908), nach der zweiten Reise der Rote Adler-Orden II. Klasse (erst im Januar 1910) verliehen. Siehe hierzu: Tagebuch, S. 74 und S. 101. Zur Entfremdung mit Dernburg vgl. Tagebuch, S. 101; Carl Fürstenberg, a.a.O., S. 471; Harry Graf Kessler, Tagebücher 1918 bis 1937, Frankfurt 1961, S. 553.
8 Tagebuch, S. 78f.
9 Ibid., S. 117.
10 Rathenau, vom Kaiser als »Freund« angekündigt, sollte zwischen den Firmen Mannesmann und Creuzot, welche gemeinsam die »Union des Mines« kontrollierten und sich über ihre gegenseitigen Ansprüche nicht einigen konnten, vermitteln. Tagebuch, S. 118.
Bezüglich der Reichstagskandidatur: Tagebuch, S. 119.
11 Tagebuch, S. 184f.; 186.
12 Tagebuch, S. 190ff.; 208ff.; 216ff.
13 In gewisser Weise war die Situation schwerer als die nach 1945. Damals mußte eine Zentralregierung *verantworten*, was sie nicht *bestimmte*; 1945 befahlen *und* verantworteten die Alliierten.
14 Bundesarchiv (BA), Nachlaß Rathenau 4; an Wilhelm Schwaner, 2. 9. 1916.
15 Ibid., an Wilhelm Schwaner, 21. 10. 1916.
16 Ibid.
17 Vgl. Anm. 12.
18 An Major Steinböhmer (als Schriftsteller: Gustav Hillard), Kronprinzenerzieher, 14. 11. 1916; in: Briefe, Bd. 1, Dresden 1926, S. 227.
19 Gesammelte Schriften, Bd. 6, S. 258f. Diesem Aufsatz vorausgegangen war der Aufruf »Festigkeit«, Berliner Tageblatt, 30. 9. 1918, in dem es heißt: »Heute liegt der Mangel an Einsicht allein bei unseren Gegnern. Dadurch wächst unser sittliches Recht, unsere Pflicht und somit unsere Kraft. Zugrunde geht nur der, der innerlich zugrunde geht. Es ist Deutschland nicht bestimmt, zugrunde zu gehen. Darum: sursum corda!« (Nachgelassene Schriften, Bd. 1, S. 66); und der weitere vom 4. Oktober 1918, »Die Stunde drängt«, in dem Rathenau schreibt: »Der Volkswiderstand, die nationale Verteidigung, Erhebung der Massen ist zu organisieren« (Nachgelassene Schriften, Bd. 1, S. 68f.); am 10. Oktober schließlich der dritte mit dem Titel »Vae victis!« (Nachgelassene Schriften, Bd. 1, S. 70f.).
20 Gesammelte Schriften, Bd. 6, S. 260.
21 An Staatssekretär Dr. W. H. Solf, 17. 10. 1918, in: Briefe, Bd. 2, Dresden 1926, S. 68; vgl. Tagebuch, S. 226f.
22 Der Entwurf wurde nicht abgeschickt; Solf winkte höflich ab. Vgl. Tagebuch, S. 226ff.
23 1. An Kriegsminister General Scheüch, 15. 10. 1918, Politische Briefe, Dresden 1929, S. 195ff.
2. An Staatssekretär M. Erzberger, 26. 10. 1918, ibid., S. 205ff.
3. An Privatdozent Dr. Max Breslauer, 16. 11. 1918, ibid., S. 213.
24 Vgl. Gesammelte Schriften, Bd. 1, S. 265f.; S. 81ff.
25 Gesammelte Reden, Berlin 1924, S. 227ff.
26 Politische Briefe, S. 219f.
27 Der Aufsatz »Staat und Vaterland« in Gesammelte Schriften, Bd. 6, S. 244.
28 Vgl. Brief an Oberst House, 11. 7. 1919, Politische Briefe, S. 257.
29 Briefe, Bd. 2, S. 88f., 16. 12. 1918.
30 Ibid., S. 77, 21. 11. 1918.
31 Ibid., S. 77f., 22. 11. 1918.
32 Ibid., S. 117, 5. 2. 1919.
33 Politische Briefe, S. 231f., 14. 1. 1919.
34 Ibid., S. 244, 2. 5. 1919.

35 Ibid., S. 254f., an Peter Hammes, Göteborg, 23. 6. 1919.
36 S. Anm. 28.
37 Ibid., S. 265f., 4. 9. 1919.
38 Briefe, Bd. 2, S. 167ff., 16. 7. 1919.
39 Briefe, Neue Folge, Dresden 1927, S. 198f., 7. 11. 1919.
40 »Aufruf zur Bildung einer Partei der Deutschen Freiheit«, Nachgelassene Schriften, Bd. 1, S. 72ff. Die Wahlflugblätter »Rettet die Revolution« (29. 11. 1918); »Die Wirtschaft der Zukunft« (29. 11. 1918) und »Kapitalismus« (23. 12. 1918) wurden im Wahlkreis Weißwasser (Oberlausitz) verbreitet. Nachgelassene Schriften, Bd. 1, S. 81ff.
In einem offenen Brief an die Neue Zürcher Zeitung (14. 1. 1919) verwahrte sich Rathenau gegen den Vorwurf, für die Deportierung belgischer Arbeiter nach Deutschland verantwortlich gewesen zu sein. Unter dem Titel »Zur Frage der ›Entindustrialisierung‹ Belgiens«, in: Nachgelassene Schriften, Bd. 1, S. 93ff.
Im selben Jahre 1919, neben zahlreichen anderen Schriften, die Aufsätze »Versailles«, »Das Ende«, »Es war keine Revolution«, sämtlich in: Nachgelassene Schriften, Bd. 1, S. 101ff.
An Reden seien erwähnt: die zur Begründung eines Demokratischen Volksbundes (16. 11. 1918), in: Gesammelte Reden, S. 27ff., über die demokratische Entwicklung (28. 6. 1920), ibid., S. 51ff.; Freie oder organische Wirtschaft (auf dem demokratischen Parteitag in Nürnberg, 12. 12. 1920), ibid., S. 121ff.
41 Nachgelassene Schriften, Bd. 1, S. 105.
42 Vgl. Kessler, a.a.O., S. 295f. »In Spa erregte Stinnes Aufsehen durch seine intransigente Haltung, die auch innerhalb der deutschen Delegation zu Auseinandersetzungen führte. Als Vertreter zweier entgegengesetzter Richtungen traten vor dem Forum der Delegation Stinnes und Rathenau einander gegenüber. Schon äußerlich war der Gegensatz auffallend zwischen dem stets gepflegten, in wunderbaren Perioden mit komplizierten Vergleichen von einer hohen Warte herab redenden Rathenau und Stinnes, der proletarierhaft gekleidet, kein Freund schöner Worte, seine visionären Pläne hinter einem dicken Schein von Selbstverständlichkeit, einer undurchsichtigen Maske von gesundem Menschenverstand verhüllte. Stinnes forderte die Ablehnung des alliierten Diktats, auch wenn infolgedessen neues Gebiet in Deutschland besetzt und das übrige Deutschland bolschewisiert werde: Die Alliierten sollten die bolschewistische Gefahr vor ihren Toren fühlen, dann würden sie in ihrer Angst zur Vernunft kommen und Deutschland sein Recht geben. Also Erpressung gegen Erpressung, bei der aber der deutsche Erpresser zunächst einmal Harakiri an der Schwelle des französischen verüben sollte.«
Ferner: Tagebuch, S. 235ff.
43 Vgl. den ausführlichen Brief an den schwedischen Freund, Dr. Poul Bjerre, Dezember 1918, Briefe, Bd. 2, S. 97ff.
44 Vgl. »Unsere Kriegsgefangenen«, Brief an die Frankfurter Zeitung (30. 1. 1919), in: Nachgelassene Schriften, Bd. 1, S. 96; Brief an Lazare Weiller, Mitglied der französischen Deputiertenkammer (Neue Zürcher Zeitung, 24. 2. 1919), in: Nachgelassene Schriften, ibid.; »Versailles«, erschienen in: Der Spiegel (15. 5. 1919), Nachgelassene Schriften, ibid., S. 101.
45 Theodor Schieder, »Walther Rathenau und die Probleme der deutschen Außenpolitik«, s. Anm. 1, Vorwort zur 1. Auflage.
46 Kessler, a.a.O., S. 287.
47 Tagebuch, S. 241.
48 Rede vor dem Bund der technischen Angestellten und Beamten in Berlin am 7. 5. 1921, Gesammelte Reden, S. 219ff.
49 Entwurf einer Stellungnahme zur alliierten Reparationsforderung, geschrieben kurz vor der Londoner Konferenz, also im Februar 1921. Vgl. Tagebuch, S. 241.
50 Ibid.
51 Ibid., S. 242.
52 Vgl. Anm. 48.
53 Schieder, a.a.O., S. 257f.
54 Vgl. Anm. 1, 2.

55 »Es war keine Revolution«, in: Die Welt am Montag, 6. 11. 1919; aufgenommen in Nachgelassene Schriften, Bd. 1, S. 106f.
56 Kritik der dreifachen Revolution, S. 11.
57 Ibid., S. 14.
58 Ibid., S. 20f.
59 Ibid., S. 28f.
60 »Nach der Flut«, in: Gesammelte Schriften, Bd. 6, S. 242.
61 Kritik der dreifachen Revolution, S. 12f.
62 Ibid., S. 32f.
63 Ibid., S. 51f.
64 Ibid., S. 51.
65 Ibid., S. 62f.
66 Ibid., S. 67.

III. Das geistige Koordinatennetz

1 S. Anm. 1 (»Nur ein Wilhelminist?«), Vorwort zur 1. Auflage.
2 »Zur Mechanik des Geistes oder Vom Reich der Seele«, Berlin 1913, S. 109 (Bd. II der Rathenau-Gesamtausgabe).
3 Johannes Hirschberger, »Geschichte der Philosophie«, Bd. 2 (Neuzeit und Gegenwart), Freiburg/Basel/Wien [6]1963, S. 412.
4 Ibid., S. 413.
5 In: »Hegel, ausgewählt und eingeleitet von Friedrich Heer«, Einleitung: »Hegel, der Philosoph des siebenten Tages«, Frankfurt/Hamburg 1955, S. 25; Heer bezieht sich hier bei seiner Deutung ausdrücklich auf Karl Barth.
6 Ibid.
7 Vgl. hierzu K. R. Popper, »The open society and its enemies«, London 1945.
8 Briefe von und an Hegel, hg. von Johannes Hoffmeister, 4 Bde., Hamburg 1952ff., Bd. 1, S. 120.
9 Vgl. Karl Löwith, »Von Hegel zu Nietzsche, Der revolutionäre Bruch im Denken des neunzehnten Jahrhunderts«, Stuttgart [5]1964; Kap. »Der endgeschichtliche Sinn von Hegels Vollendung der Geschichte der Welt und des Geistes«, S. 44ff.
10 Frankfurter Systemfragment vom 14. 9. 1800. Georg Wilhelm Friedrich Hegel, Sämtliche Werke, 26 Bde., hg. von Hermann Glockner, Stuttgart 1927–1940.
11 Vgl. Kurt Schilling, »Geschichte der sozialen Ideen«, Stuttgart [2]1966; Kap. »Karl Marx. Revolution des Proletariats und klassenlose Gesellschaft«, S. 409.
12 Ibid., S. 410; ebenso Werner Blumenberg, »Karl Marx«, Reinbek b. Hamburg 1962, S. 54.
13 Zur Kritik der Hegelschen Rechtsphilosophie, Einleitung; Marx-Engels-Ausgabe, Bd. 1, Berlin 1957, S. 379. Die Stelle lautet: »Es ist also die Aufgabe der Geschichte, nachdem das Jenseits der Wahrheit verschwunden ist, die Wahrheit des Diesseits zu etablieren. Es ist zunächst die Aufgabe der Philosophie, die im Dienste der Geschichte steht, nachdem die Heiligengestalt der menschlichen Selbstentfremdung entlarvt ist, die Selbstentfremdung in ihren unheiligen Gestalten zu entlarven. Die Kritik des Himmels verwandelt sich damit in die Kritik der Erde, die Kritik der Religion in die Kritik des Rechts, die Kritik der Theologie in die Kritik der Politik.«
14 Zur Kritik der politischen Ökonomie, Marx-Engels-Ausgabe, Bd. 13, Berlin 1961, S. 8f.
15 Vgl. Peter Berglar, »Die gesellschaftliche Evolution der Menschheit«, Bonn 1965; Kap. »Das soziale Schlachtfeld II«, S. 198–215.
16 Bemerkenswert auch die Analogie zum eschatologischen Zug des Frühchristentums: so wie etwa Paulus das Weltende, die Erfüllung der Zeit in der Parusie Christi, nahe wähnte, so glaubten Marx und der frühe Marxismus an das baldige Ende der bürgerlich-kapitalistischen, die baldige Verwirklichung der klassenlosen Gesellschaft.
17 Von kommenden Dingen, Berlin 1917, S. 14 (zit. n. Einzelausgabe).
18 Sämtliche Werke (Kröner-Ausgabe), Stuttgart 1964, Bd. VI, S. 8.

19 Ibid., S. 9.
20 Jeder Befreiung von etwas entspricht neue Bindung an etwas. Jede Emanzipation ist zugleich neue Selbstverhaftung. Es handelt sich um ein allgemeines Gesetz, das sich in vielen Realisationen aufzeigen läßt. So auch im politisch-geschichtlichen Bereich: der Wechsel von partikularen und universalen Organisationsformen der Völker gehört hierher. Vgl. Peter Berglar, a.a.O., S. 51ff.; S. 154 bis 185; S. 307f.
21 S. Anm. 18.
22 Hierzu: Theodor Schieder, »Nietzsche und Bismarck«, Krefeld 1963; besonders S. 26ff.
23 Vgl. Löwith, a.a.O., S. 281ff.
24 Reflexionen, S. 218 (Ungeschriebene Schriften, Aphorismen, LVII).
25 »Auf dem Fechtboden des Geistes«, Aphorismen aus seinen Notizbüchern, mit einer Einleitung »Die Kunst des Gedankens« von Max Ruland, Wiesbaden 1953, S. 17.
Die Aphorismen wurden hauptsächlich zwischen 1903 und 1908 in den Notizbüchern aufgezeichnet. »Diese vorliegende Sammlung«, schreibt Ruland, »1923 in einem Privatdruck in drei schmalen grauen Bändchen unter dem Titel ›Aus Walther Rathenaus Notizbüchern, zum Andenken für seine Freunde veröffentlicht‹ – eine gleich große Anzahl von Aphorismen ist französisch gedacht und niedergeschrieben – hat den Reiz der Urfassungen.«
Vgl. auch Ernst Gottlieb, Walther-Rathenau-Bibliographie, erschienen in tausend numerierten Exemplaren, Berlin 1929, S. 53 (A 31); 112f. (D 192, 193, 194).
26 Reflexionen, S. 5.
27 Ibid.
28 Ibid., S. 7.
29 Ruland, a.a.O., S. 79.
30 Ibid., S. 95.
31 Ibid., S. 45.
32 Ibid., S. 46.
33 Reflexionen (Aphorismus CXV), S. 237f.
34 Kessler, a.a.O., S. 43; hier zitiert der Verfasser Rathenaus Aphorismus: »Der Inbegriff der Weltgeschichte, ja der Menschheitsgeschichte ist die Tragödie des arischen Stammes. Ein blondes, wundervolles Volk erwächst im Norden. In überquellender Fruchtbarkeit sendet es Welle auf Welle in die südliche Welt. Jede Wanderung wird zur Eroberung, die Eroberung zur Befruchtung der Kultur und Gesinnung. Aber mit zunehmender Weltbevölkerung quellen die Fluten der dunklen Völker immer näher, der Menschenkreis wird enger. Endlich ein Triumph des Südens: eine orientalische Religion ergreift die Nordländer. Sie wehren sich, indem sie die alte Ethik des Mutes wahren. Zuletzt die höchste Gefahr: die technische Kultur erringt sich die Welt, mit ihr entsteht die Macht der Furcht, der Klugheit, der Verschlagenheit, verkörpert durch Demokratie und Kapital . . .«
35 Reflexionen, S. 227.
Der Aphorismus LXXXVI lautet: »Der Tod sühnt nach okzidentaler Anschauung alles, denn Todesmut als höchster Mut verneint die Furcht, somit das Laster.«
36 Wilhelm Schwaner (1863–1944), der auch unter dem Pseudonym Wilm Hardt schrieb, gab, von Hause aus Lehrer, seit 1897 die Zeitschrift »Der Volkserzieher« heraus. Seine Bücher, die in den völkischen Kreisen gelesen wurden, trugen Titel wie »Gottsuche der Völker« (1908), »Unterm Hakenkreuz« (1913), »Todtrotzend kämpfen« (1916). Seine Hauptpublikation war die dreibändige »Germanenbibel« (1910), der eine »Jung-Germanenbibel« (1920) folgte. Rathenau half ihm gelegentlich mit immerhin vierstelligen Summen. Vgl. Exkurs.
37 Reflexionen, S. 20 (»Von Schwachheit, Furcht und Zweck«).
38 Ibid., S. 208 (Aphorismus XXVI).
39 Oswald Spengler, Briefe 1913–1936, in Zusammenarbeit mit Manfred Schröter hg. von Anton Koktanek, München 1963, S. 101.
40 Ibid.
41 Ibid., Rathenau an Spengler, 15. 5. 1918, S. 102.
42 Hirschberger, a.a.O., S. 587; vgl. zur Problematik Spenglers: Anton M. Koktanek, »Oswald Spengler in seiner Zeit«, München 1968; dazu Wolfgang J. Mommsen, »Oswald Spengler, das Mißverständnis seiner Zeit«, in: Welt der Literatur, Nr. 26, 19. 12. 1968.

43 Die »private« Gläubigkeit und Frömmigkeit, das Ich-Du-Verhältnis des Menschen zu Gott bleibt davon theoretisch unberührt, aber tatsächlich wirkt die Paralysierung des Religiösen als gesellschaftsformender Kraft doch auf die Religiosität des Individuums zurück.

44 Die Stelle lautet: »Gott ist tot; aber so wie die Art der Menschen ist, wird es vielleicht noch jahrtausendelang Höhlen geben, in denen man seinen Schatten zeigt. – Und wir – wir müssen auch noch seinen Schatten besiegen!« (Nietzsche, Sämtliche Werke in 12 Bänden, Stuttgart 1965; Bd. V, Die fröhliche Wissenschaft, S. 126.)

45 Oswald Spengler, Reden und Aufsätze, München 1937; [3]1951, S. 66.

46 Ibid., S. 67, S. 73f.

47 Kritik der dreifachen Revolution, S. 23.

48 Spengler, a.a.O., S. 79.
»Zu einem Goethe«, prophezeit er, »werden wir Deutschen es nicht wieder bringen, aber zu einem Cäsar.«

49 Tagebuch, S. 120ff. Rathenau, so berichtet Pogge v. Strandmann, nahm 1911 in mehreren Artikeln (»Staat und Judentum«) zur Problematik des deutsch-jüdischen Verhältnisses Stellung. 1912 antwortete, als Ergebnis vieler Diskussionen, darauf ein Sammelband »Judentaufen« mit Beiträgen von Sombart, Erzberger, Naumann, Wedekind, Heinrich Mann, Dehmel u. a.
Ein Brief Rathenaus an Naumann vom 14. 10. 1918 ist abgedruckt in Politische Briefe, S. 191. Rathenau schreibt darin: »Ich fürchte, daß die Wilson'sche Antwort zu einem schmerzlichen Erwachen führt, indem sie die Forderung der übrigen Ententemitglieder enthält. Hätten wir die beiden letzten Wochen weniger passiv verbracht, so wäre noch einiges zu retten gewesen. Ich höre von einwandfreier Seite, daß noch 47 Divisionen im Osten stehen, teils um den unwirklich gewordenen Brester Frieden zu erhalten, teils um Polen gegen Bolschewismus zu schützen. Eine Grenzwache an der polnischen Grenze würde ausreichen, und die östlichen Truppen, soweit sie wirklich bolschewisiert sein sollten, könnten durch sorgsame Behandlung geheilt werden.«

50 BA, Nachlaß Rathenau 4.
»Schlecht«, schreibt er am 21. 10. 1916, »ist die Stimmung in Österreich; man beginnt halboffiziell vom Separatfrieden zu reden; die Türkei hängt an Enver und Talaal; Ferdinand (Bulg.) hat von der Entente einen Korb. Das sind die Naumann'schen Brüder für Zeit und Ewigkeit von Mitteleuropa.«

51 Als ein wichtiges Instrument für die Wiederentdeckung Friedrich Naumanns muß die sechsbändige, hervorragend kommentierte Werk-Ausgabe von 1964ff. angesehen werden: Friedrich Naumann, Werke, im Auftrag der Friedrich-Naumann-Stiftung, erster Band, Religiöse Schriften, hg. von Walter Uhsadel; Politische Schriften, hg. von Theodor Schieder; zweiter Band, Schriften zur Verfassungspolitik, bearb. von Wolfgang Mommsen; dritter Band, Schriften zur Wirtschafts- und Gesellschaftspolitik, bearb. von Wolfgang Mommsen; vierter Band, Schriften zum Parteiwesen, bearb. von Thomas Nipperdey, und zum Mitteleuropaproblem, bearb. von Wolfgang Schieder; fünfter Band, Schriften zur Tagespolitik, bearb. von Alfred Milatz; sechster Band, Ästhetische Schriften, hg. von Heinz Ladendorf; sämtlich Köln und Opladen 1964ff.
Es ist verblüffend, in welchem Maße sich Naumann, darin Rathenau gleich, auch mit Problemen der Kunst im allgemeinen, der Malerei und Plastik im besonderen, des Wohnens und Bauens, der Literatur befaßt hat. Ebenfalls wie Rathenau schrieb er lebendige Reiseberichte und zeichnete recht ansprechend.
Als »Vater der Soziologie« ist Max Weber heute weltweit ein Begriff. Er wirkte und wirkt vor allem in die angelsächsische Welt hinein. Die geistige Auseinandersetzung mit ihm ist längst noch nicht abgeschlossen.

52 Hierzu Peter Berglar, »Die gesellschaftliche Evolution der Menschheit«, S. 186ff. (Kap. »Das soziale Schlachtfeld I«); vgl. Anm. 15.

53 Die Frage, ob es überhaupt wesenhafte Zielsetzung der christlichen Religion sein kann, die Gesellschaft zu prägen, »Welt« zu installieren und zu organisieren, sei hier nur als ein großes, ungelöstes Thema angedeutet.

54 Der Leipziger Jurist Rudolf Sohm hat damals Naumann in gleicher Richtung wie Weber beeinflußt. In seinem Vortrag »Der Christ im öffentlichen Leben« trennte er weltliche Probleme und Glaubensfragen scharf und verneinte die Möglichkeit eines christlichen Staates. (Vgl. Geschichte in Gestalten II, hg. von Hans Herzfeld, Frankfurt a. M. 1963, S. 212.)
55 Antrittsrede Max Webers an der Universität Freiburg: »Der Nationalstaat und die Volkswirtschaftspolitik«, 1895.
56 Vgl. Naumann, Werke, Bd. 2, Einleitung von Theodor Schieder, S. X.
57 Ernst Lemmer, »Manches war doch anders«, Erinnerungen eines deutschen Demokraten, Frankfurt a. M. 1968, S. 92.
58 Naumann, Werke, Bd. 2, S. XI.
59 Ibid.
60 Ibid., S. XIII.
61 Vgl. hierzu Felix Weltsch, »Das Wagnis der Mitte«, Mährisch-Ostrau 1936; Stuttgart 1965.
62 Die erste Gesamtausgabe in fünf Bänden erschien bei S. Fischer in Berlin 1918; in Neuauflage 1925. Zwei Bände Nachgelassener Schriften erschienen im gleichen Verlag 1928. Der Band »Aus Kriegs- und Nachkriegszeit«, 1928, galt als Band 6 der Gesammelten Schriften. Im Jahre 1929 erschien dann, wiederum bei S. Fischer, die sechsbändige Gesamtausgabe, die letzte bis heute.
63 Naumann, Werke, Bd. 1, S. 1.
64 Blanche Trocard erschien 1887 anonym als Privatdruck in Straßburg. Neu herausgegeben und mit einem Nachwort versehen von Edwig Redslob, Berlin 1947. Kessler schreibt über das Stück (a.a.O., S. 35): »Dieses Werk eines eben erst von der Schule gekommenen Studenten ist alles andere als das übliche Primanerdrama, weder konventionell noch revolutionär, sondern ganz eingestellt und aufgebaut auf die Beobachtung und Gestaltung allerfeinster, kaum faßbarer Zwischentöne in Gedanken und Gefühlen, zartester gesellschaftlicher Spannungen.«
65 Der erste Aufsatz »Höre, Israel!« erschien unter dem Pseudonym W. Hartenau in Hardens »Zukunft« vom 6. 3. 1897; später aufgenommen in »Impressionen« (Gesammelte Aufsätze), Leipzig 1902. Der erste politische Aufsatz »Transatlantische Warnsignale« erschien unter dem Pseudonym W. Michael in der »Zukunft« vom 30. 7. 1898; aufgenommen in Nachgelassene Schriften, Bd. 1.
66 Naumann, Werke, Bd. 3, Einleitung von Wolfgang Mommsen, S. XXVII.
67 Naumann, Werke, Bd. 4, Einleitung zum Teil »Schriften zum Mitteleuropaproblem« von Wolfgang Schieder, S. 379.
68 Das philosophische Hauptwerk »Zur Mechanik des Geistes« umfaßt die drei Teile: »Die Evolution des erlebten Geistes«; »Die Evolution des erschauten Geistes«; »Die Evolution des praktischen Geistes«; letzterer Teil ist wiederum gegliedert in die Abschnitte: »Die Ethik der Seele«; »Die Ästhetik der Seele«; »Die Pragmatik der Seele«.
69 Naumann, Werke, Bd. 2, S. XXI; zur Problematik des Politikers Naumann vgl. Jürgen Christ, »Staat und Staatsraison bei Friedrich Naumann«, Heidelberg 1969.
70 Naumann, Werke, Bd. 2, S. XXI.
71 S. Anm. 25, Ruland, a.a.O., S. 100.
72 Max Weber, Soziologie/Weltgeschichtliche Analysen/Politik, mit einer Einleitung von Eduard Baumgarten, hg. und erl. von Johannes Winckelmann, Stuttgart [4]1968, S. XI.
73 Ibid., S. XIIf. »Es mischt sich in diesen Chor«, schreibt Baumgarten, »noch eine letzte gewichtige Stimme –: Der Theologe Ernst Troeltsch; für ihn war Max Weber im letzten Grunde Politiker. Troeltsch hat jahrelang in Heidelberg im selben Hause mit Weber gelebt ... Mehr als irgendein zweiter Fachgelehrter hat Troeltsch für sein eigenes Fach und für seine persönliche Umwendung zu religionssoziologischen Fragestellungen von Max Weber gelernt.«
74 Ibid., S. XIf.
75 Ibid., S. XII.
76 »Zur Psychophysik der industriellen Arbeit«, Archiv f. Sozialwissenschaft und Sozialpolitik, Bd. 27, 1908, S. 730–770; Bd. 28, 1909, S. 219–277; 719–761; Bd. 29, 1909, S. 513–542.
77 Max Weber, a.a.O., S. XX.
78 Briefe, Bd. 1, S. 292, an Ernst Troeltsch, Berlin, 29. 6. 1917.

79 Max Weber, a.a.O., S. XXIV. Im März 1919 war Max Weber nach Paris gerufen worden, um am deutschen Gegengutachten (»Vierergutachten« im deutschen Weißbuch 1919) zur Kriegsschuldfrage teilzunehmen, da er bereits im Januar desselben Jahres in der Frankfurter Zeitung seinen Standpunkt dargelegt hatte.

80 Der Begriff »Macht« wird hier formal verwandt, im Sinne der Tätigkeit auf seiten der Regierung, in der Exekutive also.

IV. Der Staats- und Gesellschaftsdenker

1 S. Anm. 25, Kap. III.

2 Kessler, a.a.O., S. 26.

3 Vier Tischreden, als Handschrift gedruckt, in Erinnerung an den 29. September 1917 von Freunden überreicht, S. 21.

4 Ibid., S. 23.

5 Kessler, a.a.O., S. 7.

6 Briefe, Neue Folge, Dresden 1928; an Geheimrat Dr. E. Rathenau, 11. 12. 1880; unter der Zeichnung eines Geldsacks die Verse: »Stirb Ungeheuer! / Du aller Sorgen, / Du allen Kummers / drückende Last.« (Faksimile.)

7 Bis zu diesem Zeitpunkt, dem Jahre 1912, weist das Schriftenverzeichnis im Sammelband »Max Weber« (s. Anm. 72, Kap. III), S. 490 bis 505, 105 gedruckte Arbeiten aus. Naumanns Hauptwerke, außer dem Mitteleuropa-Buch, lagen ebenfalls vor.

8 Zur Kritik der Zeit, Berlin 1912, S. 21 (Band II der Rathenau-Gesamtausgabe).

9 Ibid.

10 Ibid., S. 22.

11 Wilhelm Treue, »Wirtschafts- und Sozialgeschichte Deutschlands im 19. Jahrhundert«, in: Gebhardt, Bd. III, S. 315; 410.
Vgl. auch Friedrich Lütge, »Deutsche Sozial- und Wirtschaftsgeschichte«, Berlin/Heidelberg/New York [3]1966, S. 404–532.

12 Treue, s. Anm. 11.

13 Zur Kritik der Zeit, S. 27f.

14 Ibid., S. 29.

15 Ibid., S. 30f.

16 Ibid., S. 33.

17 Ibid., S. 33f.

18 Ibid., S. 35f.

19 Ibid., S. 37.

20 Denselben Gedanken hat Schiller in dem Gedicht »Nänie« ausgesprochen: »Auch das Schöne muß sterben, das Menschen und Götter bezwinget, / Nicht die eherne Brust rührt es des Stygischen Zeus.«
Ebenso enthält Richard Wagners »Ring des Nibelungen« die gleiche Grundidee: Untergang der »Licht-« und »Mut-Welt« (die Götter, die Wälsungen, Siegfried) in den Schlingen der dunklen »Nacht-Welt« (die Nibelungen, Alberich, Hagen). Von seinem edlen, heldenhaften Wälsungenstamm sagt Wotan: »Vernichten *muß* ihn der Neid.« (Die Walküre, 2. Aufzug.)

21 Als Beispiel nennt Rathenau die Entwicklung des »Imperium Romanum«, in dem alle Voraussetzungen einer »mechanistischen« Epoche gegeben waren. Zur Kritik der Zeit, S. 45.

22 Ibid., S. 42.

23 Ibid., S. 41.

24 Ibid., S. 46.

25 Ibid., S. 50.

26 Ibid., S. 51f.

27 Vgl. Vance Packard, »The Wastemakers«, New York 1960.

28 Zur Kritik der Zeit, S. 53.

29 Ibid., S. 54f.

30 Ibid., S. 55.
31 Ibid., S. 57.
32 Oswald Spengler, der diese Arbeit im Sommer 1919 schrieb, stellt dem *Staats*-Gedanken, den er in Preußen verkörpert sah, den *Gesellschafts*-Gedanken gegenüber, den England entwickelte. Vgl. Abschnitt XII des Essays, Politische Schriften, München/Berlin 1934, S. 31ff.
33 Zur Kritik der Zeit, S. 57: »Der Weltbetrieb der Wissenschaften, neben dem Kapitalismus die großartigste der anonymen und internationalen Organisationen, mit seinen peinlich respektierten Gebietsabgrenzungen, seinem hochentwickelten Informationswesen, seinem großindustriell angelegten Laboratoriumsbetrieb, seiner Wechselbeziehung zur Technik, seinen Verbänden und Kongressen ist genügend bekannt und gerühmt ...« und S. 58: »Kein komplizierterer und schwierigerer Beruf läßt sich in zivilisierten Ländern denken als der des Einsiedlers.«
34 Ibid., S. 59.
35 Ibid., S. 62.
36 Ibid.
37 Ibid., S. 69.
38 Ibid., S. 71.
39 Ibid., S. 76.
40 Ibid., S. 79.
41 Naumann, Werke, Bd. 1, S. 935f.: »Während die alte Glaubensfrage der persönlichen Auferstehung des Einzelmenschen vom Tode jetzt im Kriege fast eine noch geringere Rolle in der Volksmeinung spielt als sonst, ist der Glaube an das Fortleben der Nation auch nach dem Tode der gegenwärtigen Generation zu einer Bedeutung gelangt wie nie zuvor. Aus einem Personalglauben ist ein Gattungsglaube geworden. Das ist nicht genau die alte Religion, aber es ist Religion: Gebundenheit an überirdische Vorstellungen.« (»Osterfragen«, Hilfe, 24. Jg. 1918, Nr. 13.)
Vgl. im selben Bande, S. 945f.: »Es war dem suchenden Geiste bald klar, daß jedes Ich (auch unser eigenes Ich) auch als ein Stück Natur angesehen werden kann und muß, das ebenso entsteht und vergeht wie ein Stein oder Baum, und daß jedes Naturstück eine Art von Ich in sich enthält, einen Wachstumstrieb oder Magnetismus oder eine Kristallisation.« (»Das Erkennen des Lebens«, Hilfe, 25. Jg. 1919, Nr. 26.) Naumann zeigt sich hier als typischer Vertreter der Auflösung der christlichen Offenbarungs- und personalen Erlösungsreligion zu einer, in diesem Fall panvitalistischen, Naturphilosophie, wie sie schon achtzig Jahre früher ein Carl Gustav Carus verkündet hatte.
42 Zur Kritik der Zeit, S. 83.
43 Ibid., S. 84.
44 Ibid., S. 86.
45 In: Preußische Jahrbücher, Bd. 187, 1922, S. 1–12.
46 Vgl. Anm. 32.
47 Zur Kritik der Zeit, S. 90.
48 Ibid., S. 91.
49 Ibid., S. 99.
50 Ibid., S. 101.
51 Briefe, Bd. 1, S. 147 (22. 5. 1914).
52 Tagebuch, S. 287f.
53 Kessler, a.a.O., S. 81; Nachgelassene Schriften, Bd. 2.
54 »Zur Mechanik des Geistes« wurde 1912 geschrieben und erschien in Berlin 1913. Bis 1925 erlebte das Buch 14 Auflagen als Einzelausgaben. 1918 wurde es als Band 2 in die Gesammelten Schriften aufgenommen, die es zu 4 Auflagen brachten; ebenso als Band 2 in die Gesammelten-Schriften-Ausgabe von 1925. Ins Dänische übersetzt von Konrad Simonsen, erschien es unter dem Titel »Sjaelen« 1918 in Kopenhagen und Kristiania (Oslo); ins Schwedische übersetzt von Till Svenska und Algot Ruhe, erschien es in Stockholm 1918 unter dem Titel »Sjaelens Krafter«. »Zur Kritik der Zeit« erschien, von denselben Übersetzern übertragen, unter dem Titel »Nutidens Vaesens« im gleichen Jahr in Stockholm. Vgl. Gottlieb, a.a.O., S. 65.

55 Kessler, a.a.O., Kap. VI, S. 81–127.
56 Ibid., S. 82.
57 Hans Fürstenberg, Kommentar zu Kessler, a.a.O., S. 399; Kessler, Tagebücher 1918–1937, hg. von Wolfgang Pfeiffer-Belli, Frankfurt 1961, S. 412f.; 552ff.
58 Gesammelte Schriften, Bd. 1; »1813, ein Festgesang zur Jahrhundertfeier«; er besteht aus drei Teilen (»Bedrückung«, »Erlösung«, »Erhebung«) mit jeweils fünf, vier und drei Gedichten.
Die fünf talmudischen Geschichten (»Vom Schriftgelehrten und von der Wahrheit«; »Rabbi Eliesers Weib«, aus dem jerusalemitischen Talmud; »Der Engel des Todes«; »Der Fünfsünder«; »Die Stimme des Volkes«, aus dem jerusalemitischen Talmud), sämtlich 1898 geschrieben, erschienen in den »Impressionen« 1902, S. 103 bis 120. (»Rabbi Eliesers Weib« anonym in der »Zukunft«, Jg. VI, Nr. 48 vom 27. 8. 1898; ebenfalls anonym unter dem Titel »Der Wahrheit Rache« die Geschichte »Vom Schriftgelehrten und von der Wahrheit«, »Zukunft«, Jg. VI, Nr. 40 vom 2. 7. 1898.)
Sie wurden aufgenommen in Bd. 4 der Gesammelten Schriften von 1918 und 1925.
59 Rathenau-Gesamtausgabe VI, S. 498.
60 Briefe, Bd. 1, S. 84f.
61 Ibid., S. 89, an Hermann Kroeplin.
62 Philipp Fürst zu Eulenburg und Hertefeld (1847–1921) war Freund und Vertrauter Wilhelms II., besonders in der Zeit um und nach Bismarcks Entlassung; er wirkte auf den Kaiser mäßigend ein; im Bunde mit Bernhard von Bülow, dessen Berufung zum Reichskanzler er mitbewirkte, und mit Friedrich von Holstein, der »grauen Eminenz«, der wiederum mit Bülow eng verbunden war, entstand so ein Freundes-Kleeblatt von großem, schwer faßbarem und kaum kontrollierbarem Einfluß auf die deutsche Reichsführung. Hiergegen richteten sich die Angriffe Hardens ab 1906, die in Spiel und Gegenspiel von Angriff und Verteidigung sich zum größten Skandal der Vorkriegszeit ausweiteten. Der Kaiser ließ Eulenburg fallen, als dieser in den Verdacht der Homosexualität geraten war.
Die Korrespondenz zwischen Rathenau und Harden macht zweifelsfrei deutlich, daß Rathenau mit der Affäre nichts zu tun haben wollte und das Vorgehen Hardens innerlich mißbilligte.
63 Zur Mechanik des Geistes, S. 110 (Band II der Rathenau-Gesamtausgabe).
64 Ibid.
65 Ibid., S. 111.
66 Ibid., S. 123.
67 Ibid., S. 125ff.
68 Ibid., S. 130.
69 Ibid., S. 132.
70 Ibid., S. 133f.
71 Ibid., S. 117.
72 Ibid., S. 140.
73 Ibid., S. 141.
74 Ibid., S. 143.
75 Ibid., S. 144.
76 Kessler, a.a.O., S. 93ff.
77 Ibid.
78 Zur Mechanik des Geistes, S. 124f.
79 Ibid., S. 146f.
80 Ibid., S. 147f.
81 Ibid.
82 Ibid., S. 149.
83 Ibid., S. 151f.
84 Ibid., S. 152f.
85 Ibid., S. 176.
86 Ibid.
87 Ibid., S. 177f.
88 Kessler, a.a.O., S. 97.

89 Zur Mechanik des Geistes, S. 177.
90 Ibid., S. 180.
91 Ibid., S. 181.
92 Ibid., S. 182.
93 Ibid., S. 182 f.
94 Ibid., S. 183.
95 Kessler, a.a.O., S. 89f.; er zitiert hier einen Brief Martin Bubers vom 16. 1. 1928, in dem dieser ihm u. a. berichtet: »Über den Chassidismus haben wir [d. h. Buber und Rathenau] wiederholt miteinander gesprochen; ich hatte den Eindruck, daß er für ihn eine Erweiterung seiner Selbstwahrnehmung bedeutete und daß, was er hier . . . vom Judentum erfuhr, auf eine Wandlung in seiner Anschauung vom Wesen und Schicksal des jüdischen Volkes nicht ohne Einfluß geblieben ist.«
Vgl. auch Tagebuch, S. 189.
96 Kessler, a.a.O., S. 90ff.
97 Zur Mechanik des Geistes, S. 222f.
98 Ibid., S. 224.
99 Ibid., S. 233f.
100 Ibid., S. 235.
101 Ibid., S. 236.
102 Ibid., S. 257ff.
103 Ibid., S. 250.
104 Ibid., S. 240–264.
105 Ibid., S. 266.
106 Ibid.
107 Ibid., S. 268.
108 Ibid., S. 273.
109 Ibid., S. 275ff.
110 Ibid., S. 280.
111 Ibid., S. 284.
112 Ibid., S. 294.
113 Ibid., S. 295. Hier heißt es: »Die Seele kehrt heim und verlangt nicht nach Paradiesen, nicht nach dem Reich des König Messias, nicht nach dem Triumph der Frommen und flammenden Gerichten. Sie verlangt nach neuen Kämpfen und neuen Mühen, nach göttlicheren Schmerzen und edleren Freuden, nach wahrerem Leben und reinerer Verklärung. So stehen wir abermals vor den Pforten jenes Reiches, das nicht von dieser Welt ist, und doch von ihr seinen Anfang nimmt, des Reiches, das von seinem Verkünder benannt ist das Königtum des Himmels und das Reich Gottes, und das in diesem armen und weltlichen Buche über uns schwebte als das Reich der Seele.«
114 Der Chiliasmus im eigentlichen christlich-religiösen Sinne erwartet das »tausendjährige Friedensreich« des Christus unmittelbar vor dem Ende der Weltzeit als letzten Geschichtsabschnitt vor dem endgültigen Weltgericht. Demgegenüber steht der säkularisierte Chiliasmus, der politische und gesellschaftliche innerweltliche »Endzustände« erwartet. Seine Übergänge zum Utopismus sind fließend.
115 Vgl. Gottlieb, a.a.O., S. 49; 138ff.
116 Von kommenden Dingen, Berlin 1917, S. 301 (Bd. II der Rathenau-Gesamtausgabe).
117 Vgl. Briefwechsel Rathenau–Franz Oppenheimer, Briefe, Bd. 1, S. 368ff.: Rathenau an Gustav Schmoller (12. 5. 1917): »Sie haben die Güte, nach meinem philosophischen Bekenntnis zu fragen. Ich habe seit vielen Jahren kein philosophisches Buch mehr gelesen, wohl aber eines geschrieben, das – ich bitte nicht zu erschrecken – noch im 20. Jahrhundert es wagt, ein philosophisches System aufzustellen. Das Buch heißt ›Zur Mechanik des Geistes‹, und ich erlaube mir, einen Abdruck beizufügen . . . In Deutschland hat es die junge Literatur beschäftigt und beeinflußt; die offizielle Gelehrsamkeit hat ihm die akademische Ehre der prophylaktischen Ignorierung erwiesen, die noch einige Zeit vorhalten dürfte.« (Briefe, Bd. 1, S. 274f.) Wilhelm Schwaner an Rathenau (18. 6. 1918): ». . . Wieder Deine ›Neue Wirtschaft‹ durchgearbeitet – ich werde den Schluß von Seite 75 unten bis zum Ende in der übernächsten Num-

mer des ›Volkserzieher‹ drucken, vorausgesetzt, daß Du's erlaubst. Ich bin überglücklich in heiliger Arbeit – die neue Germanenbibel wird wunderbar.«
(BA, Nachlaß Rathenau 1, Briefe von Wilhelm Schwaner an Walther Rathenau 1913–1921.)

118 Kessler, a.a.O., S. 172; der Aufsatz erschien in der Wiener »Neuen Freien Presse« am 25. 12. 1913.
119 Gesammelte Schriften, Bd. 1, S. 267ff.
120 Vgl. Naumann, Werke, Bd. 4; wichtig »Die mitteleuropäische Wirtschaftsgemeinschaft«, in: Hilfe, Jg. 21, Nr. 27 vom 8. 7. 1915; »Mitteleuropa«, Berlin 1915, besonders wichtig Kap. 4, »Das mitteleuropäische Wirtschaftsvolk«; Kap. 7, »Zollfragen«.
121 Von kommenden Dingen, S. 317.
122 Ibid.
123 Naumann, Werke, Bd. 4, S. 324f. (S. 321, »Was will die Sozialdemokratie?«, Die Hilfe, Jg. 5, 1899, Nr. 20.)
124 Ibid., S. 373. (S. 348, »Das Schicksal des Marxismus«, Die Neue Rundschau, Jg. 19, 1908, Nr. 10; Die Hilfe, Jg. 14, 1908, Nr. 41.)
125 Von kommenden Dingen, S. 325.
126 Ibid., S. 332.
127 Gesammelte Schriften, Bd. 3, S. 72.
128 Ibid., Rathenau-Gesamtausgabe II, S. 332.
129 Ibid., S 333.
130 Ibid., S. 338.
131 Ibid., S. 339.
132 Ibid.
133 Ibid., S. 340.
134 Ibid., S. 341.
135 Ibid., S. 342.
136 Vgl. Oswald Spengler, Politische Schriften, S. Vff.; S. IIIff.
137 Von kommenden Dingen, S. 343f.
138 Ibid., S. 345.
139 Ibid., S. 347.
140 Ibid., S. 351.
141 Ibid., S. 356.
142 Ibid., S. 363.
143 Ibid.
144 Ibid., S. 367.
145 Ibid., S. 368.
146 Ibid.
147 Ibid.
148 Ibid., S. 368f.
149 Ibid., S. 369.
150 Ibid., S. 370.
151 Ibid.
152 Ibid., S. 370f.
153 Ibid., S. 373f.
154 Ibid., S. 377f.
155 Wichard von Moellendorff (1881–1937) entwickelte als Unterstaatssekretär im Reichswirtschaftsministerium (1919) den Plan einer nationalen »Gemeinwirtschaft«, der zwar die Unterstützung des Wirtschaftsministers Wissell, aber die Ablehnung durch das Kabinett Bauer erfuhr. Sein theoretisches Werk »Konservativer Sozialismus« erschien erst 1932.
156 Gesammelte Schriften, Bd. 5 (Wirtschaft, Staat und Gesellschaft), S. 31f.
157 Ibid., S. 37. (Zu beachten ist, daß die beschlagnahmte Ware nicht in das Eigentum, wohl aber in die Verfügungsgewalt des Staates überging.)
158 Ibid., S. 40.
159 Ibid., S. 41.
160 Ibid., S. 53.

161 Ibid., S. 69.
162 Ibid., S. 71.
163 Ibid., S. 73f.
164 Ibid., S. 78.
165 Ibid., S. 78f.
166 Ibid., S. 71.
167 Ibid., S. 78.
168 Ibid., S. 83ff.
169 Vgl. Gottlieb, a.a.O., S. 50; 65ff.
170 Gesammelte Schriften, Bd. 5, S. 186.
171 Ibid., S. 198f.
172 Ibid., S. 202f.
173 Ibid., S. 203f.
174 Ibid., S. 232ff.
175 Über die Stellung des Kleinhandels in seinem System bemerkt Rathenau: »Beim Neubau der Wirtschaft wird man Anrecht und Dienst nicht verkennen, wohl aber der Gemeinschaft geben, was der Gemeinschaft ist. Der zentralisierte Kleinhandel ist Sache der gemischten Wirtschaft, der zersplitterte Kleinhandel ist Sache der Überwachung, Tarifierung und Konzessionierung.« Ibid., S. 245.
176 Im Jahre 1915 wurde die National Guilds League gegründet, der u. a. auch Bertrand Russel angehörte. Sie löste sich 1925 wieder auf, ohne zu politischen und wirtschaftlichen Realisierungen geführt zu haben. Das Gedankengut des Gildensozialismus beeinflußte die sozialistischen Bewegungen nach dem Ersten Weltkrieg und – in Deutschland – besonders die Arbeit der Sozialisierungskommissionen. Der Syndikalismus teilt mit dem Gildensozialismus das Bestreben, die Produktionsmittel zu vergesellschaften; er unterscheidet sich aber von ihm durch den Radikalismus der Methoden, die den gewaltsamen Umsturz vorsehen, und durch die Idee der Anarchie, d. h. der Ausschaltung (besser: Auflösung) des Staates zugunsten einer neuen, von Gewerkschaften getragenen Gesellschaftsordnung. Zu denken ist hier auch an die berufsständischen Korporationen des faschistischen Italien, Portugals (seit 1933), Argentiniens (Justizialismus). Den theoretischen Unterbau lieferte vor allem Othmar Spanns Buch »Der wahre Staat«, ^{3}1931.
Vgl. zu dem Gesamtproblem »Das System Walther Rathenaus und der Versuch eines Vergleichs mit dem von Karl Marx«, Diss. von Hans Vogt, Marburg 1927.
177 Briefe, Bd. 1, S. 249.
178 Das Buch erschien 1927 in Dresden. Es heißt dort auf S. 71f.: »Die freie Konkurrenz fand in Deutschland nicht nur im Außenhandel, sondern auch im Binnenverkehr keinen günstigen Boden. Zwar schuf der Deutsche Zollverein einen vollständig freien Inlandsmarkt, doch schon früh entstanden auch Vereine, Kartelle, Konzerne usw., die die freie Konkurrenz auszuschalten bemüht waren und Produktion, Preis, Absatz im Interesse der Produzenten regelten, die Deutschland bald zum klassischen Land der Kartelle machten. Diese Entwicklung ist der der Vereinigten Staaten nahe verwandt, mit dem Unterschied allerdings, daß der deutsche Unternehmer seine Selbständigkeit stets zu bewahren suchte, während in Amerika die Vertrustung die Unselbständigkeit der Unternehmer zur Folge hatte; das deutsche Unternehmertum hat, zur Beherrschung des Marktes, lediglich seine Unabhängigkeit geopfert.«
179 Revesz, a.a.O., S. 73.
180 Gustav Schmoller besprach Rathenaus Bücher »Zur Kritik der Zeit«, »Zur Mechanik des Geistes« und »Von kommenden Dingen« im Jahrbuch für Gesetzgebung, Verwaltung und Volkswirtschaft im Deutschen Reiche, Minden 1917, Jg. 41, H. 3, S. 455ff.
181 Vgl. Lujo Brentano, »Walther Rathenau und seine Verdienste um Deutschland«, München o. J. (1922). Das Gedenkheft gab einen am 13. 7. 1922 in München vor dem »Klub demokratisch gesinnter Studenten« gehaltenen Vortrag wieder.
182 S. Anm. 117; vgl. Franz Oppenheimer, »Gegen die Neue Wirtschaft«, in: Wirtschaftszeitung der Zentralmächte, Offizielles Organ des Deutsch-Österr.-Ung. Wirtschaftsverbandes, Berlin, Nr. 5 vom 3. 2. 1918; ders., »Vortrag über Gemeinwirtschaft auf Einladung des deutschen

Wirtschaftsverbandes für Südamerika«, Bericht in: Berliner Börsen-Courier, 15. 3. 1918, und in: Vossische Zeitung, Berlin, 19. 3. 1918.

183 S. Anm. 117.

184 Leopold von Wiese, »Freie Wirtschaft«, Leipzig 1918; darin als Kap. 3 »Rathenaus Neue Wirtschaft«, S. 31ff.; ders., »Rathenau als Schriftsteller«, in: Frankfurter Zeitung, Frankfurt a. M., 2. 7. 1922. Wohl unter dem Eindruck der Ermordung Rathenaus revidierte hier von Wiese weitgehend sein ablehnendes Urteil von 1918.

185 Wiese, a.a.O., S. 31; zit. n. Revesz, a.a.O., S. 100.

186 Wiese, S. 52.

187 S. Anm. 170, S. 254.

188 Ibid., S. 259.

189 Von kommenden Dingen, S. 433. Es heißt dort: »In Deutschland wurde das Einheitsstreben nur von einem Teil der Gebildeten getragen; es konnte daher nicht vom Volke verwirklicht werden, sondern vom diktatorischen Sieger im Bürgerkriege und Eroberungsfeldzuge.«

190 Ibid., S. 435.

191 Ibid.

192 Naumann, Werke, Bd. 3, S. 69f. (Erschienen in: Die Neue Rundschau, Jg. 20, 1909, S. 1137ff.; Hilfe, Jg. 15, 1909, Nr. 44–47.)
Angespielt wurde auf den sogenannten »Bülow-Block«. Nachdem es über eine Kolonialdebatte im Reichstag zum Bruch mit dem Zentrum gekommen war, versuchte Bülow in dem aus den neuen Wahlen (Januar 1907) hervorgegangenen Reichstag mit einer Mehrheit von Liberalen und Konservativen zu regieren.

193 Von kommenden Dingen, S. 436.

194 Ibid.

195 Naumann, Werke, Bd. 2, S. 1f.

196 Von kommenden Dingen, S. 436f.

197 Ihm eigneten starke plebiszitäre Züge; in der Herleitung aller Macht aus der Autorität des »Führers« stellte er freilich den Demokratie-Begriff auf den Kopf. Vgl. zum gesamten Problemkreis Carl Schmitt, »Legalität und Legitimität«, München/Leipzig 1932.

198 Der Gedanke eines »sozialen«, eines »Volkskaisertums« durchzieht die deutsche Geschichte bereits seit den Zeiten der salisch-fränkischen Kaiser, als Heinrich IV. den Beistand der Städte in seinen Auseinandersetzungen mit den Fürsten suchte. In allen Ländern Europas nahm die Entwicklung jedoch den Verlauf, daß die Kaiser, Könige, Fürsten sich auf ihren Adel stützen mußten, aus dem sie hervorgegangen waren. Die Vorstellung, Wilhelm II. könne ein solcher »Volkskaiser« werden – von ihm selbst im Anfang seiner Regierungszeit geteilt –, beruhte auf romantisch-utopischer Wirklichkeitsverkennung. Nach Tradition und Erziehung war gerade er besonders stark in der Mentalität jenes Standes befangen, der die Mehrzahl der Offiziers- und Verwaltungsstellen des Reiches innehatte.

199 Von kommenden Dingen, S. 439f.

200 Naumann, Werke, Bd. 2, S. 341.

201 Von kommenden Dingen, S. 439–443.

202 Ibid., S. 444f.

203 Ibid., S. 445.

204 Ibid., S. 452.

205 Ibid., S. 453.

206 Naumann, Werke, Bd. 4, S. 296. (»Die Leidensgeschichte des deutschen Liberalismus«, in: Die Neue Rundschau, Jg. 19, 1908, S. 625ff.)
Heinrich Rickert (1833–1902) gehörte zum linken Flügel der nationalliberalen Partei; 1880 schied er mit den »Sezessionisten« aus der Partei aus; 1884 schloß sich die Gruppe mit der Fortschrittspartei zusammen. Bismarck brachte mit Hilfe des »Kartells«, des Zusammengehens von Nationalliberalen und Konservativen im Reichstag von 1887, das zweite Septennat (siebenjährige Geltungsdauer des Militäretats und der Friedens-Präsenzstärke der Armee) durch.

207 Von kommenden Dingen, S. 464f.

208 Ibid., S. 466.

209 Ibid., S. 469.
210 Ibid., S. 470.
211 Ibid.
212 Ibid., S. 471.
213 Ibid., S. 471 f.
214 Tagebuch, S. 119.
215 Von kommenden Dingen, S. 474.
216 Ibid., S. 475.
217 Ibid., S. 475 f.
218 Ibid., S. 478.
219 Ibid., S. 479.
220 Ibid., S. 481.
221 Ibid., S. 490f.
222 Ibid., S. 491.
223 Huber, Dokumente, Bd. 2, S. 479; 482; 484f. (Gesetz über die Zusammensetzung des Reichstags und die Verhältniswahl in großen Reichstagswahlkreisen vom 24. 8. 1918; Gesetz zur Abänderung der Reichsverfassung und des Gesetzes betreffend die Stellvertretung des Reichskanzler vom 17. 3. 1878, vom 28. 10. 1918; Gesetz zur Abänderung der Reichsverfassung vom 28. 10. 1918.)
224 Gottlieb, a.a.O., S. 51; die kleine Schrift von 74 Seiten erschien im Mai 1919. Ihr Inhalt gliederte sich in die Abschnitte »Der Neue Staat« und »Arbeit«. Sie wurde unverändert in Band 5 der Gesammelten Schriften von 1925 aufgenommen, nach welchem hier zitiert wird.
225 Gesammelte Schriften, Bd. 5, S. 266f.; 279f.
226 Ibid., S. 267.
227 Ibid., S. 271.
228 Ibid., S. 274f.
229 Ibid., S. 275.
230 Ibid., S. 275f.
231 Ibid., S. 276.
232 Ibid., S. 278.
233 Ibid., S. 279.
234 Ibid.
235 Ibid., S. 286.
236 Ibid., S. 287.
237 Vgl. »Klassiker des politischen Denkens«, 2 Bde., 1. Band: »Von Plato bis Hobbes«, hg. von Hans Maier, Heinz Rausch, Horst Denzer, München 1968, S. 10f.
238 Einer Untersuchung bedürftig wäre in diesem Falle das Problem, wie es um die »Geschichtlichkeit« eines solchen Systems, um sein Verhältnis zur Geschichte und seine Rolle in ihr bestellt ist. Auch ist zu bedenken, daß der Aufstand gegen die Gewalt von Personen nicht die Gewalt der »Sachen« beseitigt.
239 Vgl. Anm. 237, Kap. »Luther«, S. 245; Kap. »Vitoria«, S. 274.
240 Es fällt auf, daß die sogenannten »Theoretiker des Absolutismus« diesen weniger philosophisch schlüssig ableiten und konstituieren als vielmehr meist zugunsten einer auf das Wohl der Untertanen gerichteten Pragmatik eingrenzen.
241 Gesammelte Schriften, Bd. 5, S. 286.
242 Ibid., S. 288.
243 Ibid., S. 290.
244 Ibid., S. 289.
245 Ibid., S. 291.
246 Ibid., S. 292.
247 Ibid., S. 294.
248 Ibid., S. 295.
249 Ibid.
250 Ibid.
251 Ibid., S. 296ff.

252 Ibid.
253 Ibid., S. 304.
254 Ibid., S. 305f.
255 Ibid., S. 307.
256 Ibid. (Abschnitt »Arbeit«), S. 318.
257 Ibid., S. 322.
258 Ibid.
259 Ibid., S. 324.
260 Ibid., S. 326.
261 Ibid.
262 Ibid., S. 327f.
263 Ibid., S. 334.
264 Gottlieb, a.a.O., S. 51.
265 Briefe an eine Liebende, Dresden 1931. Es handelt sich um Briefe, die Rathenau zwischen 1918 und 1922 an Lore Karrenbrock (1895–1928) schrieb. Diese vermachte sie der Walther-Rathenau-Stiftung, welche die Publikation veranlaßte. Dem Bande wurden Lore Karrenbrocks »Aufzeichnungen über Gespräche mit Walther Rathenau« angefügt.
266 Gespräch am 11. 5. 1919, ibid., S. 90f.
267 Gesammelte Schriften, Bd. 5, »Die Neue Gesellschaft«, S. 341.
268 S. Anm. 266, S. 77.
269 Ibid.
270 S. Anm. 267, S. 369.
271 Ibid., S. 372.
272 Die standesrechtlichen Privilegien des deutschen Adels erloschen 1918; das Adelsprädikat wurde Namensbestandteil. Die Landesfürsten wurden später großzügig finanziell entschädigt. Der Privatbesitz des Adels blieb unangetastet. Die Stellung des Adels in Diplomatie und Reichswehr war nach wie vor stark.
273 Wie 267, S. 387.
274 Ibid., S. 389.
275 Ibid., S. 395.
276 Ibid., S. 424.
277 Ibid., S. 427.
278 Ibid., S. 428.
279 Ibid., S. 430.
280 Ibid., S. 428.
281 Ibid., S. 430; vgl. Wolfgang Benz, »Vom freiwilligen Arbeitsdienst zur Arbeitsdienstpflicht«, Vierteljahreshefte f. Zeitgeschichte, Jg. 16, H. 4, Oktober 1968, S. 317ff.
282 Wie 267, S. 430.
283 Ibid., S. 435.
284 Ibid., S. 436.
285 Ibid., S. 447.

V. Der Publizist

1 Vgl. zu diesem Abschnitt meinen Aufsatz »Harden und Rathenau, Zur Problematik ihrer Freundschaft«, HZ 209/1, 1969, S. 75ff.
Das Buch erschien im Verlag S. Hirzel, Leipzig. Außer der Dissertation Rathenaus »Die Absorption des Lichts in Metallen« (Berlin 1889) waren zuvor drei Privatdrucke erschienen: anonym das Schauspiel in zwei Akten »Blanche Trocard« (Straßburg 1887) und »Des Alchymisten Bekehrung«, Festspiel aus Anlaß der Hochzeitsfeier von Professor Heinrich Ruben, Direktor des Physikalischen Instituts der Universität Berlin (Berlin, 8. 4. 1894); »Elektrische Alchymie« (Elektrochemie und verwandte Gebiete), Vortrag, gehalten im Postmuseum am 8. 2. 1900 (Berlin 1900). Vgl. Gottlieb, a.a.O., S. 45f.
2 Die Zukunft, Jg. XVI, Nr. 34, vom 23. 5. 1908; vgl. Gottlieb, a.a.O., S. 74ff.
3 Die Zukunft, Jg. XXI, Nr. 4, vom 26. 10. 1912; vgl. Gottlieb, a.a.O., S. 77.

4 Rathenau an Harden, 21. 9. 1912. Rathenau-Gesamtausgabe VI, S. 665.
5 Harden an Rathenau, September 1912. Rathenau-Gesamtausgabe VI, S. 667.
6 Am 21. und 28. 12. 1918 brachte die Zukunft, Jg. XXVII, Nr. 11 und 12, Rathenaus Aufruf »An alle, die der Haß nicht blendet«; vgl. Gottlieb, a.a.O., S. 92. Den Beitrag »Die dunkelste Stunde« brachte die Zukunft am 11. 1. 1919 (Bd. 104); eine Stellungnahme gegen den Versailler Vertrag »Das Ende« am 31. 5. 1919 (Nr. 34).
7 Mit Ausnahme des Buches von Young (s. Anm. 16) fehlte bisher eine umfassende Darstellung des Lebens und Werkes Maximilian Hardens sowie des Kreises um ihn. Vgl. H. Delbrück, »Kautsky und Harden« (1920); J. Joll, »Rathenau and Harden« (A Footnote to the History of Wilhelmine Germany, A Century of Conflict 1850–1950. Essays for A. J. P. Taylor, hg. von M. Gilbert, London 1966); P. Loewenberg, »Walther Rathenau and German Society«, Diss. Berkely 1966.
8 Ernst Deuerlein, »Deutsche Kanzler von Bismarck bis Hitler«, München 1968 (Bernhard Fürst von Bülow, S. 131).
9 Harden an Rathenau, 15. 1. 1897. Rathenau-Gesamtausgabe VI, S. 303.
10 Ibid., S. 304 (9. 10. 1897).
11 Ibid., S. 311f. (11. 2. 1898).
12 Ibid., S. 315 (30. 6. 1898); S. 316 (4. 8. 1898).
13 Ibid., S. 317 (17. 9. 1898).
14 Ibid., S. 324 (22. 6. 1899); S. 325f. (13. 9. 1899); S. 338f. (26. 3. 1901); S. 345 (22. 6. 1901).
15 Im Bundesarchiv (364–2) befinden sich fünf Briefe Rathenaus an Theodor Herzl, Zeugnisse eines recht distanzierten, mitunter ironisch gefärbten Interesses: 31. 7., 16. 8., 22. 8. 1901; 20. 12. 1902; 2. 2. 1903.
16 Vgl. H. F. Young, »Maximilian Harden, Censor Germaniae. The Critic in Opposition from Bismarck to the Rise of Nazism«, Den Haag 1959.
17 Vgl. Helmuth Rogge, »Holstein und Harden«, München 1959. Diese ausführliche Darstellung beweist, was sie entkräften will: die wenig appetitliche und menschlich dubiose Atmosphäre auch auf seiten der »Enthüller«.
Vgl. »Geschichte in Gestalten« II, hg. von Hans Herzfeld, Frankfurt a. M. 1963, S. 152; 215f.
18 Auch Felix Deutsch, der Gatte Lilis und Kollege Rathenaus, wurde in die Auseinandersetzung verwickelt; es hat den Anschein, als ob Rivalitäten innerhalb der AEG-Spitze dabei nicht ganz belanglos gewesen seien.
19 »In der Mördergrube. Wo das Gesindel mittrinkt. Judensauhatz«, in: Die Zukunft, Jg. XXX, Nr. 40 (1. 7. 1922). Zu der Unversöhnlichkeit Hardens hat als psychologisch nicht zu unterschätzendes Moment wohl der Umstand beigetragen, daß im Kriege sein Stern stetig sank (Verbot der »Zukunft«, Redeverbot usf.), der Rathenaus stetig stieg.
20 In einem Brief Hardens an Oberst Schützinger vom 30. 6. 1927 heißt es: ». . . Der einzige decidirt schlechte Mensch, den ich je fand. Mich ekelte er so an, daß ich nach 27 Jahren intimsten Verkehrs (ich hatte ihn in Öffentlichkeit eingeführt, gedruckt, Bekanntschaft vermittelt) ihn zweimal brutal abschütteln *mußte*, obwohl er persönlich gegen mich nie etwas versucht hatte (aus Angst) u. noch nach *äußersten* [sic!], unwahrscheinlich heftiger Abwehr von meiner Seite mir schrieb: ›Sie sind aus meinem Leben nicht wegzudenken, wir müssen uns wiederfinden‹ usw. Mir schließlich s. Taschenuhr vermachte, die ich nicht annahm. Genug . . . Ein Cagliostro. Brillant, geistreich, Prototyp gebildeter jüd. Großbourgeoisie. Aber ganz steril. Keine irgendwie dauernde Leistung. Die Bücher? Übermorgen vergessen; heute schon ganz veraltet. Spengler daneben Titan. Nationalökonom? ›Von alledem‹, sagte Sombart, ›bleibt eine Anmerkung in einem Lehrbuch.‹ Er wollte garnicht Frieden, sondern Rachekrieg, wenn wieder so weit. Lesen Sie, wie über Völkerbund herzieht, war Hauptgegner des Eintritts. Rapallo? Unsinn, nur aus Eitelkeit, um in Genua nicht fünftes Rad zu sein. Ohne Rapallo aber war in Genua schon, 1922, *Alles* zu haben, was Locarno brachte. Das ist Gewißheit, nicht etwa Verrenkung. Seine Eitelkeit aber ging, wie mir sein Nächster mal schrieb, ›bis an die Grenze der Unzurechnungsfähigkeit‹.« (BA, Nachlaß Harden 150.)
21 Impressionen, S. 25.
22 Ibid., S. 33.
23 Ibid., S. 50f.

24 Ibid.
25 (Anonym), »Die schönste Stadt der Welt«, in: Die Zukunft, Jg. VII, Nr. 15, vom 7. 1. 1899.
26 »Walther Rathenau, Ein preußischer Europäer«, Briefe. Hg. von Margarethe von Eynern. Der Band enthält einen »biographischen Spiegel« der wichtigsten Korrespondenzpartner Rathenaus. S. 429ff.
27 (Anonym), »Théâtre Antoine«, in: Die Zukunft, Jg. VII, Nr. 36, vom 3. 6. 1899. Unter dem Titel »Ein Publikum« in: Impressionen. Zur gleichen Thematik: Renatus (Pseudonym), »Die Schaubühne als industrielle Anstalt«, in: Die Zukunft, Jg. XI, Nr. 51, vom 19. 9. 1903, und »Die Zukunft der deutschen Bühne«, Rundfrage des Schutzverbandes deutscher Schriftsteller, Antworten in Buchform, Berlin 1917.
28 Impressionen, S. 216f.
29 Ibid., S. 218.
30 Reflexionen, S. 41. (Ästhetische Betrachtungen: Ein Grundgesetz der Ästhetik; nicht ganz gleicher Wortlaut unter dem Titel »Physiologie des Kunstempfindens«, in: Die Zukunft, Jg. X, Nr. 1, vom 5. 10. 1901; ebenfalls in: Impressionen.)
31 Ibid., S. 41.
32 Ibid.
33 Ibid., S. 44ff.
34 Harden an Rathenau, 21. 10. 1905; Rathenau-Gesamtausgabe VI, S. 434f.
35 Ernst Reinhart (Pseudonym), in: Die Zukunft, Jg. XIV, Nr. 1, vom 7. 10. 1905.
36 Reflexionen, S. 70.
37 Ibid., S. 78.
38 Nachgelassene Schriften, Bd. 2.
39 Ernst Reinhart (Pseudonym), »Ein gutes Buch«, in: Die Zukunft, Bd. 47, 25. 6. 1904.
40 »Hermann Stehr zum 50. Geburtstag«, in: Berliner Tageblatt, Frankfurter Zeitung, 16. 2. 1914; »Max Liebermann zum 70. Geburtstag«, in: Berliner Tageblatt, 1. 7. 1917; vgl. Gottlieb, a.a.O., S. 86, D 79; »Hans Thoma, Kunst und Künstler«, Berlin, 25. 8. 1919; vgl. Gottlieb, a.a.O., S. 95, D 113; »Der Genius« (Beethoven), in: Frankfurter Zeitung, 16. 12. 1920 (Sonderbeilage, Beethoven zum 150. Geburtstag. Mit Beiträgen von W. Schäfer, W. Furtwängler, B. Shaw, R. Rolland, K. Spitteler und W. Rathenau).
41 (Anonym), »Physiologie der Geschäfte«, in: Die Zukunft, Jg. IX, Nr. 39, vom 29. 6. 1901; Renatus (Pseudonym), »Zur Physiologie der Moral«, in: Die Zukunft, Jg. XI, Nr. 49, vom 5. 9. 1903; Ernst Reinhart (Pseudonym), »Von Schwachheit, Furcht und Zweck«, in: Die Zukunft, Jg. XIII, Nr. 7, vom 12. 11. 1904; ders., »Hundert ungeschriebene Schriften von Gott und Welt, Mensch und Kunst«, in: Die Zukunft, Jg. XV, Nr. 41, vom 13. 1. 1907; ders., »Zweites Hundert ungeschriebene Schriften«, in: Die Zukunft, Jg. XVI, Nr. 12, vom 21. 12. 1907; (anonym), »Oekonomik«, in: Die Zukunft, Jg. XVI, Nr. 13, vom 28. 12. 1907; »Unser Nachwuchs«, ein Schreiben Walther Rathenaus an die Redaktion der Neuen Freien Presse, Wien, 25. 12. 1909; »Politische Selektion«, Die Auslese in der Diplomatie, in: Neue Freie Presse, Wien, 16. 5. 1912; vgl. Gottlieb, a.a.O., S. 73, D 12/D 14; 74, D 18; 75, D 23/D 24/25; S. 76, D 28; S. 77, D 36.
42 Reflexionen, S. 167f. (Teilabdruck unter dem Titel »Geschäftliche Lehren«.)
43 S. Anm. 15.
44 Reflexionen, S. 81.
45 Ibid., S. 92.
46 Ibid., S. 93.
47 Ibid., S. 96.
48 Ibid., S. 97.
49 Ibid., S. 100.
50 Ibid., S. 104f.
51 Ibid., S. 20.
52 Ibid., S. 27f.
53 Ibid., S. 106.
54 S. Anm. 41.
55 Nachgelassene Schriften, Bd. 2, S. 351f.

56 I und II in: Berliner Tageblatt, 10./12. 2. 1918; vgl. Gottlieb, a.a.O., S. 50, A 20; S. 87, D 83.
57 Gesammelte Schriften, Bd. 6 (»Zeitliches«), S. 46f.
58 Ibid., S. 48.
59 Ibid., S. 52.
60 Ibid., S. 59f.
61 Während der Weimarer Republik bestand in Preußen 1920–1933 ein Staatsrat als Vertretung der Provinzen; seine Mitglieder wurden von den Provinziallandtagen gewählt; er hatte das Recht des Gesetzesvorschlags und des Einspruchs gegen Gesetzesbeschlüsse des Landtags. Der Preußische Staatsrat während der nationalsozialistischen Herrschaft umfaßte außer den Ministern und Staatssekretären hohe Parteifunktionäre sowie Repräsentanten der Kunst und der Wissenschaft; er hatte keine politische Bedeutung.
62 Der Brief wurde veröffentlicht in: Nya Dagligt Allehanda, Stockholm, 7. 12. 1918; Le Démocrate, Délémont, 14. 12. 1918; New York Herald, Paris, 20. 12. 1918; Nieuw Amsterdamsche Courant, 21. 12. 1918; La Vie Ouvrière, Paris, 3. 6. 1921. In demselben Brief schreibt Rathenau: »In meinen Schriften habe ich vor dem Kriege gewarnt. Als er kam, habe ich die Rohstoffwirtschaft organisiert, um den sofortigen Zusammenbruch zu verhindern; dann habe ich alle meine Arbeit darangesetzt, um Frieden, Versöhnung, Abkehr von Gewaltpolitik und Annexionismus zu vertreten. Im Juli 1917 sah ich zum letztenmal Ludendorff im Hauptquartier. Ich sagte ihm: Wenn Sie Ihre maßlosen Forderungen verwirklichen wollen, müssen Sie London, Paris und New York besetzen; ich wies ihm die falschen Zahlen und Berechnungen der Marine nach und die Aussichtslosigkeit des Unterseekrieges. Er setzte mir entgegen, was er sein Gefühl nannte, und was seine schrankenlose Gewalt war. Einmal freilich habe ich zum Widerstand geraten: als derselbe Ludendorff die Regierung zwang, statt der Liquidation den Bankrott anzumelden.« Vgl. Anm. 564, S. 269.
63 Gesammelte Schriften, Bd. 6, S. 272f.
64 Ibid., S. 273 (in: Die Zukunft, Jg. XXVII, Nr. 11/12, vom 21./28. 12. 1918; vgl. Gottlieb, a.a.O., S 92, D 97).
65 Ibid., S. 277.
66 Die Antwort Rathenaus auf einen Artikel über sein Verhältnis zur Entindustrialisierung Belgiens in der Neuen Zürcher Zeitung (»Friedensvertrag und Kriegsentschädigung«, Nr. 13, Jg. 140, vom 4. 1. 1919), Neue Zürcher Zeitung, 29. 1. 1919; Nachgelassene Schriften, Bd. 1; Politische Briefe, S. 231f.
67 Nachgelassene Schriften, Bd. 1, S. 96. (»Unsere Kriegsgefangenen« – Zu dem grausamen Plan der französischen Heeresleitung, 200.000 deutsche Kriegsgefangene für den Wiederaufbau Nordfrankreichs zu verwenden; Frankfurter Zeitung, 1. 2. 1919; vgl. Gottlieb, a.a.O., S. 92, D 102.)
68 Ibid., S. 101. (»Versailles«, in: Der Spiegel, Beiträge zur sittlichen und künstlerischen Kultur, 15. 5. 1919; vgl. Gottlieb, a.a.O., S. 94, D 109 a.)
69 Vereinbarung vom 15. 11. 1918 (vgl. Huber, Dokumente Bd. 3, S. 19f.); Anerkennung der kollektiven Tarifverträge und Einsetzung der Arbeiter-, Angestellten- und Schlichtungsausschüsse durch Verordnung des Rates der Volksbeauftragten vom 23. 12. 1918.
70 Vgl. Gebhardt, Bd. IV, S. 91 f.
71 Vgl. Ernst Schulin, »Walther Rathenau«, in: Der Monat, 20. Jg., Nr. 237/1968, S. 45ff. »Die Art seines Handelns«, heißt es dort (S. 54), »und auch die Begrenztheit und Größe seines Handelns kann aber vielleicht deutlicher werden, wenn man sich klarmacht, daß Rathenau nicht erst durch seine Ermordung ein Opfer der Auflösungserscheinungen des Wilhelminischen Deutschland wurde, sondern daß er schon vorher Stück für Stück seiner Ideen und Pläne opfern mußte, um überhaupt politisch helfen und sich gegen den Ansturm von Mißtrauen halten zu können.«
72 Reden und Bemerkungen in den Verhandlungen der Sozialisierungskommission über den Kohlenbergbau, in: »Verhandlungen der Sozialisierungskommission über den Kohlenbergbau«, 2 Bde., Berlin 1920 (Reden Rathenaus in allen Sitzungen – außer der vom 16. 7. – zwischen 22. 4. und 30. 7. 1920).
73 Reden und Bemerkungen in den Verhandlungen der Sozialisierungskommission über die Neuregelung des Wohnungswesens, in: »Verhandlungen der Sozialisierungskommission über die

Neuregelung des Wohnungswesens«, 2 Bde., Berlin 1921 (Rathenau sprach am 8. 3.; 8. 4.; 29. 4.; 30. 4.; 20. 5. 1921).

74 Zusätze in dem Gutachten der Sozialisierungskommission über die Organisation der Kali-Industrie, in: »Gutachten der Sozialisierungskommission über die Organisation der Kali-Industrie«, Berlin 1921; Rede bzw. Bemerkungen in den Verhandlungen der Sozialisierungskommission über die Kali-Wirtschaft, in: »Verhandlungen der Sozialisierungskommission über die Kali-Wirtschaft«, Berlin 1921 (Rathenau sprach am 25. 9. und 22. 10. 1920; 5. 2. 1921).

75 Ähnlichkeit besteht auch in beider Männer Bildungsvorstellungen: »Ich halte die humanistische Bildung«, schrieb Rathenau in »Lebensschule und Schulleben« (Antwort auf eine Rundfrage der Zeitschrift Nord und Süd vom 27. 10. 1910), »für die höchste uns erreichbare Vorschulung des menschlichen Geistes ... Eine gute Schulbildung jedoch, die uns leider fehlt, wäre besser als alle außerberufliche Spezialisierung, denn sie gäbe die Methodik, die Grundlage und die Hilfsmittel für jede gewollte Angliederung.« (Nachgelassene Schriften, Bd. 2, S. 363f.; vgl. hierzu Humboldts »Rechenschaftsbericht« an den König vom Dezember 1809, in: »Wilhelm von Humboldt«, Werke in fünf Bänden, hg. von Andreas Flitner und Klaus Giel, Darmstadt 1960ff., Bd. 4, S. 218.)

76 Gesammelte Reden, Berlin 1924. Rede anläßlich des Austritts aus der Kriegsrohstoffabteilung des Kriegsministeriums, gehalten am 31. 3. 1915.

77 Gedächtnisrede, gehalten am Tage der Beisetzung, 23. Juni 1915. Erschienen als Privatdruck o. J. (1915); aufgenommen in die Gesammelten Schriften, Bd. 5.

78 Gesammelte Schriften, Bd. 5, S. 20f.

79 Ibid.

80 Schulin, a.a.O., S. 48f.: »Rathenau ist Zeit seines Lebens ein Sohn gewesen, niemals Ehemann und Vater.«

81 Weitere bedeutende Parteimitglieder waren: Hugo Preuß, der »Vater der Weimarer Verfassung«, Max Weber, Theodor Heuss, Graf Bernstorff, Gertrud Bäumer.

82 Gesammelte Reden, S. 53ff., »Demokratische Erneuerung«, 28. 6. 1920.

83 Ibid., S. 64f.

84 Ibid., S. 65ff.

85 Ibid., S. 76ff.

86 Ibid., S. 78ff.

87 Ibid., S. 81ff. (26. 10. 1920).

88 Ibid., S. 123ff. (12. 12. 1920).

89 Ibid., S. 153ff. (27. 4. 1921).

90 Unterredung des Verfassers mit Bundesminister a. D. Ernst Lemmer am 10. 10. 1968 in Berlin. Absagen Rathenaus bezogen sich nicht nur auf Wünsche, ihn als Redner zu gewinnen, sondern sie galten auch Journalisten, die ihn interviewen wollten; so empfing er, wie aus einer Absage an den Hearst-Vertreter hervorgeht, während der ersten drei Wochen seiner Außenministerschaft keine Journalisten. Keine Interview-Gewährung bis 10. 3. 1922. Auf einer Kundgebung der DDP am 26. 3. 1922 zu sprechen, lehnte er ebenso ab wie die Einladung der DDP Königsberg, über Ostpolitik zu reden, oder die Aufforderung, vor dem »Reichsverein demokratischer Arbeiter, Beamten und Angestellten« zu sprechen. Weitere Ablehnungen ergingen an die DDP in Frankfurt a. M. (11. 3. 1922), an die DDP in Hamburg (14. 3. 1922) [ärgerliche Antwort des Parteivorstandes von dort: »Bitte dringend zu berücksichtigen, daß Rathenau noch nicht vor Kaufleuten in größter Handelsstadt gesprochen und derartige Vernachlässigung Hamburgs nicht nur unserer Partei, sondern auch Regierung schadet.« (16. 3. 1922); trotz noch zweimal wiederholten Appells blieb Rathenau bei seinem Nein]; an DDP in Freiburg i. Br. (13. 4. 1922; überschnitt sich allerdings mit der Genua-Konferenz, die am 10. 4. begonnen hatte); an DDP Hessen-Nassau (20. 5. 1922); selbst Bitten des Parteivorsitzenden Anton Erkelenz gegenüber reagierte er hinhaltend-ausweichend (Erkelenz an Rathenau, 19. 5. 1922; Antwort Rathenaus vom 23. 5. 1922); erneute Absage an DDP Königsberg (10. 6. 1922), s. AA, Politisches Archiv, Akten Büro Reichsminister (persönliche Angelegenheiten 1/4–3/1, 1. 2.–7. 7. 1922).

91 Vgl. Theodor Heuss, »Friedrich Naumann, der Mann, das Werk, die Zeit«, München und Hamburg ^{3}1968. Heuss zitiert S. 492 aus Naumanns Kriegschronik (4. 12. 1918): »Persönlich

habe ich die Meinung, daß das amerikanische Vorbild bei unseren Verhältnissen leichter durchzuführen ist als das englische ...« Obwohl Naumann in manchen Einzelheiten der demokratischen Neuordnung – so etwa in der Frage des Wahlsystems – von dem tatsächlich Durchgeführten abweichende Ansichten vertrat, hat er doch das parlamentarische System als solches nicht in Frage gestellt. (Vgl. Kap. »Die Arbeit an der Reichsverfassung«, S. 490–512.)

92 Dies spielt auf die Tatsache an, daß es sich bei »Wiederaufbau« nicht, wie man meinen könnte, um Behebung deutscher Kriegsschäden, sondern um den Wiederaufbau der zerstörten belgischen und nordfranzösischen Gebiete handelte.

93 Gesammelte Reden, S. 199f. (2. 6. 1921).

94 Die Broschüre »Cannes und Genua« erschien im August 1922 bei S. Fischer, Berlin, und enthielt vier Reden: 1. Rede vor dem Obersten Rat der Alliierten in Cannes vom 12. 1. 1922; 2. Rede vor dem Hauptausschuß des Reichstages vom 7. 3. 1922; 3. Reichstagsrede vom 29. 3. 1922; 4. Rede vor der Vollversammlung der Genueser Konferenz vom 19. 5. 1922; Vorwort von Dr. H. F. Simon, Oberstleutnant a. D., Legationsrat und persönlicher Referent Rathenaus. In den Gesammelten Reden wurden unter dem Titel »Cannes und Genua«, Reden zum Reparationsproblem, sechs Reden zusammengefaßt, nämlich die Reden 1, 3 und 4 wie oben; nicht jedoch Rede 2. Dafür traten hinzu: Rede vor einem geladenen Kreis aller Parteien in Stuttgart (9. 6. 1922); Rede in der Deutschen Gesellschaft von 1914 (Berlin, 13. 6. 1922; sie hatte nichts mit Reparationen zu tun) und die Reichstagsrede vom 21. 6. 1922.
Vgl. Gottlieb, a.a.O., S. 52; Gesammelte Reden, S. 360ff.

95 In seinem Vorwort zu »Cannes und Genua« erwähnt H. F. Simon: »Das letzte schriftliche Wort des Ministers Rathenau an mich, das ich in der Aktenmappe im Auto des Ermordeten fand und das als Stichwort für eine Anweisung an mich dienen sollte, lautete: ›Der Weg der Vernunft.‹«

96 Gesammelte Reden, S. 373f.

97 Cannes und Genua, Berlin 1922, S. 19ff.

98 Vgl. anonym (W. Rathenau), »Über die Unmöglichkeit der Pariser Beschlüsse« (Unterredung mit einem Vertreter von ›Europa-Press‹; Tages-Anzeiger, Zürich, 10. 2. 1921); »Déclaration de M. Rathenau« (à Fernand Brinon, Journal des Débats; erschienen im L'Express, Mulhouse, 4. 3. 1921); Rathenau über die Forderungen der Entente. Ihre Undurchführbarkeit (Argentinisches Wochenblatt, Buenos Aires, 19. 3. 1921); »Ja oder Nein«, in: Berliner Tageblatt, 10. 5. 1921. Vgl. ferner: Ernst Laubach, »Die Politik der Kabinette Wirth 1921/1922« (Historische Studien, H. 402), Lübeck und Hamburg 1968, S. 19ff.

99 Gesammelte Reden, S. 361.

100 Ibid., S. 392 (29. 3. 1922).

101 Laubach, a.a.O., S. 17–19; 22; 29; 103f.; 152f. u. lfd.

102 Gesammelte Reden, S. 403.

103 Ibid., S. 409f.

104 Ibid., S. 411.

105 Die Große Politik der Europäischen Kabinette 1871–1914; Sammlung der diplomatischen Akten des AA. Hg. von J. Lepsius, A. Mendelssohn-Bartholdy, F. Thimme, Bd. 1–40, 1922 bis 1927.

106 In der Präambel heißt es, der Krieg habe seinen »Ursprung« in den Kriegserklärungen Österreich-Ungarns an Serbien (28. 7. 1914) und Deutschlands an Rußland (1. 8. 1914) und Frankreich (3. 8. 1914) sowie »in dem Einfall in Belgien« gehabt.
Teil VII, Artikel 227 enthält »Strafbestimmungen« für den »vormaligen Kaiser von Deutschland«, Wilhelm II., »wegen schwerster Verletzung des internationalen Sittengesetzes und der Heiligkeit der Verträge«. Richter des einzusetzenden Gerichtshofes sollten je ein Amerikaner, Brite, Franzose, Italiener und Japaner sein. »Die alliierten und assoziierten Mächte werden an die Regierung der Niederlande das Ersuchen richten, den vormaligen Kaiser zum Zwecke seiner Aburteilung auszuliefern.«
Art. 228–230 enthielten eine Blanko-Vollmacht, »deutsche Kriegsverbrecher« einzuvernehmen und vor Gericht zu stellen. In Artikel 231 mußte Deutschland anerkennen, daß es (nebst seinen Verbündeten) den Krieg verschuldet habe.

107 Gesammelte Reden, S. 420f.
In den Akten des AA befindet sich der handschriftliche Entwurf dieser Ansprache, mit dem Vermerk »nicht benutzt«. In ihm heißt es: »Ein geschichtliches Geschehnis führt uns heute zusammen. Zum ersten Mal hat ein Staat sich entschlossen, in ungekürzter Folge seine sämtlichen zeitgeschichtlichen Dokumente der Mitwelt vorzulegen. Geöffnet werden die Archive, aus dem Dunkel des diplomatischen Geheimnisses treten die Akten der weltgeschichtlichen Vorgänge ans Licht etc.
I. Kunst zu der Wissenschaft. Rückwärts gerichtete Prophetie. Motive, Anregungen, Hemmnisse, Mittel, Entschlüsse, Kämpfe, Ergebnisse.
II. Vollendete Schule des Staatsmannes. Unerlernbare Kunst. Urtheil, Voraussicht, Einfühlung. Werkstatt Bismarcks. Entwürfe, Randbemerkungen. Hohe Stufe Kunstwerk Historien Sch[ule] Bismarck.
III. Dienst an d. Wahrheit. Aus Vergiftung nur ein Weg: Wahrheit.
Wahrheit nicht zu scheuen: Keine Kriegspol[itik]. Fehler von allen Seiten. In Krieg getaumelt. Kriegspol. nicht gemacht. Daher Gewissen 1914. Dagegen Versailles. Verantwortung ›übernommen‹.
Schuld kann nicht übernommen werden. Repar[ationen]. Es sinkt Schleier um Schleier. Weiteste Verbreitung. Prozessmachen. Begrenzte Hoffnung. Hydraköpfe. Gleichgültigk[eit]. Vorurtheil. Prozess sei entschieden. Irrthum. Tribunal d. Geschichte – Tribunal d. Zeitgen[ossen]. Wir werden nicht ruhen, bis wir das Tribunal gefunden haben. Inzwischen fortfahren, der Wahrh[eit] zu dienen. Wahrh[eit] nicht zu fesseln. Dk. an Gelehrte.
[Eth]ische That des Volkes.«
(Politisches Archiv des AA, Reden, Interviews, Aufsätze des Herrn RM, 11/1, 1. 5. 21 bis 15. 4. 23.)
108 Gesammelte Reden, S. 420f.
109 Ibid.

VI. Der Akteur

1 Carl Fürstenberg, a.a.O., S. 380f.
2 S. Anm. 59, Kap. I.
3 Felix Pinner, »Emil Rathenau und das elektrische Zeitalter«, Leipzig 1918. Vgl. zum selben Themenkreis: Hermann Hasse, »Die Allgemeine Elektricitätsgesellschaft und ihre wirtschaftliche Bedeutung«, Heidelberg 1902; Friedrich Fasolt, »Die sieben größten deutschen Elektricitäts-Gesellschaften, ihre Entwicklung und Unternehmertätigkeit«, Dresden 1904; »EG 1883–1908«, hg. von der Gesellschaft; Conrad Matschoß, »Die geschichtliche Entwicklung der Allgemeinen Elektricitäts-Gesellschaft in den ersten fünfundzwanzig Jahren ihres Bestehens.« Jahrbuch des Vereins deutscher Ingenieure 1909, 1. Bd., Berlin; Felix Pinner, »Emil Rathenau, Der Kaufmann und das Leben«, Beiblatt der Zeitschrift für Handelswissenschaft und Handelspraxis, Leipzig 1913; Arthur Fürst, »Emil Rathenau, Der Mann und sein Werk«, Berlin o. J. (1915); A. Riedler, »Emil Rathenau und das Werden der Großwirtschaft«, Berlin 1916; Werner von Siemens, »Lebenserinnerungen«, Berlin 1912; Francis Arthur Jones, »Thomas Alva Edison, sechzig Jahre aus dem Leben eines Erfinders«, Frankfurt a. M. o. J.; G. Klingenberg, »Elektrische Großwirtschaft unter staatlicher Mitwirkung«, Berlin 1916.
4 Pinner, a.a.O., S. 337.
5 Ibid., S. 354.
6 Ibid., S. 361.
7 Ibid., S., 385.
8 Ibid.
9 In seinem Buch »Das Finanzkapital« (1910) heißt es: »Mit der Ausdehnung des Aktienwesens löst sich so die ökonomische Entwicklung los von den individuellen Zufälligkeiten der Eigentumsbewegung, die in dem Schicksal der Aktien, nicht der Aktiengesellschaft, erscheint. Die Konzentration der Unternehmungen kann also rascher erfolgen als die Zentralisierung des Eigentums. Beide Bewegungen haben ihre eigenen Gesetze. Doch ist die Konzentrationstendenz bei beiden vorhanden. Bei der Eigentumsbewegung erscheint sie nur zufälliger und

weniger zwingend und wird auch in der Tat oft durch Zufälligkeiten durchkreuzt. Es ist dieser Schein, der manche veranlaßt, von einer Demokratisierung des Eigentums durch die Aktie zu reden. Die Trennung der industriellen Konzentrationsbewegung von der Eigentumsbewegung ist wichtig, weil dadurch die erstere nur mehr den technisch-ökonomischen Gesetzen zu folgen braucht, unabhängig von der Schranke des individuellen Eigentums. Diese Konzentration, die nicht zugleich Eigentumskonzentration ist, muß unterschieden werden von der Konzentration und Zentralisation, die durch Eigentumsbewegung und mit ihr zugleich erfolgt.« (Zit. n. Paul Ufermann und Carl Hüglin, »Die AEG, eine Darstellung des Konzerns der Allgemeinen Elektricitätsgesellschaft«, Berlin 1922, S. 13f.)

10 Nach H. F. Simon, »Aus Walther Rathenaus Leben«, Dresden 1927.

11 Ibid., S. 7ff.

12 Pinner, a.a.O., S. 401f.: »Im Jahre 1901 wurde er mit Karl Frey Administrateur der Elektrobank in Zürich, deren Geschäftskreis er ganz selbständig verwaltete und deren Geschäftsmethoden er reformierte; eine Tätigkeit, die ihn zu weitgehender Mitwirkung an dem Aufbau des Trust- und Finanzsystems der AEG berief und fähig zeigte. Die Besserung der Beziehungen zu der Konkurrenzfirma Siemens & Halske, die eine Verständigung über das Zentralengeschäft und die Bildung des Kabelkartells ermöglichte, hat er durch ausgesprochenes Verhandlungsgeschick angebahnt. Besonders war seine Hand bei den großen Ausdehnungsgeschäften der AEG zu spüren. Die Aufnahme der Schuckert-Gesellschaft, für die er sich nach gründlicher Untersuchung der Verhältnisse entschieden ins Zeug legte, konnte er im Vorstandskollegium nicht durchsetzen. Dieses Schicksal eines persönlichen Projektes, dessen Mißlingen er als einen großen und dauernden Verlust für die AEG ansah, veranlaßte ihn, im Jahre 1902 aus dem Vorstand der AEG auszuscheiden.

13 Simon, a.a.O., S. 7ff.

14 Carl Fürstenberg, a.a.O., S. 378.

15 Angaben bei Ufermann-Hüglin, a.a.O., S. 22ff.; Fürst, a.a.O.

16 Ufermann-Hüglin, a.a.O., S. 94: »Der AEG-Konzern ist über die Verbindungsbrücken von Gesellschaften mit anderen Konzernen lose verknüpft: Haniel-Konzern, Hamburg-Amerika-Linie, Friedrich Krupp, Essen, Siemens & Halske (Stinnes-Gruppe), Amerikanischer Kupfer-Trust bzw. General Electric, Groupement des Houillères du Nord et du Pas de Calais (Französischer Kohlenbergwerkskonzern), Französische Stahlwerkskonzerne und Konzern Schneider-Creuzot, Kali-Konzern in Wintershall, Otto Wolff, Köln; ein zwar loses, aber vorhandenes Geflecht.«

17 Fürst, a.a.O., S. 112ff.

18 Pinner, a.a.O., S. 397f.

19 GWU (Geschichte in Wissenschaft und Unterricht), Jg. 19, H. 9, 1968, S. 538ff.

20 Ein Beispiel:

S. M.: Na, von Ihren Fabriken hat mir Rhodes erzählt. Der ist doch gewiß ein abgebrühter Kerl. Aber darüber war er baff.

W. R.: Majestät, von unseren deutschen Fabriken können die Engländer was lernen. Die stoppeln immer eine Anlage auf die andere. Bei uns wird die ganze Sache einheitlich durchdacht und projektiert. Und dann: der deutsche Beamte mit seiner Gewissenhaftigkeit und Bescheidenheit, der immer hinter seiner Aufgabe zurücktritt.

S. M.: Ja, das Material haben wir!

W. R.: Und zuletzt die Organisation. Da sehen wir uns den preußischen Staat an und suchen das im Kleinen zu kopieren.

S. M.: Ja, Organisation ist die Hauptsache, da richten Sie sich nur nach dem Staat.

21 Carl Fürstenberg, a.a.O., S. 471.

22 Zur Frage dieses inoffiziellen Einflusses Rathenaus vgl. Kessler, a.a.O., S. 250f. Die von Karl Vollmöller gegründete »Deutsche Gesellschaft von 1914« und die von Ludwig Stein und Bassermann ins Leben gerufene »Mittwochsgesellschaft« bildeten Zellen dauernder persönlicher Kontakte zwischen Politikern, Militärs und Wirtschaftlern. Vgl. zu dem Themenkreis auch Lamar Cecil, »Albert Ballin. Wirtschaft und Politik im deutschen Kaiserreich 1888 bis 1918«, Hamburg 1969.

23 Das Buch erschien 1961 und auf Grund der 3. Auflage als vollständig neubearbeitete Sonderausgabe 1967 in Düsseldorf. In unserem Zusammenhang wichtig: 3. Kapitel, »In Erwartung des Blitzsieges«, S. 87ff.
24 Ibid., S. 90; dort auch genaue Quellenangaben.
25 Ibid.
26 Politische Briefe, S. 15, an Bethmann Hollweg, 7. 9. 1914.
27 Ibid., S. 18f.
28 Ibid., S. 21.
29 Ibid., S. 24, an dens., 24. 10. 1914.
30 Naumann, Werke, Bd. 4, S. 1013; Anm. 37 (Hilferdings Aufsatz erschien in »Der Kampf«, VIII, 1915). Dort auch weitere Stellungnahmen von sozialdemokratischer Seite angegeben.
31 Vgl. Henry Cord Meyer, »Naumann and Rathenau: Their Paths to the Weimar Republik«, in: The Responsibility of Power, Historical Essays in Honour of Hajo Holborn, edited by Leonhard Krieger and Fritz Stern, London/Melbourne 1968, S. 301ff.
Dort heißt es (S. 306): »His [Rathenau's] conception of postwar continental economic integration is though to have given significant direction to German war aims ... Concourrently Naumann achieved his greatest fame with the publication of his wartime bestseller, Mitteleuropa. With this conception he went beyound Rathenau's ideas of a customs union and economic rationalization for Europe.«
32 Naumann, Werke, Bd. 4, S. 385 (Einleitung Wolfgang Schieders).
33 Theodor Heuss, a.a.O., S. 361–367.
34 Naumann, Werke, Bd. 4, S. 384.
35 Vgl. Wolfgang Schieder, ibid., S. 374–399.
36 S. Anm. 49, 50, Kap. III.
37 Die Tatsache des späteren Mißbrauchs von Ideen, der Entstellung von Konzeptionen, die einmal positive Gehalte besaßen und Berechtigung hatten, darf nicht zu dem logischen Fehlschluß verleiten, in ihnen die *Ursache* der mit ihnen oder durch sie angerichteten Verderbnisse zu sehen.
38 Politische Briefe, S. 29f. (an Hauptmann Frh. v. Marschall, 3. 11. 1914).
39 Ibid., S. 50f.
40 Ibid., S. 61f.
41 Ibid., S. 66f. (an Ludendorff, 23. 10. 1916).
42 Ibid., S. 70f. (an Ludendorff, 6. 11. 1916) Rathenau macht genaue Vorschläge, wie die Heimat auszukämmen sei: »Den größten positiven Erfolg für die Ergänzung und Erweiterung unseres Frontbestandes sehe ich, wie ich dies bereits Exzellenz von Wild vor Monaten entwikkelte, in der systematischen Ausschöpfung aller mobilen Bestände hinter der Front, in Etappen und Garnisonen. Meiner Überzeugung nach ist es ein Fehler, wenn irgendein Felddienstfähiger andere als Frontarbeit leistet. Die Zahl der Kriegsverwendungsfähigen, die heute für Überwachung, Transporte, Fabrikkontrollen, vor allem aber für Büro- und Schreibarbeiten verwendet werden, ist enorm.«
43 Ibid., S. 74f.
44 Ibid., S. 188ff. Daraus eine Probe: »Alte Erfahrungssätze sagen: 1. Es ist alles nur halb so schlimm. 2. Kann man einen Selbstmörder eine Stunde lang aufhalten, so sieht er vom Vorsatz ab und kommt nicht wieder darauf zurück ... Können wir also sechs bis neun Monate halten? Die Truppenbilanz ist meines Erachtens die: 1. Wenn der Brester Friede reformiert wird (was aus politischen Gründen dringend erforderlich ist), so werden mehrere hunderttausend Mann frei. 2. Eine Auskämmung der Heimat, der Etappen und auch der Front schafft meiner Schätzung nach zweihunderttausend Mann. 3. Von Urlaubern kann eine halbe Million zurück. 4. Der Jahrgang 1900 wird noch einen ausständigen Rest liefern. 5. Ein Aufruf an die älteren Leute mit schärfster Ausschaltung des körperlich und seelisch Unzulänglichen wird über hunderttausend Mann bringen ... Die verfügbare Summe wird sich auf eine bis eineinhalb Millionen Menschen belaufen ... Die Organisation der Kriegsführung muß geändert werden. Ohne Bindeglied stehen sich heute Oberste Heeresleitung und Parlamentsregierung gegenüber. Läßt man den Dingen ihren Lauf, so wird die Parlamentsregierung in die Oberste Heeresleitung eindringen, was bedenklich ist. Das gegebene Bindeglied ist das Kriegs-

ministerium, das bis zu einem bestimmten Grade parlamentarisiert, wenn möglich in ein Verteidigungsamt umgewandelt werden sollte, das auch nach außen dem Eindruck des Volkskrieges und der Massenerhebung entspricht.«

45 Prinz Max von Baden berichtet in »Erinnerungen und Dokumente« (erschienen 1928, neu herausgegeben von Golo Mann und Andreas Burckhardt, Einleitung von Golo Mann, Stuttgart 1968): »Erst Jahre später habe ich von Freunden erfahren, daß Rathenau am 2. Oktober wie ein Kind geweint hat und seinen erfindungsreichen Geist zermarterte, ob er nichts tun könnte, um das Angebot aufzuhalten. Wäre er doch an jenem Tage zu mir gekommen! Ich hätte diesen Bundesgenossen brauchen können« (S. 364).

46 Max Weber, a.a.O., S. XXV.

47 Vgl. Walter Tormin, »Geschichte der deutschen Parteien seit 1848«, Stuttgart 1966, S. 142ff.

48 Kessler, a.a.O., S. 271f. Er bezog sich bei Schilderung dieser Vorgänge auf Rathenaus Sekretär Hugo Geitner. Auch Rathenau stand der DDP mit erheblicher Reserve gegenüber; so schrieb er an Julius Bab (4. 9. 1919): »Sie [die DDP] ist eine bloße Fortsetzung des alten Fortschritts, und ich mache mir schwere Sorge darüber, ob ich es verantworten kann, in dieser Partei, die gegenüber der Sozialdemokratie nur das bürgerlich-kapitalistische Berufsleben zu verteidigen hat und weder von Wirtschaftserneuerung noch von politischem Idealismus etwas wissen will, auf die Dauer zu bleiben.« (Politische Briefe, S. 265f.)

49 Politische Briefe, S. 245f. (an Peter Hammes, Göteborg, 23. 6. 1919); Kessler a.a.O., S. 271f.

50 BA, Nachlaß Rathenau 2, Brief vom 2. 2. 1919.

51 Bericht der Sozialisierungskommission vom 31. 7. 1920; Kessler, a.a.O., S. 276.

52 Henry Cord Meyer, a.a.O., S. 313: »His appointment as Foreign Minister in 1922 came not as a tribute of public confidence.«

53 S. Anm. 98, Kap. V.

54 S. Anm. 1, 2, Vorwort zur 1. Auflage.

55 Rathenau schätzte die Verbesserung des Verhandlungsklimas hoch ein, äußerte aber gleichzeitig auch Skepsis: »Inzwischen war, wie Sie erfahren haben, die Besprechung mit Loucheur. Ich brauche Ihnen, als altem Geschäftsmann, nicht zu sagen, was es bedeutet, wenn zwei Menschen sich alleine in einem Zimmer neun Stunden lang in vier Abschnitten gegenüber sitzen. Schon aus der Tatsache der dreimal wiederholten Besprechung ersehen Sie, daß hier eine atmosphärische Änderung erfolgt ist. Die Frage ist nun: Läßt sich diese erhalten oder wird uns beiderseitige Presse und öffentliche Meinung die Fäden aus der Hand schlagen?« (Politische Briefe, S. 297, an Reichsminister a. D. von Raumer, Berlin, 15. 6. 1921.)

56 Ibid., S. 311.

57 HZ, Bd. 204, 1967, S. 545–609, Die Entstehungsgeschichte des Rapallo-Vertrages.

58 Kessler, Tagebücher, S. 130ff. (Eintragung: Berlin, 20. 2. 1919, Donnerstag.)

59 Ibid., S. 132f.

60 Simon, a.a.O., S. 24f.

VII. Der Mensch

1 Vgl. hierzu: H. G. Adler, »Die Juden in Deutschland, von der Aufklärung bis zum Nationalsozialismus«, München 1960; Leo Baeck, »Das Wesen des Judentums«, Darmstadt [6]1966; Peter Berglar, »Die Deutschen sind die Juden des Abendlandes«, in: Welt und Wirkung, Gedanken über Menschen, Christen, Deutsche, Bonn 1961; Ismar Elbogen, Eleonore Sterling, »Die Geschichte der Juden in Deutschland«, Frankfurt a. M. 1966; Kurt R. Grossmann, »Die deutsch-jüdische Symbiose«, in: Rheinischer Merkur, Nr. 37/1968; »Deutsche und Juden«, Beiträge von N. Goldmann, G. Scholem, G. Mann, S. W. Baron, E. Gerstenmaier, K. Jaspers, Frankfurt a. M. 1967; Egmont Zechlin, »Die deutsche Politik und die Juden im Ersten Weltkrieg«, Göttingen 1969.

2 Vgl. Anm. 1, Berglar, S. 73ff.

3 Impressionen, S. 4.

4 Ibid., S. 7.

5 Ibid., S. 9.

6 Ibid., S. 10.

7 Ibid., S. 12ff. Dort heißt es:
»Seht euch im Spiegel! Das ist der erste Schritt zur Selbstkritik. Leider ist nichts daran zu ändern, daß ihr einander zum Erschrecken ähnlich seht, und daß daher jedes Einzelnen Unart auf die Rechnung aller gesetzt wird. Auch hilft es nicht, festzustellen, daß eure südöstlich gestimmte Erscheinung an sich für die nördlichen Stämme nichts Sympathisches hat. Um so mehr habt ihr zu sorgen, daß inmitten einer militärisch straff erzogenen und gezüchteten Rasse ihr euch durch verwahrlost schiefes und schlaffes Einhergehen nicht zum Gespött macht. Habt ihr erst euren unkonstruktiven Bau, die hohen Schultern, die ungelenken Füße, die weichliche Rundlichkeit der Formen als Zeichen körperlichen Verfalles erkannt, so werdet ihr einmal ein paar Generationen lang an eurer äußeren Wiedergeburt arbeiten. Ihr werdet es so lange aufschieben, die Trachten der hageren Angelsachsen zu parodieren, in denen ihr ausseht, wie wenn ein Teckel einen Windhund kopiert; ihr werdet nicht am Strande durch Seemannskleider, in den Alpen durch Wadenstrümpfe die Natur rebellisch machen. Wie in Palästina das Volk Israel ausgesehen hat, weiß ich nicht – die Zeitgenossen scheinen seine Art von Schönheit nicht goutiert zu haben; aber soviel ist gewiß, daß zweitausend Jahre Elend ihre Spuren zu tief einbrennen, als daß sie sich mit Eau de Cologne abwaschen lassen ... Die Formen des Verkehrs unter urbanen Menschen kennt ihr oberflächlich, aber ihr versteht sie nicht. Wenn ihr sie hervorkramt, habt ihr eine artige Manier, eure Unkenntnis hinter einer gewissen ironisierenden Schalkhaftigkeit zu verstecken. Ihr habt zwar den deutschen Wörterschatz um die Interjektionen ›Kunststück!‹, ›Kleinigkeit!‹, ›Zustand!‹ und manche andere bereichert; das hindert nicht, daß man es störend empfindet, wenn man in der Unterhaltung abwechselnd mit der Anrede ›Sehr geehrter Herr‹ und der Frage: ›Verstehen se mich?‹ bedacht wird. Zwischen wedelnder Unterwürfigkeit und schnöder Arroganz findet ihr schwer den Mittelweg. Selbstbewußtsein ohne Anmaßung läßt sich freilich nicht anlernen; nur der erwirbt es, der sich als Niemandes Gläubiger noch Schuldner fühlt. Dazu plagt euch ein maßloses Streben, zu repräsentieren. Könntet ihr euch einmal mit fremden Augen sehen, ihr Sportsmänner auf dem Kutscherbock, ihr Mäzenaten in den Ateliers, ihr Vereinsvorstände auf der Rednerbühne! Ihr, die Scharfschützen der Beobachtung und des Sarkasmus – welche Vergleiche fändet ihr heraus! Aber, nicht war, lieber Leser und Glaubensgenosse: es trifft zwar bei den andern zu, doch wir beide sind ganz anders?! ... Man wird euch den Vorwurf machen, international zu sein, solange ihr mit allen ausländischen Cohns und Levis versippt und verschwägert seid. Laßt die exotischen Vettern und Basen, die trotz ihrem Leugnen in Paris, New York oder Budapest vielleicht mißliebiger sind als ihr hierzulande, bleiben, wo sie sind. Renommiert nicht mit ihren Ansichten und Manieren und schämt euch nicht, wenn euere Kinder früher deutsch als französisch sprechen lernen. Wer sein Vaterland liebt, der darf und soll ein wenig Chauvinist sein.«

8 Ibid., S. 19ff.

9 Max von Baden, a.a.O., S. 660; 679f.

10 Hans Fürstenberg, der mit Rathenau bei der Garde in Berlin diente, hat darauf hingewiesen, daß das Nicht-befördert-Werden zum Offizier keine rassische Zurücksetzung, sondern die grundsätzliche Ablehnung aller Bürgerlichen ausdrückte. Kessler, a.a.O., Kommentar Fürstenberg, S. 396.

11 Zur Kritik der Zeit, Berlin, 1912 (Anhang, „Staat und Judentum“), S. 220f.

12 Ibid., S. 221.

13 Ibid., S. 224.

14 Ibid., S. 232.

15 Ibid., S. 235.

16 Ibid., S. 241ff.

17 Sie, in Form eines offenen Briefes an Herrn von Trützschler gehalten, war eine Antwort auf dessen erwähnte Schrift im Falken-Verlag Darmstadt und wurde in Bd. 5 der Gesamtausgaben von 1918 und 1925 aufgenommen. Sie erschien neu, zusammen mit anderen Werkausschnitten Rathenaus in der Sammlung »Eine Streitschrift«, Weilheim/Obb., 1967.

18 Gesammelte Schriften, Bd. 5 (Eine Streitschrift vom Glauben), S. 97f.

19 Ibid., S. 109f.

20 Ibid., S. 118f.
21 Ibid.
22 Ibid.
23 Ibid.
24 Tagebuch, S. 20f.
25 Persönliches Schreiben an den Verfasser vom 24. 4. 1968.
26 Ibid. Die mütterliche Linie Nachmann war auch mit dem Hause Rothschild, das allerdings erst um 1800 in die eigentliche jüdische Oberschicht aufrückte, verwandt. Ein weiterer Vorfahr Rathenaus, Michael Speyer, besaß um 1770 mit vierhundertzwanzigtausend Gulden das größte Vermögen, das bis dahin ein Frankfurter Jude besessen hatte.
27 Kessler, Tagebücher, S. 553.
28 S. Anm. 265, Kap. IV, S. 17 (Brief vom 19. 5. 1919).
29 Ibid., S. 30 (3. 11. 1919).
30 Ibid., S. 48 (21. 7. 1920).
31 Ibid., S. 50 (7. 8. 1920).
32 Ibid., S. 82 (Besuch am 16. 6. 1918).
33 Ibid., S. 84.
34 Ibid., S. 74 (Besuch am 9. 11. 1919): »Es ist mir fast unmöglich geworden, im Gesellschaftston zu plaudern. Wenn ich eine junge Frau bei Tisch unterhalten muß, ist das eine solche Arbeit, als hätte ich vier Stunden hintereinander diktiert. Und wenn ich mit meiner Mutter scherze, so läuft mir innerlich dabei der Schweiß – vor Anstrengung, in demselben Gehirn, in dem im Hintergrund schwere Fragen bewegt werden, vorne ein paar amüsante Bemerkungen zu finden. Es ist, wie wenn ein schwerbeladener Musketier mit einer jungen Frau Tango tanzen soll: der Tornister drückt und zieht, der Schweiß läuft ihm von der Stirn und die junge Frau denkt: Gott, wie ist er ungeschickt! – weil alles zu Blut, zu tiefstem Erleben wird, kann ich Menschen, zu denen ich ein inneres Verhältnis habe, nicht oft sehen ...«
35 Kessler, a.a.O., S. 75.
Der Rathenau-Nachlaß enthält eine Abhandlung über das Verhältnis zwischen Rathenau und Lili Deutsch. Verfasser ist Konrad Igel (geb. 1881), dessen ungedrucktes Manuskript »Walther Rathenau – seine Gedanken und Lehren auf Grund seiner Hauptwerke« 1956/57 abgeschlossen wurde und 1961 in die Bestände des Bundesarchivs gelangte. Igel, der in Springfield/Mass. (USA) lebt (oder lebte), teilt in der Abhandlung einen Brief Edwin von Redslobs an ihn aus dem Jahre 1954 mit, in dem es über Lili Deutsch heißt: »Eine groß angelegte Persönlichkeit. Sie war eine geborene Kahn, Schwester des bekannten New Yorker Bankiers Kahn, des Mitinhabers von Kahn, Loeb u. Co., und des Komponisten Kahn, der noch mit Brahms befreundet war und jetzt in England lebt. Sie stammte aus Mannheim; in ihrem Haus haben Gerhart Hauptmann und Richard Strauß viel verkehrt ... Sie ertrank mit ihrer Tochter und deren Mann, dem Dirigenten Brecher, weil das Schiff, das sie nach Amerika bringen sollte, durch Torpedierung unterging.«
Das Haus Deutsch war sehr kulturaufgeschlossen; besonders eng die Beziehung zu den Brüdern Hauptmann. Felix Deutsch, Lilis Gatte, war wie die beiden Schlesier und hatte eine Besitzung nahe Schreiberhau. Rathenau und Lili traten sich vor 1906 näher; der Briefwechsel dauerte bis zum Tode Rathenaus an. Besonders wichtig seien, so sagt Igel, die Briefe der Jahre 1910, 1911 und 1915 gewesen. Er bringt verschiedene Proben aus Rathenaus Briefen an Lili Deutsch, die dem Bilde Rathenaus nichts Neues hinzufügen (BA, Nachlaß Rathenau 9).
36 Kessler, a.a.O., Kommentar Fürstenberg, S. 399.
37 Kessler, Tagebücher, S. 552f.
38 Ibid., S. 553ff.
39 Ibid. Die Briefe Lilis an Rathenau sind laut Mitteilung von Regine Deutsch nach dessen Tode von der Mutter »aus Eifersucht« verbrannt worden (S. 413).
40 Kessler, a.a.O., S. 77.
41 Rathenaus Briefe an Lili Deutsch erhielt Kessler von dieser teilweise zur Einsicht (Tagebücher, S. 554); in seiner Biographie erwähnt er die nie sich ändernde Gleichmäßigkeit der Rathenauschen Handschrift; sie habe keinerlei Emotionen verraten, auch nicht in Briefen an Lili.

42 Kessler, a.a.O., Kommentar Fürstenberg, S. 398.
43 Ibid., S. 410.
44 Unter den zahlreichen mit Rathenau »befreundeten« Vertretern der Kulturprominenz nahm Gerhart Hauptmann eine Sonderstellung ein. Diese Freundschaft hielt das rechte Maß zwischen zu großer Nähe und zu großer Ferne und dauerte deshalb ohne Schwankungen bis zu Rathenaus Tod. Hauptmanns Sohn Benvenuto war dessen Patenkind (Kessler, Tagebücher, S. 560); vgl. v. Eynern, a.a.O., S. 439.
45 v. Eynern, S. 429–461.
46 BA, Nachlaß Rathenau 1, Briefe Wilhelm Schwaners an Rathenau.
47 J. Daniel Chamier, »Fabulous Monster«, London 1934.
48 Aus diesem Sachverhalt erklärt es sich, daß die Urteile über Walther Rathenau sehr erheblich voneinander abweichen. Wir lassen selbstverständlich die der antisemitischen Hasser beiseite. Die Urteile der vielen Menschen, die Rathenau persönlich gekannt haben, ermangelten oft der Wärme. Kessler, Carl und Hans Fürstenberg, selbst sehr kultivierte Männer, bewunderten Rathenaus Intellekt, Arbeitskraft und Kultur. Sie brachten einfühlendes Verständnis für ihn auf, doch bleibt Distanz spürbar. Männer vom Range eines Franz Blei[a], eines Robert Musil waren voller Vorbehalte gegen ihn; nur selten wurde er so positiv gewürdigt wie von Max Scheler[b] und Emil Ludwig[c]. Unter den durchaus negativen Beurteilern finden wir neben Stefan George auch einen so bedeutenden Mann wie Hugo Ball[d]. Stresemann schätzte Rathenau wenig, was auf Gegenseitigkeit beruhte[e]. Zu den ganz wenigen *herzlichen* Erinnerungen an ihn gehören die seines persönlichen Referenten im AA, des Legationsrates Simon; zu den respektvollen die des Reichskanzlers Wirth.
Durch die Ermordung gewann Rathenaus Bild Märtyrer-Verklärung. Er wurde zur beispielhaften Gestalt der von Rechtsradikalen verfolgten Linken, obwohl das strenggenommen nicht stimmt, da Rathenau ein weder »links« noch »rechts« einzuordnender Mann der Mitte war. Die Judenverfolgung ließ ihn als Symbolfigur der von Rassenhetzern massakrierten Juden erscheinen. Wer nach dem Zweiten Weltkrieg über ihn sprach oder schrieb, glaubte – und der Verfasser schließt sich da nicht aus[f] – es *so* tun zu müssen, nur in *diesem* Sinn tun zu können. Erst Golo Mann[g] und James Joll rückten von dieser apotheotischen Haltung wieder ab. *Daß* Rathenau tatsächlich eine Symbolfigur seiner Epoche gewesen ist, aber in einem viel weiteren und tieferen Sinne als einem bloß politischen und bloß rassischen, habe ich zu zeigen versucht.
[a] Schriften in Auswahl mit einem Nachwort von A. P. Gütersloh, München 1960, S. 222ff. Hier auch eine sehr abwertende Beurteilung durch Musil erwähnt.
[b] Schriften zur Soziologie und Weltanschauungslehre, Gesammelte Werke, Bd. 2, S. 361ff.
[c] Genie und Charakter, Sammlung männlicher Bildnisse, Neuausgabe München 1966, S. 141ff.
[d] Walther Rathenau, in »Die freie Zeitung«, Bern, 12. 1. 1918, Nr. 4.
[e] Kessler, Tagebücher, S. 560; Polemik Stresemanns gegen Rathenaus staatssozialistische Thesen, so in »Bergisch-Märkische Zeitung«, Elberfeld-Barmen, Nr. 574, vom 10. 11. 1917.
[f] Walther Rathenau, ein deutscher Jude im Umbruch der Zeit, Privatdruck, Darmstadt 1965.
[g] Walther Rathenau, Praktiker und Philosoph, SV-Schriftenreihe zur Förderung der Wissenschaft, 1963/I.

Exkurs: Walter Rathenau und Wilhelm Schwaner

1 BA, Nachlaß Rathenau 1.
2 BA, Nachlaß Rathenau 6.
3 Christoph Carstensen, »Der Volkserzieher«, Diss. Würzburg 1941.
4 BA, Nachlaß Rathenau 6 (Mitteilung Alfred Ehrentreich; der Nachlaß seines Schwiegervaters enthielt keine Hinweise auf die geplanten Kapitel über Rathenau und über Schwaners Verhältnis zum Nationalsozialismus, die seiner ungedruckten Selbstbiographie »Die Häuser meines Lebens« angefügt werden sollten).

5 BA, Nachlaß Rathenau 3 (Brief vom 4. 12. 1913).
6 Ibid. (7. 3. 1914).
7 BA, Nachlaß Rathenau 1 (2. 4. 1914).
8 Ibid. (23. 4. 1914).
9 Ibid. (25. 8. 1914).
10 BA, Nachlaß Rathenau 3 (24. 8. 1914).
11 Ibid. (6. 9. 1914).
12 Ibid. (4. 11. 1914).
13 Ibid. (16. 9. 1915).
14 BA, Nachlaß Rathenau 1 (Schwaner an Rathenau, 6. 8. 1915; Dankschreiben Frau Schwaners, 12. 8. 1915).
15 Ibid. (22. 1. 1916).
16 BA, Nachlaß Rathenau 4 (23. 1. 1916).
17 Ibid.
Schwaner war unablässig bemüht, Rathenau seine »Treue« zu beweisen, indem er Schmähungen mitteilte und seine Antworten darauf, die manchmal Erfolg hatten, manchmal nicht. Als einmal einer von diesen Hetzern zurücksteckte, meldete Schwaner das folgendermaßen: »Schreiben des Oberleutnants Schrunghamer-Heindel (feiner katholischer Schriftsteller; hat neuerdings ein Büchlein herausgegeben mit beklagenswerten Angriffen auf Dich) ... Du siehst, wie meine stille Arbeit wirkt.« Manchmal setzte er auch Jugendführern Rathenau-Worte vor. »Möchtest Du mal mit dabei sein«, fragt er, »wenn ich das Jungvolk der Wandervögel, Freideutschen und Völkischen bei mir habe? (Natürlich nur die Vertrauensmänner und Führerinnen.) Das würde ein feiner Abend mit Lied und Wort. Ich bin glücklich Deinetwegen!« (BA, Nachlaß Rathenau 1, 14. 6. 1918.) Vgl. auch Dokumentation der Jugendbewegung II, hg. im Auftrage des »Gemeinschaftswerkes Archiv und Dokumentation der Jugendbewegung« in Verbindung mit der Wissenschaftlichen Kommission für die Geschichte der Jugendbewegung: Die Wandervogelzeit, Quellenschriften zur deutschen Jugendbewegung 1896–1919, hg. von Werner Kindt, mit einer ideengeschichtlichen Einführung von Wilhelm Flitner, Düsseldorf, Köln 1968. Über Otger Gräff S. 952ff., 985f., 993ff.; über Schwaner S. 1045.
18 BA, Nachlaß Rathenau 4 (4. 8. 1916).
19 BA, Nachlaß Rathenau 6; Aufsatz »Träger des Lichts: Walther Rathenau«, in: Volkserzieher, Bl. 2.
20 Ibid.
21 BA, Nachlaß Rathenau 1 (8. 8. 1916).
22 Ibid. (28. 9. 1918).
23 Ibid. (4. 11. 1918) »... Mich hat der Kieler Professor Baumgarten und der Charlottenburger Pastor A. in je einer Denunziantenbroschüre mit dem Todeszeichen versehen.«
24 Ibid. (5. 3. 1919).
25 »Vision«, in: Upland, Blatt für Religion und Heimat, Berlin 1919; Nachgelassene Schriften, Bd. 2.
26 BA, Nachlaß Rathenau 4 (1918, o. D.).
27 BA, Nachlaß Rathenau 1 (26. 6. 1921); die Notiz hat folgenden Wortlaut: »Ein Leser unseres Blattes übersendet uns folgende ›Verse‹, die in einem D-Zug-Abteil von Jünglingen mit handtellergroßem Hakenkreuz am Waffenrock gesungen und von unserem Gewährsmann festgehalten wurden:
›Du tapferer Held, du schoßt den Gareis nieder, / du brachtest allen uns Befreiung wieder, / von einem saubern Sozihund. / Welch Licht in unserer Trauerstund!
Auch Rathenau, der Walther, / erreicht kein hohes Alter. / Die Rache, die ist nah, / Hurra! Hurra! Hurra!
Laßt uns froh und munter sein, / schlagt dem Wirth den Schädel ein. / Lustig, lustig, tralleral-lala, / bald ist Wilhelm wieder da!
Wenn einst der Kaiser kommen wird, / schlagen wir zum Krüppel Dr. Wirth! / Knallen die Gewehre tack, tack, tack / aufs schwarze und auf das rote Pack!‹«

Bibliographie

ÜBERSICHT

A. UNGEDRUCKTE QUELLEN

I. Bundesarchiv (BA) Koblenz

Der Rathenau-Nachlaß muß als verloren gelten; nur einzelne, im folgenden genannte Stücke sind erhalten.

Nachlaß Walther Rathenau 1: Briefe Wilhelm Schwaners an Walther Rathenau, 1913–1921.
Nachlaß W. Rh. 2: Briefe verschiedener Persönlichkeiten an Walther Rathenau (Ebert, Falkenhayn, Spiero, Markau, Wichard v. Moellendorff, Seeckt, Wandel, Wild v. Hohenborn).
Nachlaß W. Rh. 3: Briefe Walther Rathenaus an Wilhelm Schwaner, H. 1, 1913–1915 (teilweise gedruckt).
Nachlaß W. Rh. 4: Briefe Walther Rathenaus an Wilhelm Schwaner, H. 2, 1916–1921 (teilweise gedruckt).

Nachlaß W. Rh. 5: Brief Walther Rathenaus an Albert Kollmann (2. 1. 1915).
Nachlaß W. Rh. 6: Zeugnisse der Freundschaft. Manuskript zum Briefwechsel Wilhelm Schwaner–Walther Rathenau, hg. von Alfred Ehrentreich.
Nachlaß W. Rh. 7: Verschiedene Briefe über die Person Walther Rathenaus.
Nachlaß W. Rh. 8: Manuskript von Konrad Igel, »Walther Rathenau, seine Gedanken und Lehren auf Grund seiner Hauptwerke«. (Konrad J. Igel, geb. 1881, letzte Anschrift: Springfield, Mass./USA, hat zwischen 1955 und 1964 mit dem BA korrespondiert; er emigrierte 1939 in die USA und war dort in der Elektrizitätswirtschaft tätig. Er schrieb das Buch über Rathenau, das er als ein persönliches Bekenntnis zu dem von ihm verehrten Manne auffaßte, zwischen 1952 und 1956/57. Das Bundesarchiv bot ihm an, das Manuskript zusammen mit den Nachlaßpapieren Rathenaus unter Wahrung des Urheberrechts zu archivieren. Seit 1961 befindet es sich im Bestand des Bundesarchivs.)
Nachlaß W. Rh. 9: Ein Kapitel aus dem vorgenannten Manuskript, das Verhältnis Walther Rathenaus zu Lili Deutsch betreffend.
BA 364–2: Briefe Walther Rathenaus an Theodor Herzl.
Nachlaß Maximilian Harden 85: Briefe Walther Rathenaus an Maximilian Harden (handschriftliche Originale).
Nachlaß M. H. 85 a: Briefe Walther Rathenaus an Maximilian Harden (beglaubigte Abschriften).
Nachlaß M. H. 145: Briefe Maximilian Hardens an Walther Rathenau, 1897–1906.
Nachlaß M. H. 146: Briefe Maximilian Hardens an Walther Rathenau, 1907–1920.

II. Politisches Archiv des Auswärtigen Amtes (AA), Bonn

1. Akten Büro Reichsminister.
2. Büro Staatssekretär.
3. Wirtschafts-Reparationen.
4. Politische Abteilung IV (Rußland).
5. Deutsche Delegation Genua.
6. Deutsche Delegation Genua (Rapallo-Vertrag).
7. Reden, Interviews, Aufsätze des Herrn Reichsministers, 1. 5. 1921–15. 4. 1923.
8. Sammlung der im AA aufgestellten Informations-Übersichten, 1. 1. 1922–30. 6. 1922.
9. Abt. A, 113/4, über Schriftsteller M. Harden und die Wochenschrift »Die Zukunft«, Bd. 1–4.
10. Nachrichtenabteilung, Deutschland 9, Bd. 2, Prozeß der Rathenau-Mörder.
11. Handakten Simson.

III. The Jewish National and University Library, Jerusalem (Israel) (Orig. Briefe)

1. Rathenau an Stefan Zweig 18. 11. 1907, 27. 12. 1907, 5. 4. 1908, 8. 11. 1908, 8. 11. 1908 [sic], 15. 11. 1909, 5. 10. 1911, 2. 3. 1912, 13. 11. 1912, 6. 1. 1914, 26. 1. 1914, 8. 9. 1916, 14. 2. 1917, 14. 6. ? [Telegramm], 14. 4. 1919, 17. 11. 1921, 23. 11. 1921.
2. Betr. Rathenau:
   Paul Kahn an Zweig 8. 8. 1922.
   Hugo Geitner an Zweig 8. 12. 1922, 15. 12. 1922 (2), 7. 6. 1924.

IV. Schiller-Nationalmuseum, Marbach am Neckar

1. Rathenau an Martin Beradt 2. 5. 1912.
2. Rathenau an Ernst Hardt 13. 11. 1907, 10. 5. 1908, 10. 10. 1911.
   Hardt an Rathenau 30. 12. 1918.
   Rathenau an Hardt 8. 1. 1919, 12. 1. 1918 [19?].
3. Rathenau an Seyerlen 12. 4. 1919, 10. 8. 1919, 12. 2. 1921.
4. Rathenau an Erich Schairer 9. 2. 1922.

V. Akademie der Künste, Berlin

1. Rathenau an Alfred Kerr 6. 10. 1905, 18. 4. 1911.
2. Betr. Rathenau:
   Gerhart Hauptmann an Mathilde Rathenau Juni 1922 [Briefentwurf].

VI. Oslo Kommunes Kunstsamlinger, Munch-Museet

Rathenau an Edvard Munch 25. 7. 1893, 30. 1. 1902, 15. 1. 1907, undatiert.

VII. Deutsches Zentralarchiv, Abteilung I, Potsdam

Betr. Rathenau: Polizeiberichte 1900–1918 im Zusammenhang mit Rathenaus Ordensverleihungen. [Br. Rep. 30 Berlin C Nr. 12743.]

VIII. Humboldt-Universität zu Berlin

Betr. Rathenau: Ein Verzeichnis der Kurse und Lehrer Rathenaus während seines Studiums zu Berlin sowie die Beurteilungen seiner Dissertation von Professoren Kundt und Helmholtz. [Akte Phil. Fak., lfd. Nr. 291, S. 79f.]

IX. Staats- und Universitätsbibliothek Hamburg, Dehmel-Archiv

1. Rathenau an Richard Dehmel 6. 10. 1909, 21. 10. 1909 [Telegramm], 26. 11. 1911, 22. 3. 1912, 27. 3. 1912, 4. 10. 1912 [Telegramm], 22. 12. 1912, 16. 1. 1913, 7. 3. 1913, 14. 6. 1913 [Telegramm], 25. 12. 1913, 3. 2. 1914, 7. 2. 1914, 10. 2. 1914, 28. 1. 1916, 29. 12. 1919 [Frau Dehmel], 9. 2. 1920 [Frau Dehmel].
2. Dehmel an Rathenau 15. 10. 1909, 21. 10. 1909, 21. 3. 1912, 6. 2. 1914, 8. 2. 1914, 16. 8. 1919.

X. Archiv der Stadtbibliothek, München

Kantonsbibliothek Aarau (Schweiz).
Schloß Lenzburg Depositum, Aargau (Schweiz).
Briefe von Rathenau an Frank Wedekind, im Wedekind-Nachlaß, über den die Witwe bzw. die Tochter des Dichters verfügen.

XI. Nachlaß Hugo v. Hofmannsthal (Verwalter: Dr. Rudolf Hirsch, Frankfurt am Main)

Einige Briefe Rathenaus an Hofmannsthal.

XII. Stiftung Preußischer Kulturbesitz, Staatsbibliothek, Berlin
[Quellenangabe: Deutsche Staatsbibliothek Berlin]

1. Nachlaß Harnack: ein Brief Rathenaus.
2. Sammlung Darmstaedter: einige Briefe Rathenaus.
3. Teilnachlaß Constantin Brunner: einige Rathenaubriefe.

XIII. Deutsches Zentralarchiv, Abteilung II, Merseburg

Nachlaß Althoff:
Rathenau an Althoff 27. 3. 1906, 20. 3. 1908, 6. 4. 1908.

XIV. Leo Baeck Institute, New York

Constantin Brunner papers: Briefwechsel zwischen Rathenau und Brunner.

B. BIBLIOGRAPHIEN

GOTTLIEB, ERNST: Walther-Rathenau-Bibliographie. Mit einem Vorwort von EDWIN REDSLOB. Berlin 1929. 345 S. (Schriften der Walther-Rathenau-Stiftung. 3.)

RATHENAU, WALTHER: Ein preußischer Europäer. Briefe. (Eingel. u. hrsg. von MARGARETE VON EYNERN.) Berlin 1955. 468 S. – Bibliographie: S. 462–468.

DERS.: Schriften, Ausgew. u. eingel. von ARNOLD HARTTUNG, GÜNTHER JENNE, MAX RULAND, EBERHARD SCHMIEDER mit einem Beitrag von GOLO MANN. Berlin 1965. 416 S. – Bibliographie: S. 398–416.

DERS.: Tagebuch 1907–1922. Hrsg. u. komm. von HARTMUT POGGE V. STRANDMANN. Mit einem Beitrag von JAMES JOLL u. einem Geleitwort von FRITZ FISCHER. Düsseldorf (1967). 319 S. – Literaturverzeichnis: S. 290–294.

C. GEDRUCKTE QUELLEN

I. Werke

1. Gesamteditionen

Gesammelte Schriften in fünf Bänden. Berlin 1918.
Bd. 1. Zur Kritik der Zeit. Mahnung und Warnung. 306 S.
Bd. 2. Zur Mechanik des Geistes oder Vom Reich der Seele. 340 S.
Bd. 3. Von kommenden Dingen. 366 S.
Bd. 4. Aufsätze. Frühere Schriften. 314 S.
Bd. 5. Reden und Schriften aus Kriegszeit. 261 S.

Gesammelte Schriften. Bd. 1–5. Berlin 1925.
Bd. 1. Zur Kritik der Zeit. Mahnung und Warnung. 345 S.
Bd. 2. Zur Mechanik des Geistes oder Vom Reich der Seele. 340 S.
Bd. 3. Von kommenden Dingen. 366 S.
Bd. 4. Reflexionen und Aufsätze. 366 S.
Bd. 5. Wirtschaft, Staat und Gesellschaft. 456 S.

Nachgelassene Schriften. 2 Bde. Berlin 1928. 270; 414 S. (Gesammelte Schriften.)

Gesammelte Schriften in sechs Bänden. Berlin 1929.
Bd. 1. Zur Kritik der Zeit. Mahnung und Warnung. 345 S.
Bd. 2. Zur Mechanik des Geistes oder Vom Reich der Seele. 340 S.
Bd. 3. Von kommenden Dingen. 366 S.
Bd. 4. Reflexionen und Aufsätze. 366 S.
Bd. 5. Wirtschaft, Staat und Gesellschaft. 456 S.
Bd. 6. Aus Kriegs- und Nachkriegszeit. 284 S.

Walther-Rathenau-Gesamtausgabe. Hrsg. von Hans Dieter Hellige und Ernst Schulin. 2. Hauptwerke und Gespräche. Hrsg. von Ernst Schulin, München, Heidelberg 1977. 6. Walther Rathenau, Maximilian Harden. Briefwechsel 1897–1920. Mit e. einl. Studie hrsg. von Hans Dieter Hellige, München, Heidelberg 1983.

2. Auswahleditionen

SCHAIRER, ERICH: Rathenau-Brevier. Jena 1918. 32 S. (Schriftenreihe der Deutschen Gemeinwirtschaft. 5.)

Kunstphilosophie und Ästhetik. Zusammengest. u. eingel. von WOLFGANG SCHUMANN. München 1923. 126 S. (Kunstwart-Bücherei. 7.)

Aus Walther Rathenaus Notizbüchern. Zum Andenken für seine Freunde. o.O. [1923]. 43 S. (Privatdruck.)

Aus Walther Rathenaus Notizbüchern (II). Zum Andenken für seine Freunde. o. O. [1927]. 44 S. (Privatdruck.)

Aus Walther Rathenaus Notizbüchern (III). Zum Andenken für seine Freunde. o. O. [1927]. 35 S. (Privatdruck.)

Die Mechanisierung der Welt [Ausz. aus: Zur Kritik der Zeit]. Mit einem Geleitwort von HERBERT HOLTZHAUER. Schwenningen 1948. 36 S. (Sozialwissenschaftliche Schriftenreihe. 7.)

Auf dem Fechtboden des Geistes. Aphorismen aus seinen Notizbüchern. Hrsg. von KARL G. WALTHER. Wiesbaden (1953). 115 S. (Sammlung Welt und Geist. 7.)

So spricht Rathenau. Ausgewählt von URSULA V. MANGOLDT. München 1953. 128 S. (Lebendige Quellen zum Wissen um die Ganzheit des Menschen.)

Schriften und Reden. Auswahl u. Nachwort von HANS WERNER RICHTER. Frankfurt (1964). 481 S. (Fischer-Paperbacks.)

Schriften. Ausgew. u. eingel. von ARNOLD HARTTUNG, GÜNTHER JENNE, MAX RULAND, EBERHARD SCHMIEDER mit einem Beitrag von GOLO MANN. Berlin 1965. 416 S. (Schriften großer Berliner.) (Mit Bibliographie u. Zeittafel S. 398–416.)

Eine Streitschrift vom Glauben. Auseinandersetzungen mit dem Transzendenten. Hrsg. von URSULA V. MANGOLDT. Weilheim (1967). 247 S.

Schriften und Reden. Ausw. u. Nachw. von HANS W. RICHTER, Frankfurt a. M. 1986.

3. Erstdrucke

a) Einzelwerke

(Anonym): Blanche Trocard. Schauspiel in 2 Akten. Straßburg 1887. 73 S. – Neudruck: Blanche Trocard. Schauspiel in 2 Akten. Straßburg 9. Juni 1887. Mit einem Nachwort von EDWIN REDSLOB. (Berlin 1947.) 69 S.

Die Absorption des Lichts in Metallen. Diss. phil. Berlin 1889. 24 S.

Impressionen. Leipzig 1902. 255 S.

Reflexionen. Leipzig 1908. 270 S.

Zur Kritik der Zeit. Berlin 1912. 260 S.

Zur Mechanik des Geistes oder Vom Reich der Seele. Berlin 1913. 348 S.

Von kommenden Dingen. Berlin 1917. 366 S.

Eine Streitschrift vom Glauben. Berlin 1917. 42 S.

Vom Aktienwesen. Eine geschäftliche Betrachtung. Berlin 1917. 62 S.

Die neue Wirtschaft. Berlin 1918. 87 S.

An Deutschlands Jugend. Berlin 1918. 127 S.

Zeitliches. Berlin 1918. 84 S.

Nach der Flut. Berlin 1919. 72 S.

Der Kaiser. Eine Betrachtung. Berlin 1919. 60 S.

Der neue Staat. Berlin 1919. 74 S.

Kritik der dreifachen Revolution. Apologie. Berlin 1919. 125 S.

Die neue Gesellschaft. Berlin 1919. 102 S.

Autonome Wirtschaft. Jena 1919. 29 S. (Schriftenreihe der Deutschen Gemeinwirtschaft. 16.)

Was wird werden? Berlin 1920. 57 S.

b) Beiträge in Zeitschriften und Sammelbänden

Elektrochemische Werke. In: Die Zukunft 12 (1895), S. 427–428.

HARTENAU, W. (Pseud.): Höre, Israel! In: Die Zukunft 18 (1897), S. 454–462.

HARTENAU, W. (Pseud.): Im Garten der Hesperiden (I). In: Die Zukunft 22 (1898), S. 157–167. – Forts. (II) in: Die Zukunft 23 (1898), S. 339–347.

HARTENAU, W. (Pseud.): Ignorabimus. In: Die Zukunft 22 (1898), S. 339–347.

(Anonym): Der Wahrheit Rache. Aus dem babylonischen Talmud. In: Die Zukunft 24 (1898), S. 47–48.

HARTENAU, W. (Pseud.): Die Resurrection Co. In: Die Zukunft 24 (1898), S. 72–78.

MICHAEL, WALTER (Pseud.): Transatlantische Warnungssignale. In: Die Zukunft 24 (1898), S. 200–203.
(Anonym): Rabbi Eliesers Weib. In: Die Zukunft 24 (1898), S. 392–393.
(Anonym): Die schönste Stadt der Welt. In: Die Zukunft 26 (1899), S. 36–48.
(Anonym): Théâtre Antone. In: Die Zukunft 27 (1899), S. 443–448.
(Anonym): Physiologie der Geschäfte. In: Die Zukunft 35 (1901), S. 495–514.
(Anonym): Physiologie des Kunstempfindens. In: Die Zukunft 37 (1901), S. 34–48.
RENATUS (Pseud.): Zur Physiologie der Moral. In: Die Zukunft 44 (1903), S. 383–396.
RENATUS (Pseud.): Die Schaubühne als industrielle Anstalt. In: Die Zukunft 44 (1903), S. 471–473.
RAINER, ERNST (Pseud.): Ein Traktat vom bösen Gewissen. In: Die Zukunft 45 (1903), S. 449–453.
REINHART, ERNST (Pseud.): Ein gutes Buch. [H. Hesse: Peter Camenzind.] In: Die Zukunft 47 (1904), S. 490–492.
REINHART, ERNST (Pseud.): Von Schwachheit, Furcht und Zweck. Ein Beitrag zur Erkenntnis menschlichen Wesens. In: Die Zukunft 49 (1904), S. 223–239.
REINHART, ERNST (Pseud.): Von neuzeitlicher Malkunst. Zur Kritik der Moderne. In: Die Zukunft 53 (1905), S. 11–25.
(Anonym): Vom Wesen industrieller Krisen. In: Die Zukunft 56 (1906), S. 464–466.
R. (Pseud.): Englands Industrie. In: Die Zukunft 57 (1906), S. 79–84.
R. (Pseud.): Die Goldkrisis. In: Die Zukunft 59 (1907), S. 187–192.
REINHART, ERNST (Pseud.): Hundert ungeschriebene Schriften von Gott und Welt, Mensch und Kunst. In: Die Zukunft 60 (1907), S. 61–78.
REINHART, ERNST (Pseud.): Zweites Hundert ungeschriebener Schriften. In: Die Zukunft 61 (1907), S. 411–430.
(Anonym): Oekonomik. In: Die Zukunft 61 (1907), S. 431–436.
Das Problem des Transports. In: W. RATHENAU UND CAUER, Massengüterbahnen. Berlin 1909. S. 1–12.
(Goethe. – Antwort auf eine Rundfrage.) In: Goethe-Kalender 5 (1910), S. 112.
(Anonym): Unser auswärtiger Dienst. In: Die Zukunft 81 (1912), S. 103–108.
RAVENTHAL, HERWART (Pseud.): 1813. Ein Festgesang zur Jahrhundertfeier. In: Die Zukunft 81 (1912), S. 128–136.
Die Seele. In: Almanach S. Fischer 26 (1912), S. 185–189.
Das Denkmal der Unreife. In: W. RATHENAU UND ALFRED LICHTWARK, Der rheinische Bismarck. Berlin 1912. S. 15–30.
Die Geschäftswissenschaft und ihre weltfremden Dozenten. (Schlußwort einer Umfrage.) In: Wohlfahrt und Wirtschaft 1 (1914), H. 2, S. 64–65.
Die Zukunft der deutschen Bühne. Eine Umfrage. In: Die Zukunft der deutschen Bühne. Berlin 1917. S. 134.
An Alle, die der Haß nicht blendet. In: Die Zukunft 103 (1918), S. 318–323.
Die dunkelste Stunde. In: Die Zukunft 104 (1919), S. 50–54.
Das Ende. In: Die Zukunft 105 (1919), S. 248–250.
(Stellungnahme.) In: Das Gymnasium und die neue Zeit. Fürsprachen und Forderungen für seine Erhaltung und seine Zukunft. Berlin 1919. S. 100.
Die Geschichte der Wahrheit. In: Das Tagebuch 1 (1920), S. 215–219.
[Über] Walther Rathenau. In: Das Forum 5 (1920), S. 389–398.
Einiges über die »kommenden Dinge«. In: Wissen und Leben 14 (1920/21), S. 635–637.
Das Eumenidenopfer. In: Das Tagebuch 3 (1922), S. 956–958. – Erstdruck in: Neue Freie Presse (Wien), 23. März 1913, Nr. 17451.
Die letzte Aufzeichnung. In: Die Neue Rundschau 33 (1922), S. 780.

II. Reden

Gesammelte Reden. Berlin 1924. 439 S.

Cannes und Genua. [1. Rede vor dem Obersten Rat der Alliierten in Cannes vom 12. Jan. 1922; 2. Rede vor dem Hauptausschuß des Reichstages vom 7. März 1922; 3. Reichstagsrede vom 29. März 1922; 4. Rede vor der Vollversammlung der Genueser Konferenz vom 19. Mai 1922.] Mit einem Vorwort von HUGO FRIEDRICH SIMON. Berlin 1922. 79 S. (Der Anhang, S. 55–79, enthält den Text der Reden vom 9. Juni 1922 in Stuttgart, vom 13. Juni 1922 in der Dt. Ges. von 1914 in Berlin und der Reichstagsrede vom 21. Juni 1922.)

Vgl. Gesammelte Schriften in fünf Bänden. Bd. 5 (Reden und Schriften aus Kriegszeit). Berlin 1918. 261 S.

Gesammelte Schriften. Bd. 5 (Wirtschaft, Staat und Gesellschaft). Berlin 1925. 456 S.

Schriften und Reden. Ausw. u. Nachw. von HANS WERNER RICHTER. Frankfurt (1964). 481 S.

Schriften. Ausgew. u. eingel. von ARNOLD HARTTUNG u. a. Berlin 1965. 416 S.

Elektrische Alchymie. (Vortrag, geh. am 8. Febr. 1900 im Postmuseum.) Berlin (1900). (Privatdruck.)

Gedächtnisrede für Emil Rathenau. (Geh. am Tage der Beisetzung am 23. Juni 1915 in Oberschönweide.) Berlin (o. J.). 17 S. (Privatdruck.) – Wiederabdruck in: Die Zukunft 92 (1915), S. 23–30.

Deutschlands Rohstoffversorgung. (Vortrag, geh. am 20. Dez. 1915 in der Deutschen Gesellschaft von 1914 in Berlin.) Berlin 1916. 52 S. (Mit einem Anhang von 5 Briefen, 7 ungez. S.)

Probleme der Friedenswirtschaft. (Vortrag, geh. am 18. Dez. 1916 in der Deutschen Gesellschaft von 1914 in Berlin.) Berlin 1917. 57 S.

Ansprache an Freunde. (Geh. am 50. Geburtstag, 29. Sept. 1917.) In: Vier Tischreden. o. o. und J. 31 S. (Privatdruck. In Erinnerung an den 29. Sept. 1917 von Freunden überreicht.) – In: Die Neue Rundschau 33 (1922), S. 781–787. – Wiederabdrucke in: Almanach S. Fischer 1925, S. 33–41; Der goldene Schnitt. Große Essayisten. (Frankfurt 1960.) S. 215–220.

Das alte und das neue Deutschland. (Vortrag, geh. am 15. Dez. 1918 in Weißwasser.) o. o. u. J. 27 S. (Privatdruck.)

Demokratische Entwicklung. (Vortrag, geh. am 28. Juni 1920 im Demokratischen Klub zu Berlin.) Berlin 1920. 28 S.

Reden und Bemerkungen in den Sitzungen der Sozialisierungskommission über den Kohlenbergbau vom 22. April bis 30. Juli 1920. In: Verhandlungen d. Soz.Komm. üb. d. Kohlenbergbau. Bd. 1 u. 2. Berlin 1920. S. 392–833.

Reden und Bemerkungen in den Sitzungen der Sozialisierungskommission über die Kommunalisierung vom 12. und 26. Juni 1920. In: Verh. d. Soz.Komm. üb. d. Kommunalisierung. Berlin 1921. S. 2; 3; 13–15; 18; 27f.; 33f.; 93–95; 97–99; 102; 109; 114–119.

Rede im Vorl. Reichswirtschaftsrat, 4. Sitzung vom 24. Juli 1920. (Beratung über den Bericht der Reichsregierung über die Verhandlungen in Spa.) In: Verh. d. Vorl. Reichswirtschaftsrates. Berlin 1920. S. 81–86.

Reden und Bemerkungen in den Sitzungen der Sozialisierungskommission über die Kaliwirtschaft vom 25. Sept. und 22. Okt. 1920 sowie vom 5. Febr. 1921. In: Verh. der Soz.Komm. üb. d. Kali-Wirtschaft. Berlin 1921. S. 30; 89–90; 95–96; 394–399; 402.

Produktionspolitik. (Rede, geh. am 26. Okt. 1920 auf der Tagung des Deutschen Beamtenbundes in Berlin.) In: Produktionspolitik und Sozialisierung, hrsg. vom Dt. Beamtenbund. Berlin 1920. S. 3–34.

Das Problem der Produktion. (Vortrag, geh. am 12. Dez. 1920 auf dem ordentl. Parteitag der Deutschen Demokratischen Partei.) In: A.E.G. Volkswirtschaftl. Bll. Nr. 14 (1921), S. 1–7.

Reden und Bemerkungen in den Sitzungen der Sozialisierungskommission über die Neuregelung des Wohnungswesens vom 8. März, 8., 29. und 30. April sowie 20. Mai 1921. In: Verh. d. Soz.Komm. üb. d. Neureg. d. Wohnungswesens, Bd. 1 und 2. Berlin 1921. S. 188; S. 20–22; 185; 191–197; 203; 205; 210–211; 214–216; 221–223; 276–278.

Rede im Vorl. Reichswirtschaftsrat, 8. Sitzung vom 21. April 1921. In: Verh. d. Verf. Auss. Berlin 1921. S. 228–233.

Reichstagsrede am 2. Juni 1921. In: Verh. d. Reichstags. I. Wahlperiode 1920. Stenographische Berichte. Bd. 349 (110. Sitzung). Berlin 1921. S. 3742A–3745A.

Rede im Vorl. Reichswirtschaftsrat, Sitzung des Reparationsausschusses vom 16. Juni 1921. In: Mitt. d. Vorl. Reichswirtschaftsrates 1 (1921), Nr. 27, S. 136–139.
Reichstagsrede am 16. Febr. 1922. In: Verh. d. Reichstags. I. Wahlperiode 1920. Sten. Berichte. Bd. 352 (171. Sitzung). Berlin 1922. S. 5888B–5888C.
Reichstagsrede am 29. März 1922. In: Verh. d. Reichstags. I. Wahlperiode 1920. Sten. Berichte. Bd. 354 (197. Sitzung). Berlin 1922. S. 6651C–6657A.
Rede, geh. am 9. Juni 1922 in Stuttgart vor einem geladenen Kreis aller Parteien. In: Die Hilfe 28 (1922), Nr. 19/21, S. 292–295. – Wiederabdruck in: Deutsches Friedensbuch. Hrsg. von Horst Ullrich, Walter Nowojski und Karl A. Mollnau. Berlin (Ost) 1965. S. 533–534. [Ausz.]
Rede, geh. am 13. Juni 1922 in der Deutschen Gesellschaft von 1914 zu Berlin. In: Cannes und Genua. Berlin 1922. S. 66–68.
Reichstagsrede am 21. Juni 1922. In: Verh. d. Reichstags. I. Wahlperiode 1920. Sten. Berichte. Bd. 355 (231. Sitzung). Berlin 1922. S. 7941D–7945D.
Gespräche mit Rathenau, hrsg. von Ernst Schulin, München 1980. (DTV-Dokumente.)

III. Briefe

Briefe, 2 Bde. Dresden 1926. 384; 363 S.
Briefe. 2 Bde. Dresden 1927. 384; 363 u. 92 S. – Sonderdruck u. d. Titel: Neue Briefe. Dresden 1927. 92 S.
Politische Briefe, Dresden 1929. 348 S.
Briefe. Neue endgültige Ausgabe in drei Bänden. Dresden 1930. 384; 363; 319 S.
Ein preußischer Europäer. Briefe. (Eingel. u. hrsg. von Margarete von Eynern.) Berlin 1955. 468 S. (Mit bibliographischen Hinweisen S. 462–468.)
Walther Rathenau in Brief und Bild. Eingel. u. hrsg. von Margarete von Eynern. (Frankfurt 1967.) 468 S.
Briefe von Walther Rathenau an Konstantin Brunner [d. i. Leopold Wertheimer]. In: Von Konstantin Brunner und seinem Werk. Mit einem Geleitwort von Fritz Blankenfeld. Berlin 1927. S. 12–16.
Eberhardt, Paul: Freundschaft im Geist. Briefwechsel mit Walther Rathenau, Gedichte, Aufsätze. Gotha 1927. 155 S.
Brief von Walther Rathenau an Hermann Kroepelin (3. Januar 1916). In: Albert Kollmann. Ein Leben für die Kunst. Hrsg. von Hans von Flotow. Berlin 1921. S. 6–7.
Norlind, Ernst: Gespräche und Briefe Walther Rathenaus. Mit einem Nachwort von Max Scheler. (Aus d. Schwed. übertr.) Dresden [1925]. 140 S.
Hermann Stehr. Walther Rathenau. Zwiesprache über den Zeiten. Geschichte einer Freundschaft in Briefen und Dokumenten. Hrsg. von Ursula Meridies-Stehr. Leipzig (1946). 144 S.
Offener Brief von Walther Rathenau an Herrn Reichsminister Wissel (5. April 1919). In: Die Zukunft 105 (1919), S. 63–65.
[5 Briefe an Rathenau]: Wild von Hohenborn, 31. März 1915; 25. Januar 1916; von Wandel, 31. März 1915; 10. Januar. 1916; von Bethmann Hollweg, 15. Juli 1916. In: Anhang zu Rathenau, Deutschlands Rohstoffversorgung. Berlin 1916. 7 ungez. S.
[Pfeiffer-Raimund, Kristina]: Briefe einer Frau an Walther Rathenau. Zur Transzendenz der kommenden Dinge. Frankfurt a. M. 1918. 91 S. – Neudruck in: Pfeiffer-Raimund, Die Urideen im Zeitgesetz. Der Weg aus den Völkerwirren. Frankfurt 1921. 383 S.
Rang, Florens Christian: Glaube, Liebe und Arbeitsamkeit. Ein Brief an Walther Rathenau. In: Die Kreatur 2 (1927/28), S. 34–70.

IV. Tagebücher

Tagebuch 1907–1922. o. O. 1930. 224 S. (Privatdruck.)
Tagebuch 1907–1922. Hrsg. u. komm. von Hartmut Pogge v. Strandmann. Mit einem Beitrag

von JAMES JOLL u. einem Geleitwort von FRITZ FISCHER. Düsseldorf (1967). 319 S. (Mit Literaturverz. S. 290–294.)
Rez.: J. SIERING, in: Neue deutsche Hefte 15 (1968), S. 189–193.
POGGE VON STRANDMANN, HARTMUT (Hrsg.): Walther Rathenau. Industrialist, Banker, Intellectual, and Politician. Notes and Diaries 1907–1922, Oxford 1985.

D. LITERATUR

I. Gesamtdarstellungen und Würdigungen

STERNBERG, KURT: Walther Rathenau der Kopf. Berlin 1924. VIII, 147 S. 1 Abb.
FEDERN-KOHLHAAS, ETTA: Walther Rathenau. Sein Leben und Wirken. Dresden 1927. 256 S. – 2., erw. Aufl. Dresden 1928. 311 S. (Taf.)
KESSLER, HARRY GRAF: Walther Rathenau. Sein Leben und sein Werk. Berlin 1928. 391 S. Mit 32 Abb. in Kupfertiefdruck. – Neuaufl. mit einem Kommentar von HANS FÜRSTENBERG (Erinnerung an Walther Rathenau). Wiesbaden 1962. 455 S. mit Abb.
Rez.: O. E. HESSE, in: Der Querschnitt 8 (1928), S. 816–817; L. STEIN, in: Nord und Süd 53 (1930), S. 170–171; E. v. VIETSCH, in: Neue politische Lit. 9 (1964), S. 439–442.
BÖTTCHER, HELMUTH M.: Walther Rathenau. Persönlichkeit und Werk. Bonn (1958). 324 S.
Rez.: M. v. EYNERN, Mißlungene Rathenau-Biographie, in: Neue polit. Lit. 3 (1958), S. 806–809; M. ROUCHÉ, IN: ETUDES GERM. 15 (1960), S. 93–94.
PINNER, FELIX [d. i. Frank Faßland]: Walther Rathenau. In: Deutsche Wirtschaftsführer. Berlin 1924. S. 1–10.
SINGER, KURT: (Rathenau als Wahrsager.) Frühjahr 1922. In: Singer, Staat und Wirtschaft seit dem Waffenstillstand. Jena 1924. S. 144–152.
FISCHART, JOHANNES [d. i. Erich Dombrowski]: Walther Rathenau. In: Fischart, Neue Köpfe. 4. Folge. Berlin 1925. S. 41–55.
LUDWIG, EMIL: Rathenau. In: Ludwig, Genie und Charakter. Zwanzig männliche Bildnisse. Berlin 1925. S. 133–142.
TODT, HANS: Walther Rathenau. In: Todt, Was weißt Du von ihnen? Lebensbilder berühmter Männer. Leipzig [1925]. S. 141–147.
HAAS, LUDWIG: Rathenau, der Führer. In: Deutsche Republik 1 (1926/27), H. 2, S. 3–4.
SPIERO, HEINRICH: Rathenau. In: Spiero, Deutsche Köpfe. Bausteine zur Geistes- und Literaturgeschichte. Darmstadt 1927. S. 37–39.
WAGNER, H.: Walther Rathenau, zum Bilde. In: Der getreue Eckart 4/5 (1927), S. 222–227.
SCHAY, RUDOLF: Walther Rathenau. In: Schay, Juden in der deutschen Politik. (Leipzig) 1929. S. 273–301.
BLEI, FRANZ: W. Rathenau. In: Blei, Männer und Masken. Berlin 1930. S. 255–276.
PACHNICKE, H: Walther Rathenau. In: Pachnicke, Führende Männer im alten und im neuen Reich. Berlin (1930). S. 201–207.
SMITH, RENNIE: Ein industrieller Staatsmann: Walter Rathenau. In: Die Hilfe 36, 1 (1930), S. 170 bis 173.
BOUMAN, PIETER JAN: Jaurès – Wilson – Rathenau. Amsterdam 1936. 195 S. – Neuaufl. u. d. Titel: Roep en roeping. De levens van Jaurès, Wilson en Rathenau. Amsterdam 1955. 203 S.
BENOIST-MÉCHIN, J.: La Tragédie de Rathenau. In: Mercure de France 282 (1938), S. 229–246.
VERMEIL, EDMOND: Doctrinaires de la Révolution allemande (1918–1938). W. Rathenau, Keyserling, Th. Mann, O. Spengler, Moeller Van den Bruck, Le groupe de la »Tat«, Hitler, A. Rosenberg, Gunther, Darré, G. Feder, R. Ley, Goebbels. Paris (1938). S. 44–47.
ROSENBERG, ALFRED: Walther Rathenau. In: Rosenberg, Novemberköpfe. München 1939. S. 11–47.
BLEI, FRANZ: Walther Rathenau. In: Blei, Zeitgenössische Bildnisse. Amsterdam 1940. S. 16–20.
LIPTZIN, SALOMON: Walther Rathenau. In: Liptzin, Germany's stepchildren. New York 1944. S. 139–151.
THEILHABER, FELIX A.: Rathenau: Der Weg der Vernunft und der Liebe. In: Theilhaber, Judenschicksal. Acht Biographien. Tel Aviv (1946). S. 275–323.

EYNERN, MARGARETE VON: Der Außenpolitiker Rathenau. In: Berliner Hefte f. geistiges Leben 2 (1947), S. 641–648.

PLÖHN, HANS ARNOLD: Walther Rathenau. Seher und Warner. Hamburg (1948). 81 S.

STRECKER, REINHARD: Walther Rathenau. In: Nachrichten d. Gießener Hochschulges. 17 (1948), S. 161–169.

URWICK, LYNDALL F. und EDWARD F. L. BRECH: Walther Rathenau, 1867–1922. In: Urwick, The making of scientific management. Bd. 1. London 1949. S. 82–92.

BRECHT, ARNOLD: Walther Rathenau und das deutsche Volk. (München 1950.) 23 S. – Erstdruck (in engl. Sprache) in: Journal of politics 10 (1948), S. 20–48; dt. in: Deutsche Beiträge 3 (1949), H. 6, S. 488–500; 4 (1950), H. 1, S. 26–35.

EHRENTREICH, A.: Ist Walther Rathenau vergessen? In: Pädagogische Blätter 7 (1956), S. 81–87.

KNOLL, JOACHIM H.: Walther Rathenau – Die Diskrepanz des Elitebildes in Staat und Wirtschaft. In: Knoll, Führungsauslese in Liberalismus und Demokratie. Zur politischen Geschichte der letzten hundert Jahre. Stuttgart (1957). S. 142–149.

NIETSCH, ERICH: Walter Rathenau. In: Der Weg 12 (1957), S. 836–848.

DERS.: Walther Rathenau, der »Rote Prophet der goldenen Internationale«. In: Der Quell 9 (1957), S. 535–543.

RATHENAU, HENRI G.: A propos de Walther Rathenau. In: Allemagne d'aujourd'hui 4/5 (1957), S. 129–138.

BAECK, LEO: Walther Rathenau (3. Vorlesung am 15. Juni 1956). In: Baeck, Von Moses Mendelssohn zu Franz Rosenzweig. Typen jüdischen Selbstverständnisses in den letzten beiden Jahrhunderten. Franz Delitzsch-Vorlesungen. Stuttgart (1958). S. 35–42.

CRAIG, GORDON A.: Three republican statesmen: Rathenau, Stresemann, Bruening. In: Craig, From Bismarck to Adenauer. Aspects of German Statecraft. Baltimore 1958. S. 59–92. (The Albert Shaw Lectures on diplomatic history 1958.) – Dt. Ausg. u. d. Titel: Deutsche Staatskunst von Bismarck bis Adenauer. (Aus dem Amerikan. übertr. von WOLFGANG J. und CHRISTA HELBICH.) Düsseldorf (1961). S. 69–102.

ROSENBAUM, EDUARD: Bemühungen um Rathenau. In: Merkur 13 (1959), S. 782–786. (Rez. zu Publikationen über Rathenau.)

DERS.: Reflections on Walther Rathenau. In: Year Book Leo Baeck Institute 4 (1959), S. 260–264.

HUPKA, HERBERT: Walther Rathenau. Das deutsche Judentum und der Antisemitismus. München: Bayer. Rundfunk (Politische Redaktion). 1960. 13 S. (Sendereihe: Die letzten hundert Jahre.)

JOLL, JAMES: Walther Rathenau. Prophet without a cause. In: Joll, Intellectuals in politics. Three biographical essays. London (1960). S. 59–129.

ZWEIG, STEFAN: Walther Rathenau. In: Zweig, Europäisches Erbe. (Frankfurt) 1960. S. 232–243.

HAGELSTANGE, RUDOLF: Rathenau – ein Jude in der deutschen Politik. In: Porträts zur deutsch-jüdischen Geistesgeschichte. Hrsg. von THILO KOCH. Nachwort von MAX HORKHEIMER. Köln (1961). S. 155–177.

MANN, GOLO: Walther Rathenau. Praktiker und Philosoph. In: Schriftenreihe zur Förderung der Wissenschaft 12 (1963), I. 24 S.

GRÖTZINGER, WOLFGANG: Walther Rathenau 1867–1922. In: Deutsche Demokratie von Bebel bis Heuss. Geschichte in Lebensbildern. Hrsg. von FRIEDRICH ANDRAE und SYBIL GRÄFIN SCHÖNFELDT. Hamburg (1964). S. 77–94.

HEUSS, THEODOR: Walther Rathenau. In: Heuss, Profile. Nachzeichnungen aus der Geschichte. Tübingen (1964). S. 250–254.

BERGLAR, PETER: Walther Rathenau. Ein deutscher Jude im Umbruch der Zeit. Vortrag, geh. am 2. Dez. 1965 in Darmstadt vor der Goetheges. u. d. Ges. f. christl.-jüd. Zusammenarbeit. (Darmstadt) [1966]. 43 S.

VON DER DUNK, H. W.: Walther Rathenau 1867–1922. Leven tussen aanpassing en kritiek. In: Tijdschrift voor geschiedenis 80 (1967), S. 331–354.

LAMM, HANS: Walther Rathenau. Denker und Staatsmann. (Hannover 1968.) 111 S. (Schriftenreihe der Niedersächs. Landeszentrale f. polit. Bildung. Deutsch-jüdisches Gespräch. 14.)

SCHULIN, ERNST: Walther Rathenau. In: Der Monat 20 (1968), H. 237, S. 45–56.

SVARSENSKY, HARDI: Walther Rathenau (Leben, Werk und Wollen). In: Zs. f. d. Gesch. d. Juden 5, Tel Aviv (1968). S 11–20.

WILDE, HARRY: Walther Rathenau in Selbstzeugnissen und Bilddokumenten, Reinbek b. Hamburg 1971 (Rowohlts-Monographien 180).
WILLIAMSON, DAVID GRAHAM: Walther Rathenau, Diss., Univ. of London 1972.

II. Beiträge zu Gedenktagen

Dr. Walther Rathenau zum Gedächtnis. (Gedächtnisfeier im Plenarsitzungssaal des Reichstages am 27. Juni 1922; 3 Reden von EBERT, BELL und KORELL.) In: Verh. d. Reichstags. I. Wahlperiode 1920. Sten. Berichte. Bd. 356. Berlin 1922. S. 8103–8106.
HAUPTMANN, GERHART: Walther Rathenau. Worte, bestimmt, bei der Trauerfeier für Walther Rathenau im Reichstag am 27. Juni 1922 gesprochen zu werden. In: Hauptmann, Sämtliche Werke. Hrsg. von HANS-EGON HASS. Bd. 4 (Erzählungen, Theoretische Prosa.). (Frankfurt) 1963. S. 740–741.
BRENTANO, LUJO: Walther Rathenau und seine Verdienste um Deutschland. (Vortrag, geh. am 13. Juli 1922 im Klub demokratisch gesinnter Studenten in München.) München [1922]. 19 S.
SCHELER, MAX, EDUARD HEIMANN und ARTHUR BAUMGARTEN: Walther Rathenau. Eine Würdigung zu seinem Gedächtnis (3 Vorträge, geh. am 16. Juli 1922 auf einer von den Dozenten u. Studenten der Universität Köln veranstalteten Gedächtnisfeier für Walther Rathenau). Köln 1922. 40 S.
Zum Gedächtnis an Walther Rathenau. Gedächtnisheft hrsg. vom Aufsichtsrat u. Vorstand der A.E.G. Berlin 1922. 80 S. – Darin: BRENTANO, LUJO: Walther Rathenau und seine Verdienste um Deutschland. S. 26–34.
DEUTSCH, FELIX: Über Walther Rathenau. S. 5–7.
EBERT, FRIEDRICH: Ansprache des Reichspräsidenten im Reichstag am 27. Juni 1922. S. 3–4.
KLINGENBERG, GEORG: Nachruf. S. 15.
MAMROTH, PAUL: Beiträge zur Geschichte Walther Rathenaus. Aus einer 40 Jahre langen Bekanntschaft und Freundschaft. S. 8–14.
MÜLLER, AUGUST: Walther Rathenau als Sozialökonom. S. 16–22.
NERNST, Prof.: Walther Rathenau als Faktor deutscher Kultur. S. 23–25.
SCHELER, MAX: Gedenkrede für Walther Rathenau, geh. am 16. Juli 1922 vor Rektor, Senat, Dozenten und Studierenden der Universität Köln. S. 35–50.
Walther-Rathenau-Heft der »Deutschen Arbeit« (Berlin). Jg. 7 (1922), Nr. 12. – Darin:
BRAUER, THEODOR: Rathenau als Volkswirtschaftler und Sozialethiker. S. 450–454.
ERMAN, HEINRICH: Walther Rathenau. S. 443–449.
Das Forum 6 (1922), H. 10. – Darin:
HERZOG, WILHELM: Nicht der Mörder, der Ermordete ist schuldig. S. 317–320.
DERS.: Es gibt keine Mörderzentralen. S. 321–323.
(DERS.): Dokumente dieser Republik. Harden–Rathenau. S. 348.
RADEK, KARL: Der Mord an Walther Rathenau und der deutsche Nationalismus. S. 324–331.
Die Hilfe 28 (1922), Nr. 19–20. – Darin:
BÄUMER, GERTRUD: Rathenau als Denker. S. 303–304.
ERKELENZ: Rathenau und die deutsche Außenpolitik. S. 291–292.
MENNICKE, KARL: Zur Ermordung Rathenaus. S. 303–304.
BAHR, MAX: Walther Rathenaus Tod und seine Folgen. Sonderbeilage zu Nr. 22. 4 S.
Der Kunstwart 35 (1922), Nr. 11. – Darin:
SCHUMANN, WOLFGANG: Walther Rathenau. S. 258–266.
TROELTSCH, ERNST: Gefährlichste Zeiten. S. 291–296.
(Anonym): Rathenaus Schriften. S. 303–304.
Die Neue Rundschau 33 (1922), H. 8. – Darin:
BERNHARD, GEORG: Der Wirtschafter Rathenau. S. 793–802.
EINSTEIN, ALBERT: In memoriam Walther Rathenau. S. 815–816.
FLAKE, OTTO: In memoriam Walther Rathenau. S. 829–832.
JENSEN, JOHANNES VON: In memoriam Walther Rathenau. S. 821–822.
KESSLER, HARRY GRAF: In memoriam Walther Rathenau. S. 816–820.

Loerke, Oskar: In memoriam Walther Rathenau. S. 825–827.
Ludwig, Emil: In memoriam Walther Rathenau. S. 823–825.
Moszkowski, Alexander: In memoriam Walther Rathenau. S. 809–815.
Reicke, Georg: In memoriam Walther Rathenau. S. 833–834.
Reisiger, Hans: In memoriam Walther Rathenau. S. 828–829.
Renner, Karl: In memoriam Walther Rathenau. S. 822.
Reuter, Gabriele: In memoriam Walther Rathenau. S. 832–833.
Saenger, Samuel: Walther Rathenau. S. 769–780.
Troeltsch, Ernst: Dem ermordeten Freunde. S. 787–792.
Unruh, Fritz von: An Walther Rathenau. S. 803–805.
Wassermann, Jacob: In memoriam Walther Rathenau. S. 805–809.
Stehr, Hermann: Rathenau-Epilog. In: Neue Rundschau 33 (1922), H. 9, S. 957–958.
Das Tagebuch 3 (1922), Nr. 26. – Darin:
Böhler, Helene von: Appell an Hindenburg. S. 951–952.
(Anonym): Tagebuch der Zeit. S. 947–948.
Grossmann, Stefan: Walther Rathenau. S. 954–956.
Ders.: Walther-Rathenau-Literatur. S. 971.
Heimann, Moritz: Zu Rathenaus Tod. S. 952–953.
Wehrlich, Thomas: Verfall der Mörder. S. 949–950.
Grossmann, Stefan: Rathenau-Verehrer. In: Das Tagebuch 3 (1922), S. 1443–1446.
Eloesser, Arthur: Von Walther Rathenau. In: Das blaue Heft (Freie dt. Bühne) 3 (1921/22), S. 903–907.
Harden, Maximilian: Walter Rathenau. In: Die Aktion 12 (1922), Sp. 154–157.
Mutius, Gerhard von: Walther Rathenau. In: Die deutsche Nation 4 (1922), S. 715–719.
Norden, K.: Dr. W. Rathenau gest. In: Zs. f. Elektrochemie 28 (1922), S. 363–394.
Roderich-Stoltheim, F. [d. i. Theodor Fritsch]: Licht und Schatten um Rathenau. In: Der Hammer 21 (1922), S. 393–398.
Schwaner, Wilhelm: Walther Rathenau gest. In: Volkserzieher 26 (1922), S. 109–110.
Simon, Heinrich: Rathenaus Ermordung. In: Der neue Merkur 6 (1922/23), S. 193–199.
Zweig, Arnold: Rathenau. In: Die Weltbühne 18, II (1922), S. 109–110.
Mann, Thomas: Geist und Wesen der deutschen Republik. (Dem Gedächtnis Walther Rathenaus. 1923.) In: Mann, Werke. (Stockholmer Ausgabe. Reden und Aufsätze. Bd. 2.) 1965. S. 53–60.
Mutius, Gerhard von: Walther Rathenau und das Auswärtige Amt. (Rede, geh. im Ausw. Amt am 22. Juni 1923.) Berlin (1923). 12 S.
Walther-Rathenau-Heft: Das Tagebuch 4 (1923), Nr. 24. – Darin:
[Grossmann, Stefan]: Tagebuch der Zeit. S. 837–838.
Hauptmann, Gerhart: Rathenau (Brief an St. Großmann). S. 840.
Müller, Oskar: Zum Gedächtnis Walther Rathenau. S. 841–846.
Stehr, Hermann: Erinnerung an Walther Rathenau. S. 858–860.
Wirth, Josef: Ein Brief. S. 850–856.
Ebert, Friedrich: In memoriam Walther Rathenau (Ansprache, geh. am 24. Juni 1924.) In: Ebert, Schriften, Aufzeichnungen, Reden. Bd. 2. Dresden 1926. S. 330–332.
Haas, Ludwig: Gedenkrede auf Walter Rathenau, geh. am 24. Juni 1924 im Sitzungssaal des Herrenhauses in Berlin vor der Deutsch-Demokratischen Partei. Mannheim 1924. 16 S.
Wegner, Kurt: Ein Gedenktag der Republik. Zum 2. Todestage Walther Rathenaus. In: Jungsozialistische Bll. 3 (1924), S. 134–139.
Canditt: Zum Erinnern an den 24. Juni 1922. Ein republikanischer Denker und Staatsmann. Walther Rathenau. In: Die Justiz 1 (1925/26), S. 443–450.
Simon, Hugo Friedrich, Georg Bernhardt und Harry Graf Kessler: In memoriam Walther Rathenau. 24. Juni 1922. Weimar (1925). 23 S. – Neudruck: Einl. von Diether Heumann. Detmold (1948). 30 S.
Simon, Hugo Friedrich: Zu Walther Rathenaus Gedächtnis. In: Die Hilfe 31 (1925), S. 292–294.
Wirth, Josef: In memoriam [W. Rathenau]. In: Deutsche Republik 1 (1926/27), H. 2, S. 1–2.

SAENGER, SAMUEL: In memoriam W. R. (29. Sept. 1867–29. Sept. 1927.) In: Die Neue Rundschau 38 (1927), S. 320–326.
LÖFFLER, H.: Zum Zehnjahrestag des Mordes an W. Rathenau. In: Das freie Wort 4 (1932), H. 25, S. 19–23.
LUDWIG, EMIL: Souvenirs sur Rathenau. In: Revue d'Allemagne 6 (1932), S. 604–613.
MUTIUS, GERHARD VON: Zu Rathenaus Gedächtnis. Gedenkrede am zehnjährigen Todestage Rathenaus, 24. Juni 1932. In: Zs. f. Politik 22 (1932), S. 249–254.
STERNTHAL, FRIEDRICH: Walther Rathenau. Zum zehnten Todestag. In: Die literarische Welt 8 (1932), Nr. 26, S. 7.
ALBERT, CARL: Walther Rathenau. Zum fünfzehnten Jahrestag seiner Ermordung. In: Das Wort 2 (1937), H. 6, S. 66–76.
[GUTTMANN, B.]: Tragische Erinnerungen. In: Gegenwart 2 (1947), H. 11/12, S. 14–16.
NORDEN, ALBERT: Der Rathenau-Mord und seine Lehren. Zum 25. Jahrestag der Ermordung des Außenministers der Republik. In: Einheit. Theoretische Zs. d. wiss. Sozialismus 2 (1947), H. 7, S. 644–651.
Walther Rathenau (1867–1922). In: Das Greifenbüchlein. Ein Almanach, hrsg. von KARL DIETZ. Rudolstadt 1947. S. 49–52.
SCHULTZE, FRIEDRICH: Walther Rathenau zum Gedächtnis. In: Ost und West 1 (1947), H. 1, S. 94–96.
SEVERING, CARL: Vor 25 Jahren. Am 24. Juni 1922 wurde Walther Rathenau ermordet. In: Göttinger Universitätszeitung 2 (1947), Nr. 14, S. 7–8.
STEINIGER, ALFONS: Der Fall Rathenau. In: Aufbau 3, I (1947), S. 509–510.
WINKLER VON KAPP, NORA: Walther Rathenau. Zum 25. Jahrestag seiner Ermordung am 24. Juni. In: Die Weltbühne 2 (1947), S. 545–547.
FISCHER-BALING, EUGEN: Walther Rathenau. Ein »Experiment Gottes«. Rede, geh. am 24. Juni 1952 bei der Walther-Rathenau-Gedenkfeier d. Dt. Hochschule für Politik. Berlin 1952. 20 S. (Schriftenreihe d. Dt. Hochschule f. Politik Berlin.)
RAUMER, HANS VON: Walther Rathenau. In: Deutsche Rundschau 78 (1952), S. 664–669.
STÖCKER, JAKOB: Ein Mensch mit seinem Widerspruch. Zum Gedächtnis Walther Rathenaus. In: Heute und morgen 1952, S. 501–507.
GUMTAU, HELMUT: Walther Rathenau. In: Berliner Arbeitsbll. für die dt. Volkshochschule 19 (1962), S. 126–137.
HABERMANN, GERHARD E.: Teurer Preis für Rapallo: Mord an Walther Rathenau. In: Literatur-Revue 1962, H. 6, S. 6–10.
RAUSCHNING, HERMANN: In memoriam Walther Rathenau. In: Bll. f. dt. u. internat. Politik 7 (1962), H. 7, S. 545–547.
RULAND, MAX: Unbequeme Erinnerung zum 40. Todestag Walther Rathenaus. In: Dt. Rundschau 88 (1962), S. 538–543.
BRANDT, WILLY: Deutsche Außenpolitik nach zwei Weltkriegen. – BODEN, HANS C.: Rathenau als Wirtschaftler. (2 Reden zum 100. Geburtstag Walther Rathenaus, geh. am 6. Okt. 1967 in der Freien Universität Berlin.) (Berlin 1967.) 25 S. – Wiederabdruck von: BRANDT, WILLY, Deutsche Außenpolitik nach zwei Weltkriegen. In: Der Monat 19 (1967), H. 230, S. 7–17.

III. Erinnerungen von Zeitgenossen (Auswahl)

D'ABERNON, EDGAR VISCOUNT: Ein Botschafter der Zeitwende. Memoiren. Dt. von ANTONINA VALLENTIN. Bd. 1. Von Spa bis Rapallo. Leipzig [1929]. S. 52–55; s. Kap. VII, VIII, X–XIV; Bd. 2. Ruhrbesetzung. Leipzig [1929]. S. 66–70.
BRECHT, ARNOLD: Aus nächster Nähe, Lebenserinnerungen 1884–1927. Stuttgart (1966). 529 S.
GIDE, ANDRÉ: Tagebuch. Dt. Übertr. von MARIA SCHAFFER-RÜMELIN. Bd. 2 (1914, 1923). Stuttgart 1951. S. 399–401.
GROSSMANN, STEFAN: Ich war begeistert. Eine Lebensgeschichte. Berlin 1931. S. 247–248; 293–298.
GUTHMANN, JOHANNES: Goldene Frucht. Begegnungen mit Menschen, Gärten und Häusern. Tübingen 1955. S. 222–240.

Guttmann, Bernhard: Schattenriß einer Generation. 1888–1919. Stuttgart 1950. S. 43–48; 98–99; 138; 247–253.
Herzog, Wilhelm: Menschen, denen ich begegnete. Bern (1959). S. 13–24.
Heuss, Theodor: Erinnerungen. 1905–1933. Tübingen 1963. S. 205; 277–280.
Hillard, Gustav [d. i. Gustav Steinbömer]: Begegnung mit Walther Rathenau. In: Merkur 4 (1950), S. 164–182.
Ders.: Herren und Narren der Welt. München (1955). S. 219–242.
Holitscher, Arthur: Mein Leben in dieser Zeit. Der »Lebensgeschichte eines Rebellen« zweiter Band (1907–1915). Potsdam 1928. S. 106; 165–168.
Hülsen, Hans von: Zwillings-Seele. Denkwürdigkeiten aus einem Leben zwischen Kunst und Politik. Bd. 1. München 1947. S. 154; 164–170.
Hurwicz, Elias: Aus den Erinnerungen eines Abseitigen. In: Hochland 45 (1952/53), S. 446–454.
Kerr, Alfred: Walther Rathenau. Erinnerungen eines Freundes. Amsterdam 1935. 208 S.
Kessler, Harry Graf: Tagebücher. 1918–1937. Politik, Kultur und Gesichter der zwanziger Jahre. Hrsg. von Wolfgang Pfeiffer-Belli. (Frankfurt) 1961. S. 130–134; 276–278; 322–328; 552–558; 616–617; 672.
Ludwig, Emil: Geschenke des Lebens. Ein Rückblick. Berlin 1931. S. 478–487.
Mangoldt, Ursula von: Auf der Schwelle zwischen Gestern und Morgen. Begegnungen und Erlebnisse. Weilheim (1963). S. 18–19; 22–45.
Radbruch, Gustav: Der innere Weg. Aufriß meines Lebens. Stuttgart 1951. S. 157–160.
Rolland, Romain: Zwischen den Völkern. Aufzeichnungen und Dokumente aus den Jahren 1914–1919. Aus d. Frz. Bd. 1. Stuttgart 1954. S. 81; Bd. 2. Stuttgart 1955. S. 41; 296; 809; 863; 880.
Rosen, Friedrich: Aus einem diplomatischen Wanderleben. Aus dem Nachlaß hrsg. u. eingel. von Herbert Müller-Werth. [Bd. 3/4.] Wiesbaden (1959). S. 315–319; 388–389; 393–395.
Spiero, Heinrich: Schicksal und Anteil. Ein Lebensgang in deutscher Wendezeit. Berlin 1929. S. 241–249; 284; 299–301.
Thiess, Frank: Freiheit bis Mitternacht. Wien 1965. S. 129; 148–150; 195–207; 272; 354; 407; 484.
Zweig, Stefan: Die Welt von gestern. Stockholm 1942. S. 211–214; 353–356.

IV. Einzeluntersuchungen

1. Zur Biographie

Simon, Hugo Friedrich: Aus Walther Rathenaus Leben. Dresden 1927. 30 S. (Schriften der Walther-Rathenau-Stiftung. 1.)
Kessler, Harry Graf: Rathenaus Eintritt in die Politik. In: Nord und Süd 51 (1928), S. 245–258.
Spiero, Heinrich: Walther Rathenau im Kriegsministerium. In: Preuß. Jbb. 190 (1922), S. 372 bis 376.
Burte, Hermann: Mit Rathenau am Oberrhein. [Fragment aus: Weg und Wahl.] Lörrach 1925. 30 S. – Neudruck: Heidelberg 1948. 47 S.
Osborn, Max: Das Walther-Rathenau-Haus in Berlin-Grunewald. In: Moderne Bauformen 10 (1912). 3 S., 16 Bilder.
Hahn, K.: Rathenaus Haus. In: Die Glocke 9, 2 (1923/24), S. 1094–1095.
Brecht, Arnold: Die Walther-Rathenau-Stiftung. In: Deutsche Republik 1 (1926/27), Nr. 2, S. 5–7.
Diel, Louise: Ein Vermächtnis des Gedenkens. – Walther-Rathenau-Stiftung im Grunewald. In: Deutsche Republik 1 (1926/27), H. 22, S. 5–7.
Timm, Werner: Zum Bildnis Walther Rathenaus von Edvard Munch. In: Forschungen u. Berichte. Staatl. Museen zu Berlin. Kunsthist. Beiträge. Bd. 7 (1965), S. 58–61.
Gegen den politischen Mord. Reden von Lobe, Wels, Marx, Hergt, Radbruch, Crispien, Wirth, Heinze, Petersen, Gerstenberger, Alpers, Koenen, geh. in der Reichstagssitzung vom 25. Juni 1922. Schwerin 1922. 30 S.
Brammer, Karl: Das politische Ergebnis des Rathenauprozesses. In: Politische Prozesse. – Aktenmäßige Darstellungen. Hrsg. von Robert Breuer. H. 1. Berlin 1922. 62 S.

PFEIFFER, A. CHR.: Das Welt-Echo des Rathenau-Mordes. Stimmen und Urteile des Auslandes über Deutschland aus Anlaß der Ermordung Rathenaus. Berlin o. J. 31 S.
LOHMANN, ERNST: Am Grabe Walther Rathenaus. In: Der Ölberg 24 (1926), S. 85–87.
WASSERMANN, JAKOB: Zu Walther Rathenaus Tod. In: Wassermann, Lebensdienst. Leipzig (1928). S. 23–29.
TECHOW, ERNST-WERNER: »Gemeiner Mörder – ?!« Das Rathenau-Attentat. Leipzig [1934]. 31 S. (Nationale Zeitfragen.)
KRUSCH, HANS-JOACHIM: Der Kampf der Zwickauer Werktätigen während der Protestbewegung gegen den Mord an Walther Rathenau für die Bändigung des deutschen Militarismus und eine demokratische Außenpolitik. In: Sächsische Heimatbll. 7 (1961), S. 222–228.
LANGE, GÜNTER: Die Protestaktionen der Zwickauer Arbeiter gegen den deutschen Militarismus aus Anlaß des Mordes an Walther Rathenau im Sommer 1922. In: Beiträge zur Gesch. d. dt. Arbeiterbewegung 4 (1962), H. 4, S. 950–964.
REISBERG, ARNOLD: Um die Einheitsfront nach dem Rathenaumord. In: Beiträge zur Gesch. d. dt. Arbeiterbewegung 5 (1963), S. 995–1009.
HANNOVER, HEINRICH und ELISABETH HANNOVER-DRÜCK: Die Ermordung von Walther Rathenau. In: Hannover, Politische Justiz 1918–1933. Mit einer Einl. von KARL DIETRICH BRACHER. Frankfurt 1966. S. 112–124. (Fischer-Bücherei. 770.)
ROSENBAUM, EDUARD: Albert Ballin und Walther Rathenau. Eine vergleichende Betrachtung. London 1959. 26 S. (Vortrag, geh. am 17. Dez. 1959 im Leo Baeck Institute London.)
ZWIERZYNSKI, CHIEL: Walther Rathenau und Martin Buber. Die Tragödie der Assimilation. In: Allgem. Wochenzeitung d. Juden in Dtschl. 12 (1957), Nr. 38; 39.
KELPIN, K.: Führer und Gegner der geheimen Weisen von Zion. [Walther Rathenau und Theodor Fritsch.] In: Der Hammer 32 (1933), S. 305–309.
LUDWIG, EMIL: Rathenau und Harden. In: Das Tagebuch 12 (1931), S. 99–104.
JOLL, JAMES: Rathenau and Harden. A Footnote to the History of Wilhelmine Germany. In: A Century of Conflict 1850–1950. Essays for Alan J. P. Taylor. Ed. by MARTIN GILBERT. London (1966) S. 117–132.
BERGLAR, PETER: Harden und Rathenau. Zur Problematik ihrer Freundschaft. In: Hist. Zs. 209 (1969), S. 75–94.
HIRSCH, LEO: Landauer und Rathenau. In: Das Dreieck 1 (1924), S. 4–5.
Ein platonisches Gespräch zwischen Ludendorff und Rathenau. In: Die Tat 16 (1924/25), S. 176–189.
RADEK, KARL: Stinnes und Rathenau. In: Die Weltbühne 20, 1 (1924), S. 633–634.
CACCIARI, MASSIMO: Walther Rathenau e il suo ambiente. Con un'antologia di scritti e discorsi politici 1919–1921. Bari 1979.

2. Zur Persönlichkeit

a) Rathenau im Streit der Meinungen (Publikationen 1910–1922)

MARTIN, RUDOLF: Die Rathenaus. In: Martin, Deutsche Machthaber. Berlin 1910. S. 65–76.
KERR, ALFRED: Walther Rathenau. In: Pan 2 (1911/12), S. 1193–1200.
BOURDON, GEORGES: Un philosophe (Le docteur Walther Rathenau). In: Bourdon, L'Énigme allemande. Une enquète chez les Allemandes. Paris 1913. S. 164–177.
JAROSLAW, BENNO: Wissen, Wollen und Wirken in der heutigen Volkswirtschaft (Sombart, Naumann, Webbs, Rathenau). In: Die Tat 5 (1913). [Seitenzahl nicht ermittelt.]
[LUDWIG, EMIL]: Rathenaus Kriegswerk. In: Die Zukunft 96 (1916), S. 378–384.
HEUSS, THEODOR: Walther Rathenau. In: Das literarische Echo 19 (1916/17), Sp. 1490–1494.
LORENZ, LUDWIG: Walther Rathenau und das Deutschtum. In: Dt. Volkstum 19 (1917), S. 471 bis 475.
PICARD, WILHELM: Die Herren der Welt. In: Die Tat 9 (1917), S. 1033–1039.
STEHR, HERMANN: Walther Rathenau. In: Die Neue Rundschau 28 (1917), S. 1258–1267.
VINDEX: Rathenau und Friedenswirtschaft. In: Die Schaubühne 13, 1 (1917), S. 164–166.
ZWEIG, STEFAN: Walther Rathenau, der Organisator der deutschen Kriegsrohstoffversorgung. In: Reclams Universum 33 (1917), Nr. 22, S. 69–72.

Kappstein, Theodor: Walther Rathenau. Der Mensch und sein Werk. Zürich o. J. 22 S.
Rez: Th. Heuss, in: Das literarische Echo 21 (1918/19), Sp. 54.
Brauer, Theodor: Rathenau und die Arbeiterbewegung. In: Deutsche Arbeit 3 (1918), Nr. 8, S. 341–348.
Cauer, Paul: Walther Rathenaus staatsbürgerliches Programm, Darstellung und Kritik. Berlin 1918. 72 S.
Goldschmidt, Alfons: Retter Rathenau. In: Die Weltbühne 14, 2 (1918), S. 372–374.
Harpf, Adolf: Walther Rathenau – Deutschlands ägyptischer Jude. In: Neues Leben 13 (1918), Nr. 3, S. 33–41.
Heil, C. P.: Walther Rathenau und die Bodenreform. In: Bodenreform 29 (1918), S. 33–35.
Lambach, Walther: Diktator Rathenau. Hamburg 1918. 64 S.
Lüders, Else: Wirtschaftliche Zukunftsfragen für Deutschland. Die »gezügelte Privatwirtschaft«. In: Soziale Praxis und Archiv f. Volkswohlfahrt 27 (1918), S. 593–597.
Riehl, K.: Walther Rathenaus Apologie des plutokratischen Sozialismus (Zwangssyndizierung). In: Natur und Gesellschaft 5 (1917/18), S. 69–75.
Brauer, Theodor: Aus Rathenaus Gedankenwerkstatt. In: Deutsche Arbeit 3 (1918), Nr. 5, S. 205–213.
Roderich-Stoltheim, F. [d. i. Theodor Fritsch]: Gegen die neue Wirtschaft, Leipzig 1918. 36 S. – Erstdruck u. d. Titel: Anti-Rathenau I bis VII. In: Der Hammer 17 (1918), S. 111–117; 135–141; 160–164; 183–186; 224–229.
Schairer, Erich: Rathenaus gemeinwirtschaftliches Programm. In: Die Tat 10 (1918), Nr. 4, S. 303–306.
Schwaner, Wilhelm: Träger des Lichts. 4. Walther Rathenau. In: Der Volkserzieher 22 (1918), Nr. 90, S. 17–21.
Thimme, W.: Rathenau als Publizist. In: Deutsche Politik 3 (1918), S. 565–570.
Eberhardt, Paul: Walther Rathenau. Auch eine Zeitbetrachtung. In: Die Tat 10 (1918/19), S. 919–926.
Berger, Maurice: W. Rathenau. In: Berger, La nouvelle Allemagne. Enquêtes et témoignages. Préface du Baron Beyens. Paris 1919. S. 95–101.
Heiss, C.: Die Gemeinwirtschaft. 1. Dr. Walther Rathenau, der Begründer der Lehre. – 2. Rathenaus Schüler. – 3. Die Kritiker der Lehre. In: Freie Wirtschaft 1 (1919), S. 113–117.
Mueller, Robert: Shaw, Lensch, Rathenau. In: Der Friede 3 (1919), S. 533–536; 558–560.
Muhs, K.: Rathenau–Wissel. In: Freie Wirtschaft 1 (1919), S. 260–263.
Rebbelin, Bruno: Walther Rathenau als Sozialphilosoph. Eine Würdigung aus seinen Werken unter Berücksichtigung der kritischen Zeitstimmen. (Vortrag, geh. am 22. Nov. 1918 in der Berliner Handels-Hochschule.) Berlin 1919. 40 S.
Schwarz, Richard: Rathenau, Goldscheid, Popper-Lynkeus und ihre Systeme, zusammengefaßt zu einem Wirtschaftsprogramm. Wien 1919. 98 S.
Broeger, Karl: Der Prophet im Smoking. Ein Wort gegen Walther Rathenau. In: Die Tat 11 (1919/20), S. 53–54.
Günther, Adolf: Walther Rathenau und die gemeinwirtschaftlichen Theorien der Gegenwart. In: Weltwirtsch. Archiv 15 (1919/20), H. 1, S. 40–55.
Böhland, Eberhard: Zur Darstellung und Kritik des Rathenauischen und Wissel-Moellendorff-schen Sozialisierungsprogramms. Diss. phil. Jena 1920. 98 S. [Masch.]
Conrad, Max: Zwangswirtschaft und Sozialisierung. In: Die Grenzboten 79 (1920), S. 139–149.
Ganz, Hans: Industriekapitäne. II. Walther Rathenau. In: Die Weltbühne 16, 1 (1920), S. 718 bis 720.
B.: Dr. W. Rathenau, seine Ideen und die Sachleistungen auf Reparations-Konto. In: Die Elektrizität 31 (1921), S. 843–844.
Delmonte, Edmund: Rathenau, Wiederaufbau und deutsche Bauwirtschaft (I und II). In: Bau-Rundschau 12 (1921), Nr. 12; 13.
Köhler, Curt: Anti-Rathenau! In: Der Unternehmer 2 (1921), Nr. 8, S. 1–5.
Neckarsulmer, Ernst: Rathenau contra Rathenau. In: Die Gegenwart 50 (1921), S. 187–188.
Quaatz, Reinhold G.: Pläne des Wiederaufbauministers Rathenau. In: Wirtschaftl. Nachrichten Nr. 2 (1921), S. 169–173.

RAPHAEL, GASTON: Walther Rathenau. Seine Gedanken und Entwürfe zu einer Wirtschaftsorganisation auf philosophischer und national-ökonomischer Grundlage ... In dt. Bearb. u. mit krit. Anm. vers. von RUDOLF BERGER. Berlin (1921). 288 S.

REICHERT, J.: Rathenausche Zwangswirtschaft. In: Stahl und Eisen 41 (1921), S. 1030–1037.

BRINCKMEYER, HERMANN: Die Rathenaus. In: Brinckmeyer, Gestalten und Dokumente. Bd. 4. München 1922. 97 S.

FASSLAND, FRANK: Wirtschaftsführer I. Walther Rathenau. In: Die Weltbühne 18, 1 (1922), S. 185–191.

(Anonym): Randbemerkung zur Zeitgeschichte. Der schief gewickelte Rathenau. In: Hammer 21 (1922), Nr. 469, S. 19.

(Anonym): Randbemerkung zur Zeitgeschichte. Diktator Rathenau. In: Hammer 21 (1922), Nr. 473, S. 102–103.

VANDERLIP, FRANK A.: Unterredung mit W. Rathenau. In: Vanderlip, Was aus Europa werden soll. Dt. hrsg. von RUDOLF VON SCHOLTZ. München 1922. S. 110–115.

b) Rathenaus politische und wirtschaftliche Leistungen (Publikationen seit 1922)

REICHERT, JAKOB WILHELM: Rathenaus Reparationspolitik. Eine kritische Studie. Berlin (1922). 302 S.

NEUMANN, GUSTAV ADOLF: Rathenaus Reparationspolitik. Diss. phil. Leipzig 1930. X, 71 S.

FISHER, ERNEST F. (jr.): Road to Rapallo. A study of Walther Rathenau and German foreign policy 1919–1922. Diss. Madison (Wisc.) 1952.

KOLLMAN, ERIC C.: Walther Rathenau and German foreign policy. Thoughts and actions. In: Journal of modern history 24 (1952), S. 127–142.

ORTH, WILHELM: Walther Rathenau und der Geist von Rapallo. Größe und Grenzen eines deutschen Bürgers. Berlin (1962). 166 S. (Humanist. und revolutionär-demokr. Traditionen des Bürgertums. 5.)

STENGER, WILBUR JACKSON: Walther Rathenau and the policy of fulfillment: The reparations issue in German foreign policy, 1919–1922. Diss. Georgetown Univ. 1965.

SCHIEDER, THEODOR: Walther Rathenau und die Probleme der deutschen Außenpolitik. In: Discordia Concors. Festgabe für Edgar Bonjour zu seinem 70. Geburtstag am 21. Aug. 1968. (Hrsg. von MARC SIEBER.) Bd. 1, S. 239–268.

HINTZE, ALBRECHT: Eine Untersuchung der Rathenau'schen Wirtschaftsidee, gemessen am deutschen Mühlengewerbe (Getreidemühlen). Diss. Frankfurt 1922. VI, 126 S. mit Tab. [Masch.]

BÜRCK, HERMANN: Walther Rathenau als Wirtschaftstheoretiker. Diss. phil. Heidelberg 1923. V, 216 S. [Masch.]

GREILING, WALTER: Die nichtmarxistischen Sozialisierungstheorien. 1. Goldscheid. – 2. Rathenau – In: Greiling, Marxismus und Sozialisierungstheorie. Eine Untersuchung des Ergebnisses der deutschen Sozialisierungs-Literatur. Berlin 1923. S. 105–133.

MORUS: Rathenaus Wirtschaftspolitik. In: Jungrepubl. Warte 23 (1923), Nr. 3, S. 3–6.

OCHSENBEIN, A.: Rathenaus und Fords volkswirtschaftlich-politische Anschauungen. In: Schweizer. Zs. f. Volkswirtschaft 31 (1925), S. 48–62; 79–93.

FUCHS, EPHRAIM: Das wirtschaftspolitische System Walther Rathenaus. Diss. jur. Jena 1926. XVI, 223 S.

RÉVÉSZ, IMRE: Walther Rathenau und sein ökonomisches Werk. Diss. jur. Zürich 1926. 175 S.

VOGT, HANS: Das System Walther Rathenaus und der Versuch eines Vergleichs mit dem von Karl Marx. Diss. phil. Marburg 1926, 152 S.

WOHLFAHRT, ELFRIEDE: Konsum – Rationalisierung. (Eine kritische Studie zu den Ideen Walther Rathenaus.) Diss. München 1927. 62 S.

FERNHOLZ, HERMANN: Walter Rathenau als Nationalökonom. Mit einem Geleitwort von ARNOLD BRECHT. Berlin (1930). VIII, 145 S.

BAUMONT, M.: Walther Rathenau et son système. In: Annales d'histoire sociale 4 (1932), S. 50–58.

HERZBERG, ARNO: Walther Rathenau und die Tendenzen gegenwärtiger Wirtschaftsentwicklung. In: Die Hilfe 38, 1 (1932), S. 611–615.

MOHNEN, CHARLES GEORGES: La sociologie économique de Walther Rathenau. Préface de LUCIEN BROCARD. Paris 1932. XV, 269 S.

ECKERT, CHRISTIAN: Planwirtschaft. Rathenaus Forderungen, Mussolinis Formungen. In: Festgabe für Werner Sombart zur 70. Wiederkehr seines Geburtstages 19. Januar 1933. Hrsg. von ARTHUR SPIETHOFF. München 1933. S. 330–346. (Sonderausg. von: SCHMOLLER, Jb. f. Gesetzgeb., Verw. u. Volkswirtschaft im Dt. Reich 56 [1932], H. 6.)

HENDERSON, W. O.: Walther Rathenau. A pioneer of the planned economy. In: Economic History Review 4 (1951/52), S. 98–108.

KIRCHNER, ERNST: Rathenaus Sozial- und Wirtschaftsethik. Diss. Frankfurt 1928. 95 S.

KONING, J. A. DE: Rathenaus denkbeelden over onze samenleving. Arnheim 1930. 80 S.

SOLZBACHER, WILHELM: Walther Rathenau als Sozialphilosoph. Die Überwindung der Entseelung. Köln 1933. XV, 129 S. (Kölner sozialpolitische Studien.)

KAUF, ROBERT: Georg Kaiser's social tretralogy and the social ideas of Walther Rathenau. In: PMLA 77 (1962), S. 311–317.

LOEWENBERG, PETER JACOB: Walther Rathenau and German society. Diss. Berkeley 1966. 301 S.

SCHREIBER, GEORG: Walther Rathenau. I. Wissenschaftsplanung. II. Begegnung beim Reichsetat. In: Jb. d. Max-Planck-Ges. zur Förderung d. Wiss. 1955, S. 199–243.

HAUSS, ALFRED: Zeitkritik und Zukunftsdeutung bei Walther Rathenau. Diss. jur. Tübingen 1954. 137 Bl.

BURCHARDT, LOTHAR: Walther Rathenau und die Anfänge der deutschen Rohstoffbewirtschaftung im Ersten Weltkrieg. In: Tradition, München, 15 (1970) 4, S. 169–196.

FELIX, DAVID: Rathenau and the Weimar Republic. The politics of reparations, Baltimore, London 1971.

BENDIXEN, PETER: Das Staatsdenken Walther Rathenaus, Diss. Kiel 1972.

FISHER, ERNEST F: Road to Rapallo: a Study of Walther Rathenau and German Foreign Policy 1919–1922, Diss., Univ. of Wisconsin 1972.

POGGE VON STRANDMANN, HARTMUT: Rathenau, die Gebrüder Mannesmann und die Vorgeschichte der zweiten Marokkokrise. In: Deutschland in der Weltpolitik des 19. und 20. Jahrhunderts. Fritz Fischer zum 65. Geburtstag. Hrsg. von Immanuel Geiss und Bernd Jürgen Wendt. Unter Mitarbeit von Peter-Christian Witt, Düsseldorf 1973, S. 251–270.

MEINIK, HANS JÜRGEN: Walther Rathenau und die Sozialisierungsfrage. Ein Beitrag zur Wirtschaftspolitik in den Anfangsjahren der Weimarer Republik, Diss. F. U. Berlin 1974.

HIMMER, ROBERT: Rathenau, Russia, and Rapallo, in: Central European History, Atlanta, 9 (1976) 2, S. 146–183.

KRANTZ, HUBERT W.: Die sozial- und gesellschaftspolitischen Vorstellungen Walther Rathenaus, Bochum, Diss., Sozialwiss. Abt. 1976.

MADER, URSULA: Die innenpolitischen Ziele Walther Rathenaus und sein Entwurf einer finanzkapitalistischen Ideologie in den Jahren 1911–1914, in: Jenaer Beiträge zur Parteiengeschichte, Jena, 41 (1977), S. 145–155.

MADER, URSULA: Europapläne und Kriegsziele Walther Rathenaus (1912 bis 1916). In: Jahrbuch für Geschichte, Berlin, 15 (1977), S. 191–205.

WILLIAMSON, DAVID GRAHAM: Walther Rathenau and the K.R.A. August 1914–march 1915. In: Zeitschrift für Unternehmungsgeschichte, Wiesbaden, 23 (1978) 2, S. 118–138.

JOLL, JAMES: Walther Rathenau – intellectual or industrialist? In: Germany in the age of total war, hrsg. von Volker R. Berghahn and Martin Kitchen, London, Totowa/N. J. 1981, S. 46–62.

c) Zur Ermordung

Walther-Rathenau-Bibliographie, Berlin 1929. Publikationen bis einschließlich 1927 in: Ernst Gottlieb, Walther-Rathenau-Bibliographie, Berlin 1929.

BRAMMER, KARL (Hrsg.): Das politische Ergebnis des Rathenauprozesses. Auf Grund des amtlichen Stenogramms bearbeitet, Berlin 1922 (Politische Prozesse. Aktenmäßige Darstellungen, hrsg. von Robert Breuer, Heft 1).

GELLERT, WILHELM: Der Zusammenbruch der Demokratie. Zum Tode Rathenaus. Sozialisten und Demokraten im Spiegel ihrer Worte und Taten, Berlin-Wilmersdorf 1922.

MERTENS, KARL: Verschwörer und Fememörder, Charlottenburg 1926.

CARLE, WILHLEM: Weltanschauung und Presse. Eine soziologische Untersuchung, Leipzig 1931 (Incl.: Rathenaumord und Steglitzer Schülerprozeß im Spiegel der Presse).

TECHOW, ERNST-WERNER: »Gemeiner Mörder?!« Das Rathenau-Attentat, Leipzig 1933.

BÜRCH, PAUL: Aus dem Roman eines kleinen Bürgers. Eine Erinnerung an die Rathenau-Attentäter Kern und Fischer, Berlin 1936 (Gegenwart und Zukunft, Band 98).

WAITE, ROBERT GEORGE LEESON: Vanguard of Nazism. The Free Corps movement in postwar Germany 1918–1923, Cambridge/Mass. (Harvard Hist. Stud. Vol. 60) 1952.

KRÜGER, GABRIELE: Die Brigade Ehrhardt, Hamburg (Hamburger Beiträge zur Zeitgeschichte, Bd. 7), Hamburg 1971.

KOCH, HANSJOACHIM W.: Der deutsche Bürgerkrieg. Eine Geschichte der deutschen und österreichischen Freikorps 1918–1923, Berlin, Frankfurt/M., Wien 1978.

d) Sonstiges

DARRÉ, R. WALTHER: Walther Rathenau und das Problem des Nordischen Menschen. Walther Rathenau und die Bedeutung der Rasse in der Weltgeschichte. 2 Aufsätze. München 1933. 18 S.

ZIEGLER, WILHELM: Walther Rathenau. In: Forschungen zur Judenfrage 2 (1938), S. 168–180.

FRANK, WALTER: Walter Rathenau und die blonde Rasse. In: Forschungen zur Judenfrage 4 (1940), S. 9–67.

MÖLLERS, ELISABETH: Rathenau, eine publizistische Persönlichkeit. Diss. phil. München 1952 191 Bl. [Masch.]

MARCK, SIEGFRIED: Rathenau als Denker. In: Logos 11 (1922/23), S. 181–190.

PICK, G.: Walther Rathenaus religiöse Weltanschauung. In: Freie Religion 2 (1923), Nr. 5/6, S. 2–8.

REDSLOB, EDWIN: Walter Rathenau als künstlerische Persönlichkeit. In: Die Hilfe 29 (1923), Nr. 13, S. 224–226.

KOONZ, CLAUDIA ANN: Walther Rathenau's Vision of the Future: The Etiology of an Ideal, Phil. Diss. Rutgers University/N. J. 1969.

LYNAR, ERNST WILHELM GRAF: Walther Rathenau, in: Ungeliebte Deutsche. Hrsg. von Wolfgang Venohr, Hamburg 1971, S. 107–122.

SANFORD, DONALD GEORGE: Walther Rathenau: Critic and Prophet of Imperial Germany, Phil. Diss. University of Michigan 1971.

SCHULIN, ERNST: Rathenau et la France. In: Revue d'Allemagne, Strasbourg, 4 (1972) 3, S. 547 bis 557.

WILLIAMSON, DAVID GRAHAM: Walther Rathenau's »Höre Israel« and its Jewish Critics. In: European Judaism 1972/73, S. 17–20.

OPITZ, REINHARD: Ideologie und Praxis des deutschen Sozialliberalismus 1917–1933. Untersucht unter besonderer Berücksichtigung von Paul Rohrbach, Ernst Jäckel, Theodor Heuss, Walther Rathenau und Erich Koch-Weser, Köln 1973 (Diss., Marburg, Fachb. Gesellsch.-wiss.).

MADER, URSULA: Walther Rathenau als Funktionär des Finanzkapitals. Beiträge zu einer politischen Biographie (1887–1917). T. 1. 2., Gesellsch.wiss. Diss., Berlin 1974.

MASTE, ERNST: Walther Rathenau. In: Peter Glotz, Wolfgang R. Langenbucher (Hrsg.), Vorbilder für Deutsche. Korrektur einer Heldengalerie, München 1974, S. 34–46.

FELIX, DAVID: Walther Rathenau: The bad thinker and his uses. In: European Studies Review, London, Beverly Hills/Cal., 5 (1975) 1, S. 69–79.

WILLIAMSON, DAVID GRAHAM: Walther Rathenau. Patron saint of the German liberal establishment, 1922–1972. In: Yearbook Leo Baeck Institute, London, 20 (1975), S. 207–222.

WILLIAMSON, DAVID GRAHAM: Walther Rathenau: Realist, Pedagogue and Prophet, nov. 1918–may 1921. In: European Studies Review, London, Beverly Hills/Cal., 6 (1976) 1, S. 99 bis 121.

VILLARI, LUCIO: Crisis del capitalismo e autocritica borghese: Walther Rathenau. In: Studi storici, Roma, 17 (1976) 1, S. 41–56.

KALLNER, RUDOLF: Herzl und Rathenau. Wege jüdischer Existenz an der Wende des 20. Jahrhunderts, Stuttgart 1976.

SCHULIN, ERNST: Die Rathenaus. Zwei Generationen jüdischen Anteils an der industriellen Entwicklung Deutschlands. In: Juden im wilhelminischen Deutschland 1890–1914. Ein Sammelband hrsg. von Werner R. Mosse unter Mitwirkung von Arnold Paucker, Tübingen 1976 (Schriftenreihe wiss. Abh. d. Leo Baeck Inst. 33), S. 115–142.

SCHULIN, ERNST: Walther Rathenau. Repräsentant, Kritiker und Opfer seiner Zeit. Göttingen, Zürich, Frankfurt/M. 1979.

LOEWENBERG, PETER: Walther Rathenau and Henry Kissinger. The Jew as a modern statesman in 2 political cultures, New York 1980 (Leo Baeck Memorial Lecture 24).

LETOURNEAU, PAUL: Rathenau et la question juif, in: Revue d'Allemagne, Strasbourg, 13 (1981) 3, S. 527–55.

POGGE VON STRANDMANN, HARTMUT: Rathenau zwischen Politik und Wirtschaft. In: Am Wendepunkt der europäischen Geschichte. Beiträge von Otmar Franz ...; hrsg. von Otmar Franz, Göttingen, Zürich 1981, S. 88–106.

HECKER, GERHARD: Walther Rathenau und sein Verhältnis zu Militär und Krieg, Boppard am Rhein 1983 (Militärgesch. Stud. 30). (Phil. Diss., Freiburg/Breisgau 1981.)

ORTH, WILHELM: Rathenau, Rapallo, Koexistenz. Hrsg. vom Sekretariat des Zentralvorstandes d. LDPD, Berlin 1982.

3. Zu den Schriften

KRETZER, BRUNO: Staat und Gesellschaft, Wirtschaft und Politik in den Schriften Walther Rathenaus. Ein Beitrag zur Erkenntnis der Ideologie im »Zeitalter der Niedergangsperiode des Kapitalismus«. Berlin 1932. 132 S.

(Anonym): Notizbuch [Rez.: Impressionen]. In: Zukunft 40 (1902), S. 175.

S. [d. i. Wilhelm Schaefer]: Reflexionen [Rez.]. In: Die Rheinlande 16 (1908), S. 31.

ALAFBERG, FRIEDRICH: Die Aristokratie des Geistes. [Zur Kritik der Zeit.] In: Die Tat 4 (1912/13), S. 662–668.

EHRENBERG, RICHARD: Mechanisierung? – Durchgeistigung? – Kräftigung! [Zur Kritik der Zeit.] In: Archiv für exakte Wirtschaftsforschung 4,4 (1912), S. 468–477.

KROEPELIN, HERMANN: Über Walther Rathenaus »Mechanisierung«. In: Dokumente des Fortschritts 5 (1912), S. 380–382.

SCHMITT, CARL: Kritik der Zeit. In: Die Rheinlande 22 (1912), S. 323–324.

STEIN, LUDWIG: Der Essay als Kunstwerk. [Zur Kritik der Zeit.] In: Nord und Süd 36, 2 (1912), S. 238–242.

MUSIL, ROBERT: Anmerkung zu einer Metaphysik. Walther Rathenau. Zur Mechanik des Geistes. In: Die Neue Rundschau 25, 2 (1914), S. 556–560. – Wiederabdruck in: Musil, Tagebücher, Aphorismen, Essays und Reden. Hrsg. von ADOLF FRISÉ. HAMBURG 1955. S. 647–650.

WOLFF, WALTHER: Von kommenden Dingen. In: Die evang. Gemeinde 8 (1916/17), Nr. 9, S. 133–136.

CAUER, MINNA: Von kommenden Dingen. In: Die Frauenbewegung 23 (1917), Nr. 11/12, S. 37–39.

FRIEDLAENDER, SALOMO: Von kommenden Dingen. Glosse. In: Die weißen Blätter 4 II (1917), S. 261–263.

NORLIND, ERNST: Om kommande Ting av W. Rathenau. In: Retsstaten 1 (1917), Nr. 6, S. 85–88.

OESTREICH, PAUL: Durch Ethos zum Volksstaat. [Zu: Von kommenden Dingen.] In: Die Tat 9 (1917), S. 392–405.

RECK-MALLECZEWEN, FRITZ: Von kommenden Dingen. In: Die Schaubühne 13, 1 (1917), S. 569 bis 573.

SCHAEFER, LISBETH: Fahne und Vereidigung. [Zu: Von kommenden Dingen.] In: Die Rheinlande 7 (1917), S. 122–125.

SCHUMANN, WOLFGANG: Von kommenden Dingen. In: Der Kunstwart 30 (1917), S. 141–147.

SPIESS, KARL: W. Rathenau, Von kommenden Dingen. In: Die Christliche Welt 31 (1917), S. 333–335.

TÖNNIES, FERDINAND: Kommende Dinge? In: Die Neue Rundschau 28 (1917), S. 829–838.

Zepler, Wally: Geistige Bewegung. (W. Rathenau: Von kommenden Dingen.) In: Sozialistische Monatshefte 23 (1917), S. 1087.
Drews, Arthur: Von kommenden Dingen. In: Das freie Wort 17 (1917/18), S. 427–429.
Boehn, M. H.: W. Rathenau, Von kommenden Dingen. In: Grenzboten 77 (1918), S. 230–232.
Mühlemann, A: Einiges über die »kommenden Dinge«. In: Wissen und Leben 14 (1920/21), S. 635–637.
Price, Wentworth Hyde: The Ideal People's State according to Dr. Rathenau. [In: Von kommenden Dingen.] A presidential address delivered to the South Wales and Mommouthshire Society of Chartered Accountants. 14. dec. 1921. London [1921]. 29 S.
Bergmann, Hugo: Eine Streitschrift vom Glauben. In: Selbstwehr 11 (1917), Nr. 38, S. 1–2.
Brausewetter, Artur: Eine Streitschrift vom Glauben. In: Das Literarische Echo 20 (1917), H. 2, Sp. 120.
Cohn, Fritz Harold: Rathenau und die Massentaufe. [Zu: Eine Streitschrift vom Glauben.] In: Die Schaubühne 13, 2 (1917), S. 581–583.
Fraenkl, Victor: Eine Streitschrift vom Glauben. In: Die Aktion 1917, Nr. 47/48.
Fick, F.: Kritische Bemerkung zum Aktienrecht. In: Schweizerische Juristenzeitung 16 (1920), Nr. 21, S. 329–336.
Heuss, Theodor: Walther Rathenau: Vom Aktienwesen. In: Das Literarische Echo 20 (1917/18), Sp. 1004–1005.
Junius: Staatssozialismus und kein Ende. (Zu: Vom Aktienwesen.) In: Die Grenzboten 77 (1918), S. 165–167.
Tecklenburg, Adolf: Vom Aktienwesen. In: Monatsschrift für Handelsrecht u. Bankwesen 26 (1917), S. 219–220.
Heuss, Theodor: Walther Rathenau: Gesammelte Schriften. In: Das Literarische Echo 21 (1918/19), S. 186.
Junius: Walther Rathenaus gesammelte Schriften. In: Die Grenzboten 78, 2 (1919), S. 44–48.
Bischoff, Diedrich: Gedanken zur »Neuen Wirtschaft«. Einige Betrachtungen über Walther Rathenaus Zukunftspläne. Berlin 1918. 104 S.
Ehrenberg, Richard: »Die neue Wirtschaft«, Rathenaus volkswirtschaftliche Richtlinien. In: Archiv für exakte Wirtschaftsordnung 9 (1918), S. 129–169.
Grote, F. W.: Ein ernstes Wort über »Die neue Wirtschaft«. Hamburg 1918. 44 S.
Kolbe, Franz: Neue Wirtschaft. Eine vergleichende Studie. In: Der Staatsbedarf 4 (1918), S. 1021–1023.
Lorarius: Der neue Rathenau. [Zu: Die neue Wirtschaft.] In: Die Schaubühne 14, I (1918), S. 67–68.
Luebeck, Julius: Die neue Wirtschaft. In: Die Hilfe 24 (1918), S. 165–166.
Moellendorf, Wichard von: Die neue Wirtschaft. In: Technik und Wirtschaft (April 1918), S. 114–118.
Müller, Georg: Die reisenden Kaufleute und Walther Rathenaus »neue Wirtschaft«. Leipzig 1918. 17 S. (Schriftenreihe der Arbeitsgem. d. Verbände d. reisenden Kaufleute Deutschlands, Österreichs und Ungarns. 1.)
Wiese, Leopold von: Rathenaus »Neue Wirtschaft«. In: von Wiese, Freie Wirtschaft. Leipzig 1918. S. 31–67.
H.: Das Charakterbild Wilhelm II. [Zu: Der Kaiser.] In: Hochland 17, 1 (1919/20), S. 744–745.
Oestreich, Paul: Rathenaus Kaiser-Epilog. In: Die Tat 11 (1919), S. 394–396.
Schiemann, Theodor: Walther Rathenaus Betrachtungen über den Kaiser. In: Die Tradition 1 (1919), S. 176–180.
Tucholsky, Kurt: Der Schnellmaler. [Zu: Der Kaiser.] In: Weltbühne 15, I (1919), S. 616–619.
Heuss, Theodor: Walther Rathenau: Nach der Flut. – Der Kaiser. – Der neue Staat. In: Das Literarische Echo 21 (1918/19), Sp. 1262–1263.
Ders.: Walther Rathenau: Kritik der dreifachen Revolution. – Die neue Gesellschaft. In: Das Literarische Echo 22 (1919/20), Sp. 955.
Lederer, Emil: Randglossen zu den neuesten Schriften Walther Rathenaus. In: Archiv f. Sozialwiss. u. Sozialpolitik 48 (1920/21), S. 286–303.
Kapper, Hans: Walther Rathenaus Neue Gesellschaft. In: Das neue Europa 6 (1920), S. 12–14.

Moellendorff, Wichard von: Drei Variationen eines Themas. II. Rathenaus Neue Gesellschaft. In: Das Tagebuch 1 (1920), S. 512–517.
Fl.: Walther Rathenaus Vortrag »Demokratische Entwicklung«. In: Der neue Merkur 4 (1920/21), Nr. 5.
Eloesser, Arthur: Die Stimme Rathenaus. [Zu: Gesammelte Reden.] In: Die Weltbühne 20, 2 (1924), S. 354–356.
Kuntzenmüller, A.: Walther Rathenaus Briefe. In: Deutsche Republik 1 (1926/27), H. 2, S. 7–11.
Wagner, Hermann: Zum Bilde Rathenaus. Gedanken zu seinen Briefen. In: Eckart 3 (1926/27), S. 222–227.
Heuss, Theodor: Walther Rathenau: Politische Briefe. In: Die Literatur 32 (1929/30), S. 491.
Schoolfield, George C.: An unknown poem of Walther Rathenau. In: German Quarterly 33, 1 (1960), S. 4–6.

Zeittafel

1867 Geburt Walther Rathenaus am 29. September in Berlin; sein Vater Emil ist Besitzer einer Maschinenfabrik, seine Mutter entstammt einer alteingesessenen jüdischen Familie in Frankfurt.

1881 Emil Rathenau erwirbt die Edison-Patente.

1883 Gründung der Edison-Gesellschaft, aus der dann später die AEG hervorgeht.

1884 Abitur Walther Rathenaus.

1885–1889 Studium der Naturwissenschaften und der Philosophie in Berlin und Straßburg; Abschluß des Studiums mit der Dissertation *Die Absorption des Lichts in Metallen.*

1887 Das Schauspiel *Blanche Trocard* von Walther Rathenau erscheint als Privatdruck in Straßburg.

1891 Ableistung des Militärdienstes bei den Pasewalker Gardekürassieren.

1893 Walther Rathenau wird Direktor der Elektrochemischen Werke in Bitterfeld; im gleichen Jahr erste Bekanntschaft mit Maximilian Harden.

1894 *Des Alchymisten Bekehrung* von Walther Rathenau erscheint als Privatdruck.

1897 In der von Harden herausgegebenen Zeitschrift *Die Zukunft* wird Rathenaus *Höre Israel* veröffentlicht; in der Folge erscheinen in derselben Zeitschrift noch eine Reihe weiterer Schriften Rathenaus.

1899 Eintritt Rathenaus in den Vorstand der AEG; als Leiter der Abteilung für den Bau von elektrischen Zentralstationen zahlreiche Auslandsreisen.

1900 Erstes Zusammentreffen mit Wilhelm II.

1902 Rathenaus erstes Buch *Impressionen* erscheint; Auseinandersetzung mit seinem Vater darüber; Austritt aus dem Vorstand der AEG.

1902–1907 Geschäftsinhaber der Berliner Handelsgesellschaft; dadurch Verwaltungsratsmitglied von über 100 Unternehmungen.

1906 Griechenland-Reise.

1907 Reise mit Staatssekretär Dernburg nach Deutsch-Ostafrika, um Vorschläge für die deutsche Kolonialpolitik dort zu entwickeln (*Erwägungen über die Erschließung Ost-Afrikas).*

1908 Erneute Reise mit Dernburg nach Deutsch-Südwestafrika.

1909 Rathenau läßt sich im Grunewald sein eigenes Haus bauen.

1912 *Zur Kritik der Zeit* erscheint in Berlin; es kommt zum Bruch zwischen Rathenau und Harden.

1913 *Zur Mechanik des Geistes;* Bekanntschaft Rathenaus mit Wilhelm Schwaner.

1914 Rathenau verfaßt drei Denkschriften an den Reichskanzler Bethmann Hollweg.

1914/15 Leiter der Kriegsrohstoffabteilung im preußischen Kriegsministerium.

1915 Emil Rathenau stirbt am 20. Juni; sein Sohn übernimmt den Vorsitz im Aufsichtsrat der AEG; bereits im April hatte Walther Rathenau seine Tätigkeit im Kriegsministerium aufgegeben; Kontakte zu Erich Ludendorff.

1916 *Von kommenden Dingen.*

1918 Kurz vor Kriegsende Aufruf Rathenaus zur *levée en masse;* nach Kriegsende Gründungsmitglied der Deutschen Demokratischen Partei (DDP); Mitglied der Sozialisierungskommission.

1919 Rathenau als wirtschaftspolitischer Sachverständiger bei der Konferenz in Versailles; außerdem gehört er dem Vorläufigen Reichswirtschaftsrat an; weiterhin Publikation zahlreicher Schriften.

1920 Mitglied in der zweiten Sozialisierungskommission; Rathenau nimmt an der Konferenz in Spa teil.

1921 Von Mai bis Oktober Wiederaufbauminister im 1. Kabinett Wirth; auch in der Folge maßgeblicher Einfluß Rathenaus auf die Außenpolitik des 2. Kabinetts Wirth.

1922 Seit dem 1. Februar Außenminister unter Wirth; von April bis Juni Teilnahme an der Konferenz von Genua; Abschluß des Rapallo-Vertrages mit Rußland; kurz nach seiner Rückkehr wird Rathenau am 24. Juni in Berlin Opfer eines politischen Attentats.

Personenregister